lonely planet

Ecuador & Galapagosinseln

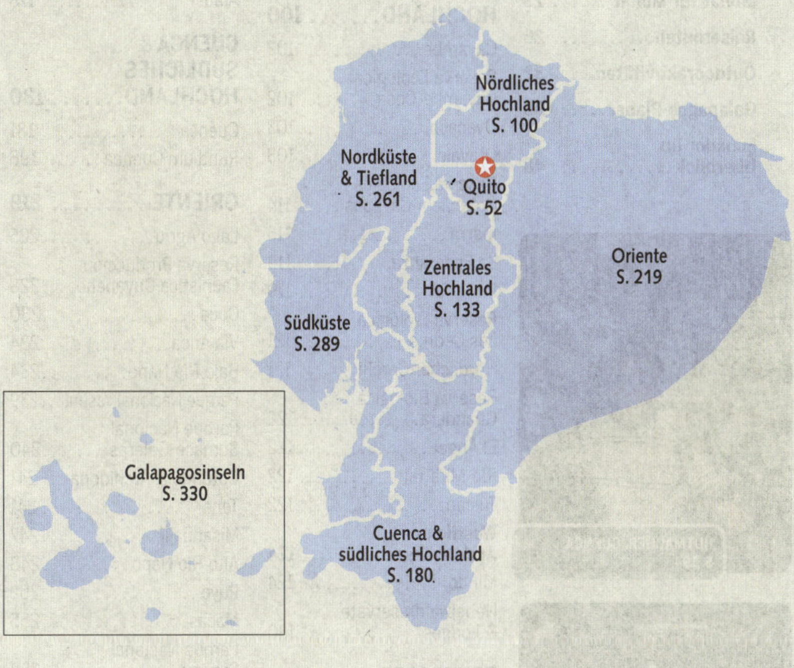
Nördliches
Hochland
S. 100
Nordküste
& Tiefland
S. 261
Quito
S. 52
Oriente
S. 219
Zentrales
Hochland
S. 133
Südküste
S. 289
Galapagosinseln
S. 330
Cuenca &
südliches Hochland
S. 180

Regis St. Louis,
Greg Benchwick, Michael Grosberg, Luke Waterson

Inhalt

Willkommen in Ecuador

*Malerische Städte aus der Kolonialzeit,
Kichwa-Dörfer, Amazonas-Regenwälder
und die atemberaubenden Anden –
Ecuador ist eine kleine Wundertüte
voller großer Überraschungen.*

Kulturcocktail

Die Altstädte von Quito und Cuenca wimmeln von fotogenen *plazas*, Kirchen und Klöstern aus dem 17. Jh. und traumhaft restaurierten Villen. Ein Bummel zwischen den Architekturschätzen der spanischen Kolonialzeit ist wie eine Reise in die Vergangenheit. Außerhalb der Städte warten Andendörfer mit wuselnden Märkten voll bunter Textilien, afro-ecuadorianische Städtchen, wo man zum Sonnenuntergang frische Meeresfrüchte schmaust, und entlegene Siedlungen der Amazonasregion, deren Schamanen heute noch im Regenwald Zutaten für traditionelle Medizin sammeln.

Andenabenteuer

Eine Trekkingtour in den Anden ist märchenhaft: Wildbäche gurgeln zwischen kleinen Dörfern und Bergweiden, und über allem kreist ein Kondor. Oben angekommen eröffnet sich eine unvergleichliche Aussicht. Aber man muss kein Gipfelstürmer sein, um die Anden zu erleben: Sie sind auch eine tolle Kulisse für Mountainbiketouren, Ausritte oder Wanderungen von Dorf zu Dorf mit Übernachtungen in landestypischen Pensionen. Dazu bietet Ecuador viele weitere Outdoorabenteuer, vom Wellenreiten an der Pazifikküste bis zum Rafting auf den reißenden Flüssen (Klasse V) des Oriente.

Tierbeobachtungen

Die berühmten Galapagosinseln mit ihren surrealen Vulkanlandschaften sind ein Traum für Naturfans. Hier begegnet man zu Wasser und zu Land vielerlei wunderlichen Kreaturen wie Riesenschildkröten, den weltweit einzigartigen Meerechsen, Seelöwen und Blaufußtölpeln. Ein ganz anderes Szenario bietet der Amazonas-Regenwald. Wer sich auf seinen Flüssen und Trampelpfaden aufmacht, kann Affen, Faultiere, Tukane und Flussdelfine aufspüren.

Bilderbuch-Landschaften

Ecuador besitzt viele reizvolle Orte, an denen sich Besucher inmitten atemberaubender Landschaft von ihren aufregenden Abenteuern erholen können, ob auf einer historischen Hazienda im bergigen Hochland oder im zen-artigen Ambiente einer Nebelwald-Lodge bei Mindo. Aus der Zeit gefallene Bergdörfer wie Vilcabamba und malerische ehemalige Goldgräberstädte wie Zaruma bieten das perfekte Gegenprogramm zur Hektik des modernen Lebens. Ideale Erholungsoasen an der Küste sind winzige Orte am Ende der Straße wie Ayampe und Olón oder schnuckelige Städtchen auf den Galapagosinseln, mit Traumstränden und grandiosen Sonnenuntergängen gleich vor der Haustür.

Warum ich Ecuador so liebe

Regis St Louis, Autor

Wenn mir Leute erzählen, sie wollten Südamerika bereisen, wüssten aber nicht, wo sie an-fangen sollen, empfehle ich Ecuador. Das Land hat eigentlich alles: Andengipfel, Amazonas-Regenwald, indigene Märkte, Kolonialstädte, Traumstrände – ganz zu schweigen von der weltberühmten Vulkaninselgruppe mit ihrer faszinierenden Tierwelt. Außerdem ist Ecuador (relativ) klein und leicht zu bereisen (gute Straßen und US-Dollar als Währung). Aber das Beste sind die Menschen: warmherzig, großzügig und stolz auf die großen Fortschritte des letzten Jahrzehnts. Sie sind der größte Schatz ihres Landes.

Mehr Infos über unsere Autoren gibt's auf S. 447

Markt, Guamote (S. 177)

Ecuador & Galápagosinseln

Mindo
In dunstigen Nebelwäldern
Vögel beobachten (S. 124)

Canoa
Friedliches
Strandparadies (S. 280)

Isla de la Plata
Wale und Blaufußtölpel
erspähen (S. 311)

Montañita
Tolle Surfspots,
super Partyszene (S. 315)

Quilotoa-Loop
Andendörfer und phan-
tastische Ausblicke (S. 146)

Cuenca
Entspannte koloniale
Schönheit (S. 181)

Vilcabamba
Idyllisches Örtchen in
den Bergen (S. 212)

Parque Nacional Podocarpus
Unberührtes Andenreservat
voller Wildtiere (S. 209)

Galápagos-
inseln (800 km)
(s. Detailplan)

85°W 80°W 75°W 70°W
Galápagos-
inseln
KOLUMBIEN
Äquator
PAZIFIK
ECUADOR
PERU
0 500 km

1°N
Äquator

San
Lorenzo
Esmeraldas
Atacames
Punta
Galera
Playa
de Oro
Río Esmeraldas
Esmeraldas
Imbabura
Pedernales
Mindo
Santo Domingo
de los Colorados
Río Toachi
Pichincha
QUITO
San Juan
Punta Ballena
Cabo Pasado
Canoa
Manabí
Bahía de
Caráquez
Embalse
Daule-
Peripa
Parque
Nacional
Cotopaxi
Volcán
Cotopaxi
(5897 m)
Cotopaxi
Manta
Cabo
San Lorenzo
Isla de la
Plata
Portoviejo
Quevedo
Latacunga
Ambato
Parque
Nacional
Machalilla
Jipijapa
Río Daule
Los Ríos
Volcán
Chimborazo
(6310 m)
Tungurahua
Baños
Puerto Lopez
Guaranda
Río Quevedo
Bolívar
Ríobamba
Montañita
Babahoyo
Río Babahoyo
Chimborazo
Península
Santa Elena
Salinas
Guayas
Guayaquil
Milagro
Alausí
Playas
Isla
Puná
Golfo de
Guayaquil
Cañar
Ingapirca
Azogues
Cuenca
Gualáceo
Parque
Nacional
Cajas
Azuay
Cordillera de los Andes
Machala
Tumbes
Huaquillas
El Oro
Zaruma
Loja
Río Zamora
Olmedo
Loja
Macará
Vilcabamba
Zamora
Parque
Nacional
Podocarpus
Río Catamayo
Zamora
Chinchipe
PAZIFIK
PERU
Sullana
81°W 80°W 79°W
Zumba
82°W
5°S
4°S
3°S
2°S
1°S
Áquator

Otavalo
Riesige, farbenfrohe Kunsthandwerksmärkte (S. 103)

KOLUMBIEN

Quito
Prächtige spanisch-
koloniale Altstadt (S. 52)

HÖHENSTUFE

5000 m
4000 m
3000 m
2000 m
1000 m
0

Papallacta
Thermalquellen in wunder-
schöner Kulisse (S. 220)

Carchi

Cordillera de los Andes

Tulcán

Ibarra

Otavalo

Lago Agrio

Río San Miguel

Equator

Río Caqueta

Sucumbíos

Río Quijos

Río Coca

Aguarico

Cuyabeno

Río Putumayo

Papallacta

Coca

Napo

Río Napo

Río Napo

Río Tiputini

Orellana

Río Yasuní

Parque Nacional
Yasuní

Tena

Misahuallí

Río Tiguiño

Río Cononaco

Parque Nacional Yasuní
Ureinwohnerdörfer und
Amazonas-Biotop (S. 239)

Puyo

Río Curaray

Parque Nacional Cotopaxi
Majestätische Gipfel,
große Abenteuer (S. 138)

Pastaza

Río Pintoyacu

Río Pastaza

Río Cusuimi

Macas

Río Tukipa

Morona-
Santiago

Baños
Thermalquellen, Wasserfälle
und Ausritte (S. 158)

PERU

92°W · 91°W · 90°W · 89°W

Isla Pinta
(Abingdon)

Isla Genovesa
(Tower)

PAZIFIK

Volcán Wolf
(1707 m)

Isla Marchena
(Bindloe)

Äquator

Isla Fernandina
(Narborough)

Isla Santiago
(San Salvador oder James)

Galapagosinseln
Legendäre Inseln mit
einzigartiger Fauna (S. 330)

Galápagos

Isla Santa Cruz
(Indefatigable)

Isla San
Cristóbal
(Chatham)

Isla Isabela
(Albemarle)

Puerto
Villamil

Puerto
Ayora

Puerto
Baquerizo
Moreno

1°S

Isla Floreana
(Santa María oder Charles)

Isla Española
(Hood)

0 — 100 km

78°W · 77°W · 76°W · 75°W

Ecuadors
Top 20

1

Die Altstadt von Quito

1 Quitos lebendiges Centro Histórico (S. 54), ein Schatzkästchen der spanischen Kolonialzeit, strotzt von prächtigen Kirchen und düsteren Klöstern (deren Bau Jahrhunderte dauerte), geschäftigen Plazas und stolzen Glockentürmen. Jeder Winkel des gut erhaltenen Zentrums trieft vor Geschichte. Wer vom Kopfsteinpflaster in die hervorragend geführten Museen, historischen Villen und atemberaubenden Gotteshäuser tritt, taucht tief in die Vergangenheit ein. Danach speist man in einem der altmodischen Restaurants oder genießt die Party auf der belebten La Ronda, bevor eine der vielen charmanten Pensionen des Viertels zum Ausruhen einlädt.

Die Echsen der Galapagosinseln

2 Die Galapagosinseln (S. 330) sind ein absolutes Topziel für lebendige Begegnungen mit der Vorgeschichte. Die außergewöhnlichen Leguanarten der Inselgruppe flüchten bei Annäherung menschlicher Besucher nicht, sondern gehen unbeeindruckt von klickenden Kameras ihrer gemächlichen Lebensweise nach. Die dunkelgrauen oder schwarzen Meerechsen lümmeln sich zum Sonnenbad kreuz und quer übereinander wie eine chaotische Cheerleader-Pyramide. Die imposanten gelblichen Galapagos-Landleguane knabbern am liebsten Kakteengewächse.
Unten: Landleguan

JOHN COLETTI / GETTY IMAGES ©

JUERGEN RITTERBACH / GETTY IMAGES ©

2

NIGEL PAVITT / GETTY IMAGES ©

DANITA DELIMONT / GL 11 IMAGES ©

Kunsthandwerksmarkt in Otavalo

3 Samstags scheint sich die ganze Welt im betriebsamen Otavalo (S. 103) zu treffen: Dann wuchert von der Plaza de Ponchos ein riesiger Markt durch die indigene Andenstadt (der die übrige Woche in stark reduzierter Form stattfindet). Die Auswahl ist riesig, die Qualität wechselhaft und das Gedränge manchmal nervig. Dafür sind in dem Angebot aus kunterbunten Teppichen, traditionellem Handwerk, Kleidung, hochwertigen Strohhüten und Volkskunst teils unglaubliche Schnäppchen zu ergattern.

Parque Nacional Yasuní

4 Die verwirrende Artenvielfalt dieses großen Regenwaldschutzgebiets (S. 239) sucht weltweit ihresgleichen. Bei spannenden Kanutrips auf zugewucherten Bächen und Urwaldwanderungen mit erfahrenen Guides gibt es alle möglichen Pflanzen und Tiere zu entdecken, von denen die meisten Besucher wohl noch nie gehört haben. Außerdem leben hier mehrere indigene Stämme, die bis heute den Kontakt zur Außenwelt meiden. Noch ist dieses Naturwunder intakt.

Die Strände der Nordküste

5 Wer bei Ecuador nicht an Sonne und Sand denkt, sollte noch einmal in sich gehen: Der Norden wimmelt von Fischerdörfern, Ferienorten, Surfertreffs und unberührten goldsandigen Stränden. Auf dem Weg die Küste hinauf oder hinunter hat man die freie Auswahl. Einer der nettesten Strandorte ist Canoa (S. 280) mit einem langen Traumstrand zwischen Steilküste und Brandung. Bei Sonnenuntergang lässt man den Tag dann in den quirligen Lokalen und Bars des Orts ausklingen. Oben rechts: Strand bei Same (S. 275)

PER-ANDRE HOFFMANN / LOOK-FOTO / GETTY IMAGES ©

Cuenca

6 Cuencas (S. 181) märchenhaftes kolonialzeitliches Zentrum betört Besucher schon seit dem 16. Jh. und ist heute als Unesco-Welterbe geschützt. Gepflasterte Sträßchen, bunte Fassaden und die wohlerhaltene Kathedrale laden zum Drauflosknipsen ein. Das Schönste sind aber die entspannte Atmosphäre, die freundlichen Einheimischen und das unkonventionelle Flair. Dazu noch ein tolles Nachtleben, diverse Museen und Galerien und ein paar der besten Restaurants des Landes: Kein Wunder, dass Cuenca das absolute Top-Highlight in Südecuador ist!

TRAVELER1116 / GETTY IMAGES ©

Der Quilotoa-Loop

7 Das Abenteuer beginnt auf 3000 m mit dem beliebten, rauen Quilotoa-Loop (S. 146). Diese Rundtour führt über indigene Dörfer und Malerkolonien zu einem dunkelblauen Kratersee und ins Herz des zentralen Hochlands von Ecuador. Das Beste daran: Jeder kann sein Abenteuer individuell gestalten. Freiwilligenarbeit bei einem nachhaltigen Landwirtschaftsprojekt? Kein Problem! Oder doch lieber auf vergessenen Pfaden von Dorf zu Dorf wandern und radeln? Auch das ist hier möglich.

Eine Fahrt mit dem TelefériQo

8 Der TelefériQo (S. 80) ist eine super-bequeme Möglichkeit, die Anden zu bezwingen: Die Seilbahn fährt von Quito in atemberaubende 4100 m Höhe hinauf. Von allen tollen Ausblicken der Stadt bietet der Cruz Loma bei klarem Wetter den aller-tollsten. Von hier betrachtet nimmt Quito das ganze Andental vor majestätischen Bergen (u. a. dem Cotopaxi) in der Ferne ein. Oben lässt sich das Abenteuer durch eine Wanderung oder einen Ritt zum Gipfel des Rucu Pichincha (4680 m) verlängern.

7

8

JAVARMAN / SHUTTERSTOCK ©

MICHELL IZZARZABURU / GETTY IMAGES ©

GLENN BARTLEY / AGEFOTO ©

Thermalbaden in Papallacta

9 Die gepflegte öffentliche Badeanlage am Rand des Andendorfs Papallacta (S. 220) verspricht eines der schönsten Wellnesserlebnisse in Ecuador: Umgeben von Bergen wechselt man hier zwischen den Thermalpools, dreht eine Runde im tollen Schwimmbecken, springt ins eiskalt belebende Tauchbecken und kehrt dann zum dampfenden Ausgangspunkt zurück. Noch magischer wird es am Abend, wenn man auf dem Rücken treibend zusieht, wie die Sterne am weiten, schwarzen Himmel aufgehen.

Walbeobachtung vor der Isla de la Plata

10 Aus nächster Nähe mitzuerleben, wie sich ein springender Buckelwal kraftvoll aus dem Wasser wuchtet, ist eine überwältigende Naturerfahrung. Von Juni bis September ziehen jedes Jahr fast 1000 dieser majestätischen Meeressäuger in Ecuadors Küstengewässer. Der Fischerort Puerto López (S. 309) ist der beste Ausgangspunkt für Bootstouren, bei denen man auch Delfine, Schwertwale, Grindwale und Cuvier-Schnabelwale zu Gesicht bekommen kann.

Parque Nacional Podocarpus

11 Der Parque Nacional Podocarpus (S. 209) an der peruanischen Grenze ist eines der besucherärmsten Naturschutzgebiete im südlichen Hochland. Zwischen 900 und 3600 m Höhe herrscht hier ein riesiger Artenreichtum – darunter schätzungsweise 3000 endemische Pflanzenarten Auf Vogelfans wartet eine erstaunliche Vielfalt von 600 außergewöhnlichen Vogelarten. Zusammen mit Wanderwegen, Hochlandseen und weiter Aussicht ergibt dies eine der großartigsten Attraktionen abseits von Ecuadors Touristenpfaden.

FIONA McINTOSH / GETTY IMAGES ©

MARGIE POLITZER / GETTY IMAGES ©

Parque Nacional Cotopaxi

12 Als Standort des bekanntesten Vulkans von Ecuador lädt der Parque Nacional Cotopaxi (S. 138) mit unbezahlbarer Aussicht und einigen besonders schönen Gebirgsunterkünften zu einem Abstecher von Quito ein. Die wenigen, die es bis zum Gipfel des Volcán Cotopaxi (5897 m) schaffen, erleben ein Top-Highlight. Alternativ vergisst man Steigeisen und Einspickel und entscheidet sich für großartige Schnappschüsse vom Berg oder Ausritte, Rad- und Wandertouren zu Hochlandseen und nahen Vulkangipfeln.

Vilcabamba

13 In Vilcabamba (S. 212) ist die Luft genau richtig – nicht zu heiß, nicht zu kalt; bergfrisch mit einer ganz leichten Weihrauchnote. Sie verleiht diesem Magneten im südlichen Hochland einen mystischen Reiz, der viele Traveller fesselt. Vielleicht gibt es hier deshalb mehr von Ausländern geführte Betriebe als sonstwo in Ecuador. Wen wundert es? Die Wandermöglichkeiten sind super, der nahe Nationalpark lädt zu Wildnisabenteuern zu Pferd oder per Mountainbike ein, und die Spa-Resorts lassen keinen Wunsch offen.

STR / XINHUA PRESS / CORBIS ©

REBECCA YALE / GETTY IMAGES ©

Surfen in Montañita

14 Ein ganzjährig verlässlicher Beach Break und eine freundliche Gemeinde erfahrener Surfer und relaxter Traveller mit Dreadlocks machen dieses Küstendorf (S. 315) zum idealen Zwischenstopp für Wellenreiter. Unerschrockene Anfänger finden hier leicht einheimische Surflehrer und kleinere Breaks im nördlich gelegenen Olón. Wer nicht auf übermannshohen Brechern dahingleiten will, kann solche Heldentaten auch einfach vom Strand aus vor einem herrlichen Sonnenuntergang beobachten.

Punta Suárez

15 Doim Blick über die wilde Steilküste am Westzipfel der Isla Española (S. 361) glaubt man, am Rand der bekannten Welt zu stehen: Das weite Meer erstreckt sich bis zum Horizont, während im Vordergrund ein Blowhole rhythmisch Wasser spuckt. Galapagosalbatrosse und ihre flauschigen Küken nisten im Gebüsch; winzige Finken hüpfen über den Felspfad. Nazca- und Blaufußtölpel versammeln sich am Abgrund, über dem Rotschnabel-Tropikvögel und Galapagosbussarde ihre grandiosen Flugkünste demonstrieren.

Der Malecón von Guayaquil

16 Guayaquils Erfolge bei der Stadterneu-erung werden nirgends deutlicher als auf seiner Uferpromenade (S. 290), einer Parade von turteln-den Pärchen, lunchenden Bürohengsten und fla-nierenden Familien. Der einst heruntergekommene *malecón* vereint nun die oft gegensätzlichen Vor-züge von Park und Platz. Baudenkmäler säumen gepflegte Gartenanlagen; vom modernen Kinder-spielplatz ist es nicht weit bis zu einem Spitzenmuse-um und einem Kunstfilmki-no. Freiluftlokale mit Fluss-blick lassen das Zentrum ganz weit weg erscheinen.

In Mindo wandern & Vögel beobachten

17 Das freundliche Mindo (S. 124) in einem dramatischen Ne-belwaldtal zwischen Quito und dem Pazifik ist längst kein Geheimtipp abseits der Touristenpfade mehr, doch seine Topattrak-tionen – die ungeheuer artenreiche Vogelwelt und die tolle Wanderlandschaft – sind so umwerfend wie eh und je. Vogelfans kön-nen hier mit einheimischen Führern tagelang immer wieder neue Vögel entde-cken, während Wanderer die nahen Wasserfälle, den dichten Nebelwald und die himmelhohen Felsen bestaunen.

Besteigung des Volcán Cayambe

18 Die vielen Vulkane und Berge in Ecua-dors nördlichen Anden stellen Gipfelstürmer vor die Qual der Wahl, aber der Volcán Cayambe (S. 101) ist ganz klar der imposanteste von allen. Sein ganzjährig schnee-bedeckter Gipfel erhebt sich majestätisch über dem gleichnamigen Städtchen. Der erlosche-ne Vulkan ist Ecuadors dritthöchster Berg und der höchste Punkt des Äquators weltweit. Den anstrengenden Aufstieg mit atemberaubender Aussicht kann fast jeder nach ein paar Trainings-tagen schaffen.

Baños

19 Das Paradies für Adrenalinjunkies liegt zwischen den Anden und dem Amazonasbecken in einem zauberhaften, kleinen Tal mit Wasserfall und mehreren natürlichen Quellen. Ein Highlight für Equipment-Freaks wie auch Naturfans ist die Mountainbikeabfahrt zum entlegenen Außenposten Puyo im Amazonasbecken. Für Paddler gibt es eine Handvoll Wild- und Flachwasserstrecken. Baños (S. 158) ist zudem der populärste Backpacker-Treff im zentralen Hochland. So ist man hier nie allein – mit allen Vor- und Nachteilen.

Rafting bei Tena

20 Die Umgebung von Tena (S. 241) gehört zu den besten Rafting-Revieren in ganz Südamerika. Hier brausen Flüsse durch tropische Täler und Schluchten, in denen Wasserfälle rauschen, und laden zu unvergesslichen eintägigen bis mehrwöchigen Wasserabenteuern ein. Erfahrene Veranstalter schulen die Teilnehmer in der Kunst des Paddelns und bieten alles Mögliche von gemächlichen Flussfahrten durch den Regenwald bis zu Touren auf spektakulären Wildwasserstrecken der Klasse V mit Campingübernachtungen im Dschungel.

REISEPLANUNG ECUADORS TOP 20

JOHN COLETTI / GETTY IMAGES ©

19

MICHAEL HANSON / GETTY IMAGES ©

20

Gut zu wissen

Mehr Infos unter Praktische Informationen (S. 413)

Währung
US-Dollar (US$)

Sprache
Spanisch

Geld
Geldautomaten gibt es in großen und mittelgroßen Städten. Gehobene Hotels, Restaurants und Läden akzeptieren Kreditkarten (mit Aufschlag).

Visa
Deutsche, Österreicher und Schweizer brauchen kein Visum, wenn sie bis zu 90 Tage im Land bleiben wollen.

Handys
Nur GSM-Handys, die den 850-MHz-Standard (GSM 850) verwenden können, sind mit den Netzen von Claro und Movistar kompatibel.

Zeit
UTC-5 (MEZ –6 Std.), Galapagosinseln UTC-6 (MEZ –7 Std.)

Verkehrsmittel
Busse fahren überall und sind günstig (etwa 1 US$/Reisestunde).

Reisezeit

Puerto Ayora
REISEZEIT
Jan.–Mai

Quito
REISEZEIT
Juni–Sept.

Canoa
REISEZEIT
Dez.–Feb.

Coca
REISEZEIT
Dez.–März

Cuenca
REISEZEIT
Juni–Sept.

Warme bis heiße Sommer, milde Winter
Tropisches Klima, ganzjährig Regen
Trockenes Klima
Wüste, arides Klima

Haupsaison
(Juni–Sept.)

➡ Sonnig und klar im Hochland; im Oriente weniger Regen

➡ Von Juni bis Dezember Nebensaison auf Galapagos: Es ist kühler, trockener, und das Meer ist rau.

➡ Zwischen April und Juli ist Nebensaison im Oriente, es regnet oft stark.

Zwischensaison
(Okt.–Nov.)

➡ Kühler, häufigere Schauer im Hochland (morgens ist es meist sonnig, nachmittags regnet es dann)

Nebensaison
(Dez.–Mai)

➡ Im Hochland kühler und regnerischer

➡ Von Dezember bis April ist Hauptsaison an der Küste: Es ist warm, regnet aber regelmäßig.

➡ Von Januar bis Mai ist Hauptsaison auf den Galapagosinseln.

Websites

Lonely Planet (www.lonely planet.com) Infos über Reiseziele, Hotelreservierungen, Traveller-Forum, Fotos

Hip Ecuador (www.hipecuador. com) Gute allgemeine Info-Website über Ecuador

Ministry of Tourism Ecuador (http://ecuador.travel) Highlights, Kulinarisches und Reisetipps fürs ganze Land

Latin American Network Information Center (http:// lanic.utexas.edu/la/ecuador) Massenweise nützliche Links zu allem Möglichen, was mit Ecuador zu tun hat

Wichtige Telefonnummern

Für Anrufe ins Festnetz die Ortsvorwahl und dann die siebenstellige Telefonnummer wählen.

Rettungswagen	131
Auskunft	104
Notruf (nur in größeren Städten)	911
Feuerwehr	102
Polizei	101

Wechselkurse

Eurozone	1 €	1,12 US$
	1 US$	0,89 €
Schweiz	1 SFr	1,07 US$
	1 US$	0,93 SFr

Aktuelle Wechselkurse siehe www.xe.com.

Tagesbudget

Budget: unter 30 US$

➡ Bett im Schlafsaal: 7–10 US$; günstige Pensonen: 10–15 US$/Pers.

➡ Mittagsgerichte: 2,50–3,50 US$

➡ Leihrad für eintägige Tour von Baños nach Puyo: 10 US$

Mittelklasse: 30–100 US$

➡ Doppelzimmer im Mittelklassehotel: 40–60 US$

➡ Abendessen für zwei in einem guten Lokal: 18–30 US$

➡ Berg-, Rad- und Vogelbeobachtungstouren: 60–80 US$/Tag

➡ Urwald-Lodges: ab 250 US$ für vier Tage

Gehoben: über 100 US$

➡ Galapagostour mit einem seriösen Veranstalter: ab 300 US$/Tag

➡ Amazonas-Lodges der Topklasse: um 250 US$/Tag

➡ Haziendas am Cotopaxi: ab 100 US$/Tag

Öffnungszeiten

Restaurants Mo–Sa 10.30–23 Uhr

Bars Mo–Do 18–24, Fr & Sa bis 2 Uhr, So geschl.

Geschäfte Mo–Fr 9–19, Sa 9–12 Uhr

Banken Mo–Fr 8–14 bzw. 8–16 Uhr

Postämter Mo–Fr 8–18, Sa 8–13 Uhr

Callcenter tgl. 8–22 Uhr

Ankunft in Ecuador

Aeropuerto Internacional Mariscal Sucre (S. 94; Quito) Quitos neuer Flughafen liegt rund 38 km östlich des Stadtzentrums. Ein Taxi in die Stadt kostet 22–26 US$. Alternativ einen Shuttlebus (8 US$) zum alten Flughafen und von dort ein billigeres Taxi in die Stadt nehmen (8–10 US$).

José Joaquín de Olmedo International Airport (S. 307; Guayaquil) Ein Taxi ins Stadtzentrum kostet um 5 US$. Vor dem Flughafen hält ein Metrovia-Bus, der ebenfalls ins Zentrum fährt (0,25 US$).

Unterwegs vor Ort

Busse sind *das* öffentliche Verkehrsmittel in Ecuador und das Netz ist ausgedehnt.

Bus Busse fahren fast überall hin. Sie verkehren häufig und kosten ca. 1–1,50 US$ je Stunde Fahrtdauer.

Auto Nützlich, um im eigenen Tempo zu reisen. Der Zustand der Straßen ist gut.

Fähre Fähren von Insel zu Insel sind ideal, um die vier bewohnten Hauptinseln des Galapagosarchipels in Eigenregie zu besuchen. Die Fahrt zwischen benachbarten Inseln kostet 30 US$.

Flugzeug Praktisch, um die Galapagosinseln und abgelegene Urwald-Lodges zu erreichen und um langwierige Busfahrten (z. B. von Quito nach Coca) zu vermeiden

Mehr zum Thema **Unterwegs vor Ort** s. S. 424

Wie wär's mit ...

Kolonialpracht

Ecuador besitzt mit prunkvollen Kirchen, Kathedralen und Klöstern, die fotogene Plätze zieren – einige davon aus dem 16. Jh. –, eine wahre Schatztruhe architektonischer Wunder. Zwei Altstadtzentren aus der Kolonialzeit zählen zum Unesco-Weltkulturerbe und sind Erzrivalen in Sachen Schönheit.

Quito Beim Bummel durch die geschäftigen Straßen des *centro histórico* (Altstadt) trifft man auf Schritt und Tritt auf atemberaubende Kulissen. Kirchen, Hausmuseen und Galerien mit Kolonialkunst laden zu einer Reise in die Vergangenheit ein (S. 52).

Cuenca Obwohl kleiner und weniger hektisch als die Hauptstadt ist Cuenca mit seinen gepflasterten Gassen, den hohen Glockentürmen und dem darunter vorbeirauschenden Fluss nicht weniger beeindruckend (S. 181).

Loja Besticht durch seinen kleinen, malerischen Stadtkern mit Gassen und Plätzen aus der Kolonialzeit (S. 202).

Riobamba Die betriebsame Stadt prunkt mit Bogengängen, herrlichen Kolonialkirchen und einem wunderschön restaurierten Kloster aus dem 16. Jh. (S. 171).

Grandiose Natur

Atemberaubende Gipfel, diesige Nebelwälder, das Grün des Amazonas und die weltfernen Galapagosinseln: Ecuador leidet keinen Mangel an Landschaften, die zum Staunen einladen.

Laguna Quilotoa Der topasfarbene See in einem Vulkankrater ist ein herrlicher Ort für eine Wanderung (S. 148).

Cascada de San Rafael Auf dem Weg in den Oriente lohnt ein Abstecher zum von Regenwald umgebenen höchsten Wasserfall Ecuadors (S. 224).

Lagunas de Mojanda Diese Bergseen im nördlichen Hochland schimmern wie Edelsteine (S. 112).

Parque Nacional Cotopaxi Hinaufklettern, drum herum wandern oder einfach von einer der historischen Haziendas an seinen Hängen den Blick auf den 5897 m hohen Volcán Cotopaxi genießen (S. 138).

Isla Isabela (Albemarle) Wer hier über den Lago Darwin oder auf den Volcán Sierra Negra blickt, erkennt, dass Galapagos nicht nur durch seine Tierwelt fasziniert (S. 350).

Parque Nacional Sumaco-Galeras Unvergessliche Treks durch Dschungel, Nebelwald und *páramo* und einige extrem entlegene Öko-Lodges (S. 240).

Outdoorabenteuer

Adrenalin-Junkies kommen im wilden, wundersamen Andenland voll auf ihre Kosten. Schneebedeckte Gipfel, brausende Flüsse und tosende Brandung bieten die perfekte Kulisse für lange Tagesausflüge.

Ziplining Bei Mindo (S. 124) und Baños (S. 158) kann man an mehreren Seilrutschen mit Affenzahn durchs Baumkronendach sausen.

Rafting Rund um Tena im Oriente locken die wildesten Wildwasserfahrten von Ecuador. Von Kategorie III bis V ist für jeden etwas dabei (S. 241).

Mountainbiken Ecuador hat viele tolle Radstrecken, aber ein zeitloser Favorit sind Abfahrten an den Flanken des 6310 m hohen Chimborazo – am besten in Riobamba zu buchen (S. 171).

Surfen Ordentliche Wellen gibt es überall an der Küste und sogar auf den Galapagosinseln, aber zwei tolle Orte für Anfänger sind Canoa (S. 280) und Montañita (S. 315).

Kunsthandwerksmärkte

Viel Platz im Koffer lassen oder vor Ort eine zusätzliche Tasche kaufen: Ecuador

Oben: Angehöriger des Cofán-Volks
Unten: Markt, Gualaceo (S. 200)

ist ideal für alle, die Märkte lieben. Wollpullis, Töpferware, Panflöten, aufwendige Webarbeiten: All das und noch viel mehr gibt es hier zu entdecken …

Otavalo Hier findet die Mutter aller Märkte statt, ein Muss für Erstbesucher – am riesigsten und besten samstags (S. 103).

Mercado Artesanal La Mariscal Wer nicht über Quito hinauskommt, sollte diesen täglich stattfindenden Markt mit seiner schönen Auswahl an Kleidung und Kunsthandwerk im Stadtviertel Mariscal besuchen (S. 91).

Saquisilí Der Donnerstagsmarkt wimmelt von Einheimischen und bietet einen faszinierenden Einblick in das Leben im Hochland (S. 152).

Gualaceo, Chordeleg & Sigsig Ganz in der Nähe von Cuenca richten diese drei Städtchen reizvolle Sonntagsmärkte aus, auf denen Kunsthandwerker ihre schönen Werke wie Hüte, Schmuck, Schnitzereien und Webarbeiten anbieten (S. 200).

Tierwelt

In Ecuadors Regen- und Nebelwäldern, im *páramo* des Hochlands, in tropischen Trockenwäldern und auf den Inseln lebt eine verblüffende Vielfalt an Tieren. Das Amazonasgebiet und die Galapagosinseln bieten beste Möglichkeiten, um Vögel und andere faszinierende Kreaturen zu beobachten.

Vogelbeobachtung Die Nebelwälder bei Mindo sind mit über 600 Vogelarten ein Paradies für Vogelfans (S. 125)

Amazonasgebiet Am unberührten unteren Abschnitt des Río Napo kann man in Urwald-Lodges nächtigen, um Affen, Tukane, Kaimane, Flussdelfine und andere Tiere zu beobachten (S. 234).

Parque Nacional Podocarpus Der gewaltige, aber wenig bekannte Park im südlichen Hochland ist Lebensraum unzähliger Tiere (und Pflanzen), darunter Tapire, Bären und nahezu 600 Vogelarten (S. 209).

Galapagosinseln Die weltberühmten Inseln sind das Zuhause von Lebewesen, die so zahm sind, dass man über all die Seelöwen, auf die man hier trifft, förmlich stolpert (S. 330).

Klettern, Wandern & Trekking

Die Steigeisen anschnallen und auf einen 5000 m hohen Vulkan klettern, durch bedrohte Wälder wandern oder eine Verbindungsroute zwischen Hochlanddörfern erkunden – ob kurze Tageswanderungen oder mehrtägige Touren, Ecuador bietet für jeden etwas.

Quilotoa Begeisterte Wanderer sollten sich diese Panoramatour durch das Hochland von Quilotoa über Chugchilán nach Isinliví nicht entgehen lassen. Übernachtet wird in einfachen Dorfgasthöfen (S. 146).

Cotopaxi Nur etwa jeder Zweite schafft es bis auf den Gipfel des gewaltigen Vulkans, aber es ist immer noch eine der beliebtesten Bergtouren Ecuadors. In Quito einen Bergführer buchen (S. 138)!

Camino del Inca Die dreitägige Wanderung über 40 km nach Ingapirca folgt der einstigen Inkastraße und bietet malerische Blicke übers Hochland (S. 199).

Parque Nacional Machalilla Der Küstenpark bei Puerto López bietet tolle Möglichkeiten für Tageswanderungen oder Campingtouren (S. 312).

Präkolumbische Geschichte

Schon vor Jahrtausenden siedelten die Vorfahren der heutigen indigenen Bewohner überall in diesem Land der vielen Kulturen.

Casa del Alabado Das stimmungsvolle neue Museum präsentiert präkolumbische Kunstwerke und die mystischen Aspekte alter Bräuche (S. 59).

Museo Nacional Die landesweit größte Sammlung präkolumbischer Fundstücke lädt zur Erkundung der Vergangenheit. Nicht die abgedunkelten Räume mit dem phantastischen Goldschmuck verpassen (S. 62)!

Ingapirca An der Inkamauer, der besterhaltenen archäologischen Stätte Ecuadors, ist die Steinmetzkunst der Inka zu bestaunen (S. 199).

Agua Blanca In dem indigenen Küstendorf bieten einheimische Fremdenführer Touren durch ein faszinierendes archäologisches Museum und die nahen Ruinen der Mantakultur an (S. 312).

Strände

Ecuador ist nicht primär für seine Küste bekannt, besitzt aber einige hübsche Strände mit sympathischen Küstendörfern – ideal für Entspannungspausen nach strapaziösen Reiseetappen.

Los Frailes Bei Puerto López lockt dieser weiß schimmernde Sandstrand mit kurzen Wanderstrecken in der Nähe (S. 313).

Bahía Tortuga Ein atemberaubender Sandstrand auf der Isla Santa Cruz; nahebei gibt es eine ruhige Lagune (S. 334).

Canoa Der relaxte Küstenort lädt zu endlosen Strandspaziergängen ein (S. 280).

Montañita Ein Lieblingsziel junger Surftouristen mit prima Wellen und regem Nachtleben (S. 315).

Nordküste Entlegene Strandquartiere warten am Ende der Straßen nach Mompiche (S. 278) oder Same (S. 275).

La Lobería Wer in Puerto Velasco Ibarra übernachtet und früh aus den Federn hüpft, wird mit unvergesslichem Blick auf das Seelöwen-Kap von Floreana belohnt (S. 345).

Indigene Kultur

Mit über 3 Mio. Angehörigen verschiedener indigener Gruppen bietet das Land reichlich Möglichkeiten, die indigene Kultur kennenzulernen. Viele gemeindebasierte Ökotourismus-Projekte versprechen unvergessliche Reiseerfahrungen.

Tsáchila In der Nähe von Santo Domingo kann man alles über Traditionen und Glauben der 3000-köpfigen Gemeinschaft der Tsáchila erfahren (S. 263).

Cofán Tief in der Amazonasregion baut das Volk der Cofán ein ausgezeichnetes gemeindebasiertes Ökotourismus-Projekt neu auf. Wer den Regenwald mit ihren Augen betrachtet, erlebt ihn umso intensiver (S. 229).

Shuar In Macas im Oriente kann man Führungen in Shuar-Dörfer buchen, um dort zu übernachten und Einblick in die traditionelle Lebensweise im Regenwald zu erhalten (S. 255).

Saraguro Der Ort südlich von Cuenca ist ideal, um eine Kichwa-sprechende Gemeinde zu erleben, am besten bei einer Gastfamilie. Die Umgebung wimmelt von Naturattraktionen – Wasserfälle, Panoramawanderungen, Reittouren (S. 201).

Monat für Monat

Februar

In Quito und im Hochland sind die Tage oft kühl und regnerisch. Im Oriente ist es dagegen trocken und sonnig. Entlang der Küste wechseln sich sengende Sonne und heftige Regenfälle ab.

Karneval

In den letzten Tagen vor dem Aschermittwoch wird der *carnaval* feuchtfröhlich mit Wasserschlachten gefeiert – manchmal werden Passanten mit allen möglichen fragwürdigen Flüssigkeiten überschüttet. Guaranda ist berühmt für seinen Karneval mit Tänzen und Paraden.

Fiesta de Frutas y Flores

In Ambato fällt der Karneval mit dem Früchte-und-Blumenfest zusammen, bei dem Früchte- und Blumen-

shows, Stierkämpfe und Paraden gezeigt werden und die Menschen bis tief in die Nacht auf den Straßen tanzen. Anders als bei Festen in anderen Teilen Ecuadors sind Wasserschlachten hier verboten.

März

Im Hochland ist die Regensaison noch in vollem Gange (sie dauert etwa von Oktober bis Mai), aber der März ist eine gute Zeit, um den Menschenmassen zu entgehen. Im Oriente gibt es viel Sonne, an der Küste einen Mix aus Unwettern und Sonnenschein.

Fiesta del Durazno

Jedes Jahr am 4. März feiert der kleine Ort Gualaceo im südlichen Hochland eines seiner besten Erzeugnisse beim Pfirsich-Erntefest mit Blumen, Kunsthandwerk und Livemusik.

Semana Santa

In der Woche vor dem Ostersonntag (Ende März oder Anfang April) feiert man in ganz Ecuador die Semana Santa (Karwoche) mit religiösen Prozessionen. Besonders farbenfroh ist

die Karfreitagsprozession der in violette Kutten gekleideten Büßer in Quito.

April

Im Hochland hält die Regensaison mit Sonnenschein am Vormittag und Regenschauern am Nachmittag an. Im Oriente und an der Küste ist es meist sonnig; es gibt aber auch immer wieder Regenunwetter.

Gründungstag, Cuenca

Der Jahrestag der Gründung Cuencas wird an mehreren Tagen um den 12. April begangen und ist eines der größten Ereignisse im südlichen Hochland. Es gibt Livebands, Paraden, kunstvolle Festwagen und Feuerwerk. Tagsüber locken Imbissstände am Flussufer die Menschenmassen an.

Batalla de Tapi

Bei der größten Festivität von Riobamba, am 21. April, dreht sich alles um die Unabhängigkeitsschlacht von 1822. Zur Feier gibt es eine Landwirtschaftsausstellung und, wie im Hochland so üblich, Umzüge, Tanz und reichlich Speis und Trank.

Mai

Im Hochland bringt der Beginn der Trockenzeit weniger Regen und mehr Sonne, während im Oriente der Regen Einzug hält. Auf den Galapagosinseln hält die warmfeuchte Zeit (Januar bis Juni) noch an, mit wärmeren Tagen und regelmäßigen Schauern.

 **Chonta Festival**

Das Chonta Festival, das in der letzten Maiwoche in Macas steigt, ist das wichtigste Fest der Shuar. Den Höhepunkt bildet ein Tanz, der bei der Gärung des *chicha* helfen soll (Getränk aus Mais oder Maniok).

 **Fronleichnam**

Der religiöse Feiertag (Ende Mai oder Juni) wird im Hochland vielerorts zusammen mit einem Erntefest mit Prozessionen und Straßentanz gefeiert, besonders schön in Cuenca.

Juni

Die Trockenzeit im Hochland ist Ecuadors Haupttouristensaison. Im Oriente ist es meist regnerisch, auf den Galapagosinseln dagegen kühl und trocken (bis in den August ist mit rauer See zu rechnen).

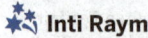 **Inti Raymi**

Das jahrtausendealte indigene Fest der Sommersonnenwende und der Ernte wird im ganzen nördlichen Hochland begangen. In Otavalo wird es mit den Feiern zum Johannistag (24. Juni) und Peter und Paul (29. Juni) kombiniert.

Juli

Mit klarem, sonnigem Wetter ist die ideale Reisezeit fürs Hochland. Im Oriente herrscht eher Regen vor. Die Galapagosinseln und die Küste bleiben trocken und kühl (teils auch bewölkt).

✨ Gründung von Guayaquil

Tänze auf den Straßen, Feuerwerk und Prozessionen sind Teil der Feierlichkeiten in den Nächten vor dem Jahrestag der Gründung Guayaquils (25. Juli). Da zudem der 24. Juli (Simón Bolívars Geburtstag) ein landesweiter Feiertag ist, macht die Stadt in dieser Zeit komplett dicht und feiert voller Hingabe.

August

In der Sierra ist es immer noch warm und trocken; im Oriente gibt es eine kurze Atempause von den heftigen Regenfällen. Ein besucherstarker Monat mit vielen Urlaubern aus Nordamerika und Europa.

✨ La Virgen del Cisne

Im südlichen Hochland kommen am 15. August Tausende von Pilgern zu einer Prozession, die die Virgen del Cisne (Schwanenjungfrau) 70 km weit nach Loja trägt.

✨ Fiestas de San Lorenzo

Im afro-ecuadorianischen San Lorenzo hoch droben im Norden animieren am 10. August traditionelle Marimba- und Salsa-Rhythmen zum Mittanzen.

September

Das Hochland bleibt sonnig und klar; im Oriente herrscht ein Mix aus Regen und Hitze. Mit vielen bedeutenden traditionellen Festen ein interessanter Monat für einen Besuch.

✨ Fiesta del Yamor

Das größte Fest der Provinz Imbabura feiert die herbstliche Tagundnachtgleiche und Colla Raimi (das Mondfest) mit Stier- und Hahnenkämpfen, Tanz, Partys, Festessen und *yamor* (alkoholfreies Getränk aus sieben Sorten Mais).

✨ Feria Mundial del Banano

In der dritten Septemberwoche feiert Machala seine gelbe Lieblingsfrucht mit Musik, Paraden und Feuerwerk. Eines der größten Events ist ein Schönheitswettbewerb zur Wahl der Reina del Banano (der Bananenkönigin).

✨ Fiesta de la Mamá Negra

Latacunga richtet zu Ehren der Virgen de la Merced eines der berühmtesten Feste im Hochland aus. La Mamá Negra – ein Mann, der sich als dunkelhäutige Frau kostümiert – erinnert an die Befreiung der afrikanischen Sklaven im 19. Jh.

Oktober

Im Oktober lichten sich die Touristenscharen und die Preise sinken etwas. Die See um die Galapagosinseln ist rauer, aber dafür kann man hier und da günstige Angebote abstauben.

✨ Unabhängigkeitstag

Bei der Riesenfete (9. Oktober), mit der Guayaquil seine Unabhängigkeit von Spanien feiert, geht es in der tropischen Stadt hoch her. Menschenhorden drängen sich im Zentrum zu Umzügen, Konzerten, Straßenfesten und Feuerwerk.

Dezember

Trotz der kühleren Temperaturen und des zunehmenden Regens im Hochland kommen von Dezember bis Mitte Januar zahlreiche Urlauber aus Nordamerika und Europa nach Ecuador.

✨ Fiestas de Quito

Bei Quitos großem Stadtfest gibt es die ganze erste Dezemberwoche hindurch Stierkämpfe, Paraden und Straßentanz. Überall stehen Open-Air-Bühnen und erfüllen die Hauptstadt mit Musik.

✨ Fiesta de Baños

In Baños ist der 16. Dezember *der* Tag für alle Feierwütigen. Auf dem Programm stehen Straßenfeste, Konzerte und natürlich Essen und Trinken ohne Ende.

✨ Silvester

Die Umzüge und Tänze beginnen bereits am 28. Dezember. Als Höhepunkt werden zu Silvester zusätzlich zum Feuerwerk auch lebensgroße Puppen auf den Straßen verbrannt. Am heftigsten wird in Quito und Guayaquil gefeiert (vor allem auf dem *malecón*).

Oben: Bunte Trachten beim Inti-Raymi-Fest
Unten: Karfreitagsprozession, Quito

Reiserouten

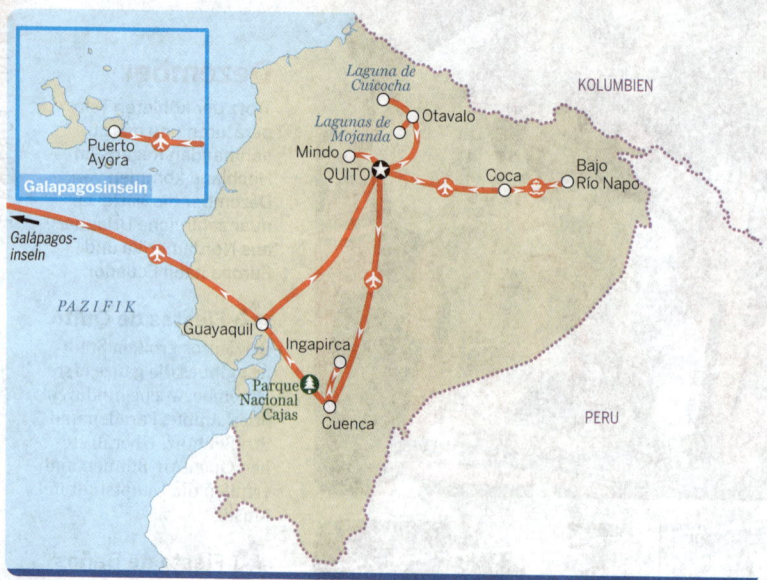

2 WOCHEN Ecuadors Highlights

Schätze der Kolonialzeit, Nebel- und Regenwälder, wuselige Märkte und faszinierende Fauna stehen bei diesem Trip quer durch Ecuador auf dem Programm. Los geht es in **Quito**, wo man zwei Tage investieren sollte, um die prachtvolle Architektur der Altstadt zu bestaunen. Dann lockt **Otavalo**, 2½ Stunden weiter nördlich, mit seinem berühmten Markt (am tollsten ist er samstags). Nach der Übernachtung hier steht eine Wanderung zu atemberaubenden Seen wie der **Laguna de Cuicocha** oder den **Lagunas de Mojanda** an. Am vierten Tag geht es (über Quito) nach Westen in die üppigen Nebelwälder um **Mindo**. Übernachtet wird in einer Lodge am Fluss oder am Berghang. Nach der Rückkehr nach Quito besteigt man einen One-Way-Flug nach **Cuenca**, dem Kolonialjuwel des Südens. Zwei Tage kann man damit verbringen, seine 500 Jahre alten Kirchen und den traumhaften **Parque Nacional Cajas** 30 km westlich zu erkunden. Wer genug Zeit hat, besucht noch die Inkaruinen von **Ingapirca**, bevor von **Guayaquil** der Flieger auf die **Galapagosinseln** geht. Hier sind vier Tage für Tierbeobachtungen und Inselhopping einzuplanen. Für die letzte Etappe fliegt man zurück nach Guayaquil und (über Quito) weiter nach **Coca**, dem Tor zum Amazonas. Drei Nächte in einer Urwald-Lodge am **Bajo Río Napo** bieten beste Chancen, die Tierwelt der Amazonasregion zu erleben.

3 WOCHEN Die Anden

Eine Reise auf dem Rücken der Anden verspricht neben traumhafter Bergszenerie mit beschaulichen Dörfern auch einen Mix aus kolonialen und präkolumbischen Sehenswürdigkeiten und tolle Möglichkeiten zum Wandern, Mountainbikefahren und Klettern. Ausgangspunkt des Hochlandabenteuers (und gut zur Höhenakklimatisierung) ist **Quito**, eine der faszinierendsten Hauptstädte Südamerikas. Nach zwei Nächten fährt man nach Süden, um eine oder zwei Nächte auf einer historischen Hazienda am **Cotopaxi** zu verbringen, auszureiten und zu wandern. Wer fit ist, kann den Vulkan, einen der schönsten Ecuadors, auch erklimmen. Dann geht es weiter gen Süden nach **Latacunga** und in die Berglandschaft des **Quilotoa-Loop**. Die Gegend ist wunderbar für Wanderungen zwischen indigenen Dörfern mit Übernachtungen in einfachen Pensionen.

Nach zwei Tagen „in den Wolken" bei Quilotoa steht das etwas weiter unterhalb gelegene subtropische **Baños** mit seinen natürlichen Quellen und gemütlichen Pensionen mit Aussicht auf dem Programm. Von hier führt eine phantastische Fahrradabfahrt an erfrischenden Wasserfällen vorbei nach **Puyo** im Oriente. Von Baños geht es weiter nach **Riobamba**, eine ideale Basis für adrenalinträchtige Mountainbikefahrten oder Trekking am **Volcán Chimborazo**. In Riobamba setzt man sich in den Bus nach **Alausí** und unternimmt dann eine Zugfahrt über die berühmte **Nariz del Diablo** mit tollem Blick auf Chimborazo, El Altar, Laguna de Colta und andere landschaftliche Highlights entlang der „Vulkanstraße". Nach der Rückkehr nach Alausí nimmt man den Bus in die traumhafte Kolonialstadt **Cuenca**, die mit spanischen Kirchen, friedlichen Plazas und einer idyllischen Flusslage aufwartet. Nach ein paar Tagen geht es mit dem Bus, einer geführten Tour oder im Rahmen einer dreitägigen Wanderung entlang des Camino del Inca (Inkapfad) zu den Inkaruinen **Ingapircas**. Ausrüstung und Guides können in Cuenca organisiert werden. Die letzte Station ist wieder Quito. Dort kann man sich noch einmal ins Nachtleben stürzen (das Zazu ist eine gute Wahl, danach Drinks und Tanzen im La Juliana), um den Abschluss des großen Andenabenteuers gebührend zu feiern.

Der Süden

Südlich von Quito findet man sich bald in betriebsamen Marktstädtchen, entlegenen indigenen Dörfern und unberührten Nationalparks wieder, weit weg von den Touristenmassen. Ausgangspunkt ist **Riobamba**, eine ziemlich alltägliche Stadt, in der samstags am meisten los ist: Dann findet ein großer Markt statt. Ein Abstecher führt Richtung Westen ins malerische **Guaranda**, das Tor zu **Salinas**, einem faszinierenden Dörfchen auf dem Land. Dort sind Kooperativen ansässig, die Schokolade, Käse, Pilze und Wollwaren produzieren, und man kann die schöne Umgebung zu Fuß oder Pferd erkunden. Nach einer Übernachtung geht es über **Riobamba** nach Osten, in den **Parque Nacional Sangay** mit seinen majestätischen Vulkanen und einer artenreichen Flora und Fauna. Anschließend fährt man wieder zurück nach Riobamba und weiter in den Süden ins niedliche Kichwa-Dorf **Guamote**. Übernachten kann man in dem gemütlichen, von der Gemeinde betriebenen Inti Sisa. Dort werden Aktivitäten wie Mountainbiken, Ausritte oder Wanderungen in der schönen Umgebung organisiert. Wenn möglich, sollte man donnerstags hier ankommen, wenn der riesige Markt der *indígenas* aufgebaut wird.

Der nächste Abstecher führt Richtung Südosten nach Atillo. Dort locken phantastische Wandermöglichkeiten rund um die kristallklaren **Lagunas de Atillo**. Anschließend geht es zurück nach Guamote und südwärts nach **Cuenca**. Die Stadt bietet sich für ein kleines Verwöhnprogramm mit Übernachtung in einer der schönen Pensionen und leckerem Essen an. Nächste Station ist **Loja**. Zu den kulinarischen Spezialitäten der Stadt gehören *cuy* (Meerschweinchen), aber auch Gerichte aus Mais und Kochbananen.

Östlich von Loja erstreckt sich der riesige **Parque Nacional Podocarpus** mit verblüffender Artenvielfalt und Wanderrouten über faszinierende *páramo*-Bergwiesen und durch Nebelwälder. Von Loja geht die Reise dann noch weiter nach Süden, ins hübsche Dorf **Vilcabamba**. Dort kann man wandern, radeln, reiten oder auch einfach nur die friedliche Atmosphäre genießen. Dann verbringt man einen Tag in **Catacocha**, einem reizenden, wenig besuchten Ort an der Westseite der Anden, und besucht zu guter Letzt noch **Puyango** mit einem der größten versteinerten Wälder Südamerikas.

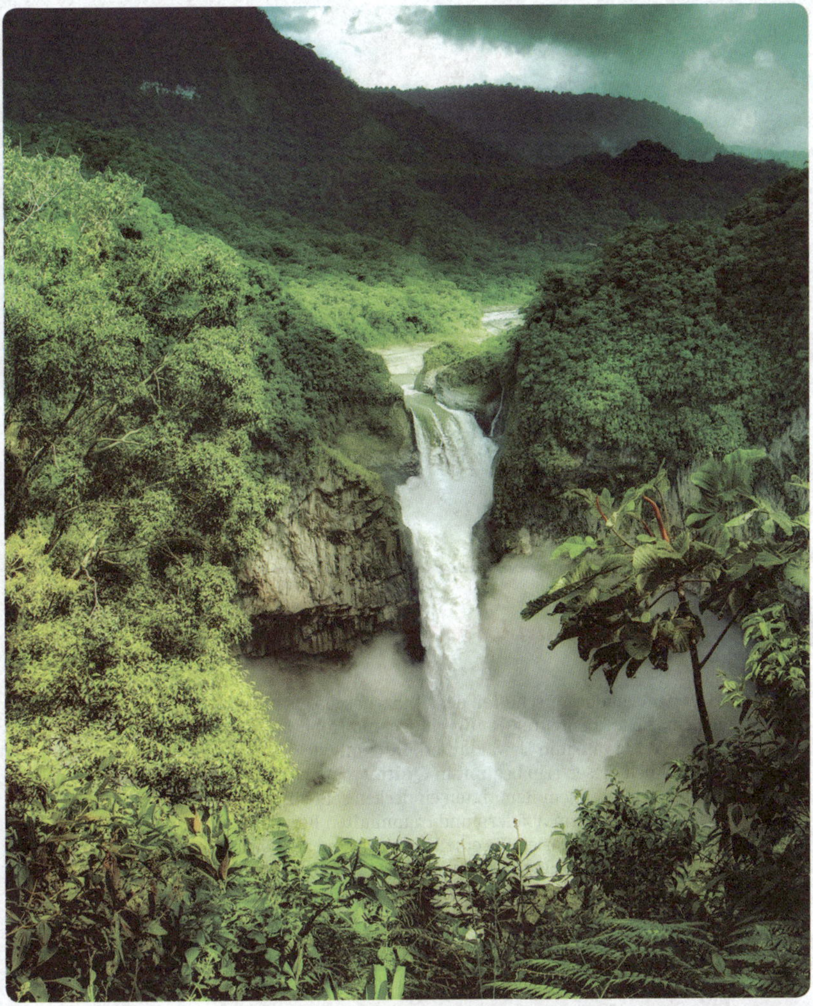

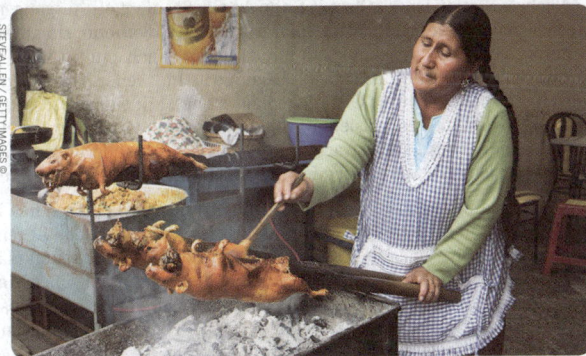

Oben: Cascada de San Rafael (S. 221)

Rechts: Zubereitung von *cuy* (Meerschweinchen)

STEVEALLEN / GETTY IMAGES ©

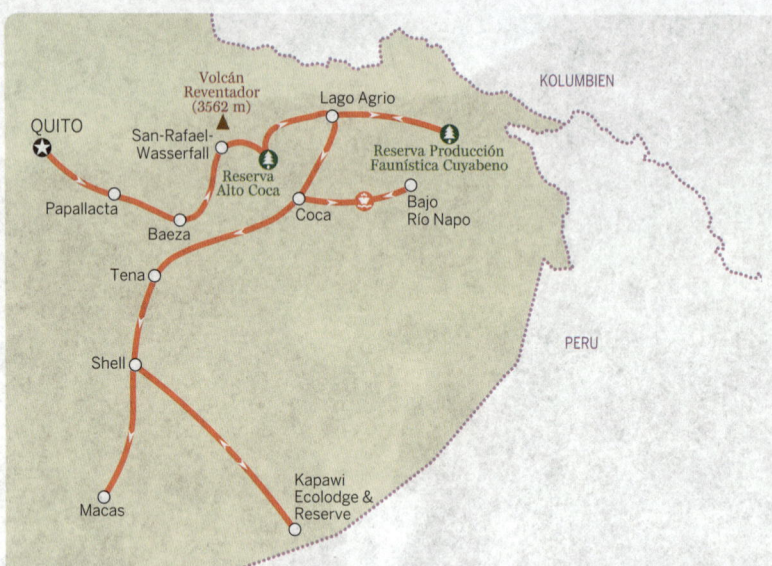

 3 WOCHEN

Abenteuer im Oriente

Der Oriente ist der ecuadorianische Teil des Amazonasgebiets und eine der artenreichsten Regionen der Welt. Abenteurer, Naturfreunde und Hobbyanthropologen dürfen sich auf indigene Reservate und Urwaldunterkünfte mit viel Vegetation und „Viehzeug" ringsum freuen. Auch dieser Trip beginnt in **Quito**, wo man die Urwald-Lodges im Voraus buchen und sich mit allem Benötigten eindecken sollte. Dann geht es per Bus nach **Papallacta** mit seinen Thermalbädern und traumhaften Bergpanoramen. Es bietet sich mit Unterkünften aller Kategorien für eine Übernachtung an, bevor man tags darauf die Weiterfahrt gen Osten nach **Baeza** antritt, einem netten Stützpunkt für Wander- und Raftingtouren, Vogelbeobachtungen und andere Aktivitäten. Weiter nördlich wartet die äußerst fotogene **Cascada San Rafael**, Ecuadors höchster Wasserfall. Wer den aktiven Volcán Reventador aus der Nähe bewundern will, sollte in die **Reserva Alto Coca** hinaufwandern. Das entlegene Nebelwald-Schutzgebiet bietet tolle Wanderrouten und Möglichkeiten zur Vogelbeobachtung sowie rustikale Hütten mit umwerfendem Vulkanblick.

Nächste Station ist die Ölstadt **Lago Agrio**. Sie dient als Ausgangspunkt für einen Abstecher in die **Reserva Producción Faunística Cuyabeno**, ein grandioses Regenwald-Schutzgebiet, das vor Artenvielfalt nur so strotzt. Nach einigen Tagen in der Cuyabeno Lodge führt die Route zurück nach Lago Agrio und weiter nach **Coca** – noch ein einstiges Flussdorf, das sich zur Ölstadt gemausert hat. Mit einem Dschungelführer (am besten vorab von Quito organisieren!) geht es zum **Bajo Río Napo**, wo einige der schönsten Urwald-Lodges des Landes warten. Dort gibt es bei Wanderungen, Kanutouren und Kletterpartien ins Baumkronendach reichlich Gelegenheit, die Tierwelt zu beobachten.

Wer genug Piranhas gefischt und Kaimane und Vögel gesehen hat, kann über Coca nach **Tena** weiterreisen. Die Stadt am Fluss ist *der* Ort, um den Regenwald aus einer neuen Perspektive zu erleben: auf einem Raftingtrip durch spektakuläre Stromschnellen der Klasse IV. Falls noch Zeit bleibt, kann man einen Ausflug über **Macas** in den wenig besuchten südlichen Teil des Oriente anhängen. Oder man steuert das von den Achuar geführte **Kapawi Ecolodge & Reserve** an (per Charterflugzeug vom Städtchen **Shell** zu erreichen), ein wunderbar entlegenes Stückchen Amazonien.

 **Surfen & Sonnen**

Die hübschen Küstendörfer und schönen Strände von Ecuador locken ein wild gemischtes Publikum aus Sonnenanbetern, Surfern, Seafood-Gourmets u. a. an. Startpunkt sind die relaxten Strände bei **Same** (*sah*-mey) und der Corredor Turistico Galera-San Francisco an der Nordküste. Nach der langen Reise von Quito mietet man sich bei einer Strand-*cabaña* (Hütte) ein, macht einen Strandbummel und schlemmt Meeresfrüchte bis zum Abwinken. Am zweiten Tag setzt man sich in den Bus nach **Mompiche**. Der beliebte, aber noch nicht völlig überlaufene Surfertreff besticht mit einem langen, bräunlichen Sandstrand, hohen Wellen und einer netten Travellerszene. Vor der Weiterfahrt nach Süden geht es von hier auf Walbeobachtungstour oder zum Inselparadies **Isla Portete**.

Nächste Station ist **Canoa**. Der beschauliche Ort mit langem Sandstrand, hinter dem bewaldete Felsen aufragen, lädt zum Verweilen ein: Besucher können Surf- und Spanischunterricht nehmen und zu einsamen Stränden radeln oder reiten. Es gibt ein paar schöne Strandpensionen und brauchbare Restaurants. Lohnend ist ein Besuch der Biofarm **Río Muchacho** mit Führung, Übernachtung und prima Essen aus eigenem Anbau.

Am sechsten Tag steht die **Bahía de Caráquez** auf dem Programm. Die Besichtigung der **archäologischen Stätte Chirije** organisiert man am besten vorab. Außerdem kann man Mangroven erkunden, nach Fregattvögeln Ausschau halten und eine Ökostadttour unternehmen. Am nächsten Tag geht es nach **Puerto López** (normalerweise mit Umstieg in Manta). Die verschlafene Stadt ist das Tor zur **Isla de la Plata**, auf der sich Blaufußtölpel tummeln. In der Saison (Mitte Juni–Anfang Okt.) werden auch häufig Wale gesichtet. Weitere Attraktionen der Gegend sind der Traumstrand **Los Frailes**, die indigene Gemeinde **Agua Blanca** und der umgebende Regenwald mit tollen Wander- oder Reitmöglichkeiten.

Zum Abschluss steht ein zweitägiger Besuch in **Montañita** an, einem Surferort mit fröhlicher Partyatmosphäre. Wer es etwas ruhiger mag, kann auf **Ayampe** oder **Olón** ausweichen. Und wenn noch etwas Zeit bleibt, lockt ein Abstecher nach **Dos Mangas**, um zu Wasserfällen und entlegenen Küstendörfern zu wandern oder reiten.

Bungeejumping, Baños (S. 158)

Outdooraktivitäten

Ecuador hat ein Riesenangebot an Outdoor-Abenteuern, die sich dank seiner überschaubaren Größe auch gut kombinieren lassen, von Vogelbeobachtungen in den Nebelwäldern, Wanderungen zwischen Andengipfeln und Schnorcheln bei den Galapagosinseln bis zu Wellenreiten, Mountainbiking und Rafting der Extraklasse.

Die besten Outdoor-Abenteuer

Bergtour
Die majestätischen Höhen des Volcán Cotopaxi (5897 m) belohnen ausreichend fitte Gipfelstürmer mit herrlicher Aussicht.

Wanderung
Der mehrtägige Trek auf dem Camino del Inca folgt dem Inkapfad über 40 km zu den großartigen Ruinen von Ingapirca.

Vogelbeobachtung
Mindos artenreicher Nebelwald beherbergt Hunderte von farbenfrohen Vogelarten.

Mountainbike-Tour
Die tollste Abfahrt führt von der kühlen Hochlandstadt Baños über 60 km bergab zum feucht-warmen Puyo im Amazonasbecken.

Rafting
Die Flüsse Tena und Macas laden zu phantastischen ein- oder mehrtägigen Raftingtrips durch die Urwaldlandschaft des Oriente ein.

Surfen
Auf dem Festland bieten Montañita, Mompiche und Canoa gute Breaks. Anspruchsvollere Wellen warten bei der Isla San Cristóbal (Galapagos).

Wandern

Wandermöglichkeiten gibt es hier unendlich viele. Spektakuläre Landschaft ist überall garantiert. Schneebedeckte Gipfel, Nebelwälder oder grüner Tiefland-Urwald bilden das Terrain für Treks und Tierbeobachtungen. Für Wanderungen auf eigene Faust sind die Nationalparks am besten.

Topziele

Parque Nacional Cotopaxi (S. 138) In dem 330 km^2 großen Nationalpark erhebt sich Ecuadors zweithöchster Berg: der schneebedeckte Gipfel des aktiven Volcán Cotopaxi (5897 m). Park und Umgebung bieten tolle Wandermöglichkeiten, aber es gibt nur wenige markierte Wege; deshalb muss man sich oft selbst eine Route suchen.

Parque Nacional Cajas (S. 196) Im malerischen *páramo* (alpines Anden-Grasland) fällt der Blick von diversen mehr oder weniger gut beschilderten Wegen auf hübsche Bergseen. Mit Regen ist zu rechnen (Aug.–Jan. sind am trockensten).

Quilotoa-Loop (S. 146) Beim spektakulären, topasfarbenen Kratersee von Quilotoa warten ein paar lohnende Routen – z. B. Wege von Dorf zu Dorf und Abkürzungen durch Hochgebirgsschluchten. Eine schöne, auf eigene Faust zu bewältigende Route führt von Quilotoa nach Isinliví (mit Übernachtung in Chugchilán).

Parque Nacional Podocarpus (S. 209) Der Park bietet unvergessliche Routen durch tropisch grünes Tiefland oder kühles Berghochland, u. a. eine eintägige Nebelwaldwanderung und eine mehrtägige Wandertour zu Andenseen.

Parque Nacional Machalilla (S. 312) Die Wege in Ecuadors einzigem Küstennationalpark (400 km^2) verlaufen durch Nebelwald und tropischen Trockenwald. Zum Park gehört die Isla de la Plata mit mehreren Rundrouten. Wegen ihrer Tierwelt (u. a. Blaufußtölpeln) wird sie auch „Galapagos für Arme" genannt.

Camino del Inca (S. 199) Eine beliebte Route folgt einem Teilstück des Inkapfads zwischen Cuzco (Peru) und Quito zur archäologischen Stätte Ingapirca. Die meisten Traveller brauchen für die faszinierende, 40 km lange Strecke drei Tage.

Vogelbeobachtung

Kein anderes Land der Welt besitzt eine so unglaubliche Vogelvielfalt auf so kleinem Raum. Auf Ecuadors Festland und den Galapagosinseln wurden rund 1600 Vogelarten (z.T. endemisch) gesichtet. Das größte Problem für Vogelbeobachter ist die Qual der Wahl: Inseln, Regen- und Nebelwald haben alle ihren Reiz.

Nebelwald

Ein guter Startpunkt für Erkundungen liegt gleich nördlich von Quito. Die Nebelwälder bei Mindo sind ein Paradies für Vogelbeobachter. Zu den Highlights zählen Andenklippenvögel (Rote Felsenhähne), Schuppenschmuckvögel, Goldkopf- und Kammtrogone. Insgesamt wurden in der

Region über 400 Vogelarten registriert. Außerdem gibt es hier ausgezeichnete Guides und Lodges.

Amazonasregion

Mit mehr als 500 registrierten Vogelarten ist der Unterlauf des Río Napo im Amazonasbecken ein Topziel. Die Urwald-Lodges dort gehören zu den besten Ecuadors; einige haben Beobachtungstürme auf Baumkronenniveau und Biologen als Führer.

Galapagosinseln

Dank 28 endemischer Spezies mit außergewöhnlicher Evolutionsgeschichte sind auch die Galapagosinseln ein Mekka für Freunde des Federvolks. Die Isla Santa Cruz beherbergt die größte Zahl an Vögeln und ist ein guter Startpunkt für die Suche nach den 13 Darwinfinkenarten. Verschiedene große Arten wie Blaufußtölpel, Fregattvögel und Lavareiher lassen sich oft im Hafenbereich von Puerto Ayora blicken.

Bergtour, Volcán Chimborazo (S. 169)

Bergsteigen

Die himmelhohen Anden, die sich durchs ganze Land ziehen, sind ein Terrain für echte Abenteuer. Ecuador hat zehn Fünftausender, davon acht im zentralen Hochland. Dort findet man die eindrucksvollsten Gipfel des Landes. Achtung: Ecuadors mächtigste Berge sind oft Vulkane, deren Zustand sich schnell ändern kann. So sind manche in einem Jahr erklimmbar, im nächsten nicht mehr. Wer einen Gipfel ohne spezielle Ausrüstung bezwingen möchte, könnte den Volcán Imbabura (4609 m) im nördlichen Hochland ins Auge fassen, eine anspruchsvolle und lohnende Gipfeltour ganz in der Nähe von Ibarras.

Grundlegende Infos

Bergsteiger brauchen die Standardschnee- und -eisausrüstung: Seil, Steigeisen, Eispickel, hochgebirgstauglichen Sonnenschutz und Thermobekleidung sind das Minimum. Wer nicht äußerst erfahren ist, sollte unbedingt einen Führer aus Quito oder Riobamba anheuern. Das Andenwetter kann rasch umschlagen; selbst Bergprofis sind hier schon ums Leben gekommen. Mehrere Agenturen bieten Leihausrüstung und Führer. Für eine zweitägige Tour auf einen der hohen Gipfel sind etwa 180 US$ pro Person zu veranschlagen. Die besten Guides haben ein offizielles Zertifikat des ecuadorianischen Bergführerverbands (ASEGUIM).

Klettern ist ganzjährig möglich; als beste Zeit gelten die Monate Juni bis August und Dezember bis Februar.

Bedeutende Gipfel

Volcán Chimborazo (S. 169) Ecuadors höchster Gipfel (6310 m) ist ein erloschener Vulkan. Die Besteigung ist für erfahrene Kletterer relativ problemlos, erfordert aber Eisausrüstung. Von der Schutzhütte folgen die meisten der Normalroute

NOCH MEHR TOLLE ZIELE FÜR VOGELFANS

➡ Parque Nacional Cajas (S. 196)

➡ Parque Nacional Podocarpus (S. 209)

➡ Naturschutzgebiet Jorupe (S. 217)

➡ Bosque Protector Cerro Blanco (S. 308)

➡ Reserva Ecológica Manglares Churute (S. 323)

Fotojagd auf die flugunfähigen Stummelkormorane der Galapagosinseln (S. 330)

(hin 8–10, zurück 2–4 Std.). Riobamba ist der beste Ort, um Führer anzuheuern, Ausrüstung zu leihen und nach der Tour zu entspannen.

Volcán Cotopaxi (S. 138) Ecuadors zweithöchster Berg (5897 m) ist ein aktiver Vulkan und einer der beliebtesten Andengipfel für echte Bergsteiger. Ab der Schutzhütte lässt er sich in einem langen Tag bezwingen; wer vernünftig ist, plant besser zwei Tage ein. Vor dem Aufstieg ist eine mehrtägige Akklimatisierung erforderlich. Hierfür sind die Lodges in und rund um Cotopaxi super.

Los Ilinizas (S. 137) Die Sägezahnspitze des Iliniza Sur (5248 m) ist Ecuadors sechsthöchster Gipfel – und einer der schwierigsten: Nur erfahrene Kletterer kommen hier zurecht. Die strapaziöse Kletterpartie auf den Iliniza Norte (5126 m) ist dagegen auch von akklimatisierten, erfahrenen Bergwanderern zu bewältigen. Das Dörfchen El Chaupi mit einer Handvoll einfacher, aber netter Pensionen ist eine gute Akklimatisierungsbasis für Bergsteiger und Wanderer.

Volcán El Altar (S. 166) Der schon lange erloschene Vulkan (5319 m) gilt vielen als der schönste und technisch anspruchsvollste Berg Ecuadors. Diese Region besucht man am besten zwischen Dezember und März. Im Juli und August ist El Altar oft wolkenverhangen.

Mountainbiken

Ecuador bietet einige ausgezeichnete Ziele für Mountainbiker – insbesondere die adrenalintreibenden Abfahrten an den Flanken des Cotopaxi und des Chimborazo. Die MTB-Anbieter mit den besten Fahrrädern, Führern und Ausrüstungsteilen gibt es in Quito und Riobamba.

Wegen der beliebten und tollen (Straßen-)Abfahrt nach Puyo werden auch in Baños viele mitteltere Mountainbikes vermietet. Entlang der Río-Pastaza-Schlucht führt „La Ruta de las Cascadas" (Landstraße der Wasserfälle) zwischen Baños im Hochland (1800 m) und der Urwaldsiedlung Puyo (950 m) gleichmäßig bergab. An der 61 km langen Route laden einige Wasserfälle zum erfrischenden Planschen ein.

Tauchen & Schnorcheln

Die Galapagosinseln zählen zu den tollsten Tauchrevieren des Planeten. Ihre spektakuläre Unterwasserwelt bevölkern Haie,

PAUL KENNEDY / GETTY IMAGES ©

Surfen, Galapagosinseln (S. 330)

Surfen

Ecuador ist kein Top-Surferziel, hat aber ein paar ausgezeichnete Breaks – man muss nur wissen, wo. Die Surfsaison geht von November bis April; die Spitzenmonate sind Januar und Februar. Das Revierverhalten der einheimischen Surfer ist minimal; Ecuadorianer und Ausländer kommen normalerweise friedlich miteinander aus.

Der Klassiker an der Festlandküste ist Montañita. Hier türmt ein schneller, kraftvoller Reef Break Wellentunnel auf, die zu den besten des Festlands gehören. Zwischen Dezember und Mai ist er mit oft 2 bis 3 m hohen Wellen am besten. In der Nähe gibt es außerdem ein paar annehmbare Beach Breaks. Als Left Point Break von Weltformat erlaubt Mompiche bei Muisne in der Provinz Esmeraldas an Spitzentagen bis zu 500 m lange Gleitphasen. Canoa mit seinen Left und Right Beach Breaks bietet sich schon deshalb als prima Surfspot an, weil der kleine Ort so nett zum Abhängen ist und einen echt schönen Strand hat.

Die Galapagosinsel San Cristóbal hat drei Reef Breaks von Weltklasse in der Nähe des Städtchens Puerto Baquerizo Moreno. Sie sind extrem schnell und am besten für erfahrene Surfer geeignet. Die teure Anreise hält die Besucherzahlen niedrig. Die optimale Surfsaison auf den Inseln geht von Dezember bis Mai. Auch die Isla Isabela hat bei Puerto Villamil ein paar nette Brecher.

Rochen, Schildkröten, Pinguine, Seelöwen, Muränen, Seepferdchen, viele Fischarten und manchmal auch Delfine oder sogar Wale. Die Bedingungen (starke Strömung, kaltes Wasser) sind für Anfänger schwierig. Tauchanbieter sind in Puerto Ayora und Puerto Baquerizo Moreno ansässig.

Erfahrene und solvente Taucher können bei einer einwöchigen Tour mit einem Spezialboot die Unterwasser-Hotspots rund um die Inselgruppe abklappern. Spontaner lässt sich normalerweise eine Tagestour mit zwei Tauchgängen arrangieren. Galapagos ist auch prima zum Schnorcheln, da sich viele Meeresbewohner nah an der Wasseroberfläche tummeln.

Auf dem Festland kann man Tauchtouren in Puerto López und Montañita buchen. Der Meeresboden ist ein Mix aus Fels, Korallen und Sand. Zu sehen gibt es u. a. Engelhaie, Trompetenfische, Kugelfische, Muränen, Papageifische, Mantarochen, Geigenrochen und Weißspitzenhaie.

Die Wassertemperatur liegt von Januar bis April um 22 °C, das übrige Jahr um 18 °C. Wer keinen Neoprenanzug dabei hat, kann bei den Tauchanbietern einen ausleihen.

Rafting

In Ecuador kann man das ganze Jahr über spitzenmäßig raften und Kajak fahren. Manche Wildwasserflüsse bestehen auf bis zu 100 km Länge durchgängig aus Stromschnellen der Kategorien III bis IV, bevor sie ruhig werden und in Richtung Pazifik oder gen Amazonasbecken auf der anderen Andenseite fließen. Die beste Raftingzeit geht landesweit von Oktober bis Februar.

Ecuadors Flussführer-Verband heißt Asociación de Guías de Águas Rápidas del Ecuador (AGAR). Wir empfehlen nur seriöse Veranstalter. Bei der Anbietersuche sollte man sichergehen, dass die Firma über gute Schwimmwesten, professionelle Führer, Erste-Hilfe-Ausrüstung und Rettungswurfsäcke verfügt. Für längere Raftingstrecken

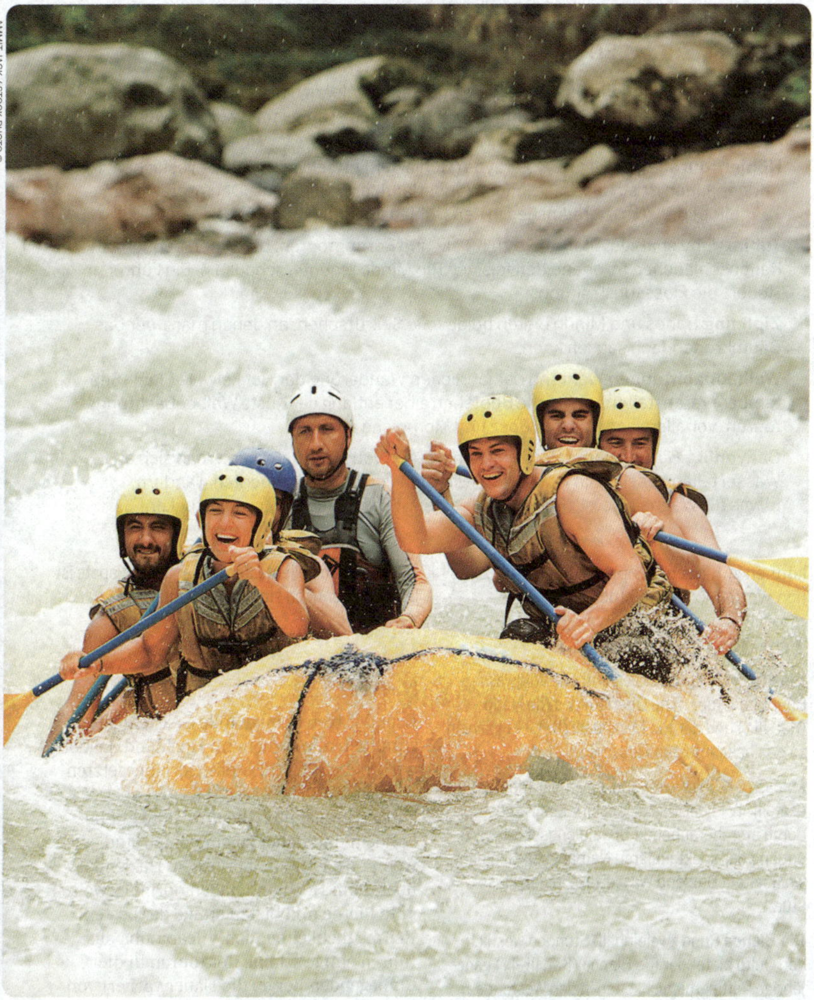

AMMIT JACK / STOCK PHOTO ©

MICHELE WESTMORLAND / GETTY IMAGES ©

Oben: Rafting, Río Pastaza (S. 161)

Rechts: Taucher mit Walhai, Isla Wolf (Wenman; S. 363), Galapagosinseln

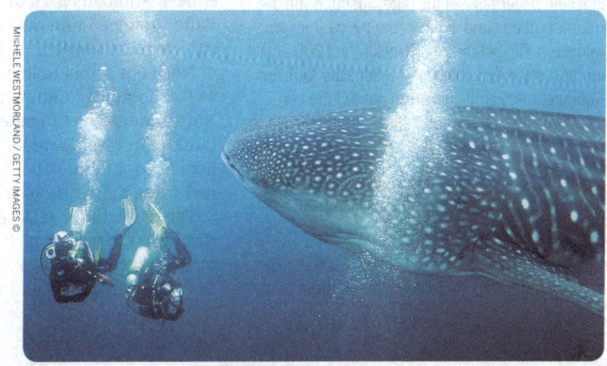

NOCH MEHR ABENTEUER

Ecuador hat weit mehr als nur Vulkane und Regenwälder zu bieten: Täler, Höhlen, Flüsse und die zufällige Nähe zum Kontinentalschelf ermöglichen außergewöhnliche Abenteuer.

Höhlentouren Die Cueva de los Tayos (Höhle der Fettschwalme) in den östlichen Andenhängen ist ein faszinierendes Wunderland für Höhlenfans. Den Auftakt der Tour bildet der 70 m tiefe Abstieg in den Höhlenschlund.

Tubing Eine spaßige Alternative zu Kajak- und Raftingtouren: bei Mindo bequem in Reifenschläuchen thronend den felsigen Río Mindo hinunterschaukeln. Ein Führer steuert die Flosskonstruktion.

Ziplining Baños und Mindo bieten beide tolle Seilrutschen, an denen man über das Baumkronendach sausen kann.

Walbeobachtungen Während der jährlichen Wanderung der Buckelwale (Juni–September) veranstalten zahlreiche Bootsbetreiber entlang der Küste Walbeobachtungstouren, vor allem von Puerto López und Mompiche aus.

Canyoning & Puentismo Bei Canyoningtouren von Baños aus kann man sich an Wasserfällen abseilen, in Flüssen schwimmen und durch Schluchten wandern. Etwas für Waghalsige ist „Puentismo", eine Art Bungeespringen von Brücken.

können z. T. auch Neoprenanzüge ausgeliehen werden (zu empfehlen)

Top-Raftingspots

Tena (S. 243) Ecuadors eigentliche Wildwasser-Hauptstadt; der nahe Oberlauf des Río Napo (Kat. III+) und der Río Misahuallí (Kat. IV+) zählen zu den bekanntesten Flüssen.

Macas (S. 259) Weiter südlich ist der Río Upano (Kat. III–IV+) bei Macas ideal für Mehrtagestrips durch atemberaubende Urwaldlandschaft – z.B. entlang der spektakulären Namangosa-Schlucht, wo über ein Dutzend Wasserfälle in den Fluss stürzt.

Río Blanco Rund zweieinhalb Stunden westlich von Quito bietet der Río Blanco (Kat. III–IV) ganzjährige Raftingmöglichkeiten in den Westanden. Er ist ein beliebtes Ziel für Tagesausflüge von der Hauptstadt aus und von Februar bis ca. Juni am wildesten. Die befahrbare Strecke (fast 200 km) umfasst auch den anspruchsvollen Oberlauf. Auf Anfänger und Familien warten nahe Quito ein paar Trips der Kategorien II bis III. Touren ab Quito s. S. 70.

El Chaco (S. 225) El Chaco an den westlichen Andenhängen ist das Tor zum Río Quijos (Kat. IV–V) in üppig grüner Landschaft.

Río Pastaza & Río Patate (S. 161) Dank der Nähe zum Touristenmekka Baños gehören diese beiden

Flüsse zu den beliebtesten im Land. Der Papate ist leider immer noch stark verschmutzt.

Reiten

Ecuador bietet einige tolle Gelegenheiten zum Reiten, vor allem im Hochland. Leider wirken die für Touristentreks eingesetzten Pferde oft vernachlässigt. Es gibt aber einige Veranstalter, die ihre Tiere gut behandeln und daher zu empfehlen sind, auch wenn ihre Preise höher liegen. Haziendas überall im Hochland haben normalerweise gute Pferde und bieten einige der besten Reitmöglichkeiten. Von Vilcabamba aus führen einige schöne Reittouren in die umliegenden Berge; die Dauer variiert von einigen Stunden bis zu drei Tagen. Auch in Baños können halb- oder ganztägige Ausritte gebucht werden.

Noch ein prima Reitrevier ist die Reserva Geobotánica Pululahua bei Quito. Das Naturschutzgebiet in einem Vulkankrater punktet mit Nebelwäldern und faszinierendem Mikroklima. Von hier sind ein- oder mehrtägige Ausritte möglich.

Die teure, dafür seriöse Firma **RideAndes** (www.rideandes.com) bietet eintägige, mehrtägige und maßgeschneiderte Touren für erfahrene Reiter und Anfänger an.

Delfine am León Dormido (Kicker Rock; S. 344), Isla San Cristóbal

Reiseplanung
Galapagos-Planer

Wer die Galapagosinseln besuchen will, muss bei der Planung
vieles bedenken: Wetter und Jahreszeiten, Hotelübernachtung mit
Tagestouren oder Kreuzfahrt, die optimale Reiseroute, Strategien
zur Schonung der Reisekasse etc. Individualreisende können die
Inseln auch auf eigene Faust besuchen, indem sie Fähren zwischen den Inseln nutzen und in Hotels wohnen, bekommen dafür
aber nicht ganz so viel von der Tierwelt und Landschaft zu sehen.

Die besten Outdoor-Abenteuer

Schnorcheln
Corona del Diablo vor Floreana

Los Túneles vor Isabela

Vogelbeobachtung
Punta Suárez auf Española

Isla Genovesa

Tauchen
Isla Wolf

Isla Darwin

Gordon Rocks vor Santa Cruz

Wandern
Volcán Alcedo und Volcán Sierra Negra auf Isabela

Cerro Crocker auf Santa Cruz

Mountainbiketouren
Hochland von San Cristóbal

Hochland von Santa Cruz

Sonnenbaden
Tortuga Bay bei Puerto Ayora

Cerro Brujo auf San Cristóbal

Surfen
Puerto Baquerizo Moreno

Isla Isabela

Tolle Landschaften
Isla Bartolomé, Isla Rábida, Post Office Bay auf Floreana

Reisezeit

Es gibt keine richtig schlechte Zeit für einen Besuch der Galapagosinseln; bei der Wahl der Reisezeit sind aber einige Faktoren zu berücksichtigten. Auf den Inseln gibt es zwei Jahreszeiten. Die touristische Hauptsaison ist normalerweise von Dezember bis April und im Juli und August.

Warme Regenzeit (Jan.–Mai) Allgemein sonnig und warm (Durchschnittstemperatur 25 °C) mit starken, aber kurzen Regengüssen. Überschneidet sich mit Weihnachts- und Osterferien der USA. Das bedeutet: mehr Boote und mehr Reisegruppen. Der heißeste Monat ist der März (Durchschnittstemperatur 31 °C); von Februar bis April liegen die Wassertemperaturen bei durchschnittlich 25 °C. Blühende Blumen beleben die Landschaft mit ihren Farben, die Meeresschildkröten nisten, und viele Vogelarten haben Paarungszeit.

Kühle Trockenzeit (Juni–Dez.) Wegen des Sprühregens im Hochland auch *garúa* genannt. Die Lufttemperatur ist angenehm (durchschnittlich 22 °C), das Wasser wegen des herrschenden Humboldtstroms aber kälter (18–20 °C). Die See kann bei nächtlichen Überfahrten zwischen den Inseln rau sein. Insgesamt etwas weniger Besucher; dafür ist dies die Lieblingssaison der Taucher (die 6 bis 7 mm dicke Neoprenanzüge mit Kapuzen tragen). Man begegnet mehr Pinguinen, die Galapagos-Albatrosse treffen auf Española ein, und die Blaufußtölpel haben Paarungszeit.

Verschiedene Touren

Galapagosbesucher haben im Wesentlichen die Wahl zwischen drei Arten von Touren. Die meisten entscheiden sich für Bootstouren mit Übernachtung an Bord. Diese sind auch am empfehlenswertesten, weil sie relativ umweltverträglich sind und man eine riesige Vielfalt an Tieren und Landschaft zu sehen bekommt. Alternativen sind ein festes Quartier auf einer Insel mit Tagesausflügen oder eine Tour mit Hotelübernachtungen auf verschiedenen Inseln.

Bootstouren

Die Bootstouren dauern zwischen drei Tagen und drei Wochen; am beliebtesten sind fünf- bis achttägige Touren. Es ist schwierig, den Galapagosinseln in weniger als einer Woche gerecht zu werden, aber fünf Tage sind gerade noch annehmbar. Wer die abgelegeneren Inseln Isabela und Fernandina besuchen will, sollte mindestens acht Tage einplanen. Am ersten Tag landet das Flugzeug vom Festland gegen Mittag auf dem Archipel, sodass nur ein halber Tag bleibt. Am letzten Tag muss man schon morgens am Flughafen sein. Bei einer fünftägigen Tour verbringt man also nur drei volle Tage auf den Galapagosinseln.

Reiserouten

Fast jede Insel wird von irgendeinem Boot angefahren, wobei die Fahrt zu den abgelegenen Inseln natürlich länger dauert. Die Boote haben feste Reiserouten; wer eine bestimmte Insel besuchen möchte, muss das vorab einplanen. Die Tour sollte nicht mehr als eine Nacht oder einen halben Tag in Puerto Ayora oder Puerto Baquerizo Moreno umfassen, da man dort am Anfang oder Ende immer noch ein paar Tage auf eigene Faust dranhängen kann.

Auf den meisten Booten verläuft der Tag so, dass man morgens mit einem *panga* (kleineres Boot) an Land gebracht wird, um die Tierwelt zu beobachten, und dann in der Nähe schnorcheln geht. Mittagessen und Snacks werden serviert, während das Boot eine andere Insel oder Landestelle ansteuert, wo nachmittags ähnliche Aktivitäten anstehen. Vor dem Abendessen bleibt etwas Zeit zum Ausruhen. Nach dem Essen wird das Programm des nächsten Tages besprochen. Wer sonst unabhängig reist, mag sich an dieser Standardroutine stören. Aber es ist beruhigend zu wissen, dass alles gut geplant ist – und die Tour ist anstrengender, als man denkt.

ANDREW BAIN / GETTY IMAGES ©

Puerto Ayora (S. 334)

REISEPLANUNG GALAPAGOS-PLANER

Bootskategorien

Die Größe der Tourboote reicht von kleinen Jachten bis hin zu großen Kreuzfahrtschiffen. Der weitaus häufigste Typ ist der Motorsegler, auf dem acht bis 20 Passagiere Platz finden.

Trinkgeld

Es ist üblich, der Crew und dem Guide am Ende der Tour ein Trinkgeld zu geben.

Manche Tourveranstalter empfehlen eine 50:50-Aufteilung; andere geben der Crew mehr als dem Guide. Die Höhe des Trinkgelds liegt im persönlichen Ermessen; hier ein paar allgemeine Richtwerte:

In der Touristen- und gehobenen Touristenklasse sind 10–15 US$ pro Person und Tag die Norm, auf erstklassigen und Luxusschiffen eher 15–20 US$. Dieser Betrag ist dann jeweils zwischen Guide und Crew aufzuteilen.

DIE GALAPAGOSINSELN IN EIGENREGIE

Wer kein Geld für eine Kreuzfahrt hat oder keine Pauschalreisen mag, muss deshalb nicht auf die faszinierende Inselerfahrung verzichten. Es gibt vier bewohnte Inseln (Santa Cruz, San Cristóbal, Isabela und Floreana), die Unterkünfte aller Preiskategorien bieten. Zwischen benachbarten Inseln verkehren täglich Inselfähren (auch wenn die Überfahrt manchmal stürmisch ist). Von den größeren Orten kann man Wander- oder Fahrradausflüge unternehmen (außer auf Floreana). Außerdem gibt es allerlei Tagestouren – Schnorcheltouren, Tierbeobachtungstouren oder geführte Wanderungen – zu Preisen von 60 bis 180 US$ zu buchen.

Der Nachteil einer Tour in Eigenregie: Man bekommt viele der eindrucksvollsten Gegenden der Galapagosinseln nicht zu sehen, weil sie einfach nicht per Tagesausflug von den Hauptorten aus erreichbar sind. Doch für manche Traveller gleicht die Freiheit, seine Zeit nach eigenem Belieben einzuteilen und zu fahren, wohin man will, – ganz zu schweigen von dem Geld, das man spart – diesen Nachteil mehr als aus.

Pinnacle Rock (S. 358), Isla Bartolomé

Tour mit Hotelübernachtung

Bei solchen Touren von Insel zu Insel übernachtet man in Hotels auf drei oder vier verschiedenen Inseln: Santa Cruz, San Cristóbal, Isabela und Floreana. Sie dauern meist fünf Tage und vier Nächte und kosten von 600 bis über 1800 US$ pro Person, plus Flugpreis und Eintritt zum Nationalpark. Solche Trips werden von diversen Reisebüros in Puerto Ayora und Puerto Baquerizo Moreno vermittelt. Zu empfehlen sind Red Mangrove Aventura Lodge (S. 339) in Puerto Ayora, TropicEco (S. 70) in Quito und Galakiwi (S. 347).

Das Problem ist, dass die meisten Tourveranstalter einen Mix verschiedener Boote, Hotels und Guides nutzen, sodass die durchgängige Qualität von einer Tour zur nächsten schwer zu garantieren ist. Auch die Kameradschaft zwischen Gästen und Guides, die zum Erlebnis der Galapagos-Bootstouren beiträgt, geht verloren, wenn es an jeder Station einen neuen Guide gibt.

Tagestouren

Tagestouren mit dem Boot starten von Puerto Ayora oder Puerto Baquerizo Moreno. Die Fahrt zu und von den Tages-

zielen dauert mehrere Stunden, sodass nur einige zentrale Inseln angefahren werden können. Manche Touren führen auch zu Zielen auf anderen Teilen der Inseln Santa Cruz oder San Cristóbal.

Ein Nachteil dieser Touren ist, dass die Inseln nicht früh morgens oder spät abends besucht werden können. Die günstigsten Boote sind u. U. langsam und überfüllt, die Aufenthaltszeiten zu kurz, die Guides schlecht informiert und manche Crews nicht sehr umweltbewusst. Trotzdem sind Tagesausflüge nützlich, wenn Zeit und Budget extrem begrenzt sind.

Veranstalter in Puerto Ayora und Puerto Baquerizo Moreno verlangen je nach Ziel und Qualität der Boote und Guides zwischen 80 und 180 US$ pro Person und Tag.

Touren buchen

Die meisten Besucher buchen ihre Touren vor der Ankunft auf dem Archipel, entweder von zu Hause aus (das ist meist teurer, dafür aber einfacher) oder in Quito, Guayaquil oder Cuenca. In Ecuador zu buchen,

Galapagos-Seelöwen, Isla Española (Hood; S. 361)

Der Flugpreis, der Eintritt zum Nationalpark in Höhe von 100 US$ und Getränke in Flaschen sind nicht im Fahrpreis enthalten. Die Boote können grob in die folgenden Kategorien unterteilt werden (Preise pro Tag, außer für Tauchsafaris):

Jachten, Touristenklasse
(Gehoben oder Standard) 240–340 US$

Jachten, 1. Klasse 340–450 US$

Luxusschiffe ab 450 US$

Um Enttäuschungen zu vermeiden, sollten vor der Buchung unbedingt folgende Fragen gestellt werden:

Ist der Guide ein freier Mitarbeiter? Guides, die fest für einen Veranstalter bzw. auf einem Boot arbeiten, dürften sich eher für die Zufriedenheit der Passagiere verantwortlich fühlen und auf Beschwerden eingehen.

Wie sieht die Reiseroute aus? Das Kapitel Galapagosinseln informiert über Tierwelt und Aktivitäten an den einzelnen Zielorten. Boote, die halbe Tage in Puerto Ayora, Puerto Baquerizo Moreno und/oder Puerto Villamil festmachen, bieten vielleicht etwas zu viel Zivilisation.

Ist Schnorchelausrüstung in meiner Größe garantiert? Masken, Schnorchel und Flossen werden meist gestellt, aber manche Boote haben von einigen Größen nicht immer genügend Flossen und Neoprenanzüge für alle Passagiere dabei.

kommt in der Regel billiger, doch während der Hauptsaison muss man u. U. mehrere Tage oder Wochen warten (was nicht immer mit der Urlaubszeit vereinbar ist). Noch ein wichtiger Hinweis für alle, die ihre Galapagostour erst in Ecuador planen wollen: Die Sicherheitsstandards mancher Banken und Kreditkartengesellschaften machen bei der Zahlung dieser relativ hohen Beträge im Ausland häufig Probleme.

Auf der Suche nach dem perfekten Törn

Es gibt sechs Boote (*Celebrity Xpedition, Explorer II, Endeavour, Galápagos Legend, Santa Cruz* und *Silver Galapagos*) für jeweils bis zu 98 Passagiere und vier Boote (*Isabela II, Eclipse, La Pinta* und *Islander*) für jeweils bis zu 48 Passagiere. Sie alle gelten als erstklassige oder Luxusschiffe. Die meisten der übrigen rund 75 Boote oder Jachten befördern je 20 oder weniger Passagiere. Außerdem gibt es einige Katamarane. Gruppen, die weit im Voraus buchen, können häufig Preise auf Last-Minute-Niveau aushandeln. Fast alle Bootsbetreiber verlangen in der Nebensaison (Juni–Dez.) 15 bis 20 % weniger.

DAS GEHÖRT INS GEPÄCK

➡ Fernglas
➡ gute Spiegelreflex- oder Digitalkamera (mit großem Zoombereich)
➡ Spezialkamera für Unterwasseraufnahmen
➡ kleiner Rucksack
➡ breitkrempiger Hut
➡ Sonnenbrille
➡ leichte Baumwollkleidung
➡ robuste Wanderschuhe/-stiefel
➡ Regenjacke
➡ leichter Pulli
➡ Badesandalen/Flipflops
➡ Schwimmzeug
➡ Tabletten gegen Reisekrankheit
➡ Bargeld für Eintritt zum Nationalpark und Trinkgelder für Bootscrew
➡ nachfüllbare Wasserflasche

Oben: Taucher mit
Suppenschildkröte
Links: Galapagos-
Landleguan

I LOVE NATURE! - I LOVE BRAZIL! / GETTY IMAGES ©

Wie werden Rückerstattungen gehandhabt?

Das Kleingedruckte lesen und abklären, wie viel Geld erstattet wird, wenn ein Motorschaden oder andere unvorhergesehene Umstände zum Ausfall oder zu einer Abänderung der Tour führen.

Wie gut ist das Essen?

Das ist u. U. schwer zu beantworten, da Köche kommen und gehen und einige Anbieter nicht sehr mitteilsam sind, wenn es um die Bewertung ihres eigenen Produktes geht. Wem dieses Thema wichtig ist, der sollte die Frage dennoch stellen.

Ein Bett oder zwei?

Hinweis für Paare: Alle Boote haben nur eine begrenzte Zahl an Kabinen mit Doppelbetten. Wer nicht frühzeitig reserviert, bekommt nur zwei schmale Einzelbetten.

Es ist normal, dass Boote und Veranstalter von manchen Passagieren positive, von anderen negative Bewertungen bekommen. Erwartungen und Maßstäbe sind verschieden. Mal gibt es bei einer Tour Probleme, und bei der nächsten läuft wieder alles reibungslos. Wie man die Tour erlebt, ist von vielen Dingen abhängig, natürlich auch von den Mitpassagieren. Je kleiner das Boot, desto wichtiger, dass man miteinander auskommt. Dafür ist auf größeren Booten die Atmosphäre vielleicht unpersönlicher, was der Inseltour etwas von ihrem besonderen Flair nimmt.

Wir empfehlen hier einige Boote und Veranstalter:

Adventure Life (www.adventure-life.com) Große Auswahl an Booten aller Kategorien.

Columbus Travel (☎02-222-6612; www.columbusecuador.com) Prima Kundenservice; vermittelt je nach Budget und Reisezeit ein breites Spektrum verschiedener Boote.

Haugan Cruises (www.haugancruises.com) Betreibt zwei der modernsten Katamarane mit Privatbalkonen und Whirlpool.

Detour Destinations (www.detourdestinations.com) Sportbetonte Touren für Aktivurlauber, u. a. mit Stehpaddelausflügen.

Ecoventura (☎02-283-9390; www.ecoventura.com) Einer der Vorreiter in Sachen Umweltschutz und nachhaltiger Tourismus. Alle vier Boote des Veranstalters, einschließlich seiner Tauchsafariboote, sind äußerst empfehlenswert.

Ecuador Adventure (☎02-604-6800; www.ecuadoradventure.ec) Spezialisiert auf Touren mit Hotelübernachtung und Multisport-Ausflüge mit Wanderungen, Mountainbike- und Kajakfahren.

Galapagos Odyssey (☎02-286-0355; www.galapagosodyssey.com) Luxusjacht für 16 Passagiere, mit Whirlpool

Happy Gringo Travel (☎02-512-3486; www.happygringo.com) Ausgezeichnetes Reisebüro und Veranstalter. Die Firma vermittelt eine große Auswahl an Bootstouren, darunter auch Last-Minute-Schnäppchen.

TAUCHSAFARIS

Die Galapagosinseln, deren Unterwasserwelt an ein gut bestücktes Aquarium erinnert, sind ein erstklassiges Tauchrevier. Für Anfänger sind die Bedingungen wegen der starken Strömungen, die manchmal trüben Sicht und der niedrigen Temperaturen allerdings nicht geeignet. Wenn das Wasser warm ist (Jan.–März), ist es wegen der geringeren Strömung leider auch etwas trüb. Von Juli bis Oktober ist die Sicht besser, aber das Wasser kälter. Außer einer Vielzahl tropischer Fische gibt es auch viele Walhaie, Hammerhaie, Mantarochen und sogar Seepferdchen zu sehen.

Auf den normalen Bootstouren mit Übernachtung darf Tauchen nicht als Aktivität angeboten werden. Derzeit stehen nur sieben Boote für Taucher zur Verfügung: *Galápagos Sky* und *Deep Blue* von Ecoventura, *Aggressor III*, *Wolf Buddy* und *Darwin Buddy*, *Gala I* und *Humboldt Explorer*. Wegen des knappen Angebots sind diese meist bis zu sechs Monate im Voraus ausgebucht. Eine Woche auf einem Tauchsafariboot kostet im Durchschnitt 4000–5500 US$; darin enthalten sind vier oder fünf Tauchgänge pro Tag und Zwischenstopps an einigen sehenswerten Orten an Land.

Die meisten Tauchsafariboote fahren zu den Inseln Wolf und Darwin nordwestlich der Hauptinseln, wo sich viele Haiarten tummeln. Der Juli ist der beste Monat, um mit den Walhaien zu tauchen, die sich insgesamt von Mai bis Oktober hier aufhalten.

Die meisten Taucher unternehmen Tagesausflüge von Puerto Ayora oder Puerto Baquerizo Moreno aus.

Besucher besteigen ein *panga* (kleines Boot), Isla Genovesa (Tower; S. 362)

Lindblad Expeditions National Geographic (www.expeditions.com) Bietet Fahrten auf den Jachten *National Geographic Islander* (48 Passagiere) und *Endeavour* (96 Passagiere) an.

Metropolitan Touring (📞02-298-8312; www.metropolitan-touring.com) Ist dem Finch Bay Hotel in Puerto Ayora angeschlossen; bucht für die Luxusjachten *La Pinta* und *Isabela II*.

Natural Habitat Adventures (www.nat hab.com) Bietet eine zehntägige Tour an, bei der große Entfernungen mit einem Katamaran zurückgelegt und dann die kleinen Ecken und Winkel mit dem Kajak erkundet werden – eine der wenigen Touren dieser Art.

Row Adventures (www.rowadventures. com) Camping- und Kajaktouren der Luxus-klasse

Sangay Touring (📞02-222-1336; www. sangay.com) Ein erfahrener Anbieter, der über 60 Boote bucht

Trips & Dreams (📞099-235-1335; www.trip sanddreams.com) Der ausgezeichnete Anbieter mit Sitz in Guayaquil hat eine große Auswahl an Bootstouren im Programm und einige der besten Last-Minute-Schnäppchen der Branche.

Vor Ort buchen

Die meisten Besucher kommen mit einer vorab gebuchten Tour auf die Inseln. Preiswerter ist es, erst in Puerto Ayora oder Puerto Baquerizo Moreno zu buchen. Für Buchungen vor Ort stehen allerdings eher die billigeren Boote zur Verfügung. Man sollte nicht in dem Glauben auf die Galapagosinseln fliegen, dort ein wirklich gutes Boot für weniger Geld zu bekommen. Eine Tour vor Ort zu organisieren, kann zudem mehrere Tage oder gar Wochen dauern und ist nichts für Reisende mit wenig Zeit.

Am wichtigsten sind ein guter Kapitän und ein engagierter Naturführer. Vor der Buchung sollte die Möglichkeit bestehen, beide kennenzulernen und das Boot zu begehen. Auch die Einigung auf eine gute Reiseroute ist wesentlich. Für Last-Minute-Touren über vier bzw. acht Tage sind mindestens 650 bzw. 1400 US$ zu kalkulieren.

Gefahren & Ärgernisse

Bei Galapagos-Bootstouren gibt es einige verbreitete Tücken und Scherereien. Mitunter gilt: Je günstiger die Tour, desto

Essen an Bord

höher die Wahrscheinlichkeit, dass Probleme auftreten. Das bedeutet nicht, dass auf teureren Booten alles glattläuft, aber die Veranstalter sind oft zuvorkommender und reagieren schneller auf Beschwerden.

Häufig moniert werden die kurzfristige Auswechslung der Boote (laut Kleingedrucktem erlaubt), Stornierung von Touren bei zu wenig Passagieren, schlechte Crews, Mangel an Getränken in Flaschen, Änderungen der Reiseroute, technische Probleme, zu wenig und minderwertige Schnorchelausrüstung, versteckte Kosten (5 US$/Tag für einen Neoprenanzug sind üblich), Gestank, Insektenbefall, Überbuchung.

Man teilt die Kabine mit Mitpassagieren – die nicht immer dasselbe Geschlecht haben. Vor der Buchung nach einem Foto oder Übersichtsplan des Bootes fragen, mit einer Abbildung der Kabinen.

Es ist frustrierend, zu hören, dass andere Passagiere für die gleiche Leistung deutlich weniger gezahlt haben als man selbst. Das kommt aber öfter vor, etwa wenn man die Reise vom Ausland aus gebucht hat, während andere alles vor Ort in letzter Minute organisiert haben. Da ist nichts zu machen, also besser gar nicht erst nachfragen und einfach die Tour genießen.

Wenn etwas schiefläuft, ist es schwer, eine Erstattung zu bekommen. Wer ein Problem hat, sollte es der *capitanía* (Hafenamt) in Puerto Ayora melden und den jeweiligen Anbieter kontaktieren. Zudem sollte man Probleme (persönlich od. per E-Mail) der **Cámara de Turismo** (Touristeninformation; www.galapagostour.org) in Puerto Ayora melden. Sie führt eine für Anbieter und Touristen einsehbare Beschwerdedatenbank.

Es gibt gelegentlich Berichte, dass Crewmitglieder von Touristenbooten (häufiger aber von kleinen Fischerbooten) illegal fischen und Wildtiere töten. Solche Vorfälle sollten im Büro des Naturschutzgebiets gemeldet werden, einem grünen Gebäude direkt links vom Informationsstand am Eingang zur Charles-Darwin-Forschungsstation in Puerto Ayora.

Bei all den Booten, die hier kreuzen, vergisst man leicht, wie abgelegen, unwirtlich und gefährlich die Inseln sind. Seit 1990 sind hier 17 Menschen verschwunden. Die meisten wurden lebend wiedergefunden, einige kamen aber um, nachdem sie die vorgegebenen Wege verlassen hatten.

Ecuador im Überblick

Quito

Kunst & Architektur
Nachtleben
Landschaft

Kunst & Architektur

Quitos Altstadt ist ein prachtvolles Unesco-Weltkulturerbe voller barocker Kirchen, gepflasterter Straßen, pit-
toresker Plazas und Häuser im spanischen Kolonialstil.
Man kann durch Klöster des 16. Jhs. schlendern, Meisterwerke der Escuela Quiteña bewundern und in schönen Museen präkolumbische Schnitzereien bestaunen.

Essen, Trinken & Tanzen

Quito verführt mit pikantem Ceviche, zarter *corvina*
(Wolfsbarsch), üppigem *seco de chivo* (Eintopf mit Zie-
genfleisch) und internationalen Genüssen aus Italien,
Peru, Japan uvm. Die vielen Kalorien kann man dann in
einer der *salsatecas* (Salsa-Nachtclubs) oder beim Bar-
Hopping im Ausgehviertel Mariscal wieder abarbeiten.

Landschaft

Die 2850 m hoch gelegene Andenstadt am gewaltigen
Vulkan Pichincha hat viele atemberaubende Ausblicke
zu bieten. Besucher können das Panorama von vielerlei
Orten genießen, ob vom Dach eines Restaurants in der
Altstadt, einem grünen Park oder vom Pichincha selbst.

S. 52

Nördliches Hochland

Landschaft
Vogelbeobachtung
Shoppen

Landschaft

Die Andengipfel gehören zu
den schönsten Landschaf-
ten Ecuadors: den schnee-
bedeckten Volcán Cota-
cachi, den Traumblick von
der Panamericana, wenn
man gen Norden fährt, und
die faszinierenden Lagunas
de Mojanda bei Otavalo
sollte man keinesfalls verpassen!

Vogelbeobachtung

Das Nördliche Hochland ist
eine der vogelartenreichs-
ten Regionen Ecuadors
und damit ein Mekka für
Vogelfans. Vor allem die
Nebelwald-Schutzgebiete
bei Mindo haben eine um-
werfende Vielfalt an Piep-
mätzen zu bieten.

Shoppen

Der riesige Markt von Otavalo ist eine Augenweide:
farbenfrohe Webwaren,
Schnitzereien aus *tagua*-
Nüssen, Gemälde mit
Folklore-Motiven, Alpaka-
decken, Tücher und Schals
in allen Regenbogenfarben.
Lederartikel jeder Art gibt
es in Cotacachi.

S. 100

Zentrales Hochland

Outdooraktivitäten
Kultur
Traumlandschaft

Outdooraktivitäten
Wer echtes Abenteuer sucht, wird im Zentralen Hochland überall fündig. Hier kann man Vulkane besteigen, raften, sich von Brücken in die Tiefe stürzen und Berge mit dem Mountainbike erkunden.

Kulturelle Entdeckungen
Im Herzen der Anden gehören die uralten kulturellen Traditionen noch ganz selbstverständlich zum Alltag. Kulturinteressierte Besucher finden hier bunte Feste, quirlige Handwerksmärkte, abgelegene indigene Dörfer und – in Ambato und Riobamba – ausgezeichnete Museen.

Traumlandschaft
Hinter fast jeder Ecke wartet ein Postkartenfoto. Das Rückgrat Südamerikas ist voller gletscherbedeckter Vulkane und grüner Hochplateaus, steiler Canyons, durch die wilde Flüsse zum Amazonas rauschen, und jahrhundertealter Haziendas aus Inkastein.

S. 133

Cuenca & Südliches Hochland

Outdooraktivitäten
Kunst & Architektur
Essen

Outdooraktivitäten
Mehrere Nationalparks der Region empfangen unerschrockene Traveller mit Traumpanoramen, exotischer Tierwelt und Abenteuern noch und nöcher. Es ist nicht ganz einfach, die entlegenen Gebiete zu erreichen, aber wer es geschafft hat, wird reich belohnt.

Kunst & Architektur
Die kolonialzeitliche Stadt Cuenca ist ein regelrechtes Freilichtmuseum mit umwerfender Architektur, historischem Stadtkern und vielen kunstsinnigen Bewohnern.

Essen
Der Süden tischt einige der beliebtesten ecuadorianischen Gerichte auf, von Cuencas österlicher *fanesca* (Bohnensuppe mit Kabeljau) bis zu Lojas Maisleckereien wie Tamales, *quimbolitos* (Maisklöße) und *humitas* (ähnlich wie Tamales). Experimentierfreudige Gourmets können auch *cuy* (gebratenes Meerschweinchen) probieren.

S. 180

Oriente

Tierbeobachtung
Abenteuer
Indigene Kultur

Tierbeobachtung
Kaimane, Faultiere, Anakondas, Brüllaffen, Papageien … das sind nur einige der Kreaturen, die man bei einem Aufenthalt in einer Dschungellodge tief im dichten Regenwald Ecuadors wahrscheinlich zu Gesicht bekommen wird. Man kann sogar (gefahrlos) mit Piranhas schwimmen.

Abenteuer
Wem der Regenwald als solcher noch nicht abenteuerlich genug ist, für den hat der Oriente noch reichlich andere Nervenkitzel zu bieten: Rafting, Kajakfahren, Tubing, Klettern und Reiten.

Indigene Kultur
Behutsam organisierte Besuche in indigenen Dörfern können eine kulturell bereichernde und sehr erfreuliche Erfahrung sein. Besucher lernen, wie man traditionelle Mahlzeiten zubereitet, Tierfallen aufstellt, Boote baut und Gold wäscht.

S. 219

Nordküste & Tiefland

Strandorte
Essen
Ökotourismus

Strandorte

Ecuador ist nicht speziell als Strandparadies bekannt, doch die Nordküste besitzt einige reizend relaxte Badeorte – vom verschlafenen Same bis zum fesselnden Canoa – und tolle Surfspots (vor allem bei Mompiche).

Essen

Die *cocina manabita* und *cocina esmeraldeña* gehören zu den besten Regionalküchen Ecuadors, und die Nordküste ist genau die richtige Gegend, um ihre würzigen Gerichte auf Kokosbasis zu probieren. In der Provinz Esmeraldas unbedingt das absolut beste Ceviche des ganzen Landes kosten.

Ökotourismus

In dieser Gegend gibt es einige der besten Ökotourismus-Ziele, u. a. das Dschungelreservat Playa de Oro und die tierreiche Reserva Biológica Bilsa. Weitere Highlights sind die Mangrovenwälder bei Muisne und eine Ökostadttour in Bahía de Caráquez.

S. 261

Südküste

Strände
Tierbeobachtung
Essen

Strände

Auf der Halbinsel Santa Elena befinden sich viele Badeorte für *guayaquileños* mit Ferienwohnungen und weißen Sandstränden. Nördlich davon locken bis nach Puerto López hinauf Küstendörfer mit kilometerlangen Stränden; besonders nett sind Montañita, Olón und Ayampe.

Tierbeobachtung

Vorbeiziehende Buckelwale teilen sich das Meer mit Scharen von Tümmlern. In mehreren Naturreservaten und den Nebelwäldern des Küstenberglandes ist eine faszinierende Vielfalt an Vögeln zu beobachten.

Essen

Dank der langen Küstenlinie ist die Region mit fangfrischen Meeresfrüchten bestens versorgt. Berge von Muscheln, *ceviche*, *cazuela* (Meeresfrüchte-Eintopf) und Hummer stehen auf jeder Speisekarte. Guayaquils kulinarische Szene prunkt mit den besten Restaurants von Ecuador.

S. 289

Galapagos-inseln

Tierbeobachtung
Schnorcheln & Tauchen
Landschaft

Tierbeobachtung

Hier kann man sich mit prähistorisch anmutenden Reptilien und einer Menagerie von Vögeln anfreunden – von Riesenkolonien endemischer Meeresvögel, balzenden Albatrossen und flugunfähigen Kormoranen bis zu Spottdrosseln und wachsamen Greifvögeln.

Schnorcheln & Tauchen

Die Vielfalt der Meeresfauna ist verblüffend. Besucher können mit Meeresschildkröten, Rochen, Haien, Tropenfischen, Seelöwen, Pinguinen und Meerechsen schnorcheln. Auf Taucher ab mittlerem Erfahrungsniveau aufwärts warten spektakuläre Tauchplätze und unvergessliche Erlebnisse.

Landschaft

Der Archipel aus Vulkaninseln beeindruckt mit gewaltigen Fumarolen, spektakulären Steilhängen, dunstverhangenem Hochland und Traumstränden in allen Sandfarben (weiß, rot, schwarz und goldgelb).

S. 330

Reiseziele
in Ecuador

Quito

1,6 MIO. EW. / HÖHE 2800 M

Gut essen

➡ Zazu (S. 87)

➡ La Choza (S. 87)

➡ Theatrum (S. 83)

➡ Bohemia Cafe &
Pizza (S. 81)

➡ Dios No Muere (S. 82)

Schön übernachten

➡ Casa San Marcos (S. 73)

➡ Hotel San Francisco de
Quito (S. 72)

➡ Café Cultura (S. 77)

➡ Hotel El Relicario del
Carmen (S. 73)

➡ Hostal El Arupo (S.76)

Auf nach Quito!

Quito, eine Hauptstadt hoch in den Anden, liegt dramatisch zwischen Berggipfeln, deren Vegetation sich nachmittags unter grauem Nebel verbirgt. Moderne Wohnblöcke und einfache Betonhäuser ziehen sich die Hänge hinauf und belebte, von Läden gesäumte Straßen wirken sonntags ohne den üblichen Verkehrsstau wie ausgestorben. Die herzliche und zwanglose ecuadorianische Sierra-Kultur – überquellende Marktstände, schamanistische Heiler, Hutmacher in vierter Generation – vermischt sich mit einer lebendigen und anspruchsvollen Restaurant- und Nachtschwärmerszene.

Schmuckstück Quitos ist die Altstadt, eine Weltkulturerbestätte voller Kolonialbauten und architektonischer Schätze, aber keineswegs ein steriles Museum: In den restaurierten Straßenzügen mit ihren malerischen Plätzen und prachtvollen Kirchen pulsiert das Alltagsleben. Reisende, aber auch Einheimische zieht es ins „Gringolandia" in der Mariscal, ein kompaktes Viertel mit Pensionen, Reisebüros, ethnischen Restaurants und quirligen Bars.

Reisezeit

Quito

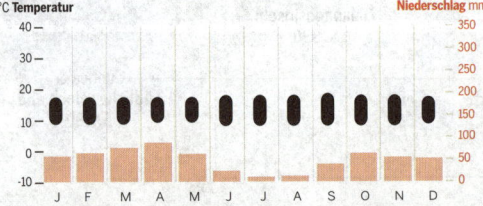

Ganzjährig Tagsüber mild, kühle Nächte. Morgens scheint meist die Sonne, nachmittags regnet es.

Juni–Sept. Die schönsten Monate: weniger Regen, tagsüber klareres Wetter.

Okt.–Mai Ein wenig kühler und regnerischer, weniger Touristen.

La Mitad del Mundo ⑦ (19 km) ↑
Pululahua ⑧ (23 km) ↑

↑ ⊞ Carcelén (0,5 km);
⊞ Terminal Terrestre
la Ofelia (2,5 km);
✈ Aéropuerto
Internacional
Mariscal Sucre (31 km);
Cayambe (55 km);
Otavalo (170 km)

Tufiño

Parque
Bicentenario

Av De La Prensa

Av General Eloy Alfaro

Av 10 de Agosto

Av El Inca

Av de los
Granados

Av Amazonas

De Los Shyris

Av Alfaro

Río Coca

Av de Sucre (Av Occidental)

Gaspar de
Villarroel

Naciones Unidas
República de
El Salvador

Av
Atahualpa

Av de la
República

**Capilla del
Hombre** ②

④
TelefériQo

Av La Gasca

Av
Cristóbal
Colón

Av 6 de Diciembre

s. Karte Mariscal
Sucre (S. 74)

Mariscal ⑥

**Museo
Nacional** ⑤

Río Machángara

Av
Universitaria

Av América

s. Karte Neustadt (S. 66)

Altstadt ①

La Ronda ③

s. Karte Alt-
stadt (S. 56)

Av Velasco Ibarra

Av General Rumiñahui

Estación de
Ferrocarril
Chimbacalle

Av Napo

N   0   2 km

⊞ Terminal Terrestre
Quitumbe (10 km)

Highlights

① Die Kopfstein-
pflasterstraßen der
Altstadt (S. 54),
eines der schöns-
ten Viertel aus der
Kolonialzeit in ganz
Lateinamerika,
besichtigen

② Die monumenta-
len Gemälde Oswaldo
Guayasamíns in der
Capilla del Hombre
(S. 60) bewundern

③ In der fröhlichen
La Ronda (S. 55) bei
Livemusik *canelazo*
(Zuckerrohrschnaps
mit heißem Apfelmost
und Zimt) trinken

④ Mit der Seilbahn
TelefériQo (S. 80) auf
den Volcán Pichincha
schweben und den
herrlichen Blick über
die Andenhauptstadt
genießen

⑤ Im **Museo Nacio-
nal** (S. 62) Ecuadors
überwältigende
Sammlung präko-
lumbischer Schätze
bestaunen

⑥ Im Amüsierviertel
Mariscal (S. 88) auf
Kneipentour gehen

⑦ **La Mitad del
Mundo** (S. 96)
besuchen, wo der
Äquator die Welt
halbiert und kitschige
Museen warten

⑧ Durchs märchen-
hafte **Pululahua**
(S. 97) wandern

Geschichte

Der Standort Quitos war schon vor der Ankunft der Spanier besiedelt. Die ersten Bewohner waren die friedlichen Quitu. Ihnen verdankt die Hauptstadt ihren Namen.

Als die Spanier 1526 nach Ecuador kamen, war Quito eine bedeutende Inkastadt. Rumiñahui, ein General Atahualpas, zog es vor, sie dem Erdboden gleichzumachen, statt sie den Eindringlingen zu überlassen. Es sind keinerlei Inkastätten erhalten. Das heutige Quito wurde am 6. Dezember 1534 von dem spanischen Leutnant Sebastián de Benalcázar auf den Ruinen gegründet, und schon bald ließen sich die ersten Siedler hier nieder – in Begleitung zahlreicher religiöser Orden, darunter Franziskaner, Dominikaner und Augustiner. Diese errichteten Kirchen, Klöster und öffentliche Anlagen und ließen häufig die indigene Bevölkerung für sich arbeiten. Quito wuchs im 17. und 18. Jh. langsam, blieb jedoch im Vergleich zu Lima eine Provinzstadt.

Im 19. Jh. wurde die Stadt vom Revolutionsfieber gepackt und 1830 zur Hauptstadt der neuen Republik Ecuador ernannt. Die Bevölkerungszahl stieg, und im folgenden Jahrhundert veränderten Bauprojekte das Gesicht der Stadt, z.B. das neue Observatorium (das erste in Südamerika) und die Eisenbahnlinie nach Guayaquil, die den Handel ankurbelte. Das Kolonialviertel blieb bis nach dem Zweiten Weltkrieg, als Quito extrem schnell wuchs (ähnlich wie derzeit), das kommerzielle Zentrum der Stadt. Die schnelle Entwicklung ging größtenteils auf das Konto arbeitssuchender Immigranten aus allen Ecken Ecuadors zurück.

◉ Sehenswertes

Quito erstreckt sich in der Senke eines hohen Andentals grob von Norden nach Süden. Fast alle berühmten Kolonialbauten befinden sich im Centro Histórico (der Altstadt). Die Einheimischen nennen dieses Viertel einfach El Centro.

Nördlich der Altstadt liegt der neue Teil von Quito mit den wichtigsten Unternehmen und Dienstleistern. Hier befinden sich auch die meisten Hotels, Pensionen, Restaurants und Bars, insbesondere im Touristenviertel Mariscal Sucre (kurz Mariscal genannt).

◉ Altstadt

Mit seinen engen Gassen, restaurierten Kolonialbauten und lebendigen Plätzen ist Quitos Centro Histórico ein wunderbarer Ort für einen Bummel. Die legendenreichen und geschichtsträchtigen Kirchen, Konvente, Kapellen und Klöster wurden vor Jahrhunderten von indigenen Handwerkern und Arbeitern errichtet. Es ist ein lebendiges Viertel voller

---

QUITO IN ...

... zwei Tagen

Der Tag beginnt an der **Plaza Grande** (S. 56) in der Altstadt mit einem Kaffee in der **Dulceria Colonial** (S. 82). Dann folgt ein Bummel durch die malerischen Straßen mit einem Blick auf **La Compañía de Jesús** (S. 55), die Sehenswürdigkeiten an der **Plaza San Francisco** (S. 55) und die nahe **Casa del Alabado** (S. 59). Am Abend bietet sich die **Vista Hermosa** (S. 83) für einen Drink oder ein Essen mit Ausblick vom Dach an.

Am zweiten Tag geht's mit dem **TelefériQo** (S. 80) hoch zur Cruz Loma. Nach dem Besuch der **Capilla del Hombre** (S. 60) und des **Museo Guayasamín** (S. 60) geht's weiter in die Mariscal zum Souvenirshoppen und Kaffee in der **Galería Ecuador** (S. 90). Der Abend wird mit einem Essen und Livemusik im **Azuca Beach** (S. 85) an der Plaza Foch abgerundet.

... vier Tagen

Am dritten Tag ist es Zeit für einen Ausflug zur **Mitad del Mundo** (S. 96), gefolgt von einem Mittagessen mit traumhaftem Panorama im **El Crater** (S. 98). An diesem Abend (sofern er aufs ein Wochenende fällt) geht's hinein ins Gedränge in der **Ronda** (S. 55) und zu einem Drink oder Essen bei Livemusik.

Am letzten Tag lockt der **Jardín Botánico** (S. 63) mit seinen Kolibris, das **Museo Nacional** (S. 62) lädt zu einer Reise in die Vergangenheit ein und im **Centro de Arte Contemporáneo** (S. 61) wird die neueste Ausstellung besucht. Abends kann man sich mit einem Essen in einem der besten Restaurants von Quito verwöhnen, etwa im **Zazu** (S. 87) oder **Theatrum** (S. 83).

PLAZA SAN FRANCISCO

Wer aus den schmalen Straßen der Altstadt auf die **Plaza San Francisco** (Karte S. 56) tritt, darf sich auf einen Anblick der Extraklasse freuen: ein weiter, kopfsteingepflasterter Platz vor der Kulisse des Volcán Pichincha und die langen, weißen Mauern und Zwillingstürme der ältesten Kirche Ecuadors.

Iglesia y Monasterio de San Francisco (Karte S. 56; Cuenca nahe Sucre; ⊙ tgl. 7–11, Mo–Do 15–18 Uhr) Der Bau dieses Klosters, des größten Kolonialkomplexes der Stadt, begann nur ein paar Wochen nach der Gründung Quitos im Jahr 1534, fertig gestellt wurde es aber erst 70 Jahre später. Der Großteil der Kirche musste nach einem Erdbeben wieder aufgebaut werden, manche Bereiche sind jedoch original erhalten, z.B. die Fliesen in der **Kapelle des Señor Jesús del Gran Poder** rechts vom Hauptaltar. Der **Hauptaltar** selbst ist ein beeindruckendes Beispiel barocker Schnitzkunst. Das Dach besticht derweil durch zahlreiche maurische Elemente.

Der Gründer war der Missionar Joedco Ricke, ein Franziskaner. Es heißt, dass er der Erste war, der in Ecuador Weizen anbaute.

El Museo Francisco (Museo Fray Pedro Gocial; Karte S. 56; Cuenca 477 & Sucre; Eintritt 2 US$; ⊙ Mo–Sa 9–17.30, So bis 13 Uhr) In dem Museum rechts vom Haupteingang der Iglesia de San Francisco und innerhalb des Convento de San Francisco sind ein paar der schönsten Kunstwerke aus der Kirche ausgestellt, darunter Gemälde, Skulpturen und Mobiliar aus dem 16. Jh. Manche Möbel sind wunderbar aufwendig gearbeitet und mit Einlegearbeiten aus Perlmutt verziert. Im Eintrittspreis ist eine Führung auf Englisch oder Spanisch inbegriffen.

Gute Guides werden auf die *mudejar*-Darstellungen (maurisch) der acht Planeten an der Decke hinweisen, die um die Sonne kreisen, und erklären, wie das Licht zur Sonnenwende durch das rückwärtige Fenster auf den Hauptaltar fällt. Außerdem werden sie eine eigenartige Form der Beichte demonstrieren, bei der zwei Personen in verschiedenen Ecken stehen und sich gegenseitig belauschen können, wenn sie flüsternd ihre Sünden gestehen.

Capilla de Cantuña (Karte S. 56; Cuenca nahe Bolívar) Die Cantuña-Kapelle birgt eine kleine Sammlung von Kunst der Quitoer Schule. Um das Gebäude rankt sich zudem eine berühmte Legende: Angeblich schloss der indigene Baumeister Cantuña einen Pakt mit dem Teufel, damit dieser ihm dabei helfe, die Kapelle rechtzeitig fertigzustellen. Doch kurz vor Anbruch des vereinbarten Tages entfernte Cantuña einen einzelnen Stein, sodass die Kirche unvollendet blieb. So überlistete er Beelzebub und rettete seine Seele.

lärmender Straßenverkäufer, umherstreifender Fußgänger, hupender Taxis, röhrender Busse und pfeifender Polizisten, die versuchen, den Verkehr in den schmalen Einbahnstraßen zu regeln. Dies ist ein magischer Ort, an dem man immer etwas Neues entdecken kann, wenn man nur genau hinschaut.

Die Kirchen sind jeden Tag geöffnet (gewöhnlich bis 18 Uhr), und sonntags drängen sich hier die Gläubigen. Von 13 bis 15 Uhr sind sie stets geschlossen.

Das Herz der Altstadt ist die **Plaza Grande**, ein malerischer, von Palmen und historischen Gebäuden gesäumter Platz voll alltäglicher Geschäftigkeit.

La Ronda ist eine komplett restaurierte, schmale Kopfsteinpflastergasse mit schmucken Häusern aus dem 17. Jh. und fröhlichen Restaurants, Bars und farbenfrohen Läden. Freitag- und samstagabends erwacht sie zum Leben, wenn Verkäufer von *canelazo*

die Leute schön warm halten und Livemusik bis nach draußen schallt. An den Mauern erläutern Tafeln (auf Spanisch) die Geschichte der Straße und nennen die Künstler, Schriftsteller und Politiker, die einst hier lebten. Unbedingt einen Besuch wert.

⭐**Iglesia de la Compañía de Jesús** KIRCHE (Karte S. 56; www.fundacioniglesiadelacompania. org.ec; García Moreno & Sucre; Erw./Stud. 4/2 US$; ⊙ Mo–Fr 9.30–18.30, Sa bis 16, So 12.30–16 Uhr) La Compañía de Jesús mit ihren grün-goldenen Kuppeln ist die kunstvollste Kirche Quitos und ein Glanzstück inmitten der barocken Pracht der Altstadt. Bei den kostenlosen Führungen (englisch & spanisch) stehen die einzigartigen Charakteristika des Bauwerks im Mittelpunkt, u.a. die maurischen Details, die formvollendete Symmetrie (die auch hinten die Illusionsmalerei einer Treppe umfasst), die Symbolik (die leuchtend roten

Altstadt

Wände sollen an das Blut Christi erinnern) und der Synkretismus (zwischen den Säulen versteckte ecuadorianische Pflanzen und indigene Gesichter).

Der Bau dieser prächtig vergoldeten Jesuitenkirche begann 1605, wurde aber erst 160 Jahre später vollendet; allein der Altaraufbau benötigte 20 Jahre (der ehemalige Präsident Gabriel Garcia Moreno ist dort begraben). Die Orgel von etwa 1888 wurde in den USA hergestellt. Bemerkenswert sind auch die *chiaroscuro*-Bilder mit dem Titel die *16 Propheten* von Nicolás Javier Goribar und das große Gemälde *Hölle und Letztes*

Gericht von 1879 – es ist noch immer ein Rätsel, was mit dem Original geschah, das Hermano Hernando de la Cruz 1620 gemalt hatte. Die *quiteños* bezeichnen die Compañía voller Stolz als schönste Kirche des Landes, was auch gut nachzuvollziehen ist.

Plaza Grande   PLATZ
(Plaza de la Independencia; Karte S. 56) Wer durch das koloniale Quito schlendert, wird vermutlich mehrmals über die Plaza Grande laufen (früher Plaza de la Independencia). An der Südwestseite steht Quitos **Kathedrale** (Catedral Primaria; Karte S. 56; Plaza Grande; Eintritt 1,50 US$; Mo-Sa 9–17.15 Uhr). Sie

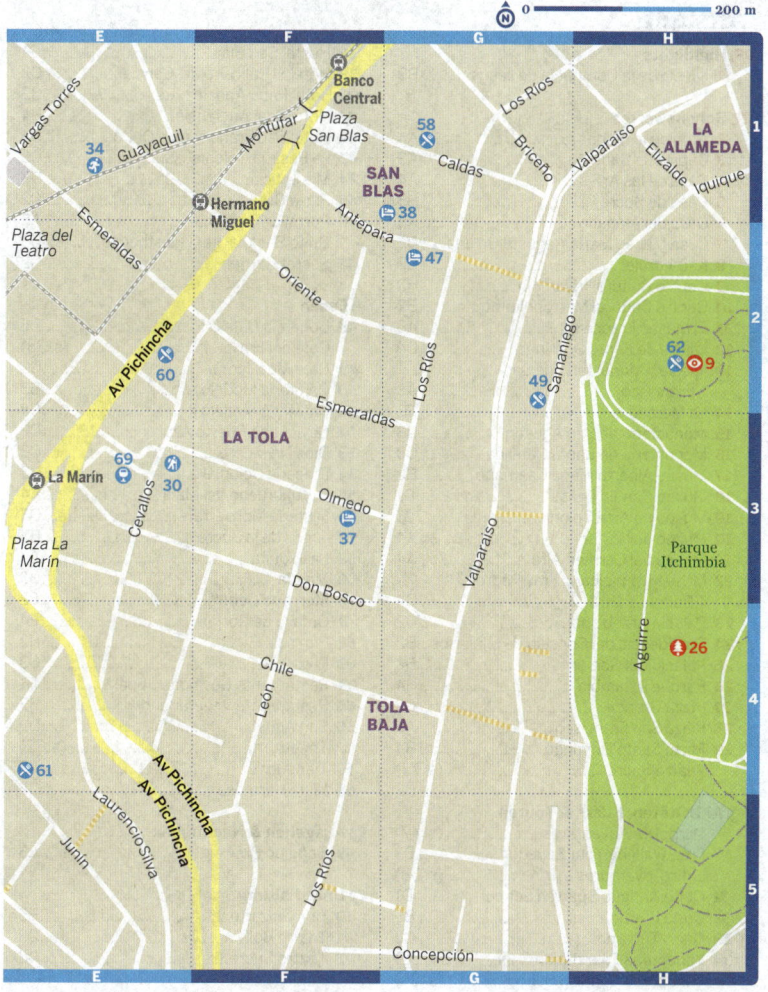

ist zwar nicht die kunstvollste Kirche der Altstadt, besitzt aber einige faszinierende Kunstwerke der Escuela Quiteña (Quitoer Schule). Ebenfalls zu sehen ist das reich verzierte Grab von Mariscal Sucre, der führenden Persönlichkeit in Quitos Unabhängigkeitsgeschichte. Eine Tafel hinter dem Hauptaltar markiert die Stelle, an der Präsident Gabriel García Moreno am 6. August 1875 starb. Er wurde vor dem Palacio de Gobierno mit einer Machete aufgeschlitzt und sterbend zur Kathedrale getragen.

Sehenswert in der Kathedrale ist auch das Gemälde vom Abendmahl Jesu, bei dem sich Jesus und die Jünger an *cuy asado* (Meerschweinchenbraten), *chicha* (einem Getränk aus vergorenem Mais) und *humitas* (gekochtem Maisteig mit Füllung) laben. Auf dem Gemälde mit der Geburt Christi blicken ein Lama und ein Pferd auf das Neugeborene nieder. Der Eintritt umfasst eine Führung auf Spanisch.

Das weiße Gebäude an der Nordwestseite des Platzes mit der Landesflagge obenauf ist der **Palacio de Gobierno** (Carondelet-Palast; Karte S. 56; Plaza Grande), der ecuadorianische Präsidentensitz. Bei Anwesenheit des Präsidenten ist das Gebäude für Besucher

Altstadt

geschlossen. Ansonsten kann es besichtigt werden, allerdings beschränkt sich der Besuch auf ein paar Prunksäle (möglicherweise), den Balkon mit Aussicht über den Platz und einen Blick auf Guayasamins leuchtend buntes Mosaik, das Francisco de Orellanas Fahrt auf dem Amazonas darstellt. Montags um 11 Uhr findet auf dem Platz die Wachablösung statt.

In den Kolonnaden des **Palacio Arzobispal** (Erzbischofspalast; Karte S. 56; Chile), eines ehemaligen Erzbischofspalasts an der Nordostseite des Platzes zwischen der García Moreno und der Venezuela, sind heute kleine Läden und mehrere Restaurants untergebracht. Diese Restaurants – ein paar Fast-Food-Läden und einige gehobenere Lokale mit Balkonplätzen im Innenhof – sind deswegen erwähnenswert, weil sie zu den wenigen gehören, die sonntagabends in der Altstadt geöffnet sind. Samstags von 18 bis 22 Uhr finden auf der überdachten Terrasse Konzerte statt, die Noches Patrimoniales.

Casa del Alabado · MUSEUM
(Karte S. 56; ☑ 02-228-0940; www.alabado.org; Cuenca N1-41; Eintritt 4 US$; ☺ 9.30–17.30 Uhr) Das Privatmuseum in einem behäbigen Kolonialhaus zeigt in zeitgenössischen Arrangements eine eindrucksvolle Sammlung präkolumbischer Artefakte. Die Ausstellung ist thematisch gegliedert, z. B. Schamanen und das Jenseits. Tafeln auf Englisch und Spanisch (Audioguides gibt's auch) erläutern anhand der schön gearbeiteten Keramiken und Schmuckstücke die Glaubensansichten der Ureinwohner.

Museo de la Ciudad · MUSEUM
(Karte S. 56; ☑ 02-295-3643; www.museociudad quito.gob.ec; García Moreno nahe Rocafuerte; Eintritt 3 US$; ☺ Di–So 9.30–16.30 Uhr) Gleich hinter dem Torbogen Arco de la Reina (Karte S. 56; Ecke García Moreno & Rocafuerte) aus dem 18. Jh., der als Unterstand für Kirchgänger gebaut wurde, zeichnet dieses hervorragende Museum den Alltag im Verlauf der Jahrhunderte nach. Zu den Exponaten zählen Dioramen, Modellhäuser der indigenen Bevölkerung und Kolonialküchen; aber auch das Museumsgebäude an sich (erb. 1563), ein ehemaliges Krankenhaus, ist sehenswert. Im Eintritt inbegriffen ist eine kostenlose Führung auf Spanisch, gegen zusätzliche 4 US$ auch auf Englisch und Französisch.

Museo del Carmen Alto · MUSEUM
(Karte S. 56; ☑ 02-228-1513; García Moreno S1-47 nahe Rocafuerte; Erw./Stud./Kind 3/2/1 US$; ☺ Mi–So 9.30–17.30 Uhr) Das 2014 eröffnete Museum im ehemaligen Karmeliterinnenkloster Monasterio del Carmen de San Jose (bzw. Carmen Alto) besitzt faszinierende Exponate, die den Alltag der einst hier lebenden Nonnen nachzeichnen. Unter ihnen befand sich auch Marianita de Jesus (1618–1645), die Schutzheilige der Stadt, die von den Quiteños „Santa" genannt wird. Die Beschriftungen und Führungen sind nur auf Spanisch.

In mehreren Räumen gleich hinter dem Eingang hängen große, ergreifende Gemälde mit religiösen Motiven. Das weiß gestrichene, zweistöckige Gebäude umgibt einen sonnigen Innenhof. Letzter Eintritt ist um 16.30 Uhr.

Basílica del Voto Nacional · KIRCHE
(Ecke Venezuela & Carchi; Eintritt Kirche/Turm 0,50 US$; ☺ 9–16.30 Uhr) Hoch auf einem Hügel im nordöstlichen Teil der Altstadt erhebt sich diese riesige gotische Kirche, deren Bau 1926 begann und sich über mehrere Jahrzehnte erstreckte. Statt der typischen Wasserspeier zieren Schildkröten und Leguane das Gemäuer. Das Highlight sind die Türme der Basilika, in die man hinaufklettern kann, wenn man sich traut: Es geht über eine wackelige Holzplanke im Dachgestühl und mehrere steile Treppen und Leitern (mit festem Geländer) hinauf.

Auch die Wendeltreppe und die drei Leitern in und über dem Uhrenturm kann erklimmen, wer möchte.

La Merced · KIRCHE
(Karte S. 56; Ecke Cuenca & Chile; ☺ 7–12 & 14–17 Uhr) GRATIS Die Kirche aus dem 18. Jh. besitzt den höchsten Turm im Kolonialviertel Quitos sowie eine Vielzahl faszinierender Kunstwerke, darunter Gemälde, die Vulkanausbrüche über den Kirchendächern in der Altstadt und ein mit einem Ascheteppich überzogenes Quito zeigen.

Der Legende nach ist der Turm – der einzige ungeweihte Teil der Kirche – vom Teufel verflucht. Die einzige Person, die stark genug für ihn war, soll der Glöckner Ceferino gewesen sein. Seit seinem Tod 1810 hat es niemand mehr gewagt, den Turm zu betreten.

Museo de Arte Colonial · MUSEUM
(Karte S. 56; Mejía Oe6-132 nahe Cuenca; Eintritt 2 US$; ☺ Di–Fr 9–17, Sa ab 10 Uhr) Das Museum in einem hübsch restaurierten Gebäude aus dem 17. Jh. beherbergt eine exzellente Sammlung kolonialer Kunst mit berühmten Skulpturen und Gemälden der Quitoer Schule, u. a. Arbeiten von Miguel de Santiago, Manuel Chili (ein indigener Künstler, der unter dem Namen Caspicara bekannt ist) und Bernardo de Legarda.

San-Diego-Kloster · KLOSTER, MUSEUM
(Calicuchima 117 & Farfán; Eintritt 2 US$; ☺ 9.30–12.30 & 14.30–17.30 Uhr) Das wunderschöne Kloster (erb. 17. Jh.) mit dem ruhigen Hof liegt hinter dicken Mauern nordwestlich des Panecillo und oberhalb der Altstadt. Drinnen können herausragende Arbeiten der Quitoer und Cuscoer Schule aus der Kolonialzeit bewundert werden, u. a. eine der schönsten Kanzeln ganz Quitos, die von dem angesehenen indigenen Schnitzer Juan Bautista Menacho gestaltet wurde.

CAPILLA DEL HOMBRE & MUSEO GUAYASAMÍN

Auf der Spitze eines Hügels im Viertel Bellavista nordöstlich der Innenstadt stehen zwei Sehenswürdigkeiten, die **Capilla del Hombre** (Kapelle des Menschen; www.guayasamin. org; Calvache E18-94 & Chávez, Bellavista; Erw./Sen. & Stud./Kind 6/3 US$/frei, inkl. Museo Guayasamín; ☺ Di–So 10–17 Uhr) und das **Museo Guayasamín** (www.guayasamin.org; Calvache E18-94 & Chávez, Bellavista; Erw./Sen. & Stud./Kind 6/3 US$/frei, inkl. Capilla del Hombre; ☺ Di–So 10–17 Uhr). Sie präsentieren Leben und Werk des produktiven und hervorragenden ecuadorianischen Malers Oswaldo Guayasamín (1919–1999), eines der bedeutendsten Künstler Südamerikas der modernen Zeit. Die Capilla del Hombre, zu seinen Lebzeiten unvollendet, ist ein gigantisches Denkmal und Museum mit den riesigen Wandgemälden Guayasamíns, die das Leid der indigenen Armen Lateinamerikas darstellen, verbunden mit der unerschütterlichen Hoffnung des Humanisten auf eine bessere Zukunft. Diese Gemälde, die präkolumbische Motive und Symbole enthalten und u. a. von Picasso, van Gogh und El Greco beeinflusst scheinen, sind ebenso bewegend wie künstlerisch beeindruckend.

Eines der herausragendsten Werke ist *Los Mutilados*. Es soll an den spanischen Bürgerkrieg erinnern; Guayasamín studierte da Vinci acht Jahre lang und fertigte 470 Zeichnungen an, bis er zufrieden war. Ein weiteres innovatives Werk ist *El condor y el toro*: Es zeigt den Kampf zwischen einem Kondor und einem Stier während des *Yaguar raimi* (Blutfest). Während des Festes wurde ein Kondor an den Nacken eines Stiers gebunden. Wenn der Kondor den Stier besiegte, versprach das eine gute Ernte.

Über eine Rampe geht es zu dem ebenso bemerkenswerten ehemaligen Haus von Guayasamín, das heute ein wunderbares Museum ist. Er war ein passionierter Sammler: Werke von Picasso, Chagall und Goya hängen in den Fluren. Seine herausragende Sammlung präkolumbischer Keramik-, Knochen- und Metallgegenstände ist thematisch geordnet (Schalen, Fruchtbarkeitsfiguren, Totenmasken etc.). Ihr Einfluss auf Guayasamíns Werk ist an den geometrischen Mustern und gedeckten Farben zu erkennen.

Ein weiterer Bereich ist Guayasamíns Sammlung religiöser Kunst gewidmet, darunter Arbeiten begnadeter indigener Schüler der Escuela Quiteña; es gibt sogar ein paar blutige Kruzifixe (Guayasamín war Agnostiker, in seinen Arbeiten tauchen aber immer wieder Folterszenen und an Jesus erinnernde Figuren auf). Das Highlight ist ein winziges Kreuz mit einem Herzpendel darin, das gegen die Brusthöhle schlägt, wenn man es berührt oder dagegenpustet.

Das extravagant eingerichtete, ranchartige Haus blieb so erhalten wie zu Lebzeiten von Guayasamín. Selbst seine Kleider hängen noch im Schlafzimmerschrank. Besucher können fast das ganze Haus besichtigen – selbst das Badezimmer, in dem natürlich auch ein paar wertvolle Gemälde hängen – und auf seinem Klavier klimpern (er selbst spielte nicht). Der Luxus und die vereinzelten Erinnerungsstücke, z. B. ein Brief von Pablo Neruda, zeugen von dem Reichtum und Ruhm, den Guayasamín, der aus armen Verhältnissen stammte, errang.

Kostenlose, sehr empfehlenswerte Führungen (auf Spanisch, manchmal auch auf Englisch und Französisch) durch beide Museen sind im Eintrittspreis enthalten; sie beginnen regelmäßig.

Die Anfahrt mit dem Taxi (etwa 3 US$ ab der Mariscal) ist am einfachsten. Ansonsten fährt auch ein Florestal-Bus mit der Kennzeichnung Bellavista ab dem Centro Histórico oder der Mariscal hierher. Wer etwas Bewegung vorzieht, muss mit einem langen Marsch bergauf rechnen; besser ist es in dem Fall, mit dem Taxi hochzufahren und dann wieder runter zu laufen.

Faszinierend ist auch Miguel de Santiagos Gemälde *Das letzte Abendmahl* aus dem 18. Jh. Das ungewöhnlichste Kunstwerk ist jedoch ein Bild von Hieronymus Bosch (*Übergang von diesem Leben zur Ewigkeit*). Niemand weiß, wie es hierhin gelangt ist. Abschließend kann man die schmalen Stufen zum Glockenturm erklimmen und über das Dach laufen.

Centro Cultural Metropolitano
KULTURZENTRUM

(Karte S. 56; Ecke Moreno & Espejo; ☺ Di–So 9–17 Uhr, Veranda bis 19.30 Uhr) GRATIS In dem schön restaurierten Gebäude ein Stück abseits der Plaza Grande sind die Stadtbibliothek und Vortragsräume untergebracht und es zeigt Wechselausstellungen. Der Standort hat eine lange Geschichte: Hier stand in präkolumbischer Zeit angeblich einer von Atahualpas Palästen, von 1597 bis 1767 eine Jesuitenschule, nach der Vertreibung der Jesuiten Ende des 18. Jhs. eine Armeekaserne und 1809 hielten hier königliche Truppen Revolutionäre gefangen, die ein Jahr später ermordet wurden.

Santa-Catalina-Kloster   KLOSTER
(Karte S. 56; Espejo 779 & Flores; Eintritt 1,50 US$; ⏲ Mo–Fr 8.30–17, Sa bis 12.30 Uhr) Südlich des San-Agustín-Klosters steht der intakte Konvent- und Klosterkomplex von 1592. Bis heute dürfen die Nonnen (sie bleiben fünf Jahre im Kloster) nur eine Stunde am Tag miteinander reden oder fernsehen. Sie stellen jede Menge Naturprodukte wie Shampoo, Wein, Handcremes, Tränke etc. her, die sie an einer Drehtür verkaufen, ohne sich den Besuchern zu zeigen.

Bei der kostenlosen Führung (spanisch) durch das Klostermuseum werden u. a. religiöse Malereien aus dem 18. Jh. gezeigt. Manche sind geradezu brutal.

Casa Museo María
Augusta Urrutía   HISTORISCHES GEBÄUDE, MUSEUM
(Karte S. 56; ☎ 02-258-0103; www.fmdj.org; Moreno N2-60; Eintritt 2 US$; ⏲ Di–Fr 10–18, Sa & So 9.30–17.30 Uhr) Von allen Museumshäusern in Quito ist dieses (erb. 19. Jh.) das Sehenswerteste: Es ist hervorragend erhalten und war einst Residenz der beliebten Philanthropin María Augusta Urrutía. Es besticht durch zeitgenössisches Mobiliar, Buntglasfenster und europäische Kunst und hat einen üppig bepflanzten Hof. Kostenlose Touren auf Spanisch und Englisch.

Centro de Arte Contemporáneo   MUSEUM
(www.centrodeartecontemporaneo.gob.ec; Dávila & Venezuela; ⏲ Di–So 9–17.30 Uhr) GRATIS In dem wunderbar restaurierten früheren Militärkrankenhaus werden heute bahnbrechende Multimedia-Ausstellungen und erstklassige Wanderausstellungen moderner Kunst geboten. Zum Museum gehört auch ein Café.

Casa de las Artes   GALERIE
(Karte S. 56; Casa 989, La Ronda; ⏲ Di–Do 10–19, Fr & Sa bis 22, So 11–15 Uhr) GRATIS Eines der zahlreichen schön restaurierten Gebäude in der atmosphärischen La Ronda beherbergt ein Kulturzentrum mit kleinen, aber feinen Wechselausstellungen. Manchmal werden auch die herrlich detaillierten, bunten Miniaturen des virtuosen Bildhauers Toribio Ávila aus dem 18. Jh. gezeigt. Seine Arbeiten sind zudem in der Sakristei der San-Fran-

cisco-Kirche zu sehen. Ávila lebte Ende des 18. Jhs. für kurze Zeit an der La Ronda (Hausnummer 158).

Plaza Santo Domingo   PLATZ
(Karte S. 56) Die Plaza Santo Domingo nahe dem südwestlichen Ende der Calle Guayaquil ist ein beliebter Treffpunkt von Straßenkünstlern. Die *quiteños* aus der Nachbarschaft versammeln sich auf dem Platz, um den Clowns und nicht unbedingt professionellen Zauberern zuzuschauen. Abends zeigt sich der Platz von seiner schönsten Seite: Dann werden die Kuppeln der **Iglesia de Santo Domingo** (Karte S. 56; Ecke Flores & Rocafuerte; ⏲ 7–13 & 17–19 Uhr) GRATIS aus dem 17. Jh. an der Südostseite des Platzes angestrahlt. Ihre maurische Decke, die Holzschnitzereien und der Silberthron am Hauptaltar lohnen einen Besuch. Sie muss wohl ein anregendes Ambiente für ein Philosophiestudium gewesen sein, als hier zu Kolonialzeiten das Colegio Mayor de San Fernando untergebracht war. Das **Museo Dominicano Fray Pedro Bedón** (Karte S. 56; Eintritt 2 US$; ⏲ Mo–Fr 9–17, Sa bis 14 Uhr) nebenan hat einen hübschen Gartenkreuzgang und eine schöne Sammlung sakraler Kunst aus der Kolonialzeit.

Museo Camilo Egas   MUSEUM
(Karte S. 56; Venezuela 1302 & Esmeraldas; ⏲ Di–Fr 8–17, Sa & So 10–16 Uhr) GRATIS In einem restaurierten Kolonialhaus wird eine kleine, aber bedeutende Werksammlung des Malers Camilo Egas (1899–1962) ausgestellt, Ecuadors erstem *indigenista*-Maler (indigene Kunstbewegung). In einigen Sälen werden Wechselausstellungen zeitgenössischer Maler gezeigt.

San-Agustín-Kloster   KLOSTER
(Karte S. 56; Chile & Guayaquil; Eintritt 2 US$; ⏲ Mo–Fr 9–12.30 & 14–17, Sa 9–12.30 Uhr) Das Kloster zwei Blöcke von der Plaza Grande entfernt ist ein schönes Beispiel der Architektur des 17. Jhs. Viele Helden des ecuadorianischen Unabhängigkeitskampfs wurden hier beigesetzt. Zudem wurde hier am 10. August 1809 die Unabhängigkeitserklärung unterzeichnet.

Casa de Sucre   MUSEUM
(Karte S. 56; Venezuela 573 & Sucre; ⏲ 9–17.30 Uhr) GRATIS Eineinhalb Häuserblocks südöstlich der La Compañía steht das wunderschön restaurierte ehemalige Wohnhaus von Mariscal Antonio José de Sucre, des Helden der ecuadorianischen Unabhängigkeits-

bewegung. Heute ist es ein kleines Museum voller Möbelstücke aus dem frühen 19. Jh. Die Führungen auf Spanisch sind kostenlos.

Museo Alberto Mena Caamaño   MUSEUM
(Karte S. 56; Espejo nahe García Moreno; Eintritt 1,50 US$; ☺ Di–Fr 9–17, Sa & So bis 13.30 Uhr) Das Museum bietet mittels Wachsfiguren einen Einblick in Quitos frühe Kolonialgeschichte, speziell zu den Ereignissen im August 1810, als Quiteoer Unabhängigkeitskämpfer hingerichtet wurden. Ausgestellt werden auch einige koloniale und zeitgenössische Kunstwerke.

Teatro Sucre   THEATER
(Karte S. 56; Guayaquil & Manabí) In dem stattlichen Gebäude von 1878, das eine Seite der lebhaften Plaza del Teatro einnimmt, finden die besten Theater-, Tanz- und Konzertaufführungen Quitos statt; im 1. Stock gibt's zudem ein erstklassiges Restaurant. Prostitution, die aus anderen Teilen der Altstadt vertrieben wurde, scheint sich in den Straßen der Umgebung niedergelassen zu haben.

◉ Neustadt

★ Museo Nacional   MUSEUM
(Karte S. 66; Ecke Av Patria & Av 12 de Octubre; ☺ Di–Fr 8.30–16.30, Sa & So 10–16 Uhr) GRATIS In dem charakteristischen, runden Glasgebäude, der Casa de la Cultura Ecuatoriana, befindet sich eine der größten Sammlungen ecuadorianischer Werke prähispanischer und kolonialer Sakralkunst. In der Sala de Arqueología sind mehr als 1000 Keramikartefakte aus der Zeit von 12 000 v. Chr. bis 1534 n. Chr. ausgestellt. Zu den Exponaten in der Sala de Oro (Goldsaal) gehört eine prachtvolle goldene Sonnenmaske und in der Sala de Arte Colonial (Saal für Kolonialkunst) hängen meisterhafte Arbeiten der Quitoer Schule.

Die labyrinthartige archäologische Abteilung beginnt mit Pfeilspitzen der ersten ecuadorianischen Jäger und Sammler. Dann geht es weiter mit der Valdivia-Kultur (das erste sesshafte Bauernvolk des Landes) und endet bei den Inka. Unterwegs stößt man auf ein paar phantastische Exponate wie die „Pfeifflaschen" der Chorrera-Kultur, Figuren mit deformierten Schädeln der Machalilla-Kultur, Schlangenschüsseln der Jama-Coaque, Keramiknachbildungen von *tzantzas* (Schrumpfköpfen), „Münzenäxte" der Milagro-Quevedo-Kultur und die berühmten zeremoniellen Steinstühle der Manteños.

Mindalae – Museo Etnográfico de Artesanía de Ecuador   MUSEUM
(Karte S. 66; Reina Victoria N26-166 & La Niña; Eintritt 3 US$; ☺ Mo–Sa 9–18 Uhr) Das kleine, aber lohnende Museum gleich nördlich der Mariscal zeigt Kunstwerke, Kleidung und Gegenstände der ecuadorianischen Ureinwohner, insbesondere der Völker des Oriente. Geführt wird es von der herausragenden Fundación Sinchi Sacha. Es gibt dort auch ein nettes Freiluftcafé (7–24 Uhr).

Museo de Arte Moderna & Instrumentos Musicales   MUSEUM
(Karte S. 66; Ecke Av Patria & Av 12 de Octubre; Eintritt 2 US$; ☺ Di–Sa 9–16.30 Uhr) In dem planlos zusammengewürfelten und großräumigen Museum im gleichen Gebäude wie das Museo Nacional (aber mit eigenem Eingang) sind u. a. auch merkwürdige Musikinstrumente aus Ecuador, Südamerika und anderen Ländern ausgestellt. In weiteren Räumen sind schlecht präsentierte Gemälde einiger der berühmtesten Künstler Ecuadors, darunter Oswaldo Guayasamín, Eduardo Kingman und Camilo Egas, sowie Ausstellungen von Kunststudenten zu sehen. Bei unserem Besuch wurde das Museum gerade umgestaltet; in absehbarer Zeit soll ein ethnografisches Museum eröffnet werden.

Parque El Ejido   PARK
(Karte S. 66) Nordöstlich von La Alameda erstreckt sich der nette, baumbestandene Parque El Ejido, ein beliebter Ort für spontane Fußball- und Volleyballspiele. Am Nordende des Parks ist an den Wochenenden einiges los; dann finden in der Avenida Patria Open-Air-Kunstausstellungen statt. Am Nordrand des Parks stellen Kunsthandwerker ihre Buden auf und verwandeln die Bürgersteige in einen Kunsthandwerksmarkt.

Quito-Observatorium   OBSERVATORIUM, MUSEUM
(Karte S. 66; Parque la Alameda; Eintritt 2 US$; ☺ Di–So 10–17 Uhr) Präsident García Moreno eröffnete das älteste Observatorium auf dem gesamten Kontinent 1864. Das Gebäude beherbergt ein Museum mit Pendeln, Sextanten, Chronometern und anderen historischen Instrumenten aus dem 19. Jh., und donnerstags und freitags ist Sternegucken angesagt (18 und 19.30 Uhr, Eintritt 3 US$) – das lohnt sich allerdings nur bei wolkenlosem Himmel. Das Observatorium steht in dem kleinen Parque La Alameda.

Parque La Carolina   PARK
(Karte S. 66) Nördlich des Mariscal erstreckt sich der riesige Parque La Carolina. An den

ℹ️ WAS GIBT'S NEUES?

➡ BiciQuito (S. 64) ist das städtische Fahrradverleihsystem mit Stationen in der ganzen Stadt, wo Fahrräder abgeholt und abgestellt werden können.

➡ Der große, neue Flughafen liegt 37 km nordöstlich der Stadt. Der alte Flughafen, 9 km nördlich der Mariscal, wurde zu einem öffentlichen Park umgestaltet.

➡ Intercity-Busgesellschaften dürfen keine Fahrgäste mehr an ihren jeweiligen Büros in der Neustadt aufnehmen, nur noch in den drei Busbahnhöfen.

➡ Taxis sollten eigentlich mit „Notfallknöpfen" auf den Armlehnen am Rücksitz ausgestattet sein, die auf Druck mit einem GPS-Signal die Polizei alarmieren und Video-und Tonaufnahmen aktivieren.

➡ Das sanierte Bahnnetz umfasst nun mehrere Strecken, darunter die Luxusfahrt nach Guayaquil und kürzere Tagesausflüge. Abfahrt ist vom instandgesetzten Bahnhof südlich der Altstadt.

➡ Das Museo del Carmen Alto (S. 59), eines der interessantesten Museen der Stadt, eröffnete 2013 in einem ehemaligen Konvent der Karmeliterinnen.

➡ Zur Zeit der Recherche waren ein Nobelhotel und Museum im Komplex der Compañía de Jesús (S. 55), einer der bedeutendsten Kirchen der Stadt, im Bau.

➡ Mehrere Kleinbrauereien, die *cerveza artesanal* herstellen, wurden eröffnet.

➡ We Help (S. 93), ein privat geführtes Unternehmen dicht an der Plaza Foch, ist die beste Anlaufstelle für Stadtinformationen jeglicher Art in der Neustadt.

➡ TAME (☑1800-500-800, 396-6300; www.tame.com.ec; Ecke Av Amazonas N24-260 & Cristóbal Colón), Ecuadors nationale Fluggesellschaft, nahm 2013 den Flugverkehr zwischen Quito und dem JFK Airport in New York auf.

➡ Die mit einer Rampe verbundenen Museen Capilla del Hombre und Museo Guaysamín (S. 60) haben nun einen gemeinsamen Eingang und eine gemeinsame Eintrittskarte.

➡ Der alte Busbahnhof in der Altstadt wurde in den Parque Urbano Qmandá (S. 64) umgestaltet, eine moderne Sporthalle.

➡ Der neue Hauptsitz der Union Südamerikanischer Nationen überragt das Denkmal Mitad del Mundo.

Wochenenden wimmelt es hier von Familien, die Paddelboot fahren, Fußball und Volleyball spielen oder auf den Radwegen Sport treiben. Die beliebteste Attraktion ist der **Jardín Botánico** (www.jardinbotanicoquito.com; Erw. & Kind 3,50/2 US$; 🕙 9–17 Uhr). Er umfasst einheimische Biotope wie den *páramo* (hochgelegene Anden-Graslandschaft), den Nebelwald und Feuchtgebiete sowie ein *orquideario* (Orchideenhaus), einen ethnobotanischen Garten (mit Pflanzen, die von indigenen Völkern genutzt werden) und ein Amazonas-Treibhaus. Es gibt auch einen Abenteuerspielplatz für Kinder.

Im Park befindet sich auch das **Vivarium** (www.vivarium.org.ec; Parque La Carolina; Erw./Kind 3/2 US$; 🕙Di–So 9.30–17.30 Uhr) mit Reptilien und Amphibien, von denen man manche sogar anfassen darf. In der Nähe steht das verschlafene **Museo de Ciencias Naturales** (Parque La Carolina; Erw./Kind 2/0,60 US$; 🕙Mo–Fr 8–13 & 13.45–16.30, Sa 9–13 Uhr) voller toter Insekten und ausgestopfter Tiere (mit von der Partie: ein Kondor, ein Tapir, eine Harpye und sogar ein bengalischer Tiger).

Santuario de Guápulo   KIRCHE
(El Calvario N27-138; Eintritt 1,50 US$; 🕙8–17.30 Uhr, mittags manchmal geschl.) Am Fuß des Hügels oberhalb von Guápulo befindet sich das Herz des Viertels: das Santuario de Guápulo aus dem 17. Jh. Es beherbergt eine exzellente Sammlung von Kunstwerken und Skulpturen der Quitoer Schule und einen prächtigen Altar aus dem 18. Jh., der von dem virtuosen Holzschnitzer Juan Bautista Menacho geschaffen wurde.

Palacio Legislativo   WICHTIGES GEBÄUDE
(Karte S. 66; Montalvo nahe Av 6 de Diciembre) Zwischen dem Parque Alameda und dem Parque El Ejido erhebt sich der Palacio Legislativo, der Sitz des Parlaments. An der Nordseite des Bauwerks zeichnet ein riesiger Fries die Geschichte Ecuadors nach.

Museo Amazónico   MUSEUM

(Karte S. 66; Av 12 de Octubre 1436; Eintritt 2 US$; ⊙ Mo–Fr 9–13 & 14–17.30 Uhr) Das ziemlich vernachlässigte Museum über dem Buchladen Abya Yala zeigt eine kleine Sammlung indigener Artefakte, darunter die einzige Ausstellung von *tzantzas* (Schrumpfköpfen) in ganz Quito, Federkopfschmuck, ein grob behauenes Einbaumkanu, ausgestopfte Tiere (z. B. ein Kondor und ein Faultier) und verstörende Fotos von der Ölverschmutzung des Amazonas.

Aktivitäten

Alle, die ein bisschen mehr Action brauchen, können klettern, wandern oder radeln gehen – und müssen dazu noch nicht mal das Stadtgebiet verlassen. Der alte Busbahnhof in der Altstadt wurde zum **Parque Urbano Qmandá** (☏ 02-257-3645; 24 de Mayo) umgebaut, einem funkelnden überdachten Sportkomplex mit Volleyball- und Fußballplatz, einer Kletterwand, Yogastudios und mehreren kleinen Swimmingpools. Wer keine Lust auf sportliche Betätigung hat, kann sich das eindrucksvolle maßstabsgerechte Modell der Stadt anschauen oder ein Konzert und andere Kulturveranstaltungen besuchen. Erreichbar ist der Park über die neue überdachte Brücke nur ein paar Straßenzüge von La Ronda entfernt.

Radfahren

BiciQuito (Karte S. 66; www.biciq.gob.ec; Cordero 1221 & Joaquin, Mariscal; ⊙ Mo–Sa 7–19 Uhr), das städtische Fahrradverleihprogramm

ähnlich wie in anderen Großstädten, ist kostenlos und erfordert nur eine schnelle Anmeldung im Büro in der Mariscal (Kopie des Reisepasses mitbringen). Sonntags, wenn die Avenida Amazonas für den Fahrzeugverkehr gesperrt ist, kann man sich auch an jeder beliebigen Fahrradstation anmelden. Die Fahrräder sind vorsichtig ausgedrückt ziemlich robust.

Lokale Mountainbikeläden vermieten Räder und bieten hervorragende Ausflüge an, z. B. eine Tagestour durch den *páramo* des Parque Nacional Cotopaxi, rasante Fahrten bergab, Trips mit einem Stopp bei den Thermalquellen von Papallacta und zweitägige Touren zum Cotopaxi und Chimborazo bzw. zum Cotopaxi und zur Laguna Quilotoa. Eintägige Exkursionen kosten ca. 50 US$ (zzgl. Parkeintritt). Vor der Entscheidung für einen Anbieter sollte man Preise und Leistungen vergleichen.

Biking Dutchman   RADFAHREN

(Karte S. 74; ☏ 02-256-8323; www.bikingdutchman.com; Foch E4-283 nahe Av Amazonas; Tagestour ab 50 US$) Ecuadors erster Mountainbike-Touranbieter überzeugt mit guten Rädern und Guides, hat einen hervorragenden Ruf und organisiert ein- bis viertägige Radtrips.

Retro Bici Club   RADFAHREN

(Karte S. 74; ☏ 099-502-9088; Av Amazonas N23-78 nahe Wilson; halber/ganzer Tag 8/12 US$) Engagierte Radfahrer, die Fahrräder reparieren, restaurieren und für Stadttouren verleihen.

QUITO AUF ZWEI RÄDERN

Jeden Sonntag ist die gesamte Avenida Amazonas und der Großteil der Altstadt für Kraftfahrzeuge gesperrt (8–14 Uhr), denn dann nehmen Tausende von Radfahrern am wöchentlichen **Ciclopaseo** teil. Die komplette Strecke (ca. 30 km) führt bis hinter den alten Flughafen, durch die Altstadt und in den Süden Quitos. Die Stadt vom Rad aus zu erkunden, macht einfach Spaß.

Wer es gern etwas abenteuerlicher hätte, kann an einer **Nachtfahrt** teilnehmen. Jeden Montag gegen 20 Uhr trifft sich eine Gruppe von 20 bis 50 unerschrockenen Radfahrern vor dem Fahrradladen El Rey (S. 95) in der Mariscal und radelt in die Nacht. Die Route variiert von Woche zu Woche (El Panecillo ist ein beliebtes Ziel), und die gemütlichen Touren dauern ca. drei Stunden. El Rey ist ein gut organisierter Anbieter, und Guides bilden die Vor- und Nachhut, damit auch ja niemand verloren geht. Zum Abschluss isst und trinkt man noch etwas zusammen. Die Radtour ist kostenlos, aber Teilnehmer sollten etwas spenden, damit diese Exkursion auch weiterhin angeboten werden kann. Leihräder für den Abend kosten 8 US$.

Wer mag, kann auch an einer der Touren der Gruppe außerhalb der Stadtgrenzen teilnehmen. Gelegentlich geht's in die Nebelwälder, die Küste hinunter oder zu anstrengenderen Touren durch die Anden.

Eine weitere gute Anlaufstelle für Radfahrer ist das Café La Cleta (S. 87).

Arie's Bike Company
RADFAHREN

(☎02-238-0802; www.ariesbikecompany.com) Arie's gehört einem niederländisch-ecuadorianischen Paar, das mehrtägige Mountainbike-Trips in ganz Ecuador organisiert.

Klettern

Mono Dedo
FELSKLETTERN

(Karte S. 66; ☎02-290-4496; www.monododo ecuador.com; Larrea N-24-36 nahe Coruña; Eintritt 3 US$; ⊙Mo–Fr 11–21, Sa 10–13 Uhr) Eine höchst empfehlenswerte Kletterhalle mit vollem Service und erfahrenen Lehrern. Veranstaltet werden auch alle möglichen Ausflüge in ganz Ecuador.

Rocódromo
FELSKLETTERN

(Karte S. 66; Queseras del Medio s/n, La Vicentina; Eintritt 2 US$; ⊙8–19.30 Uhr) Eine 25 m hohe Freiluft-Kletteranlage mit über einem Dutzend Routen an den Hauptwänden. Sie liegt gegenüber vom Coliseo General Rumiñahui.

 Kurse

Ecuador ist eine wunderbare Adresse zum Spanischlernen. Gewöhnlich kann man bei Einheimischen übernachten, an organisierten Aktivitäten teilnehmen oder auch Freiwilligenarbeit verrichten. Gruppenunterricht kostet in der Regel 8 US$ pro Stunde, Einzelunterricht 10 US$.

Quito ist aber auch ein guter Ort, um an seiner Salsatechnik zu feilen.

Sprache

Yanapuma Language School
SPRACHKURSE

(Karte S. 56; ☎02-254-6709; www.yanapuma.org; Guayaquil N9-59 & Oriente) Die exzellente, von einer Stiftung geführte Schule befindet sich in einem alten Gebäude mit einem lichten Innenhof im Herzen des Centro Histórico. Die Anmeldegebühr von 25 US$ und die Erlöse aus dem gesprächsorientierten Unterricht gehen an die Stiftung, die nachhaltige Entwicklung in indigenen Gemeinden fördert. Dienstags gibt's Salsakurse und mittwochs ecuadorianische Snacks.

Ecole Idiomas
SPRACHKURSE

(Karte S. 74; ☎02-601-4757; www.ecoleidiomas. com; García E6-15 nahe Mera) Gesprächsorientierter Gruppen- (7 US$ pro Std.) und Einzelunterricht (10 US$ pro Std.) in einem schönen, alten Gebäude mit Holzböden, Vorgarten und hinten einem tollen Aufenthaltsraum an einer verkehrsreichen Straße in der Mariscal. Jeden Dienstag gibt es Salsakurse und man kann sich an einer Tafel für andere Aktivitäten eintragen.

Freiwilligenprogramme (gegen eine Gebühr) werden für Projekte auf den Galapagosinseln, in Cuenca und Montañita angeboten; Teilnehmer kommen vor Ort oder bei Gastfamilien unter.

Vida Verde
SPRACHKURSE

(Karte S. 66; ☎02-252-4333; www.vidaverde.com; Madrid E13-137 nahe Lugo, La Floresta) Eine empfehlenswerte, ecuadorianisch geführte Schule im Universitätsviertel in einem luftigen, hellen ehemaligen Wohnhaus mit Küche, Wohnzimmer und kleiner Leihbibliothek. Ziemlich abgelegen, wenn man eine Unterkunft in der Mariscal hat. Die Schule organisiert auch Studienreisen in den Regenwald (bei Tena oder Coca) und zur Küste (in Puerto López und auf der Biofarm Rio Muchacho bei Canoa). Zehn Prozent der Erlöse gehen an Umwelt- und Sozialprojekte in Ecuador.

Simon Bolivar
SPRACHKURSE

(Karte S. 74; ☎02-254-4558; www.simon-bolivar. com; Foch E9-20 & 6 de Diciembre, La Mariscal) Die Schule mit Filiale in Cuenca hat einen schönen Hof in einem nüchtern wirkenden Gebäude in der Mariscal. Die Anmeldegebühr von 20 US$ umfasst Kaffee, Tee, Snacks, Internet und Aktivitäten wie z. B. zweimal wöchentlich Salsakurse. Gruppenunterricht gibt's nur für absolute Anfänger.

Quito Antiguo Spanish School
SPRACHKURSE

(Karte S. 56; ☎02-228-8454; www.quitoantiguo spanish.com; Venezuela 1129) Die Schule in einem heruntergekommen und etwas tristen Haus im Zentrum des Centro Histórico bietet zahlreiche Kurse (auch für ältere Personen), vielfältige Exkursionen und Unterkunft in günstigen Apartments und Privatzimmern.

Tanz

Academia Salsa & Merengue
TANZKURSE

(Karte S. 74; ☎02-222-0427; tropicaldancing@ hotmail.com; Foch E4-256 & Av Amazonas; Einzel-/ Gruppenunterricht pro Std. 10/6 US$; ⊙Mo–Fr 10–20 Uhr) Die professionelle Tänzerin Sylvia Garcia hat mehrere Jahrzehnte Erfahrung. Sie unterrichtet die unterschiedlichsten Tanzstile.

Ritmo Salvaje
TANZKURSE

(Karte S. 74; ☎02-222-4603; García E5-45; Privatunterricht 10 US$; ⊙Mo–Fr 10–20 Uhr) In dieser kleinen, beliebten Tanzschule finden donnerstagabends um 20 Uhr kostenlose Schnupperkurse statt. Die Freitag- und Samstagabende stehen ganz im Zeichen der Salsamusik (Eintritt 3 US$, für Schüler kostenlos).

Neustadt

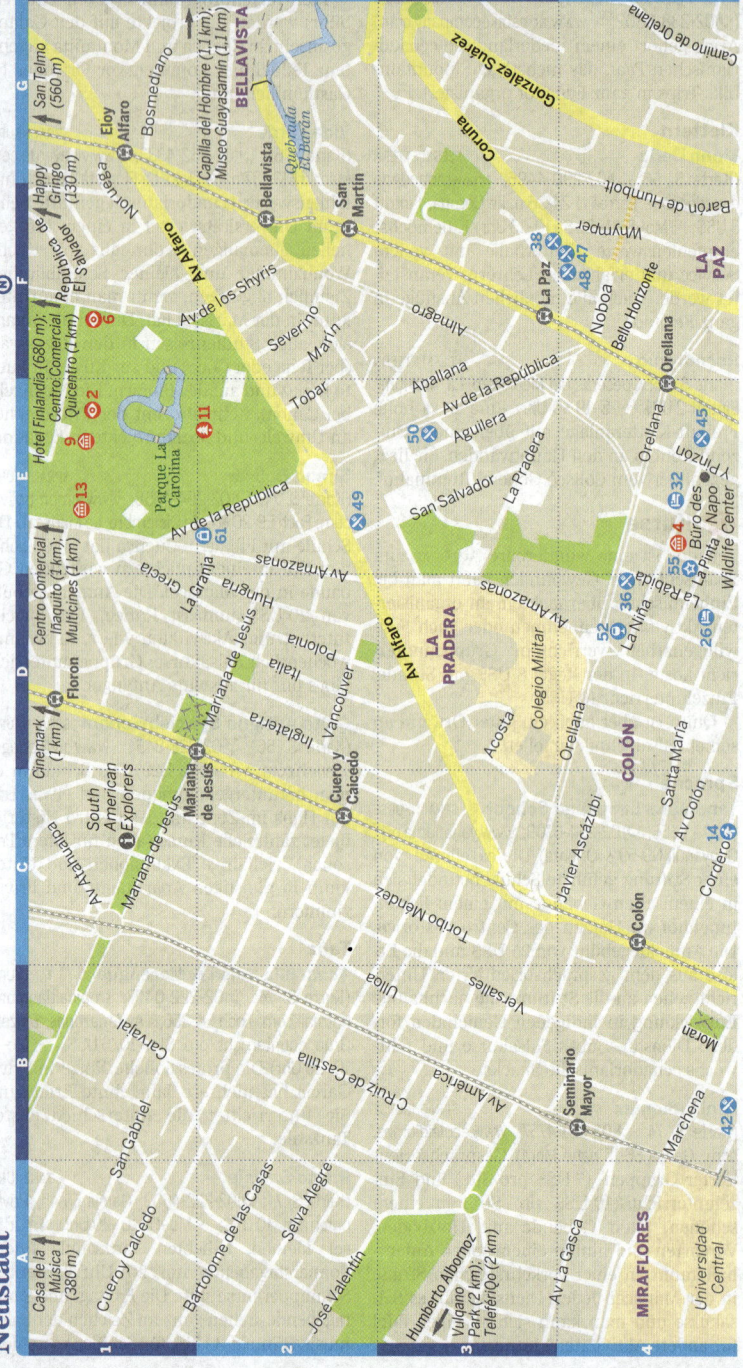

500 m

0

BELLAVISTA

Camino de Orellana

González Suárez

Coruña

Barón de Humboldt

LA PAZ

San Telmo
(560 m)

Casa de la
Música
(380 m)

Capilla del Hombre (11 km);
Museo Guayasamín (1.1 km)

Happy
Gringo
(130 m)

Eloy
Alfaro

Bosmediano

Bellavista

San
Martín

Whymper

Noboa

Bello Horizonte

38
La Paz
48 47

Orellana

45

Hotel Finlandia (680 m);
Centro Comercial
Quicentro (1 km)

Noriega

República de
El Salvador

9
2

6

13

AV ALFARO

Av de los Shyris

Severino

Marín

Tobar

Imagro

Apallana

Av de la República

11

Parque La
Carolina

Centro Comercial
Iñaquito (1 km);
Multicines (1 km)

Av de la República

61

50

Aguilera

La Pradera

San Salvador

49

52

36

26

55
32
4

La Piña
La Rábida
La Niña

Buró des
Napo
Wildlife Center

Av Amazonas

AV ALFARO

LA
PRADERA

Av Amazonas

Colegio Militar

Cinemark
(1 km)

Floron

South
American
Explorers

1

Atahualpa

Mariana de Jesús

La Granja

Hungría

Grecia

Italia

Polonia

Inglaterra

Vancouver

Cuero y
Calcedo

Acosta

Orellana

Javier Ascázubi

Santa María

Av Colón

COLÓN

Cordero

14

Colón

Mariana
de Jesús

Mariana de Jesús

Toribo Méndez

Ulloa

Versalles

Morán

Av Ruiz de Castilla

Av América

Seminario
Mayor

Marchena

42

MIRAFLORES

San Gabriel

Carvajal

Cuero y Calcedo

Bartolomé de las Casas

Selva Alegre

José Valentín

Humberto Albornoz
Vulcano
Park (2 km);
TelefériQo (2 km)

Av La Gasca

Universidad
Central

A

B

C

D

E

F

G

1

2

3

4

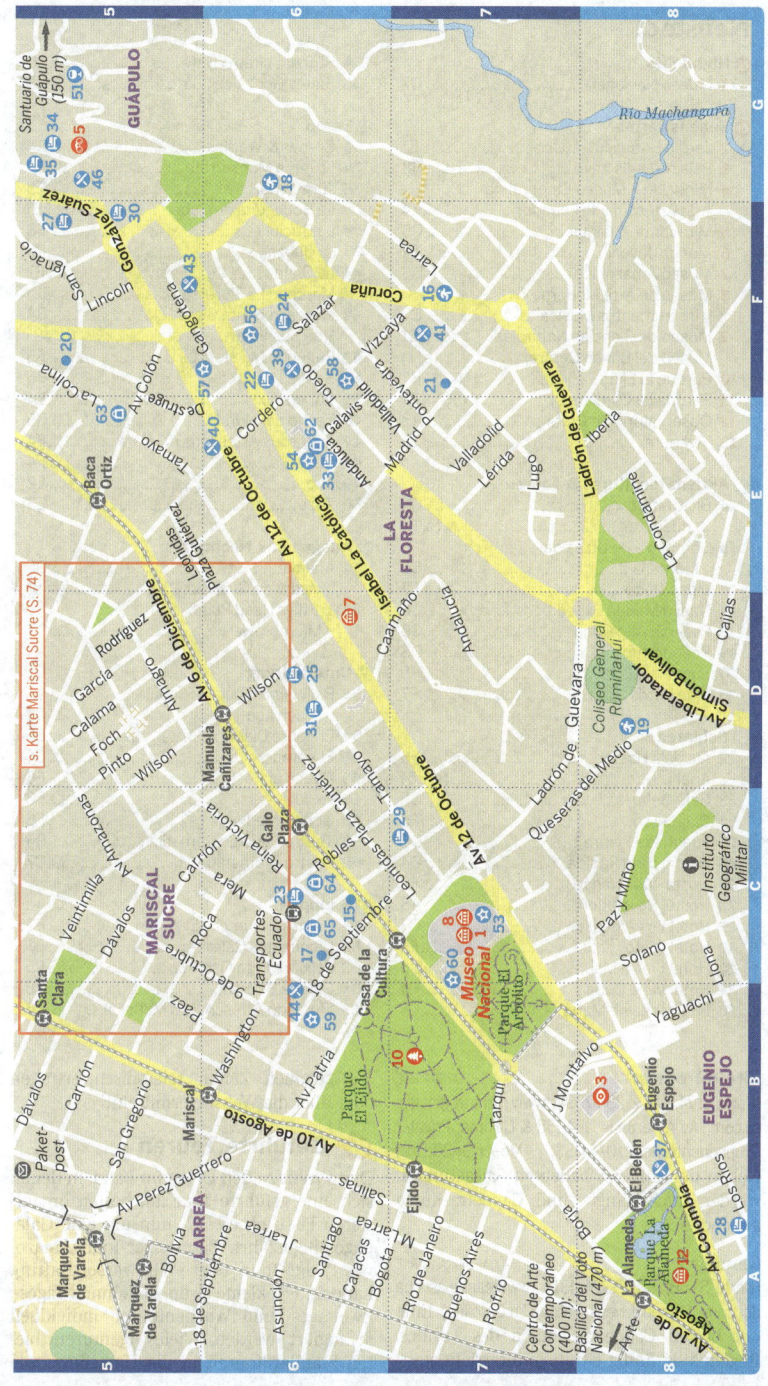

GUÁPULO

Santuario de
Guápulo
(150 m)

51

34
35
5
46

González Suárez

27
30

18

San Ignacio

Lincoln

20

La Colina

Av Colón

43

56

57

22
39

63

Galería

De struve

40

33
54

62

58

Cordero

Isabel La Católica

Toledo

Salazar

24

Coruña

Vizcaya

16

41

Valladolid

Pontevedra

21

Andalucía

Galavis

Madrid

LA
FLORESTA

Caamaño

Río Machangara

Larrea

Valladolid

Lérida

Lugo

Ladrón de Guevara

Iberia

La Concamine

Callas

Ladrón de Guevara

Baca
Ortiz

Tamayo

s. Karte Mariscal Sucre (S. 74)

Rodríguez

García

Calama

Foch

Pinto

Almagro

Plaza Gutiérrez

Av 6 de Diciembre

Wilson

Wilson

7

25

31

Manuela
Cañizares

Galo
Plaza

Reina Victoria

Tamayo

Leonidas Plaza Gutiérrez

Robles

29

Av 12 de Octubre

Ladrón de Guevara

Queseras del Medio

Paz y Miño

Solano

Yaguachi

Coliseo General
Rumiñahui

19

Av Libertador
Simón Bolívar

Instituto
Geográfico
Militar

Liona

Llona

Los Ríos

MARISCAL
SUCRE

Veintimilla

Dávalos

Páez

Santa
Clara

Av 9 de Octubre

Amazonas

Av Amazonas

Mera

Roca

Carrión

Reina Victoria

Transportes
Ecuador

23

17

65

44

59

64

15

18 de Septiembre

Casa de la
Cultura

60

Museo
Nacional

8

53

Parque El
Arbolito

1

10

Av Patria

Parque
El Ejido

Tarqui

J Montalvo

3

El Belén

37

Eugenio
Espejo

EUGENIO
ESPEJO

28

Av Colombia

Parque La
Alameda

12

La Alameda

Arte

Av 10 de
Agosto

Basílica del Voto
Nacional (470 m)

Centro de Arte
Contemporáneo
(400 m)

Riofrío

Buenos Aires

Bogotá

Caracas

Santiago

J Larrea

M Larrea

Salinas

Ejido

Av 10 de Agosto

Borja

Río de Janeiro

18 de Septiembre

Bolivia

LARREA

Asunción

Av Pérez Guerrero

San Gregorio

Carrión

Dávalos

Paket-
post

Márquez
de Varela

Márquez
de Varela

Mariscal

Washington

9 de Octubre

Neustadt

◉ Highlights
1 Museo Nacional C7

◉ Sehenswertes
2 Jardín Botánico E1
3 Palacio Legislativo B8
4 Mindalae – Museo Etnográfico
    de Artesanía de Ecuador E4
5 Mirador de Guápulo G5
6 Mundo Juvenil F1
7 Museo Amazónico D6
8 Museo de Arte Moderna &
    Instrumentos Musicales C7
9 Museo de Ciencias Naturales E1
    Museo del Banco Central .... (s. 1)
10 Parque El Ejido B7
11 Parque La Carolina E2
12 Observatorio de Quito A8
13 Vivarium E1

◉ Aktivitäten, Kurse & Touren
14 BiciQuito C4
    Candeias .... (s. 6)
15 Compañía de Guías de
    Montaña C6
16 Mono Dedo F7
17 Nuevo Mundo Expeditions C6
18 Reserva Alto Coca G6
19 Rocódromo D8
20 Surtrek F5
21 Vida Verde F7

◉ Schlafen
22 Aleida's Hostal F6
    Anahi .... (s. 25)
23 Café Cultura C6
24 Casa Aliso F6
25 Fuente de Piedra 1 .... D6
26 Hostal de la Rábida D4
27 Hostal Villa Nancy F5
28 Hostel Revolution A8
29 Hotel Los Alpes C7
30 Hotel Quito F5
31 Hotel Sierra Madre D6
32 Hotel Vieja Cuba E4
33 La Casona de Mario E6

34 Stubel Suites & Café G5
35 Suites González Suárez G5

◉ Essen
36 Crepes & Waffles D4
37 Frutería Monserrate B8
38 Jürgen Cafe F3
    La Bodeguita de Cuba .... (s. 55)
39 La Briciola F6
40 La Choza E6
41 La Cleta F7
    Mercado La Floresta .... (s. 62)
42 Mercado Santa Clara B4
    Noe Sushi Bar .... (s. 43)
43 Segundo Muelle F5
44 Spanes B6
45 Supermaxi E4
46 Techo del Mundo G5
47 Traviesas Artesanos del Cafe F4
48 Z(inc) F4
49 Zao E2
50 Zazu E3

◉ Ausgehen & Nachtleben
51 Ananké G5
    Mirador de Guápulo .... (s. 5)
52 Turtle's Head Pub &
    Microbrewery D4

◉ Unterhaltung
53 Ballet Folklórico Nacional
    Jacchigua C7
54 El Pobre Diablo E6
55 El Veradero E4
56 House of Rock F6
57 La Juliana F6
58 Ocho y Medio F6
59 Teatro Patio de Comedías B6
60 Teatro Prometeo C7

◉ Shoppen
61 Centro Comercial El Jardín E2
62 Cienfuegos Galería E6
63 Folklore Olga Fisch E5
64 Galería Beltrán C6
65 Mercado Artesanal La Mariscal C6

Ritmo Tropical   TANZKURSE
(Karte S. 74; ☎02-255-7094; www.ritmotropicalsal
sa.com; Av Amazonas N24-155 & Calama; Privat-/
Gruppenunterricht 10/6 US$; ◷Mo–Fr 9–20 Uhr)
Neben den äußerst beliebten Salsastunden
werden auch Tango- und Capoeira-Kurse
angeboten.

Candeias   CAPOEIRA-KURSE
(Karte S. 66; ☎02-224-4314; www.candeiasecua
dor.com; Mundo Juvenil, Parque La Carolina) Eine
der besten Capoeira-Schulen des Landes.
Regelmäßig findet Gruppenunterricht statt;

die genauen Zeiten telefonisch erfragen
oder über die Website ermitteln!

Geführte Touren

Quito zählt zu den Orten im Land, in denen
sich eine geführte Tour am besten organisieren lässt, ob es sich nun um eine Gala-
pagos-Bootsfahrt, Bergsteiger-Tour, Amazo-
nas-Lodge-Tour oder Wildwasser-Rafting
handelt. Für kleine Gruppen können Tages-,
Zweitages- und Wochentouren individuell
arrangiert werden. Viele Agenturen bieten Standardtouren in die Umgebung wie

nach Mitad del Mundo oder Pululahua und zu entfernteren Orten wie Otavalo, Mindo, Cotopaxi und Baños an. Gebucht werden sollte wochentags (viele Agenturen sind am Wochenende geschlossen) und bei längeren Ausflügen empfiehlt es sich, den Führer zuvor zu treffen.

Happy Gringo   GEFÜHRTE TOUREN
(✆02-512-3486; www.happygringo.com; Aldaz N34-155 nahe Portugal, Edificio Catalina Plaza, 1. Stock) Das Unternehmen in britischem und niederländischem Besitz bedient das mittlere Preissegment und organisiert individuell zugeschnittene Reiserouten über eine Woche bis zu einem Monat durch das ganze Land, von den Galapagosinseln bis zum Amazonas. Die professionell geführte Agentur mit englischsprachigen Führern und privaten Fahrern ist eines der besten Touristikunternehmen der Stadt.

CarpeDM Adventures   GEFÜHRTE TOUREN
(Karte S. 56; ✆02-295-4713; www.carpedm.ca; Antepara E4-70) CarpeDM verdient Bestnoten für seine günstigen Preise und das breite Tourenangebot, aber herausragend ist die Agentur wegen ihres exzellenten Service. Sie wird vom freundlichen, zuverlässigen und kenntnisreichen Paul Parreno geführt. Im Angebot sind Tagestouren nach Cotapaxi, Otavalo und Mindo für Leute mit wenig Zeit sowie montags bis freitags kostenlose Stadtrundgänge durch die Altstadt. Das Büro befindet sich im Secret Garden Hostel in San Blas in der Altstadt.

Surtrek   WANDERN, KLETTERN
(Karte S. 66; ✆02-250-0660; www.surtrek.com; San Ignacio E10-114 & Placido Caamaño) Der Luxusveranstalter verfügt über sehr viel Erfahrung in den Bereichen Trekking und Klettern. Auf Wunsch werden für die Kunden maßgeschneiderte Touren organisiert. Außerdem ist Insel-Hopping auf den Galapagos im Angebot.

Sangay Touring   GEFÜHRTE TOUREN
(Karte S. 74; ✆02-222-1336; www.sangay.com; Av Amazonas N23-31 nahe Veintimilla) Neben verschiedenen standardisierten Tagestouren (Jeepfahrten, Wanderungen oder Ausflüge in die Nebelwälder und zu Vulkanen) lassen sich hier günstige Galapagos-Trips organisieren.

Compañía de Guías de Montaña   KLETTERN
(Karte S. 66; ✆02-290-1551; www.companiadeguias.com; Av 6 de Diciembre N20-50 & Washington) Ein erstklassiger Kletterladen. Alle Guides

gehören der Asociación Ecuatoriana de Guías de Montaña (ASEGUIM; ecuadorianische Bergführervereinigung) an und sprechen mehrere Sprachen.

Freedom Bike   MOTORRADTOUREN
(Karte S. 74; ✆02-250-4339; www.freedombikerental.com; Mera N22-37) Geführte Motorradtouren (auch Offroad) mit zweisprachigen Führern über vier bis zwölf Tage. Wer will, kann auch Fahrten auf eigene Faust mit programmiertem Navi unternehmen. Sie gibt es als Tagesausflüge rund um Quito bis zu dreitägigen Touren, die auch ein Stück in die Anden und zum Oriente führen (25 US$ pro Tag für einen Motorroller mit Helm und Handschuhen).

Eos Ecuador   GEFÜHRTE TOUREN
(Karte S. 74; ✆02-601-3560; www.eosecuador.travel; Av Amazonas N24-66 & Pinto) Eos bietet ein komplettes Programm: Klettern, Trekking, Ausflüge zu den Galapágosinseln und zum Amazonas sowie Übernachtungen in kommunalen Tourismusinitiativen.

Gulliver   GEFÜHRTE TOUREN
(Karte S. 74; ✆02-252-9297; www.gulliver.com.ec; Mera 24-156 nahe Calama) Angesehenes Unternehmen, das zu exzellenten Preisen täglich Ausflüge in die Anden zum Wandern, Klettern, Mountainbiken und Reiten anbietet.

High Summits   GEFÜHRTE TOUREN
(Karte S. 74; ✆02-290-5503; www.highsummits.com; Pinto 5-29 nahe Mera, 1. Stock) Das Unternehmen mit langer Erfahrung organisiert Kletterausflüge in ganz Ecuador. Die Führer sprechen Deutsch, Englisch und Französisch und sind alle staatlich geprüfte Mitglieder der ASEGUIM. Ausflüge auf den Rucu Pinchincha sind ebenfalls im Angebot.

Tierra de Fuego   TOUREN
(Karte S. 74; ✆02-250-1418; www.ecuadortierradefuego.com; Ecke Av Amazonas N23-23 & Veintimilla) Spezialist für Tagestouren in Quito und für Galapágos-Touren.

Safari Tours   GEFÜHRTE TOUREN
(Karte S. 74; ✆02-255-2505; www.safari.com.ec; Reina Victoria N25-33, 9. Stock, nahe Av Colon) Safari Tours befindet sich im Mariscal, hat einen exzellenten Ruf und ist schon lange dabei. Man kann hier alle Arten von Touren und Ausflügen buchen, von Vulkanbesteigungen über Urwaldexkursionen bis hin zu Jeeptrips und maßgeschneiderten Touren abseits der ausgetretenen Pfade.

TropicEco
GEFÜHRTE TOUREN

(☏ 888-207-8615; www.tropiceco.com; Pasaje Sanchez Melo near Av Galo Plaza Laso) 🏃 Alteingesessener Anbieter, der zahlreiche drei- bis sechstägige Exkursionen in den Oriente, die Anden und die Nebelwälder durchführt.

Yacu Amu Rafting
RAFTINGTOUREN

(Karte S. 74; ☏ 02-290-4054; www.raftingecuador.com; Foch 746 nahe Mera) Topadresse für tägliche Raftingtouren auf dem Río Toachi und Río Blanco. Es gibt aber auch noch mehr Optionen mit Stromschnellen der Klassen III bis IV.

Zenith Travel
TOUREN

(Karte S. 74; ☏ 02-252-9993; www.zenithecuador.com; Mera N24-264 & Cordero) Das schwulenfreundliche Reisebüro hat die komplette Palette von Ausflügen im Angebot, darunter Stadtführungen, Fahrten zum Markt von Otavalo, zum Cotopaxi, zum Amazonas und auf die Galapagosinseln.

Adventure Edge
ABENTEUERTOUREN

(☏ 02-254-5938; www.adventuredge.com; Pinto E4-385 nahe Mera, Zi. 306) Die Agentur in der Mariscal hat einen guten Ruf und bietet unterschiedliche Touren für Leute an, die es gern etwas abenteuerlicher haben (z. B. Mountainbiken, Trekking, Rafting oder Kajak fahren).

Dracaena
TOUREN

(Karte S. 74; ☏ 02-290-6644; www.amazondracaena.com; Pinto E4-353) 🏃 Das Büro in der Nicky Amazon bietet Touren durch den Cuyabeno.

Condor Trek
KLETTERN

(Karte S. 74; ☏ 02-222-6004; Reina Victoria N24-295) Namhaftes Kletterunternehmen, in dem geführte Wanderungen auf so ziemlich alle Gipfel in Ecuador gebucht werden können.

Sierra Nevada Expeditions
KLETTERN, RAFTING

(Karte S. 74; ☏ 02-255-3658; www.sierranevadatrek.com; Pinto 4E-152 nahe Cordero) Sierra Nevada Expeditions mischt schon lange mit. Der Besitzer Freddy Ramirez genießt einen guten Ruf und ist ein sehr angesehener Bergführer. Das Angebot umfasst Kletter- und Raftingausflüge.

Neotropic Turis
TOUREN

(☏ 02-292-6153; www.neotropicturis.com; Los Shyris N36-188 nahe Naciones Unidas) 🏃 Neotropic betreibt die wunderbare Cuyabeno Lodge im Reserva Producción Faunística Cuyabeno.

Latin Adventures
KULURELLE TOUREN

(Karte S. 56; ☏ 02-316-1568; www.latinadventures.ec; Caldas E1-38 nahe Cevallos, Plaza San Blas) Hat viele Exkursionen im Programm, der Schwerpunkt liegt aber auf Begegnungen mit indigenen Kulturen – in Santo Domingo, dem Oriente und anderswo.

Nuevo Mundo Expeditions
FLUSSFAHRTEN

(Karte S. 66; ☏ 02-256-5621; www.nuevomundoexpeditions.com; Mera E4-161 nahe Mera) Professioneller Veranstalter mit Luxustouren und sehr guten Guides im Angebot. An Bord der komfortablen *Manatee Amazon Explorer* kann man an vier- bis fünftägigen Fahrten auf dem Río Napo teilnehmen.

Gray Line
TOUREN

(☏ 02-394-8520; www.graylineecuador.com) Der Ableger eines US-amerikanischen Unternehmens organisiert Stadttouren (29 US$) ebenso wie herkömmliche Touren mit Übernachtung nach Otavalo (55 US$), Cotopaxi (70 US$) und Papallacta (70 US$). Die Ausflüge können bei We Help (S. 93) an der Plaza Foch gebucht werden.

Stadttouren

Caminos de San Roque
STADTRUNDGÄNGE

(☏ 02-228-9441; www.caminosdesanroque.com) 🏃 Ein kommunales Projekt, das Stadtrundgänge (6,50 US$ pro Pers.) auf Spanisch durch San Roque anbietet, einem Altstadtviertel ein paar Häuserblöcke westlich der Plaza San Francisco, einschließlich Besuchen von kleinen Kunsthandwerksläden.

Quito Eterno
STADTRUNDGÄNGE

(Karte S. 56; ☏ 02-228-9506; www.quitoeterno.org; la Ronda 989) Tägliche Stadtrundgänge mit kostümierten Führern, die auf weniger bekannte Aspekte der Geschichte und Sehenswürdigkeiten der Altstadt hinweisen.

Free Walking Tour Ecuador
STADTRUNDGÄNGE

(Karte S. 56; www.freewalkingtourecuador.com; Cevallos N6-78) Lokale ecuadorianische Führer bieten täglich (außer sonntags) Touren an, die um 10.30 Uhr am Community Hostel in der Altstadt starten. Sie sind kostenlos, aber Trinkgeld wird erwartet.

Quito Turismo
STADTRUNDGÄNGE

(Karte S. 56; www.quito.com.ec) Die Touristeninformation von Quito nahe der Plaza Grande bietet unterschiedliche Führungen durch die Altstadt an, darunter auch ein Rundgang bei Nacht.

Quito Tour Bus BUSRUNDFAHRTEN

(www.quitotourbus.com; Erw./Kind 12/6 US$; ⊘ 9–16 Uhr) Die Doppeldecker-Bustouren der städtischen Tourismusbehörde mit beliebigem Ein- und Ausstieg halten an zwölf Stationen, z. B. an La Compañía, der Basílica, am Parque La Carolina, El Panecillo und dem TeléfériQo. Tickets und Fahrpläne gibt's in der Touristeninformation (S. 93) in der Altstadt, im We Help (S. 93) in der Mariscal oder im Bus selbst.

Samstags und sonntags von 11 bis 18 Uhr werden auch Busfahrten zum Mitad del Mundo und zum Aussichtspunkt am Vulkankrater Pululahua angeboten (Erw./Kind 25/12 US$ einschließlich Eintritt zu allen Attraktionen, Fahrkarte und Führer).

 Feste & Events

Carnaval RELIGIÖSES FEST

An dem Wochenende vor Aschermittwoch (meist Feb.) wird mit intensiven Wasserschlachten der Carnaval zelebriert – da bleibt niemand trocken!

Semana Santa RELIGIÖSES FEST

(Karwoche) In der Osterwoche finden farbenfrohe religiöse Prozessionen statt. Am spektakulärsten ist die *cucuruchos*-Prozession (Büßer tragen purpurfarbene Gewänder und konisch geformte Masken) am Karfreitag.

Stadtgründungsfest STADTFEST

(⊘ Anfang Dez.) Das größte Fest Quitos steigt jährlich am 6. Dezember zum Gedenken an die Stadtgründung durch die Spanier, die Party beginnt aber schon viel früher.

Ende November wird in Quito eine Königin gewählt, und abends düsen bunte *chivas* (seitlich offene Busse) durch die Straßen, vollgepackt mit tanzenden Nachtschwärmern. In der Woche vor dem großen Tag finden Stierkämpfe in der Arena Plaza de Toros statt, ca. 2 km nördlich des Parque La Carolina an der Avenida Amazonas, und überall in der Stadt wird Flamenco dargeboten; auf diese Weise besinnen sich die *quiteños* auf ihre spanischen Wurzeln. Abends erobern DJs und beliebte einheimische Bands die Open-Air-Bühnen. Am 6. Dezember schließen in Quito fast sämtliche Läden, weil alle Einheimischen mitfeiern wollen.

Silvester STADTFEST

In ganz Ecuador begrüßen die Einheimischen das neue Jahr, indem sie am 31. Dezember um Mitternacht aufwendig gestaltete Figuren in Lebensgröße in den Straßen verbrennen, Feuerwerkskörper abschießen und öffentliche Sicherheit in den Wind schlagen.

🛏 Schlafen

Die meisten Reisenden quartieren sich in oder nahe der Mariscal ein. Dort wimmelt es nur so von Pensionen, Hostels, Bars und Restaurants. Das ruhigere und weniger touristische Viertel La Floresta ist eine nette Alternative und liegt nur ein paar Straßen weiter. In der Altstadt gibt es eine gute Auswahl an Unterkünften (vor allem die besten Spitzenklassehotels der Stadt), die alle nicht weit von den Museen, Kirchen und anderen Sehenswürdigkeiten entfernt liegen, ganz abgesehen von den schönen, historischen Gebäuden. Nachteil ist das fehlende Nachtleben, außer an Wochenenden in der Ronda. Mehrere Hostels gibt es im Altstadtviertel San Blas, einem ganz normalen Arbeiterviertel, das nachts nur mit dem Taxi zu erreichen ist. Im Auge behalten sollte man auch das Hotelprojekt Monasterio Quito (www.monasterioquito.com), den historisch behutsamen Umbau eines kleinen Teils des Jesuitenordens von Quito (Compañía de Jesús) samt einem neuen Museum. Es dürfte eines der interessantesten Luxushotels in der Altstadt werden.

Internationale Ketten, wie Marriott, Best Western, Swissôtel und Hilton, sind in der ganzen Stadt vertreten.

🛏 Altstadt

⭐ La Posada Colonial PENSION $

(Karte S. 56; ☎ 02-228-2859; www.laposadacolonial.com; Paredes S1-49 & Rocafuerte; Zi. 11 US$/Pers.; @ 🛜) Ideal für Leute, die eine zwanglose, preiswerte Unterkunft in der Altstadt suchen, aber nicht auf Hostels stehen. Außerdem liegt die Pension nur ein paar Schritte von der Ronda entfernt. Die Zimmer haben hohe Decken und Holzböden, die meisten mehrere Betten, also günstig für Gruppen. Die Bäder sind aber ziemlich klein. Hinzu kommen ein kleines, unfertiges Flachdach mit schöner Aussicht sowie eine Gästeküche.

Quito Backpacker Guesthouse PENSION $

(Karte S. 56; ☎ 02-257-0459; www.quitobackpackerguesthouse.com; Ecke Oriente E3-108 & Léon, San Blas; B 7 US$, Zi. 20 US$, ohne Bad 9 US$; 🛜) Eine tolle Wahl für alle, die sich Hostelpreise gepaart mit der Atmosphäre einer Familienpension wünschen. Das große, umgebaute

Kolonialhaus im Viertel San Blas war bei unserem Besuch gerade neu eröffnet. Es hat auf mehreren Stockwerken große Zimmer mit hohen Decken und Holzböden, auf jedem Stock eine Küche sowie eine Dachterrasse mit Blick auf die Altstadt. Geplant sind eine Bar, Billardtische und ein Kinoareal auf dem Dach. Das empfehlenswerte Touristikunternehmen CarpeDM hat ein Büro im Haus.

Secret Garden HOSTEL $

(Karte S. 56; ☎02-295-6704; www.secretgarden quito.com; Antepara E4-60, San Blas; B 11 US$, DZ 39 US$, ohne Bad 32 US$; @🛜) Das seit jeher beliebte Hostel ist zweifellos sehr gesellig – Mauerblümchen und Ruhesuchende sollten sich besser anderswo einquartieren. Langzeitreisende, die sich mit Kneipenjobs in Quito durchschlagen, und andere Leute auf Südamerikatour tauschen bei einem Bier auf der Dachterrasse mit hinreißendem Blick über die Altstadt ihre Erfahrungen aus. Die Zimmer mit Holzböden sind schlicht, aber sauber. Steile Treppen führen auf das Dach, wo sich auch die Rezeption befindet. Hinzu kommen tägliches Abendessen (Hauptgerichte 4–5 US$), Spanischkurse, Angebote für Freiwilligenarbeit, Freizeitangebote (Quizabende, Grillabende nach australischer Art) und CarpeDM, ein erstklassiges Touristikunternehmen im Haus.

Colonial House HOSTEL $

(Karte S. 56; ☎02-316-3350; www.colonialhouse quito.com; Olmedo E-432 & Los Ríos; B 10 US$, Zi. 25 US$, ohne Bad 20 US$; @🛜) Die Fassade ist zwar im Kolonialstil, aber an der planlos gestalteten Pension ist nichts imposant, historisch oder elegant. Sie ist sogar ziemlich unordentlich, besonders der vernachlässigte Garten, wo Gäste zelten oder mit Gewichten trainieren können (die vermutlich uralt sind). Die 16 Zimmer sind unterschiedlich geformt und auch unterschiedlich ansprechend, alle haben aber (unebene) Holzböden. Die Atmosphäre ist alternativ und zwanglos bis hin zur Nachlässigkeit, je nachdem wer an der Rezeption ist. Es gibt eine Waschmaschine, eine Gästeküche und mehrere kleine Gemeinschaftsräume.

Hostal San Blas HOTEL $

(Karte S. 56; ☎02-228-9480; www.hostalsan blas.com.ec; Caldas E1-38, Plaza San Blas; EZ/DZ 15/24 US$, ohne Bad 13/20 US$) Das San Blas ist wegen der Lage an einem schönen Platz und der Nähe zu öffentlichen Verkehrsmitteln eine akzeptable Option für jene, denen kleine, dunkle, fensterlose Zimmer (trotz der kitschigen gelben Wände) nichts ausmachen. Gäste erhalten Ermäßigung für das kleine Fitnesscenter nebenan.

Hostel Revolution PENSION $

(Karte S. 66; ☎02-254-6458; www.hostelrevolution quito.com; Los Ríos N13-11 nahe Castro; B/EZ/DZ/3BZ 10/15/27/33 US$; @🛜) Keine Lust auf den Trubel im Mariscal? Dann ist dieser Kolonialbau eine nette Alternative. Er hat eine relaxte Atmosphäre und gemütliche Zimmer, eine Gemeinschaftsküche, eine Terrasse mit Ausblick und eine farbenfrohe Bar-Lounge, in der man andere Reisende treffen kann. Das Haus liegt nur einen Straßenblock bergauf vom Parque La Alameda.

★ Hotel San Francisco de Quito HOTEL $$

(Karte S. 56; ☎02-228-7758; www.sanfranciscode quito.com.ec; Sucre Oe3-17; EZ/DZ 32/51 US$; @🛜) Keine Übertreibung: Der Eintritt durch die mittelalterlich wirkende Tür in den begrünten Innenhof dieses historischen Hotels ist wie ein Schritt in ein anderes Jahrhundert. Genauer gesagt ins Jahr 1698, als das Haus in seiner Grundform entstand. Die Zimmer sind unterschiedlich groß und gestaltet, alle haben Holzböden und behagliche Möbel.

Da es ein Kolonialhaus ist, haben die meisten Zimmer keine Fenster, aber die Türen führen auf einen Balkon rund um den zauberhaften Innenhof mit einem steinernen Springbrunnen im Zentrum. Ein kleiner Anbau mit weiteren Zimmern grenzt an eine reizende kleine Terrasse. Ein einfaches Frühstück wird im Speiseraum mit Backsteingewölbe im Erdgeschoss serviert.

Portal de Cantuña BOUTIQUEHOTEL $$

(Karte S. 56; ☎02-228-2276; www.portaldecan tunaquito.com; Ecke Bolívar OE6-105 & Cuenca; Zi. 70 US$; 🛜) ✎ Das sehr schön restaurierte Gebäude aus dem 19. Jh. liegt versteckt in einer Gasse und war einst Domizil eines Nonnenordens. Zweifellos wurden sie von den neckischen und reizvollen Buntglasfenstern im Innenhof, den Blattgold- und Barockverzierungen und dem allgemeinen Flair behaglicher und luxuriöser Opulenz abgelenkt. WLAN gibt es in der Regel nur in der Lobby.

Mia Leticia HOTEL $$

(Karte S. 56; ☎02-295-1980; www.mialeticia.com; Montúfar N5-91 & Mejía; EZ/DZ 35/55 US$; @🛜) Innen ist das Haus nicht so prächtig wie die Fassade im Kolonialstil und das überdachte

QUITO MIT KINDERN

Es gibt in Quito reichlich Angebote, um Kinder bei Laune zu halten. Ein guter Startpunkt ist der Parque La Carolina (S. 62): Dort kann man im Tretboot über den See strampeln, das Naturkundemuseum oder das Vivarium (S. 63) besuchen, wo Schlangen, Schildkröten und Echsen die Kleinen sicherlich interessieren und/oder erschrecken werden. Im Jardín Botánico (S. 63) in der Nähe gibt es einen interaktiven Kinderbereich und den **Mundo Juvenil** (Karte S. 66; 📞 246 5846; www.mundojuvenil.ec) mit einem winzigen Planetarium, Kindervorführungen und Wechselausstellungen.

An der unteren Station des TelefériQo befindet sich der Vergnügungspark Vulqano Park (S. 80) mit Autoscootern und anderen Fahrgeschäften.

Die neueste beliebte Kinderattraktion ist das **Museo Interactivo de Ciencia** (📞 02-261-7141; www.museo-ciencia.gob.ec; Sincholagua nahe Vicente Maldonado, Chimbacalle; Erw./Kind 3/1 US$; ⊙ Mi–So 9–17 Uhr) in einer ehemaligen Textilfabrik südlich der Altstadt. Es hat jede Menge interaktive Exponate, die für Kinder jeden Alters spannend sind.

Das **Museo del Agua-Yaku** (📞 02-251-1100; www.yakumuseoagua.gob.ec; El Placer Oe11-271; Erw./Stud./Kind 3/2/1 US$; ⊙ Di–So 9–17.30 Uhr) steht am unteren Hang des Pichincha an der Stelle des ersten Wasserspeichers der Stadt. Es erzählt mit interaktiven und kindgerechten Exponaten die Geschichte des kostbaren Nasses in Verbindung mit der Stadt.

Babysitterdienste für Touristen sind spärlich gesät, es sei denn, man übernachtet in einem der Luxushotels in der Stadt; dort organisiert das Personal auf Wunsch einen Babysitter.

Atrium wird dunkel gehalten. Die einfachen Zimmer mit Holzböden haben jedoch große Fenster, die viel Licht einlassen (am besten sind die zur Straße raus), die Bäder könnten jedoch eine Renovierung gebrauchen. Das Hotel liegt an einem kleinen, aber belebten Platz gegenüber der Pichincha, der Hauptverkehrsstraße der Altstadt.

Hotel Real Audiencia
HOTEL $$
(Karte S. 56; 📞 02-295-0590; www.realaudiencia. com; Bolívar Oe3-18 & Guayaquil; EZ/DZ mit Frühstück 45/72 US$; @ 📶) Das Real Audiencia ist, anders als andere Hotels in der Altstadt, in Sachen Stil und Service eher eine Standardunterkunft. Die Zimmer haben Laminatböden und nette, moderne Badezimmer mit Regenwasserduschen. Das Personal an der Rezeption ist professionell und etwas steif, und im obersten Stock gibt's ein Restaurant mit Aussicht.

⭐ Casa San Marcos
BOUTIQUEHOTEL $$$
(Karte S. 56; 📞 02-228-1811; www.casasanmarcos. com; Junín E1-36 & Montúfar; Zi. mit Frühstück 170–300 US$; 📶) Die wunderschön restaurierte Kolonialvilla hat nur sechs Zimmer, die mit Antiquitäten, Ölgemälden aus dem 18. und 19. Jh. und luxuriöser Einrichtung ausgestattet sind. Außerdem gibt's eine Kunstgalerie und einen Antiquitätenladen vor Ort. Der Frühstückssaal gewährt einen malerischen Blick auf den Panecillo.

⭐ Hotel El Relicario del Carmen
PENSION $$$
(Karte S. 56; 📞 02-228-9120; www.hotelrelicario delcarmen.com; Venezuela 1041 & Olmedo; EZ/DZ/3BZ mit Frühstück 100/154/172 US$; @ 📶) Die entzückende Pension mit 18 Zimmern befindet sich in einer ehemaligen Kolonialvilla voller farbenfroher Gemälde und Buntglasfenster. Die Zimmer sind sogar noch toller: Sie haben Parkettböden und Balkendecken (aber kleine Badezimmer); die meisten blicken auf einen Innenhof.

Casa Gangotena
HOTEL $$$
(Karte S. 56; 📞 02-400-8000; www.casagangotena. com; Bolívar Oe6-41; Zi. mit Frühstück ab 450 US$; @ 📶) Die Casa Gangotena an der Plaza San Francisco ist eine der besten Unterkünfte in Quito. Der Service ist erstklassig und die elegant aufgemachten Zimmer sind in einer restaurierten Villa untergebracht, die Jugendstil und Modernismus miteinander vereint. Zu den gemeinschaftlich genutzten Bereichen gehören eine holzvertäfelte Bibliothek, eine überdachte Veranda und eine Dachterrasse. Die Zimmer zum Platz raus haben von Marmorsäulen gerahmte Fenster und extragroße Betten.

Plaza Grande
HOTEL $$$
(Karte S. 56; 📞 02-251-0777; www.plazagrande quito.com; Ecke García Moreno & Chile; Suite ab 400 US$ @ 📶) Auch das Plaza Grande ist

Mariscal Sucre

eine der nobleren Adressen Quitos. Es verfügt über bildschön eingerichtete Zimmer (ausschließlich Suiten) mit Schnitzarbeiten, Kronleuchtern und Marmorbädern mit Sprudelwannen, einige auch mit kleinem Balkon. Das Hotel hat ein kleines Spa und mehrere Restaurants (eines im Weinkeller), und der Service ist einfach phantastisch.

Hotel Patio Andaluz HOTEL $$$
(Karte S. 56; ☎02-228-0830; www.hotelpatioan daluz.com; García Moreno N6-52; DZ 300 US$; @🖥) Die schicken Zimmer in dem eleganten Hotel – einem ehemaligen Wohnhaus aus dem 16. Jh. – verfügen über in den

Raum integrierte Balkone mit Holzböden. Auch die Zimmer und Gemeinschaftsbereiche sind von schönen Holzelementen geprägt, der Service ist herausragend, und die gesamte Anlage verströmt ein friedliches Flair. Das exzellente Restaurant serviert spanische und ecuadorianische Küche im überdachten Hof.

🛏 La Mariscal

Blue House PENSION $
(Karte S. 74; ☎02-222-3480; www.bluehouse quito.com; Pinto E8-24; B 8 US$, DZ 30 US$, ohne Bad 24 US$; @🖥) Die nette Pension in einer

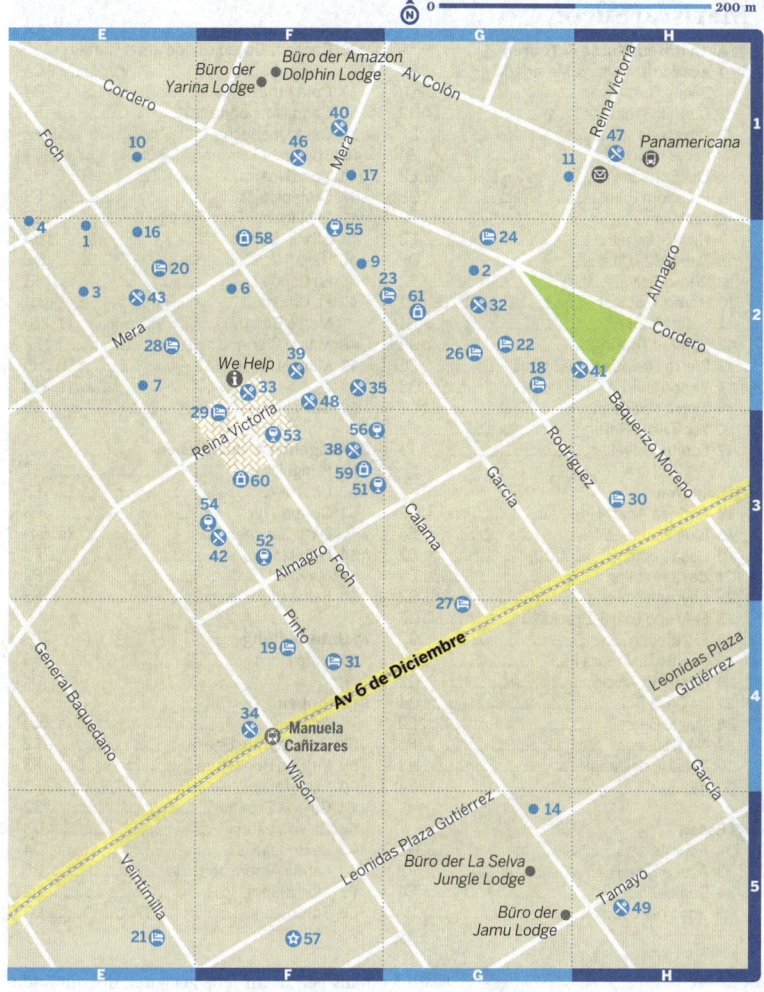

ruhigen Straße hat vier Mehrbettzimmer (6–8 Betten) und vier Privatzimmer mit Holzböden. Im betonierten „Garten"-bereich vorne wird hin und wieder gegrillt. Die Gäste haben außerdem Zugang zu einer gemütlichen Lounge mit Kamin und einer Küche.

Magic Bean   PENSION **$**
(Karte S. 74; ☎ 02-256-6181; www.magicbeanquito. com; Foch E5-08 & Mera; B/EZ/DZ 14/28/36 US$; ☎) Ist eigentlich eher für sein beliebtes Restaurant bekannt, aber im Magic Bean kann man auch übernachten. Die vier Zimmer

sind sehr ordentlich und hübsch gestaltet, doch wer einen leichten Schlaf hat, sei gewarnt: An den Wochenenden kann es hier ziemlich laut werden.

Casa Helbling   PENSION **$**
(Karte S. 74; ☎ 02-222-6013; www.casahelbling.de; Veintimilla E8-152 nahe Av 6 de Diciembre; EZ/DZ 32/44 US$, ohne Bad 21/32 US$; @ ☎) Die Casa Helbling, ein heimeliges Gebäude im Kolonialstil im Mariscal-Viertel, ist sauber, hat eine nette entspannte Atmosphäre, Waschmaschinen, eine Gästeküche sowie Gemeinschaftsbereiche zum Chillen.

Mariscal Sucre

El Cafecito   HOSTEL **$**
(Karte S. 74; ☏ 02-223-4862; www.cafecito.net; Cordero 1124; B 8 US$, Zi. pro Pers. 25 US$, ohne Bad 15 US$; ☎) Die Budgetunterkunft in einem gelben Kolonialhaus mit Graffiti an der Fassade ist vor allem wegen ihrer lässigen Atmosphäre und dem reizenden Café-Restaurant beliebt. Die Schlafsäle mit Holzböden sind in Ordnung, wenn auch klein und abgenutzt. Die beengten Privatzimmer sollte man vermeiden.

Vibes   HOSTEL **$**
(Karte S. 74; ☏ 02-255-5154; www.vibesquito.com; Pinto nahe Av 6 de Diciembre; B 9 US$; ☎) Das chaotische Hostel mit sieben Zimmern und Möbeln aus vierter Hand in einem Kolonial-haus ist gut für jene geeignet, die mit anderen Reisenden in der Mariscal einen draufmachen wollen. Sonntagmorgens wirkt es wie eine Studentenbude nach einer wüsten Party. Der Besitzer ist freundlich und locker und es gibt eine Bar und einen Billardtisch.

★ Hostal El Arupo   PENSION **$$**
(Karte S. 74; ☏ 02-255-7543; www.hostalelarupo. com; Rodríguez E7-22; EZ/DZ/2BZ mit Frühstück 30/45/48 US$; @☎) Das Arupo ist ein behaglicher und heimeliger Rückzugsort vom Chaos der benachbarten Plaza Foch. Das Haus ist sauber und freundlich eingerichtet und hat vorne eine kleine, hübsche Terrasse. Die Zimmer haben dunkle Holzböden und feste Matratzen. Es gibt eine kleine Lounge

und eine blitzblanke Gemeinschaftsküche, in der Frühstück serviert wird. Das Schwesterhotel, **El Arupo Bed & Breakfast** (Karte S. 74; ☎02-252-3528; www.hostalelarupo.com; García E5-45; EZ/DZ 25/42 US$; P🖧), hat kleinere Zimmer mit Holzböden und liegt in einer lauteren Straße.

La Casa Sol
PENSION $$
(Karte S. 74; ☎02-223-0798; www.lacasasol.com; Calama 127, nahe Av 6 de Diciembre; EZ/DZ mit Frühstück 58/72 US$; @🖧) Eine nette mittelteure Pension. Die einladende Lobby ist in den für die Kolonialzeit typischen Tönen gehalten, die Zimmer sind in fröhlichen Farben gestrichen und liegen an einem Innenhof. Überall stößt man auf nette Details, und Kunst und Fotos zieren die Flure und Räume.

Antinea Apart Hotel
HOTEL $$
(Karte S. 74; ☎02-250-6838; www.hotelantinea.com; Rodríguez 175 & Almagro; EZ/DZ ab 61/71 US$; @🖧) Eine skurril eingerichtete, umgebaute Villa mit barocken Zimmern, die mit einem Mischmasch aus zusammengewürfelten Möbeln und Kunst ausgestattet sind. Leider haben die meisten Zimmer einen Teppichboden in einer tristen Farbe und wirken altbacken. Die geräumigen Suiten mit Kamin sind nur geringfügig teurer und einen Versuch wert. Das Haus ist schön verwinkelt und hat draußen eine nette Terrasse.

Cayman Hotel
PENSION $$
(Karte S. 74; ☎02-256-7616; www.hotelcaymanquito.com; Rodriguez E7-29; EZ/DZ/3BZ mit Frühstück 46/73/92 US$; @🖧) Das ehemalige Wohnhaus in einer relativ ruhigen Straße in der Mariscal hat helle und fröhliche Zimmer mit Holzböden, Fensterläden und flauschigen weißen Bettdecken; einige sind allerdings zu beengt, um den Preis zu rechtfertigen. Zum Haus gehören auch eine nette Lounge und ein Rasen, auf dem auch geparkt wird.

Fuente de Piedra 1
PENSION $$
(Karte S. 66; ☎02-252-5314; www.ecuahotel.com; Wilson E9-80 nahe Tamayo; EZ/DZ mit Frühstück 57/68 US$; @🖧) Das Fuente de Piedra in einem schönen Kolonialgebäude hat weiß getünchte Zimmer mit Böden aus Holz oder Terrakottafliesen und großen Fenstern (einige mit toller Aussicht). Die offene Veranda dient auch als Restaurant. Ein zweites Haus, das **Fuente de Piedra II** (Karte S. 74; ☎02-290-0323; www.ecuahotel.com; Mera N23-21 nahe Baquedano; EZ/DZ mit Frühstück 57/68 US$; 🖧), ist ebenfalls empfehlenswert.

Hotel Sierra Madre
PENSION $$
(Karte S. 66; ☎02-250-5687; www.hotelsierramadre.com; Veintimilla 464; EZ/DZ 66/79 US$; @🖧) Die 21 unterschiedlich großen Zimmer sind in einem hübsch restaurierten Gebäude aus der Kolonialzeit untergebracht. Die meisten sind mit Holzböden und tollen Betten ausgestattet und in warmen Farben gehalten. Die Topquartiere warten mit Gewölbedecken und Veranden auf. Unten befindet sich ein Restaurant.

Posada del Maple
PENSION $$
(Karte S. 74; ☎02-254-4507; www.posadadelmaple.com; Rodriguez E8-49; B 9 US$, EZ/DZ 25/41 US$, ohne Bad 23/30 US$; @🖧) Das seit Jahren beliebte Haus in einer ruhigen Straße hat schon bessere Zeiten gesehen. Die einfachen Zimmer sind mit alten, abgenutzten Möbeln eingerichtet und zerschlissene Teppiche liegen auf eigentlich schöneren Holzböden. Es hat ein paar behagliche Ecken und Lounges sowie eine Gästeküche.

Hotel Los Alpes
PENSION $$
(Karte S. 66; ☎02-256-1110; www.hotellosalpes.com; Tamayo 233 & Washington; EZ/DZ/3BZ mit Frühstück 68/80/92 US$; @🖧) Los Alpes ist in italienischem Besitz. Überraschenderweise tun die schrägen Tapeten, Dekoteller und der vergoldete Schnickschnack dem wirklich alpin anmutenden Charme des Gebäudes keinen Abbruch. Man übernachtet in geräumigen Zimmern mit Holzböden oder kleineren Unterkünften mit Teppich.

★ Café Cultura
PENSION $$$
(Karte S. 66; ☎02-222-4271; www.cafecultura.com; Robles 513; EZ/DZ 100/122 US$; @🖧) Die stimmungsvolle alte Villa wurde zu einer Pension umfunktioniert und hat einen

---

🛈 PRAKTISCHER TIPP: UNTERKUNFT AM FLUGHAFEN

Mehrere internationale Kettenhotels sollen in der Nähe des Flughafens eröffnen, allen voran das Wyndham Gran Condor auf dem Flughafengelände selbst. Derzeit ist das beste Hotel in Flughafennähe das **Posada Mirolindo** (☎02-215-0363; www.posadamirolindo.com; Oyambarillo; EZ/DZ mit Frühstück 50/90 US$; P🖧), ein behagliches und hübsches Haus nur 10 km entfernt – ideal für alle frühen Verbindungen zu den Galapagosinseln oder ins Amazonasgebiet.

Stadtspaziergang
Altstadt

START PLAZA GRANDE
ZIEL PARQUE LA ALAMEDA
LÄNGE/DAUER 3 KM; VIER STUNDEN

Der Spaziergang führt durch die Kopfsteinpflastergassen der Altstadt mit ihren Kirchen aus dem 18. Jh. und malerischen Plätzen.

Startpunkt ist die lebhafte ❶ **Plaza Grande** (S. 55) mit Schuhputzern, dem Singsang der Händler und abgewetzten Bänken. Nach dem Blick auf den ❷ **Palacio de Gobierno** (S. 57; montags mit Wachwechsel) geht's in die ❸ **Kathedrale** (S. 56) mit ihren Gemälden aus der Quitoer Schule. Die García Moreno führt dann zur ❹ **Compañía de Jesús** (S. 55), Quitos atemberaubendste Kirche. Schließlich geht's über die Sucre zur eindrucksvollen ❺ **Plaza San Francisco** mit dem gleichnamigen **Kloster** (S. 55), hinter denen an klaren Tagen der majestätische Pichincha zu sehen ist.

Vom Platz führt der Weg über die Bolívar, dann rechts in die García Moreno und durch den Bogen an der Rocafuerte hindurch zum ❻ **Museo de la Ciudad** (S. 59), wo die Entwicklung Quitos anschaulich dargestellt wird. Weiter geht's auf der García Moreno zur historischen Straße ❼ **La Ronda**, die von Kolonialhäusern, Galerien und Läden gesäumt ist. Abends ist sie mit viel Livemusik die lebhafteste Straße der Altstadt. Von der Ronda zweigt links die Guayaquil zur ❽ **Plaza und Kirche Santo Domingo** (S. 61) ab, deren Kuppeln aus dem 17. Jh. ein weiteres malerisches Fotomotiv abgeben.

Von der Plaza Santo Domingo führt der Flores nordwärts zur reizvollen ❾ **Plaza del Teatro**, wo im Theaterfoyer das aktuelle Programm einzusehen ist. Von dort geht's nach Norden zur Esmeraldas, dann links, dann rechts in die Venezuela und weiter bis zur ❿ **Basílica del Voto Nacional** (S. 59) mit einem tollen Blick auf die Altstadt von der Spitze des Glockenturms. Von der Kirche läuft man über die Caldas nach Osten zur verkehrsreichen Guayaquil. Nach einem Blick auf die hübsche ⓫ **Plaza San Blas** führt der Weg weiter zum ⓬ **Parque La Alameda** und dem schön restaurierten ⓭ **Observatorium** (S. 62), um die Instrumente aus dem 19. Jh. zu bewundern und abends einen Blick auf den (oft verhangenen) Himmel zu werfen.

Garten, mehrere Kamine, ein tolles Café-Restaurant und schöne Zimmer voller Wandgemälde.

Nü House
HOTEL **$$$**

(Karte S. 74; 📞 02-255-7845; www.nuhouseho tels.com; Foch E6-12; Zi. mit Frühstück Sa & So/ Mo–Fr 110/130 US$) Mitten im Zentrum des Geschehens bietet das Nü House, ein sie-benstöckiges Holz- und Glasgebäude im skandinavischen Stil an der Plaza Foch, einen Hauch Moderne mit ecuadoriani-schem Touch. Die doppelverglasten Fens-ter halten trotz des chaotischen Getriebes unten am Platz den Lärm in den 57 Zim-mern fern, die mit klaren Linien, großen Fenstern und originellem Farbschema aus-gestattet sind. Die Dreibett- (166 US$) und Vierbettzimmer (200 US$) sind besonders preiswert.

Casa Foch
PENSION **$$$**

(Karte S. 74; 📞 02-222-1305; www.hotelcasafoch. com; Foch E4-301; EZ/DZ/3BZ mit Frühstück 89/ 102/120 US$; 🛜) Die restaurierte Villa nahe dem Zentrum des Mariscal bietet anspre-chende Zimmer mit hohen Decken, Par-kettböden, massiven Holzschränken und kleinen gusseisernen Öfen. Zu manchen ge-hört auch ein Balkon. Es gibt einen kleinen Außenbereich mit einem Kamin und einen einladenden Lounge-/Frühstückssaal. Einzi-ger Nachteil: An den Wochenenden wird es hier laut.

Hostal de la Rábida
PENSION **$$$**

(Karte S. 66; 📞 02-222-2169; www.hostalrabida. com; La Rábida 227 nahe Santa María; EZ/DZ 73/93 US$; @🛜) Der aufopferungsvolle Ser-vice, die einladenden Gemeinschaftsberei-che und elegante Zimmer ergeben eine wunderbare Mischung. Die Pension ist in italienisch-englischem Besitz und bietet hel-le Zimmer, ausgestattet mit frischen, weißen Laken, Holzböden und Kunst an den Wän-den (beispielsweise Blumendrucke). Einige Zimmer haben eine Terrasse. Die Lounge mit Kamin ist ein lauschiges Plätzchen an kühlen Nachmittagen.

Hotel Vieja Cuba
PENSION **$$$**

(Karte S. 66; 📞 02-290-6729; www.hotelviejacuba. com; La Niña N26-202 & Almagro; EZ/DZ mit Früh-stück 64/88 US$; 🛜) Das frühere Wohnhaus aus der Kolonialzeit beherbergt heute eine ansprechend aufgemachte, farbenfrohe Un-terkunft mit Kuba-Flair, einladenden Zim-mern (die Holzböden sind auf Hochglanz poliert!) und einem kleinen Garten.

🛏 La Floresta & Umgebung

La Casona de Mario
PENSION **$**

(Karte S. 66; 📞 02-254-4036; www.casonade mario.com; Andalucía N24-115; Zi. pro Pers. ohne Bad 12 US$; 🛜) Dieses wunderbare alte Ge-bäude bietet ein tolles Preis-Leistungs-Ver-hältnis: Es gibt gemütliche Zimmer mit Gemeinschaftsbad, einen Garten voller Blu-men, ein Fernsehzimmer und eine Gäste-küche.

Hotel Finlandia
HOTEL **$$**

(📞 02-224-4287; www.hotelfinlandia.com.ec; Fin-landia 35-129 & Suecia; EZ/DZ 84/102 US$; 🅿 ❄ @ 🛜) Ein Hochhaushotel mit attraktiven Zim-mern in Benalacázar, einem noblen Wohn-und Geschäftsviertel. Mehrere exzellente Restaurants und Cafés liegen in Laufweite und der Parque La Carolina ist nur einen Straßenblock entfernt.

Hostal Villa Nancy
PENSION **$$**

(Karte S. 66; 📞 02-255-0839; www.hotelvilla nancy.com; Muros N27-94; EZ/DZ mit Frühstück 45/65 US$; @🛜) In einem gutbürgerlichen Wohnviertel steht dieses große, hübsche Gebäude mit hölzernen Fensterläden, hinter denen sich ansprechende Zimmer mit schi-ckem Design, großen Fenstern, gerahmten Bildern und Schwammtechnik an den Wän-den verbergen. Außerdem gibt's eine Son-nenterrasse, eine Sauna und einen kleinen Garten.

Aleida's Hostal
PENSION **$$**

(Karte S. 66; 📞 02-223-4570; www.aleidashostal. com.ec; Andalucía 559; EZ/DZ 28/45 US$, ohne Bad 19/34 US$; @🛜) Die nette familienbe-triebene Unterkunft in La Floresta beher-bergt komfortabel eingerichtete Zimmer mit Holzböden; in den besten (z. B. Nr. 15) eröffnet sich ein toller Ausblick, andere wie-derum sind dunkel und haben nur Fenster nach innen.

Stubel Suites & Café
HOTEL **$$$**

(Karte S. 66; 📞 02-601-3499; www.stubel-suites. com; Pasaje Stubel 1, nahe León Larrea; DZ ab 100 US$; @🛜) Das Spitzenhotel hoch über Guápulo bietet attraktive, moderne Zim-mer mit luxuriösen Stoffen und riesigen Fenstern sowie recht gute Freizeitanlagen (Sauna, Fitnessstudio, Massagen). Die teu-reren Zimmer haben eine tolle Aussicht (das gilt auch für das Restaurant). In der obersten Preisklasse ist sogar eine Veranda inbegriffen.

QUITO VON OBEN: DIE SCHÖNSTEN AUSSICHTSPUNKTE

TelefériQo (Av Occidental nahe Av La Gasca; Eintritt 8,50 US$; ⊘ Mo–Fr 9–18, Sa & So bis 20 Uhr) Wer einen spektakulären Blick auf Quitos bergiges Panorama genießen möchte, sollte mit der Gondel die 2,5 km lange Fahrt (10 Min.) zum Cruz Loma (4100 m) auf dem Volcán Pichincha unternehmen. Oben angekommen besteht die Möglichkeit, bis zum Gipfel Rucu Pichincha (4680 m) zu wandern. Wer fit ist, schafft es in drei Stunden – etwas Kraxeln ist erforderlich und die Sicherheitslage sollte zuvor erfragt werden. Pferde werden 500 m von der oberen Seilbahnstation vermietet (10 US$/Std.) – ausgeschildert mit *paseos a caballo*. Die Besteigung des Rucu Pichincha sollte erst nach ein paar Tagen Akklimatisierung in Quito in Angriff genommen werden. Der **Vulqano Park** (☏ 02-222-2733; www.vulqanopark.com; Rummelfahrten 0,50–2 US$; ⊘ Mo–Fr 11–19, Sa & So bis 21 Uhr), ein Vergnügungspark für Kinder, liegt an der Basisstation. Der Himmel ist vormittags am klarsten; gegen Mittag ziehen gewöhnlich die Wolken auf. Eine Taxifahrt ab der Mariscal kostet ca. 5 US$.

El Panecillo (Eintritt 1 US$; ⊘ Mo–Fr 9–18, Sa & So bis 17 Uhr) Der Hügel südlich der Stadt, El Panecillo („kleiner Brotlaib") genannt, ist eines der Wahrzeichen der Stadt. Auf seiner Spitze steht die riesige Statue der Virgen de Quito (Jungfrau von Quito; der Aufbau dauerte von 1955 bis 1975). Sie trägt eine Sternenkrone, hat Engelsflügel und steht auf einem angeketteten Drachen, der wiederum auf einer Weltkugel liegt. Die *quiteños* sind stolz darauf, dass keine andere Jungfrau weltweit mit Flügeln dargestellt wird. Auf dem Gipfel hat man einen großartigen Blick auf die Stadt und die umliegenden Vulkane. Letztere sieht man (insbesondere in der Regenzeit) am ehesten frühmorgens, später ziehen oft Wolken auf. Verstärkte Patrouillen sorgen dafür, dass es nun sicherer ist, die Treppe am Ende der Calle García Moreno hinaufzugehen. Ein Taxi ab der Altstadt (4 US$) ist jedoch eine bessere Alternative; für den Weg zurück in die Stadt kann man oben eines anhalten oder das Taxi hinauf bitten, zu warten.

La Cima de la Libertad (Av de los Libertadores s/n; Eintritt 1 US$; ⊘ Di–Fr 9–17, Sa 10–14 Uhr) Das Monument an den Hängen des Volcán Pichincha bietet einen ganz besonders schönen Blick auf die Stadt. Hier fand am 24. Mai 1822 die Batalla de Pichincha (Schlacht von Pichincha) statt, die entscheidende Schlacht im Unabhängigkeitskampf, die von Mariscal Antonio José de Sucre gewonnen wurde. Vor Ort befinden sich ein Militärmuseum und ein Wandmosaik von Eduardo Kingman. Das Denkmal liegt ein paar Kilometer nordwestlich vom San-Diego-Kloster (und ca. 4 km vom Altstadtzentrum entfernt); am besten fährt man mit dem Taxi dorthin.

Mirador de Guápulo (Karte S. 66; Calle Larrea) Folgt man der Avenida 12 de Octubre von der Mariscal aus den Hügel hinauf, gelangt man zum Hotel Quito. Dahinter führen steile Treppen auf der anderen Seite des Hügels hinab in das historische Viertel Guápulo. Der Blick von der Aussichtsplattform ist hinreißend. An klaren Tagen sind der Volcán Cayambe, der Cerro Puntas und der Nobelvorort Cumbayá zu sehen (am dortigen Hauptplatz gibt es mehrere gute Restaurants und Bars). Die Statue des Francisco de Orellana zeigt den Spanier dabei, wie er ins Tal hinunterblickt – dieses ist der Ausgangspunkt seiner legendären Reise von Quito zum Atlantik. Er war der erste Europäer, der den Amazonas in seiner ganzen Länge befuhr.

Parque Itchimbia (Karte S. 56) Die Grünanlage hoch auf einem Hügel der Altstadt bietet einen herrlichen Blick über die Stadt. Sie ist ideal für ein Picknick in der Sonne und mit Aussicht. Mittelpunkt des Parks ist das **Centro Cultural Itchimbia** (Karte S. 56; Eintritt frei; ⊘ unterschiedl. Öffnungszeiten), ein großes Gebäude aus Glas und Eisen, das dem Mercado Santa Clara nachempfunden ist. Hier finden regelmäßig Kunstausstellungen und Kulturveranstaltungen statt. Die Parkanlage ist beliebt bei Joggern. Busse mit der Aufschrift „Pintado" fahren vom Centro Histórico aus hierhin. Alternativ folgt man der Elizalde Richtung Osten, von der aus eine steile Treppe zum Park hinaufführt.

Anahi — BOUTIQUEHOTEL $$$
(Karte S. 66; ☏ 02-250-1421; www.anahihotelquito.com; Tamayo N23-95, nahe Wilson; Suite mit Frühstück 130-160 US$; @🕿) Das stylische Anahi bringt superedles Design ins Viertel. Die lichtdurchfluteten Zimmer (z. T. mit Balkon)

bestechen durch Kunstwerke und eine noble Einrichtung. Die Steinwände in den Fluren (und in einigen der Zimmer) erinnern an die Wände eines Inkatempels. Die Veranda im Obergeschoss gewährt einen tollen Ausblick.

Casa Aliso
PENSION $$$

(Karte S. 66; ☎ 02-252-8062; www.casaaliso.com; Salazar E12-137, nahe Toledo; EZ/DZ mit Frühstück 140/170 US$; ☎) Die reizende Pension mit zehn Zimmern verdient Bestnoten für den freundlichen Service, die gemütlichen Aufenthaltsbereiche (dort kann man mit einem Glas Wein oder einer Tasse Tee am Kamin sitzen) und die komfortablen, klassisch eingerichteten Zimmer (manche mit Blick auf den Garten). Das umgebaute Wohnhaus aus den 1930er-Jahren steht in einer ruhigen Straße.

Hotel Quito
HOTEL $$$

(Karte S. 66; ☎ 02-396-4900; www.hotelquito.com; González Suárez N27-142; EZ/DZ 146/160 US$; @☎☎) Das riesige 215-Zimmer-Hotel, ein Wahrzeichen Quitos, liegt hoch in den Hügeln über Guápulo – einige der Zimmer (alle mit Balkon) und das Bar-Restaurant im 6. Stock haben einen unvergesslichen Ausblick.

Suites González Suárez
HOTEL $$$

(Karte S. 66; ☎ 02-223-2003; www.hotelgonzalezsuarez.com; Ecke San Ignacio & González Suárez; Suite mit Frühstück 73-123 US$; @☎) Das Hotel am Hang hat elf mit Teppichen ausgelegte und in fröhlichem Gelb gestrichene Zimmer. Der Blick auf Guápulo ist unschlagbar. Manche Zimmer haben Balkone, die schönsten sind mit Sauna und Whirlpool ausgestattet.

✕ Essen

Ecuadors kulinarische Hauptstadt ist ideal, um klassische Gerichte der Anden und anderer Regionen zu probieren. Die authentischsten Lokale befinden sich im historischen Zentrum. In manchen von ihnen werden Familienrezepte schon seit Generationen immer weiter verfeinert. *Seco de chivo* (Eintopf mit geschmortem Ziegenfleisch) wird gewöhnlich mit gelbem Reis und *patacones* (frittierte Kochbananenstücke) serviert. Die aus den Anden stammende Kartoffel wird kreativ zubereitet, z.B. als *llapingachos* (dicke Pfannkuchen aus Kartoffeln und Käse), die häufig unter einem Grillsteak oder gebratenen Eiern serviert werden. In ein paar Lokalen gibt's auch

cuy asado (Meerschweinchenbraten), ein Gericht der indigenen Bevölkerung, das aus der Inkazeit stammt.

Die umfängliche und vielfältige Restaurantszene bietet auch eine prima Auswahl an internationaler Küche. Es gibt für jeden Geldbeutel und Geschmack etwas und die Palette reicht von modernen Sushi-Restaurants bis zu italienischen Trattorias. Das breiteste Angebot und die dichteste Konzentration von ethnischen und internationalen Lokalen sind in der Mariscal der Neustadt zu finden. Noblere Restaurants und die Topadressen der Stadt befinden sich in La Floresta, La Pradera und den angrenzenden Vierteln. Benalcázar, ein feines Viertel mit Hochhaus-Eigentumswohnungen, Büros, hippen Cafés und Restaurants, liegt zwar abseits der touristischen Pfade, lohnt sich aber. Die Gegend erstreckt sich zwischen dem Parque La Carolina im Osten und der Avenida 6 de Diciembre im Westen. Zu erreichen mit der Ecovia bis Eloy Alfaro oder Benalcázar.

Viele Restaurants haben sonntags geschlossen.

✕ Altstadt

★ Bohemia Cafe & Pizza
PIZZERIA $

(Karte S. 56; La Ronda; Medium-Pizza 12 US$) Man fühlt sich wie ein *quiteño* in diesem winzigen Lokal in der (abends an Wochenenden) angesagten Ronda. Der wunderbar quirlige Besitzer begrüßt Gäste schon beim zweiten Besuch wie Familienmitglieder. Zum kleinen Speiseangebot gehören exzellente Pizzas und geschichtete Nachos mit hausgemachten Mais-Chips. Und 4 US$ für eine riesige *michelada,* eine Mischung aus Bier, Limetten, Salz und verschiedenen Salsas, sind einfach unschlagbar.

Mercado Central
MARKT $

(Karte S. 56; Av Pichincha; Mahlzeiten 1,50–4 US$; ☺ Mo–Sa 8–16, So bis 15 Uhr) Traditionelle und äußerst günstige Küche, und das an einem Imbissstand nach dem anderen. Der Mercado Central liegt zwischen der Esmeraldas und der Manabí. Wie wär's z.B. mit *locro de papas* (Kartoffelsuppe mit Avocado und Käse), Meeresfrüchten, *yaguarlocro* (Kartoffel-Blutwurst-Suppe) oder *fritada* (gebratenes Schweinefleisch mit Maisbrei).

Ebenfalls im Angebot sind Obst und Gemüse, Fleisch, frischer Fisch, Blumen und Arzneimittel, alle in jeweils eigenen Abteilungen.

Cafetería Modelo
ECUADORIANISCH $

(Karte S. 56; Ecke Sucre & García Moreno; Hauptgerichte 2–5 US$; ⊙Mo–Sa 8–20, So bis 18 Uhr) Das Modelo ist eines der ältesten Cafés der Stadt (eröffnet 1950) und eine erstklassige Adresse für traditionelle Snacks wie *empanadas de verde* (Empanadas aus Kochbananenteig), *quimbolitos* (süße Maisküchlein) und Tamales. Die **Cafetería Modelo II** (Karte S. 56; Venezuela N6-19; Hauptgerichte 2–5 US$; ⊙Mo–Sa 8–20, So bis 18 Uhr) bietet dasselbe altmodische Flair (plus Livemusik an manchen Wochenenden) auf der Venezuela.

Frutería Monserrate
ECUADORIANISCH $

(Karte S. 56; ☎02-258-3408; Espejo Oe2-12; Hauptgerichte 4 US$; ⊙Mo–Fr 8.30–20, Sa & So 9–18 Uhr) Die hohe Decke, die Mauern aus Ziegelsteinen und die Betonpfeiler verleihen diesem beliebten, lässigen Restaurant einen gewissen Fabrikhallenschick. Man hat die Wahl zwischen großen Portionen Frühstück, Sandwiches, Ceviche und leckeren Obstsalaten. Eine weitere **Frutería Monserrate** (Karte S. 66; Sodiro nahe Colombia; Hauptgerichte 2 US$; ⊙Mo–Fr 8–19.30, Sa & So 9–17 Uhr) befindet sich an der Grenze zwischen Alt- und Neustadt gleich nördlich des Parque La Alameda.

Dulcería Colonial
CAFÉ, SÜSSES $

(Karte S. 56; Plaza Grande, Espejo & Venezuela; Sandwiches 2,50 US$; ☎) Seit 27 Jahren bietet das winzige Café einen Logensitz, um an der stets betriebsamen Plaza Grande bei einem Espresso, einem Stück Kuchen oder Eis die Passanten zu beobachten.

Cevichería Puerto Azul
FISCH & MEERESFRÜCHTE $

(Karte S. 56; Mejia zw. Venezuela & García Moreno; Hauptgerichte 6–7,50 US$) *Cevicherías* sind in diesem Teil der Stadt selten und das maritim eingerichtete Puerto Azul ist ein nettes Lokal, um eine gute *cazuela*, Ceviche, einen *encebollado* und andere Fischgerichte zu genießen.

El Kukurucho del Maní
SÜSSES $

(Karte S. 56; Rocafuerte Oe5-02 nahe García Moreno; Snacks 0,50–1 US$; ⊙Mo–Sa 8–19, So 9–18 Uhr) Der tolle Snackstand wartet mit kiloweise Nüssen, Maiskörnern und *coquitos* (Kokosbonbons) auf, die in einem riesigen Kupferkessel angerührt werden.

Restaurante Govindas Gopal
VEGETARISCH $

(Karte S. 56; Esmeraldas 853; Hauptgerichte 1,50 US$; ⊙Mo–Sa 9–15 Uhr; ☎) Die Krishna-Jünger bereiten zu 100 % vegetarisches, leckeres Mittagessen zu. Die Karte wechselt

regelmäßig. Außerdem gibt's Joghurt und Müsli, Säfte und Süßes.

La Exquita
ECUADORIANISCH $

(Karte S. 56; Caldas & Los Ríos, San Blas; Hauptgerichte 2,50–4 US$; ⊙8.30–15 Uhr) Büroangestellte drängen sich mittags in dieser zweistöckigen Cafeteria, wenn Musiker gegen Trinkgeld ein Ständchen geben, was in so einem schlichten Restaurant ziemlich unpassend wirkt. Wer in der Nähe eine Unterkunft hat, findet hier verlässlich gute *almuerzos* (Mittagsgerichte).

Jugos de la Sucre
SAFTBAR $

(Karte S. 56; Sucre Oe5-53; Getränke 0,75 US$; ⊙Di–Fr 9–17, Sa 10–14 Uhr) Wer ein paar Vitamine in Form von frisch gepresstem Saft benötigt, könnte kaum einen besseren Stand finden. Wie wär's mit *tomate de arbol* (Tamarillo), *maracuya* oder *guanábana* (Stachelannone)?

Restaurante Vegetarischo Ari
VEGETARISCH $

(Karte S. 56; Sucre Oe4-48; Hauptgerichte 3 US$; ⊙Mo–Sa 8–17 Uhr; ☎) Im 2. Stock eines Einkaufszentrums verbirgt sich das bunte Restaurant, in dem vegetarische Versionen ecuadorianischer Klassiker, wie Ceviche, sowie Säfte und Obstsalate auf den Tisch kommen.

Magda
SUPERMARKT

(Karte S. 56; Venezuela N3-62; ⊙Mo–Sa 8.30–19, So 9–17 Uhr) Gut sortierter Supermarkt in günstiger Lage.

★ Dios No Muere
STEAKHAUS, INTERNATIONAL $$

(Karte S. 56; Ecke Junin & Flores; Hauptgerichte 5,50–17,50 US$; ⊙Mo–Sa 8–22 Uhr) Der Besitzer des exzentrisch eingerichteten Restaurants hinter einem Kloster aus dem 17. Jh. stammt aus dem US-amerikanischen Louisiana und ist zu Recht stolz auf die Qualität seiner Speisen. Ecuadorianisches und importiertes Fleisch wird in der Küche in einer Ecke im Erdgeschoss zubereitet. Es wird hier schnell voll, da es auf jedem der nächsten beiden winzigen Stockwerke nur zwei Tische gibt, plus ein paar Straßentische.

Der charmante Sohn des Besitzers bedient und im Hintergrund spielt Kirchenmusik. Cajun-Spezialitäten, wie Po-Boy-Sandwiches und „Bourbon-Street"-Hamburger, wechseln täglich und die *parrillada* (spanische und ecuadorianische Wurst, Huhn, Schweinekotelett, Kalbswurst, ein kleines Ribeye-Steak und Maniok) ist genau das Richtige für wirklich hungrige Fleischesser. Ebenfalls im Angebot sind Biere aus einheimischen Kleinbrauereien und ecuadorianischer Bio-kaffee.

Tianguez

ECUADORIANISCH **$$**

(Karte S. 56; Plaza San Francisco; Hauptgerichte 6–14 US$; ⊙So–Do 9–19, Fr & Sa 8–23 Uhr; ☎) Das Café mit Kunsthandwerksladen in den Steinarkaden unter dem San-Francis-co-Kloster serviert neben leckeren Vorspeisen (Tamales, Suppen, gegrillte Hühnerflügel) auch herzhaftere Hauptgerichte. Die Tische an der Plaza sind ideal, um bei einem abendlichen *canelazo* (Schnaps mit heißem Apfelsaft und Zimt) oder einem *té de coca* (Cocablatttee) Leute zu beobachten.

Café Mosaico

CAFÉ **$$**

(Karte S. 56; ☏02-254-2871; Samaniego N8-95; Hauptgerichte 9–16 US$; ⊙Mo–Mi 16–23, Do–So 13–23 Uhr) In der Nähe des Parque Itchimbia gibt's eine Mischung aus ecuadorianischer und griechischer Küche. Das mit Kletterpflanzen umrankte Mosaico ist für seine tolle Aussicht bekannt. Die zu den Seiten hin offene Terrasse lädt zu einem Sundowner ein.

San Agustín

ECUADORIANISCH **$$**

(Karte S. 56; Guayaquil N5-59; Hauptgerichte 6–9 US$; ⊙Mo–Fr 9.30–18, Sa & So 10.30–16 Uhr; ☎) Kitschige religiöse Ikonen und altmodische Radios schmücken diesen altmodischen Klassiker, der in quirliger Atmosphäre ganz alltäglichen Leuten ecuadorianische Gerichte serviert. Wir empfehlen das erstklassige *seco de chivo* (Ziegenfleischeintopf), *corvina* (Wolfsbarsch) oder *arroz marinero* (Meeresfrüchtereis) gefolgt von *helados de paila* (in großen Kupferschüsseln angerührte Eiscreme).

Pizza SA

PIZZERIA **$$**

(Karte S. 56; Espejo Oe2-46; Pizzas 8–16 US$; ⊙Mo–Sa 12–21, So bis 20 Uhr) Das zwanglose Lokal mit Straßentischen in einer verkehrsfreien Gasse mit mehreren Restaurants gegenüber vom Teatro Bolívar serviert überzeugende Pizza, Calzone, Sandwiches und Salat.

Vista Hermosa

INTERNATIONAL **$$**

(Karte S. 56; ☏02-295-1401; Mejía 453, 5.Stock; Hauptgerichte 10–13 US$; ⊙Mo–Sa 13–24, So bis 21 Uhr) Ein sehr beliebtes Restaurant im Centro ist Vista Hermosa, die „Schöne Aussicht", und der Name ist Programm: Von der offenen Dachterrasse hat man einen Rundumblick auf die Altstadt. Die Livemusik (Do–Sa ab 20 Uhr) unterstreicht die Magie dieses

---

ⓘ HÖHENLUFT

Atemlos nach dem Treppensteigen im Hotel? Dreht sich alles im Kopf oder schmerzt er? Einschlafprobleme? Wenn ja, sind das wahrscheinlich milde Symptome der Höhenkrankheit, die nach ein paar Tagen verschwinden. Die Höhenlage Quitos auf 2850 m kann diese Wirkung haben, wenn man gerade von einem Ort auf Meereshöhe eingetroffen ist. Um die Symptome zu mindern, sollte man es ruhig angehen lassen, leichtes Essen bevorzugen und Rauchen und Alkohol vermeiden. Zur Abmilderung der Symptome schwören Einige auf *té de coca* (Cocablatttee), den einige Cafés, z. B. das Tianguez, führen.

Orts. Besser frühzeitig hier aufschlagen, bevor es richtig voll wird!

Pim's

ECUADORIANISCH **$$**

(Karte S. 56; Iquique; Hauptgerichte 10–16 US$; ⊙Mo–Sa 12–22, So bis 18 Uhr) Die Filiale der beliebten, gehobenen Restaurantkette im Parque Itchimbia hat einen phantastischen Blick auf die Stadt. Geboten werden in dem eleganten Speiseraum und auf der Terrasse leckere, traditionell ecuadorianische Gerichte, Sandwiches und Pasta sowie Cocktails.

Octava de Corpus

INTERNATIONAL **$$$**

(Karte S. 56; ☏02-295-2989; Junín E2-167; Hauptgerichte 13–19 US$; ⊙Mo–Sa 12.30–22 Uhr) Ein kulinarisches Erlebnis der besonderen Art verspricht dieses wenig bekannte Restaurant in dem Kolonialgebäude an der hübschen Junín. Kunst ziert jedes freie Plätzchen. Jaime, der nette Besitzer, sammelt Weine (mehr als 300!) und gibt gern eine Empfehlung ab. Auf der Speisekarte stehen klassische Fleisch- und Meeresfrüchtegerichte (gegrillt oder gedünstet). Nur mit Reservierung.

★ Theatrum

ECUADORIANISCH **$$$**

(Karte S. 56; ☏02-257-1011; www.theatrum.com. ec; Manabí N8-131, Teatro National Sucre, 1. Stock; Hauptgerichte 14–24 US$; ⊙Mo–Fr 12.30–15.30 & 19–22.30, Sa & So 18–22.30 Uhr) Im 1. Stock des historischen Teatro Sucre werden die Gäste in einem aufwendig gestalteten Speisesaal mit schweren Vorhängen und rotem und schwarzem Samt mit kreativen Speisen (Ravioli mit einer Füllung aus Krebsfleisch und

Mascarpone oder gebackenem Wolfsbarsch mit Wildpilzen) verwöhnt. Wer richtig dekadent speisen will, sollte das Probiermenü bestellen (5 Gänge 52 US$).

Café del Fraile
ECUADORIANISCH $$$

(Karte S. 56; Chile Oe4-22, Pasaje Arzobispal, 1. Stock; Hauptgerichte 7–20 US$; ⏲10–22 Uhr; 🕾) Die Sandwiches, Grillgerichte, Ceviches und Hamburger mögen zwar überteuert sein, aber für den Aufpreis entschädigen das komfortable Ambiente auf dem Hofbalkon und der rustikale Charme (gusseiserne Lampen, Balkendecken).

🍴 La Mariscal

⭐ La Union
BÄCKEREI $

(Karte S. 74; Ecke Reina Victoria & Colón; Hauptgerichte 2–3 US$; ⏲6–22 Uhr) Die geschäftige Bäckerei ist immer gut besucht. Es gibt Croissants, Fruchttörtchen und Eiscreme sowie große Sandwiches.

Suvlaki
GRIECHISCH $

(Karte S. 74; Av Amazonas N21-108; Hauptgerichte 4 US$; ⏲Mo–Fr 8.30–19, Sa bis 16 Uhr) *Die* Adresse für leckere Fleischspieße (eben jene namensgebenden Souvlaki). Der zwanglose Laden hat wegen der flotten Bedienung, der heiteren Einrichtung (samt Fotos griechischer Sehenswürdigkeiten) und der Straßentische eine stetig wachsende Fangemeinde.

Casa Quebecua
QUEBECOIS $

(Karte S. 74; Calama nahe Reina Victoria; Hauptgerichte 5 US$; ⏲Mo–Do 12–24, Fr & Sa bis 2 Uhr) Der Quebecer Besitzer des Lokals hatte Heimweh nach dem typischen, cholesterinreichen Gericht seines Mutterlands und vielleicht nach der winterlichen Atmosphäre einer kanadischen Blockhütte: Er serviert eine üppige *poutine*, ein Berg Pommes frites mit Frischkäse und Bratensauce, dazu verschiedene Beilagen wie Huhn oder Steak. Die Hamburger und Hot Dogs locken Hungrige auf Kneipentour in der Mariscal an.

Chandani Tandoori
INDISCH $

(Karte S. 74; Mera 1333; Hauptgerichte 3,50–8 US$; ⏲Mo–Sa 12–22, So bis 16 Uhr; 🕾) Schmissige Bollywood-Hits und brutzelnde Platten mit Tikka Masala bilden die Geräuschkulisse in diesem guten, preisgünstigen und schmucklosen Inder. Zur Wahl stehen zwei Dutzend Zubereitungsarten von Fleisch- und Gemüsegerichten.

El Maple
VEGETARISCH $

(Karte S. 74; Pinto E7-68 nahe Almagro; Hauptgerichte 5–8 US$; ⏲Mo & Di 12–21, Mi–Sa bis 22.30, So bis 18 Uhr; 🥄) In diesem beliebten Lokal wird gute internationale vegetarische Küche zubereitet (Tex-Mex-Burritos, asiatische Nudelgerichte, Pasta mit Sahnesaucen). Die viergängigen Mittagsmenüs sind preiswert, die Säfte top.

Cacao & Cacao Chocolate & Coffee Shop
CAFÉ $

(Karte S. 74; Mera N21-241; Hauptgerichte 3 US$; ⏲Mo–Fr 8–19.30, Sa 9–13.30 & 15–19 Uhr; 🕾) Das Laden hat nur ein oder zwei Tische, drinnen und auf einer kleinen Terrasse, und verkauft guten Kaffee, Gebäck und Schokolade aus einheimischen Biokakaobohnen. Eine Filiale gibt's in der Veintimilla Ecke Reina Victoria ganz in der Nähe.

Canoa Manabita
FISCH & MEERESFRÜCHTE $

(Karte S. 74; Calama 247; Hauptgerichte 6–8 US$; ⏲Di–So 10–19 Uhr) Das zwanglose und unscheinbare Lokal mit Picknicktischen ist dank leckerer Speisen wie Ceviche, *cazuela* (Fischeintopf), *encebollado* (Suppe mit Fisch, Maniok und Zwiebeln) und anderen Fischgerichten beliebt.

Spanes
KOLUMBIANISCH $

(Karte S. 66; Av Amazonas N20-51; Hauptgerichte 5–9 US$; ⏲Mo–Sa 8–20, So bis 17 Uhr; 🕾) Kolumbianisches Fast Food, darunter Arepas (Maisfladen) und *ajiaco*, eine Spezialität aus Bogota aus drei Kartoffelarten mit Huhn und Mais. Und es gibt billige und sättigende *almuerzos* (Mittagsmenüs).

Kallari
CAFÉ $

(Karte S. 74; www.kallari.com; Wilson E4-266 & Mera; Hauptgerichte 3–5 US$; ⏲Mo–Fr 10–18 Uhr; 🕾) Die Kooperative im Besitz der Kichwa aus Napo serviert reichhaltiges Frühstück und Mittagessen und verkauft ihre berühmten Schokoladentafeln.

Mercado La Floresta
MARKT $

(Karte S. 66; Ecke Galavis & Andalucía; ⏲Fr 9–16 Uhr) Kleiner, aber netter Obstmarkt im friedlichen Wohnviertel Floresta.

Supermaxi
SUPERMARKT $

(Karte S. 66; Ecke La Niña & Pinzón) Der größte und beste Supermarkt in der Nähe Mariscals.

Mercado Santa Clara
MARKT $

(Karte S. 66; Ecke Dávalos & Versalles; ⏲8–17 Uhr) Der wichtigste Lebensmittelmarkt in der

SCHÖNE AUSSICHTEN

Hoch oben in den Anden gelegen und von Bergen eingerahmt, bietet Quito jede Menge Orte mit unvergesslichem Panorama. Im Folgenden haben wir ein paar unserer Lieblingsplätze für einen Drink oder ein Essen mit Aussicht aufgelistet:

Vista Hermosa (S. 83) Der passende Name „schöne Aussicht" garantiert einen tollen Blick, ohne die Altstadt verlassen zu müssen.

Casa Gangotena (S. 73) Die Terrasse dieses historischen Hotels bietet einen Logenplatz für die Sicht auf die Plaza San Francisco.

Café Mosaico (S. 83) Den Sonnenuntergang und griechisches Essen genießen.

El Ventanal (02-257-2232; www.elventanal.ec; Carchi nahe Nicaragua; Hauptgerichte 15–30 US$; Di–Sa 12–15 & 18–22, So 12–17 Uhr) Das Altstadtrestaurant ist einer der besten Plätze, um bei einem perfekt zubereiteten Mahl der ecuadorianischen Haute Cuisine die Lichter der Stadt aufleuchten zu sehen. Der Eingang ist etwas schwer zu finden, daher lieber ein Taxi nehmen.

Pim's (S. 83) In malerischer Lage im Parque Itchimbia.

Hotel Real Audiencia (S. 73) Ein Hotelrestaurant im Obergeschoss mit weitem Blick auf die Plaza Santo Domingo und darüber hinaus.

Z(inc) (S. 87) Cocktails schlürfen, während man durch die Panoramafenster die funkelnden Lichter Quitos bewundert.

El Crater (S. 98) Das Restaurant/Gästehaus vor den Toren Quitos liegt oberhalb eines üppig grünen Vulkankraters und hat die schönste Aussicht überhaupt – die lange Anfahrt lohnt sich.

Ananké (S. 89) Im szenigen Viertel Guápulo. Super Adresse zum Ausgehen.

Mirador de Guápulo (S. 88) Entspanntes Fleckchen Erde mit herrlichem Blick auf Guápulo.

Techo del Mundo (Karte S. 66; 02-396-4901; www.techodelmundo.com; Av González Suárez N27-142) Die Restaurant-Bar „Dach der Welt" im Hotel Quito bietet einen Blick auf die funkelnde Stadt bei Nacht und über das Tal.

Neustadt. Neben herausragenden Erzeugnissen gibt es hier auch billige Imbissstände.

⭐**Crepes & Waffles** INTERNATIONAL, SÜSSES $$
(Karte S. 66; 02-250-0658; Ecke Orellana & La Rabida; Hauptgerichte 9–15 US$; Mo–Sa 12–22, So 9–21 Uhr;) Köstliche, kalorienreiche Eisbecher und über zwei Dutzend verschiedene süße und herzhafte Crêpes, Waffeln, Salate sowie gängigere vegetarische, Fleisch- und Fischgerichte stehen auf der Karte dieser Filiale einer südamerikanischen Kette mit mehreren Niederlassungen in Quito. Das Ambiente ist gehoben und der Service herzlich und freundlich.

Gleichermaßen reizvoll als Café für Kaffee und Kuchen wie auch als Restaurant zum Brunch oder für ein romantisches Date.

⭐**Cosa Nostra** ITALIENISCH $$
(Karte S. 74; 02-252-7145; Ecke Baquerizo Moreno & Almagro; Hauptgerichte 9–16 US$; Di–So 12.30–15 & 18.30–22.30 Uhr;) Das von Italienern geführte Cosa Nostra hat eine nette Straßenterrasse, einen gemütlichen Gastraum und fast drei Dutzend verschiedene, im Backsteinofen gebackene Pizzas mit großzügigem Belag – wohl die besten in der Stadt. Gute Gnocchi und Pasta gibt's auch sowie Tiramisu zum Nachtisch.

Azuca Beach FISCH & MEERESFRÜCHTE $$
(Karte S. 74; Foch nahe Reina Victoria; Hauptgerichte 10–14 US$; So geschl.;) Von Studenten bis zu Berufstätigen strebt alle Welt in dieses coole und kultivierte Lokal an der umtriebigen Plaza Foch. Zu den Hits zählen Gerichte aus den Küstenregionen Südamerikas, darunter verschiedene Ceviches. Tropische Cocktails (wir empfehlen die Mojitos und Caipirinhas mit Fruchtgeschmack), eine mit Bambus verkleidete Bar und Topfpalmen unterstreichen das Lounge-Feeling des Restaurants, das abends zur beliebten Kneipe wird.

Dienstags ab 20.30 Uhr bis Schluss gibt's kostenlose Salsakurse, an Wochenenden Salsa und Merengue live.

Baalbek
ORIENTALISCH $$

(Karte S. 74; Av 6 de Diciembre & Wilson; Hauptgerichte 6–15 US$; ☺ So–Di 12–17, Mi–Sa bis 22.30 Uhr) Authentische libanesische Küche wird in diesem komfortablen und modernen Restaurant mit orientalischer Einrichtung und Musik serviert. Die meisten Speisen können als halbe oder ganze Portion bestellt werden, was ideal für Familien oder Gruppen zum Teilen ist. Die Wartezeiten sind kurz.

Q
INTERNATIONAL $$

(Karte S. 74; Plaza Foch; Hauptgerichte 5–15 US$; ☺Mo–Do 6–24, Fr & Sa bis 2 Uhr; ☎) Unter der Woche tummeln sich die Modeszene und TV-Promis in dem angesagten Restaurant, wo ein echter Kolibri („Q" steht für *quinde*, Spanisch für Kolibri) sich ein Nest an der Decke gebaut hat, die mit Grünzeug was am Amazonas geschmückt ist. Fast jeden Abend gibt es Livemusik, mittwochs Jazz und Blues. Samstags legt ein DJ Lounge-Musik auf.

Magic Bean
INTERNATIONAL $$

(Karte S. 74; Foch E5-08; Hauptgerichte 6–12 US$; ☺8–23 Uhr; ☎) Das Magic Bean ist fast immer voll, weil es hier amerikanisches Frühstück und Mittagessen sowie schaumige Säfte, Kaffee und Süßspeisen gibt. Am besten sucht man sich ein Plätzchen auf der überdachten Terrasse.

Ethnic Coffee
ECUADORIANISCH $$

(Karte S. 74; Av Amazonas nahe Robles; Hauptgerichte 6–12 US$; ☺Mo–Fr 9–21 Uhr; ☎) Das farbenfroh eingerichtete Café serviert Snacks wie Tamales, Empanadas und *quimbolitos* sowie deftigere Hauptgerichte (gegrillter Fisch mit Krabben). Es hat Straßentische zwischen Farnen und Topfpflanzen, und freitags wird Livemusik gespielt (18.30–20.30 Uhr).

La Canoa
ECUADORIANISCH $$

(Karte S. 74; Cordero E4-375 nahe; Hauptgerichte 6–10 US$; ☺24 Std.) La Canoa, ein Guayaquil-Lokal, ist auf landestypische Klassiker wie *fritada con mote y chicharrones* (Schweinebraten mit weißem Mais), *caldo de morcilla* (Blutwurstsuppe), *bandera* (eine gemischte Meeresfrüchteplatte) und andere Leckereien spezialisiert.

Boca del Lobo
INTERNATIONAL $$

(Karte S. 74; Calama 284; Hauptgerichte 8–14 US$; ☺17–1 Uhr) Hier genießt eine Mischung aus gestylten Ecuadorianern und adrett gekleideten Reisenden Gerichte wie Raclette,

Crêpes, belegte Brote, Kuchen und süße Cocktails bei Ambient-Musik. Die Deko ist Kitsch pur (Kugeln aus buntem Glas, leere Vogelkäfige, psychedelische Bilder).

La Bodeguita de Cuba
KUBANISCH $$

(Karte S. 66; Reina Victoria 1721; Hauptgerichte 8 US$; ☺Mo & Di 12–23, Mi–Do bis 1, Fr & Sa bis 2 Uhr) Mit der warmen Beleuchtung, den von Graffiti bedeckten Wänden und den Straßentischen bildet das Lokal ein schönes Ambiente für kubanisches Essen und Vergnügen. Mittwoch- und donnerstagabends treten Livebands auf (im benachbarten El Veradero gibt's am Wochenende Salsa)

El Mariachi Taco Factory
MEXIKANISCH $$

(Karte S. 74; Foch nahe Mera; Hauptgerichte 7–9 US$) Bunte Tischdecken, Poster von mexikanischen Mariachis und Mauern im Lehmziegel-Look schaffen in diesem eher gesetzten Mariscal-Restaurant eine Atmosphäre, die vage an das alte Mexiko erinnert. Die brutzelnd heißen Fajitas kann man mit einer Frozen Margarita hinunterspülen.

Café Amazonas
ECUADORIANISCH $$

(Karte S. 74; Ecke Av Amazonas & Roca; Hauptgerichte 5–9 US$; ☺Mo–Sa 7–21, So bis 19 Uhr; ☎) Treue Stammgäste schätzen hier *seco de chivo* (Ziegeneintopf), *locro de papas* (Kartoffelsuppe) und andere Hausmannskost – und auch die Gelegenheit zum Leutegucken, sofern man denn einen Straßentisch ergattert hat. An einem der kleinen Fernseher ist immer Fußball eingeschaltet.

★ Mare Nostrum
FISCH & MEERESFRÜCHTE $$$

(Karte S. 74; ☎02-252-8686; www.marenostrum quito.com; Ecke Foch 172 & Tamayo; Hauptgerichte 12–28 US$; ☺12–16 & 19–22.30 Uhr) In einem burgähnlichen Gebäude – komplett mit Rüstungen und riesigen Holztischen und -stühlen – werden göttliche Fischgerichte mit spanischem und ecuadorianischem Einschlag serviert.

Noe Sushi Bar
JAPANISCH $$$

(Karte S. 66; ☎02-322-7378; Isabel La Católica N24-827; Essen für 2 Pers. 50–80 US$; ☺12.30–16 & 18.30–22 Uhr) In dem schicken, minimalistischen Restaurant kommen zartes, frisches Sushi und Sashimi, Teppanyaki, Kobe-Rind und weitere japanische Delikatessen auf die Tische.

Achiote
ECUADORIANISCH $$$

(Karte S. 74; Ecke Rodriguez & Reina Victoria; Hauptgerichte 9–30 US$; ☺12–22 Uhr) Hier gibt's verfeinerte ecuadorianische Küche in einem stimmungsvoll beleuchteten, modernen Ambiente. Die Empanadas, Ceviches, Fischeintöpfe und *llapingachos* (Pfannkuchen aus Kartoffelbrei mit Käse) sind erste Sahne, und donnerstags bis sonntags wird Livemusik gespielt (ab 19 Uhr).

Mama Clorinda ECUADORIANISCH **$$$**
(Karte S. 74; ☎02-254-4362; Reina Victoria 1144 & Calama; Hauptgerichte 11–27 US$; ⌚Mo–Sa 11–22 Uhr) Das geschäftige, mehrstöckige Restaurant gleich hinter der Plaza Foch serviert leckere ecuadorianische Spezialitäten überwiegend an ausländische Gäste. Empfehlenswert: *llapingachos* mit Steak oder, für Mutige, mit *cuy*.

✖ La Pradera & La Carolina

Zao ASIATISCH **$$**
(Karte S. 66; ☎02-252-3496; Av Alfaro N10-16 nahe San Salvador; Hauptgerichte 8-10 US$; ⌚Mo–So 12.30–15.30, Mo–Sa 19–23.30 Uhr) Geschnitzte Wandschirme, Samuraistatuen und leuchtende Papierlampions prägen die Deko in diesem brummenden Laden. Serviert werden Samosas, Nudelgerichte, Wok-Gemüse, Sushi und andere asiatische Leckereien. Ein DJ trägt an Wochenenden zur fröhlichen Stimmung bei.

★ Zazu FUSIONSKÜCHE **$$$**
(Karte S. 66; ☎02-254-3559; www.zazuquito. com; Aguilera 331; Hauptgerichte 18–33 US$; ⌚Mo–Fr 12.30–24, Sa 19–24 Uhr) Das Zazu ist eines der besten Restaurants der Stadt. Der peruanische Chefkoch zaubert wunderbare Fischgerichte, gegrilltes Fleisch und Ceviches auf den Tisch, die östliche und westliche Elemente spielend vereinen. Wie wär's mit Thunfisch in Pistazienkruste, Tartar vom Wagyu-Rind mit Gorgonzola-Mousse oder Bouillabaisse? Das Ambiente ist stylish (helle Ziegelsteinmauern, Dudelmusik, eine einladende, von hinten beleuchtete Bar).

San Telmo STEAKHAUS **$$$**
(☎02-333-1944; Ecke Portugal & Cassanova; Hauptgerichte 20–30 US$) San Telmo ist eines der besten Steakhäuser der Stadt, ein elegantes, mehrstöckiges, „männliches" Restaurant. Das Fleisch wird auf einem zischenden Grill gegart; die besten Stücke kommen aus Argentinien. Die Weinkarte ist recht umfangreich und für Gäste, die keine Lust auf Fleisch haben, gibt's Pasta oder Meeresfrüchte.

✖ La Floresta

Traviesas Artesanos del Café CAFÉ **$**
(Karte S. 66; La Coruña N30-123 nahe Whymper; Hauptgerichte 5 US$; ⌚Mo–Fr 8–20, Sa & So 10–20 Uhr; ☎) Anspruchsvolle Kaffeetrinker und angehende Baristas sollten sich in dieses freundliche Edelcafé begeben. Zur Wahl stehen diverse Zubereitungsarten (gebrüht, auf verschiedene Art gefiltert, aus der französischen Presskanne oder dem AeroPress) sowie Sandwiches, Salate und leckerer Käsekuchen.

★ Jürgen Cafe NIEDERLÄNDISCH **$$**
(Karte S. 66; Coruña N30-123 & Whymper, La Floresta; Hauptgerichte 6,50–10 US$; ⌚Mo–Sa 7–20, So bis 14 Uhr) Das lässig elegante Restaurant von Jürgen Spelier, einem niederländischen Bäcker in vierter Generation, erinnert ganz an mittel- und nordeuropäische Gefilde, von den klaren Linien und der Einrichtung aus hellem Holz bis zu den *pannekoek*, den niederländischen Pfannkuchen.

La Briciola ITALIENISCH **$$**
(Karte S. 66; ☎02-254-5157; Toledo 1255; Hauptgerichte 10–13 US$; ⌚Mo–Sa 12.30–15 & 19.30–23 Uhr) La Briciola ist schon seit vielen Jahren eine beliebte Adresse mit herausragender, abwechslungsreicher Speisekarte. Die Portionen sind riesig und die Weine gibt's zu fairen Preisen. Reservierung ist ratsam.

★ La Choza ECUADORIANISCH **$$**
(Karte S. 66; ☎02-223-0839; www.lachozaec.com; Av 12 de Octubre N24-551 nahe Cordero; Hauptgerichte 7–12 US$; ⌚Mo–Fr 12–16 & 18.30–22, Sa & So 12–16 Uhr) Eines der besten Restaurants in der Stadt für traditionelle ecuadorianische Küche. Bei La Choza bekommt man tellerweise *llapingachos,* gegrillte *corvina* (Seebarsch) und Steak mit allem Drum und Dran in lässiger Umgebung auf bunten Tischdecken. Im Hintergrund läuft Musik aus den Anden.

La Cleta CAFÉ **$$**
(Karte S. 66; Lugo N24-250; Pizzas 4–12 US$; ⌚Mo–Sa 15–23 Uhr; ☎) In dem kleinen, clever gestalteten Café-Restaurant besteht einfach alles (Stühle, Barhocker, Tische, Hängelampen) aus Fahrradteilen. In der Küche werden leckere Pizzas und Lasagne zubereitet, und zu trinken gibt es Kaffee, Wein und andere Drinks.

Z(inc) LOUNGE **$$**
(Karte S. 66; Rivet nahe Coruña; Hauptgerichte 10–16 US$; ⌚Mo–Sa 12–16 & 19–24 Uhr) Das mehrstöckige Z(inc) ist zu gleichen Teilen Restau-

rant und Bar und bietet Industriechick mit unbehandelten Holzbalken, dunklem Metall und nackten Ziegelsteinmauern. Nach einem Litschi-Cocktail auf der Veranda vorn kann man sich im Speisesaal niederlassen, um dort Steinofenpizza mit dünnem Boden, Mini-Sirloin-Hamburger, Tempura-Garnelen und andere Gerichte, die man gut teilen kann, zu verzehren.

Segundo Muelle
PERUANISCH $$$

(Karte S. 66; Isabel La Católica N24-883; Hauptgerichte 15–20 US$) Die Peruaner sind auf dem Vormarsch, zumindest was die Gastroszene anbelangt. Dieses innovative, moderne Restaurant ist eine gute Adresse, um verführerische Ceviches, gut gewürzte Risottos und leckere Gerichte für mehrere Personen zu kosten.

 ## Ausgehen & Nachtleben

Quitos *farra* (Nachtleben) konzentriert sich rund um die Mariscal mit der Plaza Foch als Epizentrum. Dort ist der Übergang von der Bar zum Tanzclub oft fließend. Die Mariscal-Bars sind mehr oder weniger wüst und berüchtigt für die „Gringo-Jagd" – hier baggern Einheimische beiderlei Geschlechts Touristen an (je nachdem, wie man drauf ist, kann das Spaß machen oder nerven). In den Tanzbars muss häufig Eintritt gezahlt werden; oft ist ein Getränk im Preis inbegriffen. Montag- bis mittwochabends sind eher ältere Semester unterwegs, freitag- und samstagabends tummeln sich hier Ecuadorianer im Studentenalter.

Kein Besucher Quitos sollte versäumen, an einem Wochenende abends die Ronda, eine enge, kopfsteingepflasterte Gasse in der Altstadt voller Bars und Restaurants, rauf und runter zu bummeln. Etwa ein halbes Dutzend Kleinbrauereien wurden jüngst in der Stadt eröffnet. Gelassener und ruhiger geht es in den feineren Lokalen in La Floresta, Guápulo und Benalcázar zu. In La Floresta, der Gegend zwischen der Avenida 12 de Octubre und 6 de Diciembre an der einen Seite und der Wilson und Patria an der anderen, gibt es auch ein paar Studentenkneipen.

Sich auf die Tanzfläche einer *salsateca* (Salsa-Club) zu wagen, ist ein absolutes Muss. Wer keine Ahnung von Salsa hat, könnte erst mal einen Kurs belegen.

Bars, Clubs und Kneipen dürfen montags bis donnerstags nach Mitternacht und freitags und samstags nach 2 Uhr (So geschl.) keinen Alkohol ausschenken. Junge Leute sollten zum Ausgehen unbedingt einen Aus-

weis mitnehmen, falls sie auf Volljährigkeit überprüft werden.

Dirty Sanchez
LOUNGE

(Karte S. 74; Pinto E7-38 nahe Reina Victoria) Die kleine Lounge mit dem schrägen Namen hat ein unkonventionelles Flair mit ist vollgestopft mit Kunst. Mit vernünftigen Cocktails (und Kaffee), guter Musik und einem entspannten Publikum hebt sie sich von vielen anderen Bars ab.

Cherusker
BAR

(Karte S. 74; Ecke Pinto & Diego de Almagro; ⏰ Mo–Do 13–1, Fr & Sa bis 3 Uhr) Das Cherusker nimmt ein rotes, zweistöckiges Kolonialhaus ein und hat eine treue Stammkundschaft, denn die Biere aus Kleinbrauereien sind lecker, das unkonventionelle Ambiente ist einladend, und auf der Terrasse vorn ist immer etwas los. An den Wochenenden spielen ab und an Livebands.

Bandido Brewing
BRAUEREIKNEIPE

(Karte S. 56; Olmedo E1-136 nahe Cevallos, San Blas; ⏰ Mo–Sa 16–23 Uhr) Die Besitzer aus Oregon brauen ihre eigenen IPA-Biere und auch einen Kaffee, den Macuipucuna Cloud Forest Coffee Porter, aus einheimischen Kaffeebohnen. Das Altstadtviertel, in dem das Bandido liegt, kann nachts etwas zwielichtig sein.

Bungalow 6
CLUB

(Karte S. 74; Ecke Calama & Diego de Almagro; ⏰ Mi–Sa 19–3 Uhr) Das Bungalow 6 ist bei Ausländern und Ecuadorianern gleichermaßen beliebt, und an Wochenenden und mittwochs zur Ladies' Night (Frauen kriegen bis 22 Uhr freie Getränke) sind die Schlangen vor der Tür oft lang. Es hat eine recht gute Musikmischung, eine kleine, aber quirlige Tanzfläche und oben ein Gewirr aus farbenfroh gestalteten Räumen (mit Tischfußball, Billard und einer kleinen Terrasse).

Mirador de Guápulo
CAFÉ

(Karte S. 66; Camino de Orellana N27-492 nahe Pasaje Stubel) Die gemütliche Café-Bar liegt am Hang oberhalb von Guápulo. Die Aussicht ist unschlagbar, und auch das Essen – Empanadas, Sandwiches und dergleichen – ist lecker, das Ambiente gibt allerdings (abgesehen von dem Ausblick) nicht viel her. Dafür wird jedoch mittwochs bis samstags abends Livemusik geboten (ab ca. 20 Uhr).

Coffee Tree
BAR

(Karte S. 74; Ecke Reina Victoria & Foch; ⏰ 24 Std.) Ein Besuch in dieser Outdoor-Bar an der belebten Reina Victoria ist ein netter Auftakt für eine lange Nacht. Die Tische an der Plaza laden zum Leutegucken ein. In unmittelbarer Nachbarschaft befinden sich zahlreiche weitere Bars und Restaurants. Zum Frühstück gibt's exzellente Espresso-Getränke und *huevos rancheros*.

Finn McCool's   PUB
(Karte S. 74; Diego de Almagro nahe Pinto; ⊗17–2 Uhr) Hier flattert die irische Flagge stolz im Wind. Die Bar ist in irischem Besitz und wird sowohl von Einheimischen als auch Ausländern frequentiert, die hier eine Runde Billard oder Kicker spielen, Kneipensnacks verzehren oder wegen der Mottoabende vorbeischauen (Quizabende dienstags, Livebands oder Improvisationsabende donnerstags, Fußballabende, wenn ein wichtiges Spiel läuft, etc.). An Wochenenden ist es hier proppenvoll.

Selfie Club Disco   CLUB
(ehemals El Aguijón; Karte S. 74; Calama E7-35; Eintritt 5–10 US$; ⊗Di–Sa 21–3 Uhr) Überwiegend Ecuadorianer tanzen hier in dem etwas fabrikmäßigen Laden. Auf einem großen Bildschirm über der Tanzfläche wird Videokunst gezeigt und die DJs spielen an den Wochenenden sämtliche Stilrichtungen.

Turtle's Head Pub & Microbrewery   BAR
(Karte S. 66; La Niña E4-451) Das Pub in schottischem Besitz serviert recht gutes Bier aus Kleinbrauereien und Kneipenessen. Zudem gibt's Tischfußball, einen Billardtisch und gelegentliche Auftritte von Bands.

Ananké   LOUNGE
(Karte S. 66; Orellana 781, Guápulo) Das Ananké liegt etwas weiter ab vom Schuss, aber die Anfahrt lohnt sich! Die stilvolle Pizzeria-Bar mit der stimmungsvollen Beleuchtung besteht aus kleinen, farbenfrohen Räumen in einem alten, zweistöckigen Gebäude. Es gibt eine kleine Terrasse mit Kamin und mehrere nette Ecken, in denen man es sich bei einem Cocktail mit seinen Freunden gemütlich machen kann. Sobald sich der Nebel verzogen hat, ist der Blick auf Guápulo genial!

Mayo 68   CLUB
(Karte S. 74; García 662) Die Einheimischen lieben diesen kleinen Salsaclub in günstiger Lage in der Mariscal.

☆ Unterhaltung

Das **Estadio Olimpico Atahualpa** (Ecke 6 de Diciembre & Naciones Unidas) im nördlichen Teil der Stadt nahe dem Einkaufszentrum Quicentro ist das große Fußballstadion Quitos mit 37 750 Plätzen. Die ecuadorianische Nationalmannschaft, Deportivo Quito (www.deportivoquito.com) und El Nacional (www.elnacional.ec) spielen hier. Zu erreichen mit dem Ecovia-Bus bis zur Haltestelle Estadio. Tickets für große Konzerte und Sportveranstaltungen gibt's über www.ecutickets.ec.

Livemusik

⭐ El Pobre Diablo   LIVEMUSIK
(Karte S. 66; ☎02-223-5194; www.elpobrediablo.com; Isabel La Católica E12-06; ⊗Mo–Sa 12–15 & 19–2 Uhr) Einheimische wie Auswanderer bezeichnen El Pobre Diablo als eine der besten Adressen in Quito für Livemusik. Die Atmosphäre ist nett und entspannt, und fast jeden Abend treten ausgewählte Musiker auf (Jazz, Blues, Weltmusik oder experimentellere Stilrichtungen). Davon abgesehen gibt's leckere Fusionsküche und gute Cocktails.

La Juliana   LIVEMUSIK
(Karte S. 66; Av 12 de Octubre nahe Coruña; Eintritt 10–20 US$; ⊗Do–Sa 22–2 Uhr) In dem alten, umgebauten Gebäude treten so ziemlich jedes Wochenende wechselnde Bands (Rock, Salsa, Merengue) in farbenfrohem Ambiente auf. Mit Tanzfläche.

Casa de la Música   LIVEMUSIK
(☎02-226-1965; www.casadelamusica.ec; Valderrama nahe Mariana de Jesús) Spitzenorchester, einschließlich des philharmonischen Orchesters von Quito, sowie Musiker aus aller Welt bespielen diesen modernen Saal mit toller Akustik.

El Veradero   LIVEMUSIK
(Karte S. 66; Ecke Reina Victoria & La Pinta) An Wochenenden wird die Bar, die zum Restaurant El Bodeguita de Cuba gehört, zu einer beschwingten Salsateca. Der Eintrittspreis lohnt sich unbedingt, wenn die talentierte kubanische Besitzerin auftritt.

House of Rock   LIVEMUSIK
(Karte S. 66; ☎02-297-3437; www.houseofrock.com.ec; Isabel La Católica 1160, nahe Coruña) Ein klasse Club, in dem Quitos Stars von Morgen auftreten. Livemusik immer Donnerstag- bis samstagabends.

Café Libro   LIVEMUSIK
(Karte S. 74; ☎02-250-3214; www.cafelibro.com; Leonidas Plaza Gutiérrez N23-56; Eintritt 3–20 US$; ⊗Mo–Fr 12–14, Di–Do 17–24, Fr & Sa 18–2 Uhr) Eine alteingesessene Bar, die von Kulturliebhabern frequentiert wird. Livemusik,

Dichterlesungen, moderner Tanz, Tango und Jazz stehen auf dem Programm. Angeboten werden auch Jazz-, Salsa- und Tangokurse (10 US$) und wer will, kann hier auch eine Runde Schach oder Go spielen.

Kinos

In den meisten Kinos werden Kassenschlager in englischer Sprache mit spanischen Untertiteln gezeigt. Karten kosten ca. 5 US$.

Ocho y Medio KINO
(Karte S. 66; www.ochoymedio.net; Valladolid N24-353 & Vizcaya; ☺ Café 11–22.30 Uhr) Die Filmbühne in Floresta bringt tolle Kunstfilme (häufig auf Englisch) auf die Leinwand. Gelegentlich finden auch Tanz-, Theater- oder Livemusikvorführungen statt. Ein Café gibt's auch.

Cinemark KINO
(www.cinemark.com.ec; Naciones Unidas & Av América) Hier laufen die neuesten Blockbuster aus Hollywood.

Multicines KINO
(www.multicines.com.ec; Centro Comercial Iñaquito) Noch ein Kino mit mehreren Sälen.

Theater & Tanz

Teatro Sucre THEATER
(Karte S. 56; ☏ 02-228-2136; www.teatrosucre.org; Manabí N8-131; Eintritt 5–50 US$) Das geschichtsträchtigste Theater Quitos an der Plaza del Teatro wurde restauriert. Die Darbietungen reichen von Jazz- und Klassikkonzerten über Ballett bis hin zu modernem Tanz und Opern.

Teatro Bolívar THEATER
(Karte S. 56; ☏ 258-2487, 258-2486; www.teatrobolivar.org; Espejo) Das Bolívar ist eines der glanzvollsten und bedeutendsten Theater der Stadt. Zur Zeit der Recherche wurde es noch restauriert.

Humanizarte TANZ
(Karte S. 56; ☏ 02-257-3486; fundacion_humanizarte@hotamil.com; Casa 707, La Ronda; Eintritt 5 US$; ☺ Fr & Sa ab 21 Uhr) Die exzellente Theater- und Tanzgruppe tritt derzeit an den Wochenenden abends auf der Ronda auf und zeigt Andentänze. Bietet auch Volkstanzunterricht an.

Ballet Folklórico Nacional Jacchigua TANZ
(Karte S. 66; ☏ 02-295-2025; www.jacchiguaesecuador.com; Ecke Av Patria & 12 de Octubre; Eintritt 30 US$; ☺ Mi & Fr 19.30 Uhr) Das Folkloreballett mag touristisch sein, ist aber wirklich spektakulär. Es tritt im Teatro Demetrio Agilera

in der Casa de la Cultura Ecuatoriana auf. Tickets können online reserviert werden.

Teatro Prometeo THEATER
(Karte S. 66; ☏ 02-290-2272; www.casadecultura.gob.ec; Av 6 de Diciembre N16-224) Das Teatro Prometeo ist an die Casa de La Cultura Ecuatoriana angeschlossen. Häufig werden moderne Tänze und andere Shows geboten, die man auch genießen kann, wenn man kein Spanisch spricht. Günstige Preise.

Teatro Patio de Comedias THEATER
(Karte S. 66; ☏ 02-256-1902; www.patiodecomedias.org; Calle 18 de Septiembre E4-26) Theaterstücke und Vorführungen von Donnerstag- bis Sonntagabend, gewöhnlich ab 20 Uhr. Das Haus befindet sich nahe der Mariscal, zwischen Calle 9 de Octubre und Avenida Amazonas.

🔒 Shoppen

In der Mariscal finden sich massenweise tolle Kunsthandwerksläden. An den Straßenständen ist Feilschen angesagt. In gediegeneren Geschäften sind die Preise gewöhnlich fix, aber auch dort könnte man versuchen zu handeln. Tipp: Außerhalb von Quito sind Souvenirs etwas günstiger.

In puncto Galerien hat Quito nicht sehr viel zu bieten. Es gibt gerade mal eine Handvoll Einrichtungen, in denen lokale Arbeiten ausgestellt und verkauft werden.

Die *centros comerciales* (Einkaufszentren) sind fast identisch wie die in Nordamerika und verkaufen internationale Marken. Die meisten Geschäfte bleiben sonntags geschlossen, die Einkaufszentren sind jedoch oft täglich von ca. 10 bis 20.30 Uhr geöffnet und haben auch Restaurants und Food Courts.

★ Galería Ecuador KUNSTHANDWERK, BÜCHER
(Karte S. 74; www.galeriaecuador.com; Victoria N24-263 nahe García) Der funkelnde, zweistöckige Komplex in der Nähe der Plaza Foch verkauft hochwertige, in Ecuador hergestellte Produkte, ob Kunsthandwerk, Schmuck, Kleidung, CDs und Bildbände oder Schokolade, Wein und Liköre (auch ein süffiges Schokoladenelixir). Im Haus befindet sich auch ein hervorragendes Café. Im Laden gibt's auch Touristeninformationen, u. a. Karten und Stadtpläne.

Galería Latina KUNSTHANDWERK
(Karte S. 74; Mera N23-69) Eines der elegantesten Kunsthandwerks- und Bekleidungsgeschäfte in der Stadt. Die Auswahl an

wunderschön gefertigten Waren ist riesig: Es gibt *tagua*-Schnitzarbeiten, bunte Anden-Webstoffe, Textilien, Schmuck, Pullover und handgefertigte Gegenstände aus ganz Lateinamerika. Die Preise sind höher als anderswo, aber die Qualität ist auch besser.

Mercado Artesanal
La Mariscal   KUNSTHANDWERK

(Karte S. 66; Washington zw. Mera & Reina Victoria; 9–19 Uhr) Die Stände mit Kunsthandwerk zu erschwinglichen Preisen und von unterschiedlicher Qualität nehmen einen halben Straßenblock ein. Eine super Anlaufstelle für Souvenirs! Zur Zeit der Recherche wurde gemunkelt, dass der Markt irgendwann (in die Nähe) umziehen soll.

Folklore Olga Fisch   KUNSTHANDWERK

(Karte S. 66; Colón E10-53) Das Geschäft der legendären Designerin Olga Fisch ist eine gute Adresse, wenn man qualitativ hochwertiges Kunsthandwerk sucht. Fisch (gest. 1991) war eine ungarische Künstlerin, die 1939 nach Ecuador auswanderte und mit indigenen Künstlern zusammenarbeitete, um traditionelles Kunsthandwerk mit moderner Kunst zu verbinden.

Ari Gallery   SCHMUCK

(Karte S. 56; 02-228-4157; www.ushinajewelry. com; Plaza San Francisco, Bolívar Oe6-23) Byron Ushiña, ein Schmuckdesigner, der sein Handwerk von seinem Vater und Großvater erlernte, verkauft einzigartige, wunderschöne Stücke in präkolumbischem Design. Sie bestehen aus Halbedelsteinen und seltenen Materialien aus Ecuador.

Ag   SCHMUCK, ANTIQUITÄTEN

(Karte S. 74; 02-255-0276; Mera 614) Der seltene, von Hand gefertigte Silberschmuck aus ganz Südamerika ist herausragend. Außerdem stehen Antiquitäten zum Verkauf.

Homero Ortega P & Hijos   HÜTE

(Karte S. 56; www.homeroortega.com; Benalcázar N 2-52 nahe Sucre) Einer der größten Händler für ecuadorianische Strohhüte (die auch als Panamahüte bekannt sind) des ganzen Landes hat u.a. eine kleine, aber vielfältige Kollektion der berühmten Marke Cuenca im Angebot.

La Bodega   KUNSTHANDWERK

(Karte S. 74; Mera N22-24) Der seit 30 Jahren bestehende Laden führt ein breites und wunderbares Angebot an hochwertigem altem und neuem Kunsthandwerk.

Tianguez   KUNSTHANDWERK

(Karte S. 56; Plaza San Francisco) Gehört zum gleichnamigen Café und zur Fair Trade Organization (Organisation für fairen Handel). Hier gibt's tolles Kunsthandwerk aus ganz Ecuador.

Latino Americana   KUNSTHANDWERK

(Karte S. 74; Av Amazonas N21-20) Die Auswahl von Kunsthandwerk ist riesig, daneben gibt es aber auch Panamahüte, Keramikwaren, Schmuck und Alpaca-Kleidung. Die Qualität schwankt; besser genau hinschauen!

Cienfuegos Galería   GALERIE

(Karte S. 66; Galavis & Andalucía 614; Mo–Fr 11-17, Sa 10–14 Uhr) Die kleine Galerie neben dem Mercado La Floresta führt Arbeiten ecuadorianischer Künstler.

Galería Beltrán   GALERIE

(Karte S. 66; Reina Victoria N21-30; Mo–Fr 9.30–19, Sa 10–14 Uhr) Diese Kunstgalerie ist schon seit mehr als 30 Jahren im Geschäft. Hier bekommt man Bilder von bekannten ecuadorianischen Künstlern.

Tatoo   OUTDOORAUSRÜSTUNG

(Karte S. 74; Mera N23-54) Das Tatoo hat qualitativ hochwertige Ausrüstung für Kletter-, Rafting- und andere Outdoor-Abenteuer im Angebot.

Explorer   OUTDOORAUSRÜSTUNG

(Karte S. 74; Ecke Foch & Reina Victoria) Der Laden direkt an der Plaza Foch verkauft teure Markenkleidung und -ausstattung für Outdooraktivitäten.

Libri Mundi   BÜCHER

(Karte S. 74; Mera 851; Mo–Fr 9–19, Sa 9–14 & 15–18 Uhr) Einer der besten Buchläden Quitos. Gute Auswahl von englischen, deutschen, französischen und spanischen Titeln.

Confederate Books   BÜCHER

(Karte S. 74; Ecke Calama & Mera) Große Auswahl von gebrauchten Büchern auf Englisch und in weiteren Sprachen.

English Bookstore   BÜCHER

(Karte S. 74; Calama 217) Gute Auswahl von Secondhand-Büchern auf Englisch.

Centro Comercial El Jardín   EINKAUFSZENTRUM

(Karte S. 66; Av Amazonas & Av República) Ein funkelndes Einkaufszentrum nahe dem Parque La Carolina.

Centro Comercial Iñaquito EINKAUFSZENTRUM (CCI; www.cci.com.ec; Av Amazonas & Naciones Unidas) Am nördlichen Ende des Parque La Carolina.

Centro Comercial Quicentro EINKAUFSZENTRUM (www.quicentro.com; Av 6 de Diciembre & Naciones Unidas) Noch ein beliebtes Einkaufszentrum an der Naciones Unidas.

 Praktische Informationen

GEFAHREN & ÄRGERNISSE

Überfälle und Kleinkriminalität sind keine Seltenheit in Quito, wer allerdings ein paar Sicherheitsvorkehrungen trifft, kann die Gefahren auf ein Minimum reduzieren.

Mariscal Sucre ist die Gegend, in der sich die meisten Pensionen, Restaurants, Bars und Clubs befinden und ist ein beliebtes Revier von Taschendieben und Straßenräubern. Die Plaza Foch und die unmittelbar angrenzenden Straßen haben eine sehr sichtbare und verstärkte Polizeipräsenz. Nach Einbruch der Dunkelheit sollte man ein Taxi nehmen, wenn das Ziel weiter als ein paar Straßenblöcke entfernt liegt. Sonntags, wenn kaum Menschen unterwegs sind, wirken viele Straßen der Stadt etwas unheimlich.

Da die meisten Läden und Restaurants in der Altstadt abends schließen, beschleicht einsame Spaziergänger in manchen der trüb beleuchteten Nebenstraßen bisweilen ein mulmiges Gefühl. Raubüberfälle sind hier seltener, aber Taschendiebstahl, der alte Trick mit verspritztem Senf und schnelles Taschenentreißen kommen noch vor. Vorsicht ist also geboten.

Taschendiebe sind ein Problem in den Bussen – man sollte also achtsam sein und Fahrten während der Stoßzeiten und nach Einbruch der Dunkelheit vermeiden. Die Tasche/den Rucksack immer am Körper haben (z. B. auf dem Schoß); allzu oft werden Taschen mit einem Messer aufgeritzt, selbst wenn man sie zwischen den Beinen abstellt oder während man sie auf dem Rücken hat.

Geldautomaten sollten nur tagsüber und an Orten benutzt werden, wo sich andere Menschen aufhalten (Einkaufszentren, Banken etc.). Vorsicht ist beim Verlassen des Automaten geboten.

Wer überfallen wird, sollte bei der Polizei oder dem touristischen Sicherheitsdienst eine Anzeige (denuncio) erstatten; Letzterer hat Dienststellen auf dem Flughafen und im Busbahnhof Quitumbe. Hilfe gibt's auch über die Telefonnummer 1-800-TURISMO (887476).

Polizeiwache (☎ 02-254-3932; Reina Victoria N 21-208 nahe Roca; ⏱ 24 Std.)

Polizeiwache (Karte S. 56; ☎ 02-251-0896; Chile zw. Moreno & Venezuela, Plaza Grande; ⏱ 10–18 Uhr)

GELD

In der Neustadt, in der Avenida Amazonas zwischen den Avenidas Patria und Orellana, befinden sich ein paar casas de cambio (Wechselstuben). Darüber hinaus gibt es noch Dutzende Banken in der Stadt.

Banco de Guayaquil (Av Amazonas N22-147 an der Veintimilla) Geldautomat und Einlösung von Reiseschecks.

Banco de Guayaquil (Colón an der Reina Victoria) Geldautomat und Einlösung von Reiseschecks.

Banco del Pacífico (Ecke Guayaquil & Chile) Geldautomat und Einlösung von Reiseschecks.

Banco del Pacífico (Ecke 12 de Octubre & Cordero) Geldautomat und Einlösung von Reiseschecks.

Banco del Pichincha (Guayaquil zw. Olmedo & Manabí) Geldautomat und Einlösung von Reiseschecks.

Producambios (Av Amazonas 350, La Mariscal) Geldautomat und Einlösung von Reiseschecks.

Servicio Cambios (Venezuela N5-15)

Western Union (Av de la República) Geldüberweisung aus dem Ausland, Geldautomat und Einlösung von Reiseschecks.

Western Union (Av Colón 1333) Geldüberweisung aus dem Ausland, Geldautomat und Einlösung von Reiseschecks.

INFOS IM INTERNET

Corporación Metropolitana de Turismo (www.quito.com.ec)

Gay Guide to Quito (www.quitogay.net)

INTERNETZUGANG

Überall in der Mariscal befinden sich Internetcafés, die vielfach auch günstige Tarife für Auslandsgespräche anbieten. Die Auswahl in der Altstadt ist weniger groß. Ein Café befindet sich jedoch im Palacio Arzobispal gegenüber dem Plaza Grande. Der gängige Preis liegt zwischen 0,60 und 1,25 US$ pro Stunde. WLAN setzt sich in Cafés, Restaurants, Bars, Hotels und sogar in öffentlichen Parks immer mehr durch.

KARTEN & STADTPLÄNE

Die städtische Touristeninformation und We Help in der Mariscal Sucre haben exzellente kostenlose Stadtpläne.

Hochwertige topographische Karten und solche speziell für Touristen werden, falls vorrätig, im Kartenverkaufsraum des Instituto Geográfico Militar (S. 167) verkauft, das sich auf einem Hügel südöstlich des Parque El Ejido befindet. Da kein Bus dorthin fährt, muss man entweder zu Fuß gehen oder sich ein Taxi nehmen. Zudem muss der Reisepass am Eingang hinterlegt werden. Abgesehen von einer riesigen Quito-Karte gibt es nur wenige Stadtpläne.

MEDIZINISCHE VERSORGUNG

Dr. John Rosenberg (📞 02-252-1104, 09-973-9734; jrd@pi.pro.ec; Foch nahe Av 6 de Diciembre) Der Internist ist auf Tropenmedizin spezialisiert. Er spricht Englisch und Deutsch und macht Hausbesuche. In Notfällen ist er nahezu jederzeit erreichbar. Auf der Foch muss man nach dem „Medcenter"-Schild Ausschau halten.

Hospital Metropolitano (📞 02-399-8000; www.hospitalmetropolitano.org; Mariana de Jesús nahe Arteta) Das beste Krankenhaus der Stadt. Es liegt westlich des Parque la Carolina im Stadtteil San Gabriel.

Hospital Voz Andes (📞 02-226-2142; www.hospitalvozandes.org; Ecke Villalengua Oe2-37 & Av 10 de Agosto) Ein amerikanisches Krankenhaus mit einer Ambulanz und Notaufnahme nahe der Haltestelle Iñaquito nordwestlich des Parque La Carolina.

NOTFALL

Rettungswagen (📞131)
Notfall (📞911)
Feuerwehr (📞102)
Polizei (📞101)
Touristischer Sicherheitsdienst (📞 02-254-3983)

POST

Hauptpostamt (Karte S. 56; Reina Victoria & Colón; ⏰Mo–Fr 8–19, Sa & So bis 12 Uhr) Der Standort in der Mariscal ist sehr günstig.

REISEBÜROS

Ecuadorian Tours (📞 02-256-0488; www.ecuadoriantours.com; Av Amazonas N21-33 nahe Washington) Gutes Allzweckreisebüro.

Metropolitan Touring (📞 02-250-6652; www.metropolitan-touring.com; Av Amazonas N20-39 nahe Calle 18 de Septiembre) Das größte Reisebüro Ecuadors.

TOURISTENINFORMATION

South American Explorers (SAE; Karte S. 66; 📞 02-222-7235; www.saexplorers.org; Mariana de Jesus Oe3-32 & Ulloa, Mariana de Jesus; 📶) Das Clubhaus der von Mitgliedern finanzierten gemeinnützigen Organisation (mit weiteren Standorten in Quito, in Lima und Cuzco in Peru, in Buenos Aires und dem Hauptsitz in Ithaca in New York) ist ein Informationszentrum für Reisende, Abenteurer, Wissenschaftler und andere Interessierte. Es gibt dort ganze Mappen voller Tipps und Informationen über Lateinamerika. Das Haus liegt zehn Minuten zu Fuß westlich des Parque La Carolina.

Quito Tourism (Corporación Metropolitana de Turismo; Karte S. 56; 📞 02-257-2445; www.quito.com.ec; Venezuela nahe Chile; ⏰Mo–Fr 9–18, Sa bis 20, So 10–17 Uhr; 📶)

Die Filiale in der Altstadt liegt günstig und ist eine gute Adresse bei allgemeinen Fragen (hier sind Karten erhältlich); der halbe Raum wird vom Kunsthandwerksladen Tienda el Qunde eingenommen. Es werden auch Stadtführungen durch die Altstadt angeboten.

We Help (Karte S. 74; Foch E6-11 & Victoria; 📶) Eine Anlaufstelle für Karten und Stadtpläne, Tourinformationen, Konzertkarten und Tipps für Verkehrsverbindungen (Besuchertoiletten gibt's auch). Gray Line und die Touristeninformation von Quito haben hier kleine Schalter. Computer und Drucker stehen für kurzen Gebrauch zur Verfügung; Geldautomaten (8–3 Uhr) von Pacifico und Probanco und Gepäckschließfächer sind ebenfalls vorhanden. We Help gehört der Firmengruppe, die das Nu Hotel gegenüber und viele Restaurants an der Plaza Foch betreibt.

WÄSCHEREI

Laundry Service Mariscal (Rodriguez 228; ⏰Mo–Sa 8.30–19 Uhr) Wäsche ist nach 24 Stunden fertig; 1,70 US$ pro Kilo.

Mama Cuchara (Paredes zw. Rocafuerte & La Ronda; ⏰Mo–Fr 8–13 & 14–17 Uhr) Eine der wenigen Wäschereien in der Altstadt; 1,25 US$ pro Kilo.

An- & Weiterreise

AUTO & MOTORRAD

Für den Aufenthalt in Quito ein Auto zu mieten ist keine gute Idee – der Verkehr kann ein Albtraum sein, zudem sind Taxis und Busse viel billiger und praktischer als ein Mietwagen. Wer jedoch in die weitere Umgebung fahren will, ist mit einem Mietwagen flexibler und kann auch einfacher weniger besuchte Gebiete erkunden. Die meisten Autovermieter haben Niederlassungen in der Stadt, allerdings sind internationale Vermieter generell billiger, wenn das Auto am Flughafen abgeholt wird. Motorräder und auch Fahrräder vermietet das günstig gelegene **Freedom** (📞 02-250-4339; www.freedombikerental.com; Mera N22-37; Fahrrad/Motorrad ab 15/39 US$ pro Tag).

Avis (📞 02-601-6000; www.avis.com.ec; Flughafen)

Budget (📞 02-281-8040; www.budget-ec.com; Flughafen)

Hertz (📞 02-281-8410; www.hertzecuador.com.ec; Flughafen)

Localiza (📞 02-600-2975; www.localiza.com/ecuador; Flughafen)

Thrifty (📞 02-222-8688; www.thrifty.com.ec; Flughafen)

BUS

In Quito gibt es zwei große Busbahnhöfe (und einen weiteren kleineren), die alle sehr weit vom

Zentrum entfernt liegen (mit öffentlichen Verkehrsmitteln mindestens eine Stunde, mit dem Taxi 30 Minuten oder mehr). Die Busgesellschaften dürfen Fahrgäste nicht mehr vor ihren Büros in der Stadt aufnehmen.

Busbahnhöfe

Terminal Terrestre Quitumbe (☎ 02-398-8200; Cóndor Ñan & Sucre) Liegt 10 km südwestlich der Altstadt. Von hier fahren die Busse zu Orten in den zentralen und südlichen Anden, an der Küste und im Oriente (z. B. Baños, Cuenca, Guayaquil, Coca und – mit Ausnahme von Otavalo und Mindo – den meisten anderen für Reisende interessanten Orten). Zu erreichen ist er mit dem Trole-Bus (C4) bis zur Endstation. Eine Taxifahrt kostet etwa 12–14 US$.

Terminal Terrestre Carcelén (☎ 02-396-1600; Eloy Alfaro) Vom Busbahnhof im Norden der Stadt geht's nach Otavalo, Ibarra, Mindo, Santo Domingo, Tulcán und zu anderen Städten im Norden. Man kann den Trole-Bus gen Norden bis zum La Y Terminal nehmen und dort in einen Bus Richtung Carapungo umsteigen. Dem Fahrer Bescheid geben, dass man zum Terminal möchte, da der Bus etwa einen Block vom Bahnhof entfernt vorbeifährt. Mit dem Taxi kostet die Strecke etwa 10–12 US$.

Terminal Terrestre La Ofelia (Vásquez de Cepeda & la Prensa) Vom Bahnhof La Ofelia im Norden der Stadt fahren Busse in den Nordwesten, wie nach Nanegalito, Mindo und Cayambe. Ein Taxifahrt kostet um 10 US$.

Busgesellschaften

Zu den großen Busgesellschaften zählen:

Baños Bus Company (Terminal Quitumbe) Eine höchst empfehlenswerte Busgesellschaft, die Tickets für Gepäck im Stauraum ausgibt, saubere und bequeme Sitze hat und, ganz wichtig, unterwegs keine Fahrgäste aufnimmt und auch kein Stehen im Bus erlaubt. Die Busse verbinden Quito mit Baños und Tena. Nicht zu verwechseln mit Baños Express oder Trans Baños.

Cooperativa Flor de Valle/Cayambe (www. flordelvalle.com.ec) Täglich mehrere Fahrten nach Mindo ab dem Terminal Terrestre La Ofelia, das mit dem Metrobus Richtung Norden bis zur Endstation zu erreichen ist. Häufigere Verbindungen gibt es nach Cayambe mit Anschluss nach Otavalo, Ibarra und zu anderen nördlichen Zielorten.

Flota Imbabura (☎ 02-256-5620; Ecke Manuel Larrea & Portoviejo) Cuenca, Guayaquil, Manta.

Panamericana (Karte S. 74; ☎ 02-255-7134; Av Colón zw. Reina Victoria & Almagro) Guayaquil, Machala, Cuenca, Manta, Esmeraldas.

Transportes Ecuador (Karte S. 66; ☎ 02-222-5315; Mera N21-44) Guayaquil.

Transportes Occidentales (☎ 02-250-2733; Calle 18 de Septiembre Oe2-142) Lago Agrio, Esmeraldas, Huaquillas.

Transportes Rutas de America (☎ 02-250-3611; www.rutasamerica.com; Alegre 01-72 nahe Av 10 de Agosto) Fernbusse nach Caracas über Cali (Mo & Do um 22 Uhr) und nach Lima (Do um 18 Uhr und Sa um 22 Uhr).

FLUGZEUG

Der **Aeropuerto Internacional Mariscal Sucre** (☎ 02-395-4200; www.aeropuertoquito.aero) liegt 37 km östlich von Quito in einem breiten Tal nahe Tababela. Er ist eine moderne Anlage mit der längsten Startbahn in Lateinamerika und dem zweithöchsten Kontrollturm (nach Cancun); das Terminalgebäude ist jedoch erheblich kleiner als das in Guayaquil. Ein separates „Einkaufszentrum" mit gehobenen Restaurants und Cafés befindet sich gegenüber der Wagenauffahrt zur Abflughalle.

ZUG

Nach massiven Investitionen transportiert das jüngst erneuerte ecuadorianische Bahnnetz wieder Fahrgäste in gemächlichem Tempo durch atemberaubende Hochgebirgslandschaften.

Tren Ecuador (www.trenecuador.com) befährt vier Strecken (Do–So) ab dem schön renovierten Bahnhof Quitos, der **Estación de Ferrocarril Chimbacalle** 2 km südlich der Altstadt: nach Machachi (hin & zurück 15 US$), zum Fuß des Cotopaxi (hin & zurück 20 US$), nach Latacunga (hin & zurück 10 US$) und das Aushängeschild, der **Tren Crucero**, der vier Tage und drei Nächte für die 450 km bis zum Küstenort Guayaquil (1270 US$) braucht.

❶ Unterwegs vor Ort

AUTO

Einbahnstraßen und Blechlawinen können das Autofahren in Quito zu einem stressigen Erlebnis werden lassen. Das Auto sollte auf keinen Fall über Nacht an der Straße abgestellt werden; es gibt in der ganzen Stadt private Parkplätze, wo Parken über Nacht etwa 12 US$ kostet.

BUS

Stadtbusse (0,25 US$) sind von 6 bis 21 Uhr in Betrieb und praktisch, da sie trotz ausgewiesener Haltestellen Passagiere oft an jeder Straßenecke ein- und aussteigen lassen. Sie haben keine Streckennummern, aber die wichtigsten Haltestellen und die Endhaltestelle sind an der Frontscheibe angezeigt. Unbedingt Taschen im Auge behalten, auch die in der Kleidung. Die grünen Busse fahren ins Umland und in die Vororte.

In Quito verkehren drei rollstuhlgerechte Elektrobuslinien (0,25 US$): Trole, Ecovía und Metrobus. Sie alle fahren auf einer der drei wichtigsten Nord-Süd-Verkehrsadern, haben feste Haltestellen und eine eigene (autofreie) Spur, was sie schnell und effizient macht.

Trole Fährt über die Maldonado und Avenida 10 de Agosto mitten durch die Stadt. Endstation ist der Busbahnhof Quitumbe südwestlich der Altstadt. In der Altstadt folgen die Busse nach Süden der Westroute über die Guayaquil, die nach Norden fahren über die Montúfar und Pichincha.

Ecovía Verkehrt an der Ostseite der Stadt über die Avenida 6 de Diciembre zwischen Río Coca im Norden (wo es Anschluss an den Bus zum Flughafen gibt) und La Marin in der Altstadt im Süden.

Metrobus Fährt auf der Avenida América von der Universidad Central del Ecuador (nordöstlich des Parque El Ejido) bis nördlich des alten Flughafens.

FAHRRAD

Fahrräder verleiht **Cicleadas El Rey** (02-222-1884; www.cicleadaselrey.com; Amazonas nahe Cordero; Fahrrad pro halber/ganzer Tag 12/15 US$; ⊙ Mo–Fr 9–19, So 9.30–14 Uhr). Montags um 20 Uhr starten hier Radtouren durch Quito. Sonntags gibt es in der Stadt die *ciclopaseos*, größere Straßen, die dann für den Autoverkehr gesperrt sind (S. 64).

TAXI

Die meisten Taxis sind gelb. Es gibt viele, allerdings kann es zu Stoßzeiten, sonntags und an Regentagen dauern, bis man ein freies Taxi erwischt. Taxiunternehmen sind u. a. **Urgentaxi** (02-222-2111), **City Taxi** (02-263-3333) und **Rio Coca** (02-334-2727).

Taxis sind gesetzlich verpflichtet, tagsüber die *taxí-metros* (Zeituhr) einzuschalten, die meisten Fahrer unterlassen es jedoch. Im Allgemeinen nennen Fahrer einen Preis zwischen 2 und 5 US$ für eine Fahrt im Stadtgebiet, was meist mehr ist als mit Zeituhr. Besteht man auf dem Einschalten der Zeituhr, geben die Fahrer oft nach. Wenn nicht, kann man ein anderes Taxi anhalten. Nachts schalten die meisten Taxifahrer die Zeituhr aus; üblich sind dann mindestens 2 US$.

In Quito gibt es mittlerweile mehrere herunterladbare App-Dienste, ähnlich wie Uber oder Lyft, über die Fahrer in wenigen Minuten angefordert werden können. Der fortschrittlichste Dienst zur Zeit unseres Besuchs war **Easy Taxi** (www.easytaxi.ec; ein weiterer ist Tappsi), bei dem die Fahrer ihre Zeituhr benutzen müssen und Fahrgäste für die Nutzung der App pauschal 0,50 US$ zahlen.

BUSSE AB QUITO

ZIEL	PREIS (US$)	FAHRZEIT (STD.)
Ambato	2,50	2½
Atacames	8	7
Baños	3,50	3
Coca	10	10
Cuenca	10–12	10–12
Esmeraldas	7,25	6
Guayaquil	7	8
Huaquillas	9	11
Ibarra	3	2½
Lago Agrio	8	7-8
Latacunga	1,50	2
Loja	14–17	14–15
Machala	10	10
Manta	10	8–9
Otavalo	2	2
Portoviejo	9	9
Puerto López	12	10
Puyo	6	5½
Riobamba	4	4
San Lorenzo	7	6½
Santo Domingo	3	3
Tena	6	5
Tulcán	5	5

Tagsüber liegt der Mindestpreis bei 1 US$, auch bei kurzen Strecken. Für eine längere Fahrt muss man bis 4 US$ hinblättern. Ein Taxi zu mieten kostet ca. 8 US$ pro Stunde – eine gute Option für Besichtigungen von Attraktionen außerhalb der Stadt. Der Tagespreis für ein Taxi liegt bei etwa 60 US$, wenn man hart verhandelt und keine allzu weiten Strecken zurücklegen möchte.

Um Straftaten in Taxis zu reduzieren, sollen sie (ebenso wie Busse) nunmehr mit einem Alarmknopf mit GPS an der Armlehne am Rücksitz ausgestattet werden, über den automatisch die Polizei alarmiert wird und Video- und Tonaufnahmen eingeschaltet werden. Bei unserem Besuch waren die Alarmsysteme erst in 30 % der Taxis installiert.

VOM/ZUM FLUGHAFEN

Die Preise für Taxifahrten in die Stadt sind festgesetzt und liegen bei 24–26 US$ zur Mariscal oder in die Altstadt. Am Ausgang der Zollabfertigung steht ein kleiner Kiosk, wo die Tarife angezeigt sind. Je nach Tageszeit und Verkehr dauert die Fahrt zwischen 50 Minuten und 1½ Stunden. Sobald die neue Zubringerstraße fertiggestellt ist, dürfte es knapp eine Stunde sein.

Der Pendelbus **Aeroservicios** (☏ 02-604-3500; www.aeroservicios.com.ec; Fahrkarte 8 US$) fährt halbstündlich in 30 Minuten vom Flughafen zum Parque Bicentenario (dem alten Flughafen) am Nordende der Avenida Amazonas. Von dort ist es mit dem Taxi billiger in die Mariscal oder Altstadt, die nur 9 bzw. 15 km entfernt sind.

Die preisgünstigste und umständlichste Alternative ist der Stadtbus (2 US$) zum oder vom Busbahnhof Río Coca nördlich der Mariscal.

RUND UM QUITO

Quito eignet sich hervorragend als Basis, um die großartige Landschaft und Vielfalt der Region zu erkunden, da von der Hauptstadt etliche hervorragende Tagesausflüge (auch mehrere Strecken mit dem Zug) möglich sind. Auch Otavalo, Cotopaxi, Mindo und die Thermalquellen von Papallacta können von hier auf langen Tagestouren besucht werden.

❶ An- & Weiterreise

La Mitad del Mundo, die Reserva Geobotánica Pululahua, der Volcán Pichincha und das Refugio de Vida Silvestre Pasochoa sind alle mit dem Bus in etwa zwei Stunden zu erreichen. Taxis sind eine Alternative, wenn 30 bis 60 US$ kein Problem sind. Reisebüros in Quito bieten ebenfalls Ausflüge zu all diesen Destinationen an.

La Mitad del Mundo

1736 nahm Charles Marie de La Condamine Vermessungen vor, die bewiesen, dass hier (oder eigentlich in der Nähe) der Äquator verlief. Seine Berechnungen führten zum metrischen System und belegten, dass die Erde nicht perfekt rund ist, sondern dass sie sich am Äquator ausbeult. Das Areal hat sich heute zu einer kitschigen, zirkusartigen Szenerie entwickelt – vielleicht, um unseren kindischen Glauben anzusprechen, dass um die Erde tatsächlich eine gezeichnete Linie verläuft (für einige gilt dasselbe für den Nördlichen und den Südlichen Wendekreis) und dass ein Besuch am Äquator zu den Lebenserfahrungen gehört, die man unbedingt gemacht haben muss, wie Fallschirmspringen oder eine Kreuzfahrt in die Antarktis. Es gibt Imbiss- und Kunsthandwerksbuden, am Wochenende unzählige Besucher sowie diverse Sehenswürdigkeiten und Attraktionen (einige mit zusätzlichem Eintrittsgeld), von denen nur wenige etwas mit dem Äquator zu tun haben. **Calima Tours** (☏ 02-239-4796; www.mitaddelmundotour.com; Wanderung 8 US$/Pers.) innerhalb der Anlage organisiert kurze Wanderungen um den Kraterrand des benachbarten Pululahua.

El Reloj Solar Quitsato, 7 km südlich von Cayambe, ist ein weiteres Äquatormonument: Eine gewaltige Sonnenuhr mit einem 10 m hohen Zylinder, der die Stelle markiert.

Überragt wird das Monument vom neuen **Hauptsitz der Union Südamerikanischer Nationen** (UNASUR), der zu Ehren des verstorbenen argentinischen Präsidenten „Nestor Kirchner" getauft wurde. Das aufsehenerregende moderne Gebäude mit scheinbar schwerelosen kubistischen Bauteilen, die einem verformten Raumschiff gleichen, wurde von Diego Guayasamín entworfen und im Dezember 2014 eröffnet. *Serie las manos*, ein 10,5 mal 3,3 m großes Wandgemälde von Oswald Guayasamín, dem Onkel des Architekten und berühmtesten Malers Ecuadors, wird die Präsidentenhalle zieren.

Museo Solar Inti Ñan　　　MUSEUM
(Erw./Kind 4/2 US$; ⊙ 9.30–17 Uhr) Das unterhaltsame Museum ist interessanter als der offizielle Museumskomplex ein paar hundert Meter entfernt. Es zeigt Ausstellungen unter freiem Himmel zur astronomischen Geografie und erklärt die Bedeutung der geografischen Lage Ecuadors. Ein Highlight ist der „Solarchronometer", ein einzigartiges

DER ÄQUATOR: WAHRHEIT & MYTHOS

Mit einem Fuß auf der südlichen und mit dem anderen auf der nördlichen Erdhalbkugel stehen – eine faszinierende Vorstellung! Je näher man dem Äquator kommt, desto mehr wird man über seine mysteriösen Kräfte hören. Aber wo hört die Wahrheit auf und wo fängt der Aberglaube an?

Um gleich zur Sache zu kommen: Dass das Äquatordenkmal La Mitad del Mundo auf dem Äquator liegt, ist ein Mythos, aber das muss man ja niemandem auf die Nase binden, wenn man seine Fotos herumzeigt. Außerdem ist man wirklich nah dran: GPS-Geräten zufolge sind es nur ca. 240 m bis zum „richtigen" Äquator.

Als Nächstes wäre da die Sache mit der Toilettenspülung. Eines der Highlights des Museo Solar Inti Ñan sind die beiden Becken, in denen das Wasser nördlich des Äquators gegen den Uhrzeigersinn und südlich des Äquators – nur 3 m entfernt – im Uhrzeigersinn abfließt. Forscher sind überzeugt davon, dass es sich um einen Trick handelt. Die Corioliskraft, die bewirkt, dass Wettersysteme auf der Nordhalbkugel nach rechts und auf der Südhalbkugel nach links abgelenkt werden, hat keine Auswirkungen auf kleine Wassermengen wie in einem Becken oder einer Toilette. In welche Richtung das Wasser abfließt, hängt in Wirklichkeit von anderen Faktoren ab (von den Rohren, Strudeln im Wasser, der Form des Beckens etc.).

Richtig ist hingegen, dass man am Äquator weniger wiegt, weil die Zentrifugalkraft dort größer ist als an den Polen. Der Unterschied beträgt allerdings nur ca. 0,3 % und nicht die 1,5 bis 2 %, welche die Waage am Denkmal anzeigt.

Ebenfalls wahr ist, dass die Sonne einzig am Tag der Frühjahrs- und der Herbst-Tagundnachtgleiche direkt über dem Äquator steht. Das ist in der Tat die Definition einer Tagundnachtgleiche. Das bedeutet aber nicht, dass die Tage und die Nächte gleich lang wären, wie man meinen könnte – das ist kurz vor der Frühjahrs-Tagundnachtgleiche und kurz nach der Herbst-Tagundnachtgleiche der Fall, und der Stichtag hängt davon ab, wo auf dem Planeten man sich befindet.

Viel faszinierender als sämtliche Mythen, die von Inti Ñan und La Mitad del Mundo kolportiert werden, ist die Tatsache, dass der „richtige" Äquator (0,00 Grad gemäß GPS-Systemen) auf einer heiligen indigenen Stätte verläuft, die vor mehr als 1000 Jahren gebaut wurde. Sie heißt Catequilla und befindet sich auf einem Hügel, von der Mitad del Mundo aus betrachtet auf der anderen Seite der Straße.

Instrument von 1865, das die astronomische und die konventionelle Zeit, den Monat, Tag und die Jahreszeit präzise angibt – und das einzig auf Basis der Sonnenstrahlen. Der eigentliche Grund für den Besuch sind natürlich die „wissenschaftlichen" Demonstrationen. Dabei muss jeder für sich entscheiden, ob das nicht vielleicht doch alles nur Mumpitz ist. Das Museum ist ebenfalls angeblich (aber nicht wirklich) der Standort des wahren Äquators.

La Mitad del Mundo   WAHRZEICHEN
(Mitte der Welt; www.mitaddelmundo.com; Eintritt 2 US$, Eintritt Denkmal 3 US$; ⊙ Mo–Fr 9–18, Sa & So bis 19 Uhr) Im Zentrum der Mitad del Mundo steht das Herzstück des Parks: ein 30 m hohes, trapezförmiges **Denkmal** aus Stein mit einer Bronzekugel obenauf samt Aussichtsplattform. Das ethnografische Museum in dem Denkmal vermittelt Besuchern mittels Dioramen, Fotografien und Trachten

einen guten Überblick über die verschiedenen indigenen Gruppen Ecuadors.

ⓘ An- & Weiterreise

Quito dehnt sich fast über die ganzen 22 km nordwärts zur Mitad del Mundo aus, die mit öffentlichen Verkehrsmitteln gut zu erreichen ist: mit dem Metrobus (0,25 US$) von der Stadt nordwärts bis zur letzten Haltestelle Ofelia und dann weiter mit dem Mitad-del-Mundo-Bus (nochmals 0,25 US$), der deutlich gekennzeichnet ist. Die ganze Fahrt dauert eine bis 1½ Stunden.

Reserva Geobotánica Pululahua & Umgebung

Das 3383 ha große Naturschutzgebiet liegt ca. 4 km nordwestlich der Mitad del Mundo. Der interessanteste Abschnitt ist ohne Zweifel der **Vulkankrater** des erloschenen Pululahua. Dieser entstand vor Urzeiten: Nachdem der Vulkankegel eingestürzt war, blieb ein gewaltiger Krater mit einem Durchmesser von 5 km und einer Tiefe von ca. 400 m zurück. Der flache, fruchtbare Boden der Caldera wird landwirtschaftlich genutzt.

An der offenen Westseite strömt feuchte Meeresluft vom Pazifik in den Krater hinein; manchmal kann man dessen Umrisse aufgrund der umherwirbelnden Wolken und des Nebels nicht erkennen. Die Kombination aus feuchter Luft und steilen Kraterwänden schafft verschiedene Mikroklimata, sodass die Vegetation an den fruchtbaren Vulkanhängen sehr vielseitig ist. Hier sind zahlreiche Blumen- und Vogelarten heimisch.

In die Caldera hinein gelangt man über einen Fußweg, der am Aussichtspunkt **Mirador de Ventanillas** an der Südostseite beginnt (von La Mitad del Mundo aus fahren Busse dorthin). Entlang dieses Pfades hat man am ehesten die Chance, Vögel und Pflanzen zu erspähen, denn der Großteil der flachen Kratersohle ist von Ackerland bedeckt. Alternativ nimmt man die ungeteerte Straße an der Südwestseite (via Moraspungo).

Templo del Sol   HISTORISCHE STÄTTE
(Eintritt 3 US$; ⊙ Di–So 10–17 Uhr) Nahe dem Mirador de Ventanillas geht es am burgähnlichen Templo del Sol vorbei, einem nachgebauten Inkatempel, komplett mit präkolumbischen Relikten und Petroglyphen. Die Führung (auf Spanisch) ist ein wenig albern. Bei dem Guide handelt es sich um einen überladen kostümierten „Inkaprinzen", der über mutmaßliche alte Glaubensvorstellungen und Rituale berichtet. Zum Abschluss der Tour demonstriert der ecuadorianische Künstler Cristóbal Ortega Maila sein Können: Er malt schnell und gewandt und verwendet ausschließlich seine Hände (keine Pinsel). Vom Dach des Tempels hat man einen schönen Blick.

🛏 Schlafen & Essen

Pululahua Hostel   HOSTEL $$
(☎099-946-6636; www.pululahuahostal.com; Cabaña EZ/DZ ab 30/40 US$, ohne Bad 20/30 US$) 🍴 Die „Ökopension" befindet sich innerhalb der Kraterwände. Sie hat eine Handvoll einfacher, komfortabler Zimmer in einer unberührten Umgebung zu bieten. Die Besitzer kochen leckere Mahlzeiten, wenn möglich mit Zutaten von ihrer Biofarm (Mittag- oder Abendessen jeweils 10 US$). Die Gäste können in den Whirlpool hüpfen (3,50 US$),

Fahrräder (5 US$/Std.) oder Pferde (ab 10 US$/Std.) leihen und Freiwilligenarbeit leisten. Es wird u. a. Deutsch gesprochen.

El Crater   HOTEL $$$
(☎02-239-8132; www.elcrater.com; Zi. mit Frühstück 112 US$; 🐾) Das Hotel liegt in einer friedvollen Umgebung unweit des Aussichtspunkts Ventanillas und hat zwölf geräumige, hübsch gestaltete Zimmer. Sie sind mit großen Betten, steinartigen Wänden und Panoramafenstern mit Blick auf den Vulkankrater auf der einen bzw. auf Quito auf der anderen Seite ausgestattet. Im Restaurant (Hauptgerichte 10–14 US$; 12–16.30 Uhr) gibt's leckeres ecuadorianisches Essen mit einem beeindruckenden Ausblick.

ⓘ Praktische Informationen

Der offizielle Eintrittspreis zum Naturschutzgebiet liegt bei 2 US$; er muss bezahlt werden, bevor man in den Krater hinabsteigt bzw. wenn man mit dem Wagen via Moraspungo anreist. An den Wochenenden kann man in der Nähe des Aussichtspunkts Pferde mieten (10 US$/Std.).

ⓘ An- & Weiterreise

Am einfachsten gestaltet sich die Anreise zum Aussichtspunkt mit einer der preiswerten organisierten Touren ab der Mitad del Mundo oder mit einer Tour ab Quito, die beide Ziele an einem Tag abdecken. Ein Taxi von Mitad del Mundo und zurück kostet etwa 5 US$.

Volcán Pichincha

Gleich westlich von Quito ragt der Pichincha auf. Der Vulkan hat zwei Hauptgipfel – den näher an der Stadt gelegenen „schlafenden" **Rucu Pichincha** (4680 m) und den höheren **Guagua Pichincha** (4794 m), der aktiv ist und von Vulkanologen genauestens überwacht wird. Nach einer gewaltigen Eruption 1660 war Quito unter einer 40 cm dicken Ascheschicht begraben. Im 19. Jh. ereigneten sich mehrere kleinere Ausbrüche. 1981 stiegen ein paar Rauchwolken auf, doch 1999 spuckte der Vulkan eine 18 km hohe pilzförmige Rauchsäule aus und über der Stadt ging erneut ein Ascheregen nieder.

Die beiden Vulkangipfel zu erklimmen ist anstrengend, aber nicht weiter schwierig und erfordert auch keine spezielle Ausrüstung. Der Aufstieg zum Rucu Pichincha ist von der Bergstation des TelefériQo problemlos zu bewerkstelligen, von wo es drei bis 3½ Stunden bis zum Gipfel sind. Die Sicherheitsprobleme, in erster Linie zahlreiche Raubüberfälle, die einst diese Route plagten, sind weitgehend verschwunden. Das Wetter kann jedoch problematisch sein. Zieht dichter Nebel auf, kann man sich leicht verlaufen. Vor dem Aufbruch sollte daher der Wetterbericht gecheckt werden; ins Gepäck gehört auch ein Handy, falls Hilfe angefordert werden muss. Mehrere Tourunternehmen, darunter High Summits (S. 69), bieten Führungen an.

Den rauchenden Guagua Pichincha zu bezwingen, nimmt mehr Zeit in Anspruch. Zugänglich ist er ab dem Dorf Lloa südöstlich von Quito. Ab dem Dorf sind es ungefähr acht Stunden bis zum **refugio** (Schutzhütte; B 5 US$) und von dort noch ein kurzer, aber anstrengender Marsch zum Gipfel. Ab Lloa benötigt man zwei Tage bis zur Spitze. Infos zu dieser Tour gibt es bei Bergsteigeragenturen in Quito.

Refugio de Vida Silvestre Pasochoa

Das grüne, überwiegend unberührte Waldschutzgebiet an den Flanken des erloschenen Pasochoa liegt nur 30 km vor Quito, wirkt aber Welten entfernt. Im **Refugio de Vida Silvestre Pasochoa** (Eintritt 10 US$; ☺8–17 Uhr) gedeihen auf einer Höhe von 2900–4200 m vielfältige Hochlandbäume und -büsche, darunter auch Steineibengewächse, die einzigen heimischen Koniferen der ecuadorianischen Anden, Orchideen, Farne und Flechten sowie über 100 Vogelarten. Wanderer mögen den Eindruck von Abgeschiedenheit schätzen; zur Auswahl stehen mehrere Wege, ob einfache Kurzstrecken, Tageswanderungen oder ein Marsch über acht Stunden, der aus dem Naturschutzgebiet hinaus bis zum Gipfel des Pasochoa führt. Es gibt ein **refugio** (Refugio de Vida Silvestre Pasochoa; B/DZ 6/10 US$) mit Küche und Bad, zudem ist Campen (5 US$; eigenes Zelt erforderlich) erlaubt.

Der Eingang zum Naturschutzgebiet befindet sich rund 7 km südlich der Ortschaft Amaguaña. In Quito fahren Busse ab der Plaza La Marín (1½ Std.) bis nach Amaguaña, von wo es noch 7 km südwärts bis zum Eingang sind; dort kann man eine *camioneta* (Pick-up; 8 US$) für den Rest des Wegs anmieten. Eine praktischere Alternative ist die Teilnahme an einem Ausflug einer der Tourunternehmen in Quito.

Nördliches Hochland

Gut essen

➡ Hostería La Mirage (S. 113)

➡ Sumac (S. 114)

➡ Mashpi (S. 130)

➡ Dragonfly Inn Restaurant (S. 128)

➡ Heladería Rosalia Suarez (S. 118)

Schön übernachten

➡ Hotel Riviera-Sucre (S. 106)

➡ La Luna (S. 112)

➡ Hostería Cananvalle (S. 117)

➡ Hacienda Cusín (S. 111)

➡ El Monte Sustainable Lodge (S. 128)

Auf ins nördliche Hochland!

Die Panamericana schlängelt sich durch die Anden zur lebhaften Marktstadt Otavalo und zu den indigenen Dörfern der Umgebung. Wo das Rückgrat der Anden nördlich von Quito einen Knick macht, unterbrechen Vulkangipfel die Täler voller Blumenfarmen und Zuckerrohrfelder. Die Gegend gilt als Ecuadors Herz und Wiege der Andenkultur: Die Arbeitsmethoden der Kunsthandwerker sind seit Generationen unverändert, von Lederwaren bis hin zu Teppichen finden Besucher hier tolle Angebote.

Das Hochgebirge geht im Westen in feuchtwarmes Tiefland über, eine fruchtbare Übergangszone, wo im Intag-Tal Kaffee angebaut wird. Die Stadt Mindo weiter südlich ist eine gute Basis zum Vogelbeobachten, Wandern und für andere Outdooraktivitäten. Wer in der Natur übernachten will, findet in der Gegend einige abgelegene Urwaldlodges. Wohin auch immer der Weg führt, locken Abenteuer abseits der Touristenpfade, nachhaltige kommunale Tourismusinitiativen und Gelegenheiten für Freiwilligenarbeit.

Reisezeit

Otavalo

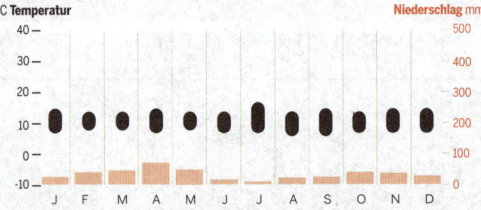

Juni Am 24. Juni feiern die Bewohner Otavalos das farbenprächtige, heidnische Fest Inti Raymi.

Anfang Sept. In Otavalo wird die Fiesta del Yamor gefeiert, ein indigenes Erntefest.

Ende Sept. Musik, Tanz und jede Menge Essen gibt's auf der beliebten jährlichen Fiesta in Ibarra.

0   50 km

Reserva Ecológica
Cayapas-Mataje
San Lorenzo
La Tola
Calderón
Borbón
Maldonado
San Javier
de Cochaví
Concepción
Río Cayapas
San Miguel
Río San Miguel
Reserva Ecológica
Cotacachi-Cayapas
Esmeraldas
Río Santiago
Río Apuela
Reserva
Biológica
Los Cedros
Río Guayllabamba
Apuela
Intag-Tal
Laguna de
Cuicocha
García
Moreno
Chontal
Junín
Pedro
Vicente
Maldonado
Reserva
Mashpi
La Delicia
Nanegal
Reserva Biológica
Maquipucuna
Pacto
Tulipe
Bosque Nublado
Santa Lucía
Puerto
Quito (30 km)
Los Bancos
Nanegalito
Yunguilla
Äquator
Tandayapa
Nono
San Antonio
Santa Rosa
Reserva
Bellavista
Mindo
Calderón
Guayllabamba
Pichincha
Bosque Protector
Mindo-Nambillo
El Quinche
Santo
Domingo de los
Colorados
(20 km)
Chiriboga
Volcán Pichincha
(4784 m)
Aeropuerto Internacional
Mariscal Sucre de Quito
QUITO
Pifo
Río Toachi
San Juan
Alluriquín
Volcán Atacazo
(4463m)
Sangolquí
Río Pilatón
Cornejo
Astorga
Refugio de
Vida Silvestre
Pasochoa
Alóag

KOLUMBIEN
Ricaurte
Guachucal
Chical
Lita
Río Blanco
Río Verde
Guallupe
El Limonal
Río Lita
Río Mira
Volcán Chiles
(4768 m)
Rumichaca Ipiale
Tulcán
Tufiño
Reserva Ecológica
El Ángel
Carchi
Reserva
Biológica
Guandera
San
Gabriel
Mariscal
Sucre
El Ángel
Grutas de
la Paz
Imbabura
Primer
Paso
Valle
Chota
Bolívar
Tumbabiro
Salinas
Río Chota
Ambuquí
Volcán
Cotacachi
(4939 m)
Laguna
Yaguarcocha
Pimampiro
Cotacachi
Ibarra
La Esperanza
Mariana
Acosta
Volcán Imbabura
(4609 m)
Otavalo
San Pablo
del Lago
Lagunas
de Mojanda
Volcán Fuya
Fuya
(4263 m)
Olmedo
Cochasquí
Tabacundo
Cayambe
Cangahua
Volcán
Cayambe
(5790 m)
Sucumbíos
Reserva Ecológica
Cayambe-Coca
Napo
Volcán
Reventador
(3562 m)
Río Salado
Reserva Ecológica
Cayambe-Coca
Oyacachi
El Chaco
Río Quijos
Papallacta
Río Papallacta
Volcán
Antisana
(5753 m)
Baeza
Andes
Cordillera Oriental de los
Río Dorado
Río Apuela

Highlights

❶ Bei toller Aussicht um die
Lagunas de Mojanda (S. 112)
bei Otavalo wandern

❷ Auf dem farbenfrohen
Markt (S. 103) von Otavalo
Kunsthandwerk und Kleidung
kaufen

❸ Beim Durchstreifen des
Nebelwalds um **Mindo** (S. 124)
diverse Vogelarten erspähen

❹ Hoch zu Ross die Land-
güter einer historischen
Kolonial-Hazienda (S. 111)
rund um San Pablo del Lago
erkunden

❺ Die üppige Landschaft
im spektakulären **Intag-Tal**
(S. 119) genießen

❻ Den massiven, von
Gletschern bedeckten

Volcán Cayambe (S. 102)
bezwingen

❼ Im zauberhaften und
verschlafenen **Cotacachi**
(S. 113) günstige Lederwaren
erstehen

❽ Vom Hochland um **Oya-
cachi** (S. 103) aus an einer
Trekkingtour in die Wildnis des
Oriente teilnehmen

Cayambe

51 000 EW. / 3011 M

Der schneebedeckte Gipfel des Cayambe überragt das sanft gewellte Ackerland rund um die gleichnamige Stadt, die 64 km nördlich von Quito an der Panamericana liegt. Weiße Riesenzelte voller Blütenreihen überziehen die nahen Hänge – die Region gilt als Ecuadors Blumenzentrum. Die meisten Leute eilen jedoch auf dem Weg nach Otavalo einfach durch den Ort. Cayambe selbst hat zwar Reisenden nicht viel zu bieten (Kinder können sich an den aufwendigen Spielplatzgeräten in einem Park entlang der Straße vergnügen), aber von hier aus lassen sich weniger besuchte Gegenden in der Region gut ansteuern. Und man kann ziemlich hoch auf den Vulkan fahren, um einen phantastischen Blick zu genießen.

🛏 Schlafen & Essen

Mehrere Läden nahe der Kreuzung der Panamericana und der Sucre an der anderen Seite der Plaza de Toros verkaufen Cayambes Spezialität *bizcochos* (buttrige, trockene Stangenbrötchen) und *queso de hoja* (gekochter Frischkäse). **Hilda Ruiz** (Ecke Panamericana & Sucre; Sandwiches 3 US$; ⊙ 6–24 Uhr; 🛜), der vielleicht netteste Laden, hat auch Sandwiches und eine Cappuccino-Maschine.

La Gran Columbia HOTEL $
(📞 02-236-1238; Panamericana nahe Calderon; Zi. pro Pers. 20 US$; 🅿🛜) Das dreistöckige gelbe Haus mit roten Einfassungen ist wegen seiner Lage an der Panamericana und der Nähe zu mehreren Restaurants (hat auch ein eigenes) erwähnenswert. Die meisten Zimmer, die mit komfortablen Betten und flackerndem Kabel-TV ausgestattet sind, haben einen Schreibtisch in einer etwas unpraktischen Flurnische. Mit quietschenden Bremsen übernehmen Busse das frühmorgendliche Wecken.

Hacienda Guachala HAZIENDA $$
(📞 02-361-0908; www.guachala.com; Cangahua; EZ/DZ/3BZ/4BZ mit Frühstück 40/57/89/105 US$; 🅿🛜♒) Das weitläufige Anwesen stammt von 1580 und ist die älteste Hazienda in Ecuador. Natürlich wurde sie seither aufgemöbelt: Die Wände sind weiß gestrichen, im Zentrum des sonnigen Hofs steht ein Springbrunnen, sie hat Pferdeställe und ein Restaurant und ist eine tolle Basis zum Wandern und Reiten. Sie liegt 7 km südlich von Cayambe an der Straße nach Cangahua (und Oyacachi). Ein Taxi aus der Stadt kostet 3 US$.

Bucanero Marisqueria FISCH & MEERESFRÜCHTE $$
(Ecke Alianza & Restauracion; Hauptgerichte 6,50– 8 US$; ⊙ 12–18 Uhr) In dem beliebten Restaurant, das Familien besonders gerne sonntagnachmittags besuchen, wird an der Kasse bestellt. Zur Auswahl stehen Ceviche, *cazuela* (Fischeintopf), *encebollado* (Suppe mit Fisch, Maniok und Zwiebeln) und *encocado* (Krabben oder Fisch in einer schweren, würzigen Kokosmilchsauce).

ℹ Praktische Informationen

Ein Geldautomat der Banco Pacifico befindet sich an der Panamericana in der Nähe der Junín und die Touristeninformation an der Ecke Rocafuerte und Bolívar am *parque central*.

ℹ An- & Weiterreise

➡ Die Flor-de-Valle-Busse fahren am Busbahnhof Ofelia im Norden Quitos ab (0,75 US$, 50 Min., alle 20 Min.). Oder man nimmt einen der Busse mit Zielort Ibarra oder Otavalo am Busbahnhof Carcelén in Quito. Der Anschluss Richtung Norden geht schnell – Busse verkehren etwa alle zehn Minuten.

➡ Die Busse nach Canghua fahren etwa alle halbe Stunde an der Ecke der Calle Sucre und Calle Restauración ab.

Reserva Ecológica Cayambe-Coca

Mit 4031 km² bedeckt die Reserva Ecológica Cayambe-Coca ein riesiges Gebiet, das sich über vier Provinzen erstreckt, einschließlich des Oriente (S. 220). Das Areal besteht aus alpiner Tundra, Regenwäldern und den Vulkanen Reventador (3562 m) und Cayambe (5790 m). Die (alternative) Straße nordwärts von Cayambe nach Ibarra, die durch das Dorf Olmedo führt, bietet an klaren Tagen herrliche Ausblicke. Der **Volcán Cayambe** ist Ecuadors dritthöchster Gipfel und mit 4600 m an der Südseite der höchste Punkt der Welt direkt am Äquator. Wer den erloschenen Vulkan besteigen will, sollte sich an ein Reisebüro in Quito (S. 68) wenden, das auf Bergsteigen spezialisiert ist. Es gibt eine Berghütte (pro Pers. 20 US$), die aber nur mit einem Vierradantrieb zu erreichen ist. Der siebenstündige Aufstieg ist schwieriger als der auf den häufiger bestiegenen Cotopaxi. Geführte Klettertouren über zwei Tage mit Übernachtung kosten um 240 US$; enthalten sind Anreise, Ausrüstung (plus elementares Gletschertraining), Mahlzeiten und eine Übernachtung in der Hütte.

Oyacachi

Auf dem Weg nach Süden liegt zwischen Berggipfeln das kleine Dorf Oyacachi (3200 m), das für seine wohltuenden, kommunal betriebenen **Thermalquellen** (Eintritt 2,50 US$) bekannt ist, die an Wochenenden stark besucht sind. Es gibt hier einige einfache Hostels (5–10 US$) und Zeltplätze sowie mehrere Restaurants, die frische Forellen aus dem Fluss servieren. Eine *camioneta* (Pick-up) von Cayambe kostet 30 US$.

Die zwei- bis dreitägige **Wanderung** von Oyacachi nach El Chaco auf einer jahrhundertealten Route führt von den Osthängen der Anden bis zum Oriente mitten durch das Naturschutzgebiet. Nach etwa 10 km auf der frisch geteerten Straße wird die Route holprig und schließlich zu einem echten Wildnistreck mit mehreren Flussüberquerungen. Eine andere **Wanderung** beginnt an der Eingangskontrolle Las Puntas und führt südwärts an Hochgebirgsseen vorbei zu den Thermalquellen von Papallacta. Ein Führer (30 US$ pro Tag) ist höchst ratsam; sie können über die kommunale Touristeninformation an den Thermalquellen von Oyacachi oder über ein Reisebüro in Otavalo oder Quito angeheuert werden.

Otavalo

52 700 EW. / 2550 M

Seit Jahrhunderten findet in Otavalo einer der bedeutendsten Märkte der Anden statt – ein wöchentliches Fest zu Ehren der Kommerzgötter. Die Händler verkaufen eine überwältigende Vielfalt an handgefertigtem, traditionellem Kunsthandwerk, aber auch immer mehr geschickt imitierte Importwaren. Der Markt besteht schon seit der Zeit vor den Inkas, als Händler zu Fuß aus dem Urwald kamen, um Geschäfte zu machen. Das außerordentliche Geschick der *otavaleños* (Bewohner von Otavalo) für Weberei und Textilherstellung wurde von den Inkas, den Spaniern und schließlich den Ecuadorianern ausgebeutet. Das Leben vieler dieser Menschen besserte sich jedoch nach der Agrarreform von 1964, die den alten Brauch der Leibeigenschaft abschaffte und den Einheimischen Landbesitz erlaubte.

Inzwischen ist der Markt zu einem größeren Treffpunkt der Kulturen geworden, ein touristisches Ziel für Menschen aus aller Welt. Er wirkt auf jeden Fall Lichtjahre entfernt von dem winzigen Ort, den Backpacker

zu Beginn der 1990er-Jahre besuchten. Die Popularität sollte jedoch von einem Besuch nicht abhalten. Die *otavaleños* und die indigenen Bewohner der umliegenden Dörfer tragen noch immer traditionelle Kleidung – die Frauen bestickte, weiße Blusen, lange Wollröcke, *fachalinas* (Kopftücher), Webgürtel, Leinensandalen und Perlenstränge und die Männer Filzhüte, blaue Ponchos, wadenlange Hosen und die Haare zum langen Zopf geflochten. Viele können zwar sicherlich nur mit Mühe von ihrem Handwerk leben, aber die *otavaleños* sind die geschäftlich erfolgreichsten *indígenas* des Landes.

Architektonisch ist die Stadt nicht besonders attraktiv, zudem machen viele moderne Läden, die Dinge wie Flachbildschirm-TVs und Sneakers verkaufen, jenen Konkurrenz, die eher traditionelle Produkte im Angebot haben. Trotz des kaufmännischen Treibens ist die Atmosphäre freundlich und relaxt. Und rundum sind immer noch die Berge in Sicht. Die Gipfel, verborgenen Seen und kleinen Dörfer an den Hängen bieten lange genug Abwechslung, wenn die Shoppingtour beendet ist.

⊙ Sehenswertes

Kunsthandwerksmarkt   MARKT
(Plaza de Ponchos; 🚶) Jeden Tag verkaufen Händler auf der Plaza de Ponchos, dem Zentrum des Kunsthandwerksmarkts, Wollwaren wie Teppiche, Wandbehänge, Decken, Ponchos, Pullover, Schals, Handschuhe und Mützen, außerdem bestickte Blusen, Hängematten, Schnitzereien, Perlen, Gemälde, Webmatten und Schmuck aus Steinnüssen (als pflanzliches Elfenbein bezeichnet). Am Samstag jedoch, dem offiziellen Markttag, breitet sich der Markt bis in die angrenzenden Straßen aus und nimmt das halbe Stadtzentrum ein. Feilschen wird erwartet, besonders beim Kauf mehrerer Artikel. Man kann immer versuchen, einen guten Preis auszuhandeln, aber bitte nicht zu skrupellos.

Die Imbissstände am nördlichen Marktrand bieten u. a. Hühner- und Kuttelsuppe, die in Töpfen auf tragbaren Kochern blubbert. Zudem servieren sie knusprigen, ganzen Bratfisch, Stücke von schlappohrigen Spanferkeln mit *mote* (Maisgrütze) und *chicha* (fermentiertes Mais- oder Maniokgetränk) aus Plastikeimern.

Von Juni bis August kommen Shoppingwillige am besten freitags hierher, bevor Reisegruppen die Durchgänge völlig verstopfen.

Otavalo

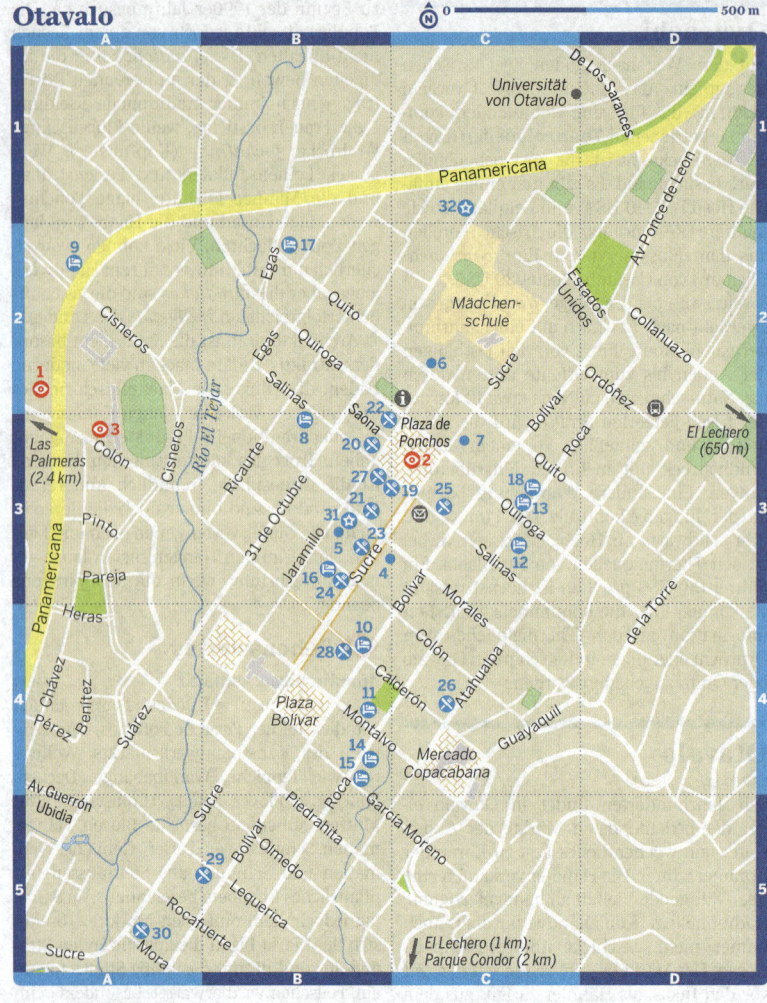

Da auf den Märkten auch Taschendiebe unterwegs sind, sollte man Wertsachen während des Einkaufens im Hotel lassen und sein Geld stets sicher verstauen.

Parque Cóndor

VOGELRESERVAT

(☎06-304-9399; Eintritt 4,50 US$; ☉Mi–So 9.30–17 Uhr; 🅿) 🖉 Andenkondore, Adler, Eulen, Falken und Habichte lassen sich hier aus nächster Nähe beobachten. Die Stiftung in niederländischem Besitz kümmert sich um die Pflege dieser und anderer Raubvögel. Unbedingt sehenswert sind die kostenlosen Flugvorführungen um 11.30 und 16.30 Uhr. Das Zentrum, in dem überwiegend Spa-

nisch gesprochen wird, liegt 2 km von der Stadt entfernt am steilen Hang des Pucara Alto.

Täglicher Markt

MARKT

(Panamericana & Colón; ☉7–13 Uhr) Während unseres Besuchs wurde gleich westlich der Panamericana eine große Markthalle gebaut. Wenn sie fertig ist (die Eröffnung wurde mehrmals wegen Korruptionsskandalen um die Bauaufträge verschoben), finden dort die Händler einen Platz, die bisher ihre Waren in den chaotisch organisierten Straßen verkaufen (um die Montalvo und Jaramillo). Das Angebot ist riesig, von exo-

Otavalo

tischen Hochlandfrüchten und Tüten mit Gewürzpulver bis zu Wischmopps und Weberbedarf. Samstags gibt's sogar noch unendlich mehr unverarbeitete Lebensmittel. In der Halle wird es zweifellos auch einen **Food-Court** geben, wo sich auch die Einheimischen stärken.

Viehmarkt MARKT
(Panamericana; ⊙Sa 6–13 Uhr) Für quiekende Ferkel, Säcke voller Meerschweinchen oder träge Kühe haben Reisende wohl kaum Verwendung, aber ein Besuch des wöchentlichen Markts lohnt sich wegen der Atmosphäre und des allgemeinen Chaos. Zu finden ist der Markt über die Brücke am Ende der Colón und dann auf der anderen Seite der Panamericana einfach den Massen folgen.

El Lechero WAHRZEICHEN
Der Baum außerhalb von Otavalo ist zwar berühmt für seine magischen Heilkräfte, aber sehr viel handfester ist er als toller (durchaus auch romantischer) Picknickplatz mit frischer Luft und großartigem Blick auf die Stadt. Zu erreichen ist er über einen steilen, 4 km langen Marsch oder mit dem Taxi (4 US$); der Fahrer wartet auch, wenn man nicht zurücklaufen will.

Zu Fuß geht's über die Piedrahita stadtauswärts Richtung Süden. Aufgemalte Pfeile weisen den Weg über einige unbefestigte Serpentinen und an einem duftenden Eukalyptushain vorbei bis zu einem Gipfel, auf dem ein einsamer, knorriger Baum steht. Von hier aus lässt sich der Weg nordwärts zum Parque Cóndor fortsetzen (1 km).

🍴 Kurse

Mundo Andino SPRACHKURS
(☑06-292-1864; www.mandinospanishschool.com; Salinas 404 nahe Bolívar; Einzel-/Gruppenunterricht pro Std. 6/4,50 US$) Die hervorragende Sprachschule bietet montags bis freitags Kurse, Unterkunft bei einheimischen Familien und langfristige Freiwilligenarbeit, wo die Spanischkenntnisse richtig gefordert werden.

Instituto Superíor de Españól SPRACHKURS
(☑06-292-7354; www.instituto-superior.net; Jaramillo 623, 1. Stock; Kurs pro Woche ab 94 US$) Der populäre Otavalo-Ableger des Instituts aus Quito erntet von Lesern begeisterte Kritiken und arrangiert auch Unterkünfte bei einheimischen Familien.

👉 Geführte Touren

⭐ **Runa Tupari Native Travel** KULTUR, OUTDOOR
(☑06-292-2320; www.runatupari.com; Ecke Sucre & Quiroga, 2. Stock) 🗩 Das zu Recht bekannte und angesehene Unternehmen hat sich mit indigenen, mestizischen (mit Nachkommen indigener und aus Europa stammenden Menschen) und afroecuadorianischen Landgemeinden zusammengetan und bietet Besichtigungs-, Wander-, Reit- und Fahrradtouren an. Ländliche Privatunterkünf-

te kosten 25 US$ pro Nacht, verschiedene Möglichkeiten für Freiwilligenarbeit 15 US$ einschließlich Kost und Logis.

Zu den ausgefalleneren Angeboten zählen eine holprige Mountainbiketour über 2000 m bergab in den tropischen Nebelwald von Intag (85 US$ pro Pers.) und eine zehnstündige Wanderung (hin & zurück) auf den Volcán „Mama" Cotacachi (4939 m; 70 US$ pro Pers.). Runa Tupari stellt auch Tages- oder Wochentouren nach individuellen Wünschen zusammen.

Runa Tupari hat nicht nur professionelle, zuverlässige und passionierte Führer, sondern auch einen ganz normalen Transportservice, sodass die Region auf eigene Faust erkundet werden kann. Runa unterhält auch ein Büro in Cotacachi im „El Convento", einem Restaurant/Café/Bäckerei/Fair-Trade-Laden, der von einer lokalen Hilfsorganisation für Behinderte geführt wird.

Ecomontes Tour   ABENTEUERTOUREN

(☏06-292-6244; www.otavaloguide.com; Ecke Sucre & Morales) Die Agentur aus Quito hat ein Büro in Otavalo und bietet ein- und zweitägige Wanderungen, Radtouren (10 US$), Bergsteigen, Reitausflüge (Tagestour nach El Lechero 45 US$, mit Übernachtung in El Ángel 125 US$), Kanufahrten und Rafting auf dem Chota, Intag oder Mira (45–60 US$). Auch Privatunterkunft (35 US$ inkl. Verpflegung) bei indigenen Familien ist im Angebot. Eine Wanderung über zwei Tage ins Intag-Tal kostet 120 US$.

Diceny Viajes   KULTUREXKURSION

(☏099-905-4295, 06-290-4491; zulayviajes@hotmail.com; de los Saracenes 5-05 nahe del Yamor) 🌿 Die gebürtige *otavaleña* Zulay Sarabino gründete eines der ersten Tourunternehmen in Otavalo und ist seit über 30 Jahren im Geschäft. Sachkundige, zweisprachige Guides begleiten Trips zu verschiedenen Dörfern, in denen Besucher etwas über Handwerk, Musik und einheimische Tradition erfahren. Ihr neues Büro liegt neben der Universität.

Leyton's Tours   FÜHRUNGEN

(☏06-292-2388; www.leytontoursotavalo.com; Quito & Jaramillo) Das Unternehmen mit Komplettprogramm bietet Wandern, Reiten, Abseilen und Besuche bei indigenen Gemeinden im Umland.

Festivals & Events

Ein paar kleine Dörfer im Umland feiern immer noch präkolumbische Kultfeste, die bis zu zwei Wochen dauern können.

Fiesta del Yamor   TRADITIONSFEST

Das Erntefest in den ersten beiden Septemberwochen ist Otavalos bekanntestes Fest. Eine gewählte Königin wacht über Prozessionen, Livemusik, Tanz, Feuerwerk und Hahnenkämpfe, während das Feiervolk große Mengen *chicha de yamor* konsumiert. Für diesen ungewöhnlichen, alkoholfreien Trunk werden sieben verschiedene Maissorten zusammen gekochelt (länger fermentierte Varianten enthalten Alkohol).

Johannistag   KIRCHENFEST

Der 24. Juni ist hier als La Fiesta de San Juan bzw. unter dem indigenen Namen „Inti Raymi" bekannt. Angeblich leben einheimische *indígenas* allein auf dieses Fest hin, das bis **St. Peter & Paul** (29. Juni) geht: Sie sparen das ganze Jahr über Geld für Kostüme, Essen und Getränke. Zu den Festivitäten gehören ein Stierkampf in Otavalo, eine Bootsregatta auf der Laguna de San Pablo und die Feierlichkeiten im nahen Ilumán.

🛌 Schlafen

Zum Wochenende sollte immer im Voraus gebucht werden, selbst in Budgethotels. Die vielen höchst empfehlenswerten Unterkünfte außerhalb der Stadt, oft abseits der Hauptstraßen in idyllischer Umgebung gelegen, bieten ein ganz anderes Erlebnis und sind ideal, um sich unter der Woche etwas Ruhe und Entspannung zu gönnen.

⭐ Hotel Riviera-Sucre   PENSION $

(☏06-292-0241; www.rivierasucre.com; Ecke García Moreno 380 & Roca; Zi. pro Pers. 18 US$; @ 🛜) Das Riviera Sucre ist das günstigste Angebot der Stadt. Die Zimmer mit Holzböden und hohen Decken umgeben einen entzückenden Innenhof mit einem majestätischen Brunnen und schwingenden Hängematten. Gäste können sich in der Gemeinschaftsküche ihr Essen oder einen Kaffee kochen und sich damit im blühenden Garten hinten niederlassen. Reservierung fürs Wochenende ist zwingend.

Hotel Santa Fé 2   HOTEL $

(☏06-292-0161; www.hotelsantafeotavalo.com; Colon 507 & Sucre; Zi. pro Pers. 13 US$; P 🛜) Wer Holzeinrichtung schätzt, wird dieses Haus im Stil des amerikanischen Südwestens richtig gut finden, selbst wenn das lackierte Holzimitat der Möbel wie Plastikblumen glänzt. Das originale und ältere **Hotel Santa Fé 1** (☏06-292-3640; Roca 7-34 & Moreno; Zi. pro Pers. 13 US$) hat kleinere Zimmer mit

Badezimmern, die für beleibtere Zeitgenossen ziemlich eng sein können.

Hotel Otavalo
HOTEL $
(☎06-292-3712; www.hotelotavalo.com.ec; Roca 504-758; Zi. mit Frühstück pro Pers. 15 US$; ☎) Das Hotel in einem großen Kolonialhaus mit überdachtem Innenhof ist bei Reisegruppen beliebt. Alle Zimmer haben hohe Decken, allerdings sind die im 1. Stock mit Holzböden jenen im Erdgeschoss mit verfasertem Teppich vorzuziehen. Es ist ratsam, sich zuvor ein paar Zimmer anzuschauen, um eines mit dem besten natürlichen Licht zu bekommen.

Cabañas El Rocío
PENSION $
(☎06-292-4606; rocioe@hotmail.com; Barrio San Juan; Zi. pro Pers. 11 US$; P☎) Das verblichene Schild, die Lage an der Straße und das unattraktive Äußere täuschen: Die Pension mit alpin anmutenden Zimmern und Hütten ist ganz reizend. Sie liegt einen kurzen Marsch von Otavalos Zentrum entfernt.

Hostal Valle del Amanecer
PENSION $
(☎06-292-0990; www.hostalvalledelamanecer.com; Ecke Roca & Quiroga; Zi. pro Pers. mit Frühstück 16 US$, ohne Bad 13 US$; ☎) Die sehr kleinen Zimmer – nichts für Paare, die Privatsphäre wünschen – umgeben einen einladenden Innenhof mit Kiesboden und Hängematten. Das Haus hat auch ein Restaurant und verleiht Fahrräder (8 US$ pro Tag).

Rincón del Viajero
HOTEL $
(☎06-292-1741; www.hostalrincondelviajero.com; Roca 11-07; Zi. pro Pers. mit Frühstück 15 US$, ohne Bad 12 US$; P☎) Das Haus könnte zwar eine Auffrischung gebrauchen (die Einrichtung im Siebziger-Style war schon in den 70er-Jahren passé), aber ist recht preiswert. Paare, die gerne zusammen duschen, sollten anderweitig unterkommen – die Duschkabinen sind sehr eng. Es gibt eine Lounge mit behaglichem Kamin, eine sonnige Dachterrasse mit Hängematten und einen Fernsehraum. Einen Campingplatz (3 US$ pro Pers.) führt das Hotel etwa 1,5 km abseits der Panamericana an der Straße nach Lagunas de Mojanda.

Hostal Runa Pacha
HOTEL $
(☎06-292-5566; Roca 10-02; Zi. pro Pers. 8 US$, ohne Bad 6 US$; P☎) Die Zimmer in einem Haus mit herausgeputzter Fassade könnten ebenfalls eine Renovierung gebrauchen, aber bei diesen Preisen gibt's nichts zu meckern. Die schlichten Zimmer sind sauber und einige haben einen schmalen Balkon, auf dem die Gäste wenigstens etwas frische Luft schnappen können.

Flying Donkey Hostal
HOSTEL $
(☎06-292-8122; www.flyingdonkeyotavalo.com; Calderón 510 & Bolívar; Zi. pro Pers. 9 US$; ☎) Hier kommt niemand in Versuchung, allzu lange herumzulungern, es gibt nämlich keine Lounge, abgesehen von einer Couch neben der Rezeption. Dafür gibt's eine Dachterrasse, saubere Zimmer (mit alten TVs) und freundliche Leute an der Rezeption. Lärm und Licht von der Straße könnten ein Problem sein.

★Hostal Doña Esther
PENSION $$
(☎06-292-0739; www.otavalohotel.com; Montalvo 4-44; EZ/DZ/3BZ 34/49/61 US$; @☎) Die kleine, von Niederländern geführte Pension im Kolonialstil ist gemütlich, hat einen sympathischen Service, eine beliebte Büchertauschbörse und ein empfehlenswertes Restaurant. Die hübschen Zimmer umgeben einen Innenhof, der von Keramiken und Farnen geziert wird.

Acoma
HOTEL $$
(☎06-292-6570; www.hotelacoma.com; Salinas 7-57; EZ/DZ mit Frühstück 35/50 US$; P@☎) Das Ambiente ist ganz und gar moderner Santa-Fe-Stil: wunderschöne Zedernholzböden, Mosaikkacheln sowie Oberlichter um eine elegante Bar. Hinten steht ein separates, weniger luxuriöses Gebäude, wo kleine Zimmer mit Gemeinschaftsbädern Neid aufs Haupthaus hervorrufen.

La Posada del Quinde
PENSION $$
(☎06-292-0750; www.posadaquinde.com; Quito & Egas; EZ/DZ mit Frühstück 60/80 US$; P☎) Das Glanzstück dieses seit jeher beliebten Hotels sind der große, attraktive Garten – toll zum Verweilen an sonnigen Vormittagen – und das empfehlenswerte Restaurant. Einige Zimmer könnten eine Aufhübschung gebrauchen, aber insgesamt lohnt sich das Hotel trotz der Lage am Stadtrand, umgeben von Betonmauern voller Graffiti.

 Essen

Für eine touristische Stadt dieser Größe ist das Restaurantangebot ziemlich öde. Einige der besten Angebote haben zweifellos die Unterkünfte und Haziendas außerhalb der Stadt; viele bewirten bei Reservierung auch Tagesgäste.

Lohnenswert ist der eine oder andere Straßenimbiss, darunter auch ein Snack namens *churo*: winzige Schnecken aus Andenseen, die in kleine Tüten mit Salz, Limette und Zwiebeln verpackt sind und unterwegs aus ihren Schalen gesogen werden.

★ Cosecha Coffee Shop   CAFÉ, SANDWICHES $

(Jaramillo nahe Salinas; Sandwiches 5-7 US$; ⏱ 8–21 Uhr, Mo geschl.; ☎) Das moderne, von einem jungen US-Amerikaner geführte Café mit Lehmziegelwänden und minimalistischer Einrichtung könnte sich auch gut in einem coolen Vorort New Yorks machen (es serviert sogar Bagels!). Sandwiches aus hausgebackener Focaccia werden mit lokalen Zutaten belegt und der Cappuccino ist der beste in der Stadt.

Schlichtweg der beste Ort in Otavalo, um Arbeit nachzuholen (wenn der Laptop dabei ist) oder um zu lesen – oder auch nur für ein Päuschen vom Shoppen auf der Plaza de Ponchos.

Oro Mar   FISCH & MEERESFRÜCHTE $

(Salinas nahe Sucre; Hauptgerichte 5–9 US$; ⏱ 7–18 Uhr) Wer das Meer vermisst, wird von den blauen Farbtönen, den maritimen Gemälden und vor allem von den riesigen Portionen (halbe gibt's auch) *cazuelas, encebollados*, gebratenem Fisch und Reisgerichten in Küstenstimmung gebracht.

Taco Bello   MEXIKANISCH $

(Mejia 5-23; Hauptgerichte 2,50–4 US$; ⏱ 12–22 Uhr) Die Tacos, Burritos, Enchiladas und Fajitas sind auf jeden Fall besser als jene des US-amerikanischen Namensvetters dieses kleinen, einfachen Restaurants (der Name ist ehrlich erworben, da der Besitzer einst ein Taco Bell in den USA gemanagt hatte). Die Einrichtung ist eine originelle Mischung aus Porträtfotos amerikanischer Schauspielerinnen, Sombreros und religiösen Bildern.

Oraibi   VEGETARISCH $

(Ecke Sucre & Colón; Hauptgerichte 3–10 US$; ⏱ Mi–Sa 11–19 Uhr; ☑) In einer alten Hazienda mitten im Zentrum findet man diese charmante Vegetarieroase. Im schick-rustikalen Ambiente kommen hier Pizzas, Sandwiches, Salate und Tortillas auf den Tisch. Draußen im Garten gibt's weiße Tischdecken, jede Menge Schatten und live gespielte Andenmusik (tgl. 13–16 Uhr).

Yolanda's Chicha de Yamor   ECUADORIANISCH $

(Sucre & Mora; Hauptgerichte 3–8 US$; ⏱ Ende Aug. – Mitte Sept, während des Festivals) Yolanda Cabreras Berühmtheit fußt auf einheimischen Köstlichkeiten wie *tortillas de maíz* (Maistortillas), *empanaditas* (spanischen Teigtaschen) oder dem Lokalfavoriten *fritada* (gebratenes Schweinefleisch). Das wahre Highlight ist natürlich Yolandas *chicha de yamor*, das hinten über qualmenden Feuern in blubbernden Kesseln gerührt wird.

Gran Chifa   CHINESISCH $

(Morales zwischen Jaramillo & Sucre; Hauptgerichte 3,50–7 US$; ⏱ 12–22 Uhr) Riesige Portionen guter, ecuadorianisch geprägter chinesischer Küche sowie eine kleine Auswahl an „Fusions"-Straßenimbissgerichten wie *salchipapas* (Pommes und Wurst) werden in dem karg eingerichteten, grell beleuchteten Lokal im 1. Stock serviert. Vom Fenstertisch aus lassen sich gut Leute beobachten.

Buenavista   INTERNATIONAL $

(Salinas nahe Jaramillo; Hauptgerichte 3–6 US$; ⏱ Mi–Mo 10–22 Uhr; ☑) Die Bedienung kann schroff und das internationale Essen mittelmäßig sein (unsere Erfahrung: Pasta vermeiden!), aber der Balkon bietet einen unschlagbaren Blick über die planenbedeckten Marktstände auf der Plaza de Ponchos. Obendrein gibt's eine umfassende Cocktailkarte.

Shenandoah Pie Shop   BÄCKEREI $

(Plaza de Ponchos; Kuchenstücke 2 US$; ⏱ 10–21 Uhr; ☑) Der Ladenbesitzer ist ziemlich mürrisch, aber die Backwaren lecker. Der Laden sieht zwar nicht fein aus, aber die hausgemachten Obstkuchen sind die besten in Otavalo und für Leute mit großem Appetit gibt's auch Eiscreme.

La Mía   SUPERMARKT $

(Ecke Quiroga & Jaramillo) Großer, neuer Supermarkt an der Plaza de Ponchos.

Santa Marita   SUPERMARKT $

(Atahualpa nahe Calderón) Der beste moderne Supermarkt in der Stadt.

Árbol de Montalvo   PIZZA $$

(Montalvo 4-44; Hauptgerichte 7–9 US$;; ⏱ Mo–Do 18–21, So 12–22 Uhr; ☑) Hinter dem Hostal Doña Esther liegt Otavalos einziges Lokal mit Holzofenpizzas. Sie sind zwar lecker und zweifellos die besten in der Stadt, aber der Boden ist dünn wie ein Cracker und Hungrige brauchen wohl zwei, um satt zu werden. Ebenfalls im Angebot sind Biosalate, Gemüse der Saison und Pasta mit mediterranem Touch.

Mi Otavalito   ECUADORIANISCH $$

(Sucre 11-19; Hauptgerichte 6,50–11 US$; ⏱ 11.30–21 Uhr) Das Lokal mit Otavalo-Motiven und hübscher, rustikaler Einrichtung richtet sich an ecuadorianische und ausländische Touristengruppen. Alles ist frisch, ob Grillfleisch, Forelle oder deftige Suppen.

Café Pachamama   INTERNATIONAL $$

(Quito & Egas; Hauptgerichte 9 US$; ⏱ 7–20 Uhr; ☑) Das Restaurant der Posada del Quinde verwendet frische und (wenn möglich) biologisch angebaute Zutaten und hat eine schöne Terrasse für sonnige Tage. Geboten werden besonders gutes Frühstück und Kuchen sowie Sandwiches, Salate und Hauptgerichte wie Hühnerpastete oder Krabben in Quinoa-Panade. Am Wochenende gibt es manchmal traditionelle Livemusik.

SISA INTERNATIONAL $$

(☎ 06-292-5624; Calderón 4-9 nahe Sucre; Hauptgerichte 5–12 US$; ☎) Ein schöner, dreistöckiger Komplex: Das Daily Grind im Erdgeschoss serviert Kaffee und Kuchen, im 1. Stock gibt's Sandwiches und ganz oben internationale Standardgerichte. Samstags und sonntags werden auf einer großen, ausziehbaren Leinwand die neusten Hollywoodstreifen und Arthouse-Filme gezeigt.

Quino FISCH & MEERESFRÜCHTE $$

(Roca nahe Montalvo; Hauptgerichte 5–9 US$; ☉ Di–So 12–23 Uhr) Im Schummerlicht serviert das beliebte Quino die besten Meeresfrüchte der Stadt – vorausgesetzt, man hat Zeit: Da alle Gerichte frisch zubereitet werden, wartet man ca. eine halbe Stunde.

Ausgehen & Unterhaltung

In der Morales zwischen Sucre und Jaramillo befinden sich mehrere Bars: La Taberna, Red Pub und Fauna, letztere die größte und coolste von allen.

An Wochenenden geht's in den Diskos oft bis spät in die Nacht rund, meist mit Salsa und Merengue. Über ein halbes Dutzend Clubs, darunter auch El Parche, befinden sich in der Avenida 31 de Octubre zwischen der Quito und der Panamericana; sie sind generell donnerstags bis samstags bis 2 Uhr geöffnet.

Peña La Jampa LIVEMUSIK

(Ecke Av 31 de Octubre & Panamericana; ☉ Fr & Sa 19–3 Uhr) Bei den Einheimischen seit jeher beliebt. Hier gibt's eine Mischung aus Salsa, Merengue, *rock en español* und *folklórica*

(Folkmusik); meist geht es erst ab 23 Uhr richtig los.

Amauta LIVEMUSIK

(Morales 5-11 & Jaramillo; ☉ Fr & Sa 20–4 Uhr) In dem Kellerlokal im Stadtzentrum wird Andenmusik live gespielt, meist nach 22 Uhr.

ⓘ Praktische Informationen

Krankenhaus (☎ 06-292-3566; Sucre) Rund 400 m nordöstlich der Innenstadt.

Jakob Niessen (☎ 099-247-2778; Bolívar nahe Calderón) Der deutsche Arzt lebt schon lange hier und wird sehr empfohlen.

Lavandería (Ecke Morales & Sucre; ☉ Mo–Sa 8–17 Uhr) Die einzige Wäscherei in der Stadt.

Polizei (☎ 101; Av Ponce de Leon)

Post (Ecke Sucre & Salinas, 1. Stock)

Touristeninformation (iTur; ☎ 06-292-7230; www.visitotavalo.com; Ecke Quiroga & Jaramillo; ☉ Mo–Sa 8–18 Uhr) Das hilfsbereite Personal (spricht etwas Englisch) empfiehlt Hotels, Touren und andere Aktivitäten. Das Gebäude beherbergt auch Kunst-, Foto- und Geschichtsausstellungen und hat im 1. Stock öffentliche Computer. Wird künftig vielleicht auch sonntags öffnen.

ⓘ An- & Weiterreise

➡ Otavalo ist gut an Quito angebunden und auch ein wichtiger Verkehrsknotenpunkt für die kleineren Orte des nördlichen Hochlands. Der wuselige **Busbahnhof** (Ecke Atahualpa & Ordoñez), im Grunde ein Parkplatz, liegt günstig nur ein paar Straßenblöcke von der Plaza de Ponchos entfernt.

➡ Um nach Tulcán an der kolumbianischen Grenze zu gelangen, muss man nach Ibarra fahren und dort den Bus wechseln.

➡ Die alten Regionalbusse kosten etwa 1 US$ pro Stunde Fahrtzeit und fahren südwärts nach San Pablo del Lago (20 Min.) und Araque (30 Min.). Die Cooperativa Imbaburapac betreibt Busse nach Ilumán (30 Min.), Agato (1 Std.) und San Pablo del Lago (15 Min.). Transportes Otavalo fährt um 7.30, 10.30 und 14 Uhr nach Intag (auf dem Bus steht „Santa Rosa de Pucara"). Alle Busse außer jenen nach Quito verkehren ungefähr alle 15 bis 20 Minuten.

BUSSE AB OTAVALO

ZIEL	PREIS (US$)	FAHRZEIT
Apuela	1,95	2½ Std.
Cayambe	0,75	45 Min.
Cotacachi	0,25	15 Min.
Ibarra	0,45	30 Min.
Quito	2	3 Std.

→ Taxis sind billig, reichlich vorhanden und leicht zu finden. Alle innerstädtischen Fahrten kosten 1 US$. Ein paar Preisbeispiele: Apuela (45 US$), Ambuqui (20 US$), Cayambe (12 US$), Ibarra (10 US$), Quinchuqui (4 US$), Tulcán (50 US$), Haziendas um die Laguna de San Pablo (3–5 US$). Zum Flughafen Mariscal Sucre außerhalb von Quito beträgt der Fahrpreis 55 bis 60 US$, nach Quito hinein 70 US$.

Rund um Otavalo

Grün geschecktes Ackerland kriecht die steilen Hänge rund um Otavalo hinauf – eine lohnende Kombination für Reisende, die anstrengende Aktivitäten und eine weite Aussicht im Sinn haben. Quasi Pflicht für Wanderer sind die Lagunas de Mojanda (S. 112) südwestlich von Otavalo.

Versteckte Haziendas, einst prächtige Zentren der kolonialzeitlichen Gesellschaft, laden heute Reisende ein, ihr weitläufiges Gelände und faszinierende Geschichte zu

genießen. Da wäre auch noch die **Laguna de San Pablo**, der Tretboote und gepflegte Uferhotels ein vergleichsweise zivilisiertes Gesicht verleihen. Wir hörten begeisterte Kritiken zu den Reitausflügen und der Pferdetherapie im von Deutschen geführten **4 Volcanoes** (www.4volcanoes.com) in der Gegend, samt einer feinen Villa, die als Ferienhaus vermietet wird.

Die Panamericana verlässt Otavalo Richtung Nordosten und führt an den Dörfern Peguche, **Agato** und **Ilumán** vorbei, die bekannt für ihre Webereien sind; in Ilumán gibt es zudem einen Schamanenverband mit 120 Mitgliedern. **Atuntaqui**, nur 6 km weiter nordwärts auf der Panamericana, lohnt allein wegen des neu eröffneten **Museo Fábrica Textil Imbabura** (www.fabricaimbabura.gob.ec; Erw./Kind 3/1,50 US$; Mi–Fr 9–17, Sa & So 10-18 Uhr) einen Besuch. Die Dörfer südwestlich der Laguna de San Pablo stellen Feuerwerkskörper, Matten aus *totora* (Stroh aus Schilfrohr) und andere Schilfproduk-

Rund um Otavalo

N 0   5 km

Cotacachi

Hacienda Pinsaquí

Quiroga

Carabuela

Laguna de Cuicocha (7 km); Apuela (55 km)

Ilumán

Quinchuquí

Volcán Imbabura (4609 m)

Peguche

Laguna de Cuicocha (8 km)

Quinchinche

Agato

Cascadas de Peguche

Las Palmeras

Loma Pucará (2790 m)

El Lechero

s. Karte Otavalo (S. 104)

Cabañas del Lago

Rose Cottage

Lago de San Pablo

Araque

Casa Mojanda

La Luna

Hostería Puerto Lago

San Pablo del Lago

Cascada de Taxopamba

Hacienda Cusín

Lagunas de Mojanda (12 km)

San Rafael

González Suárez

Quito (90 km)

Panamericana

Ali Shungu

te her. Auf praktische Art lassen sich diese und andere *otaveleño*-Dörfer mit einem der empfohlenen Tourveranstalter in Otavalo erkunden, da deren Preise nicht viel höher liegen als eine Taxifahrt. Die meisten Dörfer sind auch leicht mit einem öffentlichen Bus zu erreichen.

🛏 Schlafen & Essen

Die meisten Unterkünfte liegen in der obersten Preiskategorie. Otavalo und andere Sehenswürdigkeiten in der Gegend sind nur eine kurze Fahrt entfernt; Taxis sind billig, trotzdem sind diese Unterkünfte vor allem mit eigenem Fahrzeug empfehlenswert. Für Wochenenden sollten alle frühzeitig gebucht werden.

⭐ Hacienda Cusín   HAZIENDA $$$

(☎06-291-8316; www.haciendacusin.com; EZ/DZ/3BZ/4BZ 122/145/187/197 US$; Mittags-/Abendmenü 18/22 US$; 📶 🅿 Die märchenhafte Hacienda Cusín aus dem 17. Jh. liegt 10 km von Otavalo entfernt am Südrand von San Pablo del Lago. Mächtige Zedern überschatten die Gartenwege zwischen den gemütlichen Gebäuden und anmutig alternden Gebäuden. Eindrucksvolle Holztüren, europäische Ölgemälde sowie Textilien und Antiquitäten aus Südamerika sorgen hier für museumsartiges Ambiente.

Die Gäste können Squash spielen, reiten oder Fahrradfahren, in der Bibliothek abhängen (auch jedes Zimmer ist mit Büchern bestückt) und es sich dann an der Bar gemütlich machen, wo ein prasselndes Feuer die Hochlandkälte vertreibt. Das elegante, hauseigene Restaurant (mit einem gruseligen Ölgemälde eines abgeschlagenen Kopfes) serviert köstliches Essen, das aus Bioprodukten aus dem eindrucksvollen Hausgarten zubereitet wird. Die Pauschalangebote reichen von Ausritten mit Übernachtung und Spanischkursen bis zu Webkursen. Der WLAN-Empfang kann frustrierend schwanken.

Hacienda Pinsaquí   HAZIENDA $$$

(☎06-294-6116; www.haciendapinsaqui.com; EZ/DZ/3BZ/4BZ mit Frühstück 112/144/155/175 US$; Menü 27 US$; 📶 Die Hacienda Pinsaquí, eine ehemalige Textilmanufaktur aus der Kolonialzeit, gibt einen Eindruck vom alten Ecuador. Balkendecken, ein prachtvolles Grundstück sowie eine elegante Einrichtung (z. B. französische Waschtische und finstere Porträts) beschwören die Vergangenheit herauf. Whirlpools und offene Kamine versetzen

einige der 30 Zimmer und Suiten sehr stilvoll in die Moderne.

Teile des Anwesens von 1790 überstanden das verheerende Erdbeben im Jahr 1857. Zudem ist das Ganze höchst geschichtsträchtig: Auf dem Weg nach Bogotá im Norden nächtigte hier Simón Bolívar. Lohnenswert sind die Kapelle und die gemütliche Bar, der ideale Ort für einen *canelazo* (Zuckerrohrschnaps bzw. *aguardiente* mit heißem Apfelsaft und Zimt). Alternativ lockt auch ein Ausritt auf einem Pferd aus den renommierten Stallungen.

Ali Shungu   FERIENHAUS $$$

(☎08-950-9945; www.alishungu.com; Quinchinche; Zi. pro Pers. mit Frühstück & Abendessen 95 US$; 🅿 📶 Zwei seit Langem hier lebende US-Amerikaner betreiben diese vier Ferienhäuser 5 km außerhalb von Otavalo mit spektakulärem Bergblick. Jedes Haus bietet Platz für acht Personen in zwei Schlafzimmern und hat eine voll ausgestattete Küche, ein herrliches Wohnzimmer mit großen Panoramafenstern, einem regelmäßig geschürten Kamin und lokal hergestelltem Kunsthandwerk sowie einen eigenen Garten.

Las Palmeras   FERIENHAUS $$$

(☎06-292-2607; www.laspalmerasinn.com; Zi./Suite ab 74/122 US$; 📶 Las Palmeras bietet in ländlicher Hügellandschaft farbenfrohe Häuschen mit gemütlichen Zimmern im Kolonialstil. Gäste können reiten, Fahrräder leihen, Spanischkurse belegen oder einfach die Landschaft genießen. Das Hausrestaurant ist hervorragend.

Hostería Puerto Lago   HÜTTEN $$$

(☎06-292-0920; www.puertolago.com; EZ/DZ/Suite 74/86/128 US$; Hauptgerichte 8–20 US$; 📶 Grasende Lamas pflegen die makellosen Rasen, der nüchterne Hütten mit Blick auf den Lago San Pablo, 5 km südöstlich von Otavalo, umgibt. Das beliebte Uferrestaurant serviert auf weißen Tischtüchern traditionelle Küche. Gäste können Tennis spielen oder einen faulen Tretboot- bzw. Kajaktag verbringen.

Cabañas del Lago   HÜTTEN $$$

(☎06-291-8108; www.cabanasdellago.com.ec; Zi. 85 US$, Hütten 100–135 US$; 📶 Die 27 Hütten in verschiedenen Größen und die vielen Aktivitäten zielen auf Familien ab: Am östlichen Seeufer warten hier ein *fútbol*-Platz, Minigolf, Jetskis, alle möglichen Wassersportarten und ein kräftigendes Hausrestaurant.

Lagunas de Mojanda

Eine löchrige Pflasterstraße führt hoch in den *páramo* (Hochgebirgssavanne in den Anden) zu drei türkisfarbenen Seen, die 17 km südlich von Otavalo wie Edelsteine zwischen den Hügeln liegen. Das Gebiet wurde 2002 unter Naturschutz gestellt und ist seither ein beliebtes sonntägliches Ausflugsziel für Familien. Camper sollten entweder am Südufer des größten Sees namens **Laguna Grande** zelten oder in der einfachen Schutzhütte aus Stein übernachten (Schlafsack und Proviant muss man selbst mitbringen). Touranbieter in Otavalo organisieren auch Kajakausflüge.

In der Nähe ragt der gezackte Gipfel des erloschenen Vulkans **Fuya Fuya** (4263 m) empor. Der steile Weg nach oben dauert 1½ bis zwei Stunden und beginnt in der Nähe der Stelle, wo die Taxis halten. Ein kürzerer, ähnlicher Aufstieg führt auf den **Cerro Tourichupa** (3950 m).

Eine weitere höchst empfehlenswerte Wanderung ohne steilen Auf- und Abstieg ist der **Rundweg**, der zunächst entlang einer Seite der Laguna Grande, dann hinab zur Laguna Chiquita und um den Cerro Negro (4260 m) zu einem Aussichtspunkt (4000 m), schließlich um die Berghütte (mit Blick auf die Laguna Negra) und zurück zur Straße an der Laguna Grande führt.

La Luna (s. u.) hat exzellente, detaillierte Wanderkarten für die Gegend.

Gleich nach der Casa Mojanda an der Straße zu den Lagunas de Mojanda beginnt der gut ausgeschilderte Weg zur **Cascada de Taxopamba**. Zu dem hübschen Wasserfall mit Teich in herrlich unberührter Landschaft ist es etwa eine halbe Stunde zu Fuß.

Taxis zwischen Otavalo und den Unterkünften um die Lagunas de Mojanda kosten um die 10 US$ pro Strecke, plus 10 US$ für jede Stunde Wartezeit. Tourunternehmen in Otavalo bieten geführte Wanderungen einschließlich Hin- und Rückreise an. Eine Taxifahrt zu den hier aufgeführten Unterkünften kostet ab Otavalo 4 US$.

🛏 Schlafen & Essen

⭐ La Luna   PENSION **$$**
(☎099-829-4913; www.lalunaecuador.com; Camping 8 US$, B 12 US$, EZ/DZ 30/45 US$, ohne Bad ab 22/36 US$; 🕿) La Luna liegt 4,5 km südlich von Otavalo am langen Weg bergauf zu den Lagunas de Mojanda und bietet preis-

bewussten Reisenden eine unbezahlbare Aussicht. Gegessen wird im behaglichen Hauptgebäude. Die Duschen sind heiß und vier der Doppelzimmer haben ein eigenes Bad und Kamin. Wanderer können sich auch Picknickpakete einpacken lassen.

Rose Cottage   HÜTTEN **$$**
(☎099-772-8115; www.rosecottageecuador.com; B 14 US$, Zi. ab 40 US$, EZ/DZ ohne Bad 16/35 US$; 🕿) Das Rose Cottage ist eine großartige Budgetunterkunft mit spektakulärer Aussicht. Die Anlage, 3 km von Otavalo einen steilen Hang hinauf, besteht aus unterschiedlichen Unterkunftsarten, die nicht weit von Otavalo liegen und dennoch tolles Andenpanorama bieten.

⭐ Casa Mojanda   HÜTTEN **$$$**
(☎08-033-5108; www.casamojanda.com; EZ/DZ mit Frühstück & Abendessen 110/183 US$; 🕿) Der hübsche Gasthof mit hinreißendem Blick über steiles Ackerland liegt 4 km südlich von Otavalo an der Straße zu den Lagunas de Mojanda. Die freundlichen Lehmziegelhäuschen sind mit elektrischen Heizgeräten, Warmwasserbädern und teils auch mit Kamin ausgestattet. Nach langen Wanderungen oder Reitausflügen entspannt draußen ein Hot Tub. Die Mahlzeiten werden aus frischem Gartengemüse zubereitet und die Besitzer (Ecuadorianer, die lange in Brooklyn, New York, lebten) sind kenntnisreich und freundlich.

Peguche

In dem kleinen, verschlafenen Weberdorf werden sowohl traditionelle als auch moderne Webmethoden praktiziert – an Wäscheleinen trocknet handgesponnene und gefärbte Wolle und das Surren elektrischer Webstühle ist zu hören. Die Busse der Cooperativa Imbaburapac halten auf der Strecke von Otavalo nach Agato auch in Peguche.

Sehenswertes

Cascadas de Peguche   WASSERFALL
Die meisten Leute kommen wegen der Cascadas de Peguche hierher. Den Einheimischen sind diese Wasserfälle heilig. Besucher sollten während des Sonnenfestes Inti Raymi im Juni fernbleiben, wenn Männer hier ein rituelles Bad nehmen. Das Areal ist gut erschlossen und die kopfsteingepflasterte Zugangsstraße ist gesäumt von Buden, die Kunsthandwerk, Getränke

und Snacks verkaufen. Die Anmeldung am Eingang ist kostenlos (Spenden sind jedoch erbeten), von dort führt ein kurzer Pfad zu den heißen Quellen, zu einer kleinen Brücke unterhalb des größten Wasserfalls und zu zwei Aussichtspunkten beidseitig des Flusses.

Schlafen

Hostal Aya Huma
HOSTEL $

(☑ 06-269-0333; www.ayahuma.com; Los Corazos, Peguche; EZ/DZ/3BZ/4BZ 22/35/46/57 US$, B 7 US$, Camping pro Pers. 4 US$) Die Rezeption von Aya Huma direkt neben der Bahnstrecke, vier lange Straßenblöcke von der Panamericana entfernt, sieht aus wie ein Kleinstadtbahnhof. Die Zimmer sind einfach, aber sauber, im Café gibt's deftiges Frühstück und gutes vegetarisches Essen. Reservierung ist ratsam, da es sonst geschlossen sein könnte und vielleicht niemand da ist.

La Casa Sol
HOTEL $$

(☑ 06-269-0500; www.lacasasol.com/casaotavalo.com; Peguche; EZ/DZ mit Frühstück 60/74 US$) Die pastellfarbene Oase mit Terracottawänden und Dachziegeln liegt oben an einer steilen Auffahrt neben dem Abzweig zum Wasserfall. Die Zimmer sind einfach und behaglich möbliert.

🔒 Shoppen

Die genaue Lage der Kunsthandwerksläden ist am besten bei den Einheimischen zu erfahren.

El Gran Condor
KUNSTHANDWERK

(www.artesaniaelgrancondor.com; ⊙ Mo–Fr 8–19, So 11–16 Uhr) El Gran Condor an Peguches Hauptplatz ist das perfekte Ziel für Textilienfans, die in Otavalo nicht das Gewünschte gefunden haben. Der Laden verkauft hochwertige Waren aus einheimischer Produktion (u. a. Pullover, Schals und Wandbehänge). Wer vorher anruft, kann sich Färbe- und Webmethoden zeigen lassen.

Taller de Instrumentos Andimos-Nañda Mañachi
MUSIK, KUNSTHANDWERK

Diese Familie stellt traditionelle Musikinstrumente von Hand her – darunter Panflöten und mandolinenartige *charangos* mit zehn Saiten, die traditionell aus Gürteltierpanzern gemacht werden.

Tejidos Mimahuasi
KUNSTHANDWERK

Gewährt einen Einblick in den Webprozess.

Cotacachi
17 100 EW. / 2418 M

Bekannt ist Cotacachi vor allem wegen der Lederwaren und der Hauptstraße, der Calle 10 de Agosto, mit ihren vielen Läden, die preiswerte Jacken, Reisegepäck, Brieftaschen, Handschuhe und Schuhe aus Leder verkaufen. Aber der eigentliche Reiz, der immer mehr nordamerikanische Ruheständler anzieht, die sich hier Grundstücke kaufen, ist die unbeschwerte Beschaulichkeit, wenn nicht gar Verschlafenheit. Die Atmosphäre ist ansteckend. Der Ort ist relativ wohlhabend, hat gepflegte Bauten und liegt in der Nähe der Laguna de Cuicocha und des Volcán Cotacachi. Er würde sicherlich mehr Reisende anlocken, gäbe es mehr Unterkünfte. Sonntag ist Markttag (nicht annähernd so groß wie der in Otavalo) und fast alle Läden bieten einen Rabatt für Barzahlung an. Es gibt mehrere Geldautomaten (auch einen der Banco Guayaquil) am Parque San Francisco an der Ecke der Rocafuerte.

⊙ Sehenswertes & Aktivitäten

Museo de las Culturas
MUSEUM

(Moreno 13-41; ⊙ Mo–Fr 9–12 & 14–17, Sa 14–17, So 10–13 Uhr) GRATIS Mehrere kleine Galerien im klassizistischen früheren Rathaus dokumentieren die Regionalgeschichte ab 8500 v. Chr. bis zur Kolonialzeit und der Republik. Die Kostüme und Fotos des indigenen Religionsfestes lohnen einen Besuch – der „Mann der Berge" für das Sacha Runa sieht genauso aus wie Chewbacca aus *Krieg der Sterne*.

🛏 Schlafen

Land of the Sun
HISTORISCHES HOTEL $$

(☑ 06-291-6009; Moreno & Sucre; Zi. mit Frühstück pro Pers. 32 US$, Hauptgerichte 4–10 US$; 🅿 @ 🛜) Das sehr schöne Kolonialhotel im Herzen der Stadt besitzt einen idyllischen Innenhof, um den sich ansprechende Zimmer mit Holzböden gruppieren; die besten haben einen Balkon mit Blick auf das Kloster. Weitere Annehmlichkeiten sind eine Sauna und ein hervorragendes Restaurant (7–21 Uhr) im Innenhof.

★ Hostería La Mirage
HOTEL $$$

(☑ 06-291-5237; www.mirage.com.ec; Calle 10 de Agosto; Suite mit Frühstück & Abendessen 427–976 US$; 🅿 🛜 🏊) Eines der schönsten Hotels Ecuadors, hinter eisernen Toren über eine unbefestigte Zufahrt zu erreichen, ist ein

Prachtbau mit weißen Kuppeln, Säuleneingang und Pfauen auf dem Rasen – und einmalig für echten Luxus in einer herrlichen Andenlandschaft. Die Ausstattung ist reines Louis-quatorze mit echten Gemälden, Himmelbetten, Blumensträußen und edler Bettwäsche. Das Haus liegt 500 m nordöstlich des Hauptplatzes.

Neben den schönen Zimmern locken zudem ein mit Rosenblättern bestreuter Swimmingpool im Haus, ein Whirlpool und ein luxuriöses Spa. Tennis, Reiten und Mountainbiken gehören ebenfalls zum Angebot. Das stilvolle Restaurant ist ein kulinarisches Erlebnis internationaler Fusionsküche.

Essen

Mercado Jatuk Cem „Cotachi" MARKT $

(Calle 10 de Agosto nahe Salinas; Hauptgerichte 2–4,50 US$; ⏱6–16 Uhr) An den Ständen in diesem überdachten Straßenmarkt gibt es u. a. *marisquerías* und *parrillas* (Fisch und Meeresfrüchte und gegrilltes Steak). Das Essen ist hier ebenso gut wie in den feinen Touristenrestaurants in der Stadt und kostet nur ein Drittel. Er liegt günstigerweise vor dem Busbahnhof und neben dem Obst-, Gemüse- und Blumenmarkt; manche Stände sind bis 19 Uhr geöffnet.

Café Río Intag CAFÉ $

(Imbabura 863, Parque San Francisco; Sandwiches 3 US$; ⏱8–21 Uhr; ☎) Biokaffee aus dem Intag-Tal, Kuchen und kleine Sandwiches werden in dem coolen, studentischen Café mit bequemen Sofas und einer schicken Nische auf einer unteren Ebene serviert. Draußen auf der Pinnwand sind aktuelle Kulturveranstaltungen in der Gegend angekündigt.

★ Sumac INTERNATIONAL $$

(☎06-291-6704; Peñaherrera & Proano; 4-Gänge-Menü 12 US$; ⏱Mo–Sa 12–16 & 17–20 Uhr) Der ecuadorianische Koch, der in Quito französische Küche gelernt hat, präsentiert kunstvoll angerichtete Fleisch- und Fischgerichte und köstliche Desserts, alles aus lokalen Zutaten.

❶ An- & Weiterreise

Cotacachi liegt 15 km nördlich von Otavalo und westlich der Panamericana. Die Busse der 6 de Julio und der Transportes Cotacachi fahren von Otavalo etwa alle 20 Minuten (0,25 US$, 20 Min.) zum Busbahnhof am anderen Ende von Cotacachi. Ein Taxi für die Strecke kostet 5 US$.

Reserva Ecológica Cotacachi-Cayapas

Das Naturschutzgebiet (Zutritt See/ganzer Park 1/2 US$) erstreckt sich über einen großen Teil der westlichen Anden. Das Höhenspektrum zwischen dem Volcán Cotacachi und den Regenwäldern des Küstentieflands sorgt für einen riesigen Artenreichtum. Die dichte Vegetation macht Touren zwischen Hoch- und Tieflandbereich fast unmöglich. Die meisten Reisenden besuchen daher entweder die Tieflandzone ab San Miguel am Río Cayapas oder das Hochland rund um die Laguna de Cuicocha. Bei Anreise aus Richtung Cotacachi fungiert eine Rangerstation kurz vor der Laguna de Cuicocha als Parkeingang (die Straße nach Intag führt hier vorbei).

Knapp eine Stunde Fahrt nach Osten befindet sich die sehr beliebte Chachimbiro-Thermalquelle, ein voll erschlossener, Disney-artiger Komplex mit verschiedenen Becken für jeden Bedarf und teilweise spektakulären Aussichten. Eine Taxifahrt hin und zurück mit mehrstündigem Aufenthalt kostet ab Cotacachi 35 US$. Die Laguna de Piñán weiter westlich im *páramo* hat ein faszinierendes Panorama und Wanderwege – Runa Tupari (S. 105) in Otavalo organisiert Gruppentouren.

◎ Sehenswertes

Laguna de Cuicocha SEE

Rund 18 km westlich von Cotacachi füllt dieser gespenstisch ruhige, düstere See einen eingebrochenen Vulkankrater auf 3100 m Höhe. Die ca. 3 km breite und 200 m tiefe Laguna umgibt zwei hügelige Inseln, die bei späteren Eruptionen emportraten und wie die Rücken zweier Meerschweinchen aussehen – daher der Name *cuicocha* („Meerschweinchensee" auf Kichwa). Ein kurzer Pfad führt vom Parkplatz am Eingang zu mehreren Aussichtspunkten.

Es lohnt sich auf jeden Fall, auf dem Sendero Las Orquídeas um den See herum zu wandern. Der Weg beginnt gleich hinter dem letzten Aussichtspunkt und folgt der Kammlinie hoch über dem Seeufer. Kolibris naschen an leuchtenden Blüten und hin und wieder kreist ein Kondor über der Wasserfläche. Je nach Fitness dauert die Wanderung über den 14 km langen Rundweg 3½ bis 5 Stunden. Wenn sich die Wolken verziehen, ist der Volcán Cotacachi zu sehen.

Mietboote ermöglichen kurze Inselrundfahrten.

🛏 Schlafen & Essen

Hostería Cuicocha   PENSION $$

(☎06-301-7219; www.cuicocha.org; pro Pers. mit
Frühstück & Abendessen 55 US$, Hauptgerichte
4–9 US$; 🖥) Die alte und verwohnte Ein-
richtung kann den herrlichen Blick auf See
und Berge, der sich aus einigen der Zimmer
bietet, nicht mindern. In dem Ziegelgebäude
befinden sich auch ein allgemein zugängli-
ches Restaurant (Hauptgerichte 4–10 US$)
und ein selten besetzter Informationsschal-
ter. Nachts kann es sehr verlassen wirken,
wenn man allein ist.

ℹ An- & Weiterreise

In Cotacachi fahren *camionetas* zur Laguna de
Cuicocha (hin & zurück 10–12 US$, inkl. 1 Std.
Wartezeit). Eine billigere Möglichkeit ist eine
zehnminütige Fahrt mit einem Bus der Transportes Cotacachi nach Quiroga (ab Otavalo
oder Cotacachi), dort können sich Reisende am
Hauptplatz ein Taxi nehmen.

Ibarra

140 000 EW. / 2225 M

Die Hauptstadt der Provinz Imbabura und
größte Stadt nördlich von Quito folgt dem
alltäglichen Rhythmus seiner arbeitenden
Bevölkerung, einer Mischung aus Afro-
ecuadorianern, *indígenas* und Mestizen.
Die Straßen der Innenstadt von Ibarra, *la
ciudad blanca* („die weiße Stadt") genannt,
sind von fein verzierten, weißen Kolonialbauten gesäumt. Das Erdgeschoss der
meisten Häuser ist zwar heute von ganz
normalen Läden belegt und es herrscht
eine geschäftige Atmosphäre, aber mehrere
ziemlich schöne Plätze mit hohen Palmen

und barocken Kirchen verleihen dem Ganzen ein ausgeprägt elegantes Flair.

In der Nähe ragt eindrucksvoll der Volcán
Imbabura empor und nur 3 km entfernt im
Nordosten liegt die Laguna de Yahuarcocha
(der Name bedeutet in der Kichwa-Sprache
„Blutsee", da hier fast 30 000 Caranqui-Krie-
ger von den Truppen des Inka-Herrschers
Huayna Capac getötet wurden). Heute bevölkern Jogger, Radfahrer und Tretbootfah-
rer das Seeufer. Zählt man noch ein paar
kleine, interessante Museen, eine lohnende
Bahnfahrt, gute Cafés und die Nähe zu Otavalo und anderen *indígena*-Dörfern hinzu,
stellt sich die Frage, warum es hier kaum
touristische Infrastruktur gibt.

◉ Sehenswertes & Aktivitäten

Centro Cultural   MUSEUM

(Ecke Sucre & Oviedo; ⏱Mo–Fr 9–17, Sa & So
10–16 Uhr) GRATIS Eine kleine, eindrucksvolle
Sammlung religiöser Gemälde aus dem 14.
bis 19. sowie archäologische Ausstellungen mit prähistorischen Keramiken und
Goldartefakten aus Pimampiro. Texte sind
auf Spanisch und Englisch.

Museo Arqueológico y
Etnográfico Atahualpa   MUSEUM

(García Moreno & Sucre, Teatro Sucre, 1. Stock;
⏱Mo–Fr 8–12.30 & 14–17.30, Sa 9.30–17 Uhr)
GRATIS Mehrere kleine Ausstellungssäle mit
faszinierenden präkolumbischen Artefakten aus der Umgebung. Die meisten Ob-
jekte, darunter zeremonielle Gegenstände
und Skulpturen aus Keramik sowie Waffen
und vorsätzlich deformierte Schädel, stammen von den Caranqui, die vor den Inkas
herrschten.

NÖRDLICHES HOCHLAND IBARRA

NICHT VERSÄUMEN

MIT DEM ZUG UNTERWEGS

Die jüngst instandgesetzte Strecke, der „Tren de la Libertad", verbindet Ibarra mit dem
sehr viel tiefer liegenden Dorf Salinas, das wie eine Geisterstadt wirkt – fehlen nur
noch Steppenpflanzen. Die Fahrt hin und zurück ist nur 30 km lang, dauert aber sechs
Stunden, da der Zug nur langsam vorantuckert. Zudem haben Fahrgäste in Salinas Zeit,
das mäßig interessante Salzmuseum und die Vorführung einer afroecuadorianischen
Tanzgruppe zu besuchen. Ein paar Angestellte einer privaten Sicherheitsfirma begleiten
auf Motorrädern den Zug auf ganzer Strecke, um zu verhindern, dass er mit Autos, Pick-
ups oder umhertrottendem Vieh zusammenstößt – das vermittelt das Gefühl, Teil eines
präsidialen Motorradkonvois zu sein. **Tren Ecuador** (☎1-800-873-637, Bahnhof Ibarra
06-295-0390; www.trenecuador.com; hin & zurück 20 US$; 🚻) hat seinen Sitz im renovierten
Bahnhof von Ibarra. Abfahrt ist mittwochs bis sonntags um 10.30 Uhr.

Die Strecke zwischen Otavalo und Ibarra wurde Anfang 2015 eröffnet.

Ibarra

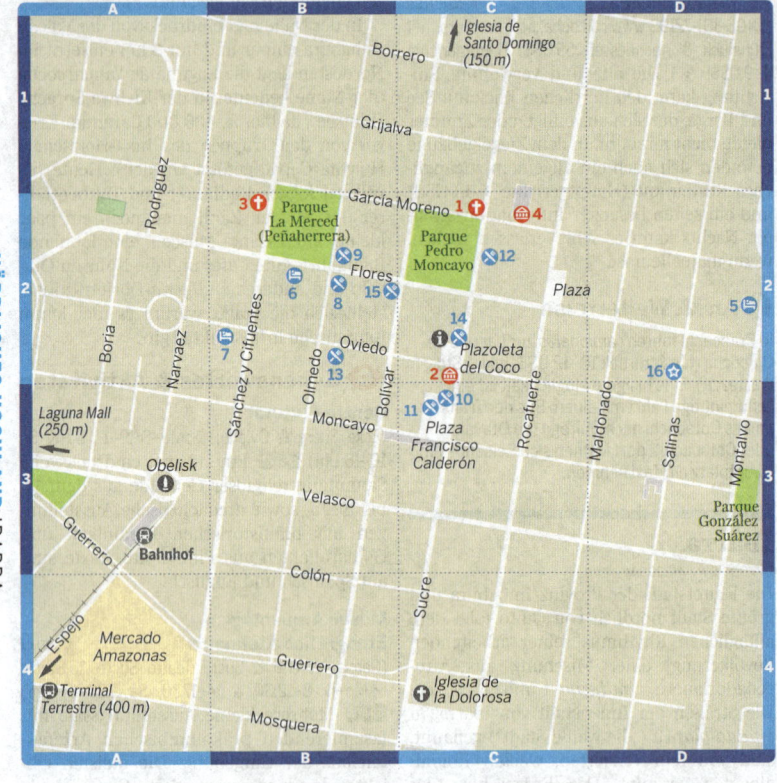

Parque La Merced
PLATZ

Ibarras Hauptplatz (Peñaherrera) wurde Anfang des 19. Jhs. angelegt. Hauptattraktion der **Iglesia de la Merced** ist ein mit Blattgold überzogener Altar für die Virgen de la Merced (Schutzheilige der Streitkräfte). In der Kirche erinnert eine spezielle Messe an die Opfer und Überlebenden des verheerenden Erdbebens von 1868.

Parque Pedro Moncayo
PLATZ

Der hinreißende Platz mit vielen Palmen wird von Ibarras barock angehauchter **Kathedrale** dominiert. Diese beherbergt Blattgoldaltäre und Säulen, die Rafael Troya einst mit Bildern der zwölf Apostel bemalte. Der eigentliche Park ist nach dem hier geborenen Journalisten und Diplomaten Pedro Moncayo (1807–1888) benannt.

Iglesia de Santo Domingo
KIRCHE

Am Nordende der Bolívar liegt der idyllische **Parque Santo Domingo**. Die Dominikaner-kirche hinter dem kleinen Park beherbergt mit *La Virgen del Rosarío* ein Altarbild des Künstlers Diego de Robles.

Fly Ecuador
ABENTEUERSPORT

(☑ 06-295-3297; www.flyecuador.com.ec; Villamar 261 nahe Olmedo; pro Pers. 67 US$) Tandem-Paragliding von einem der benachbarten Hügel bietet eine atemberaubende Vogelperspektive der Umgebung. Erfahrene Ausbilder bieten auch mehrtägige Kurse für Leute, die solo fliegen wollen.

🛏 Schlafen

Es gibt in der Stadt zwar mehrere Budgetunterkünfte, aber die besseren Hotels befinden sich nahe der Panamericana westlich von Ibarra. Sie sind oft im Voraus ausgebucht, besonders an Wochenenden und in den letzten beiden Septemberwochen während der lebhaften jährlichen Fiesta Ibarras.

Ibarra

Hotel Barcelona
HOTEL $

(📞 06-260-0871; suarezmagdalena@yahoo.es; Flores 8-51 nahe Sánchez y Cifuentes; Zi. pro Pers. 10 US$, ohne Bad 8 US$; 📶) Die Lobby in diesem weißen, dreistöckigen Hotel am Parque La Merced mag zwar wenig verheißungsvoll aussehen, aber die großen Zimmer mit Holzböden und hohen Decken sind eine angenehme Überraschung. Die zum Park raus haben viel Licht, sind aber frühmorgens laut. Mit ein paar Eigenarten ist zu rechnen, z. B. ist der Lichtschalter fürs Badezimmer in der Dusche.

Hotel Imbabura
HOTEL $

(📞 06-295-8522; info@hotelimbabura-lapileta.com; Oviedo 9-33; Zi. pro Pers. 8 US$; 📶) Die Zimmer in diesem gut erhaltenen Kolonialhaus entsprechen wie (bei diesem Preis) zu erwarten längst nicht der recht prachtvollen Architektur und dem zauberhaften Innenhof. Alle haben Gemeinschaftsbäder, sind karg, wenn auch sauber, haben abgehängte Decken und abblätternden Wandverputz. Es gab bei unserem Besuch kein Schild, keine Adresse oder Sonstiges – das einfachste Erkennungsmerkmal ist der Großhandel für Süßigkeiten gegenüber.

Hostal del Río
HOTEL $$

(📞 06-261-1885; jimmyguzman@hotmail.com; Ecke Montalvo 4-55 & Flores; Zi. pro Pers. 20–30 US$; 📶📶) Das Hotel ist mit seinem Hauch von regionalem Kolonialstil und hellen Zimmern mit Hartholzböden eine exzellente Wahl. Es liegt in einer ruhigen Straße ein paar Blöcke östlich der Innenstadt.

⭐ Hostería Cananvalle
HÜTTEN $$

(📞 98-260-9132; hosteria-cananvalle.com; Zi. mit Frühstück 60–70 US$; 📶📶) 🔌 Die familiengeführte Farm in idyllischer Lage mit Blick auf Schlucht und Berge, nur zehn Minuten von der Innenstadt entfernt, ist ein recht lauschiges Refugium. Neben dem rankenbewachsenen Haupthaus gibt es noch mehrere separate Hütten mit Ziegeldach und Lehmziegelwänden. Das Essen wird überwiegend aus Erzeugnissen aus eigenem Anbau zubereitet und die Besitzer legen Wert auf Naturschutz und nachhaltigen Tourismus.

Hostería Chorlaví
HISTORISCHES HOTEL $$$

(📞 06-293-2222; www.haciendachorlavi.com; Panamericana Sur 4½; EZ/DZ/3BZ mit Frühstück 105/126/165 US$; 📶📶📶) Viele Wochenendausflügler schätzen die klassische, umgebaute Hazienda wegen ihres Pools und ihrer Tennisplätze. Es ist eine zauberhafte Unterkunft, mit Zimmern voller Antiquitäten, aber dennoch angenehm dezent. An Wochenenden ist es weniger friedlich: Dann lockt Livemusik Reisegruppen und Shopper aus Otavalo hierher. Das Hotel ist 4,5 km südlich von Ibarra an der Panamericana nach rechts ausgeschildert.

✖ Essen

Südlich der Flores zwischen Olmedo und Sucre gibt es einige rund um die Uhr geöffnete *chifas* (chinesische Restaurants). Ein kurzes Stück zu Fuß vom Bahnhof befindet sich an der Westseite der Innenstadt die **Laguna Mall** (www.lagunamall.com.ec; Acosta & Galindo), ein großes, modernes Einkaufszentrum mit mehreren Restaurants, einem Food-Court, einem Supermarkt, einem Kino (www.starcines.com) und Läden.

Comedores
COMEDOR $

(Olmedo & Parque La Merced) Etwa ein halbes Dutzend *comedores* (billige Restaurants) und ebenso viele Stände, die das gleiche Angebot an süßen Spezialitäten verkaufen, zwängen sich in kleine Nischen in der Backsteinfestung an der Ostseite des Parque La Merced. Am meisten angeboten werden *ar-*

rope de mora, ein schrecklich süßer Brombeersirup, der mit Wasser oder Schnaps gemischt wird (andere Fruchtaromen gibt's auch), und *nogadas*, eine süße Nascherei aus Walnüssen, Zucker, Milch und Eiweiß.

Ana de Nuñez   SÜSSIGKEITEN $
(Ecke Flores & Olmedo) Ein kleiner Laden voll mit typischem Naschwerk aus Ibarra, wie *nogadas* und *arrope de mora*.

Heladería Rosalía Suárez   EIS $
(Oviedo 7-82; Waffel/Becher 0,90/1,30 US$; ⏱7–18 Uhr) 1897 fand die erst 17-jährige Rosalía Suárez heraus, dass die beste Eiscreme gar keine Sahne enthalten muss. Ihr Laden, der heute von ihrem Enkel geführt wird, war seither eine Sensation. Er verkauft *helados de paila,* eigentlich Sorbets aus Eiweiß und reinem, tropischen Fruchtsaft (beliebt sind *guanábana, naranjilla* und *maracuyá*), alles in einem großen Kupferkessel (der *paila*) mit einem Holzlöffel gerührt und dann auf einem Strohlager gekühlt.

Ein konkurrierender Eisladen mit dem gleichen Namen und von einem weiteren Suárez-Nachkommen geführt befindet sich direkt gegenüber.

El Coyote   MEXIKANISCH $
(Plaza Francisco Calderón; Hauptgerichte 5–8 US$; ⏱Mo–Do 12–22, Fr & Sa bis 24 Uhr) Heizlampen und auch Tequila halten schön warm beim abendlichen Essen in diesem Lokal, das ausschließlich Straßentische am Platz aufstellt. Zum Angebot aus leckeren, mexikanischen Standardspeisen, wie Burritos, Tacos, Enchiladas und Fajitas, gehören auch einige ecuadorianische Gerichte.

La Hacienda   ECUADORIANISCH, INTERNATIONAL $
(Ecke Oviedo & Sucre; Hauptgerichte 4–8 US$; ⏱Mo–Sa 8–22.30 Uhr) In dem freundlichen Feinkostladen mit Scheunendekor wird auf heugefüllten Sitzbankpolstern gefuttert. Spezialität des Hauses sind Baguette-Sandwiches. Gäste mit Begleitung bestellen aber am besten eine Tapasplatte (15 US$) für zwei bis drei Personen. Ansonsten gibt's hier auch eine komplette Frühstückskarte und anständigen Kaffee (selten in Ibarra).

Donde el Argentino   ARGENTINISCH $
(Plaza Francisco Calderón; Hauptgerichte 5–10 US$; ⏱Di–So 12–21 Uhr) Das äußerst stimmungsvolle winzige Café versetzt einen z. B. mit tollen Steaks und Pommes in Richtung Süden. An Sonnentagen stellt es auch Straßentische auf den Platz.

El Quinde Café   CAFÉ $
(Sucre & Flores; Hauptgerichte 3 US$; ⏱Mo–Sa 8–22 Uhr; ☎) Das reizende kleine Lokal am Parque Pedro Moncayo wird von einem Ehepaar geführt und serviert Kaffee aus heimischem Anbau, Kuchen und Gebäck. Die kleine Sitzecke im 1. Stock ist ideal, um sich mit einem Buch oder Laptop zurückzuziehen.

Olor a Café   CAFÉ, ECUADORIANISCH $$
(Ecke Flores & Bolívar; Hauptgerichte 9–15 US$; ⏱Mo–Fr 8–20 Uhr ☎) Ibarras Literaturtreff befindet sich in einem stattlichen Kolonialgebäude in der Innenstadt und seine Betreiber behaupten, dass es der beste Ort für einen Heiratsantrag sein. Eine Wand ist voller anspruchsvoller Literatur, die zum Verkauf steht. Hamburger, thailändisches Huhn mit Sojanudeln und Filet mignon sowie Sandwiches, Kaffee und Gebäck stehen auf der Karte. Am Bahnhof gibt es eine Filiale mit ein paar Tischen, die mittwochs bis sonntags geöffnet ist.

☆ Unterhaltung

Café Arte   LIVEMUSIK, FILM
(Salinas 5-43; ⏱Fr & Sa 17–3 Uhr) Eine der besseren Livemusikkneipen Ecuadors befindet sich überraschenderweise in Ibarra. Hier treten auch Bands aus Kuba und Spanien auf. Die Musik reicht von Jazz und Flamenco bis zu Rock. Die Konzerte beginnen freitags und samstags gegen 22 Uhr. Auf dem Programm stehen auch Filmvorführungen, Tanzkurse und Kunstausstellungen.

ⓘ Praktische Informationen

In allen Parks der Innenstadt Ibarras steht kostenloses WLAN zur Verfügung (wir hatten allerdings Probleme mit dem Zugang).

Touristeninformation (iTur; ☎098-123-2789, 06-260-8489; www.touribarra.gob.ec; Ecke Oviedo & Sucre; ⏱Mo & Di 15–17, Mi–Fr 9.30–12.30 Uhr) Die äußerst hilfsbereiten Angestellten organisieren Aktivitäten in kommunalen Tourismusprojekten, Bergsteiger- und Wandertouren. Englischsprachige sollten nach der sachkundigen Iriña Gomez fragen.

SecoMatic (Sánchez y Cifuentes nahe Lequerica) Die einzige Wäscherei in der Innenstadt. Waschen und Trocknen kostet 2 US$ pro Kilo; Auslieferung nach 24 Stunden kostet 20 % extra.

ⓘ Anreise & Unterwegs vor Ort

→ Der moderne Busbahnhof von Ibarra ist der **Terminal Terrestre** (Av Teodoro Gomez nahe Espejo). Ein Taxi zur/von der Innenstadt kostet

BUSSE AB IBARRA

ZIEL	PREIS (US$)	FAHRZEIT (STD.)
Ambato	5	5
Cuenca	14	12
El Ángel	1,25	1½
Guayaquil	10	10
Otavalo	0,45	20 Min.
Quito	3	3
San Lorenzo	4	4
Santo Domingo	5	6
Tulcán	2,50	2½

1 US$. Busse nach Quito verkehren ungefähr alle zehn Minuten.

➜ Die Busse zum Dorf La Esperanza (0,25 US$, 25 Min.) fahren an der Nordseite des Parque German Grijalva im Stadtzentrum ab.

➜ Wer die Umgebung auf eigene Faust erkunden will, erhält nur bei **Explorer Rentacar** (☎ 06-295-1668; www.rentacarexplorer.com; Olmedo 869) einen Mietwagen; sie kosten ab 38 US$ pro Tag.

La Esperanza
HÖHE 2992 M

La Esperanza liegt 7 km südlich von Ibarra an den Hängen des **Volcán Imbabura** (4609 m). Das malerische Dorf ist ein erholsamer Stopp für müde Reisende und der beste Ausgangspunkt für Aufstiege am Imbabura. Kletterer starten am besten frühmorgens und folgen über 2000 m dem ansteigenden Berggrat zum Gipfel, 8 km im Südwesten. Im letzten Abschnitt muss dabei loses Geröll gemeistert werden. Es ist allein zu schaffen, aber Unerfahrene sollten diesen Trip mit einem einheimischen Führer oder einem Tourveranstalter aus Otavalo (60 US$) unternehmen. Hin und zurück ist mit sechs bis zehn Stunden zu rechnen. Weniger trainierte Kletterer belohnt der leichtere Aufstieg am **Loma Cubilche** (3886 m) südlich von La Esperanza nach drei Stunden mit schöner Aussicht.

Von Ibarra aus ist La Esperanza zu Fuß, mit dem Bus (0,25 US$, 25 Min., regelmäßig) oder Taxi (ca. 5 US$) erreichbar.

Casa Aida　　　　PENSION $
(☎ 06-266-0221; www.casaaida.com; Calle Gallo Plaza; Camping/B/Zi. pro Pers. 4/7/14 US$; ☎) Erholung vor dem Abenteuer verspricht die freundliche Casa Aida mit einfachen, aber sauberen und komfortablen Zimmern in fröhlichen Farben. Eigentümerin Aida liefert hervorragende Regionalinfos und vermittelt Führer für den Aufstieg zum Imbabura-Gipfel. Dank ihrer berühmten Pfannkuchen und herzhaften Mittagspakete bzw. Abendmahlzeiten fühlen sich Gäste hier sofort zu Hause.

Tradiciones San Clemente　PRIVATZIMMER $$
(☎ 06-266-0045; www.sanclementetours.com; San Clemente; Zi. mit VP pro Pers. 35 US$) Die kommunale Tourismusinitiative vermittelt Privatunterkünfte im Nachbardorf San Clemente.

Intag-Tal

Die dramatische Fahrt hinab ins Intag-Tal, wo Bäume voller tropischer Früchte hängen und Kinder mit nur einem Stück Seil als Zügel auf Pferden reiten, ist ein Erlebnis. Das fruchtbare Tal ist nicht nur berühmt für seinen Kaffee, sondern auch für seinen Aktivismus. Seit Beginn der 1990er-Jahre kämpft die Landbevölkerung gegen den industriellen Kupferbergbau, der für erhebliche Umweltschäden verantwortlich ist. 2011 unterzeichnete die ecuadorianische Regierung ein Abkommen mit dem chilenischen Unternehmen Codelco, dem größten Kupferproduzenten der Welt, das den Schürfarbeiten grünes Licht gab. 2014 ging das Projekt richtig los, ebenso der Widerstand dagegen. Einige Protestaktionen arteten in Gewalt aus, daher gibt es eine massive Polizeipräsenz, vor allem im unteren Tal. Das muss nicht unbedingt abschrecken, aber Reisende sollten doch vorher die Lage checken. Weitere Informationen gibt's bei der Defensa y Conservación de Intag („Widerstand und Naturschutz in Intag"; Decoin; www.decoin.org) und deren Gemeindeblatt (www.intagnewspaper.org) oder in dem Dokumentarfilm von 2008 *Bajo Suelos Ricos* („Unter fruchtbarem Boden").

Die Intag-Gemeinden haben, teilweise unter Leitung der Unión de Organizaciones Campesinas Indígenas de Cotacachi („Union der indigenen Bauernorganisationen von Cotacachi"), mit der Wiedereinführung einheimischer Nutz- und Heilpflanzen begonnen, die in den Anden seit Jahrhunderten, wenn nicht gar Jahrtausenden angebaut wurden. Ziel ist es, die landwirtschaftliche Artenvielfalt zu erweitern und kulinarische Traditionen zu erhalten. Das Ergebnis kann bei einem Aufenthalt in einem familiengeführten Landhaus, das über Runa Tupari (S. 105) gebucht wird, gesehen und gekostet werden.

Freiwilligenarbeit in der Gegend vermitteln Siempre Verde (S. 416) und das Andean Bear Conservation Project (S. 416).

Erwähnenswert ist zudem die Asphaltierung und Verbesserung einer Straße, die über Chontal und Nanegalito das Tal durchquert. Sie wird eine malerische Alternative für die Strecke zwischen Otavalo und Mindo sein (ohne durch Quito fahren zu müssen). Die Busse der Transportes Otavalo verkehren dreimal täglich zwischen Otavalo und Santa Rosa.

Schlafen

Intag Cloud Forest Reserve
HÜTTEN $$

(www.intagcloudforest.com; Zi. pro Pers. inkl. aller Mahlzeiten 50 US$) Das vom Gründer der Decoin betreute Nebelwaldreservat (10 US$ Eintritt für Tagesbesucher) liegt eine Stunde zu Fuß von Santa Rosa. Mindestens achtköpfige Besuchergruppen können hier nach Voranmeldung in rustikalen Hütten mit solarbeheiztem Warmwasser wohnen, wandern, Vögel beobachten und vegetarische Kost futtern.

★ El Refugio de Intag
PENSION $$$

(www.elrefugiocloudforest.com; Santa Rosa; EZ/DZ mit Frühstück 62/112 US$;) Ein Fluss fließt durch das 30 ha große, idyllische Gelände mit mehreren komfortabel rustikalen Hütten. Es ist ein wohltuendes Refugium für Vogelbeobachter oder jene, die einfach nur Ruhe wollen. Für lange Wanderungen in der Umgebung stehen Spanisch sprechende Führer zur Verfügung. Die hausgemachten Mahlzeiten (8 US$) werden mit frischen Zutaten von der Farm bereitet. Das Haus liegt nur 1 km von Santa Rosa entfernt.

Apuela

Das Nest Apuela liegt am Río Intag, der auf seinem Weg zum Pazifik eine gewaltige Schlucht durch die Berge gegraben hat. Im Ortszentrum spielen viele Einheimische sonntags Fußball und stöbern auf dem Markt nach Lebensmitteln oder Jeans.

Aktivitäten

Nangulví-Thermalquellen
QUELLEN

(Eintritt 3 US$, Hüttenzi. pro Pers. 12 US$; 7–21 Uhr) Die Anlage aus gefliesten Becken hat schon bessere Tage gesehen. Sie ist aber noch immer toll zum Relaxen – vor allem beim Sonnenuntergang, wenn das Tal dunkel wird. Es gibt einige Hütten und ein Restaurant (Menüs 2 US$) rundet das Badeerlebnis ab.

Schlafen

Finca San Antonio
HÜTTEN $

(06-264-8627; www.intagtour.com; Zi. pro Pers. 8 US$) Auf der anderen Seite von Apuela in Cuellaje liegt diese Farm mit einfachen Hütten oder Schlafsälen und mit Gemeinschaftsküche für Selbstversorger; auch Unterkunft bei einheimischen Familien wird vermittelt. Gegen Aufpreis gibt's hier auch geführte Wanderungen, Forellenangeltrips und dem Besuch einer nahe gelegenen Käserei.

Cabañas Río Grande
HÜTTEN $$

(06-264-8296; Zi. 30 US$;) Die beste Unterkunft in der Gegend ist diese Anlage aus sauberen Holzhütten für je vier Personen und einem großen, gut gepflegten Pool zu Füßen der hohen Berge direkt am rauschenden Río Intag. Wer ein paar Stunden vorher Bescheid gibt, bekommt auch etwas zu essen (Hauptgerichte 4–6 US$).

Shoppen

Asociación Río Intag
KAFFEE, KUNSTHANDWERK

(06-256-6029; www.aacri.com) Das Café Río Intag in der Nähe des Platzes ist eine Kaffee-Kooperative, die Asociación Río Intag, deren Bohnen von lokalen Bauern und Künstlern angebaut werden. Auch Kunsthandwerk einheimischer Frauen wird hier verkauft.

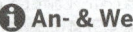 An- & Weiterreise

Von Otavalo (3 US$, 2½ Std.) fahren mindestens viermal täglich Busse nach Apuela.

Junín

Die Straße führt weiter in entlegene Andenhügel zum politisch aktiven Ort Junín. In der Nähe des Bauerndorfes García Moreno eröffnet sich eine schöne Aussicht: Ein schmaler, von Bananenbäumen gesäumter Bergrücken fällt steil zu sanft gewellten Hügeln in Richtung Horizont ab.

🛏 Schlafen

Junín Cloud Forest Reserve   LODGE **$$**
(☏ 08-887-1860, 08-149-1654; www.junincloudfo
rest.com; Zi. pro Pers. inkl. Mahlzeiten 35 US$) Die sehr empfehlenswerte Junín Community Reserve betreibt eine dreistöckige Bambus-Lodge, die bei Vogelbeobachtern sehr beliebt ist. Gäste können auf der Terrasse in der Hängematte relaxen, die Orchideensammlung bewundern und Wanderungen zu Wasserfällen in Begleitung zuvorkommender, spanischsprachiger Führer unternehmen. Die Schlafsäle sind schlicht, aber gemütlich. Zum vegetarischen Essen gibt's starken Intag-Kaffee.

Besucher und Freiwillige (25 US$ pro Pers. oder 15 US$ für Privatunterkunft; die Arbeit reicht von Englischunterricht bis zu Farmarbeit) sollten das Zentrum vorab kontaktieren. Die Regenzeit schränkt den Busverkehr auf den schlammigen Straßen ein. Dann ist es ratsam, die Anreise oder einen Führer über das Schutzgebiet zu organisieren.

Reserva Biológica Los Cedros

Los Cedros   LODGE **$$**
(☏ 099-277-8878, in Quito 02-361-2546; www.
reservaloscedros.org; alles inkl. pro Pers. 65 US$) 🌿
Die Lodge liegt in einem phantastischen, abgeschiedenen, 64 km² großen Naturschutzgebiet, dessen Urwald direkt an die Reserva Ecológica Cotacachi-Cayapas grenzt. Zur Anlage gehören eine Forschungsstation, eine Gästeküche mit Speiseraum, Schlafsäle, separate Zimmer, Strom und Warmwasser. Der Preis beinhaltet alle Mahlzeiten und Führer. Es gilt ein Mindestaufenthalt von drei Übernachtungen. Auch Freiwillige werden akzeptiert (450 US$/Monat, mind. 2 Wochen).

Das Naturschutzgebiet ist einer der wenigen Zugangspunkte zum Ökosystem des südlichen Chocó, dessen Wälder zu den artenreichsten Regionen weltweit gehören. Zu den Naturschätzen hier zählen über 240 Vogelarten, 400 Orchideenarten und Nachtfalter in mehr als 960 Varianten.

Gäste von Los Cedros nehmen ab dem Dorf Chontal eine *camioneta* bis zum Beginn des holprigen Wanderwegs, ein 1½-stündiger Marsch in die Cordillera de la Plata. Um einen Führer und, wenn nötig, Packtiere zu organisieren, sollte man das Schutzgebiet rechtzeitig kontaktieren.

Mit dem 6-Uhr-Bus ab dem Busbahnhof La Ofelia (2,50 US$, 3½ Std.) in Quito ist der Besuch als Tagesausflug zu schaffen; auch von Apuela (2 US$, 3 Std.) und Otavalo (3,50 US$, 5 Std.) fahren täglich Busse nach Chontal. In absehbarer Zeit wird Los Cedros über die neue Straße zwischen Mindo und Otavalo via Chontal und Nanegalito leichter zu erreichen sein.

Nördliches Carchi

Von Ibarra Richtung Norden wird die kurvige, glatt asphaltierte Panamericana zur Wochenendroute vieler Radfahrer in Stretchhosen, die sich die anstrengende Strecke hinaufquälen. Am Rand des üppig grünen **Río-Chota-Tals** (1565 m) fällt die Straße plötzlich steil ab. Dieses Tal mit stets warmem Klima wird von trockenen Rundhügeln voller Kakteen umgeben und vom schokoladenbraunen Fluss bewässert. Es liegt nur eine Fahrtstunde von Ibarra entfernt und eignet sich daher gut für spontane Tagesausflüge.

Ein lohnenswertes Ziel sind die **Grutas de la Paz**, wo eine berühmte Grotte zur Kapelle umgebaut wurde. Zudem warten dort **Thermalquellen** (Do–Sa) und Wasserfälle in kurzer Laufentfernung. Zu den anderen interessanten Sehenswürdigkeiten abseits der Panamericana gehören die Wasserfälle **Las Cascadas de Paluz** (3 km nördlich von San Gabriel) und die palmgesäumten Hotels mit Swimmingpools in und um Ambuquí.

Die Talbewohner, die hier vor allem Zuckerrohr anbauen und ernten, sind Afroecuadorianer, die von den Plantagensklaven des 17. Jhs. abstammen. Saftige Zuckerrohrstangen gibt's an allen Straßenständen. Die Farmer bauen auch verschiedene Früchte, Bohnen, Maniok und Tomaten an, die heute mindestens ebenso wichtig sind wie Zuckerrohr.

Typisch für die einzigartige afroecuadorianische Andenkultur ist *bomba*, ein Musikmix aus treibenden afrikanischen Trommelrhythmen und melancholischen

Hochlandklängen. An Bushaltestellen und Obstständen tanzen Kinder zum inneren Beat. Fiestas und Konzerte finden unregelmäßig statt, werden aber mitunter in Ibarra angekündigt.

Reserva Biológica Guandera

Das 1000 ha große, feuchte und bergige Tropenwald-Schutzgebiet wurde 1994 von der Fundación Jatun Sacha gegründet. Rund 11 km östlich von San Gabriel erstreckt es sich zwischen 3100 und 3600 m Höhe auf einem Bergrücken, der den Übergang vom Wald zum *páramo* darstellt. Zu den Projekten gehören Wiederaufforstung und die Suche nach Alternativen zum chemieintensiven Kartoffelanbau. Unter den Attraktionen sind Tukane, Anden-Brillenbären (nur selten zu sehen) und Hochlandpapageien. Jatun Sacha unterhält hier eine **Schutzhütte** (B 15 US$). Reservierung ist erforderlich und alle Gebühren sind im Voraus beim **Büro von Jatun-Sacha** (☎in Quito 02-243-2240; www.jatunsacha.org; Ecke Eugenio de Santillán N34-248 & Maurián, Urbanización Rumipamba, Quito) 🖉 in Quito zu bezahlen. Das Schutzgebiet akzeptiert auch Freiwillige (mind. 2 Wochen).

Vom Dorf San Gabriel aus ist das Schutzgebiet zu Fuß erreichbar (1½ Std.). Bei rechtzeitiger Benachrichtigung organisiert das Büro aber einen Shuttle.

El Ángel

6300 EW. / 3000 M

An den Hängen rund um das schmucklose, ruhige El Ángel wogen Büschel von ockerfarbenem Gras im Wind. Das Andendorf ist das Tor zur dunstigen Wildnis der Páramos El Ángel, die viele Füchse und Kondore beheimatet. Es gehört zur 160 km² großen **Reserva Ecológica El Ángel** (Eintritt 2 US$), in der die seltenen *frailejones* wachsen, eigentümliche Pflanzen mit fransigen Blättern und dicken Stämmen. Die zwei viel besuchten Lagunas El Voladero sind einfach zu erreichen. Örtliche Hotels und Tourunternehmen organisieren Trips in den *páramo*. Der Montagsmarkt erweckt den Ort schlagartig zum Leben.

Zehn Gehminuten vom Dorf entfernt vermietet die **El Ángel Hostería** (☎06-297-7584; Panamericana Norte & Av Espejo 1302; Zi. pro Pers. 18 US$) gemütliche Hütten mit hohen Decken, komfortablen Betten und modernen Bädern. Diese gut geführte *hostería* (kleines Hotel) bietet auch geführte Wanderungen ins Schutzgebiet und Dorfspaziergänge auf Deutsch oder Englisch an.

Vom Hauptplatz aus fährt Transportes Espejo stündlich über Ibarra (1,25 US$, 1½ Std.) nach Quito (3,70 US$, 4 Std.). Zudem rollt ein Bus täglich nach Tulcán (1,50 US$, 1½ Std.). Ebenfalls am Hauptplatz verkehren Sammeltaxis zur Bolívar-Kreuzung (1 US$). Von dort fahren Busse regelmäßig nordwärts nach Tulcán sowie südwärts nach Ibarra und Quito. Am Platz lassen sich auch Geländewagen für Touren ins Naturschutzgebiet mieten (hin & zurück mit Wartezeit 30 US$).

Río-Mira-Tal

Für die kurvige, malerische Fahrt ins schwüle Tropentiefland entlang der Nordküste kann man nun die wollenen Hochlandklamotten ausziehen. An den steilen Hängen des 1000 m tiefen Tals kultivieren Bauern u.a. Zuckerrohr, Bananen und andere Tropenfrüchte.

🛌 Schlafen

⭐ **Bosque de Paz**   B&B
(☎06-264-8692; www.bospas.org; B/Zi. mit Frühstück pro Pers. 13/18 US$, Freiwillige pro Tag/Monat 18/235 US$) 🖉 Ein freundliches Paar (ecuadorianisch-belgisch) leitet das Bosque de Paz am Rand von El Limonal, etwa 1½ Stunden von Ibarra. Die komfortable Unterkunft inmitten üppiger Vegetation ist nur 15 Minuten zu Fuß von der Bushaltestelle entfernt. Das Essen ist wunderbar (Hauptgerichte 4–7 US$) und es werden auch Wanderführungen angeboten. Eigentümer Piet gibt leidenschaftlich gern sein Wissen über Tropenpflanzen und Naturschutz weiter. Die Farm fördert Wiederaufforstung und biologische Schädlingsbekämpfung in diesem stark abgeholzten Gebiet und ein Besuch ist für alle, die sich für Umweltsanierung und Permakultur interessieren, höchst empfehlenswert.

Tulcán

60 400 EW. / 3000 M

Bei Überlandreisen nach Kolumbien ist das belebte Tulcán im Hochland der letzte Zwischenstopp in Ecuador. Für eine Grenzstadt, besonders im Vergleich mit Huaquillas an

WESTLICH VON TULCÁN

Aguas Hediondas Die buchstäblich „stinkenden Wasser" liegen 16 km von Tulcán entfernt und 6 km hinter der Kleinstadt Tufiño. Heiß und stark schwefelig machen diese Thermalquellen ihrem Namen alle Ehre. Viele der Becken liegen drüben in Kolumbien. Für den Grenzübertritt gibt's auch Tagespässe. Übernachtungswillige müssen jedoch den Grenzübergang Tulcán benutzen. Am besten kommt man hierher, bevor sich der Geruch nochmals verstärkt (16 Uhr) – und das idealerweise unter der Woche, um den Menschenmassen zu entgehen.

Volcán Chiles Hinter den Aguas Hediondas an der Hauptstraße bietet dieser eindrucksvolle Gipfel (4768 m) eine schwierige Klettertour (6 Std.) an der kolumbianischen Grenze. Einheimischen zufolge reicht die spektakuläre Aussicht vom Gipfel an klaren Tagen bis zum Ozean. Interessenten fahren am besten per Bus oder Taxi nach Tufiño und heuern einen Führer auf dem dortigen Hauptplatz an. Achtung: Wegen der weiterhin instabilen Situation in Kolumbien ist es sehr wichtig, vor Touren durch diese entlegene Grenzregion vor Ort nach der aktuellen Sicherheitslage zu fragen.

der peruanischen Grenze, hat Tulcán mit den engen Straßen voller Passanten, der alltäglichen Geschäftigkeit und den Gärten mit formgestutzten Hecken ein bisschen Pariser Flair. Das heißt aber nicht, dass es, außer als Übergang von und nach Kolumbien, einen zwingenden Grund für einen Besuch der Provinzhauptstadt gäbe. In der Calle Bolívar und Calle Sucre, die über mehrere Kilometer parallel verlaufen, befinden sich die meisten Hotels, Restaurants und Läden.

⊙ Sehenswertes & Aktivitäten

★ **Cementerio de Tulcán** FRIEDHOF, GÄRTEN
(Cotoapaxi & Av del Cemeterio; ☺8–18 Uhr) GRATIS
Ein Labyrinth aus Zypressen – zu bauchigen Totems, mythischen Figuren, Tieren und geometrischen Mustern aus präkolumbischer Zeit zurechtgeschnitten – säumen Gräber und Mausoleen, die mit Kerzen und Plastikblumen geschmückt sind. Zusammen mit einem anderen Künstler bringt der Sohn des ursprünglichen Formschnittmeisters auch die Büsche und Hecken in Form.

🛏 Schlafen

Die meisten Reisenden aus Kolumbien setzen ihre Fahrt direkt nach Ibarra oder Otavalo fort. Tulcán bietet jedoch ein paar mehr als angemessene Übernachtungsmöglichkeiten.

Hotel Lumar HOTEL $
(☎06-298-7137; hotel_lumar@hotmail.com; Sucre nahe Pichincha; Zi. pro Pers. 16,50 US$; 🕾) Ein komfortables Budgethotel mit frisch gestrichenen Fluren, sauberen Zimmern mit Teppichboden, Flachbildschirm-TVs und altem Mobiliar.

Grand Hotel Comfort HOTEL $$
(☎06-298-8832; www.grandhotelcomfort.com; Ecke Colón & Chimborazo; EZ/DZ mit Frühstück 40/60 US$; 🅿✳🕾) Ein modernes Hochhaus mit bunt gestrichenen Zimmern, bezaubernden schablonierten Tiermotiven an den Wänden und großen Panoramafenstern, das mehrere Straßenblöcke südöstlich des Parque Ayora über niedrigen Häusern emporragt. Zum Haus gehören ein Restaurant, ein Schönheitssalon und eine Modeboutique.

Palacio Imperial Hotel HOTEL $$
(☎06-298-0638; www.hotelpalacioimperial.com; Ecke Sucre & Pichincha; EZ/DZ mit Frühstück 45/78 US$; 🅿✳🕾) Das zentrale Hotel hat kleine, praktisch gestaltete und schicke Zimmer und ein empfehlenswertes chinesisches Restaurant.

✗ Essen

Der Straßenimbiss in Tulcán ist, wie nicht anders zu erwarten, kolumbianisch beeinflusst. An der Grenze gibt's zahlreiche Imbissbuden und Fast-Food-Wagen.

Mercado Plaza Central MARKT $
(Boyacá zwischen Bolívar & Sucre; Hauptgerichte 3 US$; ☺7–17 Uhr) Die gut sortierte Markthalle über einen ganzen Straßenblock ist ideal für eine Mahlzeit. Essen gibt's in den *comedores* und Obstsaft bei den Verkäufern in ihren jeweiligen Abteilungen. Verzehrt wird es dann an einem Tisch oder auf den Stuhlreihen in der kleinen Arena.

Café Tulcan CAFÉ, SANDWICHES $
(Sucre zwischen Juin & Ayacucho; Sandwiches 2 US$; ☺Mo–Fr 7.30–19.30 Uhr) Ein beliebtes und modernes Café, das seit 1945 Sandwiches, Kaffee und Kuchen serviert.

Pak Choy   CHINESISCH $$

(Ecke Sucre & Pichincha; Hauptgerichte 4–8 US$; ⊙8–23 Uhr; 🛜) Adrett in schwarzen Westen und Schlipsen gekleidete Kellner servieren einfache chinesische Gerichte in einem (für Tulcán) gehobenen Restaurant über zwei Ebenen. Es befindet sich im Erdgeschoss des Palacio Imperial Hotels.

❶ Praktische Informationen

Der Umtausch von US-Dollar in Kolumbianische Pesos (bzw. umgekehrt) funktioniert in Tulcán etwas besser als direkt an der Grenze. Falls die Wechselstuben geschlossen haben, empfehlen sich die Straßen-Geldwechsler – zu erkennen an ihren Aktenkoffern. Filialen der Banco Guyaquil und der Banco Pichincha mit Geldautomaten befinden sich an der Südseite der Plaza de Independencia.

Kolumbianisches Konsulat (☏ 06-298-0559; tulcan.consulado.gov.co; Calle Bolívar zwischen Junín & Ayacucho; ⊙Mo–Fr 8–13 & 14.30–15.30 Uhr)

Touristeninformation (iTur; ☏ 06-298-5760; Cotopaxi & Av del Cementerio; ⊙Mo–Fr 8–18 Uhr) Freundliches, nur Spanisch sprechendes Personal berät in dem kleinen Büro am Friedhofseingang.

❶ An- & Weiterreise

GRENZÜBERGÄNGE

➜ Am Grenzübergang Rumichaca (tgl. 6–22 Uhr), 6 km von Tulcán, werden sämtliche Formalitäten erledigt. Selbst Tagesausflügler nach Ipiales müssen ihren Reisepass abstempeln lassen.
➜ Minibusse zur Grenze (0,80 US$) fahren von der Ecke Venezuela und Bolívar am Parque Ayora in Tulcán ab, sobald sie voll besetzt sind. Taxis (5 US$) fahren an der genannten Stelle los.
➜ Auf kolumbianischer Seite werden die Einreiseformalitäten zügig erledigt. Vorab sollte zur Sicherheit beim kolumbianischen Konsulat nachgefragt werden, ob die eigene Nationalität ein Visum (Gültigkeit 30–90 Tage) erfordert. Deutsche Staatsangehörige brauchen für einen touristischen Aufenthalt kein Visum.
➜ Ab der Grenze gibt es reichlich Taxis für die 2 km nach Ipiales (1 US$), der ersten Stadt in Kolumbien mit vielen Hotels und Busverbindungen.

FLUGZEUG

TAME fliegt von Quito zum Flughafen 5 km östlich der Innenstadt. Flüge von Tulcán nach Cali in Kolumbien verkehrten zur Zeit der Recherche nur unregelmäßig.

BUS

Busse nach Ibarra (2,50 US$, 2½ Std.), El Ángel (1,50 US$, 1½ Std.) und Quito (4,80 US$, 5 Std.) verkehren ab dem Busbahnhof etwa 2 km südwestlich der Innenstadt an der Straße nach Ibarra. Achtung: Zwischen Tulcán und Ibarra ist mit einer ziemlich schnellen Zoll- bzw. Einwanderungskontrolle zu rechnen.

WESTLICHE ANDENAUSLÄUFER

Die alte Straße nach Santo Domingo windet sich an spektakulären Steilhängen entlang hinab durch üppige, dunstige Nebelwälder. Nur ein paar Stunden von Quito entfernt bescheren die kühlen, feuchten Hügel ihren Besuchern einen willkommenen Klimaschock. Diese Gegend ist für Vogelbeobachtungen bekannt, begeistert aber auch Mountainbiker, Reiter und Wanderer. Hauptmagnet ist Mindo, ein verschlafenes Dorf, das sich in den letzten Jahren stark entwickelt hat und nun viele einfache Unterkünfte für Naturfreunde besitzt. Wer abseits der ausgetretenen Pfade wandeln will, findet in der Region einige Lodges und Naturschutzgebiete.

Zu dem Gebiet gehören Teile des verbliebenen Chocó-andinen Waldes, eines Korridors, der sich bis zu Teilen Kolumbiens und Südpanamas sowie der ecuadorianischen Küste erstreckt. Seine noch immer relativ undokumentierte Fauna und Flora wird durch Abholzung, Brandrodungskultur und Wasserverschmutzung bedroht, die gleichen Plagen, die auch anderswo natürliche Lebensräume dezimiert haben. Die Naturschutzgebiete auf 500 bis 1400 m Höhe selbst sind tropische Nebelwälder, die jährlich unglaubliche 6000 mm Niederschlag erhalten und eine durchschnittliche Luftfeuchtigkeit von 85 bis 95 % besitzen (keine Malaria und kein Dengue-Fieber, aber Insektenschutzmittel sollte parat sein).

Mindo

4000 EW. / 1250 M

Das kleine Mindo hat sich mit seiner hübschen Lage zwischen bewaldeten Bergen zu Recht zu einem beliebten Ziel für Backpacker entwickelt. Der Ort liegt günstig gleich an der kurvigen Hauptstraße zwischen Quito und Esmeraldas, die zu einem ziemlich maroden, aber dennoch enorm liebenswürdigen Ortszentrum hinabführt. Aber es tut sich etwas. Ein neues Krankenhaus, eine Abwasseranlage, asphaltierte Straßen und Bürgersteige sowie eine Uferpromenade am

VOGELBEOBACHTUNG IN MINDO

Die Gegend um Mindo hat sich mit über 600 dokumentierten Vogelarten zu einem Mekka für Hobbyornithologen entwickelt.

Wer einen Rotkopfguan nicht von der Rotstirnwachtel unterscheiden kann und nur beiläufig interessiert ist, kann sich von der Casa Amarilla ein paar Straßenblöcke vom *parque central* allein auf einen der Wanderwege begeben. Neben zahlreichen Vogelarten wollen Einheimische dort auch schon Pumas, Brillenbären und Affen gesichtet haben.

Es ist allerdings ein Freizeitvergnügen für Frühaufsteher, meistens von 6 bis 10 Uhr. Und die besten Möglichkeiten Vögel zu beobachten gibt es nicht in Mindo selbst, sondern in privaten Schutzgebieten in der Umgebung (die meisten verlangen Eintritt), manche sind nur eine Wanderung entfernt, andere über eine bis zu zweistündige Autofahrt zu erreichen.

Neben den Nebelwaldreservaten und -Lodges (S.130), die fraglos hervorragend sind, gibt es noch zahlreiche Zielorte, die auf einer Tagestour besucht werden können.

Rio Silanche Sanctuary Das Vogelreservat liegt zwischen Pedro Vicente Maldonado und Puerto Quito auf einer Höhe von etwa 400 m und gleicht eher einem tropischen Regenwald. Es ist bekannt für seine reiche Vogelwelt.

Milpe Bird Sanctuary Das 100 ha große Vogelreservat in den oberen Ausläufern 15 km westlich von Mindo liegt nahe Los Bancos.

Paz de los Aves Privates subtropisches Waldreservat eine Stunde von Mindo an der Straße nach Quito gelegen.

Yanacocha Mit 3400 m Höhe grenzt der Nebelwald, der zu den Jocotoco-Reservaten gehört, an den *páramo*. Von Mindo kostet eine Taxifahrt hin und zurück rund 50 US$.

Pululahua und Calacalí Ein Wald der gemäßigten Zone mit Trockenbuschland 50 Minuten von Mindo.

23 de Junio Eine Bauerngemeinde südlich von Los Bancos, die bekannt für den Langlappen-Schirmvogel ist.

Reserva El Bravo Liegt in Laufnähe am Ende der Straße nach San Lorenzo.

Coyote la Pena Taxi und Eintritt kosten jeweils 20 US$.

Las Tangaras Wird von ehrenamtlichen Mitarbeitern verwaltet und ist über eine steile Wanderung bergab von der Straße zur *tarabita* (Seilbahn) zu erreichen.

San Lorenzo Liegt an der Straße zur *tarabita* und ist für Anfänger die einfachste Vogelexkursion.

Führer für Vogelbeobachtungen

Vor Ort gibt es viele kompetente und professionelle Führer. Die meisten verlangen mindestens 40 US$, je nach Teilnehmerzahl und Vogelreservat können es auch bis zu 100 US$ oder mehr pro Tag werden.

Alle hier aufgeführten Führer sind erfahren und werden empfohlen. Sie sprechen mindestens passables Englisch.

Fernando Arias (☎ 098-388-3865; tntedoblef@yahoo.es)

Irman Arias (☎ 099-170-8720; www.mindobirdguide.com)

Marcelo Arias (☎ 099-340-6321; www.ecuadorbirdingtours.com)

Danny Jumbo (☎ 099-328-0769)

Nolberto Jumbo (☎ 088-563-8011)

Julia Patiño (☎ 02-390-0419, 088-616-2816; juliaguideofbird@yahoo.com)

Sandra Patiño (☎ 099-935-9363)

Jorge Pilco (☎ 088-296-4705; jorpian17@hotmail.com)

Fluss wurden gerade gebaut. Vogelbeobachter, Wanderer und Wochenendausflügler aus Quito und anderen Orten besuchen den Ort. Und die Einwohner haben sich ein eindrucksvolles Angebot an Aktivitäten für den Nebelwald im Umland einfallen lassen.

◉ Sehenswertes & Aktivitäten

Tarabita
SEILBAHN

(Straße nach Cascada de Nambillo; Eintritt 5 US$; ☉ Di–So 8.30–16 Uhr) Die einzigartige, von Hand betriebene Seilbahn fährt hoch über einem vegetationsreichen Flussbecken und dichtem Nebelwald hinüber zum Bosque Protector Mindo-Nambillo, von wo mehrere Wasserfälle zu erreichen sind. Der Drahtkorb an Stahlkabeln gleitet in 152 m Höhe über dem Boden – sicherlich nichts für Leute mit Höhenangst. Mit dem Seilbahnticket wird auch eine Karte mit Wegen zu den Fällen ausgegeben. Die Cascada Nambillo ist zwar der nächstliegende Wasserfall (15 Min. zu Fuß), aber wirklich lohnenswert sind die fünf zusammenhängenden Wasserfälle eine Stunde zu Fuß entfernt. Vom Ort sind es 7 km zu Fuß bergauf oder eine Fahrt mit dem Taxi für 2 US$.

Cascada Nambillo
WASSERFALL

(Eintritt 3 US$) Die besonders wochenends bei einheimischen Familien beliebten Kaskaden sind in der Gegend am leichtesten zu erreichen. Gleichwohl erfordert es noch immer eine Fahrt mit der *tarabita* oder einen ziemlich steilen Aufstieg auf einem Pfad, der etwa 2 km dahinter beginnt (Wasser und Snacks werden in der Bambusbude verkauft, an der auch Eintritt zu zahlen ist). Ein Teil der Kaskaden sind (in der Trockenzeit) zum Schwimmen gesperrt und es gibt eine einfache Rutsche, die mehrere Meter über dem Wasser endet und prima zum Reinplatschen ist.

Mariposas de Mindo
SCHMETTERLINGSFARM

(☎ 02-224-2712; www.mariposasdemindo.com; Eintritt 5 US$; ☉ 9–16 Uhr) Mindos schönste Schmetterlingsfarm besucht man am besten zur wärmsten Tageszeit (ca. 11 Uhr), wenn die Insekten am aktivsten sind. Die Farm hat auch Unterkünfte und ein Restaurant.

Orchideengarten Armonía
GÄRTEN

(www.birdingmindo.com; Eintritt 2 US$; ☉ 7–17 Uhr) Eindrucksvolle Sammlung von über 200 Orchideenarten.

Tubing
RAFTING

(pro Pers. 6 US$, mind. 4 Pers.) Je nach Jahreszeit und Wassermenge vermittelt Tubing auf dem Río Mindo (oft grau von der Asche des Volcán Pichincha) das Gefühl, in einem Flipperautomaten herumgeschossen zu werden. Die Teilnehmer treiben nicht solo, sondern in etwa fünf Schläuchen, die fest zusammengebunden sind. Ein Führer ist aus Sicherheitsgründen notwendig: Er dreht, stößt und schiebt die Schläuche geschickt an Felsen, Untiefen und tief hängenden Bäumen vorbei.

Man sollte immer auf Nummer sicher gehen und nie nach heftigen Regenfällen mit dem Gummischlauch aufs Wasser gehen. Alle Tourunternehmen im Ort organisieren den Trip auch kurzfristig. Im Preis ist der Transfer zum Anleger in der Nähe enthalten. In der Trockenzeit ziehen manche Anbieter den Río El Blanco vor.

Mindo Canopy Adventure
ABENTEUERSPORT

(☎ 09-453-0624; www.mindocanopy.com; 2½-stündiger Parcours pro Pers. 20 US$) Das alteingesessene Unternehmen unter costa-ricanischer Leitung befindet sich auf halber Strecke zur *tarabita* und hat zehn verschiedene Seilrutschen von 20 bis 400 m Länge. Der „Flug" über den Baumwipfeln ist bei Regen noch rasanter.

Bienentouren
ÖKOTOUR

(☎ 02-217-0296; pro Pers. 25 US$) Ingo, der deutsche Besitzer des Beehive Cafés, erläutert nicht weit vom Ort in voller Montur an einem seiner Bienenkörbe den Lebenszyklus der Bienen. Die Führung dauert zwei bis sechs Stunden und beginnt frühmorgens.

☞ Geführte Touren

Mindo Bird Adventure
TOUREN

(☎ 099-356-2080, 02-217-0178; www.mindobird adventure.com) Organisiert alles, von Sportfischen bis zum Canyoning; Alex Luna ist ein erfahrener Führer auf Vogeltouren. Das Büro liegt neben dem Restaurant El Chef.

La Isla
ÖKOTOUR

(☎ 02-217-0286, 098-634-0341; www.laislamindo. com; Av Quito & 9 de Octubre) Organisiert Reitausflüge, Canyoning, Tubing und Vogelbeobachtung. Die Leute sprechen auch Englisch.

🛏 Schlafen

Es gibt hier reichlich Unterkünfte; es scheint, als würde jede Woche eine neue eröffnen. Die Einheimischen weisen gerne den Weg, da es keine Straßenschilder gibt.

ANDENKLIPPENVÖGEL

Während sich die meisten Vögel zum Betören des anderen Geschlechts aufplustern und die Flügel spreizen, gewinnt der Andenklippenvogel bzw. der Rote Felsenhahn (*Rupicola peruvianus*) einen Preis für seine Ausdauer.

Bei jedem Wetter versammeln sich die männlichen Felsenhähne mit ihren dicken Federhauben (blutrot oder orange) täglich um 6 Uhr. Dann kreischen sie laut, tanzen auf Ästen, absolvieren Sturzflüge und zanken miteinander – alles in der Hoffnung, weibliche Aufmerksamkeit zu erregen. Diese rein männliche Revue wird bei allen Vogelarten „Lek" (Balzarena) genannt. Mit etwas Glück flattert dann ein grau-braunes Weibchen in den Schwarm hinein und wählt sich einen Partner. Doch weitaus häufiger lassen sich die Damen gar nicht blicken.

Wie kann das schlichter gefärbte Geschlecht dieser eindrucksvollen Show widerstehen? Vielleicht wegen seiner alleinerziehenden Rolle: Die Weibchen erledigen den Nestbau und die Aufzucht der Jungen allein, während sich die Männchen ganz auf ihre täglichen Paarungschancen konzentrieren.

🛏 Im Ort

Caskaffesu
PENSION $

(☎02-217-0100, 099-386-7154; www.caskaffesu.com; Sixto Duran Ballen nahe Av Quito; Zi. pro Pers. 20 US$; 🛜) Das von einem sehr netten und freundlichen US-amerikanisch-ecuadorianischen Paar geführte Haus ist ein wunderbares, einfaches Refugium nahe der Hauptstraße im Ortszentrum. Über zwei Stockwerke verteilen sich bunt gestrichene Lehmziegelzimmer mit einem leicht mediterranen Touch um einen kleinen, begrünten Innenhof. Auf dem Dach gibt's manchmal Yogakurse und mittwochs bis samstags wird im Café live Andenmusik gespielt.

La Casa de Cecilia
HOSTEL $

(☎02-217-0243, 099-334-5393; www.lacasadececilia.com; Av 9 de Octubre; Zi. pro Pers. 7–10 US$; 🛜) Dank der idyllischen Terrasse – selbst wenn sie betoniert ist – und der Lage am Fluss wirkt das Haus abgeschieden und ideal zum Relaxen für die Leute, die in dem Bettengewirr nächtigen. Im zweistöckigen Gebäude nebenan gibt's mehrere preiswertere Privatzimmer. Zum Haus gehören eine Hängemattenterrasse mit Kamin und eine Freiluftküche am Fluss. Bei schönem Wetter empfiehlt sich die reizende Badestelle mit Plattform zum Sonnenbaden. Bei Bedarf kann man nach Langzeitrabatten und Arbeitsaufenthalten fragen.

La Posada de Mindo
HOTEL $

(☎02-217-0199, 098-837-7820; www.laposadademindo.com; Aguirre; EZ/DZ mit Frühstück 15/30 US$, Hütten EZ/DZ mit Frühstück 20/35 US$; 🅿🛜) Sobald die Sonne untergeht, fangen Vögel (darunter Tukane) zu singen an und futtern auf den Passionsfruchtbäumen rund um die Anlage ein paar Blöcke nördlich des *parque central*. Die Zimmer im blockhausartigen Hauptgebäude sind blitzblank und gemütlich, aber mehr Privatsphäre bieten die separaten Hütten mit Veranda und Hängematten hinten auf dem Grundstück.

Casa de Piedra
PENSION $

(☎02-217-0436; www.mindocasadepiedra.com; Zi. pro Pers. mit Frühstück 20 US$; 🅿🛜) Das hübsche Haus mit einem stets blühenden Garten, Obstbäumen und einem Swimmingpool liegt gleich auf der anderen Seite des Flusses, der nördlich des *parque central* durch Mindo fließt. Die Zimmer mit Holzböden im Haupthaus und die gemütlichen, einzimmrigen Hütten (mit Platz für vier Personen) wirken wie eine Privatunterkunft. Wegen ihrer Aussicht sind die Zimmer im 2. Stock am besten. Gruppen können auch ein kleines und voll eingerichtetes Haus mieten.

Cabañas Armonía
HÜTTEN $

(☎02-217-0131, 099-943-5098; www.birdingmindo.com; Zi. pro Pers. mit Frühstück 25 US$) In einem verwilderten, ruhigen Garten verstecken sich hier rustikale Hütten und ein Hauptgebäude mit Schlafsälen. Zur Pension gehört auch der Armonía Orchid Garden.

Rubby's Place
PENSION $

(☎099-193-1853; rubbyhostal@yahoo.com; Zi. pro Pers. mit Frühstück 15 US$, ohne Bad 10 US$; 🅿🛜) Das zweistöckige Holzhaus mit sauberen, behaglichen Zimmern liegt etwa 250 m nach dem *parque central* in der Calle Quito, der Hauptstraße der Stadt. Alle Zimmer haben einen Balkon mit schönem Blick; Wasser, Kaffee und Tee ist gratis.

Dragonfly Inn — PENSION $$
(02-217-0462, 099-238-2189; www.mindo.biz; EZ/DZ/3BZ mit Frühstück 30/53/73 US$; P 🖥) Das Dragonfly an der Brücke am Ortseingang ist zweifellos das attraktivste Gebäude der Stadt. Es ist sehr sauber und alle ganz mit Holz ausgekleideten Zimmer haben bequeme Betten und Balkons mit Hängematten. Das Haus wird professionell geführt, hat freundliches Personal und ein Restaurant, das zu den besten in Mindo zählt.

Sisakuna Lodge — HÜTTEN $$
(02-217-0343; www.sisakunalodge.com; Garzón Thomas & Aguirre; EZ/DZ mit Frühstück 45/60 US$; P 🖥) Die Handvoll gut konstruierter Holzhütten um einen Pavillon mit Bar und Restaurant liegt nur ein kurzes Stück zu Fuß vom Ort an der Straße zur *tarabita*. Die Hütten liegen dicht beieinander in einer gärtnerischen Anlage, also nicht ideal für Paare, die Privatsphäre schätzen.

Mindo Real — PENSION $$
(02-217-0120, 099-766-3845; www.mindoreal.com; Zi. mit Frühstück pro Pers. 25 US$; P 🖥) Die Pension mit einem freundlichen Besitzer liegt weit genug außerhalb des Orts, um für Ruhe zu sorgen, aber dennoch nur 500 m von den Einrichtungen Mindos entfernt. In den zwei Gebäuden verteilen sich geräumige, moderne Zimmer.

Hostería Arasari — HÜTTEN $$
(02-207-1880; www.hosteriaarasari.com; pro Pers. mit Frühstück 32 US$, Camping pro Pers. 5 US$; P 🖥) Die lange, schmale Anlage mit kleinen Hütten aus Stein und Holzverkleidung liegt gleich hinter einer kleinen Fußgängerbrücke Richtung Río Mindo. Der Campingplatz mit Sanitäranlagen befindet sich kurz vor dem Eingang zu einem kleinen, gut gemähten Fußballplatz.

🛏 Außerhalb des Orts

Mindo Gardens Lodge — LODGE $$
(099-722-3260; www.mindogardens.com; EZ/DZ mit Frühstück 55/74 US$; P 🖥) Die kleine und vertraulich wirkende Lodge gehört einem ecuadorianischen Hotelunternehmen. Durch bewaldete Gärten schlängeln sich Wege zu einem Hauptgebäude und gemütlichen Hütten, einige mit tollem Flussblick. Das hauseigene Restaurant ist besonders empfehlenswert. Die Lodge liegt 4 km hinter Mindo an der Straße, die an der Schmetterlingsfarm Mariposas de Mindo vorbeiführt. Über einen der Wege auf dem Grundstück geht's zur *tarabita*.

La Roulotte — HÜTTEN $$
(098-976-4484; www.hosterialaroulottemindo.com; Zi. mit Frühstück 65 US$; P 🖥) La Roulotte liegt 2 km außerhalb der Stadt an der Straße hinter der Schmetterlingsfarm Mariposas de Mindo. Als Unterkunft dienen fünf Zirkuswagen, die zwar klein, aber voll ausgestattet sind: Sie haben jeweils Stockbetten, einen Ofen, ein Bad und viel Farbe. Wer nach Freiraum lechzt, erkundet einfach das Hotelgelände. Dort tischt das freundliche Eigentümerpaar (ecuadorianisch-schweizerisch) komplette Mahlzeiten auf und hilft beim Organisieren von Aktivitäten in der Umgebung.

⭐ El Monte Sustainable Lodge — LODGE $$$
(02-217-0102, 099-308-4675; www.ecuadorcloudforest.com; Hütte pro Pers. inkl. Mahlzeiten & Aktivitäten 118 US$; P 🖥) Das tolle Refugium wird von einem sympathischen und sachkundigen Paar (ecuadorianisch/US-amerikanisch) geleitet. Die drei reizenden, ruhigen Hütten am Fluss haben Badewannen und haben Platz für jeweils bis zu vier Personen. Die Einrichtung mit viel Holz und Naturtönen ist modern. Die Lodge liegt 4 km südlich von Mindo an einer kurvigen, unbefestigten Straße und ist auch mit der *tarabita* über den Río Mindo erreichbar.

Im Gemeinschaftshaus gibt's rustikale Möbel, offene Kamine, eine Bibliothek und Solarstrom. Das leckere Essen ist größtenteils vegetarisch mit Zutaten aus dem Biogarten. Gäste können auf den Grundstückswegen umherspazieren oder im vom Fluss gespeisten Pool schwimmen. Bei rechtzeitiger Buchung werden Gäste aus Mindo abgeholt.

Séptimo Paraíso — LODGE $$$
(099-368-4421, in Quito 02-317-1475; www.septimoparaiso.com; Zi./Suite mit Frühstück 114/154 US$, Hauptgerichte 6–12 US$; P 🖥) Die umweltgerechten, landhausartigen Holzhäuser verbergen sich am steilen Abhang unterhalb der Hauptstraße 2 km von Mindo entfernt. Die holzvertäfelten Zimmer mit einigen Farbtupfern und einigen schönen Antiquitäten sind rustikal und betont schlicht gehalten. Zum Haus gehören auch das exzellente Restaurant Lo Chorrera, ein beheizter Pool und ein Whirlpool.

Der „Siebte Himmel" leitet auch die Green Mindo Foundation. Diese betreibt Nebelwaldforschung, zählt Vögel, unterweist Einheimische in Sachen Naturschutz, forstet alte Weideflächen wieder auf und verwaltet ein 170 ha großes Naturschutzgebiet.

Casa Divina
HÜTTEN $$$

(☎099-050-9626; www.mindocasadivina.com; EZ/
DZ mit Frühstück & Abendessen 110/195 US$; ᵖ
🐾) Die kleine, familienfreundliche Anlage
aus drei zweistöckigen Holzhütten 1 km au-
ßerhalb der Stadt ist wegen ihrer Abgeschie-
denheit und Ruhe mit einem Hauch Luxus
höchst empfehlenswert. Auf den Veranden
mit Hängematten können sich Vogelbeob-
achter komfortabel positionieren; hauseige-
ne kurze Wege erweitern das Beobachtungs-
gebiet. Die Eigentümer (ein Holzarbeiter
und eine Bäckerin) sind sehr sympathische
Gastgeber.

✕ Essen

In der Stadt hieß es, dass alle Restaurants
in der Hauptstraße von Mindo überdachte
Straßentische erhalten sollen. Fast alle Un-
terkünfte außerhalb des Orts servieren auch
Nichtgästen etwas zu essen. Mehrere Lokale
bieten an, Wasserflaschen kostenlos aufzu-
füllen.

★ Beehive
CAFÉ $

(www.thebeehivemindo.com; Sandwiches 5 US$;
⊙Mo–Do & So 8–20, Fr & Sa bis 22 Uhr; 🐾) 🥗
Das Beehive, ein cooler Treffpunkt in skandi-
navischem Design, wird vom deutsch-ecua-
dorinaischen Paar Ingo und Genny geführt
(und ihren beiden tapsigen Dänischen
Doggen). Die gemischte Platte mit Falafel,
Hummus, Käse, Frikadellen, Wurst, Salat
und Resten aus dem Kühlschrank ist die
Hausspezialität, aber Brownies, Kuchen und
Kaffee sind ebenfalls gut.

Ingo gibt selbst zu, dass sein hausgebrau-
tes Bier (5 US$) Glückssache ist.

Mishqui Quinde Heladería
CAFÉ $

(Eis 2 US$; ⊙Mi–So variable Zeiten) Quinoa-Lieb-
haber werden von der eigenwilligen Bude,
einem winzigen, ausrangierten Minivan auf
Dauerstellplatz, begeistert sein. Hier gibt's
nur Quinoa: als Hamburger (2,50 US$), als
Dessert sowie in den hausgemachten Eissor-
ten und Shakes, die mit Brombeere, Schoko-
lade, Passionsfrucht und anderen Zutaten
vermischt werden können.

Hummingbagel
CAFÉ $

(Hauptgerichte 4 US$; ⊙Mo–Fr 8.30–17, Sa & So
bis 19 Uhr) Wer genug hat von den immer-
gleichen almuerzos (Tagesgerichten), erhält
in dem kleinen Café ganz in hellem Holz
Bagel-Sandwiches (Hühnchensalat, Chorizo
usw.). Es hat auch guten Kaffee und verkauft
Schokolade und Honig von lokalen Klein-
herstellern.

La Reposteria
CAFÉ, DEUTSCH $

(Hauptgerichte 2,50–4 US$; ⊙7.30–20 Uhr; 🐾)
Das kleine deutsche Café mit ein paar Stra-
ßentischen liegt an einer unbefestigten Stra-
ße. Spezialität sind Würstchen, aber es gibt
auch Suppen, Sandwiches, Eis und Gebäck.

Columpios
SÄFTE, VEGETARISCH $

(Hauptgerichte 3 US$) Die kleine Freiluft-Saft-
bar ist wegen der Schaukeln, die als Sitzplät-
ze dienen, hier recht passend als „Swings
Place" (Schaukelladen) bekannt. Verkauft
werden batidos (Fruchtshakes), Salate und
vegetarische Hamburger. Sie liegt an der
Straße zur tarabita ein paar Straßenblöcke
vom parque central entfernt.

El Chef
STEAK $

(Av Quito; Hauptgerichte 3–8 US$; ⊙9–19 Uhr)
Das einfache und verlässlich gute Steakhaus
brummt: Es wird ganz besonders für seine
Menüs geschätzt. Am besten bestellt man
das lomo a la piedra (Steak vom heißen
Stein) oder einen herzhaften Hamburger.

Dragonfly Inn Restaurant
ECUADORIANISCH $$

(Av Quito; Hauptgerichte 10–17 US$; 🐾) Das Re-
staurant im ebenfalls empfehlenswerten,
gleichnamigen Hotel ist das beste der Stadt.
Zu den Spezialitäten zählen ganze gegrillte
Flussforellen, Huhn mit Schokoladensauce
und 300 g schwere Rinderfilets; die almuerzos (10 US$) sind absolut überdurchschnitt-
lich. Der lichte Gastraum vorne zur Straße
raus und die überdachte Veranda am Fluss
sind beide einladend.

Kochkurse (15–30 US$ pro Pers.) und
4-Gänge-Menüs mit Wein und Schokoladen-
verkostung werden bei vorheriger Anmeldung angeboten.

El Quetzal
ECUADORIANISCH $$

(www.elquetzaldemindo.com; Av 9 de Octubre;
Hauptgerichte 6–15 US$; ⊙8–23 Uhr; 🐾) Das
wunderbare, relaxte Café-Restaurant, mit
Abstand das größte im Ort, macht alles rich-
tig: Es verkauft Kaffeebohnen und Schoko-
lade aus einheimischer Produktion. Zudem
serviert es tollen Kaffee, eine klasse Früh-
stücksauswahl, Sandwiches und ein täglich
wechselndes Angebot ecuadorianischer
Hauptgerichte. Die stolze Spezialität des
US-amerikanischen Eigentümers sind seine
vor Ort berühmten Brownies.

Restaurante Pizzeria
El Tigrillo
PIZZA, ECUADORIANISCH $$

(Av Quito; Pizza 9,50 US$; ⊙10–24 Uhr) Das einfa-
che Freiluftlokal gegenüber vom Busbahnhof
ist unsere Lieblingspizzeria in Mindo. Die

Pizzas werden in einem Backsteinofen gebacken und ergeben jeweils acht recht große Stücke. Auf der Karte stehen auch preisgünstige Frühstücksangebote, *almuerzos* und ecuadorianische Hauptgerichte wie Buntbarsch, Forelle und Kochbananen als Beilage.

Padrino's BÄCKEREI, PIZZA **$$**

(Av Quito; Pizza 7 US$) Unscheinbare Bäckerei, die auch als Pizzeria dient. Der Besitzer und Koch steht allein am Ofen, mit Wartezeiten von einer halben Stunde ist zu rechnen.

❶ Praktische Informationen

Geldautomat (Plaza Grande) Während unseres Besuchs wurde gerade ein Geldautomat der Banco Pichincha installiert, der die meisten ausländischen Karten akzeptieren sollte.

Centro Municipal de Información Turística (Av Quito & 9 de Octubre) Eine hilfreiche Touristeninformation (es wird nur Spanisch gesprochen) gegenüber der Plaza Grande mit Karten und Tipps zu Wanderungen, Touren und Unterkünften.

❶ An- & Weiterreise

➤ Täglich fahren mehrere Busse der Cooperativa Flor de Valle nach Quito (3 US$, 2½ Std., Mo–Fr 6.30, 11, 13.45, 15 & 17 Uhr); Abfahrt ist vor dem Bürohaus am Hauptplatz. Unterwegs in Nanegalito (1,50 US$) gibt es Anschluss mit *camionetas* zu anderen Orten. An Wochenenden verkehren die Busse von 11 bis 17 Uhr fast stündlich.

➤ Die Busse der Cooperativa Kennedy fahren von der Plaza nach Santo Domingo (3 US$, 3 Std.), wo es Verbindungen nach Puerto Lopez gibt. Andere Kennedy-Busse fahren (um 6.30 und 7 Uhr) über Los Bancos (wo es häufige Verbindungen nach Esmeraldas gibt) und Pedro Vicente Maldonado nach Puerto Quito.

➤ Kein Problem, wenn ein Bus verpasst wird: An der Straßengabelung oben auf dem Hügel (Taxi 3 US$ oder per Anhalter mit einem Pickup für 0,50 US$) halten Busse, die häufig zwischen Quito und der Küste verkehren.

➤ Taxis mit vorgeschriebenen Festpreisen stehen an der Ecke zwei Straßenblöcke hinter der Brücke am Ortseingang. In der Regel sind sie weiße *camionetas* mit offizieller grüner Kennzeichnung. Nach Quito kosten sie 50 US$, zum Flughafen 80 US$ und (um Quito zu vermeiden) nordwärts nach Otavalo 120 US$.

Nebelwaldreservate & -Lodges

Die meisten privaten Schutzgebiete (mit Ausnahme von Masphi) erlauben gegen eine Gebühr Tagesbesucher (10–25 US$, Führer kosten extra) und organisieren private Abholung von Quito oder Mindo. Außer den im Folgenden angegebenen gibt es in der Gegend noch mehrere weitere kommunale Ökotourismusinitiativen. Taxis zu allen kosten zwischen 50 und 80 US$. Ansonsten fahren auch Busse nach Nanegalito, einem Ort 56 km über die Straße zwischen Quito und Mindo, der eine Art Verkehrsknotenpunkt ist; *camionetas* von hier bis zu den Schutzgebieten kosten zwischen 15 und 25 US$. Der Ort Nanegal ist ein weiterer Zugangsort. Die meisten Schutzgebiete sind mit PKWs zu erreichen.

Mashpi Rainforest Biodiversity Reserve

Mashpi LODGE **$$$**

(☎02-298-8200; www.mashpilodge.com; 2 Nächte alles inkl. pro Pers. 1375 US$; ❇🐾) 🍃 Die luxuriöse Lodge von Mashpi liegt oben auf einem Hügel mit Blick über mehr als 1000 ha eines privaten Naturschutzgebiets (in Zusammenarbeit mit der Mashpi-Gemeinde in der Nähe), das etliche Mikroklimata und vier Wasserscheiden umfasst. Die Lodge sieht aus wie eine supermoderne Villa in den Hamptons, aber die Landschaft, die durch die riesigen, deckenhohen Fenster zu sehen ist, gleicht einem Standfoto aus *Jurassic Park*.

Die Gäste erfahren bei Naturvorträgen und auf verschiedenen geführten Wanderungen etwas über die Naturschutzmaßnahmen in Mashpi und die faszinierende Ökologie der Region Chocó; Vogelbeobachtung steht dabei natürlich im Mittelpunkt. Der Tagesablauf unterscheidet sich nicht sehr von einer Luxuskreuzfahrt zu den Galapagosinseln (und viele der Gäste kombinieren beides): morgens und abends Aktivitäten und dazwischen herausragende Mahlzeiten (Frühstücks- und Mittagsbuffet). Weitere Highlights sind die 2 km lange Fahrt mit einer motorbetriebenen Kabinenbahn (mit Platz für bis zu sieben Personen) und die 200 m lange Fahrt mit dem pedalbetriebenen „Skybike" (für 2 Pers.). Letzteres gleitet am höchsten Punkt 60 m über dem Waldboden. An klaren Tagen lohnt sich die Fahrt bei Sonnenuntergang, wenn der Horizont bis hin zur Küste in Rosa und Orange erglüht. Ebenfalls spektakuläre Aussichten bietet der 30 m hohe Aussichtsturm, der allerdings nichts für Leute mit Höhenangst ist.

Reserva Biológica Maquipucuna

Maquipucuna Lodge   LODGE $$$
(www.maqui.org; Zi. pro Pers. inkl. Mahlzeiten 155 US$, ohne Bad 112 US$, Camping 12 US$) 🌱 Die bezaubernd rustikale Lodge liegt in der 60 km² großen Reserva Biológica Maquipucuna. Hier wird Gästen eine Hängemattenterrasse mit toller Aussicht und ein Restaurant geboten, das neben leckerem, gesundem Essen auch Kaffee aus eigenem Schattenanbau kredenzt. Die verschiedenen Lodge-Zimmer werden durch eine Familienhütte mit zwei Bädern und eigener Terrasse ergänzt.

Das Reservat, zu dem eine Forschungsstation gehört, umfasst von 1200 bis 2800 m Höhe unterschiedliche subalpine und alpine Nebelwälder am Oberlauf des Río Alambi. Unter den 370 Vogelarten sind 30 verschiedene Kolibri-Vertreter. Hinzu kommen 240 Schmetterlingsarten und 45 Säugetier-Spezies. Zu Letzteren gehört auch der Brillenbär, der sich hier regelmäßig zur Erntezeit der kleinen, avocadoartigen *aguacatillo*-Frucht blicken lässt.

Die gemeinnützige Fundación Maquipucuna, die das Reservat verwaltet, kaufte seit Ende der 1980er-Jahre Stück für Stück kleine Flächen. Unter der Leitung des engagierten Paars Rodrigo Ontaneda und Rebecca Justicia ist sie eine treibende Kraft im Naturschutz der Region. Eine wichtige Aufgabe war die Zusammenarbeit mit den Gemeinden in dem Gebiet, vor allem mit Bauern, um einen nachhaltigen Lebensunterhalt zu entwickeln und gleichzeitig die Umwelt zu schützen.

Tagesbesucher bezahlen 10 US$ Eintritt und können einen Führer (25 US$) engagieren. Allerdings lohnt es sich, mindestens einmal zu übernachten. Die Wegpalette reicht vom leichten Spaziergang (1 km) bis hin zur anstrengenden Wanderung (5,5 km). Spezielle Führungen zu Kaffeeanbau oder wilden Orchideen werden ebenfalls angeboten. Die Fundación organisiert Privatfahrzeug-Shuttles ab Quito (80 US$). Selbstfahrer brauchen für die 7 km ab der Hauptstraße unbedingt Allradantrieb.

Bosque Nublado Santa Lucía

Bosque Nublado Santa Lucía   LODGE $$
(📞 02-215-7242; www.santaluciaecuador.com; B/ Zi. ohne Bad pro Pers. inkl. Mahlzeiten 35/56 US$, Hütten pro Pers. inkl. Mahlzeiten 75 US$) Die schön gestaltete Lodge steht auf einem Berg mit atemberaubendem Rundumblick über die vegetationsreichen Hügel und Täler. Die einfachen, aber komfortablen Zimmer haben Gemeinschaftsbäder, Trockentoiletten und Solarstrom. Die vergleichsweise luxuriösen Hütten mit eigenem Bad und eindrucksvollem Blick über den Nebelwald bieten Platz für zwei bis drei Personen. Das exzellente Essen besteht u. a. aus Salaten, Kartoffelpuffer und herzhaften Suppen.

Ein Streifzug durch den Bosque Nublado Santa Lucía ist etwas für Abenteuerlustige. Eigentümerin und Betreiberin des Schutzgebiets ist eine Kooperative von zwölf Familien. In der Hoffnung auf eine zukunftsfähige Verdienstquelle haben diese den *naranjilla*-Anbau mit Pestiziden eingestellt und auf Tourismus plus Umweltschutz umgesattelt. So zählt Santa Lucía heute zu Ecuadors Paradebeispielen für Kommunaltourismus und hat bereits viele Auszeichnungen für Nachhaltigkeit und Armutsbekämpfung erhalten. Auch Freiwillige sind hier willkommen.

Ein Mindestaufenthalt von drei Tagen wird empfohlen. Der Preis beinhaltet den Eintritt zum Schutzgebiet plus Guide-Service am ersten und letzten Tag. Die zertifizierten Führer aus einheimischen Familien sprechen etwas Englisch und kennen die wissenschaftlichen Namen der Pflanzen bzw. Vögel. Der Parkplatz am Startpunkt für den steilen ein- bis zweistündigen Marsch hoch zur Lodge befindet sich rund 1 km hinter Maquipucuna (Maultiere tragen das Gepäck). Ein Maultierritt hinauf kostet zusätzliche 20 $.

Bellavista Cloud Forest Reserve

Bellavista Lodge   LODGE $$
(📞 02-223-2123, 099-416-5868; www.bellavista cloudforest.com; B 35 US$, EZ/DZ inkl. Mahlzeiten 132/224 US$) 🌱 Es lohnt sich, in dem 700 ha großen Reservat zu übernachten, und sei es allein für den umwerfenden Panoramablick von der geodätischen, kuppelförmigen Lodge aus Holz. Das Erdgeschoss dient als Bibliothek/Restaurant/Bar, darüber sind fünf kleine Zimmer und ganz oben ein zweistöckiger Schlafsaal mit Gemeinschaftsbad, Restaurant und Balkon. Für mehr Privatsphäre sorgen größere, separate Hütten in der Nähe.

Etwa 1 km entfernt befindet sich eine Forschungsstation mit einer Küche für Selbstversorger und einem Schlafsaal mit zwölf Betten für Budgetreisende.

Das Reservat erstreckt sich an den Hängen der westlichen Anden auf etwa 2000 m Höhe. Etwa 25 % davon bestehen aus Urwald, der Rest wurde teilweise oder gänzlich abgeholzt, erholt sich aber wieder. Es war eines der ersten Ökotourismusprojekte in der Gegend und es führt ständig diverse Umweltschutzmaßnahmen durch. 8 km gut markierter Wanderwege führen durch das Gebiet, das von Vogelbeobachtern sehr empfohlen wird (320 Vogelarten wurden verzeichnet).

Tandayapa

Tandayapa Bird Lodge LODGE $$$
(☎ 02-244-7520, 099-923-1314; www.tandayapa. com; EZ/DZ inkl. Mahlzeiten 126/213 US$) Highlights wie Rote Felsenhähne, Schuppenschmuckvögel und Goldkopf- oder Kammtrogone machen die Lodge zum Paradies für ernsthafte Vogelbeobachter. Mit nur zwölf Zimmern (zwei liegen schön abgeschieden auf dem Gelände) wirkt sie heimelig und zwanglos. Die Lodge bietet mehrsprachige Beobachtungs-Guides, komfortable Unterkunft im Nebelwald (inkl. tollem Aussichtsbalkon), eine Baumwipfelplattform und viele Pfade für Tageswanderungen.

Strategisch platzierte Obstfutterstationen erhöhen die Sichtungschancen von der Lodge. Führer für Vogelbeobachtungen sind nicht im Preis enthalten und müssen rechtzeitig im Voraus gebucht werden. Oft kann man aber auch gratis mit ehrenamtlichen Führern losziehen.

Reserva Yunguilla

Reserva Yunguilla LODGE $
(☎ 099-954-1537; www.yunguilla.org.ec; Camping 5 US$, Zi. pro Pers. mit VP 35 US$) Gut 80 Familien aus dem Dorf Yunguilla haben dieses kommunal betriebene Ökotourismusprojekt geschaffen, um fast 2600 ha Nebelwald zu schützen. Die Unterkunft besteht aus drei Zimmern für bis zu neun Personen und einem Campingplatz.

Es ist möglich, die 12 km zwischen Yunguilla und Maquipucuna auf einem erhaltenen Teil des Camino los Reales zu wandern, einem Inka-Weg (der selbst dem Pfad einer noch älteren Yumbo-Route folgt), der von Quito durch diese Region verläuft. Ein Taxi von Calcali nach Yunguilla kostet 4 US$.

Zentrales Hochland

Inhalt ➡

Tolle Wanderungen

➡ Laguna Limpiopungo
(S. 140)

➡ Laguna Quilotoa (S. 148)

➡ Sendero de los Contra-
bandistas (S. 165)

➡ Parque Nacional Sangay
(S. 166)

➡ Volcán Chimborazo (S. 169)

Schön übernachten

➡ Hostería La Ciénega
(S. 141)

➡ Hostal Tiana (S. 144)

➡ Hotel Roka Plaza (S. 155)

➡ Posada del Arte (S. 162)

➡ Llullu Llama (S. 151)

Auf ins zentrale Hochland!

Das Dach Ecuadors bietet mehr Abenteuer pro Quadratmeter als die meisten anderen Orte auf Erden. Die weitläufige, von Feuer und Eis geformte Region regt die Phantasie an und führt auf eine außergewöhnliche Reise tief in die Mythen und Schönheiten der Anden. Es gibt traumhafte Vulkane, von Gletschern bedeckte Gipfel, grasbewachsene Hochebenen, überraschend reizende Kolonialstädte, idyllische Haziendas und tiefe, grüne Täler mit Wasserfällen und indigenen Dörfern, die sich vom Hochland bis ins schwüle Amazonasbecken hinabziehen.

Bei den meisten Reisen in die Region wird man ein paar Tage in den Nationalparks und Schutzgebieten wie Los Ilinizas, Cotopaxi, Llanganates, Chimborazo und Sangay verbringen. Auf dem Quilotoa-Loop passieren Wanderer traditionelle Siedlungen indigener Einwohner und gelangen zu einem tiefen Kratersee. Hinzu kommen abenteuerliche Bahnfahrten und Kunsthandwerksmärkte sowie reichlich Tropenabenteuer in dem fruchtbaren Tal, das zur schon seit langem sehr beliebten Stadt Baños hinabführt.

Reisezeit

Riobamba

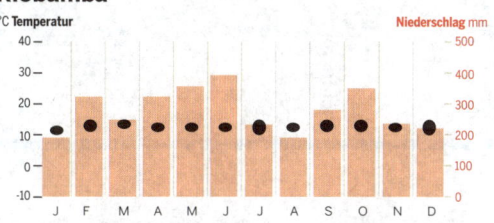

Juni–Sept. Die Trockenzeit ist die Hochsaison für Rad-, Kletter- und Wandertouren.

Sept. oder Nov. Das Mamá-Negra-Fest in Latacunga lohnt einen Besuch.

Dez. & Jan. Die Trockenheit weicht dem Abenteuer, und alles grünt.

Highlights

1 Auf Nebenstrecken über den Quilotoa-Loop (S. 146) wandern

2 Auf der Straße von Baños nach Puyo (S. 164) die Gischt der Wasserfälle spüren

3 Vor einer spektakulären Bergkulisse auf der Hochstraße nach Salinas (S. 168) fahren

4 Mit dem Zug die Nariz del Diablo (S. 179), eine steile Felswand, im Zickzack hinunterfahren

5 Im Parque Nacional Cotopaxi (S. 138) einen der höchsten aktiven Vulkane besteigen und die Gegend rundherum erkunden

6 Auf einer Wanderung oder Radtour um den Volcán Chimborazo (S. 169) die Wolken berühren

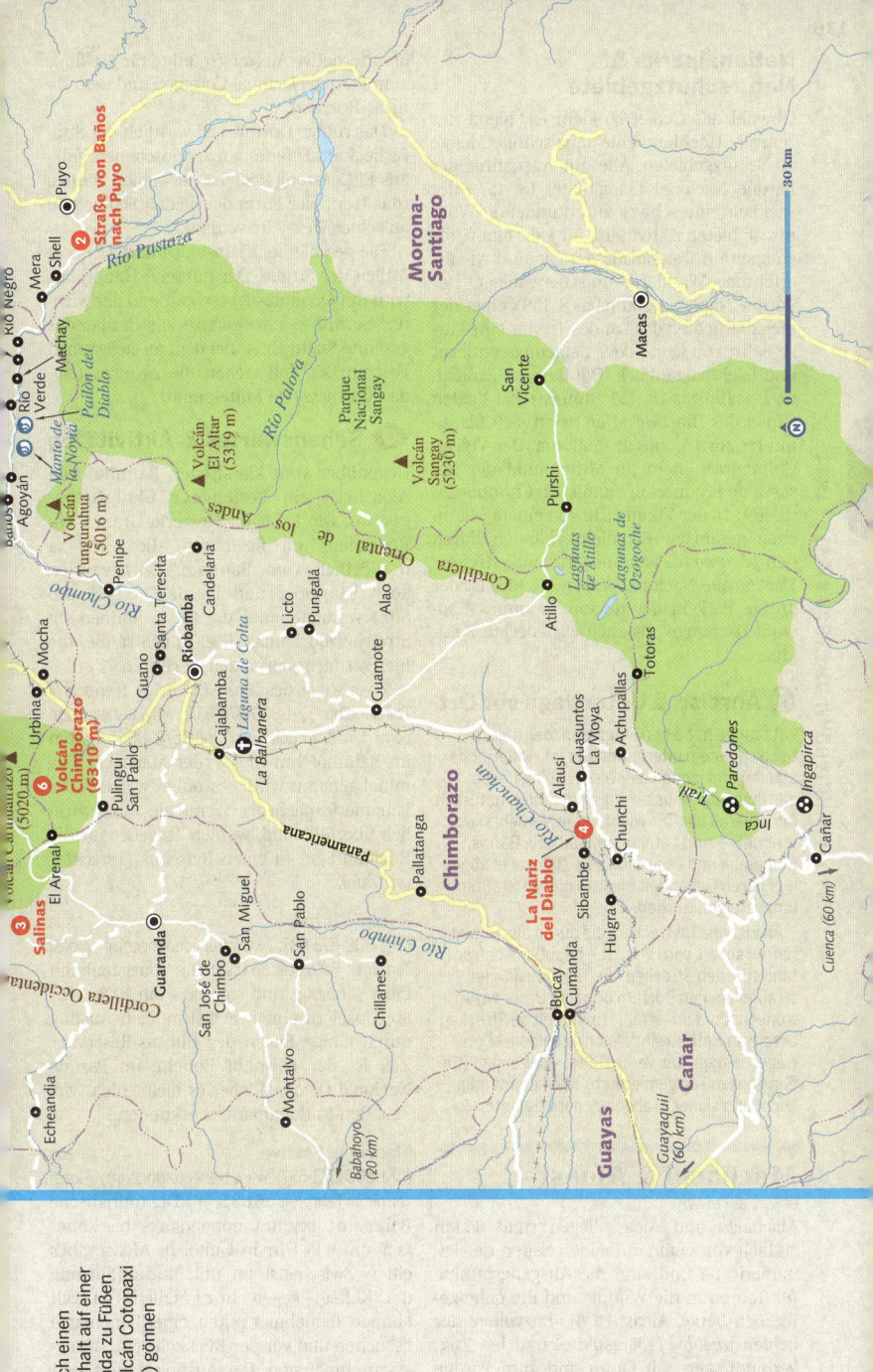

Puyo

Shell

Mera

Río Negro

Machay

Río Verde

Pailón del Diablo

Manto de la Novia

Agoyán

Baños

Volcán Tungurahua (5016 m)

Penipe

Río Chambo

Mocha

Urbina

Volcán Chimborazo (6310 m)

Pulinguí San Pablo

Volcán Carihuairazo (5020 m)

El Arenal

Salinas

Echeandia

San José de Chimbo

Montalvo

Guaranda

San Miguel

San Pablo

Chillanes

Babahoyo (20 km)

Cordillera Occidental

Río Chimbo

Panamericana

Pallatanga

Chimborazo

Río Chanchán

La Nariz del Diablo

Bucay

Cumandá

Huigra

Chunchi

Sibambe

Alausí

La Moya

Guasuntos

Achupallas

Inca Trail

Paredones

Ingapirca

Cañar

Cuenca (60 km)

Guayaquil (60 km)

Guayas

Cañar

Guamote

Cajabamba

La Balbanera

Guano

Santa Teresita

Riobamba

Candelaria

Licto

Pungalá

Laguna de Colta

Alao

Cordillera Oriental de los Andes

Atillo

Lagunas de Atillo

Lagunas de Ozogoche

Totoras

Purshi

Volcán Sangay (5230 m)

San Vicente

Parque Nacional Sangay

Río Palora

Volcán El Altar (5319 m)

Macas

Morona-Santiago

Río Pastaza

Straße von Baños nach Puyo

30 km

Straße von Baños nach Puyo [2]

Salinas [3]

La Nariz del Diablo [4]

Volcán Chimborazo (6310 m) [6]

Sich einen Aufenthalt auf einer Hazienda zu Füßen des Volcán Cotopaxi (S. 141) gönnen [7]

Nationalparks & Naturschutzgebiete

Obwohl das Gebiet so klein ist, bietet das zentrale Hochland eine ganz schöne Menge an Schutzgebieten. Alle mit Ausnahme des Parque Nacional Llanganates (S. 157), der wirklich eine schwer zu erkundende Wildnis ist, bieten Aktivitäten für jedermann, für entspannte Tagesausflügler genauso wie für erfahrene Wanderer und Bergsteiger. Der Parque Nacional Cotopaxi (S. 138), einer der meistbesuchten des Landes, ist nur eine kurze Fahrt von Quito oder Latacunga entfernt und leicht zugänglich. Die Reserva Ecológica Los Ilinizas (S. 137) umfasst die beiden Gipfel des Iliniza und erstreckt sich bis hinunter zur Laguna de Quilotoa. Der Volcán Chimborazo steht im Mittelpunkt der Reserva de Producción Faunística Chimborazo (S. 169), in der Vikunjas in von einem Männchen geführten Familienverbänden durch den *páramo* (das andine Grasland) streifen. Der Parque Nacional Sangay (S. 166) ist der größte Park in der Region, er umfasst sowohl Dschungel als auch eisbedeckte Berggipfel.

❶ Anreise & Unterwegs vor Ort

Latacunga hat einen Flughafen, der theoretisch sogar ein internationaler ist – allerdings starten und landen hier bisher keine Passagierflugzeuge. Busse hingegen fahren natürlich fast überall hin. Die wichtigsten Verkehrsknotenpunkte sind Latacunga, Ambato, Baños, Riobamba und Guaranda. Für Zielorte in abgelegeneren Gegenden muss in diesen Städten umgestiegen werden.

An Eisenbahnstrecken, die durch das Gebiet führen sollen, wird gebaut – hauptsächlich an touristischen Strecken, die Tagesausflügler zu abgelegenen Dörfern bringen. Unter www.trenecuador.com erfährt man, welche Strecken bereits in Betrieb sind. Auch mit einem Mietwagen, einem Tourveranstalter oder einem (für den ganzen Tag gemieteten) Taxi kommt man leicht und sicher in abgelegenere Gebiete.

Machachi & Aloasí

6855 & 12 470 EW.

Machachi und Aloasí liegen rund 35 km südlich von Quito zu beiden Seiten der Panamericana und sind die Ausgangspunkte für Touren in die Wildnis und die nahe gelegenen Berge. Aloasí ist die reizvollere der beiden *pueblos* (Kleinstädte) und hat Zugverbindungen mit Quito und zum Parque Nacional Cotopaxi im Süden. Beide dienen als alternative Ausgangspunkte für Ausflüge zum Parque Nacional Cotopaxi und dem Ilinizas-Reservat.

Das ruhige Dorf Aloasí westlich der Straße liegt am Fuß des lange erloschenen Vulkans El Corazón (4788 m), der seinen Namen „das Herz" der Form der beiden Schluchten an seiner Westseite verdankt.

Die geschäftige Kleinstadt Machachi liegt östlich der Straße. Der hübsche Hauptplatz wird mit Orgelmusik beschallt und der wichtige Sonntagsmarkt erstreckt sich über das gesamte Stadtgebiet. Bei dem ausgelassenen Fest am 23. Juli stehen die *chagras* (Anden-Cowboys) im Mittelpunkt.

◉ Sehenswertes & Aktivitäten

Gegenüber vom klassischen Bahnhof von Aloasí ist ein kostenloser Skulpturengarten. Die Estación Hostería-Granja, ein Bauernhof mit Restaurant, liegt 100 m nordöstlich vom Bahnhof. Dort werden auch Fahrräder und Pferde (15 US$ pro Std.) vermietet und die Gäste können im Streichelzoo Lamas, Esel und Strauße, die hier gar nicht herpassen, berühren.

Zwei Züge des Tren Ecuador (Ferrocarril Transandino; ☑ 1-800-873-637; www.trenecuador. com; hin & zurück Erw./Kind 15/8 US$) halten im Bahnhof von Aloasí (der Machachi Terminal genannt wird, obwohl er westlich der Panamericana liegt). Wenn die Züge wirklich überfüllt sind, werden Traveller für die Rückfahrt oft in einen Reisebus gesteckt – *wie doof.*

Páramo Infinito   ZUG

(☑ 1-800-873-637; www.trenecuador.com; Aloasí Terminal; Fahrpreis 35 US$) Die Touristenbahn fährt samstags und sonntags um 10.30 Uhr ab Aloasí zu einem achtstündigen Ausflug durch einige Ecken des Ilinizas-Reservats. Ziel ist der Bahnhof Boliche im Parque Nacional Cotopaxi, aber es bleibt nicht viel Zeit, den Nationalpark zu erkunden.

Machachi Festivo   ZUG

(☑ 1-800-873-637; www.trenecuador.com; Aloasí Terminal; Fahrpreis 36 US$; ⊛) Die touristische Bahnfahrt beginnt donnerstags bis sonntags um 8.15 Uhr in Quito. In Aloasí gibt's einen Zwischenstopp mit Tanzaufführung und Kaffee – gegen ein zusätzliches Entgelt können Teilnehmer reiten, eine Bienenfarm besuchen und vor der Rückkehr ein Mittagessen einnehmen. Der Ausflug dauert acht Stunden.

🛏 Schlafen & Essen

Hotel Estancia Real
HOTEL $

(☎02-231-5760; Cordero, Machachi; Zi. pro Pers. 10 US$) Das Hotel ist eine von mehreren sehr billigen Absteigen gegenüber der Plaza Mayorista in Machachi. Die Matratzen sind schlecht, aber die Zimmer sauber und einigermaßen bequem.

La Estación Hostería-Granja
HAZIENDA $$

(☎02-230-9246, 099-277-1578; www.hosteriagran jalaestacion.com; Aloasí; EZ/DZ mit Frühstück 60/ 70 US$; 🐾) Die weitläufige Hazienda aus dem 19. Jh. gegenüber vom Bahnhof ist die beste Unterkunft in der Gegend. Die urig eingerichteten Zimmer haben Balkendecken, der Service ist freundlich und es gibt viele offene Bereiche, wo man sitzen und die Aussicht genießen kann.

Im Hinterhof wurden mehrere geräumige Zimmer mit Holzöfen angebaut, die dem Haupthaus angepasst sind. Das mit alten bäuerlichen Gerätschaften ausstaffierte Restaurant serviert Mittag- und Abendessen für 15 US$.

El Café de la Vaca
ECUADORIANISCH $$

(☎02-231-5012; Panamericana Km 23; Hauptgerichte 4–8 US$; ⏰8–17.30 Uhr) An Wochenendnachmittagen fallen Tagesausflügler aus Quito hier scharenweise ein. Dann wird man in diesem Restaurant, das schwarzweiß wie eine Kuhhaut angestrichen ist, wahrscheinlich auf sein Essen etwas warten müssen. Besucher strömen nicht zuletzt deshalb ins „Kuh-Café", weil es zu jeder Bestellung Käse frisch vom Bauernhof gibt. Zu den ecuadorianischen Gerichten und den (den ganzen Tag angebotenen) Frühstückskombinationen passt gut ein frisch gemixter Obstsaft.

ℹ Anreise & Unterwegs vor Ort

Die Busse, die vom Busbahnhof in Quito nach Latacunga fahren, können einen in Machachi (1 US$, 1 Std.) an der Panamericana absetzen. Wer nach Quito oder Latacunga zurückfahren möchte, winkt einen Bus auf der Panamericana heran.

Die Züge sind zwar für Fahrten hin und zurück gedacht, aber auch einfache Fahrten auf den Strecken Machachi Festivo (S. 136) oder Páramo Infinito (S. 136) sind möglich.

Von Machachi aus fahren tagsüber mindestens stündlich bunt angemalte, altmodische Busse ins nahe gelegene Aloasí. Um den Bahnhof zu erreichen, der ungefähr 3 km von der Panamericana entfernt ist, bis zur Endstation mitfahren.

Reserva Ecológica Los Ilinizas

Das Naturschutzgebiet Los Ilinizas erstreckt sich über ungefähr 150 000 ha und umfasst Vulkane, kleinbäuerliche Felder, *páramo*, Nebelwald und Täler. Es liegt nur 55 km südlich von Quito und dehnt sich über einen großen Teil des Gebiets des Quilotoa Loop aus. Zum Wandern ist es super – meist über unbenannte Wege, die Einheimische einem zeigen können.

Das kleine Dorf El Chaupi ist der beste Ausgangsort für die beiden Berggipfel des Parks, den Iliniza Norte (5126 m) und den Iliniza Sur (5248 m), jeweils der sechst- und achthöchste Berg Ecuadors. Einst Teil eines einzigen Vulkankegels, sind die beiden Bergspitzen heute durch einen schmalen, abschüssigen Sattel getrennt.

Zum Park geht es von El Chaupi über 3 km zu Fuß (oder per Pick-up-Taxi) bis zum gelegentlich besetzten Control (Haupteingang zum Park; ⏰8–16 Uhr, Eintritt frei) und dann weitere 6 km zum Parkplatz am Marienschrein. Von dort ist es ein etwa zweistündiger Marsch zum Refugio Nuevos Horizontes (S. 138).

🏃 Aktivitäten

Obwohl beide Gipfel sich kaum an Höhe unterscheiden, ist der Iliniza Sur wegen größerer Feuchtigkeit ganzjährig von einem Gletscher bedeckt, sodass der Aufstieg technisch anspruchsvoll ist. Man muss trainiert sein und braucht einen Führer und eine Gletscherausrüstung. Zur Akklimatisierung ist der Iliniza Norte beliebt: Der Aufstieg ist leichter, aber wegen der Geröllhalden, Felsbrocken in Gipfelnähe und gelegentlicher Schneefälle durchaus ebenfalls anspruchsvoll. Geführte Touren, Mountainbike-Verleih (25 US$ pro Tag), Reitausflüge (25 US$ pro Std.) und Freiwilligenjobs arrangieren das Hostal La Llovizna in El Chaupi. La Llovizna vermietet auch Kletterausrüstung, Schlafsäcke und Mountainbikes.

🛏 Schlafen & Essen

Huerta Sacha
LODGE $

(☎098-906-7082; www.huertasacha.com; Zi. pro Pers. mit Frühstück 25 US$) Der 16 ha große Milchbauernhof mit Unterkunft liegt 4 km westlich von El Chaupi hoch oben im Park. Ein Café im Zentrum bildet einen fröhlichen Treffpunkt, um Geschichten auszutauschen, und die gemütlichen Privatzimmer haben heißes Wasser (jau!) und entweder Stock- oder Doppelbetten. Einige sorgen mit Kamin und Kuhfellvorlegern für etwas Romantik. Die Lodge ist auf Reitausflüge spezialisiert und könnte gar nicht freundlicher sein.

Hostal La Llovizna   HOSTEL $

(📞099-119-4928; iliniza_blady@yahoo.com; El Chaupi; Zi. pro Pers. mit Frühstück & Abendessen 25 US$; 📶) Das Hostel, rund 500 m außerhalb von El Chaupi an der Straße zum Ilinizas-Reservat, hat ein etwas raues Wild-West-Flair. Die großen, warmen Zimmer haben Betten mit festen Matratzen und es gibt zudem gemütliche, winzige Dachzimmer.

Refugio Nuevos Horizontes   HÜTTE $

(📞02-367-4125; nuevos.horizontes.refuge@gmail.com; B 15 US$) Die rustikale Hütte auf 4650 m Höhe liegt im Herzen des Reservats und bietet bis zu 25 Personen Platz. Kochgelegenheiten sind vorhanden, aber die einheimischen Betreiber verkaufen auch Frühstück und Abendessen. Nachts kann es ziemlich kühl werden – ein Schlafsack ist unbedingt nötig.

Hostería PapaGayo   HOSTERÍA $$

(📞02-231-0002; www.hosteria-papagayo.com; Panamericana Sur Km 26; EZ/DZ/Hütte 45/75/120 US$; @📶) Die 150 Jahre alte umgebaute Hazienda ist bei Backpackern sehr beliebt und ein bequemes Quartier, wenn man sich in den Parks Iliniza, Corazón und Cotopaxi umtun will. Es gibt Schlafsäle und Privatzimmer, einige mit Kamin, außerdem ein nettes Restaurant, eine ganze Arche von freundlichen Farmtieren und noch freundlichere Gastgeber, die Touren, Führer und Ausritte arrangieren können.

Die Herberge liegt 500 m westlich der Panamericana an einer Ausfahrt 1 km südlich der Machachi-Mautstation; vorher anrufen, wenn man aus Machachi oder El Chaupi abgeholt werden will.

Chuquiragua Lodge   LODGE $$

(📞02-367-4046; www.ecuadortreasures.com; El Chaupi; B 16 US$, Zi. pro Pers. 25–70 US$; @📶) Die neue, im Stil einer Hazienda erbaute Lodge am Ortseingang 1 km westlich der Panamericana hat Zimmer für jeden Bedarf. Es gibt Schlafsäle mit flauschigen Bettdecken und dicken Matratzen, Premiumzimmer (die beste Wahl fürs Geld) mit schönem Ausblick, Kamin und Hartholzeinrichtung sowie die etwas vollgestopften (und überteuerten) Superiorzimmer. Klasse ist das Spa mit einem großen Hot Tub und einem Dampfbad.

ℹ An- & Weiterreise

Blau-weiße Busse mit der Aufschrift „El Chaupi" (0,35 US$, 40 Min.) fahren in Machachi bis zum Einbruch der Dunkelheit etwa stündlich von der Kreuzung Amazonas und 11 de Noviembre ab und starten vom Dorfplatz in El Chaupi nach gleichem Fahrplan zurück.

Wer aus Machachi mit dem Auto kommt, nimmt die ausgeschilderte Ausfahrt El Chaupi von der Panamericana, die rund 6 km südlich von Machachi liegt. Die 7 km lange, kopfsteingepflasterte Straße setzt sich von El Chaupi 9 km lang als unbefestigte Piste bis zum Iliniza-Parkplatz fort, den ein kleiner Marienschrein markiert.

Für 25 US$ kann man in Machachi auch einen Pick-up anheuern (am Platz herumfragen), der einen direkt bis zu diesem Parkplatz bringt. Die Fahrt mit einem Truck ab El Chaupi kostet rund 13 US$.

Parque Nacional Cotopaxi

Auch wenn man den Volcán Cotopaxi von mehreren Provinzen aus sehen kann, gewinnen seine majestätische Masse und der symmetrische Kegel doch innerhalb des gleichnamigen Nationalparks (📞Mo–Fr 02-204-1520, Sa & So 099-9498-0121; Eintritt 10 US$) ganz andere Dimensionen. Während der Gipfel von einem Gletscher überzogen ist, leben auf den von gold-grünem *páramo* bedeckten Flanken Wildpferde, Lamas, Füchse, Rehe, Andenkondore und sogar die äußerst seltenen Brillenbären.

Am schönsten ist der Blick frühmorgens. Wandern und Mountainbiken zu präkolumbischen Ruinen um die Seen und an den Parkstraßen ist mit Führung oder auch alleine möglich. Und ein Aufstieg zum Gipfel ist ein einmaliges Erlebnis, das jeder Abenteurer mit etwas Kondition in Angriff nehmen sollte.

Der 32 000 ha große Park ist von Latacunga oder Quito gut auf einem Tagesausflug zu erreichen. Die meisten Leute betreten den Park am Control Caspi, es gibt aber auch hervorragende Lodges, die leicht vom Control Norte aus zugänglich sind. Der Eintritt zum Nationalpark ist frei, aber für die Hütten und Zeltplätze muss gezahlt werden. Der Haupteingang ist offiziell von 7 bis 16.30 Uhr geöffnet, Autofahrer können ihn aber bis etwa 18.30 Uhr verlassen. Wanderer können den Park jederzeit betreten oder verlassen.

⊙ Sehenswertes & Aktivitäten

Zu den größten Gefahren im Park gehören die Höhenkrankheit und attackierende Stiere. Erstere lässt sich vermeiden, wenn man sich zunächst ein paar Tage in Quito akklimatisiert, viel Wasser trinkt und sich vor der Sonne schützt, die letztere, indem man Abstand zu den Tieren hält. El Porvenir (S. 141) hat eine 520 m lange Seilrutsche (19 US$), mit der Wagemutige mit dem Kopf voran wie Superman fliegen können, sowie einen separaten Seilgarten (19 US$).

Centro Visitantes   MUSEUM

(Südlicher Haupteingang) `GRATIS` Das einfache Museum im Park, 9 km vom Control Caspi, erläutert die Natur der Gegend. Ein Päuschen im Café und der Besuch des Kunsthandwerksladens lohnen sich auch. Es gibt zudem einen kleinen botanischen Garten, ein 800 m langer Weg führt von hier durch den *páramo*.

Pucará del Salitre   ARCHÄOLOGISCHE STÄTTE

Die Inka-Festung an der Straße zum Río Pita wurde gegen Ende des 15. Jhs. erbaut. Zu sehen sind mehrere Steinmauern und ein halb restauriertes, rundes Gebäude.

★ Volcán Cotopaxi   KLETTERN

Gipfelbesteigungen lassen sich in Quito und Latacunga arrangieren. Zwar ist die Besteigung – abgesehen von ein paar einfachen Querungen von Gletscherspalten und adrenalinfördernden Rutschpartien an umgestürzten Eistürmen – technisch nicht allzu schwer, aber körperlich anstrengend, kalt und, für Anfällige, schwindelerregend.

Der Aufstieg beginnt gegen Mitternacht vom Refugio José Rivas aus, in dem man kochen kann und ein Stockbett bekommt (Schlafsack und ein Vorhängeschloss zum Einschließen des Gepäcks mitbringen). Selbst erfahrene, fitte und akklimatisierte Bergsteiger erreichen den Gipfel in der Morgendämmerung nur bei einem von zwei Ver-

Parque Nacional Cotopaxi

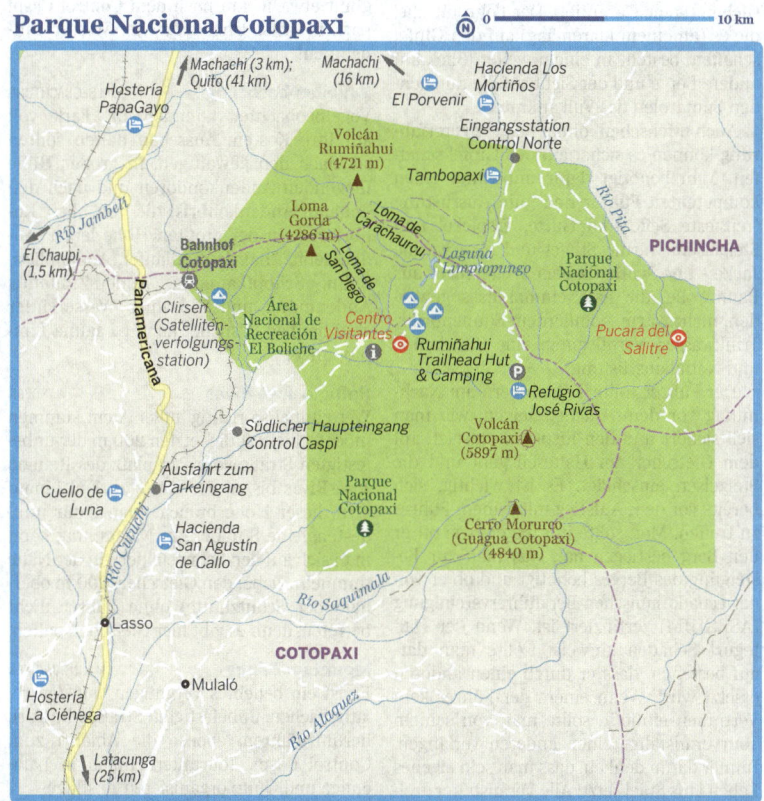

ZENTRALES HOCHLAND PARQUE NACIONAL COTOPAXI

SCHNEE AUF DEM COTOPAXI

Der Schnee auf dem Cotopaxi könnte eines Tages verschwunden sein. Laut einer kürzlich veröffentlichten Studie schrumpften die Gletscher des Cotopaxi zwischen 1976 und 2010 um 40 %. Tropische Gletscher in den Anden schmelzen mit alarmierender Geschwindigkeit, manche werden laut dem Climate News Network bald ganz verschwunden sein. Viele Wissenschaftler sehen die Ursache in den steigenden Temperaturen des Pazifiks, die den Gletschern der Region Regen statt Schnee brachten. Die jährliche Schneeschmelze von den Gletschern ist für Bauern, Wasserkraftwerke und Stadtbewohner lebenswichtig. Eine schnellere Gletscherschmelze könnte daher ernsthafte Auswirkungen auf die Wirtschaft des Landes haben.

suchen (keine Garantie!). Der Lohn für alle, die es (an einem klaren Tag) auf den Gipfel schaffen, besteht in einem weiten Blick auf andere Berge und der Sicht auf die rauchenden Fumarolen des Vulkankraters.

Auch Menschen ohne Bergsteigererfahrung können es sicher auf den Gipfel schaffen. Man benötigt dafür unbedingt einen kompetenten Führer und gute Ausrüstung (reißfeste Seile und Gurte, Eispickel und Steigeisen, warme Stiefel und eine warme Jacke – aus Synthetik oder Wolle, nicht aus Baumwolle, die hält, einmal nass geworden, nicht warm –, außerdem Sonnenbrille, Trinkwasser, Verpflegung, eine Stirnlampe und Notfallausrüstung).

Der Führer sollte Teilnehmern am Nachmittag vor dem Aufstieg zeigen, wie man sich sichert und den Eispickel einsetzt, auf dem Gletscher am Halteseil geht und die Steigeisen einschlägt. Es ist wichtig, sich bereits vor dem Aufstieg mit seinem Führer zu treffen. Man sollte ihn fragen, wie oft er den Berg bestiegen hat, was man zur Besteigung des Berges benötigt und ob er von der ecuadorianischen Bergführervereinigung (ASEGUIM) zertifiziert ist. Wenn der Haltegurt Schäden aufweist, sollte man darauf bestehen, dass er durch einen anderen ersetzt wird. Wenn einem der Führer kein Vertrauen einflößt, sollte man von seinem Tourveranstalter einen anderen verlangen. Immer daran denken, dass man sein eigenes Leben aufs Spiel setzt! Alle Veranstalter grei-

fen übrigens auf die gleichen Führer zurück, deswegen sollte man sich für den Veranstalter mit der besten Ausrüstung entscheiden.

Laguna Limpiopungo   WANDERN
Der flache, schilfreiche See am Fuß des Volcán Rumiñahui ist die Heimat einheimischer und wandernder Wasservögel. Ein absolut leichter, 2,6 km langer Weg führt rund um den See; sicheren Abstand von den Stieren halten, die gern ans Ufer gehen, um dort zu saufen. Rund um den See stehen mehrere Aussichtsplattformen.

Nördlich des Sees führt ein Weg auf den Gipfel des 4721 m hohen Volcán Rumiñahui. Südlich des Sees führt ein Weg über den 4286 m hohen Sattel bei Loma Gorda und dann hinunter zum Bahnhof. Beide Strecken sind lange Tageswanderungen.

Volcán Rumiñahui   WANDERN
Der steile Wanderweg führt in vier bis fünf Stunden hinauf zum Gipfel des 4721 m hohen Volcán Rumiñahui. Der Aufstieg beginnt etwa 10 km nach dem Control Caspi parkeinwärts. Unbedingt viel Wasser mitnehmen!

Vogelbeobachtung   VOGELBEOBACHTUNG
Vogelbeobachter kommen im Park voll auf ihre Kosten. Ausschau halten sollten sie nach den gewaltigen, in großer Höhe fliegenden Andenkondoren und nach den Ecuador-Andenkolibris, die von allen Kolibriarten in der größten Höhe leben. Andenkiebitz, Bairdstrandläufer, Andenblässhuhn, Schopfkarakara, Anden-Zimtente, Andenmöwe und Einsamer Wasserläufer sind häufige Besucher an der Laguna Limpiopunga.

Refugio José Rivas   WANDERN
Wer einmal so richtig außer Atem kommen möchte, klettert die letzten 200 m der unbefestigten Straße vom Parkplatz des Refugio José Rivas bis zu der Hütte zu Fuß hinauf – in dieser Höhe braucht man dafür mindestens eine Stunde. Am Nachmittag kann man sich auf den Schneefeldern in der Nähe tummeln. Dabei den Gletscher (200 m oberhalb der Schutzhütte) ohne Führer nicht betreten, denn es gibt hier Gletscherspalten.

Mountain Biking   MOUNTAINBIKEN
Es ist ein beliebtes Vergnügen, auf den relativ flachen, unbefestigten Straßen im Park herumzufahren, ebenso die Abfahrt zum Control Caspi. Tourunternehmen in Latacunga und Quito organisieren Ausflüge.

🛏️ Schlafen & Essen

Die meisten Lodges in dem Gebiet organisieren Tagesausflüge und Ausritte und verfügen über ein Restaurant. Campingplätze (kostenlos) im Park befinden sich am Beginn des Aufstiegs zum Rumiñahui, am Tambopaxi und in der Nähe des Bahnhofs. Tagesausflügler können problemlos in Aloasí, El Chaupi oder Latacunga übernachten.

Rumiñahui Trailhead
Hut and Camping   HÜTTE $
(Wegbeginn zum Rumiñahui; B 20 US$) Direkt dort, wo der Aufstieg auf den Rumiñahui beginnt, steht eine schlichte Lodge mit Stockbetten, kostenlosen Zeltplätzen, Holzöfen und einem Essbereich im Freien (Abendessen 10 US$). Zudem gibt's Grillplätze, Toiletten und einen Spielplatz.

Refugio José Rivas   HÜTTE $
(B 20 US$) Die behagliche, jüngst renovierte Hütte auf 4800 m Höhe wird fast ausschließlich von Bergsteigern aufgesucht. Sie liegt etwa 200 m unterhalb des Cotopaxi-Gletschers (der einst bis vor die Tür der Hütte reichte). Platz ist für 20 Personen. Der Bergführer übernimmt die Reservierung.

Hacienda Los Mortiños   LODGE $$
(☎ 02-334-2520; www.losmortinos.com; B/EZ/DZ 28/78/84 US$; 🕿) Die beste Unterkunft an der Nordseite des Parks, nahe dem Control Norte. Das moderne Lehmziegelhaus hat schöne Badezimmer, Spitzdecken, komfortable Privatzimmer, Schlafsäle mit sechs bis 16 Betten und umwerfende Aussichten auf die benachbarten Vulkane.

Das Haus hat eine wirklich heimelige Atmosphäre und die freundliche Familie Fernandez hat Infos zu Exkursionen zum Park. Persönliche Bedürfnisse können im Voraus abgesprochen werden. Die Mahlzeiten (8–13 US$) werden in der schönen, offenen Küche zubereitet. Auch Pferde (35 US$) und Fahrräder (16 US$) werden verliehen.

Cuello de Luna   PENSION $$
(☎ 999-727-535; www.cuellodeluna.com; EZ 48–67 US$, DZ 59–84 US$, alle mit Frühstück; 🕿) Der „Hals des Mondes" ist eine fröhliche Mittelklasseunterkunft; eine 1,5 km lange Abzweigung vom Südeingang des Parque Nacional Cotopaxi führt dorthin. Eine Meute Bernhardiner patrouilliert durch den netten Garten und die Zimmer haben Balkendecken und einladende Kamine. Die besseren Zimmer sind mit Federbetten ausgestattet und sind etwas eleganter. Den schönsten Blick hat Zimmer Nr. 26.

★ Hostería La Ciénega   HAZIENDA $$$
(☎ 02-271-9182; www.haciendalacienega.com; Panamericana Km 326, Lasso; EZ/DZ/3BZ mit Frühstück 74/89/107 US$; 🕿🛏️) Die 400 Jahre alte Hazienda hat schon einige illustre Gäste beherbergt, darunter die Französische Geodätische Expedition, Alexander von Humboldt und ecuadorianische Präsidenten. Das Haus ist seit 1982 ein Hotel, hat aber immer noch den Charme einer Hazienda: eine lange, von Eukalyptusbäumen gesäumte Auffahrt, meterdicke Wände und eine alte Kapelle.

Der moderne Anbau ist weniger hübsch (hat aber die gleichen Preise), deshalb sollte man sicherstellen, dass sich die Reservierung auf das originale Haupthaus bezieht. Das Bar-Restaurant serviert klassische, sehr gut zubereitete, aber teure ecuadorianische Gerichte. La Ciénega liegt 2 km westlich der Panamericana und ungefähr 1 km südlich vom Dorf Lasso. Die Busfahrer halten auf Wunsch am Torbogen des Hotels an der Panamericana, von dort muss man bis zum Hotel laufen.

Tambopaxi   HÜTTE $$$
(☎ 02-600-0365; www.tambopaxi.com; Camping pro Pers. 7 US$, B/EZ/DZ 24/91/115 US$, alle mit Frühstück; 🕿) 🍴 Das zertifizierte nachhaltige Tourismusprojekt liegt über die Hauptstraße rund 25 km vom südlichen Parkhaupteingang entfernt. Es beteiligt sich an Maßnahmen zum Tier- und Gewässerschutz und beschäftigt lokale Arbeitskräfte. Aus der rustikalen, mit einem Ofen beheizten Haupthütte blickt man auf Lamas und Wildpferde. Mittagessen kostet hier 19 US$.

Am Morgen kann man durch das Teleskop im Speisesaal Bergsteiger beobachten, die den Gipfel des Cotopaxi besteigen. Die Schlafsäle haben flauschige Daunendecken und einen tollen Blick auf den Cotopaxi. In einem relativ neuen, separaten Gebäude gibt's Privatzimmer.

El Porvenir   HAZIENDA $$$
(☎ 02-204-1520; www.tierradelvolcan.com; Camping/B/Zi./Suite mit Frühstück 5/42//93/139 US$; 🕿) 🍴 Das nur 4 km vom Nordeingang des Parks entfernte Porvenir verbindet den rustikalen Komfort einer authentischen Hazienda mit einer ausgeprägt ökologischen Einstellung und jeder Menge Outdooraktivitäten (z. B. Ausritte, Seilrutschen und Mountainbiken). Die Schlafsäle sind viel zu teuer, aber die behaglichen Privatzimmer und Suiten sind klasse. Die Lage hoch im *páramo* mit nichts als dem Cotopaxi im Blick ist einfach traumhaft. Ein Holzfeuer hält den ge-

mütlichen Gemeinschaftsbereich warm. Für den Transport zur Lodge vorher anrufen.

Hacienda San Agustín de Callo HACIENDA $$$

(☎ 02-271-9160; www.incahacienda.com; EZ/DZ/ Suite 219/382/437 US$; ☎) Das typische, mörtellose Mauerwerk der Inkas, das vielfach noch im Originalzustand erhalten ist, macht dieses Hotel einzigartig und mysteriös. Und die gepflegten, rustikalen Zimmer sind alle mit Kaminen, schicken Bettüberwürfen und handbemalten Wänden ausgestattet. Allerdings könnte man bei dem Preis wohl noch mehr erwarten.

Die Hazienda hat eine 500-jährige, wechselvolle Geschichte. Sie war ursprünglich eine Inkafestung, dann ein Augustinerkloster. Die Französische Geodätische Expedition nutzte das Gebäude 1748 als Triangulationspunkt zur Vermessung des Äquators, 1802 wohnte Alexander von Humboldt hier und 1880 der Bergsteiger Edward Whymper.

ⓘ An- & Weiterreise

AUTO

Alle Haziendas stellen einen Transport ab Quito bereit, oft gegen Aufpreis.

An Wochenenden strömen einheimische Besucher in den Park und es gibt gute Chancen, eine Mitfahrgelegenheit von der Ausfahrt der Panamericana bis zum Haupteingang und weiter zur Laguna Limpiopungo zu finden (allein reisende Frauen schließen sich aber besser einer geführten Tour ab Quito oder Latacunga an). Werktags ist der Park nahezu ausgestorben; wer keine Abholung vereinbart hat, wird wahrscheinlich die Strecke laufen müssen.

Es gibt drei Parkeingänge:

Control Caspi Der südliche Haupteingang ist über einen Abzweig rund 22 km südlich von Machachi (bzw. rund 30 km nördlich von Latacunga) zu erreichen. Ab dem Abzweig geht es 6 km über befestigte Straßen in nordwestlicher Richtung zum Control Caspi und von dort 9 km weiter bis zum Besucherzentrum. Jeder Bus auf der Strecke Quito–Latacunga kann einen am Abzweig absetzen.

Control Norte Man kann den Park von Machachi aus auch über den Nordeingang erreichen, muss dafür aber einen Pick-up anheuern oder ein Auto mieten. Die 21 km lange Strecke ist übersichtlich und gut ausgeschildert.

Área Nacional de Recreación El Boliche Der dritte, selten benutzte Zugang ist der Abzweig etwa 16 km südlich von Machachi zur Área Nacional de Recreación El Boliche. Die Straße führt rund 2 km von der Panamericana an der Clirsen Satellite Tracking Station (einst von der NASA betrieben) vorbei. Gleich danach ist der Bahnhof Cotopaxi. Ab hier ist die Straße für den Fahrzeugverkehr gesperrt, führt aber zu einem unbewachten Eingang des Nationalparks.

TAXI

Taxis oder Pick-ups für die Fahrt zum Refugio José Rivas gibt es in Latacunga (40 US$), Machachi (25 US$) oder Quito (40 US$). Man sollte feilschen und deutlich machen, ob die Fahrt ganz bis zum Refugio José Rivas gehen soll. Man kann mit dem Pick-up auch die Rückfahrt für einem bestimmten Tag vereinbaren; das kostet weitere 30 bis 40 US$, je nachdem, wo die Fahrt beginnt.

ZUG

Tren Ecuador (S. 429) bietet donnerstags bis sonntags Zugrundfahrten an (8 Std., 36–44 US$). Die Züge fahren in Quito um 8 und 9 Uhr ab. Eine Strecke ist mit dem Zug, die andere mit dem Bus. Der Zug zurück nach Quito fährt um 13.30 Uhr in Boliche ab.

Latacunga

87 417 EW. / 2800 M

Viele Traveller fahren nur durch Latacunga hindurch, um den Quilotoa-Loop, den Markt am Donnerstagvormittag in Saquisilí oder den Parque Nacional Cotopaxi zu erreichen. Wer länger bleibt, findet in Latacunga eine ruhige und angenehme Altstadt, die mehrere Ausbrüche des Cotopaxi halbwegs überstanden hat. Man glaubt es kaum, dass eine so reizvolle Stadt hinter dem schäbigen und von Umweltverschmutzung geplagten Viertel liegt, auf das die Besucher an der Panamericana zuerst einmal stoßen.

Der **Volcán Cotopaxi**, der an klaren Tagen die Silhouette dominiert, brach 1742 und dann 1768 noch einmal heftig aus und zerstörte beide Male große Teile der Stadt. Die unerschütterlichen (oder einfach nur törichten) Überlebenden bauten die Stadt wieder auf, doch 1877 verursachte ein weiterer gewaltiger Vulkanausbruch erneut große Schäden. Wiederum ließen sich die Städter nicht unterkriegen und erbauten die Stadt wieder neu. Seither ist Latacunga vom Zorn des Cotopaxi verschont geblieben.

Zur Feier dieses Glücks und ihres reichen indigenen und katholischen Erbes veranstalten die Einwohner von Latacunga eine der berühmtesten und prächtigsten Feste in Ecuador, das Mamá-Negra-Fest.

◉ Sehenswertes & Aktivitäten

Märkte   MARKT

(Echeverría & Amazonas) Latacungas große und absolut untouristische Märkte sind eine ganz alltägliche Angelegenheit, aber gerade das macht sie interessant. Auf den drei weitläufigen Marktplätzen rund um die Kreuzung der Echeverría und der Amazonas ist jeden Tag etwas los, ganz besonders aber an den Markttagen Dienstag und Samstag.

Parque Vicente León
PARK

Am Hauptplatz pulsiert das Leben. An der südöstlichen Ecke erhebt sich das aus republikanischer Zeit stammende **Rathaus**, auf dem zwei steinerne Kondore thronen. An der Südseite steht die im Kolonialstil erbaute **Kathedrale**; auf der Außenwand links vom Eingang zeigt ein interessantes Wandbild den Ausbruch des Cotopaxi oberhalb der Stadt. Das Kolonnadengebäude auf der Westseite stammt aus dem 17. Jh. und beherbergt Büros der Provinzverwaltung.

Casa de la Cultura
MUSEUM

(Vela 3-49; ⏲ Öffnungszeiten variieren) GRATIS Das Kulturzentrum steht am Standort einer ehemals von den Jesuiten angelegten Wassermühle, der **Molinos de Monserrat**, und beherbergt ein kleines Museum für Kunst und Ethnologie. Die Steinstufen am Flussufer bieten eine nette Rückzugsmöglichkeit vom Gewimmel auf den Bürgersteigen der Stadt. Dem Veranstaltungsplan kann man die Termine kostenloser Tanz- und Theater-Events entnehmen.

Casa de los Marqueses de Miraflores
MUSEUM

(Orellana & Echeverría; ⏲ Mo–Sa 8–12 & 14–18 Uhr) GRATIS Eine Abwechslung verspricht das in einem erhaltenen Gebäude aus der Kolonialzeit untergebrachte archäologische und religionsgeschichtliche Museum, das auch gutes Hintergrundmaterial über das Mamá-Negra-Fest bietet.

Mirador de la Virgen del Calvario
AUSSICHTSPUNKT

(Floreana nahe Oriente) An klaren Tagen hat man von diesem Aussichtspunkt östlich der Stadt einen schönen Blick auf mehrere ferne Vulkangipfel. Der Maldonado die Stufen hinauf folgen, links in die Oriente einbiegen und dieser Straße bis zur Marienstatue folgen.

☞ Geführte Touren

Seit den letzten Jahren gibt es etliche neue Touranbieter. Tagesausflüge zum Cotopaxi und Quilotoa kosten um 40 US$ pro Person, je nach Größe der Gruppe. Für eine Mountainbike-Abfahrt vom Cotopaxi werden 15 US$ verlangt. Zweitägige Klettertouren auf den Volcán Cotopaxi kosten um die 180 US$ pro Person. Exkursionen auf andere Berge sind ebenfalls im Angebot. Das Hostal Tiana ist ein prima Treffpunkt, um eine Gruppe für die Tour zusammenzustellen.

LATACUNGAS MAMÁ NEGRA

Der Mamá-Negra-Umzug („Schwarze Mutter") kombiniert katholische, präkolumbische und bürgerliche Rituale. Das Fest ist eines der größten im zentralen Hochland – Hunderte kostümierte Tänzer ziehen feiernd durch die Straßen.

Traditionell fand das Fest am 23. und 24. September sowie am 8. November statt, heute wird aber an den Wochenenden gefeiert, die diesen Terminen am nächsten liegen. Beim Fest im November gibt's auch einen Stierkampf, die Einheimischen erklären aber, dass die Festlichkeiten im September authentischer sind.

Im Mittelpunkt steht die Statue der Virgen de las Mercedes, die Latacunga vor Vulkanausbrüchen beschützen soll. Weil sie glauben, dass es die Stadt mehrfach vor dem Zorn des Volcán Cotopaxi gerettet habe, setzen die Einheimischen viel Vertrauen auf das Madonnenbild – dabei übersehen sie geflissentlich, dass der Vulkan die Stadt tatsächlich dreimal zerstört hat.

Die Mamá Negra, dargestellt von einem als schwarze Frau kostümierten Einheimischen, soll erst später dazugekommen sein. Die Figur ist vielleicht nicht politisch korrekt, aber Mamá Negra ist ein Event, das alle lieben. Niemand – und schon gar nicht ausländische Besucher – kann den *huacos* (Hexen) entkommen, die eine rituelle *limpieza* (Reinigung) durchführen, indem sie auf die Zuschauer Rauch blasen und *aguardiente* (Zuckerrohrschnaps) spritzen. Am eindrucksvollsten sind die *ashangueros*, die Männer, die *ashangas*, ganze gebratene und gehäutete Schweine, flankiert von Dutzenden von *cuy* (Meerschweinchen), Hühnern, Flaschen voll Schnaps und Zigaretten herumtragen.

Darsteller, die *yumbos* (indigene Einwohner aus dem Oriente), *loeros* (afrikanische Sklaven) und *camisonas* (Spanierinnen aus der Kolonialzeit) verkörpern, sind weitere wichtige Figuren in diesem grandiosen Straßentheater.

Latacunga

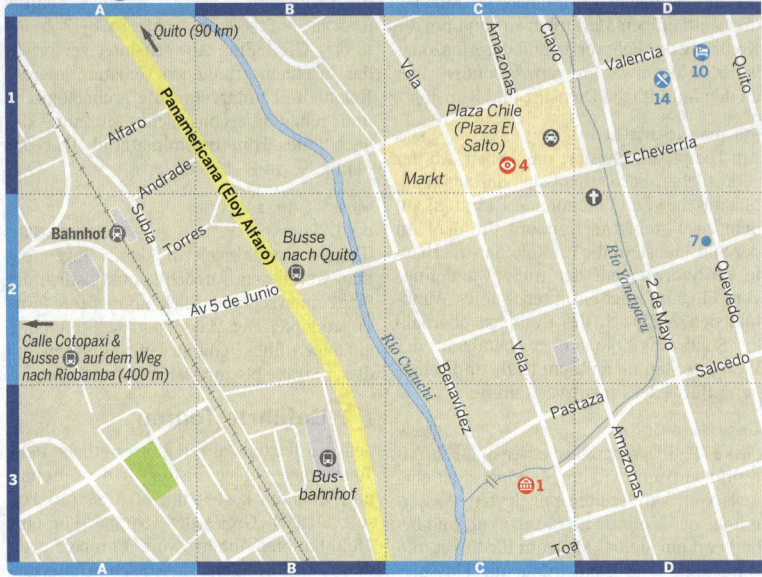

Tovar Expeditions ABENTEUERTOUR

(☎ 03-281-1333; www.tovarexpeditions.com; Vivero 1-31, Hostal Tiana) Der alteingesessene, freundliche Veranstalter hat sein Büro im Hostal Tiana. Er ist von der ecuadorianischen Tourismusbehörde zugelassen.

Volcán Route Expeditions ABENTEUERTOUR

(☎ 03-281-2452; www.volcanroute.com; Guayaquil nahe Quevedo) Guter Anbieter für Klettertouren. Kein Fahrradverleih. Er ist von der ecuadorianischen Tourismusbehörde zugelassen.

🛏 Schlafen

Am Mittwoch füllen sich die Hotels schnell, da hier dann diejenigen übernachten, die am Donnerstagmorgen den Markt in Saquisilí besuchen wollen. Während der Fiesta de La Mamá Negra können sich die Übernachtungspreise verdoppeln.

Hostal Tiana HOSTEL $

(☎03-281-0147; www.hostaltiana.com; Vivero 1-31; B 10 US$, Zi. pro Pers. 15 US$, ohne Bad 12 US$; @ 🛜) Das gut gelaunte Hostel bietet alles, was ein gutes Hostel mitbringen sollte: einen coolen Gemeinschaftsbereich zum Quatschen, eine Küche, kostenloses Internet, einen Büchertausch, saubere Zimmer und Badezimmer, eine kostenlose Gepäckaufbewahrung, gute Infos und ein kostenloses Frühstück. Die koloniale Atmosphäre alter Schule wirkt cool, die alten Rohre lassen einen allerdings im Stich, wenn man eine warme Dusche braucht. Man spricht hier Niederländisch, Englisch und Spanisch.

Hotel Rosim HOTEL $

(☎03-280-0956; www.rodelu.com.ec; Quito 16-49; EZ/DZ 15/28 US$; 🛜) Die Budgetunterkunft hat hohe Decken und originale Fußböden und legt großen Wert auf Sauberkeit. Alle Betten haben feste Matratzen und sind extra lang. Kabel-TV und WLAN sind im Preis inbegriffen – und die Gäste können die Lobby des angeschlossenen Rodelu Hotels benutzen – damit ist das Hotel die Topadresse für Budgettraveller, die Hostels lieber aus dem Weg gehen.

Hotel Cotopaxi HOTEL $

(☎03-280-1310; hotelcotopaxi@yahoo.com; Salcedo 5-61; EZ 12–15 US$, DZ 20–25 US$; 🛜) Das Cotopaxi bietet geräumige, komfortable Zimmer mit Fernseher. Einige Zimmer verfügen auch über richtig große Fenster und eine hübsche Aussicht auf den zentralen Platz. Sie können etwas laut sein, Gäste mit leichtem Schlaf sollten also nach einem Zimmer nach hinten raus bitten.

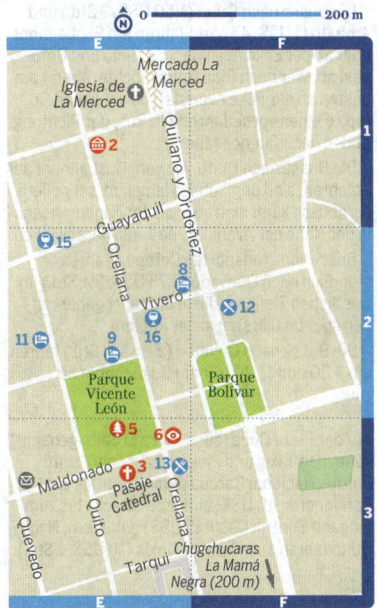

Hotel Rodelu

HOTEL $$

(☎03-280-0956; www.rodelu.com.ec; Quito 16-31;
EZ/DZ 27/45 US$; ☎) Das bei Reisegruppen
beliebte Hotel ist immer noch so bodenstän-
dig, dass auch unabhängige Traveller nicht
links liegen gelassen werden. Es hat stark
parfümierte Businesszimmer im Anden-
stil mit grell orangefarbenen Bettdecken,
Bädern mit Granitfliesen und Flachbild-
schirm-TVs.

Hotel Makroz

BUSINESSHOTEL $$

(☎03-280-0907; www.grupomakroz.com; Valencia 8-56; EZ/DZ mit Frühstück 28/50 US$; P ☎)
Das moderne und saubere Hotel richtet sich
an Geschäftsreisende, der Nachteil sind die
fehlenden öffentlichen Räume. Die geräumigen Zimmer bieten Kabel-TV, Kühlschrank,
Föhn und nette, große Badezimmer.

 Essen

Das klassische Gericht von Latacunga hat
den zungenbrecherischen Namen *chugchucara* (wer schafft es, dieses Wort zehnmal schnell hintereinander fehlerfrei auszu-
sprechen?) und ist eine herzhafte, schwere
Angelegenheit. Es besteht aus *fritada* (ge-
bratenem Schweinefleisch mit *mote*, d.h.
Maismehl), *chicharrón* (knuspriger Schwei-
nekruste), Kartoffeln, gebratener Banane,

tostado (geröstetem Mais), Popcorn und
Käse-Empanada. Viele *leñadores* (Holzöfen)
braten preisgünstige Hähnchen auf der
Amazonas zwischen der Salcedo und der
Guayaquil.

Pizzería Buona

PIZZA $

(Orellana 1408; Pizza 5–7 US$, Hauptgerichte 5–
10 US$; ⏱13–23 Uhr) Die warme und einla-
dende Pizzeria serviert pikante Pizza, etwas
zerkochte Pastagerichte und frische Salate.
Der Gastraum auf zwei Ebenen mit
Wänden in warmen Rotton ist mit schräg
aufgehängten Bildern des schiefen Turms
von Pisa und einer ziemlich faszinierenden
alten Hacke geschmückt.

Guadalajara Grill

MEXIKANISCH $

(Quijano y Ordoñez 5-110; Hauptgerichte 4–9 US$;
⏱11–21 Uhr; ☎) Das kleine, recht angesehene Lokal ist der einzige Mexikaner der
Stadt und hat ein breites Angebot der üblichen mexikanischen Speisen, wie Taquitos,
Nachos und Fajitas. Der Service ist schlep-
pend, aber hübsch sind die silbernen Libel-
len an der Wand und es ist eine willkommene Abwechslung zum zweifach frittierten
Schweinefleisch!

Chugchucaras
La Mamá Negra
ECUADORIANISCH $

(Quijano y Ordoñez 1-67; Chugchucaras 6 US$; ☺ Di–So 10–19 Uhr) Es gibt mehrere *chug-chucara*-Restaurants an der Quijano y Ordoñez ein paar Blocks südlich vom Zentrum – alle sind familienfreundlich. La Mamá Negra ist eines der besten.

Pollos Jimmy's
LATEINAMERIKANISCH $

(Quevedo 8-85 nahe Valencia; Hauptgerichte 3,50–6,50 US$; ☺ 10–22 Uhr) Hier gibt's köstliche Grillhähnchen mit Reis, Kartoffeln und Hühnersuppe. Der Laden hat aus gutem Grund viel zu tun.

Restaurant Rodelu
ITALIENISCH $$

(Quito 16-31; Hauptgerichte 4–10 US$; ☺ Mo–Sa 7.15–21.30 Uhr) Im gleichnamigen Hotel serviert das Rodelu neben einem frühen Frühstück auch Pizza aus dem Holzofen mit mitteldicker Kruste sowie Sandwiches und Pasta.

 ## Ausgehen & Nachtleben

El Abuelo
BAR

(Guayaquil nahe Quito; ☺ 15–24 Uhr; 🕾) Die winzige Kneipe, in der Elektropop dudelt, hat eine positive Energie und den Schick der Hochanden.

El Templario
BRAUEREIKNEIPE

(Vivero 1-02; ☺ 17–2 Uhr) Die Brauereikneipe in einem Grottenambiente mit Gewölbedecke hat ein breites Sortiment hausgebrauter Biere (einige mögen allerdings etwas gewöhnungsbedürftig für anspruchsvolle Gaumen sein).

❶ Praktische Informationen

Banco de Guayaquil (Maldonado 7-20) Bank mit Geldautomat

Banco del Pichincha (Quito naheSalcedo) Bank mit Geldautomat.

Krankenhaus (Hermanas Páez nahe Calle 2 de Mayo)

Post (Quevedo nahe Maldonado)

❶ An- & Weiterreise

BUS

Die Busse aus Quito halten am Busbahnhof (Panamericana), wenn Latacunga der Endhaltepunkt ist. Busse, die nach Ambato oder Riobamba weiterfahren, halten an der Ecke 5 de Junio und Cotopaxi, rund fünf Blocks westlich der Panamericana und zehn Minuten zu Fuß von der Innenstadt entfernt.

Die Busse nach Quito (1,50 US$, 2 Std.) und Ambato (1 US$, 45 Min.) fahren am Busbahnhof oder an der Ecke Avenida 5 de Junio und Cotopaxi ab. Wer nach Riobamba möchte, nimmt am besten an der Ecke Avenida 5 de Junio und Cotopaxi einen vorbeifahrenden Bus, der Richtung Süden nach Cuenca fährt.

Die Busse nach Quito, die vom Busbahnhof aus abfahren, sind unglaublich langsam; schnellere Fernbusse kann man aber an der Panamericana in der Nähe der Avenida 5 de Junio heranwinken.

Busse von Transportes Cotopaxi fahren stündlich nach Quevedo (3,75 US$, 5½ Std.) im westlichen Tiefland; diese Busfahrt gehört zu den spektakulärsten in der Region.

Die Busse nach Quilotoa (2 US$, 2 Std.) fahren um 9.30 und 11.30 Uhr am Busbahnhof ab.

TAXI

Auf der Plaza Chile (auch Plaza El Salto genannt) kann man Taxis und Pick-ups zur Fahrt zum Parque Nacional Cotopaxi (hin & zurück zum Parkinneren 40 US$, einfache Strecke bis zum Eingang Control Caspi 15 US$) anheuern. Nach Quito fahren auch Sammeltaxis (10 US$, 1 Std.).

ZUG

Im **Bahnhof** (☐1-800-873-637; www.trenecuador. com; Subia & Andrade; hin & zurück Erw./Kind 15/8 US$; ☺ Do–So) sind manchmal ein paar Kunsthandwerksstände. Zur Zeit der Drucklegung gab es hier keine Zugverbindungen.

Der Quilotoa-Loop

Der Quilotoa-Loop ist eine holprige, ringförmige Straße, die von der Panamericana aus weit ins Hinterland der Provinz Cotopaxi führt. Unterwegs finden sich bunte indigene Märkte, ein kristallblauer See, von dem die Einheimischen glauben, er sei unergründlich tief, eine Malergemeinde, die die Legenden der Anden bewahrt, und uralte Wege, die sich im Schatten schneebedeckter Vulkane durchs Gelände schlängeln. In der abgelegenen Gegend, durch die der Loop führt, kommt man in Kontakt zu vielen, Kichwa sprechenden indigenen Bewohnern und kann etwas über ihre jahrhundertealte Lebensweise erfahren.

Mehrere Dörfer bieten Unterkünfte, und die meisten Traveller fahren mit dem Bus von einem Ort zum nächsten, chartern einen Truck oder ziehen einfach zu Fuß los. Die Wandermöglichkeiten sind phantastisch. Man bekommt günstig Führer (sie zu engagieren, fördert die regionale Wirtschaft), trotzdem haben viele *hostales* (kleine, preisgünstige Hotels) und Gasthöfe aber

Quilotoa-Loop

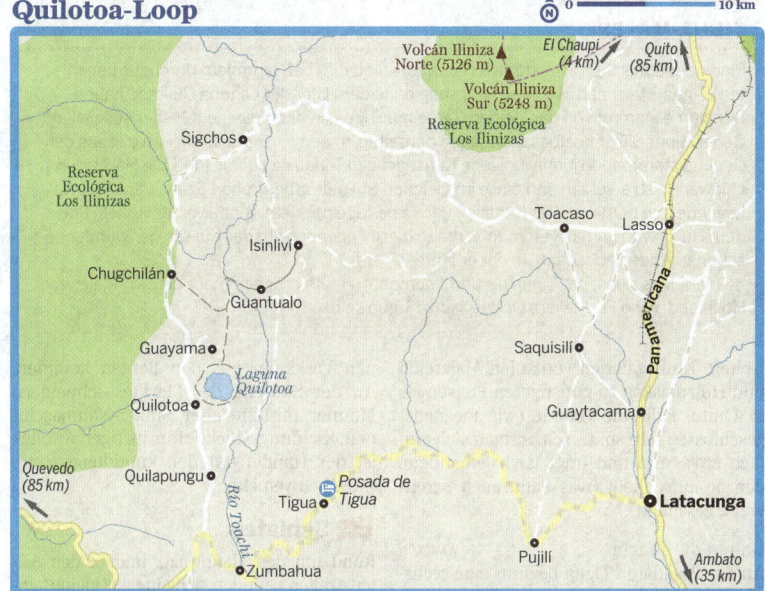

auch Karten für Wanderer, die sich alleine auf den Weg machen wollen.

Es lohnt sich, die Tour entsprechend der Markttage zu planen. Samstags ist z. B. in Zumbahua Markttag und montags in Guantualo. Der Markt am Donnerstag in Saquisilí ist unbedingt sehenswert.

Die Verkehrsverbindungen sind spärlich; bei begrenzter Zeit muss man also etwas planen. Wer auf dem Loop unterwegs ist, sollte Regenkleidung, Wasser und viel Verpflegung für lange Wanderungen oder Wartezeiten dabei haben. Zwei Tage sollte man dem Loop gönnen, es können aber leicht auch ein paar mehr sein. Viele Wanderer berichten, dass sie unterwegs Probleme mit Hunden bekamen. Falls die Tiere angreifen, sollte man nicht wegrennen, sondern seinen Platz behaupten, Steine aufnehmen und den Anschein erwecken, damit werfen zu wollen.

Der Loop wird in diesem Abschnitt im Uhrzeigersinn beschrieben, von Latacunga längs der südlichen Route über Zumbahua, man kann aber auch in der anderen Richtung losziehen.

Kein Bus fährt die gesamte Strecke des Loop. Von Latacunga aus fahren Busse nur bis Chugchilán, und zwar entweder die südliche Route über Zumbahua und Quilotoa oder die nördliche über Saquisilí und Sigchos. Tigua wird von fahrplanmäßigen Bussen bedient, die zwischen Latacunga und Quevedo unterwegs sind. Wagemutige können auch in einen *lechero* (Milchwagen) einsteigen oder sogar auf dem Dach des Busses mitfahren (sie fahren sehr langsam). Wer schneller reisen will, chartert ein Taxi in Latacunga (ab ca. 60 US$).

Tigua
3000 EW. / 3500 M

Der erste Abschnitt des Quilotoa-Loop führt von Latacunga über eine komfortable asphaltierte Straße in die goldenen Felder des andinen Hochlands. An klaren Tagen kann der Blick bis zum Cotopaxi, Rumiñahui und den Las Ilinizas reichen. In der Nähe von Kilometer 49 der Straße Latacunga–Zumbahua befindet sich eine ausgeschilderte Abzweigung nach Tigua, einer Gemeinde von Bauern und Malern (aber kein Dorf im eigentlichen Sinne), die bekannt sind für ihre farbenfrohen Schilderungen des Lebens in den Anden.

◉ Sehenswertes & Aktivitäten

Galería Tigua-Chimbacucho   GALERIE
(Latacunga-Zumbahua Rd, Km 53) Die herausragende Galería Tigua-Chimbacucho und drei

TIGUA-MALEREI

Eine der heimischen Kunstformen Ecuadors sind die (bei Sammlern durchaus begehrten) Tigua-Malereien, die ihren Ursprung nahe dem Ufer der Laguna Quilotoa haben. Der Name stammt von der kleinen Gemeinde Tigua, in der indigene Künstler seit vielen Generationen Trommelbespannungen bemalten. In den 1970er-Jahren kam der aus der Gegend stammende junge indigene Künstler Julio Toaquiza auf die Idee, die Häute durch Leinwände zu ersetzen und diese im gleichen Stil mit farbenfrohen Szenen aus Kichwa-Legenden zu bemalen. Der Künstler, der seine Tage mit dem Anbau von Kartoffeln und dem Hüten von Lamas verbrachte, malte diese Legenden vor der Kulisse der wunderschönen Andenlandschaft, in der er lebte.

Toaquizas Kunst hat Tigua berühmt gemacht. Heute arbeiten mehr als 300 Maler im Hochland, rund 20 Ateliers gibt's allein in Tigua selbst.

weitere Kunstgalerien verkaufen Malereien und Holzmasken zu günstigeren Preisen als in Quito. Falls die Galerie (wie meistens) geschlossen sein sollte, schaut man sich einfach etwas um und fragt nach jemandem, der sie aufschließt (was dann auch bereitwillig geschieht).

Cañon del Toachi   WANDERN

An der Posada de Tigua beginnt eine sechsstündige Wanderung durch den Cañon del Toachi nach Quilotoa. Sie führt durch eine spektakuläre Schlucht und an traditionellen Bauernhöfen vorbei hoch zum Kratersee. Ein Führer kostet 35 US$; in der Posada gibt's eine ordentliche Karte.

🛏 Schlafen

La Posada de Tigua   LODGE $

(☎ 03-281-4870; posadadetigua@yahoo.com; Latacunga-Zumbahua Rd, Km 49; B/Zi. pro Pers. mit Frühstück & Abendessen 25/35 US$) Die Posada de Tigua ist Teil einer Milchfarm. Das Bauernhaus stammt aus den 1890er-Jahren und ist heute ein rustikaler und anheimelnder Gasthof. Die Zimmer haben meterdicke Wände und moderne Badezimmer. Bei den Mahlzeiten gibt's Käse und Joghurt frisch von der Farm.

Zumbahua

3000 EW. / 3800 M

Der kleine Ort Zumbahua liegt rund 15 km südwestlich von Tigua. Er ist von hohen Klippen und von landwirtschaftlichen Feldern umgeben, die schnell in *páramo* übergehen.

🎯 Sehenswertes

Samstagsmarkt   MARKT

Zumbahua hat einen wunderbar authentischen Samstagsmarkt, zu dem die indige-

nen Verkäufer aus den Bergen kommen. An der Südseite des Marktes schneidern Männer mithilfe alter Singer-Nähmaschinen Kleidungsstücke. Ein lustiger Anblick ist der Handel mit den knuddeligen *cuy* (Meerschweinchen).

🛏 Schlafen

Rund um den Hauptplatz und in den Seitenstraßen befinden sich ein paar kleine, einfache *residenciales* (billige Hotels). Sie sind freitags immer gut belegt, sodass es schwer werden kann, ein Zimmer zu bekommen.

Hotel Quilotoa   HOTEL $

(Marktplatz; Zi. 8 US$) Das ziemlich moderne Haus am Hauptplatz wird von einer freundlichen Kichwa sprechenden Frau geführt. Die Zimmer sind etwas muffig, lassen sich aber schnell lüften.

Quilotoa

150 EW. / 3914 M

Der berühmte Kratersee **Laguna Quilotoa** (Eintritt zum Krater & zum Dorf pro Pers. 2 US$) rund 14 km nördlich von Zumbahua ist ein umwerfender Anblick. Der Aussichtspunkt auf dem abschüssigen Kraterrand bietet einen großartigen Blick auf den 400 m weiter unten liegenden, grünlich spiegelnden See und die schneebedeckten Gipfel des Cotopaxi und des Iliniza Sur in der Ferne. Fragt man die Einheimischen, wie tief der See sei, erklären sie, er hätte keinen Grund, was wegen seiner eindrucksvollen Tiefe (250 m, sagen Geologen) auch gar nicht erstaunlich ist.

Fitte Wanderer bewältigen den Rundweg auf dem Kraterrand in etwa sechs Stunden; ein anderer Weg führt im Zickzack hinunter zum Ufer. Unten gibt es einen (kostenlosen) Campingplatz, einen Kanu-

und Kajakverleih (2,50 US$ pro Pers./ Std.) und eine rustikale Lodge. Der Abstieg zum See dauert ungefähr eine halbe Stunde, aber hinauf mehr als doppelt so lang (zurück kann man auch für 10 US$ auf einem Esel reiten). Führer für längere Wanderungen kosten etwa 25 US$ pro Tag – eine tolle Möglichkeit ist die Wanderung von der Laguna weiter zum nahen Dorf Chugchilán. Das alkalische Wasser des Sees ist nicht trinkbar.

Dutzende ausgezeichneter Tigua-Maler leben in Quilotoa; um herauszufinden, wo ihre Bilder verkauft werden, muss man nur die Augen offen halten. Besucher zahlen 2 US$ Eintritt zum Dorf.

🛏 Schlafen & Essen

Hostería Alpaca Quilotoa
HOSTEL $

(☎099-212-5962; www.alpacaquilotoa.com; Zi. pro Pers. 25 US$; @) Die feinere Unterkunft im Ortszentrum, etwa 200 m vom Ortseingang von Quilotoa Richtung See, bietet viel Aussichten, ruhige Zimmer mit Holzöfen und ein großes Restaurant. Für 10 US$ mehr pro Tag gibt's zwei warme Mahlzeiten.

Hostal Pachamamá
HOTEL $

(☎093-927-1778; Zi. pro Pers. 15 US$) Das freundliche Haus steht gleich nördlich des Platzes, direkt gegenüber vom Seewanderweg. Die Zimmer haben einen Gasofen (Fenster öffnen, um nicht zu ersticken) und dicke Bettdecken und sie sind über einen traumhaften Steg zu erreichen.

Princesa Toa II
HOSTEL $

(Zi. pro Pers. ohne Bad 10 US$; ⊗8–20 Uhr) Die einzige Unterkunft am See ist diese von der Gemeinde betriebene Anlage mit schilfgedeckten Hütten und Gemeinschaftstoiletten draußen. Für die kalten Nächte einen Schlafsack mitbringen. Es gibt keinen Strom.

Kirutwa
ECUADORIANISCH $

(Hauptgerichte 5–7,50, mittags 7,50 US$; ⊗8–17 Uhr) Das vergleichsweise schicke Restaurant liegt direkt oben auf dem Kraterrand. Es bietet klassische Gerichte wie *locro de papas* (Kartoffelsuppe mit Avocado und Käse) und *choclo con queso* (Maiskolben mit Frischkäse). Das Restaurant wird von einer Stiftung geführt; ein großer Teil der Einnahmen fließt an die hiesige Gemeinde zurück. Ausflüge zu einer nahe gelegenen Höhle (25 US$) und zum Krater (25 US$) werden ebenfalls angeboten.

Shalalá
100 EW. / 3900 M

Das kleine, kommunal betriebene Ökotourismus-Unternehmen hat eine super Lodge und tolle Aussichten und ist eine prima Zwischenstation auf der Kraterwanderung. Es gibt hier einen hübschen botanischen Garten mit Büscheln von *chuchitos* (üppige, lila Blumen) und *pumpo* (schilfartiges Gras), Kunsthandwerksläden, einen Wanderweg, der in fünf Minuten zum Kraterrand hochführt, und eine tolle, verglaste Aussichtsplattform (kostenlos).

Busverbindungen sind spärlich. Am besten trampen Traveller am Abzweig an der Straße nach Quilotoa (in 7 km Entfernung) oder gehen über den Kraterweg zu Fuß.

Shalalá
LODGE $$

(☎096-700-5742; Shalalá; Zi. pro Pers. mit Frühstück 35 US$, Camping pro Pers. 5 US$, Mahlzeiten 5–7 US$) 🍴 Die kommunal geführte Öko-Lodge, 7 km nördlich der Quilotoa-Straße, ist die netteste Unterkunft am See. Sie hat nur drei Hütten, die sehr schön mit Travertinfliesen, Bettköpfen aus Hartholz und anderen Luxusdetails ausgestattet sind. Die Gewölbedecken mit Holzbalken verleihen den neuen Häuschen etwas Rustikales. Toll ist auch die Ruhe und Abgeschiedenheit dieses waldigen Refugiums.

Chugchilán
100 EW. / 3200 M

Die Straße führt von Quilotoa auf 22 km durch atemberaubende Landschaft nach Chugchilán, einem winzigen Andendorf, das durch den Ökotourismus zwar viel wohlhabender geworden ist, aber seine althergebrachte Lebensweise bewahrt hat. Von dort kann man zu nahe gelegenen Dörfern wandern, eine von einer Kooperative betriebene Käserei besuchen (6,5 km westlich des Orts) oder zu Pferd in den umliegenden Nebelwald reiten. Drei ausgezeichnete Unterkünfte am Nordrand des Dorfs arrangieren preisgünstige Ausritte, geben Tipps zum Wandern in der Gegend und können bei der Beschaffung privater Transportmöglichkeiten für die An- und Abreise zum/vom Loop helfen.

Hostal Cloud Forest
HOSTEL $

(☎03-270-8181; josecloudforest@gmail.com; B/ EZ/DZ mit Frühstück & Abendessen 12/15/30 US$; @🛜) Das Hotel an der Hauptstraße ist die preiswerteste und schlichteste Unterkunft in Chugchilán und bietet mit Holzelemen-

ⓘ VERKEHRSMITTEL AUF DEM QUILOTOA-LOOP

Plätze im Bus sind auf dem Quilotoa-Loop knapp. Zur Abfahrt sollte man sich eine halbe bis eine ganze Stunde vorher einfinden und darauf eingestellt sein, dass der Bus sich verspätet. In der Regenzeit kann sich die Fahrzeit erhöhen. Die Fahrzeit wird jedoch mit fortschreitender Asphaltierung der Strecke immer kürzer (ein Lob auf die Infrastruktur!)

Latacunga–Chugchilán (über Zumbahua; 2,50 US$, 3–4 Std.) Ein Bus von Transportes Iliniza über Zumbahua fährt täglich um 9.30 und 11.30 Uhr ab. Er passiert Zumbahua gegen 11 und 13 Uhr, erreicht Quilotoa gegen 11.30 und 13.30 Uhr und kommt schließlich gegen 12.30 und 14.30 Uhr in Chugchilán an.

Chugchilán–Latacunga (über Zumbahua; 2,50 US$, 3–4 Std.) Die Busse über Zumbahua verlassen Chugchilán werktags gegen 4 Uhr, fahren gegen 5 Uhr durch Quilotoa, gegen 5.30 Uhr durch Zumbahua und kommen gegen 7.30 Uhr in Latacunga an. Samstags fährt der Bus um 3 Uhr, sonntags um 6, 9 und 10 Uhr.

Latacunga–Chugchilán (über Sigchos; 2,50 US$, 3–4 Std.) Die Busse von Transportes Iliniza über Sigchos starten täglich um 10.30, 11.30 und 13 Uhr und fahren gegen 14 Uhr durch Sigchos.

Chugchilán–Latacunga (über Sigchos; 2,50 US$, 3–4 Std.) Die Busse starten montags bis samstags um 3 Uhr, fahren gegen 4 Uhr in Sigchos und gegen 7 Uhr durch Saquisilí und erreichen Latacunga gegen 7.30 Uhr. Am Sonntag fährt der Bus um 4 und um 12 Uhr, man muss aber in Sigchos umsteigen. Die Rückfahrt ist auch über Zumbahua möglich.

Latacunga–Zumbahua (1.50 US$, 1½–2 Std.) Busse von Transportes Cotopaxi nach Quevedo fahren stündlich am Busbahnhof von Latacunga ab. Sie setzen Fahrgäste direkt oberhalb von Zumbahua ab.

Zumbahua–Latacunga (1.50 US$, 1½–2 Std.) Die Busse von Transportes Cotopaxi von Quevedo nach Latacunga fahren genauso häufig wie in die Gegenrichtung.

Zumbahua–Quilotoa (30 Min.) Für diese Strecke kann man Pick-ups mieten (5–7 US$/ Pers.). Der Bus Latacunga–Chugchilán kommt gegen 13.30 Uhr durch Zumbahua (1 US$).

ten akzentuierte Zimmer und saubere Badezimmer. Die netten ecuadorianischen Betreiber servieren schmackhafte Mahlzeiten und die Gäste können sich in dem mit einem Kamin beheizten Gemeinschaftsbereich entspannen.

Hostal Mama Hilda
GASTHOF $$
(☎03-270-8005; www.mamahilda.com; EZ/DZ mit Frühstück & Abendessen ab 30/60 US$; ☎) Die gemütliche Unterkunft im Ortszentrum lohnt den höheren Preis. Die Zimmer haben Backsteinwände, Lofts und makellos saubere Badezimmer. Man kann den ganzen Nachmittag gemütlich in einer Hängematte auf der privaten Veranda zubringen. Der wahre Anziehungspunkt ist jedoch die nette Familie, die das Haus betreibt und bei der Ausflugsplanung behilflich ist, Essen kocht und über das Leben im ländlichen Ecuador erzählt.

Black Sheep Inn
GASTHOF $$
(☎03-270-8077; www.blacksheepinn.com; B 35 US$, Zi. pro Pers. inkl. 3 Mahlzeiten 60–80 US$; ☎) 🌿

Das behagliche Gasthaus liegt oberhalb des Tals 100 m nördlich von Chugchilán und bietet von der privaten Veranda oder vom Hot Tub spektakuläre Aussichten. Die hüttenartigen Zimmer sind einfach, gemütlich und haben Trockentoiletten.

Sigchos
2259 EW. / 2800 M

Von Chugchilán sind es 23 km durch Nebelwald bis zu der wachsenden Ortschaft Sigchos. Hier wird man allerdings nur einen Stopp einlegen, wenn man auf einen Bus wartet oder von Chugchilán oder Isinliví aus wandert, denn ansonsten ist hier nicht viel zu sehen und zu tun. Ein Aufenthalt in der Hostería San José lohnt sich allerdings.

🛏 Schlafen

Hostería San José
HAZIENDA $$
(☎098-947-6772; http://sanjosedesigchos.com; EZ/DZ mit Frühstück 55/60 US$; ☎🖥) Die umgebaute Hazienda 2,5 km südlich von Sigchos an der Straße nach Chugchilán ist

Quilotoa–Zumbahua (30 Min.) Wenn man den Bus um 4 Uhr nach Latacunga (0,50 US\$/Pers.) nicht nehmen will, muss man für die Fahrt nach Zumbahua einen Pick-up mieten (5 US\$/Pers.). Am Sonntag fährt der Bus Richtung Latacunga in Chugchilán um 6, 9 und 10 Uhr ab und erreicht Quilotoa um 7, 10 bzw. 11 Uhr.

Quilotoa–Chugchilán (1 Std.) Man nimmt den Bus Latacunga–Chugchilán, der zwischen 14 und 14.30 Uhr fährt (1 US\$) oder mietet einen Pick-up (ca. 25 US\$).

Chugchilán–Quilotoa (1 Std.) Wenn man nicht schon um 4 Uhr losfahren will (mit dem Bus nach Latacunga; 1 US\$), muss man für die Fahrt nach Quilotoa einen Truck mieten (20–25 US\$). Zusätzlich gibt es mittwochs einen Bus um 5 Uhr, freitags um 6 Uhr und sonntags Busse um 6, 9 und 10 Uhr (1 US\$).

Chugchilán–Sigchos (1 US\$, 1 Std.) Täglich fährt zwischen 8 und 9 Uhr ein Milchlaster in Chugchilán ab (25 US\$), sodass man die frühe Abfahrt mit dem Bus Chugchilán–Latacunga um 3 Uhr vermeiden kann. Zwei weitere Busse fahren donnerstags und samstags am Nachmittag. Sonntags fahren die Busse um 4, 5 und 12 Uhr.

Sigchos–Chugchilán (1 US\$, 1 Std.) Der Bus von Transportes Iliniza aus Latacunga hält gegen 14 Uhr in Sigchos, der Milchlaster (1 US\$) fährt täglich gegen 7 Uhr aus Sigchos ab.

Sigchos–Latacunga (1,80 US\$, 2 Std.) Busse fahren täglich um 3, 4, 5, 6, 7, 14.30 und 16.30 Uhr neben der Kirche ab. Mittwochs, freitags, samstags und sonntags fahren am Nachmittag zusätzliche Busse. Die Busse halten unterwegs in Saquisilí.

Latacunga–Sigchos (1,80 US\$, 2 Std.) Busse von Transportes Nacional Saquisilí fahren täglich um 9.30, 10, 12, 14, 16, 17 und 18 Uhr vom Busbahnhof in Latacunga ab.

Saquisilí–Latacunga (0,35 US\$, 20 Min.) Die Busse fahren alle zehn Minuten an der Plaza Concordia in Saquisilí los.

Latacunga–Saquisilí (0,35 US\$, 20 Min.) Die Busse fahren alle zehn Minuten vom Busbahnhof in Latacunga ab.

weniger freundlich als die familienbetriebenen Unterkünfte an der Strecke. Aber sie hat hinreißende Gärten, weiße Wände, eine außerordentlich malerische Kapelle und komfortable Zimmer mit dicken Matratzen und ein paar rustikalen Elementen. Der zugehörige Swimmingpool steht auch Nichtgästen zur Verfügung (Kind/Erw. 3/6 US\$), was einen Stopp für staubige Wanderer lohnenswert macht.

Isinliví

3310 EW. / 2900 M

Das rund 14 km südöstlich von Sigchos und gleich abseits des Quilotoa-Loop gelegene schöne Dorf Isinliví ist ein lohnendes Wanderziel von Sigchos oder Chugchilán aus. Eine kunsthandwerkliche Schreinerwerkstatt fertigt hochwertige Möbel, und die Einheimischen können einem den Weg zu nahe gelegenen *pucarás* (Hügelfestungen aus der Zeit vor den Inkas) zeigen.

Eine beliebte Tageswanderung führt zum Markt am Montagvormittag im nahen Guantualo oder einfach die Straße weiter zu einem Hochandenpass am Nebenweg nach Toacaso. Von Guantualo fährt um 13.30 Uhr ein Bus über Sigchos nach Latacunga (3,50 US\$, 3½ Std.).

🛏 Schlafen

⭐ **Llullu Llama**   PENSION **\$**
(☎03-281-4790; www.llullullama.com; B/Zi./Hütte pro Pers. mit Frühstück & Abendessen ab 18/21/30 US\$) 🍃 Das Llullu Llama, zwei Straßenblöcke westlich des Platzes, ist ein bezauberndes altes Bauernhaus, das mit dicken Lehmziegelwänden, farbenfrohen, komfortablen Zimmern und einem Holzofen ausgestattet ist. Geboten werden gute Stimmung, freundliche Gastgeber und eine tolle Umgebung. Außerdem kann man sich hier nach Freiwilligenjobs erkundigen. Ein Hot Tub, Dampfbad und eine Sauna befinden sich im kleinen Spa darunter (7,50 US\$).

Eine Hütte mit schönen Balken, großen Betten und riesigen Duschen lohnt die Extraausgabe.

Hostal Taita Cristobal
HOTEL $

(☎099-137-6542; Zi. pro Pers. mit Frühstück & Mittagessen 13 US$) Das zweistöckige Budgethotel einen Straßenblock östlich derKirche hat tolle Aussichten von seinen frisch renovierten Zimmern, die alle auf das Tal hinab blicken. Es gibt einen kleinen Garten und eine Gemeinschaftsküche mit Speiseraum.

ℹ An- & Weiterreise

Der Vivero-Bus fährt täglich um 13 Uhr, samstags allerdings um 11 Uhr, vom Busbahnhof in Latacunga nach Isinliví (3 US$, 3 Std.). Donnerstags startet ein Bus um 11 Uhr in Saquisilí. Busse nach Latacunga fahren um 15.30 Uhr los, von Sigchos um 14.30 Uhr.

Saquisilí

9296 EW. / 2940 M

Das kleine Dorf hat außer dem Markt am Donnerstagvormittag nicht viel zu bieten und weniger Wandermöglichkeiten als andere Orte am Quilotoa-Loop.

◉ Sehenswertes

Donnerstagsmarkt
MARKT

Der Markt am Donnerstagvormittag ist einer der besten im zentralen Hochland. Er ist weitgehend authentisch, und es ist faszinierend, die Menge an Gütern zu sehen, die das Leben im Hochland bestimmen.

Der Markt umfasst acht Plätze und erinnert an ein gut besuchtes Warenhaus unter freiem Himmel mit überwiegend indigener Kundschaft; da gibt's Abteilungen für *cuy, angarillas* (Sättel für Esel), *sastrería* (Schneiderarbeiten), *ollas* (Töpfe) und Hunderte oder gar Tausende andere Dinge.

🛏 Schlafen & Essen

Kein Restaurant sorgt hier für Touristen, aber es gibt auf dem Markt und in den Seitenstraßen keinen Mangel an Verpflegung.

Hostería Gilocarmelo
HOTEL

(☎03-272-1634; www.hosteriagilocarmelo.com; Chimborazo; Zi. pro Pers. 20 US$; 🛜🅿) Die *hostería* nördlich vom Friedhof hat hübsche Zimmer rund um einen Garten, in dem Kolibris schwirren, einen Gemeinschaftsraum mit einem Kamin, eine Sauna und zum Abendessen frische Forellen. Weiterhin findet man hier einen großen Pool-Komplex und einen trübsinnigen Zoo (4 US$) mit einem Straußenpärchen. Wer eine bemerkenswert unsicher aussehende Seilrutsche entlangsausen will, muss weitere 1,50 US$ berappen.

ℹ An- & Weiterreise

Die meisten Traveller übernachten in Latacunga und nehmen dort einen der Busse, die ab der Morgendämmerung fahren (0,35 US$, 20 Min.).

Ambato

217 075 EW. / 2577 M

Auch wenn nur wenigen Travellern ein Aufenthalt im hektischen Ambato als unverzichtbar erscheint, ist die Stadt nicht ohne Reiz. Der zentrale Platz vermittelt ein authentisches Bild vom Großstadtleben in den Anden, zudem gewinnt die Stadt mit den besten Museen im zentralen Hochland auch kulturelle Bedeutung. Oberhalb der Stadt hat man einen wunderbaren Blick auf den rauchenden Volcán Tungurahua (5016 m), und Ambatos Parks und *quintas* (historische Landsitze, die zu Parks umgewandelt wurden) bieten einige Erholung vom Gewimmel der Innenstadt.

Der Montagsmarkt füllt Ambatos zentrale Straßen und Plätze. Da die Stadt ein größerer Umschlagsplatz des Blumenhandels ist, ertrinkt man hier manchmal geradezu in Rosen, Nelken und tropischen Blumen von der Küste.

Die Stadt ist stolz auf ihr kulturelles Erbe und bezeichnet sich selbst als *Tierra de los tres Juanes* (Land der drei Juans), was sich auf die Schriftsteller Juan Montalvo und Juan León Mera sowie den Rechtsanwalt und Journalisten Juan Benigno Malo bezieht. Alle drei Juans wurden in den Namen von Parks, Museen und Gebäuden in Ambato unsterblich gemacht.

1947 wurde Ambato, die Hauptstadt der Provinz Tungurahua, durch ein Erdbeben zerstört und anschließend durch als moderne Stadt wiederaufgebaut.

◉ Sehenswertes

⭐ Museo Provincial Casa del Portal
MUSEUM

(Ecke Castillo & Sucre; ⊙Mo–Fr 9–13 & 14–18, Sa & So 10–16 Uhr; 🖐) GRATIS Das 1900 gebaute, stattliche Haus birgt heute das beste Museum Ambatos. Im Erdgeschoss sind massenhaft tolle historische Fotos ausgestellt. Im 1. Stock zeigen sechs Galerien originale Kunstwerke von lokalen Genies wie Oswaldo Viteri und auch Reproduktionen ecuadorianischer Meisterwerke. Im Amphitheater hinten gibt es sonntags um 11 Uhr kostenlose Aufführungen.

Ambato

Ambato

**La Quinta Atocha
de Juan León Mera**   GÄRTEN

(☏03-282-0419; Av Los Capulíes; Eintritt 1 US$; ◷Mi–So 9–16.30 Uhr) Mehrere berühmte *ambateños* (Menschen aus Ambato) besaßen *quintas*, die das Erdbeben überstanden. Früher waren das wahrscheinlich wirklich Landhäuser, aber heute liegen sie am Rand der wachsenden Stadt. Die Quinta de Juan León Mera – an den Ufern des Río Ambato in der Vorstadt Atocha rund 2 km nordöstlich der Innenstadt – ist die schönste Hazienda in der Gegend und beherbergt heute ein Museum und einen botanischen Garten.

Das 1874 errichtete Anwesen ist mit Möbeln aus seiner Entstehungszeit ausgestattet und liegt mitten im **Jardín Botánico La Liria**, einem üppigen Park mit mehr als 200 Pflanzenspezies und einem Weg hinunter zum Fluss. Gleich nördlich des La Liria befindet sich das **Museo Histórico Martínez-Holguím**, eine weitere historische *quinta*, die früher einmal einem berühmten Bergsteiger gehörte. Zu Fuß ist der Komplex über die Montalvo Richtung Nordwesten, dann über den Fluss hinweg und rechts in die Capulíes zu erreichen. Busse nach Atocha fahren von der 12 de Noviembre und der Espejo. Die

EIN LOBLIED AUF DIE NATUR IN AMBATOS MODERNER KATHEDRALE

Ambato besaß früher einmal eine alte **Kathedrale** (Ecke Bolívar & Montalvo), aber die wurde wie die ganze Stadt durch das Erdbeben von 1947 zerstört. Viele Leute betrachten den Ersatzbau am Parque Juan Montalvo mit seinen minimalistischen vertikalen Linien als langweilig modern, verglichen mit Ecuadors alten, reich geschmückten Kirchen.

Immerhin verdient das Innere seit Neuestem Interesse und Aufmerksamkeit: 2007 wurde die Kirche durch einen jungen Landschaftsmaler aus der Stadt namens David Moscoso umgestaltet. Dieser verzichtete auf die üblichen religiösen Motive und drückte seine Religiosität stattdessen in kühnen Darstellungen der ecuadorianischen Naturschönheit aus. Seine mehr als 500 m umfassenden Wandmalereien stellen die „Allee der Vulkane", mit dem rauchenden Tungurahua, dem wolkenverhangenen Llanganates und dem eisbedeckten Chimborazo dar.

Taxifahrt aus der Innenstadt zu den *quintas* kostet 2 US$.

Museo de Arte de la Casa de la Cultura
MUSEUM

(Bolívar 18-34, 1. Stock; ⊙Mo–Fr 9–13 & 15–19 Uhr) GRATIS Eine Besichtigung des unterhaltsamen, kleinen Museums mit einer exzellenten Sammlung ecuadorianischer Öl- und Acrylgemälde aus dem 18. bis 21. Jh. dauert nur zehn Minuten.

La Quinta de Juan Montalvo
MUSEUM

(Eintritt 1 US$; ⊙Mi–So 9–16.30 Uhr) Diese 200 Jahre alte Villa war der Wohnsitz von Juan Montalvo, dem „Cervantes Amerikas". Es gibt ein winziges, aber gut aufgemachtes Museum über den Schriftsteller – sein Haus war wirklich klein – und auch die hübsche Parkanlage lohnt einen Blick. Zu erreichen ist das Museum über die Avenida Miraflores in südwestlicher Richtung (rund 30 Min. zu Fuß). Man kann auch den Bus mit der Aufschrift „Ficoa" vom Parque Cevallos aus nehmen. Die Taxifahrt aus der Innenstadt kostet 2 US$.

Casa y Mausoleo de Montalvo
MUSEUM

(☏03-282-4248; Eintritt 0,50 US$; ⊙Mo–Sa 9–12 & 14–18 Uhr) Die nordwestliche Seite des schönen **Parque Juan Montalvo** nimmt dieses Museum ein, Montalvos Zweitwohnung, wo der Schriftsteller auch begraben ist.

Museo de Ciencias Naturales
MUSEUM

(☏03-282-7395; Sucre nahe Lalama; Eintritt 2 US$; ⊙Mo–Fr 8.30–12.30 & 14.30–18.30 Uhr) Das Naturkundemuseum im Colegio Bolívar ist zwar etwas verstaubt, aber es birgt die umfassendste Sammlung ausgestopfter Vögel, Säugetiere und Reptilien Ecuadors. Die historischen Fotos und die schaurige Ausstellung von missgebildeten Farmtieren, z.B. sechsbeinige Lämmer, sind für die ganze Familie spannend.

Museo Pictórico Luis Edmundo Martínez
MUSEUM

(Guayaquil nahe Bolívar; ⊙Mo–Fr 9–13 & 15–19 Uhr) Das kleine Museum in einer Villa mit Steinfassade zeigt wechselnde Ausstellungen lokaler Künstler und gelegentlich wird Livemusik gespielt.

🏃 Aktivitäten

Tren del Hielo II
TOUR

(☏1-800-873-637; www.trenecuador.com; Ecke Colombia & Chile; Fahrkarte 15 US$) Die achtstündige Bahnfahrt (der Zug sieht eher wie ein amerikanischer Schulbus aus) führt durch das Umland zu den Dörfern Cevallos mit Besuch einer Schuhfabrik und Urbina zum Shoppen von Kunsthandwerk. Abfahrt ist freitags bis sonntags um 8 Uhr 100 m nördlich des Busbahnhofs.

Paseo Ecológico
WANDERN

Wer einen Nachmittag am Río Ambato verbringen will, geht die Flor hinunter bis zu diesem Naturpfad, der am Fluss entlang bis ins Viertel Miraflores führt. Der Weg setzt sich noch gut 2 km weiter fort.

🎉 Festivals & Events

Fiesta de Frutas y Flores
FEST

(Obst- & Blumenfest ⊙letzte 2 Wochen im Feb.) Das jährliche Fest präsentiert eine prachtvolle Ausstellung von – na was wohl – Obst und Blumen. Dazu gibt's Stierkämpfe, Umzüge und den Festwagen der *Reina de Ambato* (Festkönigin).

🛏 Schlafen

In mehreren billigen Herbergen nahe dem Parque 12 de Noviembre kann man für rund

5 US$ übernachten. Da es in diesen Hotels schon zu Raubüberfällen gekommen ist, stellen wir sie hier nicht vor.

Gran Hotel HOTEL $

(☎03-282-4235; granhotelambatoecu@hotmail. com; Ecke Rocafuerte & Lalama; EZ/DZ mit Frühstück 22/40 US$; 📶) Das Gran ist definitiv nicht mehr so prächtig, aber die mit Teppichen ausgelegten Zimmer haben TV und das Personal ist hilfsbereit und nett, sodass das Haus die beste Wahl im Budgetbereich ist. Nur die Kissen sollten nicht so verklumpt sein.

⭐ Hotel Roka Plaza BOUTIQUEHOTEL $$

(☎03-242-3845; www.hotelrokaplaza.com; Bolívar zwischen Quito & Guayaquil; EZ/DZ mit Frühstück 52/85 US$; P📶) Das in einer alten *casona* (großes Haus aus der Kolonialzeit) residierende, geschmackvolle Boutiquehotel hat die schönsten Zimmer im Zentrum. Da es insgesamt nur sieben sind, muss man weit im Voraus reservieren. Moderne Elemente sind nahtlos mit Antiquitäten und anderen Elementen der Kolonialzeit vermischt und überall hängt ausgesprochen schöne Kunst.

Hotel Boutique Mary Carmen BOUTIQUEHOTEL $$$

(☎03-242-0908; www.hotelboutiquemc.com; Ecke Cevallos & Martínez; DZ/Suite mit Frühstück 108/231 US$; P📶🏊) Das umgebaute Boutiquehotel ist eine Studie in zeitgenössischer Exzentrik: Die Stockwerke sind thematisch gestaltet (Zebra, Nashorn, Tiger und altes Ambato) und mit superkitschigen, holografischen Bildern, merkwürdigen Skulpturen und vielen Möbeln mit Tierdruckbezügen ausgestattet. Zum Haus gehören auch ein kleiner Pool, ein Spa und ein Hot Tub.

 Essen

Mercado Central MARKT $

(Calle 12 de Noviembre; Hauptgerichte 1,50 US$; ⊘7–19 Uhr) Im 1. Stock von Ambatos Markthalle gibt's besonders gute *llapingachos* (gebratene Pfannkuchen aus Kartoffelbrei mit Käse). Die älteren Damen servieren sie für 1,50 US$ mit Eiern, Avocadoscheiben und Würstchen (Vegetarier können sie auch ohne Würstchen bekommen). Die jungen Mädchen nebenan mixen köstliche Obstsäfte mit Flaschenwasser (1 US$).

Delicias del Paso BÄCKEREI $

(Ecke Sucre & Quito; Backwaren 2 US$; ⊘10–18 Uhr) Die leckeren Quiches und Kuchen liegen in dieser Cafeteria vorn im Tresen. Man

kann die Sachen gleich draußen bestellen und mitnehmen.

Restaurant Roka Plaza FUSIONSKÜCHE $$

(Bolívar zwischen Quito & Guayaquil; Hauptgerichte 4–10 US$) Im Innenhof des Roka Plaza serviert dieses wunderbare Restaurant Fleisch vom Grill, hervorragende Fruchtsäfte, international beliebte Gerichte und Innovationen wie ein leckeres, vegetarisches Ceviche. Das Essen wird hier besser angerichtet als irgendwo sonst im zentralen Hochland, und auch das Ambiente ist exquisit. Ein Sushi-Restaurant gibt's hier auch!

Pizzería Fornace PIZZA $$

(Cevallos 17-28; Hauptgerichte 5–15 US$; ⊘12–22 Uhr) Die Pizza aus dem Holzofen ist wohl die beste in der Stadt – einige finden sie allerdings etwas teigig. Die Einheimischen essen hier auch gern Fleischgerichte. Besonders toll: das Ambiente mit Kerzenlicht und die Karaffe Wein für 4 US$.

 Ausgehen & Nachtleben

Los Vinitos KNEIPE

(Ecke Rocafuerte & Guayaquil; ⊘So geschl.) Die gemütliche zweigeschossige Bar ist ideal für ein ruhiges Gespräch in einer Ecke – eine unserer Lieblingskneipen.

Universo CLUB

(Ecke Bolívar & Quito; ⊘Fr & Sa open end) Drei Clubs gibt es hier, die Lounge-Bar Mojito und die jugendorientierten Clubs Space und Universo.

ⓘ Praktische Informationen

Es wird von vielen Raubüberfällen auf Nachtbusse berichtet. Deshalb ist nachts im Zentrum ein Taxi besser. Die Gebiete – und Hotels – rund um den Parque 12 de Noviembre sind nachts besonders riskant.

Banco de Guayaquil (Ecke Mera & Sucre) Bank mit Geldautomat.

Banco del Pichincha (Lalama nahe Sucre) Bank mit Geldautomat.

Cabinas Telefónicas Internet (Ecke Calle 12 de Noviembre & Quito; Internet 0,80 US$/Std.) Internetzugang und Telefonzellen.

Centro de Información Turística de Tungarahua (Touristeninformation Tungarahua; Ecke Castillo & Sucre; ⊘Mo–Fr 8–16 Uhr) Die freundlichen Mitarbeiter haben exzellente Infos zu Ausflügen zu selten besuchten Zielen in der Umgebung des Tungarahua.

Lavandería Automatic (Ecke Colón & Vargas Torres) Pro Ladung 4,70 US$; fertig am gleichen Tag

Post (Ecke Castillo & Bolívar)
Touristeninformation (☏ 03-282-1800; www.ecuador.travel; Guayaquil & Rocafuerte; ⊙ Mo–Fr 8–17 Uhr) Hat die wichtigsten Infos.

ℹ An- & Weiterreise

Die meisten Busse fahren von Ambatos **Hauptbusbahnhof** (☏ 03-282-1481; Av de las Américas), 2 km vom Zentrum, ab. Zu erreichen über die Calle 12 de Noviembre nach Nordosten, geradeaus über den Kreisverkehr und dann an der Ampel links.

Busse nach Quisapincha (0,35 US$, 25 Min.) fahren in Ambato von der Kreuzung Espejo und Moreno los. Die Taxifahrt dorthin kostet rund 10 US$.

Busse nach Salasaca (0,25 US$, 25 Min.) und Patate (0,70 US$, 1 Std.) starten etwa alle 20 Minuten von der Plaza La Dolorosa im Stadtviertel Ferroviaria, das vom Zentrum aus mit dem Taxi für 1 US$ zu erreichen ist. Auch jeder Bus nach Baños kann einen in diesen Dörfern absetzen, aber die Direktbusse fahren von einer Haltestelle, die der Innenstadt näher liegt.

Busse fahren stündlich nach Baños (1 US$, 1 Std.); jedoch vom Mayorista-Busbahnhof, der ungefähr 5 km südlich vom Hauptbusbahnhof nahe dem Kreisverkehr an der Amazonas und Julio Jaramillo liegt. Am Kreisverkehr kann man auch vorbeifahrende Busse heranwinken, die sind häufiger unterwegs.

Busse nach Píllaro fahren häufig von der Kreuzung Colón und Unidad Nacional nahe dem Parque La Merced (0,48 US$, 30 Min.) los. Eine Taxifahrt nach Pillaro kostet rund 10 US$.

BUSSE AB DEM HAUPT-BUSBAHNHOF VON AMBATO

ZIEL	PREIS (US$)	FAHRZEIT (STD.)
Cuenca	8	7
Esmeraldas	8	8
Guayaquil	7	6
Ibarra	5	5
Lago Agrio	10	11
Latacunga	1	¾
Loja	9–11	11
Machala	7	8
Manta	8	10
Puyo	2,50	3
Quito	2,50	2½
Riobamba	1,25	1
Santo Domingo	4	4
Tena	5	6

ℹ Unterwegs vor Ort

Die wichtigste städtische Buslinie für Traveller ist die vom Hauptbusbahnhof in die Innenstadt von Ambato. Aus dem Busbahnhof kommend, nimmt man die Ausgangsrampe zur Avenida de las Américas, die auf einer Brücke über die Bahngleise führt. Auf dieser Brücke befindet sich eine Bushaltestelle, wo ein Bus Richtung Westen (rechts), der in der Regel die Zielangabe „Centro" hat, für 0,25 US$ zum Parque Cevallos fährt.

Die Busse mit der Aufschrift „Terminal" fahren am Parque Cevallos von der Seite der Martínez ab. Auf der Seite der Sucre fährt ein Bus nach Miraflores und Ficoa.

Rund um Ambato

In der Gegend zwischen Ambato und Baños gibt's indigene Dörfer, in denen Kunsthandwerk verkauft wird, luxuriöse Hazienda-Öko-Lodges und schroffe Wildnis.

Salasaca

Man erkennt das ziemlich unansehnliche Dorf Salasaca rund 14 km südlich von Ambato sofort daran, dass hier viele Männer in langen, schwarzen Ponchos herumlaufen, unter denen sie blütenweiße Hemden und Hosen tragen. Zu dem auffälligen schwarzen Salasaca-Poncho tragen die Männer einen breitkrempigen weißen Hut. Die Frauen tragen bunte Schals und lange Wollröcke mit einem gewebten Gürtel (*chumbi*).

Am Sonntag nach Ostern gibt es einen prächtigen Straßentanz (was den Verkehr erheblich verlangsamt), und am 15. Juni verkleiden sich die Einwohner beim Santo Vintio mit Tierkostümen. Sowohl Fronleichnam (beweglicher Festtag im Juni) als auch das Fest des heiligen Antonius (Ende Nov.) werden farbenprächtig gefeiert. Busse (0,25 US$) fahren regelmäßig nach Ambato.

⦿ Sehenswertes

Kunsthandwerksmarkt   MARKT
(⊙ So Vormittag) Auf dem fröhlichen Markt nahe der Kirche an der Straße zwischen Ambato und Baños wird tolles lokales Kunsthandwerk verkauft. In der Nähe befinden sich mehrere Kunsthandwerksläden, die täglich geöffnet sind.

🛏 Schlafen

Hostal Runa Huasi   LODGE $
(☏ 099-984-0125; www.hostalrunahuasi.com; Zi. pro Pers. mit Frühstück 14 US$) Eine komforta-

WEITERE AUSFLÜGE UM AMBATO

Tagestouren oder längere Exkursionen führen von Ambato aus zu ein paar spannenden kolonialzeitlichen Dörfern und zu einem selten besuchten Nationalpark. Taxifahrten in die Dörfer kosten etwa 10 US$ pro 10 km. Mehr Tipps und Tagesausflüge gibt's im Centro de Información Turística de Tungarahua (S. 155).

Mocha In dem kleinen Dorf 24 km südlich von Ambato befinden sich einige Lavaröhren.

Parque Nacional Llanganates GRATIS Es wird erzählt, dass irgendwo in der fernen, unzugänglichen Wildnis des 2197 km² großen Parque Nacional Llanganates ein Inkaschatz vergraben sei. Der Park umfasst große Flächen an *páramo,* Nebelwald und tropischen Wald sowie 4000 m hohe Gipfel. Im Park leben Tapire, Pumas, Jaguare, Capybaras und andere Tiere. In dem kleinen Dorf Píllaro, etwa 20 km nordöstlich von Ambato, kann man für ungefähr 25 US$ pro Tag einen Führer anheuern; Ausflüge in den Park bieten auch Veranstalter in Baños an. Am besten besucht man den Park zwischen Dezember und Februar.

Pelileo Auf der Suche nach tollen ecuadorianischen Jeans? Dies ist die Denim-Hauptstadt des Landes und sie liegt nur 19 km von Ambato an der Straße nach Baños. Gleitschirmfliegen müsste hier toll sein, aber Anbieter hatten damit nie wirklich Erfolg.

Píllaro Das Tor zum Parque Nacional Llanganates ist bekannt für seine großartigen Feste, darunter der Stierlauf am 10. August und das Diablada-Fest vom 1. bis 6. Januar mit Paraden und lokal hergestellten Teufelsmasken.

Quisapincha Das idyllische kleine Dorf ist gerade einmal 10 km von Ambato entfernt und ein toller Ort, um nach Lederwaren zu schauen. Zudem ist die Aussicht betörend.

Tisaleo Das kleine Dorf 17 km südlich von Ambato ist bekannt für seine Gitarren. Die einheimischen Hersteller lassen sich gern über die Schulter schauen.

ble und freundliche Unterkunft, die von der indigenen Familie Pilla geführt wird. Nebenan befindet sich die Weberei von Alonso Pilla, der seine Produkte verkauft und Vorführungen auf seinem Bandwebstuhl gibt. Señor Pilla organisiert auch Touren durch die Gegend mit Schwerpunkt auf indigene Landwirtschaft, Medizin, Textilien, Musik und dergleichen.

Patate & Umgebung

Patate liegt an den Ufern des Río Patate und bietet eine großartige Sicht auf den Volcán Tungurahua. Während der Ausbrüche wurde der Ort zu einem beliebten Ziel von Vulkanbeobachtern. Das Dorf ist auch für seinen *chicha de uva* (fermentiertes Getränk aus Traubensaft) und seine *arepas* (den traditionellen Maispfannkuchen wird hier Kürbis hinzugefügt) bekannt, die liebevoll in Holzöfen überall in der Stadt zubereitet werden.

Die als **La Escalinata** bekannte, ungeheuer steile Treppe gleich östlich vom Dorf abseits der Soria bietet die Möglichkeit für eine vergnügliche Wanderung, während es bei Einheimischen und Besuchern gleichermaßen eine beliebte Freizeitbeschäf-

tigung ist, über den begrünten Hauptplatz zu schlendern und die frische Luft zu genießen. Falls man auf dem Platz keine *arepas* bekommt, schaut man sich drüben in der González Suárez danach um.

Von Patate führt die **Ruta Ecológica** genannte Nebenstraße südwärts nach Baños. Sie eignet sich prima als Mountainbikestrecke, motorisiert braucht man für sie aber einen Geländewagen.

Busse fahren regelmäßig von Ambato nach Patate (0,70 US$).

🛏 Schlafen

Casta Restaurant and Hotel HOTEL **$**
(☎03-287-0364; juank_tamayo87@yahoo.es; Zi. pro Pers. mit Frühstück 15 US$, Hauptgerichte 2–5 US$; ☎) Die beste Adresse für eine Unterkunft in der Nähe des Ortes ist das Casta Restaurant und Hotel. Es ist ein gemütliches Refugium in den Bergen mit einem ausgezeichneten Familienrestaurant und rustikalen, hüttenartigen Zimmern mit toller Aussicht. Das Hotel steht nur 500 m östlich vom Ort auf einem steilen Hügel.

Hacienda Manteles HACIENDA **$$$**
(☎in Quito 02-223-3484; www.haciendamante les.com; EZ/DZ/Suite mit Frühstück & Abend-

essen 98/140/199 US$; @) Die Hacienda Manteles, die sich ungefähr 12 km hinter dem Startpunkt der Ruta Ecológica befindet, ist eine sehr schöne, gehobene, aber rustikal gestaltete Ferienanlage, die auf zertifizierten Ökotourismus setzt. So unterstützt sie beispielsweise örtliche Gemeinden bei der Schaffung von Kleinunternehmen, betreibt einen Öko-Garten und schützt 200 ha Nebelwald, den Besucher erkunden können.

Die Zimmer und Suiten (die neuen Suiten haben sogar Whirlpools) gewähren einen weiten Blick auf das Tal des Río Patate und den fernen Volcán Tungurahua. Ausrit-te, Canyoning, Vogelbeobachtung und Seilrutschen über den Nebelwald gehören zum Angebot.

Baños

14 700 EW. / 1800 M

Baños ist ein zweischneidiges Vergnügen. Die Lage ist wunderbar. Von der Stadt aus sieht man Wasserfälle, man kann durch üppige Wälder wandern, seinen Körper in dampfenden Thermalquellen entspannen, in steile Schluchten klettern, mit dem Fahrrad oder einem Boot bis ins Amazonasbecken vordringen und gelegentlich

Baños

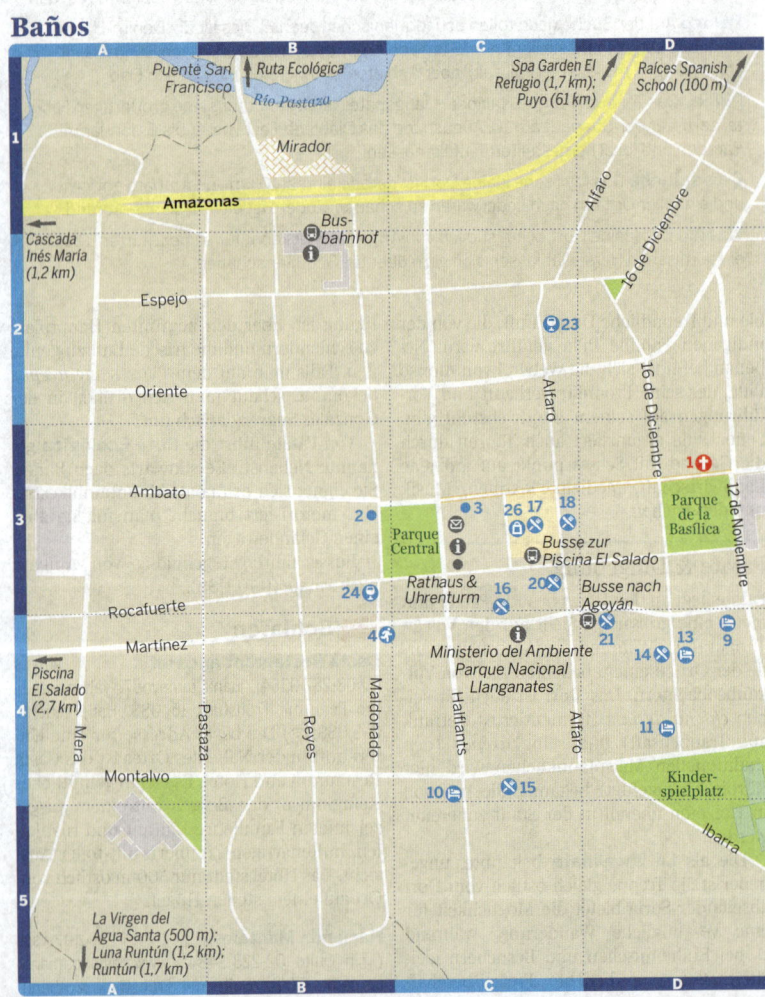

auch einen Ausbruch des nahen Volcán Tungurahua bestaunen. Doch die Stadt selbst lässt mit ihrer tristen Architektur, den marktschreierischen Tourunternehmen und der Atmosphäre eines überfüllten Backpacker-Ghettos doch viel zu wünschen übrig. Das ändert aber nichts daran, dass sie fürs Mountainbiken, Wandern, Raften und Party machen die wichtigste Adresse im zentralen Hochland ist. Und obwohl viele Leute Vorbehalte gegen das Aussehen und die Atmosphäre der Stadt haben, scheiden doch fast alle mit einem fröhlichen Lächeln auf den Lippen und vielen Geschichten von ihren Reiseabenteuern im Gepäck.

Sehenswertes & Aktivitäten

Die meisten Besucher stellen sich hier zu Pferd, mit dem Fahrrad oder per Boot den Herausforderungen der Natur. Zahlreiche Tourveranstalter vor Ort rüsten einen aus. Baños wartet auch mit einer Innovation beim Freifall-Wahnsinn auf. Der Spaß heißt *puentismo* und ist so etwas wie Bungeejumping ohne Abfederung, genauer gesagt schwingt man an einem an zwei Brücken befestigten Seil.

Baños ist klein, und die hohen Berge, die um die Stadt aufragen, machen die Orientierung leicht. Fast alles liegt in Gehweite vom

Baños

On the map:
0 — 200 m
E   F
25
Oriente
Cañar
Páez
1
2
Ambato
3
6
Montalvo 7
Vieira
22
5
Montalvo *Wasserfall*
4
Ibarra
8
12
19
5
Bellavista (1,2 km)
Luna Runtún (2 km)
E   F

Busbahnhof. Nur wenige Gebäude in der Stadt haben Hausnummern.

Basílica de Nuestra Señora de Agua Santa KIRCHE

(Ambato nahe 12 de Noviembre; ⊙7–20Uhr) GRATIS Die Basílica in der Stadt ist (genauso wie der Schrein drüben beim Wasserfall) „Unser Lieben Frau vom Heiligen Wasser" geweiht. Dieser illustren Dame werden vor Ort mehrere Wunder zugeschrieben.

Bäder

Die meisten Bäder hier werden von Thermalquellen gespeist, die gurgelnd am Fuß des Volcán Tungurahua entspringen.

Piscina El Salado BADEN

(Eintritt Tag/Nacht 3/4 US$; ⊙5–17 & 18–22 Uhr) Das beste Thermalbad in der Gegend liegt 2,5 km außerhalb der Stadt in einer schönen Schlucht. Es gibt hier heiße, lauwarme und kalte Becken und ganz in der Nähe noch einen eiskalten Fluss.

Zu erreichen ist es über die Martínez am Friedhof vorbei und weiter auf einem Pfad, der auf einer kleinen Holzbrücke einen Bach (Quebrada de Naguasco) überquert. Auf der anderen Seite führt der Weg weiter zu einer Straße, in die man nach links zum Thermalbad einschwenkt. Busse hierher (0,25 US$, 10 Min.) fahren von der Haltestelle an der Rocafuerte.

Las Piscinas de La Virgen BADEN

(Montalvo; Erw./Kind 2/1 US$; ⊙5–17 & 18–21.30 Uhr) Das ist das einzige Thermalbad direkt in der Stadt. Die Anlage wurde 1928 als Gemeinschaftsprojekt errichtet und ist nach der Jungfrau Maria benannt, die hier selbst ihre Füße ins Wasser gestreckt haben soll. Es gibt ein Kaltwasserbecken, ein lauwarmes und eines mit 42 °C heißem Wasser.

Sehenswert ist das *ojo del agua*, wo das vom Vulkan erhitzte Wasser mit sagenhaften 50 °C aus dem Boden zischt.

Piscinas Las Modernas/Las Peñas BADEN

(Martínez; Eintritt 2 US$; ⊙Fr–So 9–17 Uhr) Mit einer schön altmodischen Wasserrutsche, einer Schaukel, Badespielzeug und tollen Becken ist das Las Modernas an Wochenenden und Feiertagen vollgepackt mit Familien.

Massagen & Anwendungen

Baños hat eine Unmenge von Spas mit Anwendungen wie *baños de cajón* (Dampfbad im Kasten), Massagen, medizinischen Schlammbädern und sogar Darmspülung. Alle Spitzenklassehotels haben Spas, die auch für Nichtgäste geöffnet sind.

Spa Garden El Refugio SPA

(📞03-274-0482; www.spaecuador.info; Camino Real; Anwendungen 2,50–25 US$) Tages-Spa mit komplettem Service. Mit Terminvereinbarung oder auch ohne.

Mountainbiken

Mehrere Unternehmen vermieten Mountainbikes (ab ca. 5 US$/Tag, mit Scheibenbremsen & Federung 10 US$/Tag), man sollte aber genau prüfen, ob das Rad, der Helm und das Schloss angemessen instand gehalten sind, oder sogar vor Anmietung eine kurze Testfahrt unternehmen. Die beliebteste Strecke ist die dramatische Abfahrt, die an einer Reihe von Wasserfällen vorbei auf der Straße nach Puyo verläuft – einer Dschungelstadt 61 km weiter im Osten. Diverse andere Mountainbike-Touren sind möglich; die Veranstalter informieren gern darüber.

Zur Frage der Sicherheit: Auf der Straße von Baños nach Puyo gibt es mehrere enge, lange und stockfinstere Tunnel. Radfahrer sollten die Tunnel meiden und auf die ausgeschilderten Wege ausweichen, die um sie herumführen.

Wandern

Die Touristeninformation verteilt eine grobe, aber nützliche Karte, die einige der Wege im Umkreis der Stadt zeigt. In den vergangenen Jahren sind Berichte von Überfällen auf den Wanderwegen der Umgebung erheblich zurückgegangen. Dennoch ist es ratsam, nur soviel Bargeld wie nötig mitzunehmen und die teure Kamera im Hotel zu lassen.

Der Weg hinunter zum Río Pastaza ist leicht und beliebt. Gleich hinter den Zuckerrohrständen am Busbahnhof führt ein kurzer Pfad zum **Puente San Francisco**, der Brücke über den Fluss. Am anderen Ufer führen andere Wege weiter.

Die Maldonado nach Süden führt zu einem Weg zur **Bellavista** hinauf, wo hoch über Baños ein weißes Kreuz steht. Der Weg führt dann weiter zur etwa zwei Stunden entfernten Siedlung **Runtún** mit einer großartigen Aussicht. Hier kann man in einer Schleife zurück Richtung Baños bis zum südlichen Ende von Mera gehen. Dabei kommt man an der Statue der **Virgen del Agua Santa** vorbei, die etwa eine halbe Stunde außerhalb der Stadt steht. Die ganze Wanderung dauert vier bis fünf Stunden.

Über die Amazonas Richtung Westen der Stadt und dann an einem Heiligenschrein rechts hinunter zum Puente San Martín befindet sich einige Hundert Meter weiter rechts der Brücke ein Wasserfall, die eindrucksvolle Cascada Inés María.

Dschungeltouren

Viele Veranstalter in Baños bieten Dschungeltouren an, aber diese unterscheiden sich in Güte und Erlebnisqualität.

Drei- bis siebentägige Dschungeltouren kosten ungefähr 60 bis 75 US$ pro Person und Tag, abhängig vom Ziel; in der Regel gilt ein Minimum von drei oder vier Teilnehmern. Da in Baños immer viele Traveller zu finden sind, kann man relativ leicht eine Gruppe zusammenbringen, wenn man nicht schon mit einer unterwegs ist.

Klettern

Die Kletterbedingungen am Tungurahua (5016 m), einem aktiven Vulkan, sind natürlich ständigen Veränderungen unterworfen. Zum Zeitpunkt der Recherche war der Vulkan aktiv und daher für Besteigungen gesperrt.

Reiten

Pferde werden für rund 5 US$ pro Stunde oder 35 US$ pro Tag vermietet. Viele halbtägige oder ganztägige Reitausflüge beginnen mit einer langen Jeepfahrt aus der Stadt heraus, sodass man letztlich nur wenig Zeit auf dem Rücken des Pferdes verbringt – genau nachfragen, damit man bekommt, was man haben will.

José & Two Dogs   REITEN
(☑ 099-220-5211; josebalu_99@yahoo.com; Ecke Maldonado & Martínez) Von Einheimischen empfohlen.

Rafting

Örtliche Tourveranstalter bieten geführte Raftingtouren auf dem Río Patate und dem Pastaza an. Sie führen über Gewässer der Klassen III und IV (Klasse IV ist schon ziemlich anspruchsvoll und aufregend). Die Trips kosten 25 US$ für einen halben oder 60 US$ für einen ganzen Tag. Ein Kajakkurs kostet 80 US$.

 Kurse

Spanischunterricht in kleinen Gruppen oder auch Einzelunterricht gibt's ab ungefähr 6 US$ pro Stunde.

Fundación Arte del Mundo   SPRACHKURS
(☑ 03-274-2244; www.artedelmundoecuador.com; Oriente & Cañar; ☺ 15.30–18 Uhr) Bietet abends Kultur und Lesungen sowie dienstags um 19 Uhr kostenlosen Sprachaustausch.

Baños Spanish Center   SPRACHKURS
(☑ 098-704-5072; www.spanishcenter.banios.com; Oriente & Cañar) Die schon lange bestehende Sprachschule wird vor Ort empfohlen.

Raíces Spanish School   SPRACHKURS
(☑ 03-274-1921; www.spanishlessons.org; Calle 16 de Diciembre & Pablo Suarez) Eine weitere gute Schule in schickerem Ambiente.

Geführte Touren

Dschungeltrecks, Ausflüge zu benachbarten Nationalparks, Rafting, Vulkanbesteigungen, Canyoning (25 US$), *puenteing* (20 US$) und weitere Aktivitäten organisieren **Geotours** (☑ 03-274-1344; www.geotours banios.com; Ecke Ambato & Halflants) und **Expediciones Amazonicas** (☑ 098-513-8651; ama zonicas2002@hotmail.com; Maldonado).

Festivals & Events

Baños wurde am 16. Dezember 1944 zum Sitz einer eigenen Kreisverwaltung, weswegen alljährlich rund um dieses Datum eine Fiesta stattfindet. Dabei gibt's die üblichen Prozessionen, Feuerwerk, Musik, Tanz auf den Straßen und viel Alkohol. Große Festivitäten stehen auch im Oktober an, wenn die verschiedenen Viertel von Baños nacheinander der örtlichen Schutzpatronin Nuestra Señora de Agua Santa huldigen.

Schlafen

Am höchsten sind die Preise an den Wochenenden und während der Ferien. Dann sind die Hotels auch häufig schnell ausgebucht.

Hostal Chimenea   HOSTEL $
(☑ 03-274-2725; www.hostalchimenea.com; Martínez nahe Vieira; B/EZ/DZ ab 7,50/12/19 US$; @ �📶⛲) Die ziemlich düstere Rezeption lässt nicht vermuten, dass dieses von Lesern empfohlene Hostel die beste Budgetunterkunft in der Stadt ist. Die hellen und sauberen Zimmer und Schlafsäle bieten Bettdecken in Regenbogenfarben und von der Terrasse im Obergeschoss hat man einen wunderbaren Blick auf den Wasserfall. Ein kleiner Pool, ein Hot Tub und eine Sauna hinter dem Haus kommen noch hinzu. Die Schlafsäle haben jeweils eigene Badezimmer und bieten Platz für vier bis sechs Personen.

Hostal Plantas y Blanco   HOSTEL $
(☑ 03-274-0044; www.plantasyblanco.com; Martínez nahe Calle 12 de Noviembre; B 6–9 US$, EZ 15 US$, DZ 20–24 US$; @ 📶) In den Gemein-

schaftsbereichen erinnert das supersaubere und beliebte Hostel ein wenig an eine Disko, punktet aber mit seiner Dachterrasse, hervorragendem Frühstück, einem Dampfbad und insgesamt durch Qualität. Einige Zimmer sind sehr sonderbar geschnitten (man muss z. B. durch die Dusche steigen, um die Toilette zu erreichen), aber daran stört sich offenbar niemand.

La Petite Auberge
HOTEL $

(☎ 03-274-0936; www.lepetit.banios.com; Calle 16 de Diciembre; EZ 18–20 US$, DZ 24–32 US$; ☎) Das Hotel unter französischer Leitung im Stil einer Hazienda hat große Zimmer mit *chimeneas* (Kaminen) sowie Lofts. Dank eines riesigen Spielzimmers ist es bei Familien beliebt. Abgesehen von den etwas altersschwachen Badezimmern ist das Haus eine großartige Option für Budgettraveller, die ein eigenes Zimmer haben wollen.

Hostal Huillacuna
HOTEL $

(☎ 03-274-2909; yojairatour@yahoo.com; Calle 12 de Noviembre; Zi. pro Pers. mit Frühstück 20 US$; ☎) Dieses Paradies für Kunstliebhaber birgt eine der besten Galerien der Stadt und hat einen großen Innenhof mit einem gemütlichen Kamin, Kunstwerken und Antiquitäten. Die Zimmer sind einfach, aber sauber und dank der freundlichen Betreiber fühlt man sich gleich wie zu Hause.

Santa Cruz Backpackers
HOSTEL $

(☎ 03-274-3527; www.santacruzbackpackers.com; Calle 16 de Diciembre zwischen Martínez & Montalvo; B/EZ/DZ 8/10/20 US$; ☎) Die vier Schlafsäle mit jeweils eigenem Bad haben nur vier Betten (was den Schnarchpegel reduziert) und sind zwar etwas dunkel, aber nett und sauber. In den Arkaden des Gemeinschaftsbereichs gibt's eine Gemeinschaftsküche, einen großen Kamin, tropische Pflanzen und viele Hängematten. Ein dreistöckiges Nebengebäude befindet sich nur ein paar Häuser weiter.

Posada del Arte
BOUTIQUEHOTEL $$

(☎ 03-274-0083; www.posadadelarte.com; Ibarra; EZ 34–37 US$, DZ 65–70 US$, alle mit Frühstück; ☎) „Klein, aber oho!“ Genau das trifft auch auf die Posada del Arte zu, ein ausgezeichnetes kleines Gästehaus mit bunten, komfortablen Zimmern, Holzböden, gigantischem Frühstück und Kunst, wohin das Auge blickt. Die Mittelklassezimmer bieten eine gute Aussicht, die teureren darüber hinaus auch noch einen Kamin.

La Floresta Hotel
HOTEL $$

(☎ 03-274-1824; www.laflorestahotel.com; Ecke Montalvo & Halflants; EZ/DZ/3BZ mit Frühstück 40/60/85 US$; ☎) Das komfortable Haus mit einem hübschen Hofgarten voller Sitzecken ist ein stilles Refugium. Die Angestellten sind freundlich und die geräumigen Zimmer mit Fliesenboden haben große Fenster, moderne Badezimmer und komfortable Betten – sie könnten aber etwas heller sein.

Hostería Chamanapamba
LODGE $$$

(☎ 03-277-6241; www.chamanapamba.com; EZ/DZ mit Frühstück 48/96 US$; ☎) Die rustikale Lodge 1 km südlich des Dorfs Ulba ist absolut dschungelmäßig. Sie liegt nur zehn Minuten von Baños, ist aber in dieser idyllischen Schlucht mit ihrem kleinen Wasserfall und den überbordenden tropischen Pflanzen Welten entfernt. Die drei Zimmer haben riesige Panoramafenster und vermitteln das einzigartige Gefühl, in einem Baumhaus am Rand der Wildnis zu leben.

Luna Runtún
RESORT $$$

(☎ 03-274-0882; www.lunaruntun.com; Zi. pro Pers. mit Frühstück & Abendessen ab 100 US$; ☎) Die Lage ist alles: Luna Runtún thront hoch oben auf einer steilen Felswand (2260 m) mit Blick auf Baños und zum Gipfel des Tungurahua. Allein schon der Anblick des Spas (30 US$/Tag für Tagesgäste) wirkt entspannend. Das Restaurant hat die schönste Umgebung in der Stadt – und den schlechtesten Service.

Aber der Ausblick ist wirklich der Beste, den irgendein Hotel im zentralen Hochland zu bieten hat. Das Resort liegt 6 km außerhalb von Baños und ist über die Straße nach Puyo zu erreichen – hinauf nimmt man den Bus oder ein Taxi (6 US$), zurück in die Stadt kann man auf dem gepflegten Weg laufen.

✕ Essen

Baños ist für seine *melcocha* bekannt (ein klebriges Toffee, das aufgeweicht um Holzstäbchen gewickelt wird), die üblicherweise in den Eingängen zu den Läden aufgebaut sind. *Caña de azúcar* (Zuckerrohrstangen) zum Kauen und *jugo de caña* (Zuckerrohrsaft) werden an den Zuckerrohrständen gegenüber vom Busbahnhof verkauft.

Casa Hood
INTERNATIONAL $

(Martínez nahe Halflants; Hauptgerichte 4–7 US$; ☉ 8–22.15 Uhr; ☎) Das ausgezeichnete Café ist nach seinem Besitzer Ray Hood benannt, einem US-Amerikaner, der schon lange vor

Ort lebt. Es bietet nahrhaftes Frühstück, einen preiswerten *almuerzo* (Tagesgericht) und eine Karte mit thailändischen, mexikanischen und nahöstlichen Gerichten. Das einladende Lokal ist ideal zum Essen, Bücher Tauschen, Treffen mit Freunden, aber auch um *solito* (allein) abzuhängen oder sogar Yogastunden zu nehmen.

Tasca de Baños
SPANISCH $
(Calle 12 de Noviembre nahe Montalvo; Tapas 35 US$; ☉Mi–Fr 18.30–22.30, Sa & So 12.30–16.30 & 18.30–22.30 Uhr) Es ist nicht immer einfach, einen Tisch in diesem winzigen Tapas-Restaurant zu ergattern. Die Auswahl an kleinen Gerichten ist klasse, ob altbekannte *tortilla española*, andalusische Fleischklopse oder pikante Schalentiere. Bis zu fünf Tapas sind ideal zum Teilen.

Posada del Arte
INTERNATIONAL $
(Ibarra; Hauptgerichte 3–7 US$; ☉8–22 Uhr) Wie das Hotel ist auch das zugehörige Restaurant ein einladender, gemütlicher Ort mit einem wärmenden Kamin. Es serviert ausgezeichnete internationale Gerichte, wunderbares Frühstück (darunter Tungurahua-Pfannkuchen – keine Sorge, sie stoßen keine Lava aus!) und jede Menge toller Happen für den kleinen Hunger (etwa den gebratenen Maniok).

Ponche Suizo
CAFÉ $
(Alfaro, zwischen Ambato & Rocafuerte; Snacks 1–3 US$; ☉8–18 Uhr) In dem kleinen Lokal gibt es Kuchen und Kaffee, aber alle kommen eigentlich wegen des „Ponche Suizo", einer einmaligen Spezialität, die ein Zwischending zwischen Shake und Mousse ist.

Café Good
INTERNATIONAL $
(Calle 16 de Diciembre; Hauptgerichte 6–9 US$; ☉8–22 Uhr; ☑) Ein Nachahmer der „Hood" genannten Lokale, aber das „Good" serviert tatsächlich mehr als nur gute vegetarische Gerichte mit gesundem, braunen Reis sowie Hähnchen- und Fischgerichte.

Mercado Central
MARKT $
(Alfaro & Rocafuerte; Mittagessen 2–3 US$; ☉7–18 Uhr) Eine verlässliche Adresse für frisches Obst und Gemüse.

Super Bodega
SUPERMARKT $
(Alfaro nahe Rocafuerte; ☉8.30–20 Uhr) Der zentral gelegene Supermarkt ist ideal, um sich mit Vorräten einzudecken.

Café Mariane
FRANZÖSISCH $$
(Montalvo; Hauptgerichte 7–11 US$; ☉11–23 Uhr) Die französisch-mediterrane Küche des Mariane ist für Baños etwas Besonderes. Die Käse- und Fleischfondues sind reichlich – selbst für zwei, und die Pasta- und Fleischgerichte sind gekonnt. Das Lokal ist sehr beliebt, daher muss man sich mit der Bedienung etwas gedulden.

Swiss Bistro
SCHWEIZERISCH $$
(Martínez nahe Alfaro; Hauptgerichte 7–12 US$; ☉12–23 Uhr) Die Kuh-Fixierung des kleinen Bistros zeigt sich in der Dekoration. Es gibt köstliche Schweizer und europäische Spezialitäten wie Fondues und Steaks, große, frische Salate und natürlich Rösti.

Ausgehen & Unterhaltung

Nachtleben in Baños heißt, in *peñas* (Bars oder Clubs mit folkloristischer Livemusik) zu tanzen oder in einer der vielen urigen Bars abzuhängen. In der Alfaro gibt's die meisten Clubs.

Leprechaun
CLUB
(Alfaro zwischen Oriente & Espejo; ☉20–2 Uhr) Der große Komplex, einer der angesagtesten Läden in der Stadt, bietet hinten auf der Terrasse ein offenes Feuer, eine Tanzfläche in der Mitte und mittwochs bis samstags eine wilde Salsa-Party in der Salsateca nebenan.

Stray Dog
BRAUEREIKNEIPE
(Ecke Rocafuerte & Maldonado; ☉Di–So 15–23 Uhr) Die einzige Kneipenbrauerei in Baños hat erstaunlich gute Spezialbiere, darunter das leichte Llamas' Breath Belgian und das kräftige Stray Dog Stout.

Fundación Arte del Mundo
KINO
(☎03-274-2244; www.artedelmundoecuador.com; Oriente nahe Cañar) Neben Kulturangeboten und Lesungen für Kinder gibt's hier mittwochs ab 20 Uhr Filmvorführungen.

Shoppen

Pasaje Artesanal
KUNSTHANDWERK
(Pasaje Artesanal, zwischen Ambato & Rocafuerte; ☉8–20 Uhr) Auf diesem Kunsthandwerksmarkt gibt's Unmengen an lokal hergestelltem Krimskrams und als regionale Spezialität *tagua*-Schnitzereien – geschnitzte und bemalte Figürchen und Schmuckgegenstände aus weißen, golfballgroßen und an Elfenbein erinnernden Nüsse.

Galería de Arte Huillacuna
GALERIE
(Calle 12 de Noviembre, nahe Montalvo; ☉8.30–21 Uhr) Hier wird ausgezeichnete ecuadorianische Kunst ausgestellt und verkauft. Man kann sich die Sache anschauen, ohne zum Kauf gedrängt zu werden.

ℹ Praktische Informationen

Die Eruptionen des Tungurahua zwingen die Einwohner alle fünf Jahre, den Ort zu verlassen. In den vergangenen Jahren war der Vulkan ziemlich aktiv. Aber die Lage wird gut überwacht und sollte keine Besorgnis erregen.

Berichte von Raubüberfällen auf den Wanderwegen um Baños sind seltener geworden. Wer einen Führer anheuert, unterstützt die örtliche Wirtschaft und vermindert gleichzeitig sein eigenes Risiko. Das Hotelpersonal informiert zum Ablauf von Evakuierungsmaßnahmen im Fall eines Vulkanausbruchs.

Internetcafés (0,80–1 US$ pro Std.) kommen und gehen, sind aber immer zahlreich vorhanden; gleiches gilt für Waschsalons (1 US$ pro Kilo).

Banco del Pacífico (Ecke Halflants & Rocafuerte) Bank mit Geldautomat; löst Reiseschecks ein.

Banco del Pichincha (Ecke Ambato & Halflants) Bank mit Geldautomat; löst Reiseschecks ein.

Corporación Nacional de Telecomunicaciones (Ecke Rocafuerte & Halflants) Telefonzentrum.

Krankenhaus (✆ 03-274-0301; Montalvo) Nahe der Pastaza; Apotheken finden sich an der Ambato.

Ministerio del Ambiente Parque Nacional Llanganates (Martínez; ⊙ Mo–Fr 8–17 Uhr) Das Verwaltungsbüro des Nationalparks hat kleine, fotokopierte topografische Karten und viele Infos.

Polizei (✆ 03-274-0251) Nahe der Kreuzung Mera/Oriente.

Post (Halflants nahe Ambato)

Touristeninformation (✆ 03-274-0483; mun_banos@andinanet.net; Halflants nahe Rocafuerte; ⊙ Mo–Fr 8–12.30 & 14–17.30 Uhr) Viele Infos, kostenlose Stadtpläne und Infos zur Notfallevakuierung.

ℹ An- & Weiterreise

Der Busbahnhof von Baños (Amazonas) liegt in kurzer Gehweite der meisten Hotels. Busse von Transportes Baños fahren häufig nach Quito (3,50 US$, 3½ Std.) mit Zwischenstopp in Salasaca, (0,50 US$; 30 Min.), Ambato (1 US$, 1 Std.) und Latacunga (1,50 US$, 1½ Std.). Die erste Hälfte der Straße Baños–Riobamba ist (bis Penipe) weiterhin gesperrt – man muss den Umweg über Ambato fahren. In Richtung Oriente fahren regelmäßig Busse nach Puyo (2 US$, 2 Std.), Tena (4 US$, 5 Std.) und Coca (10 US$, 10 Std.). Es gibt auch täglich Busse nach Guayaquil (8 US$, 7 Std.).

ℹ Unterwegs vor Ort

Nahverkehrsbusse Richtung Westen fahren von der Rocafuerte, hinter dem Mercado Central.

Die Aufschrift lautet „El Salado", sie fahren zu den Piscinas El Salado (0,25 US$, 10 Min.). Die Nahverkehrsbusse Richtung Osten fahren bis zum Pailón del Diablo (0,50 US$); Abfahrt ist an der Alfaro auf Höhe der Martínez.

Die Taxifahrt vom Busbahnhof zum Pailón del Diablo kostet hin & zurück 20 US$.

Von Baños nach Puyo

Die Straße von Baños nach Puyo ist eine der dramatischsten in der Region und hat nicht ohne Grund den Spitznamen „La Ruta de las Cascadas" (Straße der Wasserfälle). Sie verläuft entlang der Schlucht des Río Pastaza, die von Baños in 1800 m Höhe stetig bis auf 950 m bei Puyo abfällt. Unterwegs passiert sie mehr als ein Dutzend Wasserfälle. Die Busfahrt auf dieser Straße ist großartig, sie mit einem Mountainbike zu fahren, naturgemäß noch beeindruckender. Auf dem ersten Drittel der Strecke geht es überwiegend bergab, mit durchaus auch einigen anspruchsvollen Steigungen – also hübsch trainieren, denn die gesamte Strecke beträgt rund 61 km. Mountainbikes kann man in Baños mieten.

Die meisten Leute fahren nur bis zu dem spektakulären Wasserfall Pailón del Diablo rund 18 km hinter Baños, doch wer sich an die viel längere Fahrt bis Río Negro wagt, kann die Veränderung der Landschaft auf dem Weg hinunter ins Tiefland beobachten. Auf dem Weg gibt es viele verborgene Wasserfälle und von Familien betriebene Badestellen, die in diesem Reiseführer nicht erwähnt werden. Man sollte sich einen ganzen Tag Zeit nehmen, um die Gegend wirklich zu erkunden.

Unterwegs verschwindet die Straße in Tunneln, die einen wie schwarze Löcher verschlucken. Manche davon sind ziemlich lang. Radfahrer oder Mountainbiker sollten die ausgeschilderten, unbefestigten Umgehungswege benutzen. In Kurven und bei der Annäherung an Tunnel die Geschwindigkeit drosseln und immer auf der rechten Seite der Fahrbahn bleiben. Von Puyo (oder von jedem anderen Punkt der Strecke) aus kann man einfach einen Bus zurück nach Baños nehmen und sein Rad auf dem Dach verstauen (der Helfer des Busfahrers unterstützt einen beim Verladen).

Unbedingt auch einen Sturzhelm und ein Fahrradschloss mieten (und beides auch benutzen!). Die Insekten auf diesem Weg können erbarmungslos sein, darum Insektenschutzmittel mitnehmen, genauso wie eine Regenjacke.

Von Baños nach Río Verde

Vor dem ersten Tunnel kommt man am Wasserkraftwerk Agoyán vorbei. Hinter dem Tunnel bietet sich ein Abstecher auf dem **Sendero de Los Contrabandistas** (Km 10) an, eine achtstündige Wanderung, die an der anderen Seite des Flusses hinab zum Dorf San Pedro führt. Nach etwa 45 Minuten Fahrt ab Baños führt die Straße am spektakulären Wasserfall **Manto de La Novia** vorbei. Einen näheren Blick auf den Wasserfall ermöglicht eine Seilrutschentour (im Superman-Stil oder normal) der **Canopy Agoyán** (Km 10; Seilrutsche einfach/hin & zurück 10/15 US$, Seilbahn 1,50 US$), die am Rand des Wasserfalls entlangsaust. Zurück geht's mit der Seilrutsche an einem anderen Kabel oder mit der Seilbahn.

Vom Manto de La Novia fährt man 30 bis 45 Minuten bis zu dem Dorf **Río Verde** (zwischen dem 4. und 5. Tunnel), dem Zugang zum donnernden **Pailón del Diablo** („Teufelskessel"; Parken 1 US$, Eintritt 1.50 US$), der ein Muss ist. Zwei großartige Wege führen vom Río Verde (1,50 US$ Eintritt) hinab zum Wasserfall. Der erste beginnt unterhalb des Fußballplatzes, der zweite hinter einer Brücke östlich des Dorfs. Sie sind markiert. Der Marsch hinab zum Wasserfall und wieder zurück dauert gut 45 Minuten bis zu einer Stunde, aber als Lohn für die Mühe gibt's phantastische Hängebrücken, tief in die Klippen hinter dem Wasserfall eingeschnittene Pfade und reichlich Wildtiere.

Gleich östlich von Río Verde befindet sich das wunderbare **Hostal Pequeño Paraíso** (www.pprioverde.com; Camping/B/Zi. mit Frühstück & Abendessen 5/17/20 US$ pro Pers.). Es bietet Unterkunft und Stellplätze inmitten eines wunderschönen, üppigen Dschungels und ausgezeichnete Möglichkeiten zum Wandern, Klettern und Canyoning. Es gibt auch vegetarische Mahlzeiten.

Das **Miramelindo** (☏03-249-3004; www.miramelindo.com.ec; Baños–Puyo Rd, Km 18; Zi. pro Pers. mit Frühstück 30 US$; ☏☐) an der Nordseite der Straße am Eingang von Río Verde ist eine zauberhafte Unterkunft. Im Preis enthalten sind Frühstück, ein Führer zum Wasserfall Pailón del Diablo, Sauna und Whirlpool, *baños de cajón* und herrlich rustikale Zimmer mit Holz und Erdfarben. Die Orchideensammlung ist unglaublich.

Von Río Verde nach Puyo

Gleich hinter Río Verde beginnt die Straße zu steigen. Nach einer ungefähr halbstündigen Fahrt erreicht man **Machay**, einen hübschen Ort für eine Picknickpause und einen Sprung in den Fluss. Ein 2,5 km langer Weg führt in den Nebelwald und zu acht **Wasserfällen**, in der Größenordnung zwischen winzig und erhaben. Am schönsten ist der **Manantial del Dorado**, 2,5 km weit im Innern des Waldes. Mehrere Veranstalter verlangen nun Eintritt zu den Wegen, so die **Asociación de Ecoturismo Comunitario** bei Kilometer 17 (1 US$).

Nach Machay folgen zwei gute Steigungen, aber danach geht es fast den ganzen Weg bis Río Negro, das 15 km von Río Verde entfernt ist, abwärts. Während sich die Straße senkt, wird die Vegetation schnell tropischer; Bromelien, riesige Baumfarne und Orchideen bedecken die Wände der Schlucht des Río Pastaza. Bevor man Río Negro erreicht, kommt man durch das Dorf **San Francisco** mit einem unbefestigten Platz, ein paar einfachen Lokalen und Läden, an denen man Wasser oder Bier kaufen kann.

Von San Francisco sind es weitere 10 bis 15 Minuten bis **Río Negro**, einer interessanten Kleinstadt an der Hauptstraße. Es gibt hier Restaurants (einige sind bemerkenswert schick) und viele Läden, in denen man Erfrischungen kaufen kann.

Ein lohnenswerter Abstecher sind die 8 km von Río Negro Richtung Süden über die **Ecoruta Kuri Pishku**. Die Route führt zum etwas eigenwilligen **Vrindavan** (☏03-303-1038; www.fincavrindavan.com; Ecoruta Kuri Pishku Km 3; Zi. inkl. Yoga & 3 Mahlzeiten 25 US$) mit Öko-Yoga-Zentrum, Lodge und vegetarischem Restaurant und weiter zum **Sendero de Encanto**, einem halbwegs gepflegten Wanderweg, der über 1,3 km in den Parque Nacional Sangay reicht. Ohne einen Führer ist es nicht ratsam, weiter in den Nationalpark vorzudringen. Guides können über das Vrindavan angeheuert werden (Führer 25 US$ pro Tag).

Hinter Río Negro fühlt man sich wirklich in den Tropen. Nach 17 km kommt man in **Mera** vorbei, wo vielleicht ein Polizeikontrollpunkt eingerichtet ist (Pass bereithalten). Der Ort entwickelt sich allmählich zu einem Tourismuszentrum. Im Schwimmbad **Complejo Turístico Río Tigre** (1 km nördlich des Platzes; Eintritt 0,25 US$) gibt es Infos über

Wanderungen zu Höhlen in der Umgebung. Wer viel Zeit hat und Tiere liebt, kann bei der **Merazonia Foundation** (☎08-437-2555, 08-421-3789; www.merazonia.org; Zi. pro Woche inkl. Mahlzeiten 100 US$/Freiwilliger), einer Zuflucht für verletzte Tiere aus dem Regenwald, bei den Projekten zur Rettung und Hege von Vögeln, Säugern und anderen Tieren als Freiwilligenarbeiter seinen Beitrag leisten. Es gibt hier Komposttoiletten und warme Duschen.

Am Ende der Fahrt ins Tiefland erreicht man dann, 61 km von Baños entfernt, das schwülfeuchte Dschungelstädtchen **Puyo** (s. S. 252).

(s. S. 252).

Parque Nacional Sangay

Zu diesem 2710 km² großen **Nationalpark** GRATIS gehören drei der prächtigsten Vulkane Ecuadors – der sehr aktive Sangay, der zeitweise aktive Tungurahua sowie der erloschene Vulkan El Altar. Da der Park von eisbedeckten Bergen bis zu tropischen Regenwäldern ein weites Gebiet umfasst, sind Flora, Fauna und Landschaft enorm vielfältig. Die ecuadorianische Regierung richtete den Park 1979 ein und die Unesco erklärte ihn 1983 zur Welterbestätte.

Vom *páramo* in den höchsten Gebieten im Westen des Parks, der bis in eine Höhe von über 5000 m um die drei Vulkane reicht, senkt sich das Gelände an den Osthängen der Anden bis zu einer Höhe von knapp über 1000 m ab. Die dazwischenliegende Landschaft ist abschüssig, zerklüftet und feucht (in einigen Gebieten fällt jährlich über 4 m Regen) und im wahrsten Sinne eine Wildnis. Im gesamten Park leben ungefähr 500 Vogelarten und 3000 Pflanzenspezies; die dicht bewachsenen Hänge östlich der Berge sind der Lebensraum von Tieren, die sich nur sehr selten sehen lassen, darunter Brillenbären, Bergtapire, Pumas, Ozelots und Stachelschweine.

Nur zwei wichtige Straßen führen in den Park: Die eine läuft von Riobamba nach **Alao** (dem Hauptzugang zum Volcán Sangay) und verliert sich im östlichen *páramo*. Die zweite ist die Straße von Guamote nach Macas, die entgegen dem geschützten Status des Parks direkt durch diesen verläuft und negative Auswirkungen auf die Umwelt wie Besiedlung und Jagd begünstigt.

Der Park ist von Norden und Westen am besten zugänglich, von Süden und Osten ist es schwierig. Wer von Macas kommt, sollte sich zu den Bergseen begeben, u. a. zu den malerischen Lagunas de Tinguichaca oder den beliebten Sardina-Yaca-Lagunen mit ihrem reichen Tierleben.

Dezember bis März ist die beste Zeit für einen Besuch. Am regenreichsten sind die Monate April und Mai, am nebligsten Juli und August. **Anibal Tenemasa** (☎099-121-3205; agigsangay2008@yahoo.es) ist ein lokal empfohlener Führer für Exkursionen durch den Nationalpark Sangay.

Von Macas fahren Busse zu den Orten 9 de Octubre und San Vicente, gute Startpunkte für die meisten Wanderungen. Offizieller Eingang ist die kleine Siedlung Purshi. Am besten ist es, mit einem Führer den Park zu betreten, da die Wege kaum zu erkennen sind und viel Navigationsvermögen und Umgang mit Macheten erfordern. Die Touren sind nichts für unerfahrene Wanderer.

Volcán Tungurahua

Mit einer Höhe von 5016 m (vor den aktuellen Ausbrüchen) ist der Tungurahua (das Kichwa-Wort bedeutet „Feuerschlund") der zehnthöchste Gipfel Ecuadors. Er *war* ein schöner, kegelförmiger Vulkan mit einer Gletscherkrone auf den üppig grünen Hängen, aber seit 1999 haben die vielen Eruptionen das Eis abgeschmolzen und die Form von Kegel und Krater verändert. Lava- und Schlammströme (Lahare) des Ausbruchs vom August 2006 bedeckten rund 2 km der (inzwischen reparierten) Straße von Ambato nach Baños. Größere Ausbrüche in jüngerer Zeit veranlassten gelegentliche Evakuierungen.

Vor 1999 stiegen Traveller gern ein Stück den Vulkan hinauf, vielleicht bis zum Dorf Pondoa und zu der (heute zerstörten) Schutzhütte auf 3800 m. In den letzten Jahren sind manche in Zeiten geringer Aktivität bis dorthin vorgedrungen, ein Aufstieg über Pondoa hinaus ist gegenwärtig aber verboten und das schon seit mehreren Jahren. Man sollte sich in Baños nach der aktuellen Lage erkundigen.

Volcán El Altar

Mit 5319 m ist dieser lange erloschene Vulkan der fünfthöchste Berg Ecuadors und einer der malerischsten und faszinierendsten Gipfel des Landes. Vor dem Zusammenbruch der westlichen Seite des Kraters in prähistorischer Zeit kann der „Altar" gut einer der höchsten Berge der Welt gewesen sein. Die Kraterwände, die einen gelb-grünlichen Kratersee, die Laguna Amarilla, einfassen, bilden neun einzelne Gipfel, von denen die meisten Namen mit religiösem Bezug haben: z.B. Obispo (Bischof; 5315 m) oder Monja Chica (Kleine Nonne; 5080 m). Im Jahr 2000 stürzte ein Teil des Gletschers in den See und sorgte für eine massive Flutwelle, die den Westhang und die Collanes-Ebene (3900 m) überflutete und gewaltige Felsbrocken in der Landschaft hinterließ.

Zu erreichen ist der Vulkan El Altar mit dem Bus (0,50 US$/30 Min.) von Riobamba nach **Candelaria** (3100 m). Von Candelaria sind es rund 2 km zur **Hacienda Releche** (☎ 03-296-0848; Zi. pro Pers. 6 US$) und zur nahe gelegenen Rangerstation (kostenlos), wo einige Infos zu Wanderungen erhältlich sind. Den Inhabern des Releche gehört auch das strohgedeckte **Refugio** (pro Pers. 6 US$) auf der Collanes-Ebene, und sie vermieten auch Pferde (einfache Strecke 8 US$ zzgl. 8 US$ für einen Führer).

Die Wanderung zur Collanes-Ebene, dem besten Ort, um in Gipfelnähe zu campen, ist unproblematisch, allerdings kann schlüpfriger Schlamm das Vorankommen erschweren. Die Ranger und das Personal der Hazienda können einem den Anfang des Weges zeigen. Bei trockener Witterung können es geübte Wanderer von Candelaria bis auf die Collanes-Ebene in sechs bis sieben Stunden schaffen. Oben auf der Ebene leben viele Stiere (Abstand halten), die ihren Mist überall hinterlassen (aufpassen, wohin man tritt). Überflutungen kommen vor, sind aber selten.

Volcán Sangay

Der ständig Felsen, Asche und Rauch speiende, 5230 m hohe Sangay ist einer der aktivsten Vulkane der Erde, und seine Besteigung ist höchst gefährlich. Für jene, die es dennoch wagen, empfehlen manche Bergführer die Mitnahme eines Metallschilds zum Schutz gegen Felsbrocken, die der Krater auswirft (ob das die Mühe der Besteigung geringer macht?). Eine Wanderung bis zum Fuß des Bergs oder auch nur bis zur **Playa** (dem Strand) ist möglich, vor allem zwischen Dezember und Februar, wenn es in der Gegend am trockensten ist.

Beim **Instituto Geográfico Militar** (IGM; Karte S. 67; ☎ in Quito 02-397-5100/5129; www. igm.gob.ec; Seniergues E4-676 nahe Gral Telmo Paz y Miño; ☺ Kartenverkauf Mo–Do 8–16, Fr 7–12.30 Uhr) in Quito gibt's topografische Karten. Um zum Sangay zu kommen, nimmt man einen

Bus vom Parque La Dolorosa in Riobamba zum Dorf **Alao** (1,50 US$; 1½ Std.; 5.30, 6.30 & 12–18 Uhr stündl.). Am Nationalparkeingang in Alao bezahlt man den Parkeintritt und bekommt Infos über die Kooperative der örtlichen Führer, die von Alao oder dem nahe gelegenen **Guargualá** aus operieren.

Lagunas de Atillo & Ozogoche

Mit der Eröffnung der Straße von Guamote nach Macas ist die spektakuläre *páramo*- und Seenregion der Lagunas de Atillo leicht zugänglich geworden und wird langsam als Ziel für Reiter, Wanderer, Forellenangler und sogar Mountainbikefahrer erschlossen. Noch gibt es in Atillo nur sehr wenige Besucher, sodass man hier eine abgelegene Landschaft und das ländliche Leben genießen kann.

Rund 79 km von Riobamba entfernt führt die Straße durch **Atillo** (300 Ew.), das tatsächlich aus zwei Dörfern besteht, Atillo Grande und Atillo Chico, die rund 1 km voneinander entfernt sind. Von diesem Gebiet aus, das von den Atillo-Seen umgeben ist, kann man in sechs bis acht Stunden über einen Kamm zu den **Lagunas de Ozogoche** und in weiteren drei bis vier Stunden bis zu dem Dorf **Totoras** wandern, wo man zelten oder sich im Dorf nach einer *choza* (strohgedeckte Hütte; rund 1 US$) zum Übernachten erkundigen kann. Privatunterkünfte (3–4 US$) lassen sich in Atillo erfragen. Wer zelten will, besorgt sich Vorräte in Riobamba und holt sich im Instituto Geográfico Militar in Quito eine topografische Karte.

Von Atillo aus windet sich die Straße durch den Nationalpark und endet schließlich in Macas im südlichen Oriente. Pro Bici (S. 173) in Riobamba bietet zwei- und dreitägige Radtouren auf der Straße Guamote-Macas, die durch das Seengebiet führt.

Busse der Cooperativa Unidos fahren in Riobamba von der Kreuzung Velasco und Olmedo nach Atillo (2 US$, 2 Std., Mo–Sa 5.30, 12 & 15.20, So 14.30 Uhr). Alle Busse nach Macas fahren auch über Atillo, diese Busse fahren in Riobamba vom Terminal Oriental (2.30, 5.45, 10, 13, 16 & 17 Uhr).

Guaranda

HÖHE 2650 M / 30 987 EW.

Bei Guaranda besteht die Hälfte des Spaßes in der Anreise: Die 99 km lange „Straße" von Ambato erreicht Höhen von über 4000 m und passiert den Gletscher des Volcán Chim-

---

ZENTRALES HOCHLAND SALINAS

borazo (6310 m) in einem Abstand von nur 5 km. Von hier aus könnte man fast glauben, dass der Berg ganz einfach zu besteigen sei. Guaranda an sich, die Hauptstadt der Provinz Bolívar, ist klein und langweilig. Sie steht zwischen sieben steilen Hügeln, was ihr den Spitznamen „Rom der Anden" eingetragen hat. Wegen ihrer kulturellen Angebote hätte sie ihn sicher nicht bekommen. Einen Besuch lohnt der Markt, der mittwochs und samstags auf der **Plaza 15 de Mayo** stattfindet, und ebenso der **Karneval** mit Wasserkämpfen, Tänzen, Umzügen und einem Schnaps aus örtlichen Kräutern, den die Einheimischen „Pájaro Azul" (Blauer Vogel) nennen.

Schlafen

Hostal Bolívar   HOTEL $$
(☎03-298-0547; www.hotelbolivar.wordpress.com; Sucre 7-04; EZ/DZ 20/35 US$; P 🛜) Eine gute Option für anspruchsvolle Traveller: Die Zimmer sind einladend und sauber –wenn auch etwas veraltet, abgesehen von den Flachbildschirm-TVs – und es gibt einen schönen Hof. Das angeschlossene Restaurant bietet gute *almuerzos* (2–3 US$). Das Haus liegt zwei Blocks südlich des Parque Simón Bolívar.

Essen

Los 7 Santos   CAFÉ $
(Convención de 1884; Hauptgerichte 1–3 US$; ⊙Mo–Sa 10–23 Uhr) Vom Parque Simón Bolívar einen halben Block bergab bietet das Los 7 Santos all das, was man auch von einem Künstlercafé in Quito erwarten würde. Am Morgen gibt's Frühstück und den ganzen Tag lang kleine Sandwiches und *bocaditos* (Snacks).

La Bohemia   ECUADORIANISCH $
(Convención de 1884 & Calle 10 de Agosto; Hauptgerichte 2–4 US$; ⊙Mo–Sa 8–21 Uhr) In der Nähe vom Parque Bolívar serviert das La Bohemia *almuerzos* (2 US$) in entspannter, aber aufmerksamer Atmosphäre. Das Essen kann man mit einem riesigen *batido* (Frucht-Shake) hinunterspülen.

Praktische Informationen

Banco del Pichincha (Azuay nahe Calle 7 de Mayo) Bank mit Geldautomat.
Clínica Bolívar (☎03-298-1278) Eine von mehreren Arztpraxen und Apotheken um die Plaza Roja südlich des Krankenhauses.
Krankenhaus (Cisneros s/n)
Post (Azuay nahe Pichincha)

An- & Weiterreise

Guarandas Busbahnhof befindet sich einen strammen 20-minütigen Marsch bzw. eine Taxifahrt für 1 US$ entfernt von der Innenstadt. Plätze in den nachmittäglichen Bussen können im Voraus reserviert werden, es empfiehlt sich also vorauszuplanen.

Busse fahren stündlich nach Ambato (2,10 US$, 2 Std.) und Quito (5 US$, 5 Std.). Fast genauso häufig sind Busse nach Babahoyo (2,50 US$, 2½ Std.) und Guayaquil (4 US$, 4 Std.). Täglich fahren zahlreiche Busse nach Riobamba (2,10 US$, 2 Std.). Auf dieser Fahrt hat man eine herrliche Aussicht – sie führt am Parkeingang des Chimborazo und an den Zufahrtsstraßen zu den Berghütten vorbei, und der Blick auf den Volcán Chimborazo ist hinreißend.

Busse nach Salinas (0,25 US$, 1 Std., Mo–Fr 6, 7 & 10–16 Uhr stündl., Sa & So 6 & 7 Uhr) fahren von der Plaza Roja. Auch die einer Kooperative gehörenden weißen Pick-ups, die als Sammeltaxis fungieren, fahren häufig von der Plaza Roja nach Salinas (1 US$, 45 Min.); sie starten, sobald das Fahrzeug voll besetzt ist.

Salinas

1000 EW. / 3550 M

Das abgelegene Salinas rund 35 km nördlich von Guaranda liegt am Fuß einer dramatischen, abschüssigen Felsklippe inmitten von hohem *páramo*. Der als Modell für ländliche Entwicklung bekannte Ort ist ideal, um zu erfahren, worum es bei einem erfolgreichen, auf Kooperativen basierenden Tourismus eigentlich geht. Ein Weg oberhalb des Dorfs führt zur Felsklippe hinauf.

Geführte Touren

Fabrikführungen   TOUR
(Hauptplatz; Guide 10 US$; ⊙Mo–Sa 8–17 Uhr, Öffnungszeiten variieren) 🖋 In der Oficina de Turismo Comunitario am Hauptplatz gibt es Infos zu Führungen durch Fabriken in der Nähe. Die einheimischen Führer bieten interessante Touren durch Fabriken von Kooperativen an, die Käse, Schokolade, Textilien und Kräuterheilmittel herstellen. Auch Pilzesammeln und Ausritte zu Höhlen in der Umgebung sind möglich.

Schlafen & Essen

El Refugio   HOTEL $
(☎03-221-0044; www.salinerito.com; Zi. pro Pers. 14 US$; 🛜) El Refugio ist eine nette Lodge drei Blöcke westlich des Hauptplatzes mit Holzakzenten und prasselndem Kamin in der Lobby. Am besten um ein Zimmer mit

NACHHALTIGE ENTWICKLUNG IN SALINAS: VON CHOZAS ZUM KÄSE

Als der italienische Salesianerpater Antonio Polo an einem Julitag des Jahres 1971 in das Dorf kam, bestand es noch aus *chozas* (strohgedeckten Hütten). Seit Generationen hatten die *salineritos* (Einwohner von Salinas) in bitterer Armut gelebt und keine Möglichkeit gehabt, einen fairen Preis für ihre Milch, ihr Gemüse und ihre Wolle zu erzielen; die Hälfte aller Kinder starben, ehe sie fünf Jahre alt geworden waren.

Polo sah eine bessere Zukunft für die Menschen voraus, wenn sie sich auf die Herstellung und den Verkauf von Milchprodukten konzentrierten. Er half den Campesinos bei der Einrichtung einer Genossenschaftsbank, dem Kauf von Maschinen und der Beschaffung von Fachwissen. Mit hohen Qualitätsstandards hinsichtlich Frische und Hygiene eröffnete die Genossenschaft mehr als 20 *queserías* (Käsereien) rund um Salinas und dehnte sich sogar in andere Provinzen aus. Weitere Genossenschaften wurden ins Leben gerufen, die Schokolade, getrocknete Pilze, Wollkleidung, Salamis, Süßwaren und Knöpfe herstellen. Schließlich kam auch noch das kommunale Tourismusprojekt hinzu. In der Touristeninformation erfährt man mehr.

Aussicht bitten. Das Hotel ist im Besitz der Gemeinde und wird von ihr betrieben.

La Minga Café   CAFÉ $$
(Hauptplatz; Hauptgerichte 4,50–10 US$; ⊘ 7.30–22 Uhr) Das Café am Hauptplatz bietet gute Menüs und steht Touristen und Einheimischen den ganzen Tag über zur Verfügung. Sollte die Touristeninformation geschlossen sein, kann das Café mit einigen Infos zu Wanderungen weiterhelfen.

 Shoppen

Tienda El Salinerito   KUNSTHANDWERK
(Hauptplatz; ⊘ 9–17 Uhr) Tienda El Salinerito ist der Laden für die in den Genossenschaften produzierten Waren. Hier bekommt man auch flauschige Wollpullover und das coole Comic-Buch über die Geschichte des Dorfs.

ⓘ Praktische Informationen

Es gibt im Dorf keine Banken. Die Oficina de Turismo Comunitario befindet sich am Hauptplatz.

ⓘ An- & Weiterreise

Busse nach Guaranda (0,25 US$, 1 Std.) fahren täglich um 11, 13 und 15 Uhr. Sammeltaxis fahren ebenfalls häufig dorthin (1 US$, 45 Min.).

Volcán Chimborazo

Der von den *indígenas* in der Region als „Taita" (Vater) bezeichnete Volcán Chimborazo (6310 m) ist der höchste Berg des Landes, ein mit einer großen Gletscherkappe bedeckter Gigant. Wegen der äquatorialen Wölbung der Erdkugel ist der Chimbora-

zo sowohl der am weitesten vom Erdkern entfernte Punkt als auch der den Sternen nächstgelegene terrestrische Punkt.

Zusammen mit seinem kleineren und zerklüfteteren Nachbarn, dem **Volcán Cariuairazo** (5020 m) im Nordosten, und dem zwischen den beiden Vulkanen liegenden Tal des Río Mocha bildet der Chimborazo eine abgelegene, ja verlassene Region, in der es nur einige wenige indigene Dörfer gibt. Der Westhang des Chimborazo heißt *arenal* (*arena* bedeutet „Sand") und ist so trocken, dass einige ihn mit dem bolivianischen Altiplano vergleichen.

Der Chimborazo und der Carihuairazo liegen innerhalb der **Reserva de Producción Faunística Chimborazo** GRATIS. Die Bezeichnung als Tierschutzgebiet rührt daher, weil hier Hunderte von Vikunjas (wilde Verwandte der Lamas) leben. Die Tiere wurden hier früher bis zur Ausrottung bejagt, aber in den 1980er-Jahren aus Chile und Bolivien wieder neu eingeführt. Die Herden gedeihen, und man kann die eleganten Silhouetten der Tiere bei einer Busfahrt zwischen Guaranda und Riobamba im Nebel erspähen. Beim Durchstreifen des Parks wird man die Vikunjas mit Sicherheit zu Gesicht bekommen.

Die Besteigung des Chimborazo oder des Carihuairazo sind Abenteuer, die sich nur für gut akklimatisierte, erfahrene Bergsteiger mit Ausrüstung für einen Aufstieg durch Schnee und Eis eignen – Kontakt zu Bergführern gibt's in Riobamba oder Quito. Von Riobamba lassen sich Tagesausflüge zum Refugio Whymper (S. 170) des Chimborazo auf 5000 m Höhe organisieren.

Die Temperaturen können nachts deutlich unter den Gefrierpunkt fallen. Am trockensten (aber zugleich auch am kältesten) ist es in der Region von Juli bis September sowie im Dezember.

◉ Sehenswertes & Aktivitäten

Wer im Gebiet von Chimborazo und Carihuairazo körperlich anstrengende Aktivitäten unternehmen möchte, muss sich unbedingt zuvor gründlich akklimatisieren. Wenn die Unterkunft auf annähernd gleicher Höhe wie der Chimborazo und Carihuairazo liegt, sollte sie dafür gut geeignet sein. Wer allerdings einen der beiden Berge besteigen oder eine anstrengende Wanderung unternehmen möchte, sollte außerdem auch einen qualifizierten Bergführer befragen. Mountainbike-Abfahrten von den Schutzhütten in großer Höhe lassen sich mit Tourveranstaltern in Riobamba vereinbaren.

Die kleine indigene Gemeinde **Pulinguí San Pablo** (3900 m) an der Straße von Riobamba nach Guaranda lohnt einen nachmittäglichen Besuch. Ein einmaliges Erlebnis für Bergsteiger und Wanderer ist die Übernachtung in der Lodge der Gemeinde. Die Puruhá leben seit Jahrhunderten an den Flanken des Chimborazo und arbeiten heute daran, mit dem **Proyecto El Cóndor** (www.interconnection.org/condor; Kondorprojekt) 🏃 den Tourismus in die Region zu bringen. Im Rahmen des Projekts bieten Einheimische einfache Führerdienste, vermieten Mountainbikes und zeigen den Besuchern faszinierende Lehrpfade in der Gegend. Eine Weberinnen-Genossenschaft rundet die Aktivitäten des Projekts ab. Informationen bekommt man bei dem in Riobamba ansässigen **Tom Walsh** (☎ 03-294-1481; twalsh@ch.pro.ec), der den Dorfbewohnern dabei geholfen hat, das Projekt auf die Beine zu stellen.

Wandern

Die Wanderung von Urbina am Río Mocha entlang und über den Abraspungo-Pass bis zur Straße zwischen Ambato und Guaranda ist besonders gut erschlossen. Für diese Wanderung muss man drei Tage rechnen. Karten gibt's beim Instituto Geográfico Militar (S. 167) in Quito. Eine gute Wanderung zur Akklimatisierung beginnt an der Chimborazo Lodge und führt hinauf zum **Templo Machay**, wo alte Völker den Berggöttern Opfer brachten. Es ist ratsam, vor 13 Uhr zurück an der Straße zu sein, um sich nicht im Nebel zu verirren.

Bergsteigen

Die meisten Bergsteiger unternehmen erst mehrfache Akklimatisierungsaufstiege und verbringen dabei die Nacht in immer größerer Höhe, ehe sie sich an den Gipfel des Chimborazo wagen – denn dieser Aufstieg ist bekanntermaßen sehr anstrengend und erfordert bergsteigerisches Können. Die meisten Seilschaften nehmen heute die **Normalroute**, bei der man acht bis zehn Stunden auf den Gipfel und zwei bis vier Stunden für den Abstieg braucht. Die **Whymper-Route** ist derzeit nicht sicher.

Am Carihuairazo gibt es keine Schutzhütten, deswegen richten die Bergführer in der Regel ein Basislager an der Südseite des Berges ein. Der Aufstieg ist für erfahrene Bergsteiger recht unproblematisch, man braucht allerdings Ausrüstung für das Klettern im Eis.

🛌 Schlafen

Es ist ab dem späten Nachmittag entsetzlich kalt, man muss also angemessene Kleidung und einen entsprechenden Schlafsack mitbringen.

La Casa del Cóndor HOSTEL $
(☎ 099-8575-5031; Pulinguí San Pablo; B 12 US$, inkl. 3 Mahlzeiten 30 US$) Die preiswerteste Unterkunft in der Region befindet sich in der kleinen indigenen Gemeinde Pulinguí San Pablo. Hier leben Familien immer noch in den für die Gegend typischen runden *chozas* (strohgedeckten Hütten), aber La Casa del Cóndor ist ein Gebäude aus Stein, in dem ein einfaches Hostel mit Warmwasserduschen und einer Gemeinschaftsküche untergebracht ist. Die Casa hat neun Betten.

Refugio Carrel & Refugio Whymper HÜTTE $
(B 10 US$) Beide Hütten waren zur Zeit der Recherche wegen Renovierung geschlossen, sollen aber 2015 wiedereröffnet werden. Das tiefer gelegene Refugio Carrel befindet sich auf 4800 m, das höher gelegene Refugio Whymper, Ecuadors höchste Unterkunft, auf 5000 m. Diese Berghütte ist nach Edward Whymper benannt, dem britischen Bergsteiger, dem 1880 mit den Schweizer Brüdern Carrel als Bergführern die Erstbesteigung des Chimborazo gelang.

In beiden Berghütten gibt es Hausmeister, gut ausgestattete Küchen, Stauraum für Gepäck und begrenzte Nahrungsmittelvorräte.

Chimborazo Lodge LODGE $$$
(☎ 099-973-3646, 03-236-4258; Km 36 Riobamba-Guaranda Rd; EZ/DZ/Suite mit Frühstück

80/110/140 US$) Die abgelegene Lodge in einem grasbewachsenen Tal direkt unterhalb des Chimborazo ist weit und breit die einzige feinere Unterkunft. Das Hauptgebäude hat einen behaglichen Speiseraum, einen großen Kamin und Panoramafenster mit Blick auf den Gipfel. Die einfachen Holzhütten sind mit Zedernholz und Mahagoni, einfachen kleinen Betten und Bildern aus alter Zeit ausgestattet. Und sie haben Heizungen!

Die noblen Suiten sind oberste Luxusklasse.

ℹ An- & Weiterreise

Mehrere Busse fahren täglich über die asphaltierte Straße vom Hauptbusbahnhof in Riobamba nach Guaranda. Rund 45 Minuten nach der Abfahrt in Riobamba (1,25 US$) erreicht man Pulinguí San Pablo, und ungefähr 7 km weiter folgt am Parkeingang die ausgeschilderte Abzweigung (4370 m) zu den Berghütten am Chimborazo. Von der Abzweigung sind es 8 km auf der Straße bis zum Parkplatz am Refugio Carrel und weitere 1000 m bis zum Refugio Whymper. Falls man die Straße hinaufläuft, muss man bis zum Erreichen der Berghütten mehrere Stunden einplanen.

Die meisten Hotels in Riobamba können für diese Route bis zum Refugio Carrel ein Taxi beschaffen. Ein Taxi, das einen an der Hütte absetzt und an einem späteren Tag wieder abholt, kostet um die 50 US$, die einfache Strecke kostet rund 30 US$.

Riobamba

156 000 EW. / 2750 M

Der Name der Stadt ist eine Kombination des spanischen Worts für „Fluss" und des Kichwa-Worts für „Tal". Diese zweisprachige Bezeichnung beschreibt die Topografie der Gegend und gleichzeitig die reiche kulturelle Mischung der Bewohner. Riobamba hat einen hohen indigenen Bevölkerungsanteil, der samstags auf dem Markt besonders farbenfroh in Erscheinung tritt. Hingegen sind der Grundriss der Stadt, die großen arkadengesäumten Plätze und die Architektur imposante Vermächtnisse der spanischen Kolonialzeit.

Die Puhurá waren die ersten, die in der Gegend siedelten, ehe sie kurzfristig von den Inkas abgelöst wurden. 1534 gründeten die Spanier die Stadt Riobamba auf der Stätte des heutigen Cajabamba, 17 km südlich an der Panamericana. 1797 wurde Riobamba durch einen gewaltigen Erdrutsch zerstört und an der heutigen Stelle wieder aufgebaut.

Die spanische Kolonialzeit endete endgültig, als in Riobamba 1830 die erste ecuadorianische Verfassung unterzeichnet wurde.

◎ Sehenswertes & Aktivitäten

Der schöne, von Bäumen bestandene **Parque Maldonado** (Primera Constituyente Höhe Espejo) wird im Nordosten von Riobambas **Kathedrale** flankiert. Ein paar Blocks südöstlich befindet sich an der Alvarado der **Parque La Libertad** (Primera Constituyente Höhe Alvarado) mit der klassizistischen **Basilika** (Veloz), der einzigen Rundkirche Ecuadors. Sie ist häufig geschlossen, aber sonntags und abends nach 18 Uhr kommt man eventuell hinein. Im **Parque 21 de Abril** (Orozco Höhe Ángel León) gleich nördlich vom Stadtzentrum gibt es eine Aussichtsplattform mit Blick auf die umliegenden Berge.

Samstagsmarkt   MARKT
Beim Samstagsmarkt wimmelt es in der Stadt von Leuten. Dann eilen Tausende aus den umliegenden Dörfern in die Stadt, um hier zu feilschen, zu kaufen und zu verkaufen. Die Händler breiten dann ihre Waren in den Straßen nordöstlich des Parque de la Concepción aus.

Museo de Arte Religioso   MUSEUM
(Argentinos; Eintritt 2 US$; hDi–Sa 9–12 & 15–18 Uhr) In dem wunderschön restaurierten Konvent der Schwestern des Ordens der Heiligen Empfängnis aus dem 16. Jh. zeigt das Spitzenmuseum von Riobamba eine der landesweit besten Sammlungen religiöser Kunst des 17. und 18. Jhs. Das berühmteste Stück ist eine unschätzbar kostbare, meterhohe, mit 1500 Edelsteinen besetzte Monstranz. Das Stück aus reinem Gold auf einem Sockel aus reinem Silber wiegt mehr als 360 kg (ein guter Diebstahlschutz).

Museo de la Ciudad   MUSEUM
(Parque Maldonado) GRATIS Das schön restaurierte, historische Gebäude, das im 20. Jh. von der Familie Costales-Dávalos gebaut wurde, zeigt ein paar Bilder aus alter Zeit, wechselnde Kunstausstellungen und ein paar Artefakte. Viele Informationen gibt es nicht, aber es eignet sich dennoch gut für eine interessante Erholungspause am Nachmittag.

Parque Ecológico
Monseñor Leonida Proaño   WANDERN
Die Grünanlage am Fluss liegt 1 km südlich der Calle 10 de Agosto und ist über die Benalcazar zu erreichen. Es gibt dort am grasbewachsenen Ufer 3 km Wege, ist also ideal für ein nachmittägliches Picknick.

Riobamba

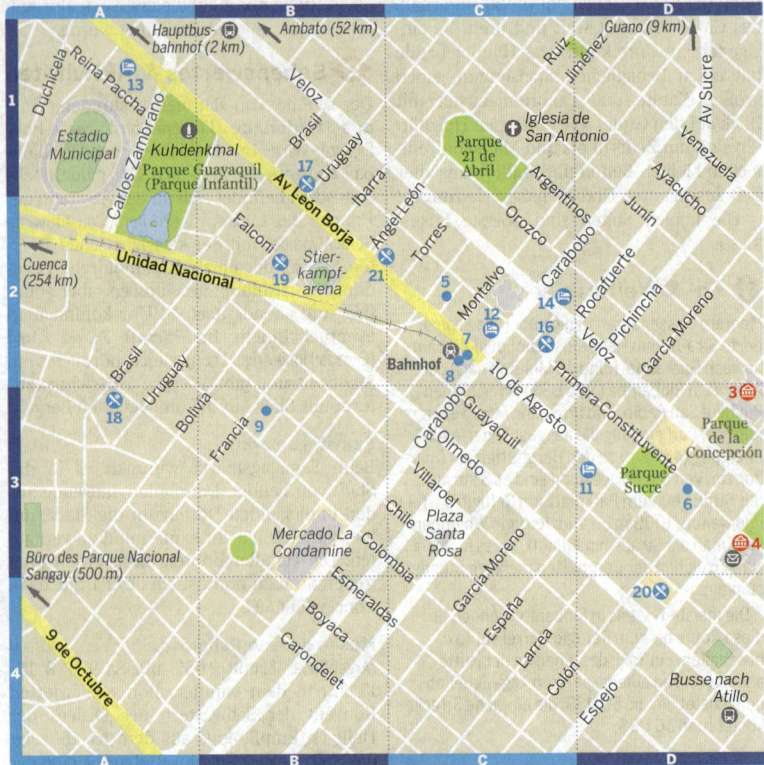

Der Park ist nach dem Bischof von Riobamba Leonida Proaño benannt. Er wurde seinerzeit wegen seines Einsatzes zur Befreiung indigener Gruppen von praktischer Versklavung, die auf den Haziendas der Region bis weit ins 20. Jh. andauerte, für den Friedensnobelpreis nominiert.

Sendero de los Ancestros ZUG
(☎1-800-873-637; www.trenecuador.com; Av León Borja Höhe Unidad Nacional; Fahrpreis 15 US$) Die vierstündige Zugrundfahrt beginnt donnerstags bis sonntags um 12 Uhr am Bahnhof von Riobamba und führt südwärts zur Laguna de Colta. Unterwegs hält der Zug an der stimmungsvollen Balbanera-Kirche, an einem kleinen Museum und für gelegentliche Tanzaufführungen.

Tren del Hielo I ZUG
(☎1-800-873-637; www.trenecuador.com; Calle 10 de Agosto nahe Carabobo; Fahrpreis 12 US$) Die etwa vierstündige Zugrundfahrt beginnt donnerstags und freitags um 8 Uhr im hinreißend restaurierten Bahnhof von Riobamba. Sie führt an der Ostflanke des Chimborazo entlang zum Dorf Urbina, wo die Fahrgäste einen kurzen Ausritt machen und in einem kleinen Besucherzentrum etwas über Gletschereisabbau erfahren können. Am Bahnhof von Urbina gibt es ein Hotel; es kostet 25 US$ pro Nacht.

Abseilen ABENTEUERSPORT
(Av León Borja 41-29, Hotel Zeus) Für 15 US$ kann man sich vom höchsten Gebäude in Riobamba, dem siebengeschossigen Hotel Zeus, abseilen.

☞ Geführte Touren

Dank der Nähe zum Chimborazo, dem höchsten Gipfel Ecuadors, gibt's in der Stadt einige der besten Bergführer und Tourveranstalter in Sachen Bergsteigen des Landes. Zweitägige Gipfelbesteigungen des Chim-

Riobamba

dard. Bestiegen werden die meisten Gipfel in der zentralen Sierra, und auch Bergsteigekurse sind im Angebot.

borazo gibt's ab rund 260 US$ pro Person; inbegriffen sind Bergführer, Ausrüstung, Transport und Verpflegung, aber nicht der Parkeintritt (2 US$).

Eintägige Mountainbike-Touren kosten ab 45 US$ pro Person. Sehr beliebt sind Talabfahrten von den Berghütten am Chimborazo – eine aufregende Art, die Landschaft zu erleben.

Geführte Wanderungen zu den benachbarten Nationalparks kosten rund 120 US$ pro Tag.

Veloz Coronado
Mountain Guides ABENTEUERTOUR
(☎ 03-296-0916; www.velozexpediciones.com; Chile 33-21 & Francia) Als Pionier des ecuadorianischen Bergsteigens und Inhaber dieses ausgezeichneten Bergführerdienstes ist Enrique Veloz in Ecuador schon eine historische Persönlichkeit – er selbst hat den Chimborazo mehr als 550-mal bestiegen. Die Führer bieten in Sachen Sicherheit einen hohen Stan-

Julio Verne Tour Operator ABENTEUERTOUR
(☎ 03-296-3436; www.julioverne-travel.com; Espectador 22-25) Der angesehene ecuadorianisch-niederländische Tourveranstalter bietet preisgünstige, zweitägige Gipfeltouren zum Chimborazo und zu weiteren Gipfeln sowie Touren in den Oriente und zu den Galapagosinseln an. Ebenfalls im Angebot sind Mountainbike-Abfahrten vom Chimborazo.

Pro Bici ABENTEUERTOUR
(☎ 03-295-1759; www.probici.com; Primera Constituyente & Larrea) Der Anbieter für Mountainbike-Touren im 1. Stock eines Stoffgeschäfts ist einer der besten des Landes mit vieljähriger Erfahrung und ausgezeichneten Kundenbewertungen. Er verleiht Mountainbikes (15–25 US$/Tag, Preis abhängig vom Fahrrad), verfügt über ausgezeichnete Karten, einen guten Sicherheitsstandard und veranstaltet faszinierende Tagestouren (40–60 US$) zum Chimborazo, Atillo und Colta. Die freundlichen Betreiber sprechen auch Englisch.

Andean Adventures ABENTEUERTOUR

(03-295-1389; www.andeannadventures.com) Das angesehene Unternehmen ist auf Chimborazo-Besteigungen spezialisiert, besorgt aber auch Mountainbikes und organisiert Wanderungen und andere Abenteuer.

 Festivals & Events

Riobambas alljährliche Fiesta feiert den Sieg in der **Schlacht von Tapi** im Unabhängigkeitskrieg am 21. April 1822. Am und rund um den 21. April gibt es eine große Landwirtschaftsausstellung mit den üblichen Hochland-Events wie Straßenumzügen, Tanz und jeder Menge traditionellem Essen und Trinken.

Schlafen

⭐ Hostal Oasis PENSION $

(03-296-1210; www.oasishostelriobamba.com; Veloz 15-32; EZ/DZ 13/24 US$; 🅿️ @ 🛜 🕾) Wenn es um Freundlichkeit, Preis-Leistungs-Verhältnis und Gemütlichkeit geht, ist die Pension kaum zu schlagen. Die Zimmer und Apartments verteilen sich rund um einen Garten, samt einer Gemeinschaftsküche. Es gibt einen Büchertausch und die Möglichkeit zu kostenlosen Telefongesprächen in die USA und nach Kanada. Wenn sie doch nur etwas näher am Geschehen in der Innenstadt liegen würde.

Hotel Tren Dorado HOTEL $

(03-296-4890; www.hoteltrendorado.com; Carabobo 22-35; Zi. pro Pers. 15 US$; 🅿️🕾) Dass der „Goldene Zug" nahe beim Bahnhof zu finden ist, sollte eigentlich niemanden überraschen. Jenseits der dunklen Rezeption warten tadellos saubere, komfortable Zimmer, eine luftige Terrasse und hübsche Bettdecken mit Löwen drauf (grrrr). Zutaten für ein Frühstück kosten 3 US$ extra. Die Warmwasserversorgung scheint verlässlich zu sein und die Fernseher sind groß.

Hotel Montecarlo HOTEL $$

(03-296-1577; www.hotelmontecarlo-riobamba. com; Calle 10 de Agosto 25-41; EZ/DZ mit Frühstück 25/39 US$; 🕾) Das Montecarlo residiert in einem schön restaurierten Haus, das an der Wende zum 20. Jh. errichtet wurde. Der Einsatz der Farbe Blau (blaue Sofas, blaue Teppiche, blaue Zierleisten und blaue Bettdecken) kann zwar etwas überwältigend sein, ebenso wie das Putzmittel, aber angenehm ist das Hotel trotzdem. Die Zimmer nach hinten raus sind weniger laut.

Hotel Zeus BUSINESSHOTEL $$

(03-296-8036; www.hotelzeus.com.ec; Av León Borja 41-29; EZ/DZ 40/61 US$, Executive EZ/DZ 60/75 US$; 🅿️🛜) Das siebenstöckige Hotel zwischen dem Busbahnhof und der Innenstadt bietet eine Reihe unterschiedlich gestalteter und ausgestatteter Zimmer sowie Zugang zu einem Fitnessraum. Die teureren Zimmer sind ausgezeichnet (einige haben einen erstklassigen Blick auf den Chimborazo).

Hostería La Andaluza HOSTERÍA $$

(03-294-9370; www.hosteriaandaluza.com; EZ 40–60 US$, DZ 50–70 US$; 🕾) Die renovierte, kolonialzeitliche Hazienda rund 15 km nördlich von Riobamba an der Panamericana bietet auf einem schönen Gelände einen Panoramablick. Zwei Restaurants, ein kleiner Fitnessraum mit Sauna und ein Spielzimmer mit Tischfußball gehören zu den Extras, das Beste aber ist die abgeschiedene, ländliche Lage. Nur die moderne Einrichtung der Zimmer will nicht so recht zu der prachtvollen Architektur passen.

Mansión Santa Isabella BOUTIQUEHOTEL $$$

(03-296-2947; www.mansionsantaisabella.com; Veloz zwischen Carabobo & Rocafuerte; EZ/DZ/ Suite 60/100/160 US$; 🕾) Das historische Hotel, ein Neuzugang in der Stadt, hat nur elf Zimmer um einen hinreißend gestalteten Innenhof mit einem leise plätschernden Brunnen. Die Zimmer mit Gewölbedecken haben wunderbar restaurierte Hartholzbalken und angenehm dezente Farben, sind aber ziemlich klein und eng. Am Service hapert es manchmal, vor allem bei diesen Preisen.

Essen

Colibrí ECUADORIANISCH $

(Veloz 15-25; Frühstück 1,75 US$, Tagesgerichte 2–3 US$; ⏱7–20 Uhr) Das süße, kleine Café, das sich speziell an internationale Backpacker richtet, ist für das Angebot das preiswerteste in der Stadt. Das gesunde Frühstück mit Vollkornbrot hält den ganzen Vormittag satt. Die Tagesgerichte mittags und abends, wie Fleischgerichte, Pasta, Suppen und Süßspeisen, sind einfach und schmackhaft.

Mercado La Merced MARKT $

(Mercado M Borja; Guayaquil zwischen Espejo & Colón; Hauptgerichte 3 US$; ⏱7–18 Uhr) Die Marktfrauen, die *hornado* (ganze gebratene Schweine) anbieten, verstehen sich aufs

TOLLE KURZTRIPS AB RIOBAMBA

Aguas Termales de Guayllabamba (Eintritt 0,25 US$) Vom Chambo Terminal an der Ecke Veloz und Puruhua fährt ein Bus (1 US$, 1 Std.) nach Chambo, der auf Wunsch an den Aguas Termales anhält. Von dort ist es noch ein einstündiger Marsch über einen Feldweg bis zu den einfachen Quellen.

Chimborazo (S. 169) Vom Hauptbusbahnhof fährt ein Bus um 6.30 Uhr (1,25 US$), der auf Wunsch am Parkeingang des Chimborazo hält. Von dort ist eine vier- bis fünfstündige Wanderung zu den *refugios* des Chimborazo (wo man sich manchmal den Pass mit einem Gedenkstempel für 5000 m Höhe stempeln lassen kann). Der Rückweg zur Straße sollte vor 13 Uhr erfolgen, um nicht im Nebel festzuhängen. Zurück in die Stadt geht's mit dem Bus.

El Altar (S. 252) Vom Oriente Terminal fährt um 6.30 Uhr ein Bus nach Candelaria (0,50 US$). Von dort sind es 15 Minuten zu Fuß zur Hacienda Releche. Von Candelaria geht es auch zu Fuß oder zu Pferd (8 US$) zum Refugio el Altar und weiter zur Laguna Amarilla. Abenteuerlustige können auch weiter zu den Lagunas Verde und Azul weitermarschieren und dort zwei Nächte zelten.

Guano Abgesehen davon, dass es ein beliebtes Wochenend-Ausflugsziel für Familien aus Riobamba darstellt, ist das 8 km nördlich von Riobamba gelegene Dorf Guano auch ein wichtiges kunsthandwerkliches Zentrum, das auf Teppiche und Waren aus Leder und aus Totora-Schilf spezialisiert ist. Läden, die derartige Waren verkaufen, liegen direkt am Hauptplatz (wo der Bus hält). Ebenfalls in der Nähe des Hauptplatzes befindet sich ein Museum (1 US$) mit den mumifizierten Überresten eines Franziskanermönchs aus dem 16. Jh. und den Ruinen eines Klosters aus den 1660er-Jahren. Vom Mirador oberhalb des Ortes hat man (an klaren Tagen) einen ausgezeichneten Blick auf den Vulkan El Altar. Nahverkehrsbusse nach Guano fahren in Riobamba von der Haltestelle an der Kreuzung Pichincha und Calle New York und kosten nur 0,25 US$.

Lagunas de Atillo Vom Terminal de Chambo fahren Busse nach Atillo (2 US$, 2 Std.), wo Einheimische auf Anfrage Besucher um die Seen herumführen (10 US$). Hüttenunterkünfte kosten hier nur 3 bis 4 US$.

Parque Acuático Los Elenes (Eintritt 1 US$; ☺ 8–18 Uhr) Vom Hauptplatz in Guano kommt man mit dem Bus oder zu Fuß weiter zum 2 km entfernten Dorf Santa Teresita. Wenn man am Ende der Busstrecke rechts abbiegt und ungefähr 20 Minuten den Hügel hinuntergeht, gelangt man zum Parque Acuático Los Elenes, dessen Schwimmbecken von natürlichen Mineralquellen gespeist werden. Das Wasser ist ziemlich kalt (22 °C), aber der Blick auf den Tungurahua und den El Altar ist wunderbar.

Verkaufen, schreien, um Aufmerksamkeit zu erregen, und bieten auch Kostproben. Wenn man der derben Verkaufstechnik widerstehen kann und es einen nicht stört, zwischen gehäuteten Schweinen zu essen, dann wird man den Markt lustig und interessant finden. Das Schweinefleisch ist jedenfalls superfrisch und samstags ist auf dem Markt besonders viel los.

La Parrillada de Fausto   ARGENTINISCH $
(Uruguay 20-38; Hauptgerichte 5–7 US$; ☺ Mo–Sa 12–15 & 18–22.30 Uhr) Das nette Grillrestaurant argentinischer Art serviert gegrillte Steaks, Forellen und Hähnchen in einem Ranch-Ambiente. Die coole, höhlenartige Bar im Hintergrund nicht übersehen.

La Abuela Rosa   ECUADORIANISCH $
(Brasil & Esmeraldas; Hauptgerichte 1–3 US$; ☺ Mo–Sa 16–21 Uhr) Im „Großmutter Rosa" gibt's *comida típica* (traditionelles ecuadorianisches Essen) und schmackhafte Snacks, darunter Sandwiches, Schokolade und Käse. Der freundliche und gemütliche Laden ist bei Einheimischen beliebt.

Pizzería D'Baggios   ITALIENISCH $$
(Av León Borja & Ángel León; Pizzas 3–8 US$; ☺ Mo–Sa 12–22 Uhr) Dutzende verschiedene Pizzasorten, alle mit mitteldickem Boden, werden im Holzofen dieser Pizzería vor den Augen der Kundschaft zubereitet. Dank des Ofens ist das gesamte Lokal auch schön warm.

El Delirio Restaurante ECUADORIANISCH $$
(Primera Constituyente 28-16; Hauptgerichte 7–
10 US$; ⊙Di–So 12–22 Uhr) Das historische Bau-
denkmal und heutige Restaurant ist nach
einem Gedicht des Freiheitshelden Simón
Bolívar benannt und serviert in einem von
Kerzen beleuchteten, altmodischen Ambien-
te *comida típica*. Der Service ist langsam,
aber der Hof einfach wunderschön.

Jamones La Andaluza INTERNATIONAL $$
(☎03-294-7189; Mahlzeiten 5–12 US$; ⊙ Av León
Borja nahe Uruguay; 🖥) Die Straßentische der
freundliche Service und der Platz in der ersten Reihe, um samstags das Nachtleben Riobambas zu beobachten, sind einfach super.
Das Essen, ob Sandwiches oder Steak, ist
nicht gerade überwältigend, aber es ist auf
jeden Fall ein nettes Lokal für einen Aperitif
bei Sonnenuntergang.

Shoppen

Kunsthandwerk kann man am Parque de la
Concepción und im Bahnhof kaufen. Beim
Herumschlendern besonders auf lokal gefertigte *shigras* (kleine Einkaufsnetze), *tagua*-Schnitzereien sowie auf Matten und
Körbe achten, die die indigenen Colta aus
dem Totora-Schilf fertigen, der das Ufer der
nahe gelegenen Laguna de Colta säumt.

Nachtleben & Unterhaltung

Das Nachtleben in Riobamba ist begrenzt
und konzentriert sich auf die Kreuzung
der Avenida León Borja mit der Torres und
im Nordwesten auf die León Borja bis zur
Duchicela. In beiden Gebieten gibt es Bars
und Diskos.

ⓘ Praktische Informationen

Banco de Guayaquil (Primera Constituyente)
Bank mit Geldautomat.
Banco del Pichincha (Ecke García Moreno &
Primera Constituyente) Bank mit Geldautomat.
Clínica Metropolitana (☎03-294-1930; Junín
25-28) Von Einheimischen empfohlene Arzt-
praxis.
Hospital Policlínico (☎03-296-8232; Olmedo
11-01) Krankenhaus, südöstlich vom Stadtzentrum.
Büro des Parque Nacional Sangay (☎03-
295-3041; parquesangay@andinanet.net; Av 9
de Octubre; ⊙Mo–Fr 8–13 & 14–17 Uhr) Westlich vom Stadtzentrum nahe der Duchicela; hier
bekommt man Informationen und kann den Eintritt in den Parque Nacional Sangay bezahlen.
Polizei (☎03-296-9300; Av León Borja)
Post (Ecke Espejo & Calle 10 de Agosto)

Su Lavandería (Veloz 14-53) Wäscherei, die die
Wäsche am selben Tag ausliefert (0,70 US$/kg).

 An- & Weiterreise

Vom **Hauptbusbahnhof** (Av León Borja Höhe
Av de la Prensa), rund 2 km nordwestlich vom
Zentrum, fahren stündlich Busse nach Quito
(3,85 US$, 4 Std.) und den Orten an der Strecke
sowie Busse nach Guayaquil (4,75 US$, 4½ Std.).
Ein Bus von Transportes Patria fährt um 9.45 Uhr
nach Machala (6,35 US$, 6–7 Std.) und mehrere
Busse fahren täglich nach Cuenca (6 US$, 6 Std.).
CTA-Busse starten 20-mal täglich zwischen 5 und
20 Uhr nach Alausí (1,90 US$, 2 Std.). Busse von
Flota Bolívar fahren morgens und nachmittags
nach Guaranda (2,10 US$, 2 Std.); einige fahren
weiter bis Babahoyo. Die Busse nach Guaranda
kommen an der Zufahrtsstraße zum Chimborazo
und zu den Berghütten vorbei.

Drei lange Blocks südlich vom Hauptbusbahnhof (aus dem Haupteingang nach links gehen)
ist an der Unidad Nacional ein kleiner Busbahnhof mit häufigen Nahverkehrsbussen nach
Cajabamba, zur Laguna de Colta und zur Iglesia
La Balbanera. Die Busse nach Guamote fahren
in der Canomigo Ramos nahe der Umgehungs-
straße ab.

Der **Oriente Bus Terminal** (Ecke Espejo &
Luz Elisa Borja) im Nordosten der Stadt ist der
Bahnhof für Busse in den Oriente. Dort fahren
Busse nach Coca (20 US$), Puyo (6 US$), Macas
(5 US$) und Baños (2 US$). Die direkte Stra-
ßenverbindung zwischen Riobamba und Baños
ist wieder frei, man sollte sich aber vor Ort nach
dem Straßenzustand erkundigen. Die Busse
fahren immer noch über Ambato.

Die Busse nach Atillo im Parque Nacional
Sangay starten von der Kreuzung Velazco und
Olmedo.

Zu den Dörfern Guano und Santa Teresita
fährt der Nahverkehrsbus (0,25 US$) von der
Haltestelle an der Kreuzung Pichincha und Calle
New York.

ⓘ Unterwegs vor Ort

Nördlich vom Hauptbusbahnhof liegt hinter der
Kirche Santa Faz (die mit der blauen Kuppel)
eine Bushaltestelle für Busse Richtung Zentrum.
Sie fahren über die Avenida León Borja, die nahe
dem Bahnhof zur Calle 10 de Agosto wird. In die
andere Richtung kann man auf der Primera Constituyente jeden Bus mit der Aufschrift „Terminal" nehmen. Der Fahrpreis beträgt 0,25 US$.

Taxifahrten in der Stadt kosten meist 1 US$.

Südlich von Riobamba

Rund 17 km südlich von Riobamba verläuft
die Panamericana durch das winzige Dorf
Cajabamba, wo sich einst Riobamba be-

WELCHE PANAMERICANA?

Bei Cajabamba spaltet sich die Panamericana auf: Der östliche Zweig ist die ecuadorianische Panamericana, die hinter der Grenze in Peru zu einer normalen Straße wird, die westliche Abzweigung ist die internationale Panamericana, die auch in Peru noch so heißt. Verweise auf die Panamericana beziehen sich auf die ecuadorianische, nicht die internationale.

fand, bis im Jahr 1797 ein von einem Erdbeben ausgelöster Erdrutsch die Stadt unter sich begrub und Tausende tötete. An dem Hügel ist bei der Anfahrt noch immer eine riesige Narbe zu erkennen.

Weiter südlich und gleich abseits der Panamericana kommt man an der unverkennbar kolonialzeitlichen Kapelle La Balbanera in dem kleinen *pueblo* Colta vorbei. Zwar stürzte sie beim Erdbeben von 1797 weitgehend ein, aber Teile der Fassade dieser schönen, niedrig gebauten Kirche stammen noch von 1534, was sie zu einer der ältesten Kirchen in Ecuador macht. Ein kleines Besucherzentrum gibt's hier auch, ebenso eine Haltestelle der Bahnlinie Sendero de Los Ancestros (S. 172).

Ungefähr 4 km südlich von Cajabamba scheint das Wasser der Laguna de Colta unter goldenem Totora-Schilf zu ersticken. Jedem, der jemals den Titicacasee in Bolivien besucht hat, werden der Anblick und die kleinen Totora-Flöße, die auf der Laguna de Colta herumsegeln, vertraut erscheinen. Ethnobiologen glauben, dass möglicherweise in prähistorischer Zeit *totora*-Setzlinge hierher gebracht wurden. Jedenfalls ist das Schilf für die indigenen Colta eine wichtige Pflanze, aus der sie ihre berühmten Körbe und *esteras* anfertigen. Die Colta-Frauen färben die Ponys ihrer Frisuren leuchtend golden.

Ein Weg mit einem wunderbaren Blick auf den Chimborazo führt in ein paar Stunden rund um den See und an den Wochenenden servieren kleine Lokale am See die örtliche Spezialität *cariucho,* eine Art Thunfisch-Eintopf.

Man kann jede oder alle der vorgenannten Orte von Riobamba aus mit Nahverkehrsbussen, Taxis oder auf einer Tour mit dem Sendero de los Ancestros als Tagesausflug erkunden. Alle Busse, die von Riobamba

auf der Panamericana nach Süden fahren, können einen in jedem der Dörfer absetzen. Sie liegen so dicht beieinander, dass man den Weg zwischen ihnen bequem zu Fuß zurücklegen kann.

Guamote

2788 EW. / 3050 M

Als ein charmanter Irrgarten bunt angemalter Lehmziegelbauten präsentiert sich Guamote, eine stolze indigene Gemeinde, die nicht in (unmittelbarer) Gefahr schwebt, ihre Identität zu verlieren. Das Dorf ist bekannt für seinen traditionellen donnerstäglichen Markt, einen der größten im ländlichen Ecuador. Der Ort ist ansonsten etwas verschlafen: Man sieht alte, Kichwa sprechende Leute barfuß (wie sie es ihr ganzes Leben getan haben) in den Straßen herumlaufen, und die Menschen treffen sich immer noch auf dem Hauptplatz, um sich Geschichten zu erzählen und den Sonntagnachmittag zu genießen.

Der Bahnhof oben auf dem Hügel wurde renoviert und ein Touristenzug von Alausí aus soll neues Leben in das verschlafene Dorf bringen. Inti Sisa (s. u.) bietet großartige Touren zu indigenen Gemeinden (40–60 US$), Reitausflüge (60 US$), Spanisch- (10 US$ pro Std.) und Kochkurse (12,50 US$) an.

Guamote liegt an der Busstrecke Riobamba–Cuenca, die mehrmals täglich bedient wird. Wenn der Bus nicht direkt nach Guamote fährt (das tut er üblicherweise nur donnerstags), wird man an der Panamericana abgesetzt und muss vom Haltepunkt aus etwa 1 km bergauf bis zum Hauptplatz laufen. Im Ort gibt es keinen Geldautomaten.

★ Inti Sisa   HOSTEL $

(☎ 03-291-6529; www.intisisa.org; JM Plaza Höhe García Moreno; B/EZ/DZ/3BZ mit Frühstück & Abendessen 37/56/93/125 US$; @ ☎) ⬤ Die einladende Unterkunft ist Teil eines kommunalen Tourismusprojekts unter Leitung eines belgisch-ecuadorianischen Paares. Die toll umgebauten Schlafsäle sind mit dicken Matratzen, handgefertigten Stockbetten und neuen Duschen mit Doppelwaschbecken ausgestattet, die Privatzimmer mit Schilfrohrdecken, Balken, hellen Farben und einem minimalistischen Design.

Inti Sisa leitet im Ort ein frühkindliches Erziehungsprogramm. Hier sind auch Angebote zur Freiwilligenarbeit zu erfahren – derzeit müssen sich Freiwillige für mindestens ein Jahr verpflichten.

DIE TEUFELSNASE

Bahnfans wird es interessieren, dass eine berühmte Bahnstrecke, die Ferrocarril Transandino (Transandenbahn), errichtet um die Wende zum vergangenen Jahrhundert, früher Quito und Guayaquil verband. Sie war eine wirtschaftliche Lebensader für den Güteraustausch zwischen der Küste und dem Hochland und zugleich eine ingenieurtechnische Meisterleistung.

Aber die glanzvollen Tage der ecuadorianischen Eisenbahn sind leider vorbei. Der Straßenbau einerseits und die ständigen Schäden an der Trasse, die durch Erdrutsche nach starken Regenfällen verursacht wurden, sorgten für ihren Niedergang. Viele Strecken wurden jedoch instandgesetzt und speziell für Touristen als Rundfahrten mit Kommentar, Zwischenstopps an kleinen Museen und dergleichen angelegt.

Die bekannteste und aufregendste dieser Strecken ist jene von Alausí nach Sibambe, die die **Nariz del Diablo** (Teufelsnase; ☎ 1-800-873-637; www.trenecuador.com; Bahnhof Alausí; Fahrpreis 25 US$) hinunterführt, eine 765 m hohe, steile Felsklippe. 1902 erdachten die Bahnbauingenieure ein schlaues Verfahren, um dieses Monstrum zu bezwingen – in den Berghang wurde eine Zickzackroute gehauen (viele Arbeiter verloren dabei ihr Leben). Der Zug zuckelt ein Stück nach Norden, wechselt das Gleis, zuckelt ein Stück nach Süden und so weiter und klimmt so langsam die Teufelsnase hinauf oder hinunter. Abfahrt ist in Alausí dienstags bis sonntags um 8, 11 und 15 Uhr.

Irgendwo auf der Teufelsnase wird der alte Zug (der mehr an einen altmodisch aufgemachten Bus erinnert) unfehlbar entgleisen. Kein Grund zur Panik! Die Schaffner fordern alle Fahrgäste auf, den Zug zu verlassen, und mithilfe fortschrittlichster Technologie – nämlich großer Felsblöcke und Stöcke – wird das Stahlross wieder ins Gleis gewuchtet. Die gesamte Fahrt sollte etwa 2½ Stunden dauern, wobei ein einstündiger Halt in Sibambe eingeschlossen ist. Dort wird man von einer örtlichen Tanzgruppe begrüßt, man kann nach Kunsthandwerk stöbern und sich ein kleines Volkskundemuseum anschauen. In Sibambe gibt es eine einfache Lodge (25 US$ pro Pers.) für jene, die den Ausflug auf zwei Tage ausweiten wollen. Abenteuerlustige werden mit Bedauern erfahren, dass die Fahrt auf dem Dach des Zuges nicht mehr erlaubt ist.

Alausí

8111 EW. / 3323 M

Das fast schwindelerregend am Rand der Schlucht des Río Chanchán gelegene und von einer riesigen Statue des heiligen Petrus überragte Alausí ist der Startpunkt für die berühmte Zugfahrt über die **Nariz del Diablo** (s. Karten). Alausí ist wunderbar malerisch, besonders nahe dem Bahnhof und in den kopfsteingepflasterten Gassen, wo alte Lehmziegelbauten mit Holzbalkonen einen in die Vergangenheit entrücken. Alausí ist gegenwärtig nur eine kurze Zwischenstation, aber der Ort setzt auf den Zugtourismus und sanierte auch Teile der alten Bahninfrastruktur.

Alausí liegt rund 97 km südlich von Riobamba und hat einen geschäftigen **Sonntagsmarkt**. Der Bahnhof liegt am nördlichen Ende der Avenida 5 de Junio.

🛏 Schlafen & Essen

Die meisten der wenigen Unterkünfte Alausís liegen an der Hauptstraße Avenida 5 de Junio. Wegen der Marktbesucher und der Wochenendgäste füllen sie sich samstags schnell.

Hotel Europa HOTEL $
(☎ 03-293-0200; www.hoteleuropa.com.ec; Av 5 de Junio 175 Höhe Orozco; Zi. pro Pers. 18 US$, ohne Bad 10 US$; P �🖥) Das renovierte Europa mit alten hölzernen Balkonen und Fluren ist die beste Budgetoption im Ort selbst. Die Zimmer sind zwar nicht ganz so toll, haben aber Kabel-TV. Das Hotel steht direkt gegenüber dem Busbahnhof.

Hostería Pircapamba HOSTERÍA $$
(☎ 03-293-0180; www.pircapamba.com; Zi. pro Pers. mit Frühstück 20 US$) Das Pircapamba 3 km außerhalb der Stadt bietet rustikal gemachte Zimmer mit Kaminen und weiß getünchten Backstein- und Holzwänden, einen ausgezeichneten Blick hinunter ins Tal und viele Gemeinschaftsbereiche. Das Haus ist eine tolle Wahl vor allem für Familien. Es gibt aber hier kein Restaurant, was sehr unpraktisch ist, wenn man ohne Auto unterwegs ist. Angeboten werden Ausritte und Exkursionen zu interessanten Stellen in der Gegend.

Punta Bucana Café

MEXIKANISCH **$**

(Plazaleta Guayaquil; Hauptgerichte 2–5 US$) Das kleine Lokal am nördlichen Ende der Avenida 5 de Junio serviert frische mittelamerikanische und mexikanische Gerichte (mit einem kleinen ecuadorianischen Einschlag). Der Service ist etwas langsam, aber das Essen lohnt das Warten.

❶ An- & Weiterreise

Der Busbahnhof liegt an der Avenida 5 de Junio. Stündlich fahren Busse nach Riobamba (1,90 US$, 2 Std.) und mehrmals täglich auch Busse nach Cuenca (5 US$, 4 Std.). Reisende auf dem Weg nach Quito müssen in Riobamba umsteigen.

Viele Busse, die zwischen Riobamba und Cuenca unterwegs sind, fahren den Ort an – wenn nicht, muss man 1,5 km (aber immer bergab) von der Panamericana bis in den Ort laufen.

Alte Busse (oder als Busse eingesetzte Pickups) fahren von der Avenida 5 de Junio zu nahe gelegenen Zielen. Einige Fahrten können ziemlich spektakulär sein, insbesondere jene nach Achupallas, dem Ausgangspunkt für die Wanderung auf dem Camino del Inca, der über die Straße ungefähr 23 km weiter südöstlich liegt.

Cuenca &
Südliches Hochland

Inhalt ➜

Gut essen

➜ Moliendo Café (S. 191)

➜ Salvia (S. 192)

➜ Raymipampa (S. 192)

➜ Zarza Brewing Company (S. 208)

➜ Shanta's Bar (S. 215)

Schön übernachten

➜ Mansión Alcázar (S. 191)

➜ Hostal Achik Wasi (S. 202)

➜ Grand Victoria Boutique Hotel (S. 206)

➜ Copalinga (S. 211)

➜ Hostería y Restaurante Izhcayluma (S. 214)

Auf ins südliche Hochland!

Die Strecke übers südliche Rückgrat der ecuadorianischen Anden ist zwar immer noch gebirgig, aber sanfter als im Norden und führt furchtlose Reisende durch üppig grüne Täler, in denen sich echte Schmuckstücke verbergen: größere und kleinere pastellfarbene Kolonialstädte und abgeschiedene Dörfer mit lebendiger indigener Kultur. Und mit Ausnahme von Cuenca, der berühmten Hauptstadt der Region, sind die Straßen längst nicht so stark befahren.

Die meisten Abenteuer beginnen in Cuenca, einem unverzichtbaren Stopp entlang der klassischen Südamerika-Travellerroute mit einer phantastisch gut erhaltenen kolonialen Altstadt sowie einer pulsierenden Gastro- und Kulturszene. Von hier aus geht's los durch selten besuchte alte Siedlungen und wildromantische Gegenden in die quirlige Stadt Loja und ins entspannte, „esoterische" Vilcabamba. Dort warten Abstecher in ockerfarbene Berge, an deren Ausläufern der köstlichste Kaffee Ecuadors angebaut wird, und hinab in schwülwarme, semitropische Waldgebiete.

Reisezeit
Cuenca

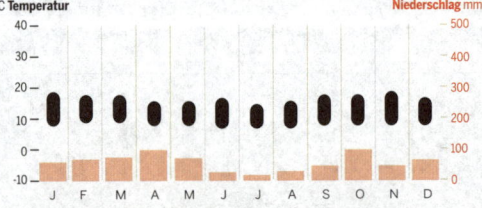

Ganzjährig Südlich von Cuenca (vor allem rund um Loja und Vilcabamba) ist ganzjährig Frühling.

Okt.–Mai In der Regenzeit ist es kälter, feuchter und grüner; morgens Sonne und später Schauer.

Mai & Aug. Die Feste zu Ehren der Virgen del Cisne locken Gläubige aus ganz Ecuador an.

❶ Nationalparks

Zum südlichen Hochland gehören der **Parque Nacional Cajas** bei Cuenca und der **Parque Nacional Podocarpus** bei Loja. Beide Nationalparks sind leicht zugänglich und bieten herrliche Wandermöglichkeiten. Die Podocarpus-Grenzen umgeben eine verblüffende Palette von Landschaftsformen – darum sollte man, um alles gesehen zu haben, dort beide Bereiche (Hoch- und Tiefland) besuchen. In die Region fallen auch Teile des **Parque Nacional Sangay**, dessen Zugangspunkte aber weiter nördlich liegen.

❶ Anreise & Unterwegs vor Ort

Von Quito bzw. Guayaquil starten täglich Direktflüge nach Cuenca und Loja. Letzteres ist ein guter Ausgangspunkt für Peru-Trips über Macará, Zumba und Vilcabamba oder sogar für Reisen nach Huaquillas im Westen. Guayaquil an der Küste liegt nur eine ca. dreieinhalbstündige Busfahrt von Cuenca entfernt.

Cuenca

332 000 EW. / 2530 M

Nach Quito ist Cuenca Ecuadors bedeutendste und schönste Stadt aus der Kolonialzeit. Das erzählt man aber besser nicht den Einheimischen: Die sind fest davon überzeugt, dass Cuenca die Hauptstadt dank entspannter Kultur, saubereren Straßen und schönerem Wetter deklassiert.

Das historische Zentrum aus dem 16. Jh. ist eine Unesco-Welterbestätte und mit seinem charakteristischen Stadtbild aus mächtigen Rotunden und hoch aufragenden Turmspitzen ein Ort, an dem scheinbar die Zeit stillsteht: Nonnen laufen die Kopfsteinpflasterstraßen entlang, Kinder in den Uniformen katholischer Schulen flitzen an historischen Kirchen vorbei. Von Balkonen voller Geranien aus spähen alte Damen unterdessen lustwandelnden Liebespaaren hinterher.

Die Stadt ist ein Zentrum für viele traditionelle Kunsthandwerksformen – darunter Keramik, Metallarbeiten und die weltweit bekannten Panamahüte. Jede Menge weitere handgefertigte Sachen sind außerdem in den benachbarten Dörfern zu haben.

Mindestens drei Kulturen haben in Cuenca ihre Spuren hinterlassen. Als die Spanier in den 1540er-Jahren hierherkamen, fanden sie die Ruinen der großen, aber kurzlebigen Inkastadt Tomebamba (Sonnental) vor. Deren Reste nahmen die Spanier eifrig auseinander und integrierten die elegant behauenen Steine der Inkas in ihre eigene Architektur. Vor den Inkas hatten die indigenen Cañari vielleicht 3000 Jahre lang in der Region gelebt und hier ebenfalls eine Stadt namens Quanpondelig (Ebene so groß wie der Himmel) bewohnt. Bis auf ganz wenige, aber interessante Stätten sind die physischen Überreste dieser präkolumbischen Kulturen komplett verschwunden. Doch immerhin erzählen ein paar windschiefe Museen ihre Geschichte.

◉ Sehenswertes & Aktivitäten

Kirchen, Schreine und Plazas scheint es an allen Ecken Cuencas zu geben.

◉ Plaza de San Sebastián

Die ruhige Plaza – die schönste von ganz Cuenca – markiert den Westrand des historischen Zentrums und wird von der **Iglesia de San Sebastián** (Ecke Bolívar & Talbot; ⊙ Mo–Sa 6.30–17, So 6.30–20 Uhr) aus dem 19. Jh. dominiert. 1739, als hier immer noch Stierkämpfe stattfanden, ging auf dieser Plaza ein Mob von *cuencanos* (Einwohnern Cuencas) – und nicht etwa ein Stier – auf ein Mitglied der geodätischen Expedition des Forschers La Condamine los, weil der Mann offenbar eine Affäre mit einer einheimischen Frau gehabt hatte.

Museo de Arte Moderno   MUSEUM
(Ecke Mariscal Sucre & Talbot; Eintritt gegen Spende; ⊙ Mo–Fr 9–17, Sa & So 9–13 Uhr) Dieses witzige Museum am Südrand der Plaza de San Sebastián war einst eine psychiatrische Anstalt. Heute lässt sich hier eine renommierte Sammlung von Kunst aus Ecuador und Lateinamerika besichtigen.

Iglesia de San Cenáculo   KIRCHE
(Ecke Bolívar & Tarqui; ⊙ Mo–Sa 6.30–17, So 6.30–20 Uhr) Die schmucklose Kirche aus dem 19. Jh. steht zwei Blocks östlich des Plaza de San Sebastián und ist einen schnellen Blick wert, wenn man zufällig daran vorbeikommt.

◉ Plaza de San Francisco

Das prächtig im Kolonialstil errichtete, jedoch marode Versatzstück des Platzes ist die aus dem 19. Jh. stammende **Iglesia de San Francisco** (Ecke Padre Aguirre & Presidente Córdova; ⊙ Mo–Sa 6.30–17, So 6.30–20 Uhr), in der ein mit Blattgold überzogener Altar aus der Kolonialzeit steht. Die Plaza flankieren alte

Highlights

1 Durch die Kopfsteinpflasterstraßen der kolonialzeitlichen Unesco-Welterbestätte **Cuenca** (S. 181) schlendern

2 Die Stiefel für eine Wanderung durch die gespenstischen Moore des **Parque Nacional Cajas** (S. 196) schnüren

3 Die baulichen Eigenheiten von **Ingapirca** (S. 199) bestaunen, Ecuadors bedeutendsten Inkaruinen

4 Bei Abstechern **auf eigene Faust** (S. 198) im Handumdrehen den Gringotrail verlassen und selten besuchte indigene Gemeinden erkunden: einzigartige Märkte, herrliche Kirchen und Wildnis, die man ganz für sich allein hat

5 Auf den traditionellen Sonntagsmärkten in den Dörfern **Gualaceo**, **Chordeleg** und **Sigsig** (S. 200) einen Kunsthandwerk-Shoppingtag einlegen

6 In die Kultur der stolzen und unbeugsamen indigenen Kleinstadt **Saraguro** (S. 201) eintauchen

7 In den verschiedenen Habitaten des **Parque Nacional Podocarpus** (S. 209) nach Orchideen, Vögeln und seltenen Säugetieren Ausschau halten

8 In **Vilcabamba** (S. 212) die Kunst des Entspannens mit Massagen, Ausritten und Spaziergängen in sauberer Landluft perfektionieren

Río Cenepa

PERU

Río Comaina

Río Marañón

Río Numpaika

Cordillera del Condor

Río Nangaritza

Zamora-Chinchipe

El Pangui

Yantzaza

Guadalupe

Zumbi

Namblja

La Paz

Namirez

Zamora

Rangerstation Bombuscaro

7 Parque Nacional Podocarpus

Romerillos

28 de Mayo

Rangerstation Calanum

Río Mayo

6 Saraguro

Loja

Río Zamora

Catamayo

San Pedro de la Bendita

El Cisne

Malacatos

8 Vilcabamba

Valladolid

Zumba

La Balsa

Gonzanamá

Cañamanga

Loja

Zaruma

Portovelo

Piñas

Olmedo

Catacocha

El Empalme

Chaguarpamba

Torata

Saracay

Balsas

Celica

Huaquillas (75 km)

Sozoranga

Macará

Represa de Tahuín

Río Puyango

106

PERU

50 km

Cuenca

Terminal Sur (2,5 km)

Andean Brewing
Company (600 m)

Esteves Toral
Montalvo
Mariscal Lamar
Tarqui
Torres
Padre Aguirre
Benigno Malo
Luis Cordero
Borrero
Hermano Miguel

29

46

33

Gran Colombia

Plaza
Rotary

11

Plaza de San
Sebastián

30

21

20

12

34

22

15

38

9

Bolívar

41

Mariscal Sucre

32

Catedral de la
Inmaculada
Concepción

39

48

Parque
Calderón

El Sagrario

40

1

2

36

Plazoleta de
la Cruz
del Vado

55

Plaza de San
Francisco

7

El-Vado-
Brücke

56

58

La Condamine

14

Presidente Córdoba

18

Torres

28

10

Padre Aguirre

35

Benigno Malo

Luis Cordero

Borrero

Hermano Miguel

Cueva

44

Loja

Paseo 3 de Noviembre

12 de Abril

Calle Larga

31

16

Río Tomebamba

45

27

23

25

50

47

24

Daniel Córdova

54

49

37

52

6

13

51

Museo de
las Culturas
Aborígenes

3

42

Alfonso Borrero

A Aguilar

Federico Proaño

Torres

19

Loyola

José Alvear

F Malo

Bajada de Todos
Santos (Treppe)

Astudillo

Remigio Tamariz Crespo

Av Fray Vicente Solano

Av Remigio Crespo Toral

Fußball-
stadion

Alfonso Cordero

Cornelio Merchán

53

Peralta

43

Av Juan Iñiguez

Padre Julio Matovelle

Río Yanuncay
(750 m)

Salvia (250 m)

J Calle

Gebäude mit Kolonnaden und Holzbalkonen sowie einer der größten Straßenmärkte
der Stadt.

Iglesia El Carmen de la Asunción KIRCHE
(Padre Aguirre, Nähe Mariscal Sucre; Mo–
Sa 6.30–17, So 6.30–20 Uhr) Die ziemlich

nüchtern wirkende weiße Kirche aus dem
Jahr 1682 direkt um die Ecke von der Plaza de San Francisco bildet einen auffälligen
Kontrast zu dem farbenfrohen **Blumen-
markt** auf der kleinen Plazoleta del Carmen
direkt davor.

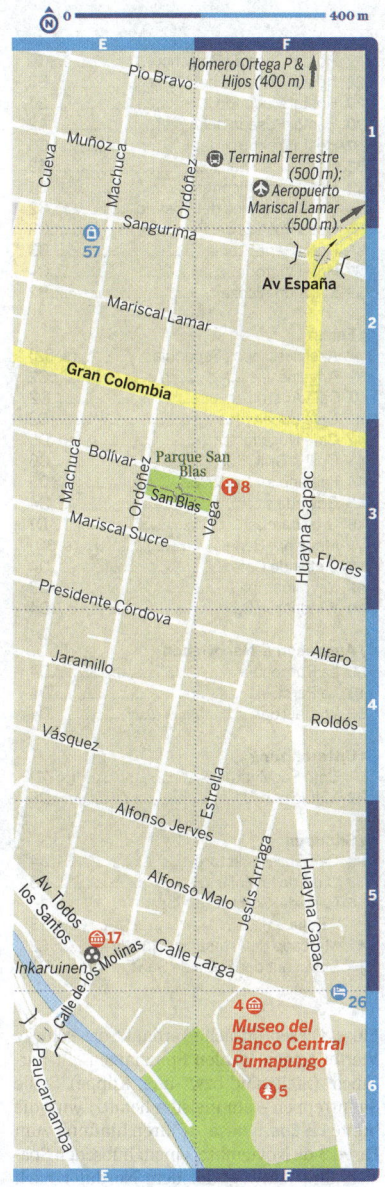

Parks schmückt – zu erreichen auf hübschen Spazierwegen zwischen sorgfältig gestutzten Hecken.

★ Catedral de la Inmaculada Concepción
KIRCHE

(Parque Calderón; ⊙ Mo–Sa 6.30–17, So 6.30–20 Uhr) Diese riesige Kirche wird auch „neue Kathedrale" genannt, denn mit ihrem Bau wurde erst 1885 begonnen. Die gewaltigen Kirchenkuppeln aus himmelblauen tschechischen Fliesen sind in Cuenca überall erkennbar. Die Glockentürme wirken nicht nur etwas niedrig, sondern sind es tatsächlich: Wegen eines Konstruktionsfehlers hätte die ursprünglich geplante Höhe die Statik des Hauptbaus überfordert.

★ El Sagrario
KIRCHE

(Parque Calderón; Erw./Kind 2/1 US$; ⊙ Mo–Fr 9–13 & 14–18, Sa & So 10–13 Uhr) Gegenüber der neuen Kathedrale, auf der anderen Parkseite, erhebt sich die weiß verputzte El Sagrario, auch als die „alte Kathedrale" bezeichnet. Ihre Errichtung begann in Cuencas Gründungsjahr (1557). 1739 verwendete La Condamines Expedition die Türme als Triangulationspunkt bei der Erdvermessung. Die nicht mehr für Gottesdienste genutzte Kathedrale dient heute als Konzertsaal und religiöses Museum.

Iglesia de Santo Domingo
KIRCHE

(Ecke Gran Colombia & Padre Aguirre; ⊙ Mo–Sa 6.30–17, So 6.30–20 Uhr) Dieses zwei Blöcke nordwestlich des Parque Calderón gelegene Gotteshaus punktet mit schön beschnitzten Holztüren und kolonialzeitlichen Malereien im Inneren. Es ist im frühen 20. Jh. entstanden, wirkt aber älter.

Museo del Monasterio de las Conceptas
MUSEUM

(Miguel 6-33; Eintritt 2,50 US$; ⊙ Di–Fr 9–18.30, Sa 10–13 Uhr) Dieses Museum im Konvent der Unbefleckten Empfängnis von 1599 beleuchtet die jahrhundertealten Traditionen der Nonnen, die hier abgeschieden leben und darum selbst nicht zu sehen sind – wohl aber ihre einfache Brotbackausrüstung, Dioramen ihrer nüchternen Wohnzellen und etwas religiöse Kunst. Das Museum liegt drei Blöcke südöstlich des Parque Calderón.

◉ Parque Calderón & Umgebung

Zwei wunderschöne Kirchen säumen die größte Plaza der Stadt. Namensgeber des Platzes ist der Unabhängigkeitsheld Abdón Calderón, dessen Denkmal die Mitte des

◉ Parque San Blas

An diesem etwas ungepflegten Park am Ostrand des historischen Zentrums, wo sich früher das „untere Stadtviertel" befand, steht eine der größten Kirchen der Stadt, die

Cuenca

Iglesia de San Blas (Vega; ⊙ Mo–Sa 6.30–17, So 6.30–20 Uhr). Sie ist als einziges Gotteshaus Cuencas in Form eines Lateinischen Kreuzes erbaut.

⊙ Río Tomebamba & Calle Larga

Majestätische Gebäude aus der Kolonialzeit säumen die grasbewachsenen Ufer des Río Tomebamba, der Cuencas historischen Bereich scharf von den neuen Wohnvierteln im Süden trennt. Die Fassaden der Häuser liegen an der Calle Larga, die parallel zum und oberhalb des Tomebamba verläuft. Die Hinterseiten „hängen" dagegen über dem Fluss. Dieser Tatsache verdankt das schicke Viertel seinen lokalen Spitznamen „El Barranco" (Steilwand bzw. -ufer, Klippe). Steile Steintreppen – am meisten benutzt wird die breite **La Escalinata** – führen hinunter zum Paseo 3 de Noviembre, einem hübschen Spazier- und Radweg, der dem Nordufer nach Westen bis El Vado folgt.

★ Museo del Banco Central „Pumapungo"

MUSEUM

(www.pumapungo.org; Larga zw. Arriaga & Huayna Capac; ⊙Di–Sa 8–17.30 Uhr) GRATIS Der Fußmarsch auf der Calle Larga Richtung Osten zu einem der bedeutendsten Museen Ecuadors lohnt sich. Im Erdgeschoss gibt's hervorragende moderne Kunst zu sehen, aber das absolute Highlight des Museums ist der erste Stock. Er nimmt die Besucher mit auf eine faszinierende Reise durch die verschiedenen Ureinwohnerkulturen Ecuadors, veranschaulicht anhand farbenfroh animierter Dioramen und Rekonstruktionen typischer Wohnhäuser, darunter der Afro-Ecuadorianer aus der Provinz Esmeraldas, der cowboyartigen *montubios* (Küstenbauern) des westlichen Tieflands, verschiedener Regenwald-Ethnien und aller großen Hochlandstämme.

Das Finale bilden fünf seltene, gruselige *tzantzas* (Schrumpfköpfe) der Shuar-Kultur aus dem südlichen Oriente. Im Museumspreis enthalten ist der Eintritt zum **archäologischen Park** (⊙Di–Sa 8–17.30 Uhr) hinter dem Haus. Dort kann man weitläufige Gebäuderuinen erkunden, die wohl zur alten Inkastadt Tomebamba gehören. Viel ist aber nicht mehr übrig: Die spanischen Konquistadoren transportierten die meisten Steine zum Bau Cuencas ab. Der archäologische Park ist aber trotzdem einen Blick wert und nett zum Spaziergehen, eventuell mit einer Erfrischungspause in der Snackbar.

⭐**Museo de las Culturas Aborígenes**   MUSEUM
(museoarq@etapaonline.net.ec; Larga 5-24; Eintritt 2 US$; ⊙Mo–Fr 9–18, Sa 9–13 Uhr) Dieses Museum für indigene Kulturen zeigt über 5000 archäologische Artefakte, die von mehr als 20 prähispanischen Völkern Ecuadors stammen und bis zu 15 000 Jahre alt sind. Das absolute Highlight ist jedoch die informative Führung, bei der man so unerwartete Gegenstände wie Obsidiankämme und -spiegel (einige dieser prä-inkaischen Zeit-genossen müssen eitel gewesen sein) sowie ziemlich ausgefeilte Kochgeräte kennenlernt und auch die Bedeutung der eindrucksvollen Stoffmuster und Verzierungen erfährt.

Es handelt sich um eins der seltenen Museen, wo der Anblick von Artefakten einen wirklich fasziniert. In einem ruhigen Café im Hof wird superstarker Kaffee verkauft.

Museo Manuel Agustín Landivar   MUSEUM
(Ecke Larga 2-23 & Vega; ⊙Mo–Fr 9–13 & 15–18 Uhr) GRATIS Dieses Museum am Ostende der Calle Larga zeigt archäologische Ausstellungen. Zudem veranstaltet das Personal Führungen durch die **Ruinas de Todos Santos**, die aus übereinander liegenden Ruinenschichten der Cañari, Inka und Spanier bestehen. Ohne Führer lässt sich das Ganze auch von unten von der Avenida de Todos Santos aus betrachten.

Puente Roto   BRÜCKE
(Zerstörte Brücke; Ecke Av de Todos Santos & Machuca; ⊙Künstlermarkt Sa 10–17 Uhr) Diese Brücke über einen hübschen Abschnitt des Paseo 3 de Noviembre wurde größtenteils durch ein Hochwasser zerstört. Ihre Steinbogen bilden jedoch jeden Samstag eine nette Kulisse für einen **Künstlermarkt** und Kulturveranstaltungen unter freiem Himmel.

Centro Interamericano de Artes Populares   MUSEUM
(Cidap; www.cidap.org.ec; Ecke 3 de Noviembre & La Escalinata; ⊙ Mo–Fr 9.30–13 & 14–18, Sa 10–13 Uhr) GRATIS Das Interamerikanische Zentrum für Traditionelle Kunst liegt direkt am Treppenende unten am Flussufer. Es präsentiert indigene Trachten, Kunsthandwerk und Kunst aus ganz Lateinamerika. Außerdem gibt's hier einen eleganten und günstigen Kunsthandwerksladen.

CUENCA & SÜDLICHES HOCHLAND CUENCA

TRACHTEN ÜBER TRACHTEN

Die meisten Traveller werden von den bunten und aufwendigen Trachten beeindruckt sein, welche die indigenen Frauen traditionell in und rund um Cuenca tragen. Während die meisten Männer der Region inzwischen auf ihre klassischen Ponchos verzichten, ziehen viele Frauen immer noch stolz ihre Traditionskluft an. Die charakteristischen Saumstickereien ihrer etwa knielangen *polleras* (Röcke) geben Aufschluss über die Herkunft der jeweiligen Trägerin. Edle *polleras* können Hunderte Dollar kosten. Das kostbarste Element einer indigenen Frauentracht ist jedoch der wunderschöne *paño*. Dieser Fransenschal entsteht mittels einer komplizierten präkolumbischen Webtechnik namens *ikat*. Vervollständigt wird das Ganze von einem Strohhut, dicken Metallohrringen (*zarcillas*) und zwei langen Zöpfen. Dieser zeitlose Look hat alle Modetrends der letzten 100 Jahre überlebt – auch Weichplastikarmbänder, Schlaghosen oder mit Säure künstlich verwaschene Jeans.

◉ El Vado

Rund um Plazoleta de la Cruz del Vado und Calle La Condamine finden sich zahlreiche Cafés, Restaurants, Galerien und *talleres* (Kunsthandwerkerateliers). Die Spezialisierung der Handwerker reicht von traditionellen Stick- und Kupferwaren bis hin zu Sätteln.

Prohibido Museo de Arte Extremo GALERIE
(La Condamine 12-102; ⊘ 12 Uhr–open end) Das aufstrebende Viertel El Vado beheimatet ein paar ungewöhnliche Anlaufpunkte wie diesen Mix aus Galerie, Bar und Nachtclub mit Sensenmanndeko.

Laura's Antiguidades y Curiosidades GALERIE
(La Condamine 12-112; ⊘ Mo–Fr 9–13 & 15–18 Uhr) Das Haus aus dem 19. Jh. beherbergt einen Mischmasch aus Kuriositäten und Kunstobjekten. Zudem sind hier ein paar von Cuencas berühmten traditionellen Hutmachern ansässig.

◉ Südlich der Innenstadt

Der moderne Teil der Stadt, südlich des Río Tometamba, ist architektonisch vielleicht weniger ansprechend, entwickelt sich aber zunehmend zur coolen Ausgehmeile. Außerdem gibt's hier zwei attraktive Grünflächen, für deren Besuch es sich lohnt, das koloniale Herz Cuencas mal zu verlassen.

Río Yanuncay PARK
1 km südlich der in der Altstadt gelegenen La Escalinita-Treppe stößt man auf das idyllische grüne, baumbestandene Flussufer mit seinen vielen Biegungen - der perfekte Ort für ein Picknick. Flussaufwärts, am Zusammenfluss mit dem Río Tarqui, dem dritten Wasserlauf Cuencas, befindet sich ein interessanter **Botanischer Garten**, per Taxi für 1,50 US$ zu erreichen.

Mirador de Turi AUSSICHTSPUNKT
Für eine schöne Aussicht auf Cuenca fährt man per Taxi (4 US$) südwärts über die Avenida Solano zur schmucklosen, weißen Iglesia de Turi. Der Anblick des berühmten romantischen Stadtbilds ist zu Sonnenuntergang besonders schön. Dasselbe gilt für November- bzw. Dezemberabende, wenn Cuenca die Weihnachtsbeleuchtung anknipst.

🎓 Kurse

Die meisten Sprachschulen erteilen Einzelunterricht für rund 10 US$ pro Stunde.

Centers for Interamerican Studies SPRACHKURSE
(CEDEI; ☎ 07-283-9003; www.cedei.org; Ecke Gran Colombia 11-02 & General Torres) Gemeinnützige Schule mit Spanisch-, Portugiesisch- und Kichwa-Kursen, die ohne Voranmeldung und/oder längerfristig belegt werden können.

Sampere SPRACHKURSE
(☎ 07-282-3960; www.sampere.es; Hermano Miguel 3-43) Sehr empfehlenswerte und brummende Schule in spanischem Besitz.

Sí Centro de Español e Inglés SPRACHKURSE
(☎ 07-282-0429; www.sicentrospanishschool.com; Bolívar 12-54 zw. Tarqui & Juan Montalvo) Mindestkursdauer 20 Stunden bzw. eine Woche (140 US$).

Simón Bolívar Spanish School SPRACHKURSE
(☎ 07-284-4555; www.simon-bolivar2.com; Luís Cordero 10-25) Bietet Exkursionen und Aufenthalte in Privatunterkünften an. Wer sich für einen Kurs einschreibt, darf an kostenlosen Salsa- und Kochkursen teilnehmen.

👉 Geführte Touren

Lokale Touranbieter veranstalten stressfreie Tagestrips zu regionalen Attraktionen (z.B. Ingapirca, Parque Nacional Cajas, nahe gelegene Dörfer und Märkte). Sie verlangen meist 40–50 US$ pro Person und holen ihre Kunden direkt am Hotel ab.

Expediciones Apullacta ABENTEUERTOUREN
(☎ 07-283-7815; www.apullacta.com; Gran Colombia 11-02, 1. Stock) Großer Anbieter, dessen Tagesausflüge z.B. nach Ingapirca (50 US$), zum Parque Nacional Cajas (55 US$) oder in die Gegend von Gualaceo (63 US$) führen. Abgesehen von mehrtägigen Trips in verschiedene Teile Ecuadors steht auch ein Inca-Trail-Paket (3 Tage, 2 Nächte, 280 US$) auf dem Programm.

Terra Diversa Travel Center GEFÜHRTE TOUREN
(☎ 07-282-3782, 999-204-832; www.terradivers.com; Larga nahe Cordero) Dieser Spezialist für Tagestouren mit dem Fahrrad oder auf dem Pferderücken veranstaltet auch Ausritte, bei denen man auf Haziendas übernachtet oder nördlich von Ingapirca am Inkapfad zeltet. Im Angebot sind auch Touren zum Parque Nacional Cajas oder ins Amazonasgebiet. Dreistündige Stadtführungen durch Cuenca kosten 25 US$.

Kushiwaira ÖKOTOUREN
(☎ 07-244-0411, 099-747-6337; kushiwaira@gmail.com; 40 US$/Pers.) Kushiwaira ist eines der

besten gemeindebasierten Tourismusprojekte der Region Cuenca und führt bei Bedarf Touren in die nahegelegene Gemeinde Tarqui durch. Zu den einmaligen Tagesausflügen zählen die Besichtigung einer *cuy*-(Meerschweinchen-) Aufzuchtfarm, Vorführungen typischer Inkarituale, ein Picknick mit Einheimischen u. Ä. Ausgangspunkt ist der Carolina Bookstore; dort erfährt man auch, wann der nächste Ausflug startet.

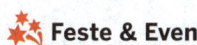 **Feste & Events**

Karneval
STADTFEST

Wie in anderen Teilen Ecuadors wird im Februar auch in Cuenca der Karneval mit wilden Talkum- und Wasserschlachten begangen, bei denen niemand verschont bleibt.

Semana Santa
RELIGIÖSES FEST

Die Osterwoche wird in Cuenca hingebungsvoller begangen als in den meisten anderen Städten. Die ganze Woche hindurch finden Prozessionen statt, deren höchste Intensität wahrscheinlich am Gründonnerstag erreicht ist, wenn die Gläubigen alle sieben wichtigsten Kirchen der Stadt umrunden. Spezielle Gerichte wie die mit Käse zubereiteten *empanadas del viento* und Cuencas spezielle Variante der reichhaltigen ecuadorianischen Ostersuppe *fanesca* helfen hungrige Mäuler zu stopfen.

12 de Abril
STADTFEST

Cuenca feiert seine Gründung (12. April 1557) oft direkt nach Ostern. Zu dieser Zeit geben z.B. die Kinder Treueversprechen gegenüber der Stadt ab; auch die Reina de Cuenca (Königin von Cuenca) wird dann gewählt. Die *cuencanos* demonstrieren ihren großen Bürgerstolz mit aufwendigen Feuerwerkswagen aus den verschiedenen Vierteln.

Fronleichnam
RELIGIÖSES FEST

Dieser katholische Feiertag fällt normalerweise auf den neunten Donnerstag nach Ostern und oft mit dem indigenen Inti-Raymi-Fest am Tag der Sommersonnenwende (Juni) zusammen. In Cuenca wird er so leidenschaftlich begangen wie andere wichtige Feiertage und geht in ein Prozessionswochenende mit viel Feuerwerk über. Der Parque Calderón wird zum großen Freiluftjahrmarkt mit traditionellem Naschwerk.

Unabhängigkeitstag
STADTFEST

Cuencas Unabhängigkeitstag am 3. November bildet zusammen mit Allerheiligen und Allerseelen (1. bzw. 2. Nov.) eine wichtige Urlaubsperiode, die sowohl die Stadtbewohner als auch die Einwohner des ganzen Landes genießen.

Pase del Niño
RELIGIÖSES FEST

Weil Cuenca stark vom Katholizismus geprägt ist, sind die Teilnehmer der Weihnachtsprozession das ganze Jahr über mit Vorbereitungen beschäftigt. Das Ganze gipfelt dann in einem der spektakulärsten religiösen Feste Ecuadors.

🛏 Schlafen

Cuenca hat eine breite Auswahl an Hotels, von denen viele in alten restaurierten Häusern oder Villen untergebracht sind. Die hiesigen Unterkünfte decken alle Preiskategorien ab, sind aber im landesweiten Vergleich etwas teurer. Während der Urlaubszeit werden die Tarife angehoben, außerdem sind die Häuser schnell ausgebucht.

★ Hostal Yakumama
HOSTEL $

(📞 07-283-4353; www.hostalyakumama.com; Cordero zw. Jaramillo & Vásquez; B ab 7 US$, DZ 29 US$, ohne Bad 20 US$; 📶) Angesichts der starken Konkurrenz ist es verdammt schwer, an die Spitze der Backpacker-Unterkünfte von Cuenca zu gelangen, aber das Yakuma hat's geschafft. Die Besitzer wissen offenbar genau, wie ein tolles Hostel aussehen muss, angefangen von den hellen, geräumigen 10-Betten-Dorms über die liebevoll handbemalten Privatzimmer bis hin zu den coolen Gemeinschaftsecken (ein mit Wandgemälden verzierter Patio, ein Nebenraum mit Kicker). Und außerdem: Es ist neu, und die Mitarbeiter geben sich viel Mühe, den Gästen alles recht zu machen.

Hostal Alternative
HOSTEL $

(📞 07-408-4101; www.alternativehostal.com; Ecke Huayna Capac & Cacique Duma; B 9 US$, DZ ohne Bad 20 US$; 📶) Das neue Hostel mit gruseligem Logo liegt etwas abseits vom Schuss, hat aber reichlich Potenzial: Der moderne Achteckbau empfängt Gäste z.B. mit supersauberen Zimmern, Gemeinschaftsküche, Fernsehraum und toller Terrasse. Die kleinen und mittelgroßen Schlafsäle mit guten Matratzen bieten jede Menge Platz.

Alvano's Hostal
HOSTEL $

(📞 07-283-7240; www.alvanoshostal.com; Honorato Vásquez 5-66; Zi. 10 US$/Pers., ohne Bad 8 US$; 📶) Alvano's ist die Art Andenhostel, die man heutzutage in Cuenca kaum noch findet: sauber, aber einfach, stimmungsvoll, aber entspannt. Die großen Zimmer mit durchhängendem Fußboden gruppieren sich rund um einen kleinen Innenhof. Es gibt auch eine Gemeinschaftsküche und eine Waschküche. Früher waren Rucksackreisende mit solchen Unterkünften hochzufrieden. Bei diesen Preisen sollten sie es immer noch sein.

El Cafecito
HOSTEL $

(📞 07-283-2337; www.cafecito.net; Vásquez 7-36; B 7,50 US$, Zi. 26 US$, ohne Bad 16 US$; 🛜) Seit unserem letzten Besuch hat sich im altbewährten Backpacker-Liebling El Cafecito nicht viel verändert. Einerseits ist das gut (warum sollte man etwas Gutes verändern – wahrscheinlich bleibt es noch ewig Travellertreff Nummer eins), andererseits schlecht (die Zimmer sehen etwas mitgenommen aus und andere Hostels in der Stadt haben es qualitativ überholt). Die Café-Bar im Patio ist immer noch einladend und stimmungsvoll, aber die angrenzenden Zimmer leiden bis in die frühen Morgenstunden unter dem hohen Geräuschpegel.

Hotel Victoria
HAZIENDA $$

(📞 07-282-7401; www.hotelvictoriaecuador.com; Calle Larga 6-93; EZ/DZ mit Frühstück 58/79 US$; @🛜) Das Victoria ist einer der Prachtbauten aus dem 17. Jh., die am *barranco* über dem Río Tomebamba hängen. Viele Quartiere mit Aussicht machen es zu Cuencas so ziemlich bester Mittelklasse-Option. Seine 23 tadellosen Zimmer im Haziendastil punkten mit freiliegenden Holzbalken, bequemen Betten und modernen Bädern. Zwei Suiten haben riesige Terrassen am Fluss. Rechnet man den guten Service und das entzückende Restaurant dazu, ist „so ziemlich" eher tiefgestapelt.

Hostal Casa de Barranco
B&B $$

(📞 07-283-9763; www.casadelbarranco.com; Larga zw. Benigno Malo & Cordero; EZ/DZ/3BZ 29/44/58 US$) Diese erstaunliche Kolonialbleibe schmiegt sich an die hohen Felsen von El Barranco. Der Standard der Zimmer mit knarrenden Holzböden und Leselampen (vier besitzen Terrassen mit Flussblick) ist hoch; einige bekommen allerdings wenig Licht ab. Die Cafeteria mit den unverputzten Steinwänden, noblen Möbeln und ebenfalls Flussblick von der Terrasse ist ein nettes Plätzchen zum Frühstücken.

Hostal Macondo
HOTEL $$

(📞 07-282-1700; http://hostalmacondo.com; Tarqui 11-64; EZ/DZ mit Frühstück 35/50 US$; 🛜) Das im Kolonialstil erbaute Hostal Macondo besitzt einen älteren Vorderbereich mit blitzsauberen, palastartigen Zimmern und kleine, aber gemütliche Quartiere am Rand eines großen, sonnigen Gartens hinten. Dies ist eine der besten Unterkünfte der Stadt im unteren Preissegment! Wer länger bleibt, freut sich über den Zugang zur gut ausgestatteten und sauberen Gästeküche. Obendrein liebt jedermann das europäische Frühstück mit viel Kaffee.

Hostal Posada del Angel
B&B $$

(📞 07-284-0695; www.hostalposadadelangel.com; Bolívar 14-11; EZ/DZ/3BZ mit Frühstück 42/68/75 US$; P @🛜) Das gelb-blaue B&B in einem – natürlich! – kolonialzeitlichen Haus vermietet komfortable Bleiben mit Kabelfernsehen und großen Betten. Die Quartiere hinter den Innenbalkonen haben hohe Decken. Diverse andere Zimmer in den ruhigen Außenbereichen (unsere Favoriten) sind über eine schmale Holztreppe erreichbar. Über die frühstückenden Gäste in der sonnigen Lobby wacht der namensgebende Engel.

Hotel Morenica del Rosario
HOTEL $$

(📞 07-282-0925; www.morenicadelrosario.com; Ecke Gran Colombia 10-65 & Torres; EZ/DZ mit Frühstück 63/81 US$) Im recht ausgefallenen Morenica del Rosario geht es über steile Treppen zu einer Reihe geräumiger, gut möblierter, teilweise etwas schäbiger Zimmer mit dem Ambiente der ehemals noblen Gemächer eines greisen Aristokraten, und hoch zu einer hübschen Dachterrasse. Die Gemeinschaftsräumlichkeiten verströmen einen Hauch gotischer Pracht, und im ganzen Haus geht es sehr ruhig zu.

Hotel Inca Real
HOTEL $$

(📞 07-282-5571/3636; www.hotelincareal.com.ec; Torres zw. Sucre & Bolívar; EZ/DZ 61/78 US$; P🛜) Das Inca Real liegt eher am unteren Ende der Spitzenklasse und weniger am oberen Ende der Mittelklasse. Alles wirkt ausgesprochen ambitioniert, und der wunderschön getäfelte Patio und das ebenso bezaubernde Tapas-Restaurant nebenan lassen umwerfende Zimmer erwarten. Doch die liegen höchstens einen Tick über dem Mittelmaß: Ihre Ausstattung erfüllt nur die Standardkriterien. Im Angebot ist auch eine Suite.

Hostal Cofradía del Monje
B&B $$

(📞 07-283-1251; www.hostalcofradiadelmonje.com; Presidente Córdova 10-33; EZ 29–35 US$, DZ 48–60 US$, jeweils mit Frühstück; 🛜) In einem renovierten, 100 Jahre alten Wohnhaus ist die „Bruderschaft der Mönche" quasi genau oberhalb der Iglesia de San Francisco untergebracht. Das B&B punktet u.a. mit hohen Holzdecken und weitem Blick auf den darunterliegenden Marktplatz. Schließt man die massiven Holzfensterläden, ist es in den Zimmern ruhig wie einem Kloster – aber auch stockfinster wie in einer Einsiedlerzelle.

Hotel Posada del Rey   HOTEL $$

(🖵07-284-3845; www.posadadelreyhotel.com; Benigno Malo; EZ/DZ/Suite mit Frühstück 41/77/99 US$; 🖥) Die zehn Zimmer des restaurierten Hauses im Kolonialstil haben von Hand bemalte Wände; sie umgeben einen zentralen Innenhof voller Holz und Eisen. Trotz des Hotelnamens sind die Quartiere nicht unbedingt königlich, aber dank Balkonen und Kabelfernsehen recht komfortabel. Allerdings riechen sie seltsam nach Putz- bzw. Desinfektionsmitteln. Die Mitarbeiter könnten ein klein bisschen freundlicher sein, wenn sie einem Gast das Zimmer zeigen – das darf ein König eigentlich erwarten, oder?

★ Mansión Alcázar   HISTORISCHES HOTEL $$$

(🖵07-282-3889; http://mansionalcazar.com; Bolívar 12-55; EZ/DZ mit Frühstück 134/223 US$; 🅿 @🖥) Cuencas bestes Spitzenklassehotel glänzt mit unschlagbarem Service und einzigartiger Zimmereinrichtung. Der Innenhofbrunnen quillt fast über vor frischen Blumen. Auch der prächtige Garten, die Bibliothek und das internationale Restaurant zeugen davon, dass das Management auf Details achtet. Fünf neuere Zimmer umgeben einen Garten hinten auf dem Gelände. Außerdem gibt es mehrere Suiten.

Hotel Santa Lucia   HOTEL $$$

(🖵07-282-8000; www.santaluciahotel.com; Ecke Borrero 8-44 & Sucre; EZ/DZ/Suite 125/165/200 US$; 🅿🖥) Angeblich steigt der ecuadorianische Präsident Rafael Correa gern hier ab, wenn er Cuenca besucht. Beim Betreten des wunderbaren Innenhofs ist man unwillkürlich beeindruckt, aber beim Anblick der Zimmer (obwohl sehr nett) bleibt einem keineswegs die Luft weg. Zu den kleinen Extras zählen Begrüßungscocktail, Memory-Schaumstoffmatratzen, Kabel-TV mit unzähligen Sendern, Valet-Parkdienst und drei vornehm aussehende Restaurants.

Hotel Los Balcones   HISTORISCHES HOTEL $$$

(🖵07-284-2103; www.hotellosbalconescuenca.com; Borrero 12-08; EZ/DZ/3BZ 79/100/114 US$; 🅿🖥) Das umgebaute Haus aus der Kolonialzeit mit seinem zentralen Hof, in dem bemerkenswerterweise ein Kronleuchter zu finden ist, gefällt uns immer noch. Die kleinen, aber gepflegten Zimmer haben handbemalte Wände und die Dachterrasse eine märchenhafte Aussicht. Unter den Whirlpool-Duschen hat man das Gefühl, von 1000 Händen gleichzeitig massiert zu werden.

🍴 Essen

★ Moliendo Café   KOLUMBIANISCH $

(Vásquez 6-24; Hauptgerichte 3–6 US$; ⊙Mo–Sa 12–21 Uhr; 🖥) Eines der besten kleinen Esslokale von Ecuador – und deshalb ist das Moliendo Café auch immer rappelvoll. Die herzhaften *arepas* (Maispfannkuchen) stammen ursprünglich von den nördlichen Nachbarn Ecuadors, sind hier aber eine Spezialität des Hauses. Die große Palette der Beläge reicht von Bohnen und Käse bis hin zum langsam gegarten Schweinefleisch. Dazu passt prima ein kaltes Bier oder ein starker Juan-Valdez-Kaffee.

Café Nucallacta   CAFÉ $

(http://cafenucallacta.com; Larga zw. Cueva & Machuca; kleine Gerichte 2–5 US$; ⊙Mo–Sa 8–18, So 9–13 Uhr; 🖥) Das beste Café in Cuenca. Hauptgrund zum Einkehren ist der Kaffee, der aus im Café handgerösteten ecuadorianischen Kaffeebohnen gebraut wird – begleitet von fachmännischen Kommentaren zur ecuadorianischen Kaffeeindustrie von Seiten des gut informierten Besitzers. Darüber hinaus werden aber auch leckere Frühstücksgerichte und Kuchen produziert, und morgens sind die Tische im Handumdrehen besetzt.

Windhorse Cafe   CAFÉ $

(Larga 6-16; kleine Gerichte 2–5 US$; ⊙Fr–Di 8–15 Uhr) Die Pies (umwerfend sind die mit Erdnussbutter!) sind hervorragend, die Salate verführerisch und die selbst gebackenen Kuchen machen süchtig. Daher verleitet das an eine Raum-Zeit-Maschine erinnernde Windhorse zu einem längeren Aufenthalt. Der kann sich schon mal über einen ganzen Tag hinziehen, denn schließlich gibt's Büchertausch und auch noch Yoga- und Meditationskurse.

Angelus   EISCREME $

(Ecke Benigno Malo & Bolívar; Waffeln 1,50–4 US$; ⊙Mo–Mi 8–22.30, Do–Sa 8–23.30, So 8–22 Uhr) Cuencas coolste *heladería* (Eisdiele) sorgt mit einigen der ausgefalleneren Sorten aus der Gefriere für Schockstarre, aber wir können guten Gewissens das mit Oreo-Keksgeschmack empfehlen. Das Angelus befindet

SANTA SOPA

Während der Semana Santa („Heilige Woche" vor Ostern) tauchen in ganz Cuenca auf einmal Werbeschilder für *fanesca* auf. Diese Kabeljausuppe ersetzt das verbotene rote Fleisch während der Osterzeit. Als Basis dient Kürbis, außerdem kommt ein Dutzend verschiedener Bohnen- bzw. Getreidesorten hinein, das für die zwölf Apostel Jesu steht. Als Verzierung dienen z. B. hartgekochte Eier, gebackene Kochbananen oder Mini-Empanadas (Letztere symbolisieren die Ungläubigen: Sie sind zwar kein fester Bestandteil der Suppe, aber dennoch willkommen). Die Suppe ist so reichhaltig und lecker, dass der Hunger garantiert bis zum nächsten Osterfest ausbleibt. In Cuenca wird als Dessert oft noch mit Zimt bestreuter Milchreis gereicht.

sich mitten auf dem Hauptplatz – einfacher geht's nicht, seiner Eislust zu frönen.

Govinda's
INTERNATIONAL $

(Jaramillo 7-27; Mittagsmenü zum Festpreis 2,50 US$, Hauptgerichte 4 US$; ⏱Mo-Sa 8.30-15, Mi-Sa 18-22 Uhr; 📶🥦) Pizzas, Linsenburger und etwas gutes Karma zum Hinunterspülen.

Chill & Grill
BURGER $

(Ecke Cordero & Peralta; Mahlzeiten 3-6 US$; ⏱Mo-Sa) Keine Frage – wer einen guten Burger will, ist hier genau an der richtigen Adresse.

★ Salvia
EUROPÄISCH $$

(📞093-951-3820; www.salviacuenca.com; Ecke Roberto Crespo Torral & Mora; Hauptgerichte 10-13 US$; ⏱Mi-Sa 12-15 & 18-21, So 12-15 Uhr; 🅿📶) Das „O!" ist fester Bestandteil der lokalen Gastropubszene (genau genommen macht das Salvia schon die gesamte Szene aus). Das neue Restaurant mit britischem Besitzer, untergebracht in einem wunderschön renovierten Haus in der aufstrebenden „South Side" von Cuenca, punktet jetzt mit einer der besten Küchen der Stadt.

Zum schlichten, aber eleganten Dinner dürfen Leckerbissen wie Forelle aus dem Parque Nacional Cajas, Kräuter aus dem Hintergarten und Wachteln von einer nahegelegenen Farm erwartet werden.

Der Küchenchef ist ein leidenschaftlicher Anhänger regionaler Zutaten (wehe, wenn er einmal mit dem Thema anfängt!), doch der typisch britische Einschlag auf der Speisekarte ist unverkennbar. Anglophile werden beim Sonntagsbraten (nur nach Vorbestellung) und den Afternoon Teas feuchte Augen bekommen. Oft ist eine Tischreservierung erforderlich.

Raymipampa
ECUADORIANISCH $$

(Benigno Malo 8-59; Hauptgerichte 5-11 US$; ⏱Mo-Fr 8.30-22.30, Sa & So ab 9.30 Uhr; 📶) Diese Cuenca-Institution mit langen Öffnungszeiten ist bei Einheimischen und Travellern gleichermaßen heiß begehrt. Kulinarisch bewegt man sich hier zwischen ecuadorianischer Hausmannskost und Diner-Essen. Wer sich eine Bank auf der Empore sichert, kann einen Blick auf die ganze Bandbreite der ecuadorianischen Kochkunst werfen.

Café Eucalyptus
INTERNATIONAL $$

(www.cafeeucalyptus.com; Gran Colombia 9-41; Hauptgerichte 6-23 US$; ⏱Mo-Do 12-22, Fr & Sa 12-2, So 17-22 Uhr; 📶) Die Speisekarte verkündet stolz und respektlos, dass „Zöllner, verrückte Busfahrer oder Flugliniendirektoren" hier nicht bedient werden. Genehme Gäste bekommen verlässlich Leckeres aus Asien, Seafood und köstliche internationale Gerichte an Tischen neben bollernden Kaminen serviert. An der tollen Bar werden viele verschiedene Wein- und Biersorten ausgeschenkt. Reiseführerautoren werden glücklicherweise immer noch bedient.

Café Austria
EUROPÄISCH $$

(Ecke Hermano Miguel & Bolívar; Hauptgerichte 6-9 US$; ⏱9-22.30 Uhr; 📶) Hält genau was der Name verspricht. Das Comfort Food nach österreichischem Vorbild wie Gulasch und Strudel sowie ein ordentlicher Espresso schmecken besonders himmlisch, wenn man Tage/Wochen *on the road* gewesen ist. Und die neue Location ist genauso Traveller-freundlich wie die alte. Nur die Sachertorte ist noch ausbaufähig.

Fabiano's
PIZZERIA $$

(Ecke Presidente Córdova & Cueva; Pizzas 6-17 US$; 📶) Das einladende, familienfreundliche Fabiano's ist ein altbewährter Gringotreff, hat sich aber auch eine treue Anhängerschaft unter Ecuadorianern geschaffen. Die Pizzen sind großzügig bemessen und lecker; einen Versuch lohnt das Schlemmerfest namens Lasagne Pizza. Wer frühzeitig kapituliert, dem packen die Mitarbeiter den Rest gern zum Mitnehmen ein.

Guajibamba
ECUADORIANISCH **$$**

(☎ 07-283-1016; Luís Cordero 12-32; Hauptgerichte 7–10 US$; ⊙ Mo-Sa 12–15 & 18–22 Uhr) Auf der kleinen Karte stehen traditionelle Gerichte wie *seco de chivo* und köstliche *fritada* (gebratene Schweinefleischstücke mit Maisgrütze, Avocados und anderen Beilagen). Dies ist eine der besten Adressen, um *cuy* zu probieren. Wer sich dazu durchringen kann, sollte wegen der Zubereitungszeit eine Stunde vor Ankunft anrufen. Am meisten Betrieb herrscht abends.

Mangiare Bene
ITALIENISCH **$$**

(Ecke Estevez de Torral & Bolívar; Hauptgerichte 6–9 US$) Wenn es *ein* italienisches Lokal in Cuenca gibt, das man kennen sollte, ist es dieses edle Etablissement unterhalb vom Hostal Posada del Angel. Sein Schwerpunkt liegt allerdings mehr auf kunstvoll hergestellter Pasta als auf Pizza. Hat auch eine gute Weinkarte.

Akelarre Tapas Españolas
SPANISCH **$$**

(Torres 8-40; Tapas/Hauptgerichte 3–10 US$; ⊙ Mo-Fr 11–22, Sa 15–17 Uhr; 🕿) In gemütlichem, klassischem Ambiente werden kleine Teller mit spanischen Klassikern wie „Papas Bravas" (pikante Bratkartoffeln) oder galicischem Tintenfisch gereicht, von der phantastischen Paella ganz zu schweigen.

Ausgehen & Unterhaltung

Cuencas großes Nightlife-Angebot reicht von intimen Kneipen mit Livemusik bis hin zu Clubs im Hollywood-Stil für Balzwillige. Die Diskos sind donnerstags bis samstags ab 22 Uhr geöffnet, werden aber erst ab Mitternacht richtig voll. Bars haben allgemein jeden Abend und oft sogar bis 5 Uhr geöffnet.

Wer eine heiße Nacht auf der Piste verbringen möchte, steuert die Presidente Córdova in der Umgebung der Hermano Miguel und die Calle Larga von der Benigno Malo bis runter zur Avenida Todos los Santos an. Dort gibt's Bar-Clubs mit Tanzflächen, in Schale geschmissene Nachtschwärmer von 20 Jahren aufwärts und unzählige Themenlokale.

Viele örtliche Museen veranstalten Theater- und Kulturevents. Auch die Galerien El Vados sind einen Besuch wert. Das Kinoprogramm (Film ca. 4 US$/Pers.) steht in Cuencas Tageszeitung *El Mercurio*.

La Compañia
BRAUEREIKNEIPE

(Ecke Borrero & Vásquez) Cuencas erste Kleinbrauerei ist immer noch die beste (aber nur um Bierdeckelbreite) und versorgt junge Rockertypen anständig mit handgebrauten Stouts, irischen Ales oder kühlen Blonden.

La Parola
LIVEMUSIK

(Ecke Larga & Hermano Miguel; ⊙ Di-Sa 16.30–2 Uhr) Essen und Cocktails ergänzen das breite Livemusikangebot dieses Lokals oben an den Felsen von Barranco. Es liegt direkt oberhalb der La Escalinata-Treppe.

Wunderbar
BAR

(Escalinata 3-43; ⊙ Mo-Do 11–24, Fr & Sa 11–2 Uhr) Dieser Laden in österreichischem Besitz ist wunderbar für alle, die mit Freunden an den großen Holztischen einer klassischen Bar sitzen möchten. Essen und eine Happy „Hour" (11–18 Uhr) gibt's auch, zudem einen Poolbillardtisch und Großbildschirme für Sportübertragungen.

Andean Brewing Company
BRAUEREIKNEIPE

(Ecke Miguel Morocho & Gran Colombia; ⊙ Mo–Mi 16–23, Do-Sa 16–24 Uhr) Insider behaupten, dass diese Kleinbrauerei jetzt total angesagt ist. Uns hat das dunkle *chocolatey matambra* sehr zugesagt, aber es sind auch noch ein paar andere Biere und obendrein hausvergärte Apfelschaumweine im Angebot. Nicht zu vergessen die leckeren Burger. Da die ABC ein gutes Stück außerhalb liegt (12 Blocks westlich vom Parque Calderón auf der Gran Colombia), lohnt sich womöglich ein Taxi.

Café Eucalyptus
LIVEMUSIK

(Colombia 9-41; ⊙ Mo-Do 17–22, Fr & Sa 17–2, So 17–22 Uhr) Auf jedem der beiden Stockwerke des Café Eucalyptus kredenzt eine Bar an den meisten Abenden Drinks zu beschwingten Salsa- und Kuba-Sounds. Kein Witz: Von 18 bis 22 Uhr bechern Frauen mittwochs gratis.

Multicines
KINO

(Astudillo, Milenium Plaza) Stadionsessel, eimerweise Popcorn und Hollywood-Blockbuster auf Englisch (mit spanischen Untertiteln).

Shoppen

Cuenca ist ein Handelszentrum für Hüte aus *paja toquilla* (Toquilla-, d.h. Panamastroh). Auch Flechtkörbe, filigraner Gold- oder Silberschmuck aus dem nahe gelegenen Dorf Chordeleg und Keramikwaren verschiedener Qualität sind normalerweise im Angebot. Die Märkte von Cuenca gehören zu den besten Adressen für den Kauf dieser Erzeugnisse.

NICHT PANAMA, SONDERN MONTECRISTI!

Seit gut 100 Jahren muss Ecuador hinnehmen, dass die Welt seinen berühmtesten Export – den Panamahut – fälschlich einem anderen Land zuschreibt. Für alle patriotischen Ecuadorianer ist der Panamahut ein *sombrero de paja toquilla* (Hut aus Toquillastroh), für Kenner ein Montecristi – benannt nach der berühmtesten Hutmacherstadt überhaupt. Aber ganz bestimmt kein Paaa…

Diese Fehlbezeichnung zählt sicherlich zu den bekanntesten der Welt. Sie kam in den 1800er-Jahren auf, als spanische Geschäftsleute die Qualität der *sombreros de paja toquilla* erkannten und begannen, sie über Panama zu exportieren. Im 19. Jh. schützten sich die Arbeiter am Panamakanal mit diesen leichten und extrem robusten Hüten gegen die Tropensonne. Dies festigte die Assoziation mit Panama noch weiter.

Paja toquilla-Hüte werden aus den faserigen Wedeln der Toquillapalme *(Carludovica palmata)* hergestellt, die in den trockenen Inlandsregionen der zentralecuadorianischen Küste wächst (vor allem rund um Montecristi und Jipijapa). Einige asiatische und lateinamerikanische Länder haben sich im Kultivieren der Palme versucht, um mit dem ecuadorianischen Huthandel zu konkurrieren. Doch bislang wurde die Qualität der hiesigen Wedel nirgendwo erreicht.

In den Hüten steckt eine unglaubliche Arbeit: Die Palmschösslinge werden geerntet, wenn sie die ideale Konsistenz haben: genau vor der Verwandlung in Blätter. Zur Aufbereitung der Fasern werden sie dann per Esel oder Lastwagen bündelweise in die Küstendörfer gebracht.

Dort werden die Schösslinge zuerst auf dem Boden weichgeklopft und von Hand zerteilt, um die langen, dünnen, flachen und cremefarbenen Blätter zu entfernen. Diese fasst man dann in Bündeln zusammen, kocht sie in großen Wasserbottichen (ca. 20 Min.) und hängt sie für drei Tage zum Trocknen auf. Ein Teil des Materials wird durch Tränken mit Schwefel gebleicht. Beim Trocknen schrumpfen die zerteilten Blätter und rollen sich zu den Strängen zusammen, die als Basis zum Weben dienen.

Ein Teil des fertigen Strohs verbleibt an der Küste. Der Großteil wird aber nach Cuenca und Umgebung verkauft, wo daraus Hüte entstehen. Tatsächlich sind in und rund um Cuenca landesweit die meisten Panamahüte zu sehen.

Das Weben selbst ist sehr mühsam. Die besten Weber arbeiten nur abends (z. T. sogar nur im Mondschein) und frühmorgens, bevor die Hitze für Handschweiß sorgt. Das Ergebnis reicht von recht lockeren Strukturen (typisch für Massenware) bis hin zur festeren „Brisa"-Variante der meisten hochwertigen Panamahüte.

Die vier allgemeinen Qualitätskategorien Standard, Superior, *fino* (fein) und *superfino* (superfein) basieren auf der jeweiligen Gewebedichte. Meist sieht man Standard- oder Superior-Hüte. Im Gegensatz dürften echte *superfinos* theoretisch keinerlei Löcher aufweisen. Die besten Exemplare sind wasserdicht und so fein gewoben bzw. geschmeidig, dass sie sich zusammenrollen und durch den Ehering eines Mannes ziehen lassen!

Nach dem Weben müssen die Hüte noch zugeschnitten, optional weiß gebleicht, endgültig in Form gepresst und mit einer Banderole versehen werden. Dann sind sie verkaufsbereit. Standard-Varianten gibt's in Ecuador ab ca. 15 US$; *superfinos* kosten hier überall zwischen 100 und 500 US$. Das mag teuer erscheinen, ist angesichts der aufwendigen Handarbeit aber völlig gerechtfertigt. In Europa und Nordamerika legt man für denselben *superfino* übrigens locker das Dreifache hin!

Casa del Sombrero Alberto Pulla   HÜTE

(Tarqui 6-91; ☉ 6–18 Uhr) Die Hüte von Cuencas berühmtestem Hutmacher haben schon die Häupter von Präsidenten, Promis und Hunderten indigener Frauen aus der Umgebung geziert. Alberto Pulla selbst ist 2010 verstorben, aber sein Erbe lebt weiter.

Mercado de Artesanías Rotary   MARKT

(Sangurima zw. Cueva & Machuca; ☉ 8–17 Uhr) Hier kann man Korb-, Keramik-, Eisen- und Holzwaren, Plastikkitsch, schrille Devotionalien und Meerschweinchenbräter erstehen.

Markt auf der Plaza de San Francisco   MARKT

(Ecke Padre Aguirre & Presidente Córdova; ☉ 8–17 Uhr) Der Markt auf der Plaza de San Francisco bietet ein interessantes Sammelsurium aus Flechtarbeiten, Keramik, Gegenständen aus Eisen und Holz, billigen Plastiksachen, eigentümlichen Devotionalien und Meerschweinchenbrätern (super Geschenk für Mama, aber schwieriger Heimtransport!). Auf der Nordseite verkaufen außerdem viele *otavaleños* (Einwohner Otavalos) Strickjacken und Webwaren.

Casa de la Mujer   MARKT

(Torres; ⊙ Mo–Fr 9–18.30, Sa 9–17, So 9–13 Uhr) An der Westseite des Markts auf der Plaza de San Francisco liegt die Casa de la Mujer. Sie beherbergt über 100 Kunsthandwerksstände, die u.a. handgemachte Musikinstrumente, bestickte Bekleidung, Körbe und Schmuck feilbieten.

Homero Ortega P & Hijos   HÜTE

(📞 07-280-9000; www.homeroortega.com; Gil Ramirez Davalos 386; ⊙ Mo–Fr 8.30–12.30 & 14.30–18.30, Sa 8.30–12.30 Uhr) Ecuadors bekanntester Huthändler ist eher ein Kaufhaus. Die Firma exportiert ihre hochwertigen Strohhüte für Damen und Herren in alle Welt. Der Laden liegt einen Block nördlich vom Busbahnhof und beherbergt ein faszinierendes Museum, das die Geschichte des Huts und dessen Herstellung erzählt; dort lässt sich jeder Schritt des komplexen Produktionsprozesses verfolgen.

Carolina Bookstore   BÜCHER

(Hermano Miguel 4-46; ⊙ Mo–Fr 9–18.30, Sa 10–18 Uhr) Hat die beste Auswahl englischer Bücher, außerdem Landkarten, Cupcakes und massenhaft Lokalinfos. Bietet inzwischen auch Spanischunterricht an.

Eduardo Vega   KERAMIK

(www.ceramicavega.com; Vía a Turi 201; ⊙ Mo–Fr 9–18, Sa 10–13.30 Uhr) Gleich unterhalb des Mirador de Turi – 4 km südlich der Innenstadt – befinden sich Wohnhaus, Werkstatt und Studio von Eduardo Vega. Die bunten Terrakotta- oder Emaillewandbilder von Ecuadors bedeutendstem Keramikkünstler zieren Mauern in ganz Cuenca und dem übrigen Land. Besucher können Skulpturen, Vasen und Teller erwerben.

❶ Praktische Informationen

GEFAHREN & ÄRGERNISSE

Für eine größere Stadt ist Cuenca ziemlich sicher. Dennoch sollte man sich bei Dunkelheit nur auf gut beleuchteten Straßen fortbewegen. Abends wird die Umgebung der Plaza de San Francisco manchmal etwas unheimlich.

GELD

Euro und Schweizer Franken lassen sich in Cuenca eventuell nur schwer umtauschen. Hier regiert der US-Dollar!

Banco de Guayaquil (Mariscal Sucre nahe Borrero) Bank mit Geldautomaten.

Banco del Pichincha (Ecke Solano & 12 de Abril) Bank mit Geldautomaten.

INFOS IM INTERNET

www.cuenca.com.ec Cuencas Tourismus-Website.

www.cuencanos.com Viele Infos zu Cuenca (größtenteils auf Spanisch).

www.gringotree.com Richtet sich vor allem an hier lebende Ausländer, bietet aber interessante englische Infos zu einer Vielzahl von Themen.

INTERNETZUGANG

In Cuenca öffnen immer mehr Internetcafés (meist 0,80–1 US$/Std., tgl. 8–21 Uhr).

MEDIZINISCHE VERSORGUNG

Clínica Hospital Monte Sinaí (📞 07-288-5595; www.hospitalmontesinai.org; Ecke Av Solano & Miguel Cordero) Ein ausgezeichnetes Krankenhaus mit einigen englisch sprechenden Mitarbeitern.

NOTFALL

Polizei (📞 07-284-0476; Plaza de San Francisco; ⊙ 8–20 Uhr)

POST

Post (Ecke Borrero & Gran Colombia)

TELEFON

Etapa (Benigno Malo 726; ⊙ 7–22 Uhr) Telefon-Callcenter.

TOURISTENINFORMATION

Informationsbüro im Flughafen (📞 07-286-2203)

Informationsbüro im Busbahnhof (📞 07-282-4811)

Touristeninformation (iTur; 📞 07-282-1035; Ecke Mariscal Sucre & Luís Cordero; ⊙ Mo–Fr 8–20, Sa 8.30–13.30 Uhr) Das freundliche, hilfsbereite Personal spricht Englisch.

WASCHSALON

La Química (Ecke Borrero & Presidente Córdova; 0,90 US$/kg; ⊙ Mo–Fr 8–18.30, Sa 9–13 Uhr)

Lavandería Nieves (Calle Larga 11-55; 0,80 US$/kg)

❶ An- & Weiterreise

AUTO

Die ecuadorianische Kette **Localiza** (📞 07-280-3193/8, 1-800-562-254) vermietet sparsame Autos und Geländewagen am Flughafen.

BUSSE AB DEM BUSBAHNHOF TERMINAL TERRESTRE

ZIEL	PREIS (US$)	FAHRZEIT (STD.)
Alausí	6	4–5
Ambato	8	7
Azogues	0,50	¾
Gualaquiza (über Sigsig)	8	5–6
Guayaquil	8	4–5
Huaquillas	7	7
Latacunga	10	8½
Loja	7,50	5
Macas (über Guarumales)	8	6–8
Machala	5,50	4–5
Piura (Peru)	15–17	10 (über Machala) – 14 (über Macará)
Quito	10–12	10–12
Riobamba	7	5–6
Saraguro	5	3
Sigsig	1,50	1½
Zamora	9,40	7

BUS

Cuenca hat zwei große Busbahnhöfe: Fahrten zum Parque Nacional Cajas, nach Jima und Girón beginnen am **Terminal Sur** gegenüber der Feria Libre.

Die allermeisten Busse (es sind Hunderte pro Tag) nutzen jedoch den Hauptbusbahnhof **Terminal Terrestre** (Av España), der ca. 1,5 km außerhalb der Innenstadt liegt. Von dort aus fahren täglich Busse u. a. nach Ingapirca, Gualaceo, Chordeleg und Sigsig.

Nach Guayaquil führen zwei verschiedene Routen: Eine kürzere über den Parque Nacional Cajas und Molleturo (8 US$, 4 Std.) sowie eine längere über La Troncal und Cañar (8 US$, 5 Std.). Auf allen Strecken gibt es zahlreiche Verbindungen.

FLUGZEUG

Cuencas **Aeropuerto Mariscal Lamar** (Av España) liegt 2 km vom Stadtzentrum und 500 m vom Busbahnhof Terminal Terrestre entfernt.

TAME (☏ 07-288-9581/9097; www.tame.com.ec; Astudillo 2-22; ⊙ Mo–Fr 8.30–13 & 14–18.30, Sa 9.30–12.30 Uhr) Fliegt täglich nach Quito und Guayaquil, normalerweise für 80–100 US$. Hat auch ein Büro am Flughafen.

🛈 Unterwegs vor Ort

Vor dem Terminal Terrestre brechen regelmäßig Busse gen Innenstadt auf (0,25 US$). In Gegenrichtung eignen sich alle „Terminal"-Busse, die nahe dem Blumenmarkt von Haltestellen an der Padre Aguirre abfahren. Taxifahrten zwischen Innenstadt und Flughafen oder Hauptbusbahnhof kosten ca. 2 US$. Zu Fuß sind es 15 Minuten.

Zum Terminal Sur rollen Taxis (2 US$) und „Feria Libre"-Busse ab der Presidente Córdova oder Mariscal Lamar.

Lokalbusse nach Turi (0,25 US$; 4 km südlich vom Zentrum) verkehren entlang der Avenida Solano. Ein Taxi kostet 5 US$.

Rund um Cuenca

Von Cuenca aus kann man leicht Tagesausflüge zu Siedlungen der Ureinwohner in der Umgebung unternehmen. Einige der aufgeführten Dörfer setzen auf kommunale Tourismusprojekte. Wer dort Führer anheuert und Kunsthandwerk kauft, unterstützt somit die Einwohner. Gualaceo, Chordeleg und Sigsig lassen sich zusammen an einem Tag besuchen. Principal, Cajas und die Ruinen von Ingapirca sind jeweils separate Tagesziele.

Parque Nacional Cajas

Der **Cajas-Nationalpark** (Cajas Nationalpark; ⊙ 8–16.30 Uhr) GRATIS liegt nur 30 km westlich von Cuenca und schützt 2854 km² moorartigen, goldgrün schimmernden *páramo*. In dieser gebirgigen Anden-Graslandschaft finden sich Hunderte kalter Seen, die in der rauen, unwirklichen Landschaft wie Juwelen funkeln.

Diese extrem feuchte und neblige Gegend speist Flüsse, die gen Cuenca fließen. Zudem gilt sie als wichtiges Schutzgebiet für Vögel, Säugetiere und Pflanzen. Es handelt sich um den *páramo*-Abschnitt mit der größten biologischen Diversität des gesamten Andengebirgszugs.

Besonders bedeutend sind die kleinen Wälder aus *Polylepis*-Bäumen in geschützten Senken und natürlichen Mulden. Die Gattung *Polylepis* gedeiht in größeren Höhen als die meisten anderen Baumarten der Welt und bildet hier somit einige der am höchsten gelegenen Wälder des Planeten. Bei Wandertouren durch diese dichten Zwergenwälder fühlt man sich stark an die Märchen der Brüder Grimm erinnert.

Einer recht fragwürdigen Erklärung zufolge heißt der Park Cajas, weil seine Seen aussehen wie *cajas* (Schachteln). Wahrscheinlicher ist, dass der Name vom Kichwa-Wort *caxas* (Kälte) herrührt. Und kalt ist es hier wirklich – so kalt, dass ein Verirren (leicht möglich!) sehr gefährlich werden kann. Vor allem in der Trockenzeit fallen die

Temperaturen oft unter den Gefrierpunkt. Am wasserärmsten ist die Periode von Januar bis August; mit Regen muss man aber jederzeit rechnen. Der Park liegt auf Hochlagen zwischen 3000 und 4300 m.

Drei Haupterholungsgebiete, jedes an einem See gelegen, säumen die Straße von Cuenca nach Molleturo: **Laguna Llaviucu** liegt Cuenca am nächsten und hat eine **Rangerstation**. **Laguna Cucheros** und **Laguna Toreadora** besitzen jeweils ein Informationszentrum. Eine zweite **Rangerstation** steht 3 km westlich von Cucheros bei Quinuas. In den Rangerstationen werden gratis topografische Hochglanzwegekarten verteilt, die auch bei der Touristeninformation in Cuenca erhältlich sind.

Außerhalb der ausgewiesenen Bereiche rund um die Lagunas Llaviacu, Cucheros und Toreadora benötigen Gruppen von acht oder mehr Personen einen Führer. Wer auf eigene Faust unterwegs ist, muss sich stattdessen bei den Rangerstationen anmelden

Parque Nacional Cajas

ABSTECHER

DIE UMGEBUNG CUENCAS AUF EIGENE FAUST

Von Cuenca aus sind diverse Abenteuertrips auf eigene Faust zu den nahe gelegenen Ortschaften Baños, Girón, Jima und Paute möglich. Nützliche Infos vor dem Start:

Paute Der wenig besuchte Ort 41 km nordöstlich von Cuenca abseits der Straße nach Gualaceo punktet mit guten Möglichkeiten zum Bergwandern und Mountainbiken. Er lässt sich leicht im Rahmen eines Tagesausflugs ab Cuenca besuchen; Übernachten hilft der Gemeinde allerdings mehr.

Azogues In der pulsierenden Hauptstadt der Provinz Cañar, 33 km nördlich von Cuenca, gibt es eine außergewöhnliche Kirche und einen Sonntagsmarkt, auf dem Panamahüte geflochten werden; für den letzten „Schliff" schickt man sie dann aber nach Cuenca.

Biblián Die riesige Kirche Santuario de la Virgen del Rocio (Heiligtum der Jungfrau des Taus) wurde eindrucksvoll in eine Steilwand über diesem 6 km nördlich von Azogues gelegenen Städtchen gemeißelt. Jedes Jahr am 8. September ist sie das Ziel einer gewaltigen Pilgerschar, ebenso am Karfreitag. Zu erreichen mit den zwischen Cuenca und Cañar verkehrenden Bussen.

Cañar Diese staubige Stadt 32 km nördlich von Azogues lohnt zum betriebsamen Sonntagsmarkt einen Besuch, wenn sich in farbenfrohe Wollsachen gekleidete Angehörige des Cañari-Volks hier versammeln. Die Männer tragen ihre typischen *chumbis* (gewobene Gürtel mit indianischen/katholischen Motiven). Diese gibt's auf dem Markt sowie im örtlichen Gefängnis direkt bei Gefangenen zu kaufen – wer etwas kaufen will, wird reingelassen.

Baños Kleines Dorf gleich außerhalb von Cuenca; mit Thermalquellen und netter kleiner Kirche.

Girón Liegt ca. 43 km südwestlich von Cuenca an der Straße nach Machala und hat tolle Wandermöglichkeiten zu einem 60 m hohen Wasserfall. Dieser ist nach der Busfahrt von Cuenca nach Girón auch per Miet-Pick-up (5 US$) erreichbar. Am ersten Wasserfall heißt's dann einen Führer anheuern, der einen zu zwei versteckten Kaskaden in der Nähe bringt.

Jima Zwei Stunden südlich von Cuenca hat man von diesem ruhigen Bauerndorf einen einfachen Zugang zum benachbarten Nebelwald in einem kommunalen Naturschutzgebiet. Vor Ort gibt's ein *hostal* und ein Infozentrum, das Führer vermittelt. Anreise mit dem Bus ab Cuenca.

und ein GPS-System oder einen Kompass mitführen. Ohne offiziellen Führer aus Cuenca oder dem eigentlichen Park sind Wanderungen mit Übernachtung momentan untersagt. Die meisten genannten Touranbieter (s. „Geführte Touren" im Abschnitt zu Cuenca) vermitteln Guides.

 ## Aktivitäten

Im Park gibt es ein paar Kletterspots, aber für die echten Adrenalinjunkies hat er auch noch Lama- bzw. Vogelbeobachtungen und sogar Angelmöglichkeiten zu bieten! Alle aufgeführten Erholungsgebiete offerieren neben diesen Aktivitäten auch ausgeschilderte Wanderrouten (z.T. mehrstündig). Einige lange Wanderstrecken führen durch herrlich einsame Landschaften und bieten noch mehr Gelegenheiten, die Natur zu beobachten. Grundvoraussetzung hierfür ist

jedoch die Fähigkeit, sich auf Terrain, das gelegentlich vom Kartenmaterial abweicht, sicher zu orientieren. Im Zweifelsfall daher am besten gleich einen Führer anheuern! In der Gegend zunehmend populär wird Canyoning, das Begehen wilder Schluchten; ein entsprechender Veranstalter ist Expediciones Apullacta in Cuenca (S. 188).

 ## Schlafen

Alle drei Erholungsgebiete haben Zeltstellplätze (4 US$). Hinzu kommen *refugios* (Schutzhütten) und normale Hütten, die aber nicht zu reservieren und schnell voll sind.

❶ An- & Weiterreise

Cajas ist über zwei Routen erreichbar: Laguna Llaviucu und Cucheros liegen an der Nordstrecke bzw. dem ersten Highway-Abschnitt gen

Guayaquil (über Molleturo). Die holprige Südroute passiert die Dörfer Soldados (mit Rangerstation) und Angas.

Busse von Transportes Occidental starten täglich am Terminal Sur in Cuenca (1,25 US$, 1 Std., 6.15, 7, 8, 10, 12, 13.30, 14.30, 16.10 & 17.45 Uhr) – zur Rückkehr einfach einen beliebigen Bus in Richtung Cuenca anhalten!

Busse nach Soldados 1,50 US$, 1¼ Std.) und Angas (2 US$, 1¾ Std.) fahren um 6 Uhr an der El-Vado-Brücke in Cuenca ab; nachmittags kehren sie dorthin zurück.

Alternativen sind Taxitrips (ca. 70 US$/Tag) oder Tagesausflüge mit einer von Cuencas Touragenturen.

Ingapirca

3230 M

Ecuadors am besten erhaltene archäologische Stätte **Ingapirca** (Eintritt mit/ohne Führung 6 US$; ☉ 8–18 Uhr) liegt 1 km vom gleichnamigen Dorf entfernt. Dennoch ist die kleine Stätte mit dem halb zerstörten Tempel, grasenden Lamas und weiten Feldern definitiv einen Zwischenstopp wert, wenn man hier gerade unterwegs ist. Wanderer interessieren sich vielleicht auch für den dreitägigen Trek auf dem Camino del Inca.

Die Cañari nutzten die Ruinen ursprünglich als Observatorium. Der strategisch wichtige Ort wurde später (15. Jh.) von den Inkas übernommen und zu einer militärischen Bastion ausgebaut. Leider entfernten die Spanier den Großteil von Ingapircas Steinen, um in der Nähe Städte zu bauen.

Die verbliebenen Reste sind bis heute von großer Bedeutung für die indigenen Cañari, die neben der Ruinenverwaltung nun auch das **Museum** (Eintritt im Preis enthalten) mit Artefakten der Inkas und Cañari leiten.

Das Herzstück der Stätte ist zweifellos der mächtige **Sonnentempel**, der ursprünglich für religiöse Rituale und Sonnenbeobachtungen genutzt wurde. In der Nähe weisen Schilder den Weg zu *colcas* (Vorratsgruben für Lebensmittel) und zum *acllahuasi*, wo die Zeremonienjungfrauen lebten, bis sie schließlich geopfert wurden. Die trapezförmigen Nischen in den Steinarbeiten entsprechen denen anderer Ruinen wie Machu Picchu in Peru oder San Agustín de Callo bei Latacunga.

Agenturen in Cuenca organisieren Tagestrips nach Ingapirca (ab 50 US$/Pers.).

🛏 Schlafen & Essen

Sowohl innerhalb der Stätte als auch am Eingang gibt es Toiletten und ein einfaches Café/Restaurant. Zelten ist kostenlos.

CAMINO DEL INCA

Der Dreitagestrek nach Ingapirca ist beliebt, verzeichnet aber nur einen Bruchteil der Besucherzahl des Inkapfads nach Machu Picchu. Über ca. 40 km folgt man der originalen königlichen Ingañan-Inkastraße, die Cuzco einst mit Tomebamba (heute Cuenca) und Quito verband. Zu seiner Blütezeit reichte dieses Kommunikations- und Transportnetzwerk an das des Römischen Reiches heran.

Wanderer starten 23 km südöstlich von Alausí im Dorf **Achupallas**: Der ansteigende Pfad passiert von dort aus zunächst Flüsse, Seen und schließlich die Ruinen einer Inkasiedlung. Am nächsten Tag geht's an den Trümmern einer Inkabrücke und **Paredones** vorbei, wo ein großes Gebäude und ein paar stehengebliebene Mauern besichtigt werden können. Zeitweilig ist sogar der Ingañan selbst gut erkennbar. Am dritten Tag endet die Wanderung dann an den großartigen Ruinen von Ingapirca (S. 199).

Interessenten brauchen ein Navi und drei topografische Karten (*Alausí, Junca, Cañar*; Maßstab 1:50 000), die beim Instituto Geográfico Militar (IGM) in Quito erhältlich sind. Zudem muss man unterwegs mit extrem aufdringlichen bettelnden Kindern rechnen; die meisten Traveller geben diesen aber nichts, um das Betteln nicht zu fördern.

Nach Achupallas gelangt man mit einem der täglichen Mittagsbusse ab Alausí oder verlässlicher mit einem Pick-up-Taxi (einfache Strecke ca. 10–15 US$). Alternativ halten Panamericana-Busse ab Alausí auf dem Weg nach Süden in **La Moya** bzw. **Guasuntos**. Von dort aus geht's dann mit irgendeinem vorbeifahrenden Lastwagen über die schmale Bergstraße nach Achupallas (12 km), wo sich Führer für 30–40 US$ pro Tag anheuern lassen. Eine Alternative sind geführte Touren (ca. 320 US$/Pers.) von Julio Verne Tour Operator in Riobamba (S. 171). Für Trips auf eigene Faust empfiehlt sich wärmstens ein Wanderführer wie *Ecuador: Climbing and Hiking Guide* von Rob Rachowiecki und Mark Thurber.

Posada Ingapirca HAZIENDA $$$
(EZ/DZ 67/87 US$; 🛜) Die umgebaute Ha-
zienda gleich oberhalb der archäologischen
Stätte ist Ingapircas einzige Unterkunft. Die
gemütlichen Zimmer wären auch ohne den
tollen Ruinenblick reizend. Buchungen erle-
digt das Büro in **Cuenca** (📞 07-282-7401; www.
posadaingapirca.com; Ecke Larga 6-93 & Borerro).
Nach Online-Rabatten schauen!

❶ An- & Weiterreise

Direktbusse der Cooperativa Cañar fahren von
Cuenca nach Ingapirca (2,50 US$, 2 Std., 9 &
12.20 Uhr, zurück 13 & 15.45 Uhr). Weitere Busse
ab Cuenca rollen nach El Tambo (alle 30 Min.) In
8 km Entfernung zu Ingapirca starten dort Busse
(ca. alle 30 Min.) und Taxis (5 US$) zur Stätte.

Gualaceo, Chordeleg & Sigsig

Frühaufsteher können problemlos die Sonn-
tagsmärkte aller drei Dörfer besuchen und
zur Happy Hour wieder zurück in Cuenca
sein. Unterwegs wartet allerlei traditionelles
Kunsthandwerk: Flechtkörbe, toller filigra-
ner Gold- bzw. Silberschmuck, Holzarbeiten,
Tonwaren, Gitarren und *ikat*-Textilien, de-
ren Garn nach dem Färben per Knüpfbatik
in einer präkolumbischen Webtechnik ver-
arbeitet wird.

GUALACEO

An einem kleinen, reißenden Fluss liegt
das Städtchen Gualaceo (2591 m), ein Shop-
pingparadies für Kunsthandwerksfans mit
einigen Übernachtungsmöglichkeiten. Ein
paar Blocks vom Busbahnhof entfernt wird
auf der **feria artesanal** jenseits der Brücke
super Kunsthandwerk aus der Region ver-
kauft. Beim Bummeln durch den Ort gibt's
sogar noch mehr zu entdecken – besonders
gefragt sind hier *ikat*-Webereien und *paños*
(Baumwollschals mit Indigofärbung und
komplexen Makramee-Rändern).

Auf dem Weg nach Gualaceo kann man
sich in **La Casa de la Makana** (4 km nörd-
lich von Gualaceo) GRATIS anschauen, wie eine
bestimmte Art dieser *makanas* genannten
Schals hergestellt werden und wie die ver-
schiedenen Farbstoffe zum Färben gemischt
werden. Makanas sind sehr gefragt; die Her-
stellung eines solchen Schals kann Tage oder
sogar Wochen dauern. Hochwertige *maka-
nas* gibt es für ungefähr 40 US$ zu kaufen.
Rund 1 km weiter die Straße hinunter kann
man ein **Orquideario** (Orchideenfarm; 3 km
nördlich von Gualaceo; Eintritt 3 US$) besuchen.
Die **Touristeninformation** (iTur; 📞 07-225-

5131, 098-437-0632; Gran Colombia; ⏰ Mo–Fr 8–
17 Uhr) an Gualaceos Hauptplatz liefert pri-
ma Infos zu Wandermöglichkeiten und
Abenteuer-Aktivitäten in der Nähe.

Das hohe **Hostal El Jardín** (📞 kein Telefon;
in Gualaceo; Zi. 10 US$/Pers.) an der Haupt-
straße ist so neu, dass man fast noch die
Wandfarbe riechen kann. Die Zimmer sind
groß, sauber, komfortabel und supergünstig.

Fürs Mittagessen empfiehlt sich der **Mer-
cado 25 de Junio** (Ecke Cuenca & Vicente Peña
Reyes), von der Hauptplaza zwei Blocks nach
Norden (bergab), dann drei Blocks nach
Osten.

CHORDELEG

Rund 10 km südlich von Gualaceo liegt mit
dem hügeligen Chordeleg ein Zentrum der
Schmuckherstellung, das schon vor Ankunft
der Inka bedeutend war. Örtliche Spezialität
sind die tollen Filigranarbeiten. Doch Vor-
sicht: Fälschungen sind häufig, deshalb sollte
man (angeblich) hochkarätiges Gold unbe-
dingt sicher als solches identifizieren können,
bevor man große Summen hinblättert!

Aus Chordeleg kommen auch Holzschnit-
zereien, Töpferwaren, Textilien und viele
Panamahüte. Wer sich die Gegend genauer
anschauen möchte, kann im **Hostal Colo-
nial Chordeleg** (📞 07-222-3486; www.hostalco
lonialchordeleg.com; Ecke Guayaquil & 24 de Mayo;
EZ/DZ 35/60 US$), absteigen, einem Kolonial-
gebäude in der Nähe des Hauptplatzes.

SIGSIG

Sigsig (2684 m) liegt etwa 26 km südlich von
Gualaceo. Dieses charmante Überbleibsel ei-
ner indigenen Stadt aus der Kolonialzeit ist
vor allem für seine Panamahüte bekannt.

Nahe dem Hauptmarktplatz gibt's ein
paar Restaurants und *residenciales* (Bud-
gethotels).

❶ An- & Weiterreise

Am Busbahnhof Terminal Terrestre in Cuenca
besteht alle halbe Stunde Verbindung nach
Gualaceo (0,80 US$, 1 Std.), Chordeleg (1 US$,
1 Std.) und Sigsig (1,50US$, 1½ Std.). Busse
pendeln zwischen den Orten (0,50 US$/Fahrt)
und lassen sich jeweils an der Hauptstraße
anhalten. Wer nach Sigsig fahren möchte, muss
wahrscheinlich in Gualaceo umsteigen.

Principal

Nur 37 km hinter Sigsig liegt das bescheide-
ne Nest Principal (2791 m) im Schatten des
Volcán Fasayñan (3907 m). Der örtlichen

Legende nach soll das Volk der Cañari ursprünglich aus dieser mächtigen Felssäule stammen.

Um Nachhaltigkeit in der Gemeinde zu fördern, organisiert ein kleiner Ortsverband von zertifizierten Guides Wanderungen (ca. 10 US$/Pers.) auf den Fasayñan, zum Wasserfall Infiernillo (Kleine Hölle) oder zu den kristallklaren Drei Seen im *páramo*. Alle genannten Ziele liegen drei bis fünf Wanderstunden von Principal entfernt und sind auch per *cabalgata* (Ausritt) erreichbar.

Vier Blocks von Chordelegs Hauptplatz entfernt starten Busse an einer Haltestelle in Richtung Principal (0,50 US$, 30 Min., 6.30–18.30 Uhr alle 40 Min.).

Saraguro

9000 EW. / 2520 M

Rund 165 km südlich von Cuenca liegt Saraguro inmitten von smaragdgrünen Hügeln, auf denen seit Tausenden von Jahren herzhafte Wurzelknollen und Getreide angebaut werden. Der Ort ist das Zentrum der indigenen Saraguro-Kultur. Dieses stetig wachsende und stolze Volk lebte ursprünglich nahe dem Titicacasee in Peru. Infolge der Umsiedlungspolitik des Inkareichs *(Mitma)* kam es jedoch in den 1470er-Jahren hierher.

Während des letzten Jahrhunderts zogen einige Saraguro (dieses Mal allerdings freiwillig) südwestwärts in deutlich niedrigere Höhenlagen um und siedelten sich oft auch neben Shuar-Gemeinden im ecuadorianischen Amazonasbecken an. Die Saraguro ziehen ihre traditionellen Wolltrachten in den kühlen Bergen genauso an wie im feuchtwarmen Tiefland. Ihre Frauen tragen weiße Hüte mit breiten Krempen, lange Plisseeröcke, kunstvolle Anstecknadeln *(tupus)* und prächtige Perlenhalsbänder *(chakiras)*. Die Männerkluft besteht aus einer Art Filzhut, einem schwarzen Poncho und schwarzen Kniehosen – teilweise ergänzt durch kleine weiße Schürzen und zweiteilige Schultertaschen *(alforjas)*.

Alle Teile dieser Tracht stehen für bedeutende Handwerkstraditionen – gepflegt in nahe gelegenen Gemeinden, die zu besuchen sich sowohl der atemberaubenden Landschaft wegen als auch unter kulturellen Aspekten lohnt.

In ganz Ecuador lobt man die hervorragenden gemeindebasierten Tourismusprojekte Saraguros. Und in der Tat gibt es nur wenige Orte in Südamerika, wo man besser die ausgetretenen Wege verlassen und haut-

nah authentische indigene Hochlandlebensweise erfahren kann.

Zum Sonntagsmarkt kommen Saraguro aus der ganzen Umgebung und werfen sich zu diesem Anlass schick in Schale.

Am Hauptplatz gibt's ein Callcenter und einen Geldautomaten.

Sehenswertes & Aktivitäten

Die meisten Dörfer der Umgebung liegen nur 30 Geh- bzw. zehn Busfahrminuten (0,20 US$) von Saraguro entfernt und warten mit vielen Outdoor- oder Kulturaktivitäten auf. Sie sind allesamt mit Bussen erreichbar, die vor der Kathedrale am Hauptplatz starten. Informationen erteilt die Operadora de Turismo Comunitario Saraurku.

Baños del Inka
WASSERFALL

(Eintritt 2,50 US$) Gleich nördlich des Ortes liegt an der Panamericana dieses Naturareal mit eindrucksvollen Wasserfällen und mächtigen Felsformationen.

Tuncarta
DORF

Die Gemeinde Tuncarta ist für die Herstellung erstklassiger Saraguro-Hüte berühmt.

Bosque Protegido Washapamba
WANDERN

(Eintritt 2,50 US$) Das Washapamba-Waldschutzgebiet direkt südlich des Orts ist super zum Wandern.

Lagunas
DORF

Ein prima Ziel für Kulturinteressierte: In der Ortschaft Lagunas werden *tupus* und Textilien produziert.

Geführte Touren

Operadora de Turismo Comunitario Saraurku
KULTURTRIPS

(07-220-0331; www.turismosaraguro.com; Ecke 18 de Noviembre & Loja; Mo–Fr 8.30–18 Uhr) Einen Block westlich vom Hauptplatz organisiert dieser kommunale Tourveranstalter (der auch als Touristeninformationszentrum fungiert) seine Exkursionen zu nahegelegenen Zielen. Zudem bringt er Traveller zu den Saraguro-Gemeinden im Amazonasbecken (pro Pers. 50–120 US$/Tag). Ausritte und Mountainbiketrips sind ebenfalls im Angebot.

Schlafen & Essen

Die Operadora de Turismo Comunitario Saraurku vermittelt Unterkünfte bei Privatfamilien in Nachbargemeinden für etwa 30 US$ pro Person und Nacht inkl. Verpflegung – eine ausgezeichnete Möglichkeit, den Saraguro-Alltag von innen kennenzulernen. Wer sich billig, herzhaft und traditionell verköstigen möchte, wird auf dem Markt westlich des Hauptplatzes fündig.

★ Hostal Achik Wasi   HOTEL $$
(☏ 07-220-0058; Intiñan, Barrio La Luz; Zi. mit Frühstück 20 US$/Pers.) Das große *hostal* (kleines Billighotel) aus Lehmziegeln und Holz, zehn Gehminuten ober- bzw. außerhalb der Stadt (Taxi 1 US$), ist mit Abstand die beste Unterkunft. Es gehört zu einem gut organisierten Tourismusprojekt, das der Gemeinde zugutekommt. In den komfortablen, sauberen Zimmern mit hohen Decken warten weiche Bettdecken auf müde Reisende. Zusätzliche Pluspunkte gibt's für die sagenhafte Aussicht (besonders vom Esszimmer) und den charmanten Service.

Mamá Cuchara   ECUADORIANISCH $
(Parque Central; Hauptgerichte 3 US$; ⊙So–Fr 7–19 Uhr) Der Name passt: Direkt am Hauptplatz tischt „Mutter Löffel" herzhafte, leckere Gerichte auf. Die Erlöse gehen an die Vereinigung indigener Frauen, die das Lokal leitet.

Shamuico Espai Gastronomic FUSIONSKÜCHE $
(Ecke Loja & 10 de Marzo; Hauptgerichte 2–6 US$; ⊙Mo 11–16, Mi–So 12–22 Uhr) Der Geschäftsführer dieses spannenden neuen Lokals ist ein hiesiger Koch, der in einigen der besten Restaurants Europas gearbeitet hat. Die Erzeugnisse der kühnen Küche lassen sich am besten als ecuadorianische Hochland-Tapas bezeichnen.

❶ An- & Weiterreise
Alle Loja-Busse ab Cuenca halten einen Block von Saraguros Hauptplatz entfernt (5 US$, 3½ Std., stündl.). Den ganzen Tag über starten stündlich Busse nach Loja (2 US$, 1½ Std., 62 km). Vom Hauptplatz ist's ein Block bis zum Busbüro.

Loja
181 000 EW. / 2100 M
Früher einmal war Loja die florierende Ausgangsbasis, von der aus sich spanische Konquistadoren zu Expeditionen in den Dschungel auf der anderen Seite der Berge aufmachten. Dank eines neuen Bürgermeisters, der diese stolze Provinzhauptstadt wieder auf die touristische Landkarte setzen möchte, könnten ausländische Besucher künftig aus ähnlichen Beweggründen hierherkommen. Hauptattraktion wird stets Lojas Nähe zu einem der artenreichsten Schutzgebiete Ecuadors sein: dem riesigen Parque Nacional Podocarpus. Innerhalb seiner wilden Grenzen liegen frostiger Hochland-*páramo* und drückend heißer Dschungel – und direkt südlich der Stadt übrigens auch der gechillte Travellertreff Vilcabamba.

Aber Loja hat selbst eine Menge Verlockendes zu bieten. Seine Küche, musikalische Tradition und Universität sind in ganz Ecuador und über die Landesgrenzen hinaus berühmt. Zwar erscheinen die mit Fahrzeugen verstopften Straßen ein wenig langweilig, wenn man gerade aus Cuenca kommt, aber anders als beim berühmteren Rivalen im Norden ist es hier sehr leicht, in die lokale Kultur einzutauchen. Die Berghänge rings um die Stadt in überwältigend schöner Lage am Fuß des Valle de Cuxibamba überziehen die bedeutendsten Kaffeeplantagen des Landes, und von mehreren *miradores* eröffnen sich unvergessliche Ausblicke auf die Stadt.

◎ Sehenswertes & Aktivitäten
In den Häuserblocks hinter der verschwenderisch verzierten Puerta de la Ciudad am Nordeingang zur Altstadt verstecken sich viele hübsche Parks und Plätze mit einer ganzen Reihe Sehenswürdigkeiten.

◉ Innenstadt

★ Puerta de la Ciudad   WAHRZEICHEN
(Stadttor; ⊙Mo–Fr 8–20, Sa 9–20, So 9–18 Uhr) GRATIS Mit mehr Pomp als anderswo in Loja üblich empfängt das Stadttor nördlich vom Zentrum die Stadtbesucher. Es ist ein riesiges Schloss, dessen Eingangsbogen die Sucre-Straße überspannt, die vom Zusammenfluss der Ríos Zamora und Malacatus nach Süden in Richtung der Hauptplätze führt. Im Inneren sorgen die Informationsbretter, hilfsbereiten Mitarbeiter, das Café im 1. Stock und mehrere Aussichtsstellen für einen idealen Einstieg in die Stadt.

★ Museo de la Música   MUSEUM
(Valdivieso 09-42; ⊙Mo–Fr 9–14 & 15–18 Uhr) GRATIS Dieses witzige Museum, das in einer alten Schule untergebracht ist, beleuchtet die Lebensgeschichten berühmter Musiker, die aus Loja stammen. Die meisten von ihnen feierten ihre größten Erfolge in den Goldenen Jahren von 1890–1940. Die Sammlung umfasst viele alte Musikinstrumente sowie unzählige Notenblätter, und in einem

(oft geschlossenen) Laden gibt's Tonträger zu kaufen.

Parque Central — PLATZ
Lojas Hauptplatz bevölkern stets viele Schuhputzer, Zeitungsverkäufer und einheimische Gläubige, welche täglich die Virgen del Cisne in der Kathedrale verehren.

Museo de la Cultura Lojana — MUSEUM
(10 de Agosto; ☺ Mo–Fr 9–13 & 14–17, Sa 9–13 Uhr) GRATIS Auf der Südseite des Parque Central beherbergt ein imposantes Gebäude aus republikanischer Zeit dieses Museum mit einer guten Ausstellung zu lokaler Kunst, Archäologie und Ethnographie. Am interessantesten sind die alten Fotos von Loja und die Abteilung, die sich der Saraguro-Kultur widmet.

Museo del Monasterio de Madres Concepcionistas — MUSEUM
(10 de Agosto; Eintritt 1 US$; ☺ Mo–Fr 8–12 & 14–18 Uhr) Einen halben Block östlich vom Parque Central präsentiert dieses Kloster religiöse Kostbarkeiten (16.–18. Jh.) in drei öffentlichen Ausstellungsräumen.

Plaza San Francisco — PLATZ
(Ecke Bolívar & Colón) Der eher kleine Platz einen Block nördlich des Parque Central wird von einer Reiterstatue des Stadtgründers dominiert.

Plaza Santo Domingo — PLATZ
(Ecke Valdivieso & Rocafuerte) Einen Block südlich vom Parque Central ist Schlange stehen angesagt, denn hier steht die berühmte Iglesia de Santo Domingo, deren Inneres religiöse Malereien zieren.

Plaza de la Independencia — PLATZ
(Ecke Alonso de Mercadillo & Valdivieso) Der Unabhängigkeitsplatz zwängt sich zwischen die Iglesia de San Sebastián und kolonialzeitliche Gebäude, die von Säulen gestützte Auskragungen und geschlossene Holzbalkone besitzen. Hier steht ein Brunnen, auf dessen bunten Kacheln ecuadorianische Fauna abgebildet ist.

Calle Lourdes — STRASSE
Diese schmale Gasse ist Lojas älteste Straße aus der Kolonialzeit. Hier gibt es ein paar interessante Kunstgalerien, und wenn das Gässchen eine Fußgängerzone wäre, würde man sich auch gern länger in den Galerien aufhalten.

⊙ Außerhalb der Innenstadt

Mirador Teleférico — AUSSICHTSPUNKT
Lojas bester Aussichtspunkt befindet sich am oberen Ende der neuen Seilbahn, vom Parque Pucará 1 km südlich der Plaza de la Independencia die Olmedo hoch. Zu Fuß oder per Taxi (0,50 US$) geht es zur Talstation der Bahn, die durch ein Waldgebiet zu einem nahen Berggipfel saust. Da es auf dem Weg, der vom Park nach oben führt, zu Überfällen auf Touristen gekommen ist, sollte man vorsichtshalber die Seilbahn nehmen.

Parque Universitario La Argelia — PARK
(Eintritt 1 US$; ☺ 9–16 Uhr) Dieses 90 ha große Schutzgebiet mit super Wanderwegen liegt fast 5 km südlich vom Zentrum und ist nur per Taxi (1 US$) erreichbar.

ERLESENE BOHNEN

Verglichen mit den Nachbarn Kolumbien und Peru produziert Ecuador recht wenig Kaffee, aber viele sind der Meinung, dass das ecuadorianische Erzeugnis in puncto Aroma die beiden anderen Länder übertrifft. Die Gegend um Loja/Vilcabamba ist das Epizentrum der Plantagen, auf denen diese renommierten Bohnen wachsen.

Die Lage macht's. Das gemäßigte Klima in den Gegenden, wo die Berge in feuchtes Tiefland übergehen, schafft ideale Kaffeeanbaubedingungen, ähnlich wie auf Sumatra oder in Äthiopien. Der Kaffee, der aus hiesigen Bohnen gebrüht wird, ist weich, mild und weist nur eine leise Andeutung von Säure auf. Dank der unterschiedlichen Höhen (800–2000 m) gedeihen viele verschiedene Sorten.

Die besten Kaffeeanbaugebiete der Region sind Gonzanama und Quilanga. Einen Versuch wert ist aber auch die in der Provinz Zamora-Chinchipe beheimatete Marke Río Mayo mit ihrem schokoladigen, sahnigen Geschmack, verfeinert durch einem Hauch von Zitrusgewächs.

Koffeinjunkies können ihre „Kaffeefahrt" im Cafe Victoria in Loja beginnen oder sich bei La Tasca Tours in Vilcabamba einer Kaffeeplantagen-Besichtigungstour anschließen.

Loja

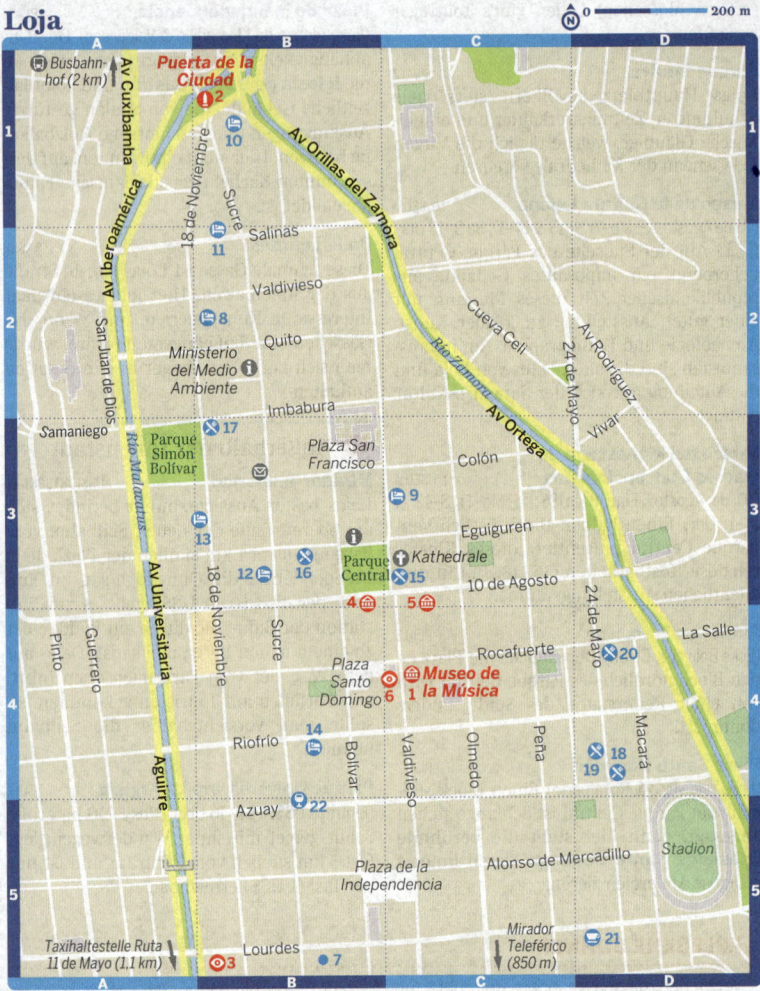

N 0 ———— 200 m

Busbahnhof (2 km)

Av Cuxibamba

Puerta de la Ciudad 2

10

Av Orillas del Zamora

18 de Noviembre

Sucre 11
Salinas

Valdivieso

8
Quito

Av Iberoamerica

San Juan de Dios

Ministerio del Medio Ambiente

Imbabura

Samaniego

Río Malacatus

Parque Simón Bolívar 17

Plaza San Francisco

Colón

Cueva Celi

Río Zamora

Av Rodríguez

24 de Mayo

Av Ortega

Vivar

13

18 de Noviembre

12 16

Parque Central Kathedrale 15

Eguiguren

10 de Agosto

4 5

Sucre

Plaza Santo Domingo 6 Museo de la Música 1

Rocafuerte

24 de Mayo

20

La Salle

Pinto

Guerrero

Av Universitaria

Riofrío 14

Bolívar

Valdivieso

Olmedo

Peña

Macará

18 19

Aguirre

Azuay 22

Plaza de la Independencia

Alonso de Mercadillo

Stadion

Taxihaltestelle Ruta 11 de Mayo (1,1 km)

Lourdes 3

7

Mirador Teleférico (850 m)

21

Jardín Botánico Reynaldo Espinosa GARTEN
(Eintritt 1 US$; Mo–Fr 9–16, Sa & So 13–18 Uhr)
Der botanische Garten, 5 km südlich der Innenstadt gegenüber vom Parque Universitario, beheimatet fast 900 Pflanzenarten.

Parque Recreacional Jipiro PARK
(Ecke Santiago de las Montañas & Salvador Bustamante) In diesem kinderfreundlichen Park nördlich von Loja gibt es ein Riesenschachbrett, einen Skatepark, eine chinesische Pagode, einen Mini-Kreml, kleine Tiergehege und einen Teich zum Tretbootfahren. Grüne Busse (0,25 US$) fahren ab der südöst-

lichen Kreuzung von Eguiguren und Peña hierher.

Parque La Banda/Orillas de Zamora ZOO
(8 de Diciembre; Eintritt 0,50 US$; 8–18 Uhr)
In dem hübschen Park nördlich der Stadt befinden sich ein kleiner Zoo und ein wunderschön gestaltetes **Orquideario** mit mehr als 200 Orchideenarten aus dem Süden Ecuadors.

👉 Geführte Touren

Exploraves VOGELBEOBACHTUNG
(07-258-2434; www.exploraves.com; Lourdes 14-80) Veranstaltet Vogelbeobachtungen im

Loja

Podocarpus-Nationalpark (ab 80 US$/Tag) sowie Ausflüge nach Mindo und in andere Gegenden.

 **Feste & Events**

El Día de La Virgen del Cisne RELIGIÖSES FEST
Große Prozessionen prägen dieses katholische Fest am 20. August.

Unabhängigkeitstag STADTFEST
Loja feiert seinen Unabhängigkeitstag (18. Nov.) bis zu einer Woche lang.

🛏 Schlafen

Hotel Londres HOSTEL $
(☎07-256-1936; Sucre 07-51; Zi. ohne Bad 6 US$/Pers.; 🛜) Mit den knarrenden Holzböden, den weißen Wänden und den durchgelegenen Betten ist das Londres so einfach wie nur möglich. Dennoch wartet dieser langjährige Travellerfavorit mit blitzblanken Gemeinschaftsbädern und freundlichen jungen Eigentümern auf.

Hotel Metropolitan HOTEL $
(☎07-257-0007; 18 de Noviembre 6-41; Zi. 15 US$/Pers.; 🛜) Ordentliches Budgethotel: komfortable Zimmer mit Harthölzböden, Kabelfernsehen und anständigen Betten. Das Ganze ist allerdings recht düster – daher sollte man versuchen, möglichst ein Quartier mit Fenster zu ergattern.

⭐ **Hostería Quinta Montaña** HÜTTEN $$
(☎07-257-8895; Barrio Colinas del Norte; EZ/DZ 25/45 US$; 🅿🍽) Liegt in der Stadt, fühlt sich an wie auf dem Land: 2 km nördlich vom Busbahnhof überziehen die gepflegten Hüt-

ten der entspannten Hostería Quinta Montaña einen steilen Hang. Auf dem Gelände gibt's ein hübsches Restaurant, einen tollen Pool und sogar eine Sauna. In der Hängematte zu schaukeln mag im Dschungel ganz normal sein, aber in Loja ist dieses Privileg, dazu mit Blick ins üppig Grüne, den Gästen der Hostería vorbehalten.

Zamorano Real Hotel BUSINESSHOTEL $$
(☎07-257-0921; http://zamoranorealhotel.com; Ecke Miguel Riofrío & Sucre; EZ/DZ/Suite 65/75/86 US$; 🅿🛜) Vom Standard ein kleines Stückchen unter dem Grand Victoria, aber ein großes Stück über allen anderen. Das Zamorano ist *das* Businesshotel schlechthin: Gepflegt und schick erfüllt es sämtliche Erwartungen, die man an ein solchen Haus hat. Es besitzt ein gutes, wenn auch ein wenig unpersönliches Restaurant. Die Suiten haben Jacuzzis. Abgesehen vom Grand Victoria die beste Unterkunft Lojas.

Floy's International Hotel HOTEL $$
(☎07-257-3821; hotelfloysinternacional@hotmail.com; Ecke 18 de Noviembre & Valdivieso; EZ/DZ/3BZ mit Frühstück 25/40/60 US$; 🅿🛜) Internationale Anerkennung verdient wahrscheinlich nur für die Begrüßung, die Gästen im Floy's zuteil wird. Aber auf jeden Fall bietet das sympathische Hotel angesichts der großen, sauberen Zimmer – manche mit Wandgemälden – und einer freundlichen Cafeteria ein sagenhaft gutes Preis-Leistungs-Verhältnis.

Hostal Aguilera Internacional HOTEL $$
(☎07-257-2892; hostal_aguilera@hotmail.com; Ecke Sucre 01-08 & Ortega; EZ/DZ/3BZ mit Früh-

stück 25/40/50 US$) „International" ist zwar
geprahlt, doch das Hotel in Familienbesitz
liegt direkt neben der Puerta de la Ciudad
und besitzt nette, lichtdurchflutete Zimmer.

Hostal Los Arupos
PENSION $$

(☎ 07-258-2601; Juan de Salinas zw. 18 de Noviem-
bre & Sucre; Zi. 20 US$/Pers.) Im Fußboden
dieses blitzblanken Hauses kann man sich
spiegeln. Die großen Zimmer haben heiße
Duschen und Kabelfernsehen.

Grand Victoria
Boutique Hotel
HISTORISCHES HOTEL $$$

(☎ 07-258-3500; www.grandvictoriabh.com; Ecke
Valdivieso & Eguiguren; EZ/DZ mit Frühstück
116/140 US$; P ❄ @ 🛜 🐾) Das Grand Victo-
ria bringt Boutiquehotel-Feeling nach Loja:
Hier wurde an alle kleinen Details wie Bade-
mäntel, Rosenblätter, edelste Baumwollbett-
laken und Aromatherapie im Poolbereich
gedacht. Den superkomfortablen Zimmern
mangelt es allerdings am Charme der Gemeinschaftsbereiche. Im Hotel und den drei
internationalen Restaurants ist der Service
weit überdurchschnittlich.

 Essen

Lojas Spezialgerichte sind längst lobend in
aller Munde, aber bis vor Kurzem schien
es noch undenkbar, dass irgendwann anspruchsvollere, zum Verweilen einladende
Cafés und Restaurants aufmachen. Doch
plötzlich gibt es jede Menge davon.

Lojas bekannteste Spezialität namens
cuy wird normalerweise sonntags aufge-
tischt. Zu den lokalen Köstlichkeiten zählen ansonsten auch *cecina* (gesalzenes, gebratenes Schweinefleisch mit Maniok) und
einige der besten *humitas* (Maisknödel)
des Landes.

Lokale, die saftige Grillhähnchen servieren, säumen die Alonso de Mercadillo westlich der Bolívar. Einen viertel Gummiadler
mit Suppe und Pommes gibt's für ca. 2 US$.

El Jugo Natural
SAFTBAR $

(Eguiguren 14-20; kleine Gerichte 1–4 US$; ⊙ 7–20
Uhr) Echte Biosäfte, Joghurtshakes und Obst-
salate stehen auf der Karte dieses kleinen
Cafés, Lojas ultimativem Frühstückslokal
und beliebtem Treff langjähriger Kunden.
Es ist seit über 30 Jahren im Saftgeschäft.

El Tamal Lojano
ECUADORIANISCH $

(18 de Noviembre 05-12; kleine Gerichte 1–4 US$,
Mittagsmenüs zum Festpreis 2 US$; ⊙ Mo–Sa
8–20 Uhr) Die *almuerzos* schmecken prima.
Hauptgründe für einen Besuch sind aber
die köstlichen *quimbolitos*, *humitas*, *empanadas de verde* und *tamales lojanos*. Kurz
gesagt: Hier sind sämtliche Küchenklassiker
der Region Loja vertreten.

Biscuit & Co
CAFÉ $

(Ecke 24 de Mayo & Rocafuerte; Snacks & kleine
Mittagsgerichte 2–6 US$; ⊙ Mo–Fr 10–21, Sa
18–22 So 10–19 Uhr) Schwer zu sagen, wann

KÖSTLICHES AUS DEM SÜDEN

In vielen Auslands-Ecuadorianern erweckt nichts mehr Heimweh als der Duft von *deli-
cias* (Köstlichkeiten bzw. Delikatessen) auf Kochbananen- oder Maisbasis. Die sind
typisch für das hiesige Hochland, werden aber, wie jeder weiß, in Richtung Loja immer
leckerer. Viele Einheimische spülen dieses Essen mit Kaffee hinunter oder garnieren es
mit *ají* (scharfer Sauce). Ein kleiner Vorgeschmack:

Humita Maisklops, gedünstet in einer Maisschale; salzige Varianten *(sal)* werden mit
Käse serviert, *dulce* (süß) bedeutet oft Anisaroma.

Quimbolito Leichter Maismehlkuchen, der in *achira*-Blättern gedünstet und normalerweise mit einer Rosine garniert wird.

Tamales de Loja Ähnelt der *humita*, wird aber in der Regel mit Hühnerhackfleisch gefüllt.

Empanada Knusprige, zartgolden frittierte Teigtasche mit süßer oder pikanter Füllung;
die *masa* (Teig) von *empanadas de verde* besteht aus jungen Kochbananen, *empanadas
de maíz* basieren auf Mais.

Tortilla de choclo Gegrillter Pfannkuchen aus grobem Maismehl.

Maduro con queso Gegrillte, süße Kochbanane mit Käse.

Bolón de verde Kugel aus dem Mus junger Kochbananen; wird von Hand geformt, frittiert und mit Würstchen serviert.

LA VIRGEN DEL CISNE

In ganz Ecuador (vor allem aber in der Provinz Loja) sind Figürchen, Schreine, Amulette und viele andere Gegenstände der Virgen del Cisne (Jungfrau des Schwans) gewidmet. Der Legende nach stand die Jungfrau Maria einem mittelalterlichen Ritter bei, der vor seiner Geliebten in einem schwanenförmigen Boot erschien. Die Galanterie des Ritters und der freundliche Beistand der Jungfrau begeisterten Franziskanermönche so sehr, dass diese Skulpturen der „Virgen del Cisne" in ganz Europa aufstellten. Eine dieser Statuen wurde später von den Franziskanern nach Ecuador gebracht. Dort schreibt man ihr seitdem viele Wunder zu (vor allem in Verbindung mit Krankheiten und Stürmen).

Ehrfürchtige *campesinos* (Bauern) stellten die heutige Virgen 1594 in einer Kleinstadt auf, die ebenfalls El Cisne heißt und 70 km westlich von Loja liegt. Diese „Originaljungfrau" mit vergoldeten Gewändern und mächtiger Krone steht den Großteil des Jahres über im örtlichen Santuario, einer Kathedrale im gotischen Stil. In anderen Landesteilen tragen die Virgens del Cisne oft Gewänder, die sich an indigenen Trachten orientieren – oder mitunter sogar Ecuadors Flagge (vor allem, wenn die Fußballnationalmannschaft ein wichtiges Spiel bestreitet).

Zu Ehren der Jungfrau feiert El Cisne am 15. August ein riesiges Fest, nach dem Tausende Pilger aus Ecuador und Nordperu die Statue auf ihren Schultern nach Loja tragen. Viele Gläubige laufen dabei selbst die gesamte Strecke mit. Am 20. August kommt die Jungfrau schließlich in Loja an und wird dort feierlich in der Kathedrale aufgestellt. Am 1. November geht das Ganze umgekehrt vonstatten: Die Statue verbleibt dann bis zum nächsten August wieder in El Cisne, wo auch am 30. Mai ein bedeutendes (wenn auch kleineres) Fest steigt.

Fast das ganze Jahr über finden Tagestouren und Bustrips ab Loja oder Catamayo in das Dorf statt, wo die Teilnehmer El Santuario und die Statue besichtigen. An Prozessionstagen besteht dafür aber keinerlei Chance: Dann geht jedermann zu Fuß – die Straße ist so voll mit Pilgern, dass Kraftfahrzeuge nicht durchkommen. Seit ein paar Jahren begleiten jedoch Radfahrer die Gläubigen auf der herrlichen Route durch die Berge. Egal, wie man Letztere zurücklegt: Diese Demonstration von Hingabe versetzt einen immer in Erstaunen.

ein Abstecher in dieses entzückende französisch-ecuadorianische Lokal am empfehlenswertesten ist. Vielleicht am frühen Abend, als Auftakt zu einem ausgedehnten Kneipenbummel. Bei dem Angebot, das von Biotees über Quiches bis zu Süßem reicht, müsste eigentlich für jeden Geschmack etwas dabei sein.

Lecka Bistro Alemán DEUTSCH **$**
(24 de Mayo zw. Riofrío & Azuay; Mahlzeiten um 5 US$; ⊙ Mo–Fr 17–22.30 Uhr) Gute deutsche Küche in gemütlichem Ambiente. Besonders lecker schmecken die Kuchen und das Bier.

★ Riscomar MEERESFRÜCHTE **$$**
(www.riscomarloja.com; Ecke Rocafuerte & 24 de Mayo; Hauptgerichte 10 US$; ⊙ Mo–Sa 9–16 & 19–22, So 9–16 Uhr) Das Riscomar ist eins der besten Meeresfrüchtelokale von Loja und hat köstliches Ceviche; das Ambiente ist gediegen, aber unprätentiös. Eine überraschende Erweiterung des Speiseplans stellt das *chivo en cerveza* (in Bier mariniertes Ziegenfleisch) dar.

Dejà Vu INTERNATIONAL **$$**
(☎ 07-258-2347; http://restaurantdejavuloja.com; Bernardo Valdivieso, Centro Comercial Colibrí; Hauptgerichte 7–18 US$; ⊙ Mo–Sa 11–22 Uhr) Bedienung: befriedigend. Fleisch und Fisch: gut. Blick vom Balkon über den Parque Central: sehr gut. Wer sich am Wochenende einen aussichtsreichen Sitzplatz sichern möchte, muss allerdings reservieren. Zugang über die Treppe vom Einkaufszentrum im Erdgeschoss.

Forno di Fango PIZZERIA **$$**
(☎ 07-258-2905; Ecke 24 de Mayo & Azuay; Pasta 4–8 US$, Pizza 7–18 US$; ⊙ 12–22.30 Uhr) Die Pastas und Salate dieses italienischen Lokals sind gelungener als die Pizzas. Am allerbesten schmeckt die Salsa! Auch Lieferservice.

🍷 Ausgehen & Unterhaltung

Viele Cafés haben abends ein schlichtes Livemusik-Programm, machen dafür aber kaum Werbung.

★ **Zarza Brewing Company** BRAUEREIKNEIPE
(Ecke Puerto Bolívar & Esmeraldas; ⊙ Mo–Sa abends) Zarzas, im Viertel El Valle, ist eine nagelneue Kleinbrauerei, die anscheinend bei Einheimischen genauso gut ankommt wie bei Expats. Der texanische Eigentümer kennt das Mikrobrauereigeschäft offenbar aus dem Efeff. Hier gibt's ein himmlisches Irish Stout, die wahrscheinlich schärfsten Barbeque-Rippchen von ganz Ecuador und oft auch Livemusik. Ein Taxi hierher kostet 1 US$.

★ **Café Victoria** CAFÉ
(Lourdes zw. Peña & 24 de Mayo; ⊙ Mo–Fr 10–13 & 15.30–19.30, Sa 15.30–19.30 Uhr) In diesem ganz hervorragenden kleinen Café wird der beste Kaffee weit und breit gebrüht; die Bohnen gibt es auch zu kaufen. Die Besitzer sind Experten, was den Kaffee von Loja angeht, und es ist eine wahre Freude zu erleben, dass der köstliche Kaffee von den *fincas* (Bauernhöfen) der Gegend endlich einmal irgendwo voller Stolz und Selbstbewusstsein präsentiert und serviert wird.

El Viejo Minero KNEIPE
(Sucre 10-76) Die rustikale alte Kneipe ist ideal, um bei Bier und Snacks in freundlicher Kneipenatmosphäre zu relaxen.

ⓘ Praktische Informationen

GELD
Banco del Pichincha (Ecke Bernardo Valdivieso & 10 de Agosto) Hat funktionierende Geldautomaten.

INFOS IM INTERNET
www.loja.gov.ec Dies ist die Website der Stadtverwaltung.
www.lojanos.com Lojas „virtuelle Gemeinde".

INTERNETZUGANG
Cyberpower (Ecke Riofrío & Sucre; 1 US$/Std.; ⊙ 8–20 Uhr)

MEDIZINISCHE VERSORGUNG
Clínica San Augustín (☏ 07-258-7339; www.hospitalclinicasanagustin.com; Ecke 18 de Noviembre & Azuay) Ein Krankenhaus, das auch Ausländern empfohlen werden kann.

NOTFALL
Polizei (☏ 07-257-5606; Valdivieso zw. Imbabura & Quito) Unmittelbar nördlich der Innenstadt.

POST
Post (Ecke Colón & Sucre)

TOURISTENINFORMATION
Ministerio del Medio Ambiente (☏ 07-257-9595/258-5927; Sucre 4-35, St.) Verwaltet den Parque Nacional Podocarpus; gut für Infos und einfache Karten.
Touristeninformation (iTur; ☏ 07-258-1251/257-0485; Ecke Bolívar & Eguiguren; ⊙ Mo–Fr 8–18, Sa 9–18 Uhr) Ist hilfreich und gibt diverse Karten aus.

WÄSCHEREI
VIP Lavandería (Alonso de Mercadillo zw. Olmedo & Peña; 0,85 US$/kg; ⊙ Mo–Fr 8–13 & 14–18, Sa 15–18 Uhr)

ⓘ An- & Weiterreise

BUS & TAXI
Fast alle Busse starten ca. 2 km nördlich vom Zentrum am **Busbahnhof** (Av Cuxibamba). Ein iTur-Büro gibt dort nützliche Tipps.

Vilcabambaturis schickt schnelle Minibusse nach Vilcabamba (1,30 US$, 1 Std., 6.15–21.15 Uhr alle 15–30 Min.). Schneller geht's mit einem *taxi colectivo* (Sammeltaxi; 2 US$, 45 Min.) ab der Avenida Universitaria, die ca. zehn Blocks südlich der Mercadillo in Loja verläuft. Am besten bittet man einen lokalen Taxifahrer, einen zur Taxihaltestelle an der Ruta 11 de Mayo zu bringen.

Nach Huaquillas, dem Hauptgrenzübergang nach Peru, empfiehlt sich der Bus um 17 Uhr (10 US$, 7 Std.), um einen Umweg über Machala zu vermeiden. Loja ist auch Abfahrtspunkt von Bussen zu den südlichen Grenzübergängen in Richtung Peru: Macará und Zumba (inzwischen über eine nagelneue direkte Straße von Loja nach Jaén in Peru mit dem Nachbarn verbunden).

Ohne Zwischenstopp in Macará geht's mit Loja International direkt von Loja nach Piura in Peru (10 US$, 9 Std.). Der Bus hält kurz an der Grenze, lässt Passagiere die Aus- und Einreiseformalitäten erledigen und rollt dann weiter nach Piura. Am besten kauft man sein Ticket spätestens einen Tag vor dem Start.

Zu den meisten Zielorten bestehen zahlreiche Verbindungen.

FLUGZEUG
Loja wird vom Flughafen La Toma bedient, der 30 km weiter westlich in Catamayo liegt. Die Busse Richtung Macará halten dort (1 US$). **TAME** (☏ 07-257-0248; www.tame.com.ec; Av Ortega nahe 24 de Mayo; ⊙ Mo–Fr 8.30–13 & 14.30–18, Sa 9–13 Uhr) fliegt nach bzw. ab Quito (Mo–Sa) und Guayaquil (Mo–Fr) für rund 75 US$ einfach.

ⓘ Unterwegs vor Ort
Die meisten Taxifahrten innerhalb der Stadt kosten ca. 1 US$. Für Trips zum Flughafen bestellt

TÄGLICH VERKEHRENDE BUSES AB LOJA

ZIEL	PREIS (US$)	FAHRZEIT (STD.)
Ambato	12	11
Catamayo	1	¾
Cuenca	7,50	5
Gualaquiza	6	6
Guayaquil	10	8–9
Macará	6	6
Machala	6	5
Piura (Peru)	10	9
Quito	14–17	14–15
Riobamba	11	9–10
Zamora	2,40	2
Zumba	7,50	6

man am besten ein Taxi bzw. einen Shuttle-service (5 US$/Pers., 40 Min.) übers Hotel oder nimmt am Busbahnhof einen Bus nach Catamayo (1 US$, 45 Min.).

Parque Nacional Podocarpus

Der Podocarpus-Nationalpark (Eintritt frei, Refugio 3 US$) nimmt den Großteil des Dreiecks zwischen Loja, Zamora und Vilcabamba ein. Zudem erstreckt er sich sehr weit in Richtung Südosten. Der gewaltige Höhenunterschied innerhalb der Parkgrenzen reicht von ca. 900 m (Tieflandbereich) bis über 3600 m (Hochlandbereich). Aus diesem Grund zählt Podocarpus zu den artenreichsten Gebieten der Welt: Ungefähr 40 % der schätzungsweise 3000 Pflanzenspezies sind endemisch; zudem wurden an die 600 Vogelarten gezählt. Außerdem tummeln sich hier seltene Säugetiere wie Füchse, Hirsche, Pumas, Bergtapire und Bären.

Die facettenreiche Landschaft ist faszinierend; der hochgelegene, windige *páramo* erinnert ein bisschen an einen Meeresboden voller Korallen. Seen füllen glaziale Mulden wie Juwelen, und die märchenhaften Wälder werden vom rauen Wetter gebeutelt. Überall schallt das Summen bzw. Pfeifen von Insekten und Vögeln durch dichte, hoch aufragende Wälder.

Der Park ist nach der riesigen Steineibe (Podocarpus) benannt, Ecuadors einzigem einheimischem Nadelbaum. Den bekommen Besucher aber nicht unbedingt zu Gesicht: Holzfäller haben schon vor langer Zeit den Großteil des Bestands vernichtet. Auch größere Säugetiere lassen sich kaum blicken – sie wurden durch Bejagung stark dezimiert

und in die Tiefen des Waldes getrieben. Obwohl das Gebiet unter Naturschutz steht, halten illegale Holzfällerei und Jagd weiterhin an. Obendrein leiden alle Habitate des Parks zunehmend unter der Landwirtschaft und dem Bergbau (legal oder illegal).

Nichtsdestotrotz sind hier zahllose Vogelarten zu Hause: Den Hochlandbereich bevölkern z. B. Tränenbergtangare, Andenschopfohren, Augenbrauenhemispingusse, Südliche Perlstachelschwänze und andere Spezies mit exotisch klingenden Namen. Der Tieflandbereich beheimatet u. a. Kupfer-Glanzvögel, Weißhalssittiche oder Siebenfarbentangare.

In beiden Bereichen ist regelmäßig mit starken Regenfällen zu rechnen. Die Zeit von Oktober bis Dezember ist meist am trockensten.

HOCHLANDBEREICH

Der Zugang zum Hochlandbereich des Parks erfolgt 10 km südlich von Loja über die Rangerstation Cajanuma, bei der auch der Eintritt bezahlt wird. Von hier führt eine unbefestigte Piste (8,5 km) bergauf zum Parkbüro und dem angrenzenden Refugio (Hütte 3 US$/Pers.), wo sieben einfache Hütten mit Matratzen und ein Zeltplatz warten.

Am *refugio* beginnen ein paar kurze, gewundene Pfade für Nebelwaldwanderungen auf eigene Faust. Anstrengender und länger ist der Rundwanderweg Los Miradores (hin & zurück 5 km, 4 Std.), der durch den Nebelwald bergauf in den *páramo* (mit stürmischen Winden rechnen) hineinführt. Zu den Lagunas del Compadre im Hochland geht's über einen Nebenpfad der Mirado-

CABAÑAS YANQUAM

Östlich von Zamora passiert der Río Nangaritza die weite Cordillera del Cóndor. Diese unvergleichlich artenreiche Region ist auch die Heimat der indigenen Shuar-Gemeinden. Die Anreise per Boot erfolgt über einen Nebenfluss mit schwarzem bzw. bräunlichem Wasser, das seine Farbe von natürlichen Tanninen erhält. Unterwegs sieht man seltsame Felsformationen, Wasserfälle, seltene Vögel und Klippen voller Orchideen. Die **Cabañas Yanquam** (☎ 099-947-0740; www.lindoecuadortours.com; Zi. mit Frühstück 30 US$/Pers., Mittag-/Abendessen 10 US$, Bootsfahrt 30 US$/Pers., min. 4 Pers.) außerhalb von Las Orquídeas, wo sich der Flusshafen befindet, führen einen in eine vergessene Welt, in die nur ganz wenige Reisende noch tiefer eindringen. Die Betreiber bieten faszinierende zwei- bis dreitägige Touren zu Sehenswürdigkeiten der Umgebung an, darunter zu Schluchten und Höhlen, in denen Fettschwalme nisten.

res-Route, für den die meisten Wanderer hin und zurück mindestens drei Tage brauchen (einfache Strecke 14,5 km). Achtung: Zwischen dem Weganfang und den Seen gibt's keinerlei Wasserquellen.

Das Ministerio del Medio Ambiente (Umweltministerium) in Loja liefert detaillierte Infos. In der Rangerstation werden einfache Karten verteilt.

ℹ An- & Weiterreise

Ein Taxi von Loja zur Rangerstation Cajanuma kostet 5 US$ – hoch zum Parkbüro/*refugio* ungefähr 10 US$. Wanderer müssen wissen, dass es einen großen Unterschied macht, wofür man sich entscheidet: Von der Rangerstation Cajanuma an der Straße Loja–Vilcabamba sind es 8,5 km zu Fuß bis zum Ausgangspunkt der Hauptwanderpfade. Vom Parkbüro/*refugio* sind es nur 8,5 m! Zwischen der Rangerstation Cajanuma und dem Parkbüro/*refugio* besteht keinerlei Transportmöglichkeit. Wer früh in Loja startet, kann mehrere Stunden lang wandern und danach die 8,5 km zur Straße von Loja nach Vilcabamba zurücklaufen (solange es bergab geht, ist es eigentlich ganz schön). Auf der Parkstraße sind kaum Autos unterwegs – Trampen ist daher eher nicht möglich.

TIEFLANDBEREICH

Der Hauptzugang zum Tieflandbereich erfolgt 6 km südlich von Zamora über die **Rangerstation Bombuscaro**, die an einer unbefestigten Piste am Río Bombuscaro liegt. Vom Parkplatz am Straßenende führt ein breiter Weg hinauf zum Kontrollpunkt (30 Min.). Es stehen zwei einfache **Hütten** (3 US$/Pers.) ohne Matratzen zur Verfügung; man kann auch gratis zelten.

Ab der Rangerstation Bombuscaro schlängeln sich mehrere kurze und gewartete (aber mitunter schlammige) Pfade in

den Wald hinein. Der beliebteste davon hat die **Cascada Poderosa** und die **Chismosa-Wasserfälle** zum Ziel. Auf dem **Los-Higuerones-Pfad** (6 km) und dem **El-Campesino-Pfad** (5 Std.) marschieren Wanderer durch etwas Urwald. Wer topfit ist, schafft den Anstieg auf dem Pfad zum **El Mirador** in ungefähr einer Stunde. Ein weiterer Weg endet an einem tiefen Schwimmloch mit schneller Strömung: der *área fotográfica* am Río Bombuscaro.

Ein seltener benutzter Zweiteingang befindet sich im Nest **Romerillos**, das 25 km südlich von Zamora an einer anderen Straße liegt.

Das Klima ist heiß und feucht, hat aber die wunderschöne Landschaft geschaffen. Der meiste Regen fällt von Mai bis Juli. Im Mai und Juni gibt's die besten Orchideen.

ℹ An- & Weiterreise

Am einfachsten zum Bombuscaro-Eingang geht's per Taxi (4 US$) ab dem Stand hinter Zamoras Busbahnhof. Taxitrips ab Loja kosten 10–12 US$ pro einfache Strecke. Taxifahrer aus Zamora kehren am Tagesende zum Park zurück und holen einen dort ab (zzgl. 4 US$). Alternativ kann man über die flache Straße zurücklaufen (1½ Std.). In Zamora starten auch Busse zum Eingang Romerillos (1,50 US$, 2 Std., 6 & 14 Uhr).

Zamora

13 400 EW. / 970 M

Die heiße, feuchte Hauptstadt der Provinz Zamora-Chinchipe gehört teils zum Oriente, teils zur Sierra. Eingequetscht zwischen diesen Regionen in den Andenausläufern, zieht sie Siedler aus den Hochlandgemeinden Saraguros und Shuar aus dem Amazonasbecken an. Zamora bezeichnet sich selbst als

CUENCA & SÜDLICHES HOCHLAND RUND UM CUENCA

„Stadt der Vögel und Wasserfälle". Besucher zieht es fast immer in den nahegelegenen Parque Nacional Podocarpus.

Die jahrzehntelange Ansiedlung von Bergleuten und das Anwachsen zum Provinzknotenpunkt ließen hier jedoch eine Stadt aus größtenteils gesichtslosen Betonbauten entstehen. Die Renovierung von Brücken, der aufgehübschte Busbahnhof und der wunderschöne *malecón* (Uferpromenade) am Río Zamora haben Zamora allerdings eine gewisse Renaissance beschert. Wer die Uhrzeit wissen will, muss nur nach oben schauen: Den großen Hügel über dem Busbahnhof ziert eine riesige Uhr, deren Minutenzeiger genau 11,31 m lang ist. Dies ist sehr wahrscheinlich die größte Uhr Ecuadors – und manchen Stimmen zufolge auch der Welt.

Sehenswertes

Man sollte sich ruhig etwas Zeit nehmen – und einen Blick auf die Riesenuhr gegenüber von Busbahnhof und Markt werfen. Einen besonders surrealen Anblick bietet sie nachts. Sehenswert ist auch die Plaza mit ihrem Hahnenkamm-Brunnen in der Mitte und den knallig lachsfarbenen Gebäudefassaden ringsum. Die Hauptattraktion von Zamora ist jedoch der nahegelegene Parque Nacional Podocarpus (S. 209). An der Strecke zu dem Nationalpark, kurz vor der Lodge Copalinga, liegt übrigens ein guter **Badeteich**. In Zamora sind nur wenige Straßen beschildert, und wenn, dann nur im Ortskern.

Refugio Ecológico Tzanka   RESERVAT
(07-260-5692; refugioecologicotzanka@yahoo.es; Ecke Mosquera & Tamayo; Erw./Kind 2/1 US$; 9–17 Uhr) Dieses Tierrettungszentrum steht einen Block südwestlich vom Hauptplatz auf einem steilen Hügel. Es beherbergt bunte Papageien, Coatis (Nasenbären), Affen, Faultiere und eine Königsboa. Das Zentrum ermöglicht kurzzeitige Freiwilligenengagements.

Geführte Touren

Bio Aventura Expeditions   ABENTEUERTOUREN
(07-260-7063; j.soto75@hotmail.com; Ecke Amazonas & Orellana; pro Tag 30–50 US$/Pers.) Zamoras bester Tourveranstalter arrangiert geführte Touren zum Podocarpus-Nationalpark (um 30 US$) und Río Nangaritza (um 50 US$). Das Büro befindet sich in dem kleinen Souvenirladen an der Ecke.

Schlafen & Essen

In Zamora gibt's immerhin ein paar sehr ordentliche Unterkünfte. An der Essensfront sieht's weniger gut aus – es sei denn, jemand hegt eine Vorliebe für *bagre* (Wels) oder *ancas de rana* (Froschschenkel). Genauso gut wie in einem der Restaurants kann man auch auf dem Markt essen.

Hotel Betania   HOTEL $
(07-260-7030; Francisco de Orellana; Zi. 15 US$/Pers.; P) Das Betania liegt zwei Blocks westlich vom Busbahnhof und ist ein bequemes, modernes Hotel mit großzügig geschnittenen Zimmern und ordentlichen Betten. Es ist eins der saubersten Budgethotels von ganz Ecuador, und uns gefallen die Nackten in den Duschen (oh la la!).

Hotel Chonta Dorada   HOTEL $
(07-260-6384; Jaramillo nahe Amazonas; EZ/DZ 13/22 US$; P) Eine annehmbare, wenn auch nicht gerade stimmungsvolle Bleibe drei Blocks westlich vom Busbahnhof.

★Copalinga   LODGE $$
(099-347-7013; www.copalinga.com; Vía al Podocarpus Km 3; Hütte EZ/DZ ab 55/84 US$/Pers., ohne Bad 28/50 US$, jeweils mit Frühstück) Vogelbeobachter strömen zu diesem Privatschutzgebiet in belgischem Besitz, um exotische Federträger zu sichten. Doch auch wer sich nicht für Vögel interessiert, wird sich an der Orchideensammlung, den Wegen, den Nektarspendern für Kolibris und der idyllischen Lage erfreuen. In rustikalen oder luxuriösen Hütten können sich Gäste vom Rauschen des Flusses in den Schlaf lullen lassen. Strom aus Wasserkraft versorgt die ganze Lodge; die Mahlzeiten (vom Speisesaal bietet sich eine erstklassige Aussicht auf die Vogelwelt) sind üppig und lecker. Reservierung ist obligatorisch und sollte so früh wie möglich erfolgen. Das Gelände liegt 3 km südöstlich der Stadt, einen 30-minütigen Fußmarsch vom Eingang des Parque Nacional Podacarpus entfernt.

Hotel Samuria   HOTEL $$
(07-260-7801; hotelsamuria@hotmail.com; Ecke 24 de Mayo & Diego de Vaca; EZ/DZ mit Frühstück 25/38 US$; P) Zamoras neuestes Hotel steht einen halben Block nördlich vom Hauptplatz. Es punktet mit festen Betten (in Zamora schlafen die Leute gern auf festen Unterlagen), Haartrocknern, Flachbildfernsehern, relativ ruhigen, modernen, teils engen Zimmern und – angenehm – mit einer Klima-

anlage für heiße Nächte. Das Hotelrestaurant ist eine willkommene Erweiterung des spärlichen Restaurantangebots der Gegend.

★ Tio Bolo
ECUADORIANISCH $

(Ecke Malecón & Av Amazonas; Mahlzeiten 5 US$) Das gefragteste Restaurant von Zamora besticht durch vorzüglich zubereitete Grillgerichte, die in einem gemütlichen, seitlich offenen Lokal mit Blick auf den Fluss serviert werden. Es wäre noch verfrüht zu behaupten, das Tio Bolo habe den *malecón* zur Feinschmeckeradresse gemacht, aber das Potenzial dazu ist eindeutig vorhanden.

La Choza
ECUADORIANISCH $

(Sevilla de Oro; Hauptgerichte 3–9 US$; ⊙ 6.30–20 Uhr) Hier kommen Bratfisch, *churrasco* (gebratenes Steak mit Eiern und Reis) und gebratene Froschschenkel auf den Tisch – Letztere sind Delikatessen und daher teuer. Das Lokal ist zwar ein Alptraum für Gesundheitsfanatiker, aber gut und kredenzt frischen Fisch. Um es zu erreichen, ab dem Hauptplatz in Richtung Uhr laufen!

ⓘ Praktische Informationen

Banco del Austro Auf der Plaza *und* mit funktionierendem Geldautomaten. Ein Treffer!

Hospital (Sevilla de Oro nahe Jaramillo)

Ministerio del Ambiente (☏ 07-260-5318/ 6606; Ecke Sevilla de Oro & Orellana; ⊙ Mo–Fr 8.30–16.30 Uhr) Liefert Infos zum Parque Nacional Podocarpus.

Post (Ecke 24 de Mayo & Sevilla de Oro)

ⓘ An- & Weiterreise

Der **Busbahnhof** (Ecke Av Heroés de Paquisha & Amazonas) liegt gegenüber der großen Uhr.

Zwischen 3 und 23 Uhr fahren Busse fast stündlich nach Loja (2,40 US$, 2 Std.). Zudem geht's nordwärts nach Gualaquiza (3,50 US$, 4 Std., 5-mal tgl.). Wer Cuenca (7 Std.), Guayaquil (rund 11 Std.) oder Quito (rund 16 Std.) zum Ziel hat, begibt sich zuerst nach Loja und nimmt dort einen der regelmäßig startenden Busse.

Busse in Richtung Cabañas Yanquam rollen von Zamora täglich nach Las Orquídeas. Abfahrt täglich um 4, 6.30, 11.15, 12.30 und 15.45 Uhr. In Las Orquídeas muss man für den Rest der Strecke in einen Pick-up umsteigen.

Vilcabamba

4800 EW. / 1500 M

Ach, Vilcabamba: wo sich Berge malerisch über der Stadt erheben, wo die laue Luft gleichbedeutend mit Langlebigkeit steht (nach einer *Reader's Digest*-Story wurde es 1955 für seine vielen Hundertjährigen berühmt), wo Reisende einfach aufgehalten werden, manchmal für Monate oder gar Jahre …

Die wunderschöne Landschaft der Region, das milde Klima und die entspannte Atmosphäre ziehen Scharen von Besuchern an: Backpacker ebenso wie Senioren aus den USA oder Europa. So finden sich auf den Hügeln nun große neue Häuser und in der Stadt eine ganze Anzahl von Betrieben mit Expat-Besitzern; die Gringo-Zuwanderung war auch schon Grund für Konflikte um Grundstückspreise. Andererseits gibt's in der lokalen Tourismus- und Baubranche nun mehr Jobs als jemals zuvor. So zählt Vilcabamba zu den ganz wenigen ecuadorianischen Pueblos, dessen junge Leute sich kaum nach der Großstadt sehnen.

Vilcabamba punktet mit perfektem Wander- und Reitwetter sowie mit Zugang zu entlegenen Bereichen des Parque Nacional Podocarpus. Allerdings kann man hier auch prima abschalten: Legionen von Spezialisten warten nur darauf, einem das Entspannen mit günstigen Massagen, Pediküre und Meditationssitzungen zu erleichtern.

🏃 Aktivitäten

Die meisten Naturforscher bzw. Pferdeführer verlangen ca. 15 US$ für zwei Stunden, 25 US$ für vier Stunden und 35 US$ für einen ganzen Tag.

Die hiesigen Hotels verteilen meist Wanderkarten und unterhalten teils sogar eigene Wegenetze. Viele Wanderwege queren Privatgrundstücke; das Benutzen eines solchen Pfads schlägt eventuell mit einer geringen Gebühr (1–2 US$) zu Buche. Der **Cerro-Mandango-Pfad** führt auf den markanten Berg westlich der Stadt und ist in insgesamt vier Stunden zu bewältigen. In vielen Hostels rät man den Gästen, nur in Begleitung eines Guide loszuziehen, denn vor einigen Jahren hat es auf dem Weg Überfälle auf Touristen gegeben. Der lange Trek zum Wasserfall **Cascada el Palto** (5–8 Std.) im Podocarpus-Nationalpark beginnt am Río Yambala westlich der Stadt. Wer am Nachmittag spontan Lust bekommt zu wandern, läuft fix raus zur kleinen Naturquelle **Agua de Hierro** – einfach den Schildern nach. Die 40 ha der **Rumi-Wilco Ecolodge** (Dreitagespass 2 US$) überzieht ein hervorragendes, markiertes Netz an Pfaden mit Spazierlängen von einer bis zu drei Stunden.

Vilcabamba

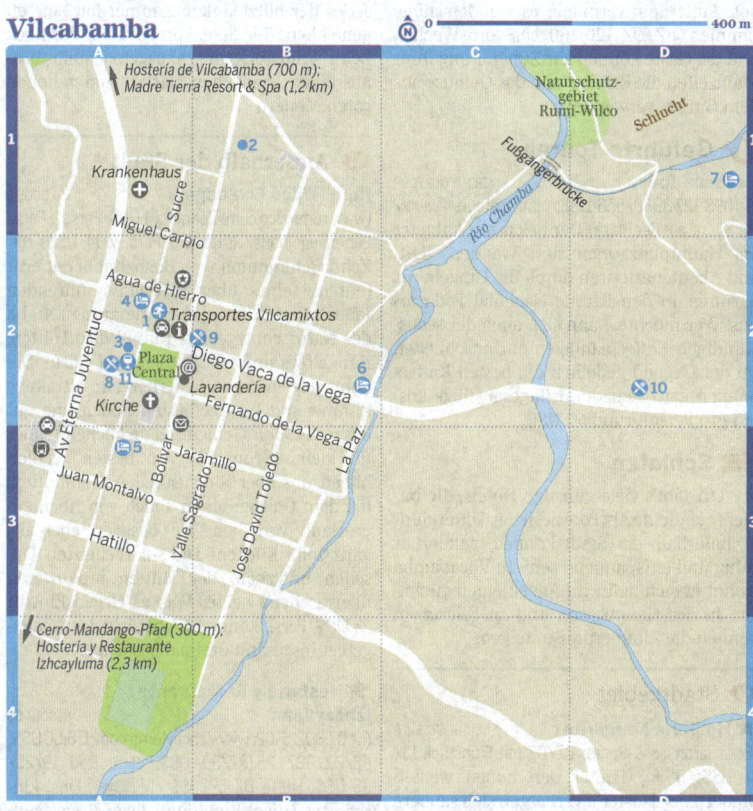

N 0 ————————— 400 m

CUENCA & SÜDLICHES HOCHLAND RUND UM CUENCA

Caballos Gavilán REITEN
(☎ 07-264-0256; gavilanhorse@yahoo.com; Sucre 10-30) Dieses äußerst empfehlenswerte Unternehmen wird von einem Neuseeländer geleitet, der schon jahrelang hier lebt. Gavin begleitet zweistündige bis dreitägige Ausritte mit Übernachtung in seiner Schutzhütte nahe dem Park.

El Chino FAHRRADVERLEIH
(Ecke Sucre & Agua de Hierro) Verleiht Fahrräder und Motorräder für 10/50 US$ pro Tag. Für ein kleines bisschen mehr Geld werden auch Rad- bzw. Motorradtouren angeboten. Im Geschäft nebenan gibt's fabelhafte Skulpturen aus Fahrradteilen – echt sehenswert!

🎓 Kurse

Centro de Meditación GESUNDHEIT & FITNESS
(☎ 098-959-2880; http://mindfulnessmeditationin ecuador.org; Bolívar) Das neue Zentrum hat Meditations- und spirituelle Kurse im Ange-

bot. Außerdem vermietet es wunderschöne Zimmer (EZ/DZ 120/160 US$ pro Woche), und die Gäste können zur Zubereitung ihrer Mahlzeiten die Kräuter und das Gemüse aus dem Garten verwenden.

Geführte Touren

La Tasca Tours ABENTEUERTOUR
(☎ 098-127-3930/556-1188; latascatours@yahoo.ec; Sucre, auf der Plaza) Der bekannte Anbieter am Hauptplatz organisiert Wander-, Reit- und Abenteuertouren durch die Umgebung, darunter in den Parque Nacional Podocarpus. Wer möchte, kann sich auch der sechsstündigen Kaffeeplantagentour anschließen (in der Gegend gedeihen die besten Kaffeebohnen ganz Ecuadors). Tagesausflüge kosten pro Person rund 50 US$.

Schlafen

Vor Ort gibt's viele günstige Hotels, die immer irgendeine Art Pool besitzen. Unterkünfte außerhalb der Stadt können wunderbar ruhig und entspannend sein. In Vilcabamba wohnt es sich dafür im Allgemeinen günstiger. In der Hauptsaison und an Feiertagen können die Zimmerpreise steigen.

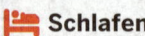 Stadtgebiet

★ Hostería Margarita HOSTERÍA $
(Ecke Jaramillo & Sucre; EZ/DZ mit Frühstück 15/30 US$; P ☒) Hinter den hohen weißen Mauern der Hostería verbergen sich saubere Zimmer, die an ein englisches B&B erinnern, und ein phantastischer Frühstückraum mit Blick auf den üppig grünen Garten samt Pool. Im Unterschied zu anderen Adressen im Zentrum kein ausgesprochener Backpackertreff, aber günstiger als die meisten von ihnen.

Hostal Jardín Escondido HOSTEL $
(☎ 07-264-0281; www.jardin.ec; Ecke Sucre & Agua de Hierro; B/Zi. mit Frühstück pro Pers. 12,50/20 US$; ☎☒) Diese gute Budgetoption umgibt einen ruhigen Garten voller Singvögel. Alle Zimmer besitzen hohe Decken und große Bäder. Zum Frühstück gibt's hausgemachtes Brot und richtig guten Kaffee. Ein perfekter Ort, um andere Traveller kennenzulernen.

Rendez-Vous Hostal Guesthouse HOTEL $
(☎ 099-219-1180; www.rendezvousecuador.com; Diego Vaca de la Vega; EZ/DZ/3BZ 25/35/50 US$, EZ/DZ ohne Bad 16/25 US$, jeweils mit Frühstück; @☎) Auf das Hotel in französischem Besitz könnte der Begriff „Adobe-Chic" zutreffen.

Jedes der blitzblanken Zimmer hat eine eigene kleine Terrasse. Von dort fällt der Blick beim Frühstück mit hausgemachtem Brot auf einen friedlichen Garten hinter hohen roten Mauern.

◉ Außerhalb der Stadt

Rumi-Wilco Ecolodge LODGE $
(www.rumiwilco.com; Zeltplatz 4 US$/Pers., 2-Pers.-Lehmziegelhaus/Hütte pro Pers. 7/14 US$) Zehn Gehminuten vom Busbahnhof entfernt (entlang eines über den Fluss führenden Pfads) warten auf den immergrünen 40 ha des Naturschutzgebiets Rumi-Wilco Hütten, Bungalows und ein Zeltplatz auf Gäste. Die Lehmziegelhäuser beherbergen attraktive Zimmer mit handgefliesten Böden und gut ausgestatteten Gemeinschaftsküchen (super für kleine Gruppen!). Am besten gefallen haben uns aber die rustikalen Pfahlhütten, die dem Ganzen einen Touch von Abenteuerurlaub verleihen. Sie besitzen ebenfalls ganz tolle Küchen! Die solarbeheizten Duschen unterhalb der Hütten produzieren überraschend heißes Wasser. Gegen Eintritt (2 US$/Pers.) können Nichtgäste das Schutzgebiet insgesamt dreimal besuchen.

★ Hostería y Restaurante Izhcayluma RESORT $
(☎ 07-302-5162; www.izhcayluma.com; B 8,50 US$, EZ/DZ/3BZ 25/32/39 US$, ohne Bad 19/25/35 US$, Hütte DZ 59 US$; P☎☒) Das kultivierte Hügel-Refugium liegt 2 km südlich der Stadt und hat ein hervorragendes Preis-Leistungs-Verhältnis. Das Freiluftrestaurant serviert deutsch-ecuadorianische Küche bei weitem Panoramablick. Der „ganzheitliche Wellnessraum" bietet Massagen und andere Behandlungen an. Gäste wohnen in ruhigen und geräumigen Hütten bzw. Zimmern.

Die jüngst erbauten Hütten bieten die beste Aussicht auf den Cerro Mandango; das neue Wegenetz durch die Anlage ist bezaubernd und dazu noch geschmackvoll mit valdavianischen Kulturgegenständen geschmückt. Da das Izhcayluma immer ausgebucht ist, sollte man sein Quartier spätestens eine Woche vorher reservieren. Zu erreichen mit einem Direktshuttleservice (15 US$) vom Hostel La Cigale in Cuenca aus.

Madre Tierra Resort & Spa SPA & RESORT $$
(☎ 07-264-0362; www.madretierra.com.ec; EZ ab 29 US$, DZ 39–79 US$; @☎☒) Hier, an einer Hügelflanke rund 2 km nördlich der

NATURSCHUTZGEBIET TAPICHALACA

Rund 75 km südlich von Vilcabamba beheimatet das kleine **Naturschutzgebiet Tapichalaca** (Eintritt 15 US$) eine von Ecuadors seltensten und am stärksten bedrohten Vogelarten: den Jocotoco-Antpitta *(Grallaria ridgelyi)*, dessen Bestand nicht einmal 20 registrierte Brutpaare umfasst. Die Tiere haben es sich angewöhnt, vom Pfleger ausgelegte Nahrung zu fressen – Sichtungen sind somit recht wahrscheinlich. Obendrein schwirrt es hier den ganzen Tag rund um die Nektarspender für Kolibris. Das übrige Schutzgebiet ist eine Nebelwaldoase in einem stark abgeholzten Gebiet. Um es rechtzeitig zum Antpitta-Frühstück zu erreichen, nimmt man am besten den 5-Uhr-Bus ab Loja oder übernachtet in der schmucken **Lodge** (✆02-227-2013; www.fjocotoco.org; EZ/DZ inkl. 3 Mahlzeiten pro Pers. ab 125/170 US$) im Reservat.

Stadt, herrscht ein starker New-Age Vibe (inkl. Kerzen und heilender Ionen). Die Zimmer zwischen Wasserfällen und Gärten sind stimmig dekoriert. Die neueren Suiten haben Balkone und Steinböden. Die Badezimmer erinnern an Märchenhöhlen!

Hostería de Vilcabamba   HOTEL $$

(✆07-264-0271; www.hosteriavilcabamba.com; EZ/DZ/3BZ 43/60/72 US$; 🅿🛜❄) Dieses hübsche Hotel verbirgt sich auf einem ausgedehnten, vegetationsreichen Gelände am Eingang zur Stadt. Es verfügt über ein Restaurant, einen großen Pool, Sauna, Hamam und zwei attraktiv gestaltete Gebäudeblocks mit ziemlich schicken Zimmern – alle geräumig und mit einem festen Bett, Telefon, Leselampe und Schreibtisch versehen.

✖ Essen & Ausgehen

Midas Touch   FRÜHSTÜCK $

(Sucre 11-35; Frühstücks- & Mittagsgerichte 3–5 US$; ◷Mo & Mi/Do 8–17, Fr–So 8–open end) Das frisch renovierte Lokal hat zwar den ganzen Tag geöffnet, aber sein Hauptanziehungspunkt ist das geniale Frühstück. Besonders hohes Suchtpotenzial haben die Hotcakes mit Banane und Zimt sowie die „Kürbis-Eier". Ein toller Ort zum Abhängen.

La Baguette   DELIKATESSEN $

(Ecke Fernando de la Vega & Sucre; kleine Gerichte ab 2 US$; ◷Mo–Fr 8–13 & 14–18, Sa & So 8–13 & 14–17 Uhr) Französische Leckerbissen *(pain au chocolat*, Quiche) zum Mitnehmen.

⭐ Shanta's Bar   PIZZA $$

(Diego Vaca de la Vega; Hauptgerichte 6–10 US$; ◷Di–So 13–21 Uhr) In einem rustikalen Außenbereich mit Sätteln als Barhocker kredenzt man im Shanta's seit Jahren schon u.a. Pizza und große Teller mit Froschschenkeln. Das Ambiente ist innovativ-rustikal und der

Schnurrbart des Barkeepers hat Fahrradlenker-Format. Einen Versuch wert ist der *licor de serpiente* (Schlangenschnaps).

Jardín Escondido   INTERNATIONAL $$

(www.jardin.ec; Ecke Sucre & Agua de Hierro; Hauptgerichte 5–10 US$; ◷8–20.30 Uhr; 🛜🅿) Mit den leckeren internationalen Gerichten (darunter köstliche vegetarische), die in diesem romantischen Open-Air-Restaurant produziert werden, liegt man immer richtig. Zu den großzügig bemessenen Frühstücksgerichten wird selbstgebackenes Brot gereicht.

Hostería y Restaurante Izhcayluma   ECUADORIANISCH $$

(✆07-264-0095; www.izhcayluma.com; Hauptgerichte 4–7 US$; ◷Di–So 8–11 & 12.30–18.30, Mo 8–11 Uhr; 🅿) Der Weg zum Izhcayluma auf einem Hügel lohnt sich: Auf der Karte stehen bayrische Spezialitäten, ecuadorianische Klassiker und tolle vegetarische Gerichte.

La Terraza   INTERNATIONAL $$

(Ecke Diego Vaca de la Vega & Bolívar; Hauptgerichte 5–8 US$; ◷9–21.30 Uhr) An den Tischen draußen auf dem Hauptplatz kann man gut Leute beobachten. Zu essen gibt's internationale Klassiker wie Burritos, Sandwiches und ein paar asiatische Nudelgerichte.

Juice Factory   SAFTBAR

(◷Di–Sa 8-16 Uhr) 🌿 Leckere Säfte, aber auch gute, gesunde kleine Mittagsgerichte. Ein Teil des Gewinns fließt in Gemeindehilfsprojekte.

ℹ Praktische Informationen

Auf dem Pfad hinauf zum Cerro Mandango kam es schon zu gewaltsamen Überfällen. Um Probleme bei Wanderungen zu vermeiden, lässt man Kamera, Bargeld und MP3-Player am besten immer im Hotel.

Banco de Guayaquil (Ecke Bolívar & Diego Vaca de la Vega) Bankfiliale mit Geldautomat.

Internet (Bolívar, an der Plaza; 1,15 US$/Std.; ☺ 9–21 Uhr)

Krankenhaus (☎ 07-264-0188/267-3188; Av Eterna Juventud nahe Miguel Carpio)

Polizei (☎ 07-264-0896; Agua de Hierro nahe Bolívar)

Post (Bolívar zw. Fernando de la Vega & Jaramillo)

Touristeninformation (iTur; ☎ 07-264-0090; Ecke Bolívar & Diego Vaca de la Vega; ☺ Mo–Sa 8–13 & 15–18, So 8–13 Uhr) Hilfsbereite Mitarbeiter, gute Infos und Karten für Wanderungen in der Umgebung.

Wäscherei (Bolíva, an der Plaza; 1 US$/kg; ☺ 8–21 Uhr)

ℹ Anreise & Unterwegs vor Ort

Die grün-weißen Pick-up-Trucks der Taxikooperative **Transportes Vilcamixtos** auf dem Hauptplatz sind nicht zu übersehen. Die meisten Fahrten zu nahe gelegenen Zielen kosten 1,50 bis 4 US$.

Busse, Minivans und Taxis starten am winzigen **Busbahnhof** (Eterna Juventud & Jaramillo). Sammeltaxis nach Loja (2 US$, 45 Min.) brechen auf, wenn vier Personen an Bord sind. Minibusse von Vilcabambaturis rollen immer zur vollen Stunde nach Loja (1,30 US$, 1 Std.).

Auf der Südroute von Loja nach Zumba (6,50 US$, circa 5 Std.) und zur peruanischen Grenze halten die Busse in Vilcabamba. Jenseits der Grenze besteht Anschluss nach Chachapoyas in Peru. Bei Drucklegung dieses Buches richtete **Transportes Nambija** (☎ 07-257-9018; Loja) auch einen Nachtbus-Direktservice von Loja über Vilcabamba und Zumba nach Jaén in Peru ein (von dort fahren *colectivos/* Busse nach Chachapoyas).

Zumba & die peruanische Grenze

Die meisten Traveller kehren in Vilcabamba um. Doch eine zunehmend ausgebaute Straße nach Süden Richtung Zumba und Peru könnte bald mehr Reisende dazu einladen, auf dieser Strecke weiter zu fahren, um zu den Weltklasse-Ruinen nahe Chachapoyas zu gelangen.

Während der ecuadorianisch-peruanischen Kriege (1940er- bis 1990er-Jahre) war Zumba ein wichtiger Militärstützpunkt. Obwohl die Kampfhandlungen beendet sind, befindet sich hier immer noch eine ecuadorianische Garnison. Deren Soldaten bevölkern den ganzen Ort und haben nicht viel mehr zu tun, als Frauen hinterherzupfeifen. In Zumba gibt es zwar einfache *hostales*

(B 5 US$/Pers.), aber die meisten Besucher kommen, um die abenteuerliche Reise ins Landesinnere von Peru anzutreten. San Ignacio (Peru) eignet sich zum Nächtigen am besten und ist mit einer ganztägigen Fahrt ab Loja oder Vilcabamba erreichbar.

Von Loja nach Zumba fahren u. a. Transportes Nambija (s. o.; 7,50 US$, 6–7 Std.) und Busse von Cooperativa Cariamanga; alle halten eine Stunde nach der Abfahrt von Loja in Vilcabamba.

Von Zumba aus rollen *rancheras* (offene Pick-up-Trucks) um 8, 10.30 und 17.30 Uhr zur Grenzstation La Balsa (2,75 US$, 1½–2½ Std.), wo man seinen Ein- bzw. Ausreisestempel bekommt. Je nach Wetter kann der Straßenzustand zwischen Zumba und La Balsa sehr unterschiedlich sein. Jenseits der „internationalen Brücke" fahren peruanische *taxi colectivos* nach San Ignacio (9 *soles*/3 US$, 1½ Std.), wo es Übernachtungsmöglichkeiten gibt. Geld wechseln kann man in La Balsa oder, falls es dort nicht klappt, in San Ignacio.

In San Ignacio besteht regelmäßig Minibusverbindung nach Jaén (3,50 US$, 3 Std., ab 4 Uhr). Dort geht's per *mototaxi* (Motorradtaxi) zur *colectivo*-Haltestelle, wo Sammeltaxis nach Bagua Grande (1 Std.) starten. In Bagua Grande nimmt man dann einen Bus nach Chachapoyas (3 Std.), die erste Ortschaft von nennenswerter Größe.

Die Region Catamayo

Loja wurde zweimal gegründet: Zuerst 1546 auf dem heutigen Gebiet von Catamayo (21 982 Ew.), dann zwei Jahre später an seinem aktuellen Standort. Doch trotz seiner langen Geschichte ist Catamayo bis auf den Flughafen La Toma (bedient das 30 km entfernte Loja) nicht weiter bemerkenswert.

Rund 15 km westlich von Catamayo führt eine anständige Asphaltstraße durch das Dorf San Pedro de la Bendita. Dort befindet sich die Abzweigung zum Nest El Cisne, das als Heimat der berühmten Virgen del Cisne ca. 22 km weiter nördlich liegt.

Etwa 40 km südlich von Catamayo säumt Gonzanamá die südlichere von zwei Straßen nach Macará. Gonzanamá ist für seine Weber und die Produktion von *alforjas* (Satteltaschen) bekannt. Nach Durchqueren der Dörfer Cariamanga und Sozoranga endet die Straße schließlich in Macará an der Grenze. Die Unterkünfte entlang der Strecke sind von der ultra-schlichten Sorte.

Ab Lojas Busbahnhof besteht regelmäßig Verbindung zu allen aufgeführten Ortschaften.

Catacocha

12 000 EW. / 1886 M

Catacocha (alias Las Paltas) gehört seit 1994 offiziell zu Ecuadors nationalem Kulturerbe. Die Bewohner des Ortes sind stolz auf die Andachtsstätten, die sonnenverbrannten Lehmziegelhäuser und die Holzbalkone, beginnen aber erst, touristisches Kapital daraus zu schlagen. Insofern kann man auf einem Spaziergang durch die hiesigen Straßen wunderbar den zeitlosen Zyklus des Hochlandlebens bewundern.

Der **Sonntagsmarkt**, auch Las Paltas genannt, ist Catacochas wichtigstes Ereignis der Woche: Im Morgengrauen rufen Kirchenglocken jedermann zur Messe auf der **Plaza Independencia**. Ab 7 Uhr werden dann selbst gemachter Käse, Eselsättel, frische Eier vom Bauernhof und bergeweise Gemüse im ganzen Ort ver- bzw. gekauft. Zu Sonnenuntergang treffen sich Senioren und gelangweilte Jugendliche auf derselben Plaza.

Der **Templo de Lourdes** beherbergt sehenswerte Repliken berühmter religiöser Gemälde aus Europa. Obwohl die Kirche wohl kaum mit dem Louvre zu verwechseln ist, verleihen die Leinwände (bemalt von einem einheimischen Mönch) dem Ganzen eine tief religiöse, wenn auch leicht kitschige Atmosphäre.

Die berüchtigte **Peña de Shiricalupo** ist ein Heiligenschrein, dessen Mirador einen schwindelerregenden Blick auf das Casanga-Tal bietet. Der Zugang erfolgt durch das kleine Krankenhaus fünf Minuten zu Fuß von der Plaza Independencia entfernt.

Die sauberen, hellen Zimmer des **Hotel Tambococha** (Ecke 25 de Junio & Lauro Gerrero; Zi. 10 US$/Pers.) punkten mit Kabelfernsehen, elektrisch beheizten Duschen und Aussicht auf die Plaza Independencia.

Esslokale sind Mangelware, aber gegen Sonnenuntergang werden an Straßenständen leckere Sachen gebrutzelt. Die in der Nähe der großen „Indio"-Statue haben auf uns den besten Eindruck gemacht.

Der **Municipio** an der Plaza Independencia liefert Touristeninformationen. Ebenfalls an der Plaza gibt's neben Telefonstuben auch Internetcafés und Geldautomaten.

Auf dem Weg von Loja nach Macará und Piura (Peru) halten Busse auch in Ca-tacocha (2,50 US$, 2 Std.). In den schnelleren *colectivos* nach Loja werden 5 US$ verlangt.

Macará & die peruanische Grenze

15 750 EW. / 470 M

Die abschüssige Landschaft zwischen Catacocha und peruanischer Grenze eröffnet weite Blicke auf Berge und tiefe, atemberaubende Täler, die dann Hügeln mit tropischem Trockenwald weichen. Lehmziegelruinen brüten in der heißen Sonne, und Vieh streift frei entlang der Straße umher.

Am Ende des Weges wartet eine Enttäuschung: Macará – ein gottverlassener Grenzort, aber vergleichsweise harmlos. Auf den Straßen und in den Hotelzimmern des zwischen Reisterrassen eingebetteten Städtchens hüpfen zahllose Grillen herum. Wer hier nach Ecuador einreist, braucht sich aber nicht zu sorgen: Auf der Weiterreise nach Norden bessert sich die Lage.

Typisch für den Trockenwald der Gegend sind die Ceiba- bzw. Kapok-Bäume mit ihren grünlichen, dicken Stämmen und knorrigen, normalerweise blattlosen Ästen. Majestätisch thronen sie an Hügelflanken, die ansonsten leider ganz zur Schaffung von Weideflächen abgeholzt wurden. Die einsamen Giganten dieser öden Gegend blieben nur von der Kettensäge verschont, weil ihre größtenteils hohlen Stämme nur wenig Nutzwert haben.

Wer dieses Ökosystem in besserem Zustand bewundern will, begibt sich zum **Naturschutzgebiet Jorupe** (☑in Quito 02-250-5212; www.fjocotoco.org; Eintritt 15 US$), das die Fundación Jocotoco außerhalb von Macará unterhält. Jorupe ist in erster Linie ein Vogelschutzgebiet und beheimatet z. B. Nacktwangen-Blauraben, Blauscheitel-Motmots oder Ecuadorianische Trogone. Das Schutzgebiet zwischen Macará und Sozorongo ist am besten per Taxi erreichbar (3 US$, 5 km). Ein Besuch sollte möglichst im Voraus arrangiert werden. Und um möglichst viel aus dem Aufenthalt im Naturreservat herauszuholen, empfiehlt sich eine Übernachtung in der **Lodge** (☑in Quito 02-250-5212; www.joco toursecuador.com/en/our-lodges/urraca-lodge-jorupe-reserve; EZ/DZ 146/256 US$).

🛏 Schlafen & Essen

Übernachtungsmöglichkeiten sind zahlreich und billig; Verpflegungsmöglichkeiten dagegen – abgesehen von zwei rühmlichen Ausnahmen – selten und schäbig.

Hotel Los Arrozales HOTEL $

(☎07-269-5381; Ecke 10 de Agosto & Amazonas; EZ/DZ 15/28 US$; P✿☎) Los Arrozales („die Reisfelder"; nach dem ökonomischen Hauptstandbein des Ort benannt) ist die Nobelherberge von Macará: sie hat makellos saubere, große Zimmer mit Klimaanlage und Bad, kleine Terrassen und sogar eine Cafeteria.

Hostal Santigyn HOTEL $

(☎07-269-4539; Ecke Bolívar & Rengel; Zi. mit Frühstück ab 9 US$/Pers.; ✿) Über der Rezeptionstheke des sauberen, feschen Hotels hängt das Bild einer kiffenden Mona Lisa. Die kleinen, aber hellen Zimmer in verschiedenen Größen verfügen über Kabelfernsehen. Teilweise sind sie auch mit einer Klimaanlage ausgestattet.

Caña y Tapa TAPAS $

(☎07-269-4970; Amazonas 41-15; Tapas 3–8 US$; ☺Mo–Do 11–22, Fr & Sa 11–23.30 Uhr) Eine lauschige Tapasbar.

D'Marco's ECUADORIANISCH $

(Jaime Roldos, nahe Amazonas; Hauptgerichte 5–6 US$) Nettes Seafood-Lokal.

ⓘ Praktische Informationen

Banco de Loja (Ecke Ventimilla & Calderón) hat einen Geldautomaten (Höchstbetrag: 200 US$), wechselt aber keine Auslandswährung. Peruanische *soles* muss man sich daher direkt an der Grenze besorgen.

ⓘ An- & Weiterreise

Über Catacocha fahren Busse von **Transportes Loja Internacional** (☎07-269-4058; Ecke Lázaro Vaca & Juvenal Jaramilla) nach Loja (6 US$, 6 Std., 6-mal tgl.). **Unión Cariamanga** (☎07-269-4047; Ecke Loja & Manuel E Rengel) schickt mehrmals täglich Busse über Cariamanga nach Loja (6 US$, 6 Std.).

Der ecuadorianisch-peruanische Grenzübergang bei Macará ist viel ruhiger als der bei Huaquillas, aber geschäftiger als der bei Zumba. Macará liegt 3 km vom eigentlichen Grenzübergang (*puente internacional*) entfernt. Die meisten Buspassagiere kaufen Direkttickets für die Route Loja–Piura (Peru). Die genannten Unternehmen fahren aber jeweils zweimal pro Tag auch separat von Macará nach Piura (3 US$, 3 Std.). Der Bus hält kurz an der Grenze, lässt Passagiere die nötigen Formalitäten erledigen und rollt dann weiter nach Piura.

Oriente

Gut essen

➜ Hotel Termas de
Papallacta (S. 221)

➜ Quinde Huayco (S. 224)

➜ El Jardín (S. 248)

Schön
übernachten

➜ Hotel Termas de
Papallacta (S. 221)

➜ Napo Wildlife Center
(S. 236)

➜ Sacha Lodge (S. 235)

➜ Kapawi Ecolodge &
Reserve (S. 260)

Auf in den Oriente!

Der riesige Landstrich hält weitaus mehr Dramatisches bereit als donnernde Fluten oder grollende Gewitter. Von den Anden schlängeln sich die Flüsse auf dem Weg ins Amazonasbecken hinab in den dichten Regenwald. An den Flüssen leben uralte indigene Volksstämme und man kann erstaunliche Tiere zu Gesicht bekommen.

Wer sich in eine der entlegeneren Dschungellodges begibt, kann in stillen schwarzen Seen Piranhas angeln, dem Kreischen der Brüllaffen lauschen, abends einem Kaiman in die Augen blicken, Papageien an den berühmten Lehmlecken beobachten und vielleicht sogar einen Tapir oder Jaguar erspähen. Die Erkundung des Oriente ist ein unvergessliches Erlebnis, bei dem man die Natur aus nächster Nähe kennenlernt. Aber die Region besteht nicht nur aus Dschungel. Hier warten auch die besten Thermalquellen Ecuadors, seine spektakulärsten Wasserfälle, aktivsten Vulkane und abenteuerlichsten Wildwasserstrecken.

Reisezeit
Oriente

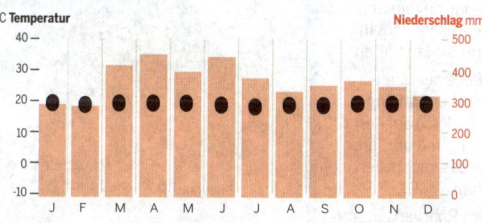

Dez.–März Die trockenste Zeit. Manche Flüsse sind wegen Wassermangel nicht befahrbar.

April–Juli Die regenreichste Zeit. Da braucht man einen richtig guten Regenmantel!

Okt.–Nov. Die beste Zeit: Flüsse sind passierbar, es ist nicht zu nass und Tiere sind gut zu beobachten.

Highlights

1 In **Papallacta** (S. 222) die unberührten dampfenden Thermalbäder genießen

2 Ecuadors höchsten Wasserfall, die donnernde **Cascada de San Rafael** (S. 224), bestaunen

3 Im **Parque Nacional Sumaco-Galeras** (S. 240) und der angrenzenden **Reserva Alto Coca** (S. 225) durch drei verschiedene Vegetationszonen klettern, um von den explosivsten Vulkanen des Landes den Ausblick über Dschungel und Nebelwald zu genießen

4 Im Schwarzwasserparadies der **Reserva Producción Faunística Cuyabeno** (S. 228) die unglaubliche Vielfalt der Vögel und Tiere beobachten

5 In einer der **Lodges am Bajo Río Napo** (S. 235) im Dschungel übernachten und dann im **Parque Nacional Yasuní** (S. 239) eine der Gegenden mit der weltweit größten Biodiversität erkunden

6 In der **Laguna Pañacocha** (S. 238) Piranhas angeln und nach Amazonasdelfinen Ausschau halten

7 Bei einer abenteuerlichen **Raftingtour** (S. 243) auf den Flüssen rund um Tena Wildwasserschnellen zähmen

8 Im Rahmen einer geführten Dschungeltour von **Puyo** (S. 233) oder **Macas** (S. 255) aus indigene Gemeinschaften tief im Regenwald besuchen

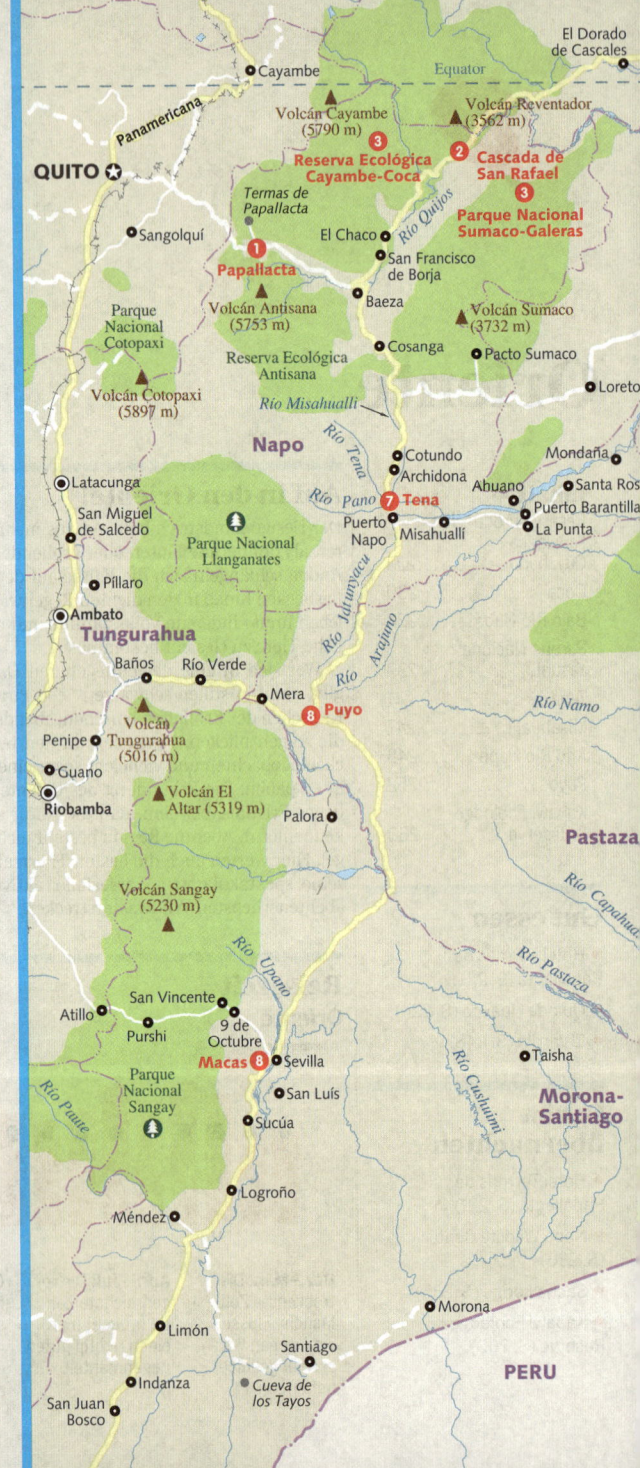

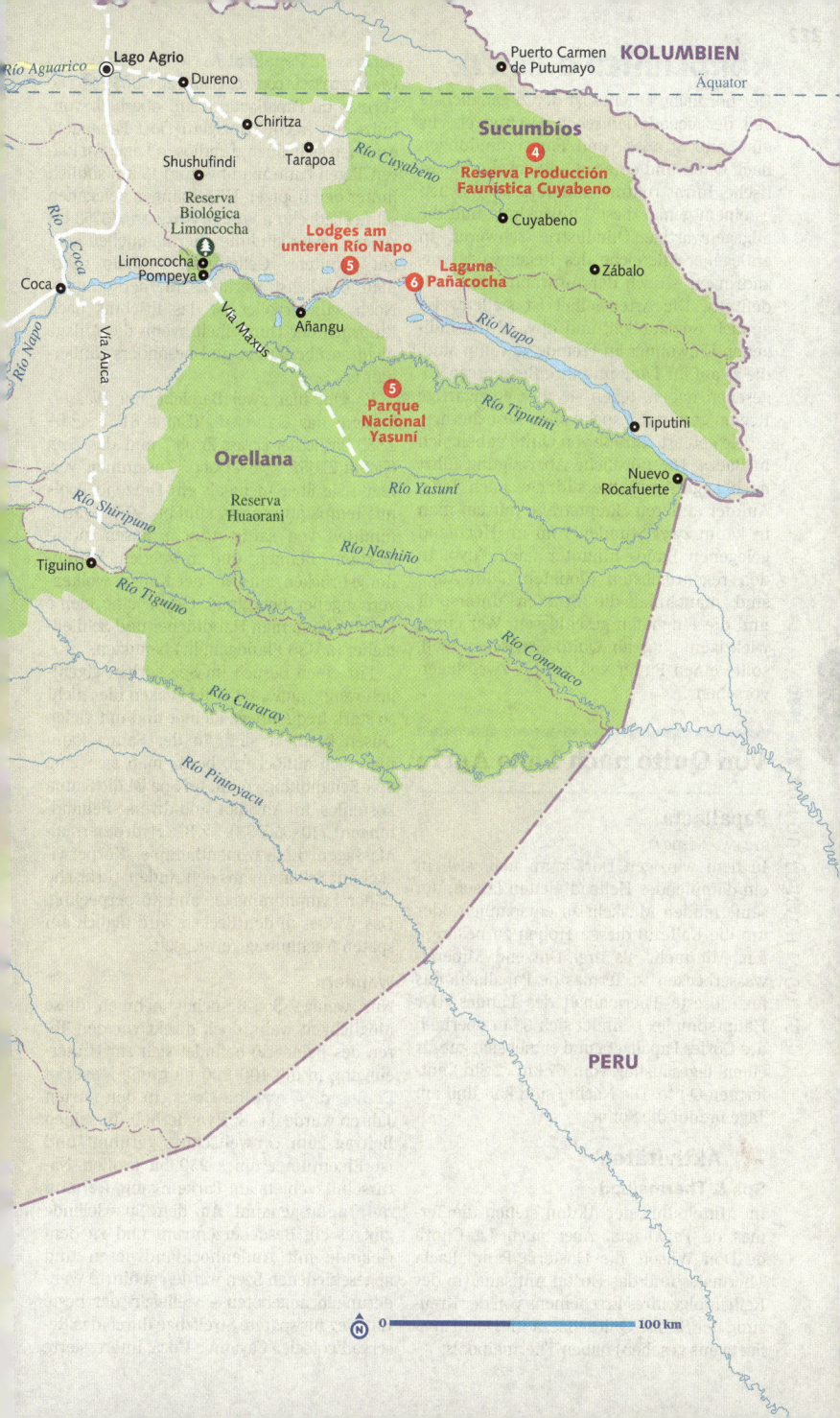

NÖRDLICHER ORIENTE

Der nördliche Oriente ist der zugänglichste Teil des ecuadorianischen Dschungels. Es gibt gute Straßen- und Flugverbindungen nach Quito und eine gut entwickelte touristische Infrastruktur. Andererseits machen es einem genau diese Entwicklung und die allgegenwärtige Ölindustrie schwerer, in entlegenere Bereiche des Regenwalds vorzudringen – doch der Aufwand lohnt sich definitiv. Die Artenvielfalt ist stellenweise einfach unglaublich, und obwohl die indigenen Einwohner an Fremde gewöhnt sind, die es auf ihr Land und ihre Ressourcen abgesehen haben, teilen sie ihre einzigartige Region gern mit respektvollen Besuchern.

Die geteerte Straße von Quito gabelt sich in Baeza. Die nördliche Abzweigung führt nach Lago Agrio, die südliche nach Tena. Auf der anderen Hauptstraße rauscht man in kaum zwei Stunden vom im Hochland gelegenen Baños hinunter nach Puyo. In den regenreichsten Monaten (Juni–Aug.) sind manchmal die Straßen unterspült und die Flughäfen geschlossen. Wer einen wichtigen Flug ab Quito erwischen will, sollte einen Puffer von ein bis zwei Tagen vorsehen.

Von Quito nach Lago Agrio

Papallacta

920 EW. / 3300 M

In dem winzigen Dorf kann man sich in ein dampfendes Heilbad gleiten lassen, um seine müden Muskeln zu entspannen oder um die Kälte in diesen Höhen zu bekämpfen. Mit mehr als drei Dutzend Mineralwasserbecken ist Termas de Papallacta das luxuriöseste Thermalbad des Landes. Der Hauptkomplex befindet sich 3 km oberhalb des Dorfes Papallacta und eignet sich gut für einen Tagesausflug vom 67 km (2 Std.) entfernten Quito. Die Nächte sind kalt und am Tage brennt die Sonne.

Aktivitäten

Spa & Thermalbad

Im Mittelpunkt der Aktion stehen die Termas de Papallacta. Aber auch La Choza de Don Wilson, die Hostería Pampallacta Thermales und das Hostal Antisana (in der Reihenfolge ihres Erscheinens von der Kreuzung der Straße Quito–Baeza im Dorf Papallacta aus gesehen) haben Thermalpools.

Termas de Papallacta

THERMALBAD

(www.papallacta.com.ec; Eintritt ab 8 US$) Die Termas de Papallacta, 3 km oberhalb vom hübschen (recht winzigen) Dorf Papallacta erfreuen sich einer grandiosen Lage: An klaren Tagen kann man bis zum 15 km südlich hinter den üppigen Hügelhängen gelegenen schneebedeckten Volcán Antisana (5753 m) sehen. Leider sind die Thermalquellen kein gut gehütetes Geheimnis. Deshalb sollte man möglichst werktags hierherkommen. Noch wundervoller ist das Erlebnis nach Einbruch der Dunkelheit, wenn die Anlage nicht so überlaufen und besonders zauberhaft ist.

Es gibt hier zwei Bereiche mit Wasserbecken: das Balneario (Eintritt 8 US$; 6–22.30 Uhr, letzter Einlass 21 Uhr) und das Spa (Eintritt 21 US$; 6–21 Uhr). Zusammen verfügen sie über mehr als ein Dutzend Pools mit Temperaturen von kühl bis 40 °C warm, inmitten von saftig-grünem Rasen, orange-roten Blumen und reizenden Verbindungsbrücken, alles vor der Kulisse wolkenverhangener Berggipfel. Gegen eine kleine Gebühr kann man Handtücher und Schließfächer (5 US$ Pfandgebühr) benutzen.

Für einen Besuch im Spa spricht eigentlich wenig, außer dass die Becken hier nicht so stark frequentiert, kleiner und mit vielen Düsen bestückt sind. In der Sauna kann man sich auflockern, bevor man sich eine Spa-Behandlung gönnt. Im Spa ist die Sauna kostenlos. Im Angebot sind diverse Behandlungen (10–55 US$), z.B. Hydrothermal-Massagen, Reflexzonentherapie, Körperwickel mit Schlamm aus den Anden, türkische Bäder, Lymphdrainagen und Körperpeeling. Das Wasser in den Becken wird täglich am späten Nachmittag gewechselt.

Wandern

Nur wenige Spa-Besucher nehmen diese Möglichkeit wahr, doch direkt vor den Toren des Balneario befindet sich ein Hintereingang in die 400 000 ha große Reserva Ecológica Cayambe-Coca. In den letzten Jahren wurde das Spa wiederholt für seinen Beitrag zum Umweltschutz gerühmt und ist Eigentümer eines 250 ha großen Naturschutzgebiets am Parkeingang, Rancho del Cañón genannt. Auf dem Spa-Gelände gibt es ein Besucherzentrum und zu dem Gelände mit Andenhochlandwiesen und abgeschiedenen Seen werden geführte Wanderungen angeboten – vielleicht der beste Einstieg für spätere Streifzüge durch das Reserva Ecológica Cayambe-Coca. Interessierte erkundigen sich vor Ort nach Einzelheiten zu der anstrengenden zweitägigen **Wanderung** bis zum Dorf Oyacachi, wo sich weitere Thermalquellen befinden.

🛏 Schlafen & Essen

Hostería Pampallacta Termales   PENSION $$

(☎06-289-5014; www.pampallactatermales.com; Zi. inkl. Frühstück 55–151 US$; ℗ 🐕 🐾) Die beste Mittelklasseunterkunft in Papallacta. Sie ist warm (alle Zimmer haben einen Kamin) und charmant (alle Zimmer haben eine große Badewanne aus Stein, die man mit Wasser aus der Thermalquelle füllen kann). Das Personal ist freundlich, und wer nicht 1 km weit die Straße hinauf zu den Termas de Papallacta laufen will, findet hier einige kleine Thermalbecken, in denen es sich auch gut relaxen lässt.

Hostal Antisana   PENSION $$

(☎06-289-5016; EZ/DZ inkl. Frühstück 20/40 US$; 🐾) Das *hostal* (kleine, preisgünstige Pension) mit zehn Zimmern befindet sich nur ein paar Meter von den Termas de Papallacta entfernt, kostet aber nur einen Bruchteil dessen, was auf dem Spa-Gelände verlangt wird. Es ist kalt und ein wenig dunkel, doch die etwas abgewohnten Zimmer erfüllen durchaus ihren Zweck. Es ist ratsam, für die Übernachtung warme Sachen mitzubringen. Man kann sich aber auch in einem der Thermalbecken hinter der Pension aufwärmen.

⭐ Hotel Termas de Papallacta   LUXUSHOTEL $$$

(☎in Papallacta 06-232-0042, in Quito 02-256-8989, 06-289-5060; www.papallacta.com.ec; Zi. für 1–3 Pers. ab 150–200 US$, Hütte für 6 Pers. 225 US$; ℗ @ 🐕 🐾) 🌿 Die meisten Besucher in Papallacta steigen in diesem super-komfortablen und trotzdem bescheidenen Resort ab – hervorragend geeignet, um die Thermalbäder stilvoll zu genießen. Alle Unterkünfte sind wunderschön mit Holz ausgekleidet; die „Hütten", entweder strohgedeckte Lehmziegelhütten oder luxuriöse zweistöckige Häuschen mit gekacheltem Kamin, liegen rings um die Gästen vorbehaltenen Warmwasserbecken. Es gibt ein gutes Restaurant und einen Wellnessbereich mit sämtlichen Schikanen. Alle Zimmer und Hütten haben eigene Badezimmer, Thermalheizung, Warmwasserduschen und Badewannen, die teureren Zimmer zusätzlich Jacuzzis. Am Wochenende unbedingt weit im Voraus reservieren. Das Restaurant Sucus (Hauptgerichte 11–20 US$) bietet eine große

Auswahl internationaler Gerichte, darunter Filet Mignon und ecuadorianische Spezialitäten wie *llapingachos* (mit Käse gefüllte Kartoffelpuffer). Zwei weitere Restaurants gibt's im Spa und im Balneario.

La Choza de Don Wilson   FISCH $

(☎06-289-5027; Hauptgerichte 5–10 US$; ⏱Mo-Mi 8.30–20.30, Do–So 8.30–22 Uhr) Fast alle Gäste des bescheidenen Restaurants kommen wegen den ausgezeichneten Forellenfilets und dem *aguardiente* (Zuckerrohr-Schnaps). Hier gibt's auch Gästezimmer (20 US$/Pers.) und öffentlich zugängliche Thermalbadebecken. La Choza liegt an der Abzweigung zu den Termas de Papallacta.

ℹ An- & Weiterreise

➡ Alle Busse von Quito Richtung Baeza, Tena oder Lago Agrio können einen in Papallacta absetzen. Hin und wieder gibt's auch einen Bus nur bis Papallacta.

➡ Wenn man zum Komplex Termas de Papallacta will, kann man den Fahrer bitten, einen am Dorfeingang (*entrada de Papallacta*) abzusetzen. Dort steigt man in eine wartende *camioneta* (Pick-up bzw. Kleintransporter), die einen für 2 US$ die holprige Straße hinauffährt.

➡ Bei der Abreise aus Papallacta einfach an der Hauptstraße einen Bus heranwinken.

➡ In den Wochenendbussen gibt'nur Stehplätze.

Baeza & Umgebung

2000 EW. / 1900 M

Der freundliche Ort wurde 1548 als spanische Mission und Handelsposten gegründet. Er ist ein angenehmer Zwischenstopp auf der Fahrt in den Dschungel. Der Tourismus kann hier jeden Moment ausbrechen, denn in der Nähe bestehen hervorragende Wander- und Raftingmöglichkeiten. Außerdem übertrifft die Qualität der hiesigen Restaurants die der meisten anderen Orte im Oriente. Bislang jedoch bricht höchstens der nahe gelegene Volcán Reventador aus. Das Städtchen ist zweigeteilt in Baeza Colonial (1 km oberhalb der Straße nach Papallacta/Lago Agrio Richtung Tena und mit Abstand der bessere Teil) und das bevölkerungsreichere Baeza Nueva Andalucia (1 km weiter an der gleichen Strecke).

🏃 Aktivitäten

Die Raftingwelt hat jetzt auch Baeza entdeckt. Der in Quito beheimatete Veranstalter **Small World Adventures** (☎093-958-5776; www.smallworldadventures.com; 400–2000 US$/Pers.) organisiert siebentägige Kajak-/

CASCADA DE SAN RAFAEL

Der spektakuläre, 131 m hohe Wasserfall San Rafael (🕐 7–17 Uhr) GRATIS an der Straße zwischen Baeza und Lago Agrio ist Ecuadors höchster Wasserfall und auf jeden Fall einen Zwischenstopp wert.

Dies könnte die letzte Chance sein, den unglaublichen Wasserfall in all seiner Kraft zu sehen, denn 20 km flussaufwärts soll 2016 ein neuer Staudamm mit Wasserkraftwerk in Betrieb gehen. Das Kraftwerk hat das Land in zwei Lager gespalten, denn der Präsident Rafael Correa setzt seit seiner Wahl 2007 aktiv auf den Ausbau der nachhaltigen Energieproduktion.

Befürworter des Kraftwerks erklären, dass keine Beeinträchtigung der Fließstärke des Río Coca, der den Wasserfall speist, drohe. Demzufolge sei auch das Naturwunder nicht gefährdet. Dem widersprechen die Gegner des Projekts. Weil der Zufluss vom Coca zum Wasserfall in den letzten Jahren zurückgegangen sei, wäre das Kraftwerk die meiste Zeit des Jahres gar nicht funktionstüchtig. Zudem wird das Kraftwerk mit einem Darlehen von der Export-Import Bank of China in Höhe von 1,7 Mrd. US$ finanziert und die Gegner des Kraftwerks sind wegen des sehr hohen Zinssatzes (6,9 %) beunruhigt.

Wie auch immer sich die Sache entwickelt, am besten kommt man noch vor 2016 her und bestaunt den Wasserfall in all seiner Pracht.

Um die Anfahrt zu erleichtern, wurde eine neue Zufahrtsstraße gebaut, die an der Straße direkt unterhalb der Hostería Reventador (von Quito kommend kurz davor) ausgeschildert ist. Sie führt zu einem kleinen Besucherzentrum, und dort beginnt die einfache, 15 bis 20 Minuten lange Wanderung zum Aussichtspunkt mit atemberaubendem Blick.

Raftingtouren durchs benachbarte Quijos-Tal (einschließlich Paddelfahrt zu seiner eigenen Lodge am Fluss), die in der Gegend von Tena/Misahuallí enden. Es bleibt abzuwarten, inwieweit das geplante riesige Wasserkraftwerk (s. Kasten) weiter unten im Tal sich auf die Flüsse hier oben auswirken wird.

Die beliebtesten Wanderungen von Baeza Colonial aus führen hoch zu den Sendemasten über der Stadt (tolle Aussicht) und runter zu Wasserfällen (interessant, da es durch eine vegetationsreiche Zone in den tropischen Wald hineingeht). Die Gelegenheiten zu längeren Wandermärschen sind phantastisch. Nach Südwesten hin liegt die Reserva Ecológica Antisana und im Südosten der Parque Nacional Sumaco-Galleras, der unberührteste und abgeschiedenste Nationalpark Ecuadors. Die beiden nächstgelegenen Eingänge sind Cabañas San Isidro, 15 Minuten Fahrzeit nach Süden, und San Carlos, eine Autostunde nach Osten auf der Straße zum Volcán Reventador. Informationen zu Wanderungen gibt's in den Unterkünften von Baeza.

🛏 Schlafen & Essen

La Casa de Rodrigo   HOSTEL $
(📞 06-232-0467; Baeza Colonial; Zi. 10 US$/Pers.) Die Zimmer sind sauber, das Duschwasser heiß und das WLAN zuverlässig. Das Beste an der preiswertesten Herberge von Baeza

ist aber Rodrigo höchstpersönlich, ein stadtbekanntes Original und eine sprudelnde Informationsquelle zum gesamten Quijos-Tal.

⭐ **Cabañas & Pizzeria Kopal**   HÜTTEN $$
(📞 06-232-0408; http://kopalecuador.com; Baeza Colonial; Hütten 25 US$/Pers.; 🅿 🛜) Auf einem ruhigen Pfad, abgehend von der Baeza Colonial gegenüberliegenden Straßenseite, geht es zu diesen wunderbaren Hütten, die der holländische Besitzer (Schreiner von Beruf) selbst aus Holz gezimmert hat. Mit ihrer gemütlichen Einrichtung und den zum Entspannen einladenden breiten Veranden wären sie an sich schon verführerisch genug. Aber zusätzlich befindet sich hier sogar noch eine der besten Pizzerien Ecuadors (Hauptgerichte 5–15 US$). Nicht nur die Pizzas sind umwerfend, sondern auch die Burritos. Man kann entweder draußen sitzen oder drinnen und dabei die eindrucksvolle Sammlung von Weinen und präinkaischen Artefakten bewundern.

Quinde Huayco   B&B $$
(📞 06-232-0649; Baeza Colonial; Zi. 25 US$/Pers.; 🛜) 🍴 Gibt's was Schöneres als in einem der beiden kuscheligen Zimmer zu übernachten, umgeben von einem üppig grünen Garten, der bekannt dafür ist Kolibris anzulocken? Wohl kaum. Zumal man weiß, dass am nächsten Morgen ein mit viel Liebe zubereitetes Frühstück auf einen wartet,

gekrönt von einem richtigen Espresso im stimmungsvollen angegliederten Café? Hier kommen sowohl Vogel- als auch Kaffeefreunde auf ihre Kosten. Die Café-Öffnungszeiten sind für Nichtgäste undurchschaubar, aber zur Frühstücks-/Brunchzeit ist immer Geschäftszeit.

Cabañas San Isidro   HÜTTEN $$$

(EZ/DZ $68/96; P) 🌿 Das 1480 ha große Naturreservat 15 km südlich von Baeza war früher eine Rinderranch und liegt spektakulär in 2000 m Höhe. Hier kann man prima Vögel beobachten, und der Mitbesitzer Mitch Lysinger ist einer der besten Vogelkundler Südamerikas. Es gibt komfortable Hütten mit Terrasse und Blick auf den Wald. Vollpension (inkl. Lunchbox) kostet pro Person und Tag 46 US$ extra.

In der Nähe schlängeln sich Wanderwege durch den wundervollen, subtropischen Nebelwald der Reserva Ecológica Antisana. Reservierung erforderlich über das **Büro in Quito** (☎02-289-1880; www.cabanasanisidro. com; Ecke Av Siena 318 & Calle A, Edificio MDX, Oficina 310, Sector la Primavera, Cumbaya). Gleich nördlich des Dorfs Cosanga von der Straße von Baeza nach Tena die Ausfahrt nehmen.

Gina's   ECUADORIANISCH $

(Baeza Colonial; Hauptgerichte 2–5 US$; ⏱7–21 Uhr) In dem hellen, luftigen Restaurant am Eingang von Baeza Colonial kommt herzhafte, fleischhaltige Kost auf den Tisch.

ℹ An- & Weiterreise

➜ Einfach einen der vielen Busse von oder nach Lago Agrio, Tena und Quito heranwinken und hoffen, dass noch ein Platz frei ist.

➜ Von Quito kommend, steigt man am besten am Hauptbusbahnhof in einen Bus Richtung Tena, denn die halten in Baeza Colonial und Baeza Nueva Andalucia.

➜ Die Busse nach Lago Agrio halten nur an der Straßenkreuzung, wo die Zufahrt nach Tena abgeht.

Volcán Reventador

Nach dem Ausbruch des spektakulären Vulkans 2002 konnte man den 3562 m hohen Gipfel nicht mehr besteigen. Zurzeit ist er der aktivste Vulkan Ecuadors und stößt mehrmals täglich Rauchwolken und Gesteinsbrocken aus. Aktuelle Infos zur Aktivität des Reventador gibt's beim **Instituto Geofísico** (www.igepn.edu.ec). Der Vulkan befindet sich am östlichen Rand der **Reserva Ecológica Cayambe-Coca**, einem wenig besuchten Naturschutzgebiet mit Höhen von über 5500 m in einer Übergangszone zwischen den Anden und dem Oriente. Es gibt keine Ausschilderungen und keine Wachhäuschen am Eingang des Naturschutzgebiets. Die Wachstation befindet sich im Städtchen **El Chaco**, das rund 20 km weiter auf halber Strecke zwischen Baeza und der Hostería Reventador (wo Infos zu Wandergelegenheiten erhältlich sind) liegt.

Für leidenschaftliche Vulkanbeobachter besteht jedoch kein Grund zur Traurigkeit. Sie können sich einer (zugegebenermaßen anstrengenden) Abenteuertour im privat verwalteten Nebelwaldreservat **Reserva Alto Coca** (Karte S. 66; 50–120 US$/Pers.) anschließen und den Volcán Reventador in Höhen zwischen 1500 m und 2000 m von der anderen Talseite aus bewundern. Nach einem harten vierstündigen Aufstieg vom Dorf San Carlos erreicht man eine der abgeschiedensten Unterkünfte des ganzen Landes. Von den schlichten, mit Hängematten versehenen Hütten aus bietet sich ein grandioser Blick auf die Kapriolen des Reventador. Bei den Hütten beginnen weitere Wanderwege, die in den angrenzenden **Parque Nacional Sumaco-Galeras** hineinführen. Das Parkinnere wurde glücklicherweise nur minimal erschlossen, daher lassen sich ausgezeichnet Tiere beobachten. Buchung erforderlich über das **Büro in Quito** (Karte S. 66; 50–120 US$/Pers.).

🛏 Schlafen

Hostería Reventador   HOTEL $$

(☎06-302-0110; http://hosteriaelreventador.com; EZ/DZ 38/49 US$; P🌐❄) Das beste Basislager in der Gegend ist diese hübsche Unterkunft am Straßenrand, eine freundliche und kürzlich renovierte Lodge an der Cascada de San Rafael. Die modernen Zimmer bieten allen möglichen Komfort. Ganz in der Nähe beginnt der neunstündige Aufstieg zum Reventador; ob man ihn gerade in Angriff nehmen kann, wissen die Mitarbeiter der Hostería, die auch über andere Wanderstrecken in der Umgebung Auskunft geben. Zum Haus gehört ein exzellentes Restaurant.

Alle Busse von Quito oder Baeza Richtung Lago Agrio fahren an dem Hotel vorbei.

Lago Agrio

58 000 EW.

Die schmuddelig-graue Stadt lebt von der Ölindustrie und ist geprägt von einem chaotischen Markt, von staubigen Straßen, dich-

EINE DSCHUNGELTOUR VORBEREITEN

Man kann den Dschungel zwar auch auf eigene Faust erkunden, aber in einer organisierten Tour mit Übernachtung in Dschungellodges kommt man schneller und ohne logistische Probleme in die Wildnis. Wer in Eigenregie loszieht, hat außerdem keine Chance auf Begegnungen mit indigenen Bewohnern, die entweder gar keine Touristen sehen möchten oder wenn, dann nur in Begleitung von Fremdenführern. Zunächst sollte man sich darüber klar werden, wie viel man ausgeben kann, was man sehen will und wie viel Zeit man hat. Je weiter man sich von den Straßen, viel befahrenen Flüssen und erschlossenen Gebieten entfernt und je mehr Zeit man im Dschungel verbringt, desto mehr Tiere wird man zu Gesicht bekommen. Gleiches gilt auch in kultureller Hinsicht – je länger und abgelegener der Trip, desto aufregender das Erlebnis.

Unterschiede

Die Lodges und die größeren Schiffe im Hotelstil bieten Tagesausflüge von einem bequemen Ausgangspunkt. Bei anderen Veranstaltern übernachtet man auf dem Campingplatz oder bei Einheimischen. Niedrigere Preise bedeuten oft: einfache Unterkünfte, spanischsprachige, nicht naturkundige Guides, größere Gruppen, abgekochtes statt gefiltertes Wasser und Besuch von weniger abgelegenen Gegenden mit entsprechend weniger Tieren. In manchen Fällen sind die Praktiken solcher Veranstalter auch nicht gerade umweltschonend, wenn sie z.B. die Jagd als Mittel der Nahrungsbeschaffung während der Exkursion anbieten. Im Regenwald Tiere zu erlegen, ist aber absolut unverantwortlich, weil hier ohnehin zu viel gejagt wird.

Höhere Tourpreise sind allerdings auch nicht gleichbedeutend mit mehr Authentizität (d.h. mehr Tieren und mehr indigener Kultur). Sogar das Gegenteil kann der Fall sein: Während einer billigeren Tour mit Übernachtung in einem Dschungelcamp erfährt man möglicherweise mehr über die Flora, Fauna und die Regenwaldvölker als bei einem der eher abgeschotteten Ausflüge, die oft von den großen Lodges angeboten werden.

Die Veranstalter konzentrieren sich auf verschiedene Aspekte des Dschungels und wissen, welche Tiere man mit welcher Wahrscheinlichkeit sieht. Auf den Aussichtstürmen kann man Vögel und Affen beobachten. Dass gemeindebasierter Tourismus (die authentischste Reiseart, da die indigenen Dörfer direkt davon profitieren) ausschließlich für teures Geld zu haben ist, stimmt inzwischen nicht mehr. Wer darauf Wert legt, sollte die Angebote sorgfältig studieren. Gemeindetourismus bietet in der Regel ein authentischeres Erlebnis. Man sollte allerdings Spanisch verstehen und flexibel sein.

Einige skrupellose Veranstalter bieten *ayahuasca* oder andere halluzinogen wirkende Mittel an, die indigene Volksgruppen bei bestimmten Ritualen verwenden. Man sollte bei diesen verbotenen Substanzen jedoch Vorsicht walten lassen (s. auch S. 237).

tem Verkehr und rauen Bars. Die ersten Arbeiter auf den Ölfeldern nannten Lago Agrio „Bitter Lake" nach dem texanischen Sour Lake, der Heimat der Firma Texaco, die hier die ersten Bohrungen vornahm. Offiziell heißt die Stadt „Nueva Loja", doch niemand nennt sie so. Die Einheimischen sagen einfach nur „Lago". Der Ort ist ein bisschen speziell, zum Beispiel sind wegen der Nähe zur kolumbianischen Grenze Prostitution und Kriminalität an der Tagesordnung. Besucher sollten jederzeit sehr vorsichtig sein, aber ganz besonders nach Anbruch der Dunkelheit. Nach Lago fährt man eigentlich nur, weil es das Tor zur spektakulären Reserva Producción Faunística Cuyabeno (Naturreservat Cuyabeno) ist, einem der besten Tierbeobachtungsgebiete von ganz Ecuador.

👉 Geführte Touren

Besucher buchen ihre Touren ins Naturschutzgebiet Cuyabeno üblicherweise in Quito.

Marco Polo Tours   DSCHUNGELTOUR
(📞 06-281-8053; marcopolotours.travel@gmail.com; Ecke Av Quito 233 & Colombia; 3 Nächte/4 Tage 200 US$/Pers.) Der altbewährte Veranstalter nutzt seine Hormiga Lodge als Ausgangsbasis, um Besuchern die Cuyabeno-Highlights zu zeigen: Amazonasdelfine, Kaimane und massenhaft Vögel.

🛏 Schlafen & Essen

Die meisten ordentlichen Hotels finden sich an der Hauptstraße, der Avenida Quito. In Lago gibt es nur wenige gute Restaurants.

Wohin man auch geht, man sollte außerhalb von Ortschaften und Dörfern immer einen Führer dabeihaben. Und auf jeden Fall sollte man den lokalen Einwohnern mit Respekt begegnen und sich ökologisch verantwortlich verhalten.

Buchen einer Tour

Viele Veranstalter haben ein Büro in Quito, sodass Interessenten schnell vergleichen können. Soweit möglich, haben wir die über Büros in Quito verfügenden Oriente-Lodges auf den Quito-Karten verzeichnet. Die Agenturen können einen meist schon nach ein paar Tagen Voranmeldung in den Dschungel bringen. Nachdem man eine Tour gebucht hat, macht man sich normalerweise auf eigene Faust auf den Weg zu dem Ort, in dem die Tour beginnt (meist Lago Agrio oder Coca). Vor dem Buchen alle Fragen hinsichtlich Kosten, Essen, Ausrüstung, Reiseroute und Größe der Reisegruppe klären. Wer in Lago Agrio, Coca, Tena, Puyo oder Macas eine Tour bucht, ist oft mit Guides unterwegs, die sich besser in der Gegend auskennen als die Reiseleiter der in Quito ansässigen Veranstalter. Die Cofán, Huaoranis, Kichwa, Shuar und andere Volksgruppen bieten Touren mit Führern aus ihren eigenen Reihen an.

Guides

Ein guter Guide zeigt einem Dinge, die man, wenn man auf eigene Faust unterwegs ist, versäumen würde, ein schlechter wird den Trip ruinieren. Auf Nachfrage müssen Guides eine Lizenz vorweisen und Auskunft über ihre Spezialgebiete geben können. Empfohlene Guides sind immer vorzuziehen, und viele Lodges sind bekannt für ihre erstklassigen Guides. Am besten sucht man sich ein paar aus, stellt Fragen und macht deutlich, wofür genau man sich interessiert. Die Guides erwarten ein Trinkgeld und dass man sie weiterempfiehlt.

Was muss man mitbringen?

Die Orte im Dschungel sind nur einfach ausgestattet. Es gibt abgefülltes Trinkwasser, Abdeckplanen (für Regenfälle) und Gummistiefel in verschiedenen Größen. Bei fast allen geführten Touren werden Stiefel und Regenausrüstung vermietet, aber trotzdem vorher nachfragen. Moskitonetze werden normalerweise gestellt, sofern notwendig. Wer ernsthaft Tiere beobachten möchte, sollte ein Fernglas mitbringen. Manche Guides haben zwar eines dabei, brauchen es aber vielleicht selbst. Außer den allgemeinen Reiseutensilien sollte man eine Taschenlampe, Sonnenschutzmittel, einen Sonnenhut und ein Insektenschutzmittel mit DEET mitbringen. Je nach Jahreszeit und Ziel braucht man auch Malariatabletten.

Abgesehen von Hotelrestaurants ist man mit den Imbissständen an der Avenida Quito oft am besten bedient.

Hotel D'Mario   HOTEL $
(☏ 06-283-0172; www.hoteldmario.com; Av Quito 263; EZ/DZ ab 15/30 US$; ❄☎✉) Diese Bleibe im Zentrum inmitten anderer Mittelklassehotels an der Avenida Quito wird von Reisegruppen bevorzugt. Obwohl teilweise etwas beengt, sind die hellen Zimmer total in Ordnung. Das Restaurant im Erdgeschoss ist eines der besten vor Ort und wird vor allem für seine Pizzas (6–16 US$) gelobt.

Araza Hotel   HOTEL $$
(☏ 06-283-1287; www.hotel-araza.com; Av Quito 536, nahe Narvaez; EZ/DZ inkl. Frühstück ab 48/61 S$; ℗❄☎✉) Im nobelsten Hotel der Stadt steigen gern Geschäftsreisende der Ölbranche ab. Die sehr kleinen Zimmer sind anonym im Business-Stil mit Schreibtisch, TV und Bad ausgestattet. Es gibt hier auch einen hübschen tropischen Hof, ein Restaurant, eine Bar mit Großbild-TV, einen Fitnessraum und einen Pool.

ℹ Praktische Informationen

Durch den anhaltenden Konflikt im benachbarten Kolumbien sind Grenzstädte wie Lago Agrio ein Tummelplatz für kolumbianische Guerillas, Paramilitärs und Drogenschmuggler. Es ist nicht zu empfehlen, hier über die Grenze nach Kolumbien einzureisen. In der Stadt können Bars riskant und Seitenstraßen unsicher sein – deshalb hält man sich besser an die Hauptstraße (vor allem abends) oder nimmt ein Taxi zu den Res-

BUSSE AB LAGO AGRIO

ZIEL	PREIS (US$)	FAHRZEIT (STD.)
Baeza	5	4–5
Coca	3	2
Guayaquil	14	13
Puyo	9	8–9
Quito	8	8
Tena	7	6

taurants weiter draußen. Touristen bekommen aber nur selten Probleme.

Banco del Pichincha (Av Quito & 12 de Febrero) Mit Geldautomaten.

Noa'ike (☑ 06-236-4287; noaike@hotmail.com; Via Quito Km 3,5, Barrio la Libertad) Das regionale Hauptquartier der Cofán-Indianer und die richtige Adresse, um sich über Besuche in nahe gelegenen Cofán-Gemeinden am Río Aguarico zu informieren. Ein Taxi nehmen.

❶ An- & Weiterreise

BUS

Der Weg vom Dschungel in die Anden (und umgekehrt) ist dramatisch und schön. Es lohnt sich, die Fahrt bei Tageslicht zu machen. Der Busbahnhof liegt rund 2 km nordwestlich vom Stadtzentrum. Von dort gibt es viele Busverbindungen und Optionen. Regelmäßig fahren Busse zu diversen Zielen; selten muss man vorab reservieren. Zusätzlich betreibt Transportes Putumayo Busse zu den Dschungelorten Dureno und Tarapoa für Traveller, die zum Río-Aguarico-Abschnitt des Naturreservats Cuyabeno fahren wollen (wer sich einer geführten Tour anschließt, sieht und erfährt allerdings sehr viel mehr). Die Busse verkehren täglich und relativ oft.

FLUGZEUG

Früh reservieren, denn die Flüge sind wegen der Gäste der Dschungellodges und der Ölarbeiter, die am Wochenende nach Hause fahren, schnell ausgebucht. Wer kein Ticket mehr erwischt, kann zum Flughafen fahren und sich auf die Warteliste setzen lassen – in der Hoffnung auf Stornierungen, was ziemlich häufig vorkommt, weil die Reiseveranstalter mehr Sitzplätze reservieren, als sie brauchen.

TAME (☑ 06-283-0113; Orellana nahe 9 de Octubre) fliegt täglich zwischen Quito und Lago Agrio.

Der Flughafen befindet sich etwa 3 km östlich von Lago Agrio. Ein Taxi dorthin (gelbe oder weiße Pick-ups) kostet rund 3 US$.

GRENZÜBERGÄNGE

Die Grenze zu Kolumbien befindet sich weniger als 20 km nördlich der Stadt. Am besten macht

man einen großen Bogen um sie, denn die Gegend ist wegen Schmugglern und Guerillaaktivitäten berüchtigt. Die am häufigsten genutzte Route führt von Lago Agrio nach La Punta (rund 1½ Std.) am Río San Miguel. Taxi-Trucks fahren tagsüber von der Ecke Eloy Alfaro und Avenida Colombia in Lago Agrio nach La Punta.

Reserva Producción Faunística Cuyabeno

Das wunderschöne **Naturreservat** (www.reservacuyabeno.org) ist ein einzigartiges, 6034 km² großes Regenwaldgebiet am Río Cuyabeno. Der im Jahreslauf unterschiedlich stark überflutete Wald bietet Lebensraum für viele Vögel und im Wasser lebende Tiere, darunter Amazonasdelfine, Flussdelfine, Manatis, Kaimane und Anakondas. Affen gibt es jede Menge, darüber hinaus auch Tapire, Pekaris, Agutis und einige Katzenarten. Die Wipfel von Johannisbrot- und Ceiba-Bäumen ragen aus dem Unterwasserwald hervor und bieten einen erstaunlichen Anblick. Die Schwarzwasserflüsse, durch das faulende Laub reich an Tanninen, bilden ein Labyrinth aus Wasserstraßen, die die Seen speisen.

Die Grenzen des Schutzgebiets verändern sich mit dem politischen Wind, aber das Gebiet ist erheblich größer als früher. Es wurde 1979 zum Naturschutzgebiet erklärt, um den Regenwald zu erhalten, die Tiere zu schützen und ein Reservat zu schaffen, in dem die indigenen Bewohner – die Siona, Secoya, Cofán, Kichwa und Shuar – ihrer traditionellen Lebensweise folgen können.

Obwohl es sich um ein geschütztes Gebiet handelt, wurde fast unmittelbar nach der Gründung des Reservats in Cuyabeno nach Öl gebohrt. In diesem Zusammenhang entstanden innerhalb des Reservats die Orte Tarapoa und Cuyabeno sowie Teile der transecuadorianischen Ölpipeline. Es folgten Straßen und Siedler. Zehntausende von Hektar wurden gerodet oder durch Öllecks und Giftmüll belastet. Viele der Giftstoffe sind direkt in den Río Cuyabeno gelangt.

Diverse Organisationen begannen sich für den Schutz des Gebiets einzusetzen, das – obwohl per Gesetz geschützt – in Wirklichkeit gerade wirtschaftlich erschlossen wurde. Sie haben Wachposten eingerichtet und die ortsansässigen Siona und Secoya in Sachen Umwelt- und Tierschutz ausgebildet. Die ecuadorianische Umweltrecht-Gruppe Cordavi, die sich für ein gesetzliches Verbot der Ölförderung in Schutzgebieten einsetzt, konnte die Regierung dazu bewegen, die Grenzen des Reservats nach Osten und Süden zu verschieben und das Schutzgebiet zu vergrößern. Das neue Gebiet ist nun abgeschiedener und besser geschützt. Es zeigt sich, dass die organisierten lokalen indigenen Gruppen, die von ecuadorianischen und ausländischen NGOs, von Touristen, Reiseveranstaltern und Umweltschutzgruppen unterstützt werden, der beste Schutz für das Gebiet sind.

Wegen der Abgelegenheit und zum Schutz der im Reservat liegenden Gemeinden sollten Traveller das Reservat nur im Rahmen einer geführten Tour besuchen. Diese sind erheblich billiger als im Parque Nacional Yasuni, obwohl hier oft erheblich mehr Wildtiere zu sehen sind.

👉 Geführte Touren

Die meisten Besucher buchen ihre Touren in Quito, wo die Auswahl größer ist. Der Transfer von Quito nach Lago Agrio ist aber selten im Pauschalpreis enthalten. Dasselbe gilt für die Eintrittsgebühren (5–10 US$/Pers.) zu Gemeinden innerhalb des Reservats.

Derzeit bieten ungefähr zehn Agenturen Cuyabeno-Touren an, die von Veranstaltern vor Ort durchgeführt werden. Die Camps und Lodges der Tourveranstalter kommen und gehen hier schnell, aber derzeit gibt es rund zehn von ihnen unmittelbar nebeneinander direkt am Fluss, ein paar andere befinden sich in der Nähe an einem See. Unter ihnen sticht keine besonders hervor; alle bieten ähnliche Möglichkeiten zum Beobachten von Tieren. Hier bewegt man sich vor allem mit dem Kanu – außer zwischen Dezember und Februar, wenn der Wasserstand zu niedrig ist. Die meisten Besucher kommen in der regenreicheren Zeit von März bis September.

Die besten Preise ergattert man –insbesondere, wenn man alleine unterwegs ist –, wenn man sich einer Reisegruppe anschließt. Beim Buchen sollte man darauf achten, ob die Hin- und Rückfahrt ab Lago Agrio enthalten ist, ob der Tag der Reise auch als Tourtag zählt, ob das Trinkwasser abgekocht oder gefiltert ist (vorzugsweise gefiltert) und ob man mit sachkundigen oder einheimischen Tourleitern rechnen kann. Naturkundlich versierte Führer können viel mehr Wissenschaftliches über die Pflanzen erzählen, aber einheimische Führer geben einen Einblick in die traditionelle Nutzung der Pflanzen und zeigen, wie die indigenen Bewohner diverse Produkte daraus herstellen. Die Naturkundler können fast immer Englisch.

🛏 Schlafen

Cuyabeno Lodge   LODGE **$$$**
(4 Tage/3 Nächte ab 260–440 US$/Pers.) Die sehr empfehlenswerte Lodge wird von Neotropic Turis (S. 70) mit Sitz in Quito in Zusammenarbeit mit den ortsansässigen Siona betrieben. Die strohgedeckten Hütten liegen verstreut an einem Hang und bieten etwas

---

DIE COFÁN

Der südliche Teil des Naturreservats Cuyabeno ist die Heimat der Cofán. Einst gab es Zehntausende von ihnen, dann trafen sie auf die Konquistadoren, und ihre Zahl wurde durch Krankheiten dezimiert. Heute gibt es nicht mal mehr 2000 Cofán. Vor der Entdeckung von Öl kamen die meisten Cofán mit nichtindigenen Menschen kaum in Berührung – nur hin und wieder mit Missionaren. Sie pflegen auch heute noch ihren traditionellen Lebensstil. Die Cofán sind ausgezeichnete Führer durch die Wildnis. Sie kennen sich sehr gut mit den Dschungelpflanzen und ihrer medizinischen Anwendung aus.

Am Río Aguarico liegen einige von Lago Agrio aus erreichbare Cofán-Gemeinden. Bis **Dureno** und **Sinangoe** sind es nur ein paar Stunden, nach **Zábalo** aber schon sieben Stunden Kanufahrt – flussabwärts!

Bei Drucklegung dieses Buchs veranstalteten die Cofán wieder ausgezeichnete Ökotourismusexpeditionen zu diesen Gemeinden. Die aktuellsten Infos dazu hat **Noa'ike** (S. 228) in Lago Agrio.

Privatsphäre. Die meisten sind mit eigenem Bad und Warmwasser ausgestattet. Am preiswertesten sind die Schlafsäle mit je vier Betten und Gemeinschaftsbad. Die besten Zimmer befinden sich im Beobachtungsturm. Sie sind geräumig und komfortabel – perfekt für alle, die nicht genug von der Natur bekommen können. Der Strom wird solar erzeugt. Die zweisprachigen fachkundigen Guides erhalten besonders viel Lob von den Gästen, und auch das Essen und die Bedienung sind ausgezeichnet. Im Preis enthalten ist der Transfer von Lago Agrio. Kanus und Kajaks stehen zur Verfügung, mit denen man auf dem See herumpaddeln kann.

Jamu Lodge　　DSCHUNGELLODGE $$$
(www.jamulodge.com; 4 Tage/3 Nächte 266–307 US$/Pers.; 🐾) Drollige Totenkopfäffchen spielen in den Bäumen neben den Fußwegen der viel gelobten, Dschungelfeeling verbreitenden Jamu Lodge. Die angebotenen Einbaum-Paddeltouren, Wanderungen durch Sümpfe, bei denen man knietief im Schlamm watet, um Lebewesen wie Anakondas und Amazonasdelfine zu erspähen, das Schwimmen in Lagunen und die unvergesslichen Nachtexkursionen garantieren eine hautnahe Wildniserfahrung. Überdies steht die Lodge ganz allein im Reservat und erscheint dadurch noch weltabgeschiedener.

Die Einrichtungen sind schlicht, aber sauber und die Guides für ihre Fachkenntnis und ihren Enthusiasmus berühmt. Buchung online oder über das **Büro in Quito** (📞02-222-0614; www.jamulodge.com; Tamayo N24-96 & Foch).

Coca

45 000 EW.

Coca, das eher fade öffentliche Gesicht des Río Napo, ist der unvermeidbare Startpunkt für viele der faszinierendsten Touren durch den Regenwald Ecuadors. In den 1990er-Jahren verwandelte die Ölindustrie die winzige Siedlung am Fluss mit Lehmpfaden in eine heiße, geschäftige Ansammlung von Betonblöcken. Seit 1999 ist Coca (offiziell Puerto Francisco de Orellana) die Hauptstadt der Provinz Orellana und die letzte Bastion der „Zivilisation", bevor es auf dem Río Napo tief in den Regenwald zum Parque Nacional Yasuní und dann weiter ins Amazonasbecken geht.

Dennoch ist Coca wirklich um Verschönerung bemüht. Am Flussufer wird ein schmucker *malecón* (Hafenpromenade) ausgebaut und nette Bars haben aufgemacht, die tatsächlich zum Verweilen einladen. 2016 soll das Museo Arqueológico Centro Cultural de Orellana (freundlicherweise zu MACCO abgekürzt) eröffnen. Auf einer hübschen neuen Hängebrücke über den Napo fließt der Verkehr jetzt auf der Via Auca Richtung Tiguino (ebenfalls Ausgangspunkt für Abstecher in den Regenwald). Und nach Jahren ohne einen einzigen Grünstreifen im Zentrum besitzt Coca jetzt sogar einen Park.

Geführte Touren

Eine geführte Tour in den Regenwald ist ein ganz anderes Erlebnis als ein Aufenthalt in einer der Lodges (die natürlich auch Touren durchführen): Man ist flexibler und die Möglichkeiten für abenteuerlichere Aktivitäten sind größer. Die Gruppen sind kleiner und die Preise niedriger, allerdings wird wesentlich weniger Komfort geboten. Neben den Veranstaltern in Coca gibt es auch noch zahlreiche andere in Quito.

⭐**Amazon Wildlife Tours**　NATURBEOBACHTUNG
(📞06-288-0802; www.amazonwildlife.ec; Hotel San Fermin, Ecke Quito & Bolívar; pro Pers. & Tag 100 US$) Diese erfahrene Agentur ist das beste Argument dafür, einen Dschungelausflug in Coca zu buchen. Sie bietet eine Reihe von Touren in die freie Natur und hat sich auf Jaguar-Expeditionen im Nationalpark Yasuní, auf das Beobachten von Amazonasdelfinen und auf Touren im Naturreservat Limoncocha zum Beobachten von allen möglichen Tieren spezialisiert.

Jorge Carriel　　DSCHUNGELTOUR
(📞093-971-2597; loresalavarria84@hotmail.com; Ecke Alejandro Labaka & Camilo de Torrano; pro Pers. & Tag 120 US$) Jorge hat sich auf sechs- bis achttägige Abenteuertrips tief in den Dschungel hinein spezialisiert (aufgrund der dabei anfallenden Dieselkosten müssen Teilnehmer etwas tiefer in die Tasche greifen). Es geht hinab ins Gebiet von Nuevo Rocafuerte nahe der peruanischen Grenze, und zwar auf Schwarzwasserebenarmen, die bessere Chancen bieten, mehr der faszinierenden Tiere in freier Wildbahn zu sehen. Übernachtet wird in primitiven Dschungelhütten.

Luis Duarte　　TOUR
(📞06-288-2285; cocaselva@hotmail.com) Organisiert kundenorientierte Touren, z.B. die Überfahrt über den Fluss nach Peru oder Aufenthalte bei Huaorani-Familien. Ist in der La Casa del Maito zu finden.

Coca

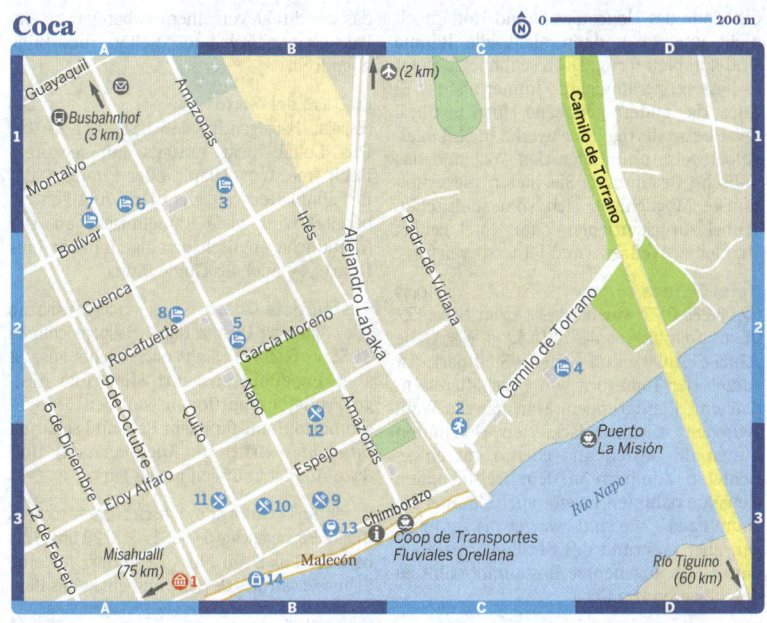

Otobo's Amazon Safari TOUR
(www.rainforestcamping.com; pro Pers. & Nacht 200 US$) Die abgelegene Stätte am Río Cononaco mit Zelten auf Plattformen und einer strohgedeckten Lodge wird von dem indigenen Huaorani Otobo und seiner Familie betrieben. Besucher wandern mit einem einheimischen englischsprachigen Guide im Parque Nacional Yasuní, besuchen Seen und ein Dorf in der Gegend.

Schlafen

Hotel San Fermin HOTEL **$**
(06-288-0802; Ecke Quito & Bolívar; EZ/DZ ab 15/25 US$, ohne Bad 8/16 US$, Suite 32 US$; P❄@🛜) Das freundliche, gut geführte Hotel bietet ein gutes Preis-Leistungs-Verhältnis. Die geräumigen, holzverkleideten Zimmer wurden kürzlich renoviert und sind mit TV, Schreibtisch und Ventilator bzw. Klimaanlage ausgestattet. Wenn möglich, ein Zimmer ganz oben nehmen – die sind am größten und hellsten.

Hotel Santa María HOTEL **$**
(06-288-0287; Rocafuerte zw. Quito & Napo; Zi. 13 US$/Pers., DZ mit Klimaanlage 25 US$) Hat die billigsten akzeptablen Gästebetten der Stadt. Man muss allerdings aufpassen, dass man sich auf der Treppe zu den kleinen Zimmern nicht den Kopf an der niedrigen Decke stößt.

⭐ **Heliconias Grand Hotel** HOTEL **$$**
(06-288-2010; www.heliconiasgrandhotel.com; Ecke Amazonas & Bolívar; DZ 75 US$) Ganz sind

die Pläne des Heliconias Grand Hotel noch nicht umgesetzt, denn nicht alle Räume sind komplett fertig. Doch schon jetzt bietet es bessere, geräumigere Zimmer als das El Auca, das andere gehobene Hotel in Coca. Zwei bezugsfertige Stockwerke in Kolonialstilbauweise umrahmen den Pool und das hübsche Restaurant. Sie bieten die erholsamste Möglichkeit, sich vom städtischen Trubel zurückzuziehen. Zum Hotel gehört ein kleiner Wellness- und Fitnessbereich.

Hotel El Auca HOTEL $$

(☑06-288-0127; www.hotelelauca.com; Napo; EZ/DZ mit Frühstück ab 46/72 US$; ⓟ❈🛜) Die schicke Anlage am neuen Stadtpark ist zurzeit der Topfavorit von Geschäftsreisenden und Reisegruppen. Man hat die Wahl zwischen stilvollen lackierten Holzhütten hinten im Garten und ebenso gut eingerichteten Zimmern in dem freistehenden Gebäude dahinter. Es gibt auch Zimmer im Haupthaus – die sind zwar etwas geräumiger, aber aufgrund des Straßenlärms auch lauter. Das angenehme Restaurant zählt zu den besseren von Coca.

Hotel Río Napo HOTEL $$

(☑06-288-0872; www.hotelrionapo.com; Bolívar 76-06; EZ/DZ mit Frühstück 40/70 US$; ❈🛜) Das smarte, saubere und helle Mittelklassehotel im Zentrum hat 29 komfortable Zimmer mit Klimaanlage und Kabel-TV. Derzeit werden die Zimmer aufgehübscht, und wenn dieses Buch auf dem Ladentisch liegt, müsste man schon auf der neuen Dachterrasse frühstücken können. Die Mitarbeiter sind übrigens die freundlichsten der ganzen Stadt!

Hostería La Misión HOTEL $$

(☑06-288-0260; hlamision@hotmail.com; Camilo de Torrano; EZ/DZ 34/50 US$; ⓟ❈🛜🏊) Das alteingesessene Hotel profitiert von seiner Lage direkt an der Ablegestelle der Boote zum Yasuní. Jedes der sauberen, aber nicht mehr taufrischen Zimmer hat Kabel-TV, Kühlschrank und ein modernes Bad, die Aussicht auf den Río Napo ist einigen wenigen vorbehalten. Es gibt mehrere Pools, in denen immer lautstark Kinder herumtoben, aber keine Unterkunft ist für die Einschiffung zur Yasuní-Fahrt günstiger gelegen. Der Ausblick vom Uferrestaurant (mit Bar) La Misión ist der schönste, den Coca zu bieten hat.

Essen

Jeden Abend verkaufen gut gelaunte Straßenverkäufer an der Calle Quito zwischen Rocafuerte und Espejo gegrilltes Fleisch, das sie direkt vor einem zubereiten – einfach phantastisch und gesellig – und billig obendrein.

La Casa del Maito FISCH $

(Espejo; Hauptgerichte 4–6 US$; ⊙7–18 Uhr) Das Lokal lockt mittags mit leckerem Fisch (meistens Tilapia oder Piranha), der in Palmblättern auf dem Grill draußen zubereitet wird, viele Einheimische an. Der freundliche, englischsprachige Inhaber, Luis Duarte, ist auch als Guide tätig.

Restaurante Ocaso ECUADORIANISCH $

(Eloy Alfaro zw. Quito & Napo; Hauptgerichte 3–8 US$; ⊙6–21 Uhr) Sieht nach nichts aus, ist aber unglaublich begehrt. Hier gibt's riesige Frühstücksportionen, saftigen Fleischschmortopf mit fluffigem Reis und scharfen *patacones* (frittierte Kochbananen) und dazu Aussicht auf den neuen Park.

Cevichería Colorado FISCH & MEERESFRÜCHTE $

(Napo; Hauptgerichte 5–7 US$; ⊙8–20 Uhr) Das beliebte Lokal am Fluss ist perfekt für eine Schüssel saftiges Ceviche und ein kaltes Bier.

Matambre STEAK $$

(Ecke Quito & Espejo; Hauptgerichte 7–11 US$; ⊙12–22 Uhr) In dem offenen Restaurant herrscht ständig Hochbetrieb. Es serviert köstliche Steaks auf vielerlei Art, die auf der Zunge zergehen. Mittags und abends ist es immer voller Familien.

La Misión ECUADORIANISCH $$

(Camilo de Torrano, Hostería La Misión; Hauptgerichte 4–14 US$; ⊙7–22 Uhr) Mit seinen an der Seite offenen Veranden auf Pfählen über dem Fluss bietet La Misión den schönsten Ausblick der Stadt und ist daher der Lieblingstreff der Touristen, die auf die Ankunft ihres Yasuní-Boots warten. Zu essen gibt's u. a. frischen Fisch aus dem Fluss, aber umwerfend ist die Küche nicht, vom Service ganz zu schweigen.

Ausgehen & Unterhaltung

Papadan's BAR

(Ecke Chimborazo & Napo; ⊙Mo–Sa 18 Uhr–open end) Die erste wirklich einladend aussehende Bar von Coca ist eine nagelneue *palapa* (palmstrohgedeckte Hütte) mit erstklassigem Flussblick und guten Cocktails.

Shoppen

An ein paar Ständen entlang des neuen *malecón* wird Kunsthandwerk der Shuar und Kichwa verkauft. Zu dem Kichwa-Laden na-

EIN SCHMUTZIGES GESCHÄFT

Der Präsident Ecuadors bezeichnete es als „Verbrechen an der Menschheit", und Umweltschützer sehen es als größte Ölkatastrophe aller Zeiten. Zwischen 1964 und 1992 förderte das Ölunternehmen Texaco (heute Chevron) in Zusammenarbeit mit dem staatlichen Petroecuador rund 5,3 Mrd. l Öl im nördlichen Oriente und soll dabei Hunderte von offenen Gruben mit Giftmüll hinterlassen haben. Chevron hält dagegen, dass das Unternehmen sich an alle damaligen Umweltbestimmungen gehalten und seinen Teil zur Säuberung bereits beigetragen habe.

2003 reichten US-Anwälte im Auftrag von 30 000 Ecuadorianern in Lago Agrio eine Sammelklage gegen das Unternehmen ein. Ihm wurde vorgeworfen, vorsätzlich 18 Mrd. Gallonen (je ca. 3,8 l) toxisches Abwasser in den Regenwald eingeleitet zu haben, darunter 18 Mio. Gallonen Rohöl – fast doppelt so viel wie bei der *Exxon-Valdez*-Katastrophe ausgelaufen ist. Die Kläger legten Texaco weiterhin zur Last, dass durch die Praktiken des Unternehmens die indigene Bevölkerung (insbesondere die Cofán und die Secoya) dezimiert und das Ökosystem zerstört wurden. Chevron behauptet, Opfer einer infamen Propagandakampagne zu sein.

1992 übernahm das staatliche Ölunternehmen Petroecuador die meisten Förderanlagen der Texaco. Deshalb sei, laut Chevron, das ecuadorianische Unternehmen verantwortlich für die Umweltverschmutzung. Chevron betont, dass Texaco seinen Anteil an der Ölverschmutzung im Rahmen eines vom ecuadorianischen Staat vorgeschriebenen Sanierungsprogramms in Höhe von 40 Mio. US$ bereinigt hätte.

Dennoch wurde die Gesellschaft im Februar 2011 zu einer Schadensersatzzahlung von insgesamt 18 Mrd. US$ (später auf 9,5 Mrd. US$ reduziert) verurteilt.

Nachdem Chevron gegen das Urteil Berufung eingelegt hatte, tauchten Beweise über die unlauteren Methoden auf, mit denen Steven R. Donziger, der Rechtsbeistand der Klägerseite, den Schuldspruch von 2011 erwirkt habe. Im März 2014 sprach ein US-Distrikt-Gericht Donziger und sein Anwaltsteam der Einflussnahme und Bestechung schuldig.

Nach siebenwöchiger Verhandlung legte Richter Lewis Kaplan in einer 500-seitigen Urteilsbegründung dar, dass die Kläger das Urteil des ecuadorianischen Gerichts durch Betrug erreicht hatten. Ihr Betrug ging so weit, dass sie im Vorfeld sogar schon die Vorlage für das endgültige Urteil verfasst hatten. Der US-Gerichtshof kam zu dem Schluss, der Rechtsstreit sei durch Betrug und Bestechung sowie durch Täuschung und Behinderung der Justiz vollständig kompromittiert. Es sollte deshalb gesetzlich verhindert werden, dass die Kläger irgendwo auf der Welt Entschädigungsansprüche durchsetzen können. Die Autoren der beiden Bücher über den Fall – *Law of the Jungle* von Paul Barrett und *Crude Awakening* von Michael D. Goldhaber – fanden Kaplans Ermittlungsergebnisse beide überzeugend. „Das Traurige an der Sache ist, dass Donzigers Missachtung der Autorität des Gesetzes es unmöglich gemacht hat, die Wahrheit in Bezug auf die Umweltzerstörungen herauszufinden", schreibt Goldhaber.

Donziger bezeichnet alle seine Kritiker als voreingenommen und hat Berufung gegen das US-amerikanische Urteil eingelegt. Seinen Widerspruch begründet er unter anderem damit, dass jegliche Vorwürfe unrechtmäßigen Verhaltens irrelevant seien und keinerlei Einfluss auf Chevron Schadensersatzzahlung haben dürften.

2014 mischte sich überraschend eine weitere prominente Persönlichkeit in Gestalt der Schauspielerin Mia Farrow ins Geschehen ein. Ein Reisefoto ging um die Welt, auf dem sie eine ölverschmierte Hand hochhält, angeblich um ihre Solidarität mit den von der Ölverschmutzung betroffenen Dschungelgemeinden zu bekunden. Doch der Schuss ging nach hinten los, als bekannt wurde, dass sie von der ecuadorianischen Regierung eine Zahlung in Höhe von 188 000 US$ erhalten hatte.

Trotz der riesigen Summen, um die es in diesem Fall geht, sind Wasser- und Nahrungsvorräte der indigenen Volksgruppen vor Ort weiterhin stark belastet.

Weitere Infos zur Sicht beider Seiten gibt's unter **Amazon Defense Coalition** (http://chevrontoxico.com) und **Chevron** (www.chevron.com/ecuador). Filme und Bücher zu dem Rechtsstreit sind unter anderem der 2009 gedrehte Dokumentarfilm *Crude* (aus der Perspektive der Klägerpartei) sowie die beiden Bücher, die sich mit den Korruptionsfällen rund um das Urteil von 2011 befassen: *Law of the Jungle* von Paul Barrett und *Crude Awakening* von Michael D. Goldhaber, beide 2014 erschienen.

mens **Kallary Kawsay** (Malecón) gehört auch eine schnuckelige, auf den Fluss hinausgehende Bar mit leckeren Obstsäften.

ℹ Praktische Informationen

Banco del Pichincha (Ecke Bolívar & Quito) Hat Geldautomaten – mit Warteschlangen davor.

Clínica Sinai (Ecke Napo & Moreno) Wer einen Arzt braucht, ist hier am besten bedient.

Post (Napo nahe Montalvo)

Touristeninformation (☎ 06-288-0532; www.orellanaturistica.gob.ec; Transportes Fluviales Orellana Bldg, Chimborazo; ☉ Mo–Sa 7.30–12 & 14–16.30 Uhr) Die neue, hilfreiche Touristeninformation bietet Travellern kostenlosen Internetzugang und Tipps zum Transport zu den Lodges am Río Napo. Darüber hinaus finden hier Vorträge über die indigenen Volksgruppen und seltenen Tiere, die im Nationalpark Yasuní leben, statt. Die Angestellten sprechen kein Englisch, sind aber sehr freundlich.

ℹ An- & Weiterreise

BUS

Zur wachsenden Zahl der erfreulichen Neuerwerbungen von Coca gehört auch einer der besten Busbahnhöfe des Landes. Er liegt 3 km nördlich der Stadt und ist per Taxi für 2 US$ zu erreichen. Von hier fahren Busse zu allen wichtigen Zielorten.

Vom Markt in der Alejandro Labaka, zwei Blocks vom Flussufer entfernt, fahren *rancheras* (seitlich offene Busse oder Transporter mit schmalen, unbequemen Sitzbänken, auch *chivas* genannt) zu verschiedenen Zielen zwischen Coca und Lago Agrio sowie nach Río Tiputini im Süden. Pick-ups und Taxis der Cooperativa Camionetas Río Napo bedienen die Stadt und Umgebung.

Busse fahren nach Tena (7 US$, 4 Std.) und zu anderen, weiter südlich gelegenen Zielen im Oriente, nach Lago Agrio (3 US$, 2 Std.) und Quito (10 US$, 10 Std.).

FLUGZEUG

Der Flughafen befindet sich knapp 2 km nördlich der Stadt, linkerhand an der Straße nach Lago Agrio. Die fünfminütige Taxifahrt kostet 1,50 US$.

TAME (☎ 06-288-1078; Ecke Castillo & Quito; ☉ Mo–Fr 9–13 & 14–18, Sa 14–18, So 9–13 Uhr) Hat drei Flüge pro Tag zwischen Coca und Quito (einfacher Flug circa 110 US$).

SCHIFF/FÄHRE

Fast alle Yasuní-Lodges benutzen die Anlegestelle Puerto La Misión auf dem Gelände der Hostería La Misión.

Coop de Transportes Fluviales Orellana (☎ 06-288-2582/0231; Chimborazo an den Docks) Befördert bis zu 60 Passagiere in einem überdachten Kanu flussaufwärts. Tickets frühzeitig besorgen. Fährt sonntags, mittwochs und donnerstags um 7 Uhr nach Nuevo Rocafuerte (15 US$, 10 Std.) an der peruanischen Grenze. Die Rückfahrt von Nuevo Rocafuerte nach Coca ist am Mittwoch, Samstag und Sonntag um 5 Uhr (12–14 Std.).

Normalerweise gibt's mittags einen Zwischenstopp, trotzdem Verpflegung und Wasser für die lange Fahrt mitnehmen und unbedingt 30 Minuten vor Abfahrt startklar am Hauptdock von Coca auftauchen. An der Hafenmole kann man sich auch nach schnelleren Charterbooten erkundigen, die größere Gruppen für rund 70 US$ zur Grenze bringen.

Vía Auca

Diese Straße führt von Coca über den Río Napo, dann weiter nach Süden über den Río Tiputini und den Río Shiripuno und endet im Örtchen **Tiguino** am Río Tiguino. *Rancheras* fahren täglich bis Tiguino. Das Gebiet war ursprünglich Huaorani-Territorium und unberührter Dschungel, aber als im Zuge der Ölförderung in den 1980er-Jahren diese Straße gebaut wurde, wurden die Huaorani verdrängt. Das Gebiet wird heute zunehmend kolonisiert und Rinderranches und Bohrtürme verdrängen trotz der Bemühungen von Umweltschützern den Dschungel.

Die Flüsse, über die diese Straße führt, bieten Zugang zu entlegenen Gebieten des Huaorani-Reservats und des Nationalparks Yasuní. Man sollte sich aber nur mit autorisierten Guides auf den Weg machen. Etwa 75 km südlich von Coca findet man die **Shiripuno Lodge** (☎ in Quito 02-227-1094; www.shiripunolodge.com; 4 Tage/3 Nächte 400 US$/Pers.), die die Huaorani in ihrem Territorium erbaut haben und selber betreiben. Bei der Shiripuno Lodge – einer der wenigen Lodges innerhalb des Nationalparks Yasuní – handelt es sich um eine einfache Unterkunft ohne Strom, die tief im Wald liegt – ein echtes Dschungelerlebnis.

Bajo Río Napo

Der Río Napo fließt von Coca ostwärts auf seinem Weg zum Amazonas in Peru. Gleich hinter Coca entwickelt sich der Fluss zu einem breiten, kraftvollen Strom, der Dörfer und Inseln überfluten kann. Dieser lange, einsame Abschnitt am Napo, der am Rand

Bajo Río Napo & Umgebung 🔲 0 ———— 40 km

Bajo Río Napo & Umgebung

Buchung online oder über das **Büro in Quito** (📞 02-250-4037; www.yarinalodge.com; Ecke Av Amazonas N24-240 & Av Colón).

des Nationalparks Yasuní verläuft, birgt einige der besten Dschungellodges Ecuadors und ein paar der besseren Möglichkeiten zum Beobachten von Tieren. Unterwegs sind einige der Ölförderstellen zu sehen, die derzeit für kontroverse Schlagzeilen sorgen.

Yarina Lodge

Yarina Lodge LODGE **$$$**
(www.yarinalodge.com; 2/3/4 Nächte pro Pers. 370/460/550 US$) Der Río Manduro trifft eine Stunde flussabwärts von Coca auf den Napo, und nach weiteren zehn Minuten entlang des Schwarzwasserstroms findet man die Yarina Lodge, ein Camp am Hang mit 26 strohgedeckten Bambus-Cabañas. Die Lodge ist vor allem auf Budgettraveller eingestellt und hat engagierte, professionelle englischsprachige Guides. Das gut zubereitete Essen (auch für Vegetarier ist gesorgt) gibt's in der Gemeinschaftslodge, wo man auch auf Hängematten relaxen kann. Die Hütten mit zwei bzw. drei Betten sind mit Moskitonetzen, modernem Bad, Strom und rund um die Uhr vorhandenem Warmwasser ausgestattet.

Abgesehen von den wie zu erwarten angebotenen Dschungelwanderungen und Aktivitäten gibt es in der Nähe auch einen „Rehabilitationsbereich", wo Tiere, die aus der Hand von Händlern in Coca befreit wurden, aufgepäppelt und dann wieder in die Freiheit entlassen werden. Interessierte können auch einen Kichwa-Kochkurs machen. Im Übernachtungspreis enthalten sind alle Mahlzeiten und Touren mit spanisch- und englischsprachigen lokalen Guides.

Sacha Lodge

Sacha Lodge LODGE **$$$**
(📞 in Quito 02-256-6090; www.sachalodge.com; EZ/DZ mit VP 3 Nächte 1425/1900 US$; @) Die Sacha Lodge ist eine der besten Dschungellodges in Ecuador. Sie hat eine spektakuläre Lage an dem Binnensee Laguna El Pilche und ist vom Río Napo nur ein kleines Stück zu Fuß oder per Kanu entfernt. Die 1992 eröffnete, von Schweizern betriebene Anlage bietet eine der denkbar luxuriösesten Möglichkeiten, den Regenwald kennenzulernen.

Die Lodge beschäftigt indigene Einwohner und bildet sie auch für die Arbeit im Tourismus aus. Das Sacha kauft ständig Parzellen von ecuadorianischen Kleinbauern, die es zuvor als Farmland nutzten, um so das Land wieder in den Regenwald zu integrieren. Die Lodge liegt inmitten von 2000 ha zurückgewonnenem Land, das jetzt zur Aufforstung unter Schutz steht, und ist damit das größte private Schutzgebiet in Ecuador.

Die zentrale Lodge ist eine zweistöckige strohgedeckte Rundhütte mit Restaurant und Bar. In der Nähe stehen noch andere Hütten, in denen eine kleine Bibliothek und ein Internetcenter untergebracht sind. Plankenwege schlängeln sich zu 26 Hütten, die mit modernem Bad, einer Trockenbox für Kameras und rund um die Uhr Warmwasser und Strom ausgestattet sind. Außerdem gibt es eine schattige Terrasse mit Hängematte, auf der man gut Siesta halten und Tiere beobachten kann. Tiefer im Dschungel stehen Wohneinheiten, die zwar älter, aufgrund der Lage aber besser zum Tierebeobachten geeignet sind. Alle Zimmer haben einen Safe und sind gut abgeschirmt. Moskitonetze gibt es nicht, denn die Gefahr, gestochen zu werden, ist hier gering. Das Essen ist vorzüglich und oben gibt's noch eine gute Bar, die abends sehr gut besucht ist.

Für Wanderungen und Kanutrips müssen normalerweise um die fünf Touristen zusammenkommen, die ein zweisprachiger, fachkundiger, lokaler Guide begleitet. Das 809 ha große Gelände besteht aus flachem und hügeligem Regenwald, mehreren Seen, reißenden Flüssen und Sümpfen. Regelmäßig lassen sich sechs Arten von Affen, Tukane, Pfeilgiftfrösche, Pekaris, Faultiere, Anakondas, Kaimane und Schwarze Agutis blicken.

Der Stolz der Lodge ist der mit drei Metallpfeilern stabil verankerte Baumwipfel-Pfad 60 m über dem Boden. Vogelbeobachter lieben es, ganz früh am Morgen auf dem knarrenden Giganten zu stehen und dabei zuzusehen, wie sich der Nebel lichtet und unzählige Affen und Vögel zum Vorschein kommen. Zudem gibt es noch einen anderen Turm mit einer hölzernen Plattform in 45 m Höhe an einem riesigen Ceiba-Baum.

Schon die Anreise ist ein Abenteuer: Von Coca fährt man zwei Stunden mit einem motorisierten Kanu, gefolgt von einem entspannten Bummel durch den Wald auf einem erhöhten Plankenweg und einer 15-minütigen Paddeltour in einem Einbaum durch einen Kanal und über einen See.

Rund um das Napo Wildlife Center

Napo Wildlife Center   LODGE **$$$**
(NWC; www.napowildlifecenter.com; EZ/DZ mit VP 3 Nächte 1379/1838 US$; @🛜) 🚣 Die im tiefsten Nationalpark Yasuní versteckte Lodge, das luxuriöse Napo Wildlife Center, erfreut sich einer unberührten Lage mit erstklassigem Zugang zur Wildnis. Das Ökotourismusprojekt befindet sich in alleinigem Besitz der Kichwa-Gemeinde von Añangus, die auch fast das ganze Personal der Lodge stellt.

Einer der erfreulichsten Aspekte ist die einfache Anreise: Ein Paddelboot bringt einen in ein paar Stunden vom Río Napo über einen abenteuerlichen Schwarzwasserbach voller Tiere (darunter auch viele Vögel) bis zur Laguna Añangucocha. Auf der anderen Seite der Lagune erfreuen sich die 16 rötlichen Zimmer des NWC bester Lage. Sie sind stilvoll und haben meist Seeblick. Die vier neueren Suiten sind sogar noch größer und haben auf der Terrasse nach hinten hinaus einen Freiluftwhirlpool. Die schönen Gemeinschaftsbereiche sind geräumig und offen gestaltet und bieten eine hübsche Holzveranda, eine kleine Bibliothek und eine erhöhte Aussichtsplattform. Das Essen ist köstlich und abwechslungsreich.

Die Trips werden von lokalen Añangans geführt, die eine Ausbildung zu Parkrangern im Yasuní NP und zu zweisprachigen Natur-Guides gemacht haben. Die große Attraktion für Vogelbeobachter sind die beiden Papageien-Lehmlecken auf dem Anwesen. Auch von den umliegenden Lodges strömen Hobby-Ornithologen herbei, um die Papageien, Sittiche und Aras zu beobachten. Die beste Zeit dazu ist zwischen Ende Oktober und Anfang April, wenn man bis zu zehn Papageienarten sieht – manchmal tummeln sich hier sogar Tausende von Vögeln. Einen kurzen Spaziergang von der Lodge entfernt steht ein 36 m hoher Stahlturm, von dem aus man einen spektakuläreren Panoramablick auf die Baumwipfel und die vielen Vögel hat. Hier wurde sogar schon der seltene Zickzackreiher gesichtet.

Das Center hat zahlreiche Preise erhalten – nicht nur für seine enge Anbindung an die lokale Gemeinde, sondern auch für sein Umweltbewusstsein, z. B. das umweltschonende nachhaltige Abwassersystem, die Kompostlatrinen, die Solaranlagen und die erstklassigen Guides. Die empfehlenswerte Lodge gilt als die luxuriöseste und umweltbewussteste am unteren Río Napo.

Besucher mit knapper Reisekasse können im Nationalpark Yasuní auch in der vor Kurzem eröffneten **Yasuní Ecolodge** (☏ 02-254-7758; www.yasuniecolodge.travel; EZ/DZ 2 Nächte/3 Tage 676/1096 US$) übernachten, die von der gleichen lokalen Gemeinde betrieben wird. Die Ecolodge liegt zwar in dem Kichwa-Dorf am Río Napo, sodass das Erlebnis erheblich weniger „wild" ausfällt, aber dafür erfährt man hier eine Menge über die Regenwaldkultur und profitiert von den hervorragenden Einrichtungen der Lodge.

Buchung online oder über das **Büro in Quito** (☏ 02-254-7758; Ecke Yánez Pinzón N26-131 & La Niña, oficina 101, piso 2).

La Selva Jungle Lodge

La Selva Jungle Lodge   LODGE **$$$**
(EZ/DZ mit VP 3 Nächte/4 Tage 1430/2200 US$) Die älteste Lodge am Bajo Río Napo gehört einer norwegisch-ecuadorianischen Familie, steht am Ufer der Laguna Garzacocha und wurde kürzlich renoviert. Die neugestalteten Unterkünfte – helle, luftige und ziemlich elegante Suiten – sind absolute Topklasse.

In den geräumigen (über 20 m² großen) Zimmern gibt es jetzt wunderschöne Kingsizebetten, Deckenventilatoren, Moskitonetze, große Schränke, luxuriöse Badezimmer und entweder private Terrassen oder Balkone mit Seeblick. Drei Familienapartments verfügen zusätzlich über Whirlpools. Erhöhte Holzstege verbinden die einzelnen Gebäude der Anlage. Das Essen ist köstlich und wird in einem großen Speisesaal mit Blick auf den See serviert.

Mit mehr als 500 Vogelarten ist La Selva ein wichtiges Ziel für Vogelbeobachter. 20 Gehminuten von der Lodge entfernt ist eine 43 m hohe Plattform mit Blick auf die Baumwipfel und Vögel. Oft entdeckt man auch Affen und andere Säugetiere. In der für Besucher zugänglichen großen Schmetterlingsfarm huschen diverse Falter in prächtigen Farben herum. Im See kann man auch baden und Kanu fahren.

La Selva liegt von Coca mit einem motorisierten Kanu rund 2½ Stunden flussabwärts. Danach geht es noch durch den Dschungel, gefolgt von einer Kanufahrt über den See.

Buchung online oder über das **Büro in Quito** (☎ 02-255-0995; www.laselvajunglelodge. com; Mariscal Foch 265).

Sani Lodge

Sani Lodge   DSCHUNGELLODGE **$$$**
(3 Nächte/4 Tage Zelt/EZ/DZ 664/1092/1560 US$; ☎) Die von der örtlichen Sani-Gemeinde betriebene Sani Lodge ist eine der preisgünstigsten Optionen. Aber im Unterschied zu den anderen Lodges dieser Preisklasse be-

findet sich das Sani sehr tief im Regenwald – so wunderschön liegt kaum eine andere Lodge in Ecuador.

Die Lodge entstand im Rahmen einer Vereinbarung zwischen der Gemeinde und der Occidental Oil Company. Die Sani erlaubten der Ölgesellschaft auf ihrem Land Probebohrungen zu machen, wenn die Firma im Gegenzug eine Touristenlodge für sie errichtet. Nun, Occidental fand kein Öl, aber die Sani Lodge wurde trotzdem gebaut. Alle Einnahmen aus dem Tourismus kommen der Kichwa-Gemeinde zugute – in Form von Stipendien, einem Gemeindeladen, der es den Einheimischen ermöglicht, nicht jagen zu müssen, in Form von Mitteln für medizinische Notfälle etc.

Nach der Fahrt über einen kleinen Nebenfluss des Río Napo erwartet die Besucher eine Reihe strohgedeckter Hütten auf einem hinreißenden Altarm. Es gibt hier zehn Rundhütten für zwei bis drei Personen mit eigenem Bad (nur Kaltwasser), komfortablen Betten, Moskitonetzen und einer kleinen Veranda sowie vier Hütten in Familiengröße. In einem separaten, per Kanu erreichbaren Abschnitt gibt's noch einen Campingbereich mit modernen Gemeinschaftsbädern – eine gute Möglichkeit, um Geld zu sparen, zumal Zelte gestellt werden.

Affen, Faultiere und Schwarze Kaimane werden regelmäßig gesichtet. Darüber hinaus hat die Lodge mehr als 570 Vogelarten verzeichnet (von dem 30 m hohen Baumturm aus kann man sich davon überzeugen). Die Guides der Lodge (einheimische, Englisch sprechende Naturkundler)

WAS IST DAS FÜR EIN TRIP?

Sollte der Dschungeltour-Veranstalter als sogenannte authentische Erfahrung *ayahuasca* anbieten, sollte man sich zweimal überlegen, ob man die Tour bucht. Die halluzinogen wirkende Pflanze wird in Amazonas-Kulturen bei Ritualen eingesetzt. Nur professionelle Schamanen (die zu diesem Anlass nicht unbedingt „kostümiert" sein müssen) haben die erlernte Fähigkeit, die Patienten im Rahmen ihrer Diagnosen zu „lesen". Nur in den seltensten Fällen sollte man sich darauf einlassen, solche halluzinogenen Pflanzen einzunehmen.

Es gibt viele Faktoren, die berücksichtigt werden sollten, bevor man sich auf *ayahuasca* einlässt. Dazu gehören eine entsprechende Diät und eine wirklich professionelle Begleitung und Überwachung sowie die Beachtung des Menstruationszyklus. Kurz gesagt: Man muss sich wirklich in die Hände eines professionellen Schamanen begeben. Die gefährlichen Nebenwirkungen von *ayahuasca,* die z. B. aus dem Zusammenwirken mit anderen eingenommenen Medikamenten oder aus einer schlechten Zubereitung des Gebräus resultieren können, würden einem die ganze Reise verderben.

Zu diesem Thema gibt es viel Literatur. Ein guter Tourveranstalter sollte einen damit versorgen können, damit man vorab genau versteht, was ein echtes *ayahuasca*-Ritual bedeutet. Veranstalter, die das nicht können, sollte man meiden.

haben nicht nur eine ausgezeichnete Sachkenntnis, sondern auch großen Respekt vor dem Dschungel. Die meisten zeigen den Besuchern gern auch die Sani-Gemeinde, um zu verdeutlichen, wie die Lodge eine wichtige, nachhaltige Wirtschaft geschaffen hat.

Buchung online oder über das **Büro in Quito** (☎02-243-9835; www.sanilodge.com; Ecke Suecia E8-13 & Shirys).

Laguna Pañacocha

Der stille, versteckte See ist nur eine kurze Bootsfahrt vom Río Napo entfernt, aber in dem wilden Durcheinander von Bächen wimmelt es von Tieren. Pañacocha bedeutet in der Kichwa-Sprache „See der Piranhas". Häufig kommen Reisegruppen im Rahmen eines Tagesausflugs von den hiesigen Lodges her, um Piranhas zu angeln und die Amazonasdelfine zu sehen, die sich oft im See zeigen. Seitdem in letzter Zeit Ölbohranlagen errichtet wurden, lassen sich allerdings nicht mehr ganz so viele Tiere blicken.

Beim Buchen einer Tour/Lodge sollte man nachfragen, ob die Lagune auf dem Reiseplan steht. In ihrer Nähe liegen mehrere Lodges; die beste davon ist wahrscheinlich die aus 11 schlichten Hütten bestehende **Amazon Dolphin Lodge** (3 Nächte/4 Tage pro Pers. 600 US$). Buchung online oder über das **Büro in Quito** (☎02-250-4037; www.amazondolphinlodge.com; Ecke Av Amazonas N24-240 & Av Colón).

Der See kann auch auf eigene Faust erkundet werden – einfach ist das aber nicht. Wer sich das zutraut, fährt von Coca mit einem Boot Richtung Nuevo Rocafuerte bis zum Zusammenfluss des Río Pañayacu mit dem Río Napo und chartert dort ein Kanu.

Pañacocha liegt vier bis fünf Stunden flussabwärts von Coca (je nach Motor) bzw. auf halber Strecke nach Nuevo Rocafuerte.

Nuevo Rocafuerte

Nuevo Rocafuerte ist für viele Leute nur ein kleiner, weit entfernter Punkt auf der Landkarte und läuft insofern kaum Gefahr, seinen Zauber zu verlieren. Während wohl viele Backpacker von der Idee, auf dem Napo bis nach Peru und zum Amazonas zu paddeln, begeistert sein werden, sind nur die kühnsten dieser Herausforderung gewachsen. Bei dem wahrhaft außergewöhnlichen Abenteuer wird man möglicherweise einiges durchmachen: Die Reise ist feucht und beengt, Krankheiten drohen und vielleicht wird man zuschauen dürfen, wie das Tier geschlachtet wird, das man anschließend verzehrt.

Nuevo Rocafuerte liegt an der peruanischen Grenze, über den Río Napo acht bis zehn Stunden von Coca entfernt. Dies ist ein legaler, aber sehr entlegener Grenzübergang nach Peru. Allerdings verkehren keine regulären Passagierschiffe und die Unterkünfte sind ausgesprochen einfach.

Im Ort gibt es ein paar Hotels, darunter das **Hotel Chimborazo** (☎06-233-2109; Zi. 7 US$/Pers.) mit sauberen, gemütlichen, holzgetäfelten Zimmern. Gegen rund 3 US$ extra sind auch Mahlzeiten erhältlich und die Mitarbeiter können den Weitertransport arrangieren. Die Wartezeit nutzt man am besten für eine geführte Tour in den Parque Nacional Yasuní oder ins Naturschutzgebiet Cuyabeno. Von Coca ausgehende Touren frequentieren zunehmend die Schwarzwasserflüsse in der Umgebung von Nuevo Rocafuerte, da die Gegend weniger von Umweltschäden betroffen ist und man mehr Tiere sehen kann als weiter flussaufwärts.

Wer weiter nach Peru will, sollte sich beim Ticketkauf für die Fahrt flussabwärts bei der Coop de Transportes Fluviales Orellana (S. 234) in Coca auch gleich nach den Telefonnummern der Frachtschiffe erkundigen, die vielleicht nach Pantoja/Iquitos fahren. Aber es gibt keine Garantie, dass der genannte Fahrplan eingehalten wird. Es besteht immer die Möglichkeit, hier zu stranden. Deshalb genug Wasserreinigungstabletten, Insektenschutzmittel und Essen mitbringen. Zudem sollte man sich bereits in Quito mit peruanischem Geld eindecken.

Um nach Iquitos in Peru zu kommen (Ausgangspunkt für Boote nach Brasilien und Kolumbien) reist man am besten flussabwärts über die Grenze nach Pantoja. (Kanus gibt's für eine Pauschale von 60 US$ zu mieten.) Pantoja hat ein Hotel, ein Restaurant und eine Disko.

Infos zur Region, zu Touren oder zu Mietbooten erhält man bei dem ortsansässigen Guide **Juan Carlos „Chuso" Cuenca** (☎06-238-2182). Sein Haus ist das zweite nach dem Bootshafen.

Anakonda-Flusskreuzfahrten

Anakonda-Flusskreuzfahrten   KREUZFAHRT (☎in Quito 02-336-0887; www.anakondaamazoncruises.com; EZ/DZ-Kabine pro Pers. 3 Nächte/4 Tage 2656/3556 US$) Bietet die Möglichkeit, bei Kreuzfahrten mit drei bis sieben Übernachtungen auf dem Río Napo bis nach Nuevo Rocafuerte zu schippern. Die *Anakonda*, ein 2013 gebauter Luxusdampfer mit Platz für 40 Passagiere, steht für ein Erlebnis nahezu wie im Boutiquehotel. Die Fahrgäste dürfen Wünsche auf bestimmte Aktivitäten anmelden, die realisiert werden, sofern es der Reiseplan zulässt. Die beeindruckend geräumigen Kajüten besitzen eigene Balkone und Jacuzzis und die Gourmetverpflegung lässt keine Wünsche offen.

Unterwegs besteht an einer Stelle die Möglichkeit zum Dschungel-Glamping.

ℹ️ An- & Weiterreise

Die Personenkanus von Coop de Transportes Fluviales Orellana starten in Coca (Mi, Sa & So 5 Uhr). Die Fahrt (15 US$) dauert ungefähr zwölf Stunden mit Zwischenstopp in Pañacocha zum Mittagessen. Das Kanu ist überdacht; trotzdem sollte man Regenkleidung, Essen und Wasser mitbringen. Bei niedrigem Wasserstand kann sich die Fahrt verlängern. Auch wer seine Fahrkarte im Voraus gekauft hat, sollte auf jeden Fall gegen 4.30 Uhr am Abfahrtsort sein, weil die Boote ablegen, sobald sie voll sind.

VON/NACH PERU

Die Aus- und Einreiseformalitäten für Ecuador werden in Nuevo Rocafuerte abgewickelt. In Peru sollte man versuchen, sie schon in Pantoja zu erledigen, notfalls in Iquitos. Die Boote von Nuevo Rocafuerte nach Pantoja nehmen 60 US$ pro Boot. Von Pantoja nach Iquitos kann man in einem Frachtschiff mitfahren (3–5 Tage), falls genug Fracht an Bord ist, damit sich die Fahrt für die Betreiber lohnt. Mitbringen sollte man eine Hängematte, 19 l Wasser und Nahrungsmittel, da auf den Booten das Essen nicht immer verlässlich ist. Die Fahrt kann ziemlich unbequem sein. Es gibt vielleicht nur ein Bad, es ist ziemlich eng, und auch viele Tiere können mit an Bord sein! Die Boote unterscheiden sich sehr in ihrer Qualität, aber wenn man lange auf die Ankunft eines Bootes gewartet hat, ist man vielleicht nicht mehr so wählerisch.

Parque Nacional Yasuní

Mit seiner gewaltigen Fläche von 9620 km², bestehend aus Feuchtgebieten, Marschen, Sümpfen, Seen, Flüssen und tropischem Regenwald ist der **Parque Nacional Yasuní** (www.mdtf.undp.org/yasuni; Eintritt 2 US$, Papageien-Lehmlecke 20 US$) Ecuadors größter Park auf dem Festland. Wegen seiner unglaublichen Artenvielfalt erklärte ihn der Unesco zum Internationalen Biosphärenreservat, und wenig später, 1979, folgte die Ernennung zum Nationalpark. Weil diese Nische des Lebens von der letzten Eiszeit unberührt blieb, leben hier viele Arten schon seit Urzeiten, darunter mehr als 600 Vogelspezies, von denen manche anderswo unbekannt sind. Zu den hier ansässigen Tieren gehören einige schwer zu erspähende Dschungelbewohner wie Jaguare, Harpyien, Pumas und Tapire.

Der Nationalpark ist heute eines der letzten echten Wildnisgebiete Ecuadors. Seine geografische Unzugänglichkeit hat ihn auf eine Weise geschützt, wie aktive Schutzmaßnahmen das nicht vermögen. Begrenzt vom Río Napo im Norden und dem Río Curaray im Südosten umfasst der Park den größten Teil des Wassereinzugsgebiets des Río Yasuní und Río Nashiño sowie beträchtliche Teile des Einzugsgebiets des Río Tiputini. Die vielfältigen Habitate des Nationalparks bestehen aus „Terra firma", bewaldeten Hügeln, die auch von den höchsten Fluten nie erreicht werden, aus *varzea* (Tiefland), das periodisch von über die Ufer tretenden Flüssen überschwemmt wird, sowie aus *igapó* (fast dauerhaft überflutetem Tiefland).

Eine kleine Zahl von Angehörigen der Völker der Tagaeri, Taromenane und Oñamenane leben im Nationalpark. Die Parkgrenzen wurden verändert, um diese Völker zu schützen, die traditionell als Jäger und Sammler leben und sich gegen jede Kontaktaufnahme mit der Außenwelt zur Wehr setzen. Die angrenzende Reserva Huaorani dient dem Park als ökologische Pufferzone.

Die Entdeckung von Öl im Park hat die Erfolgsgeschichte seiner Bewahrung infrage gestellt. 1991 gab die ecuadorianische Regierung, trotz des geschützten Status des Yasuní, dem US-Konzern Conoco die Erlaubnis, mit der Erkundung der Ölvorkommen zu beginnen. Seither hat die Konzession mehrfach den Besitzer gewechselt. Conoco wurde schließlich durch das Maxus Oil Consortium ersetzt, dessen Hinterlassenschaft die Maxus-Straße ist, die 150 km tief in den Park hineinschneidet. Obwohl die Straße so gebaut wurde, dass sie abgehoben und weggebracht werden konnte, ließen sich die für den Bau erforderlichen Waldrodungen nicht so schnell rückgängig machen und die durch die Straße gegebene Erschließung des Parkinneren für Außenstehende trägt zur weiteren Bodenerosion bei.

2007 verkündete die ecuadorianische Regierung die Yasuní-ITT-Initiative, mit der sie versprach, das gewaltige unterirdische ITT-Ölvorkommen (Ishpingo-Tambococha-Tiputini) nicht anzutasten, falls das Land in einem Zeitraum von 13 Jahren ausländische Zahlungen von rund 3,6 Mrd. US$ und einen Schuldennachlass erhält.

2013 jedoch gab der ecuadorianische Präsident Rafael Correa bekannt, dass die bis dahin bereitgestellte (durchaus erhebliche) Summe nicht ausreichend sei und erklärte das Vorhaben für gescheitert. Schon 2016 sollen jetzt die Ölfirmen anrücken.

In den Grenzen des Parks kann man im Napo Wildlife Center (S. 236), in der Yasuní Ecolodge (S. 236) und in der Shiripuno Lodge (S. 248) übernachten sowie im Rahmen einer der abenteuerlichsten Touren von Coca auch zelten.

Parque Nacional Sumaco-Galeras

Eine gute asphaltierte Straße verbindet Coca über Loreto mit Tena und führt am Südeingang zu einem großen, faszinierenden Stück wenig erkundeten Nebelwalds.

In keinem anderen Teil des Landes findet sich ein dermaßen ausgedehntes komplett unerschlossenes Gebiet – seine unzähligen Ökosysteme, darunter dichter Regenwald, Nebelwald, versteckte Höhlen und Klippen sowie raues vulkanisches Hochland, sind etwas ganz Besonderes. Den Mittelpunkt des 2052 km² großen Parks bildet der 3732 m hohe Volcán Sumaco, an dem immer feuchtes Wetter herrscht. Der Vulkan ist gegenwärtig zwar inaktiv, aber Vulkanologen meinen, dass er wieder ausbrechen könnte. Er befindet sich ungefähr 27 km nördlich der Straße, die Cocai, Loreto und Tena verbindet.

Die strapaziöse Wanderung zum Gipfel dauert insgesamt drei bis fünf Tage. Diese Anstrengung lohnt sich, denn der Wanderpfad ist einer der wenigen in Ecuador, die gleich durch drei unterschiedliche Klimazonen führen: Regenwald, Nebelwald und *páramo* (ödes, gebirgiges Hochland). Übernachtet wird in einem der drei neuen *refugios* (Berghütten) auf dem Vulkan. Die Wege sind das ganze Jahr über schlammig, etwas trockener nur zwischen Oktober und Dezember. In den höheren Regionen kann man die seltenen Wollaffen und auf der gesamten Strecke zahllose Vögel sehen.

Für jeden Versuch, den Vulkan zu besteigen, braucht man Führer, denn man muss sich auf schlecht markierten Wegen durchs Unterholz schlagen. Im Dorf Pacto Sumaco, 9 km nördlich der Loreto-Straße, kann man Bergführer für den Aufstieg anheuern (35 US$/Tag). Das Sumaco-Biosphärenreservat (www.sumaco.org) mit Büro am Beginn des Wanderwegs oberhalb der Hauptstraße kann schlichte Unterkünfte bereitstellen und hilft bei der Suche nach einem Guide. Die Einrichtungen sind minimal, Verpflegung und Ausrüstung müssen komplett mitgebracht werden.

Die Wildsumaco Lodge (☎ 06-301-8343, in Quito 02-333-1189; www.wildsumaco.com; EZ/DZ mit 3 Mahlzeiten 160/293 US$) liegt 1 km südlich von Pacto Sumaco und ist ein guter Ausgangspunkt für die Vulkanbesteigung. Die Lodge besteht aber auf vorheriger Reservierung – also rechtzeitig daran denken. Das Holzhaus mit Terrasse auf einem Hügel mit Panoramablick auf die Berge dient als Treffpunkt der Gäste. Die meisten kommen wegen der einzigartigen Möglichkeiten zur Vogelbeobachtung – denn im Schutzgebiet ringsum gibt es eine einmalige Mischung aus Arten, die im Nebelwald, an den Ausläufern der Berge oder im Amazonasbecken vorkommen. Die einfachen, aber geschmackvoll eingerichteten Zimmer haben Holzböden, bequeme Betten, Warmwasser und elektrischen Strom. Ein Wegenetz geht von der Lodge aus, sodass man Zugang zum Lebensraum der Vögel und der Wildtiere hat. Wer einen auf Vogelbeobachtung spezialisierten Guide haben möchte, kann diesen vorab anfordern.

Im gleichen Schutzgebiet wurde ein kurzes Stück weiter Anfang 2012 eine zweite Lodge, die Wild Sumaco Biological Station (ab 70 US$/Pers.), in Betrieb genommen. Diese steht vor allem reisenden Wissenschaftlern zur Verfügung. Wenn sie nicht belegt ist, können aber auch sonstige Vogelfreunde hier preisgünstig unterkommen; alle Mahlzeiten sind im Preis inbegriffen. Die Unterkunft besteht aus vier Räumen mit Etagenbetten und Gemeinschaftsbad.

Die schwedischen und US-amerikanischen Betreiber sind umweltbewusst und haben die Río Pucuno Foundation (www.riopucunofoundation.org) zum Schutz des hiesigen Waldes gegründet. Zur Lodge gehört eine biologische Forschungsstation und auf dem Gelände wurde kürzlich eine bis dato unbekannte Froschart entdeckt.

Vogelfreunde mit begrenztem Budget können in der neugebauten Casita (Pacto Sumaco; 30 US$/Pers.) außerhalb vom Dorf Pacto Sumaco absteigen. Es ist eine schlichte Unterkunft mit Einrichtungen für Selbstversorger und einer phantastischen Dachterrasse, auf der abends herumstolzierende Tukane für Unterhaltung sorgen. Nähere Informationen gibt's in der Wildsumaco Lodge oder im Dorf.

Der Nationalpark wird zunehmend vom Abenteuer-Ökotourismus entdeckt. Jüngster Beweis dafür ist die abgeschiedene **Reserva Biológica Río Bigal** (☑ 098-930-6988; http://bigalriverbiologicalreserve.org; Hütten ab 30 US$/Pers.). Sie liegt auf der Parkseite gegenüber der Wild Sumaco Lodge und ist von der Stadt Loreto her zugänglich. Der in erster Linie auf Backpacker ausgerichtete Betrieb bietet Übernachtung in Bambushütten und Camping auf Holzplattformen – eine echte Zurück-zur-Natur-Erfahrung. Es gibt auch mehrere Umweltschutzeinsatzmöglichkeiten für ehrenamtliche Helfer.

Cotundo & Archidona

Die Straße von Quito Richtung Süden nach Tena senkt sich in der Nähe des einsamen Dorfs Cotundo zum **Valle de los Petroglifos** ab, wo faszinierende Petroglyphen in die Talwände geritzt sind. Ein beschilderter Pfad führt von der Hauptstraße dorthin, doch wer die besten Zeichnungen sehen möchte, sollte etwas Geld in die Hand nehmen und einen Guide anheuern: einfach in der einladenden **Huasquilla Lodge** (☑ in Quito 02-237-6158; www.huasquila.com; EZ/DZ mit VP 87/134 US$, mit VP und Aktivitäten 156/240 US$) auf einem Hügel 3 km oberhalb von Cotundo nachfragen. Die 20 Hütten der Lodge sind rustikal, aber trotzdem heimelig und gut ausgestattet. Es gibt ein gutes Restaurant, einen Pool und verschiedene organisierte Touren, von Sekundärdschungelwanderungen über Felsbildergucken bis zu Höhlenwanderungen. Ein Taxi vom Hauptplatz in Cotundo hoch zur Lodge kostet 3 US$.

Die Gegend eignet sich prima zum Höhlenwandern. Der **Gran Canyon**, 4 km nördlich von Cotundo, ist Ziel einer halbtägigen Wanderung durch eine Schlucht voller Badestellen und Höhlen entlang eines Nebenflusses des Río Jondachi.

Weiter südlich, auf halber Strecke zwischen Cotundo und Archidona, liegen die **Cuevas de Jumandí** (Eintritt 1 US$, mit Guide 5 US$; ⊙ 9–17 Uhr). Es ist das bekannteste der vielen Höhlensysteme in der Gegend und teilweise noch unerforscht. Die zweifelhaften Wasserrutschen, die in ein Flussbecken

führen, sollte man links liegen lassen, und stattdessen langsam (mit Scheinwerfer oder Taschenlampe) die Stalaktiten, Stalagmiten und sonderbaren Formationen bewundern. Gummistiefel und alte Kleidung sind hier das Richtige. Tourveranstalter in Tena bieten maßgeschneiderte Tagesausflüge an, bei denen auch die Höhlen besucht werden. Auch die Huasquilla Lodge kann Höhlensichtigungen organisieren.

7 km südlich von Cotundo liegt das 1560 ursprünglich als Mission gegründete Archidona, ein Dorf mit matten, pastellfarbenen Fassaden und einer schwarzweiß gestreiften Kirche, die eine gepflegte Plaza überragt. Am Sonntag ist Markttag. Die beste Unterkunft ist die hervorragende **Orchids Paradise Lodge** (☑ 06-288-9232; www.elparaisodelasorquideas.com.ec; Zi. mit 3 Mahlzeiten pro Pers. 60 US$; P ⊛ ⊛), ein freundliches Hotel auf einem weitläufigen Gelände am Stadtrand an der Straße nach Tena. Hier gibt es einen riesigen Pool, ein geräumiges Palapa-Restaurant mit Bar sowie kürzlich renovierte Hütten mit allen modernen Annehmlichkeiten. Die Lodge hat sich einem Affenrettungsprogramm verschrieben – das Ergebnis schaukelt in den Bäumen.

Tena

34 000 EW. ⁄ 518 M

Für einen Verkehrsknotenpunkt im Dschungel ist Tena eine überraschend charmante Stadt, in der Traveller am Tag vor oder nach einem Trip in den Regenwald angenehm abhängen können. Architekturpreise dürfte Tena zwar so bald nicht gewinnen, aber die Einwohner sind freundlich, die Lage inmitten der von Dschungel bedeckten Hügel ist prachtvoll, und die Infrastruktur für Backpacker gut entwickelt. Wildwasserfanatiker kommen von überallher, um auf den vielen Flüssen in der Gegend zu paddeln und Spaß zu haben. Deshalb gibt es hier auch viele erfahrene und empfehlenswerte Veranstalter von Kajaktouren.

Tena, die Hauptstadt der Provinz Napo, wurde 1560 gegründet und hatte schon früh unter Aufständen der indigenen Bevölkerung zu leiden. Jumandi, der Anführer der Quijos (Amazonien-Kichwa), unternahm 1578 eine blutige, aber letztlich erfolglose Revolte gegen die Spanier. Der Jahrestag der Stadtgründung wird am 15. November mit Livemusik und Nachbarschaftsfesten gefeiert.

Tena

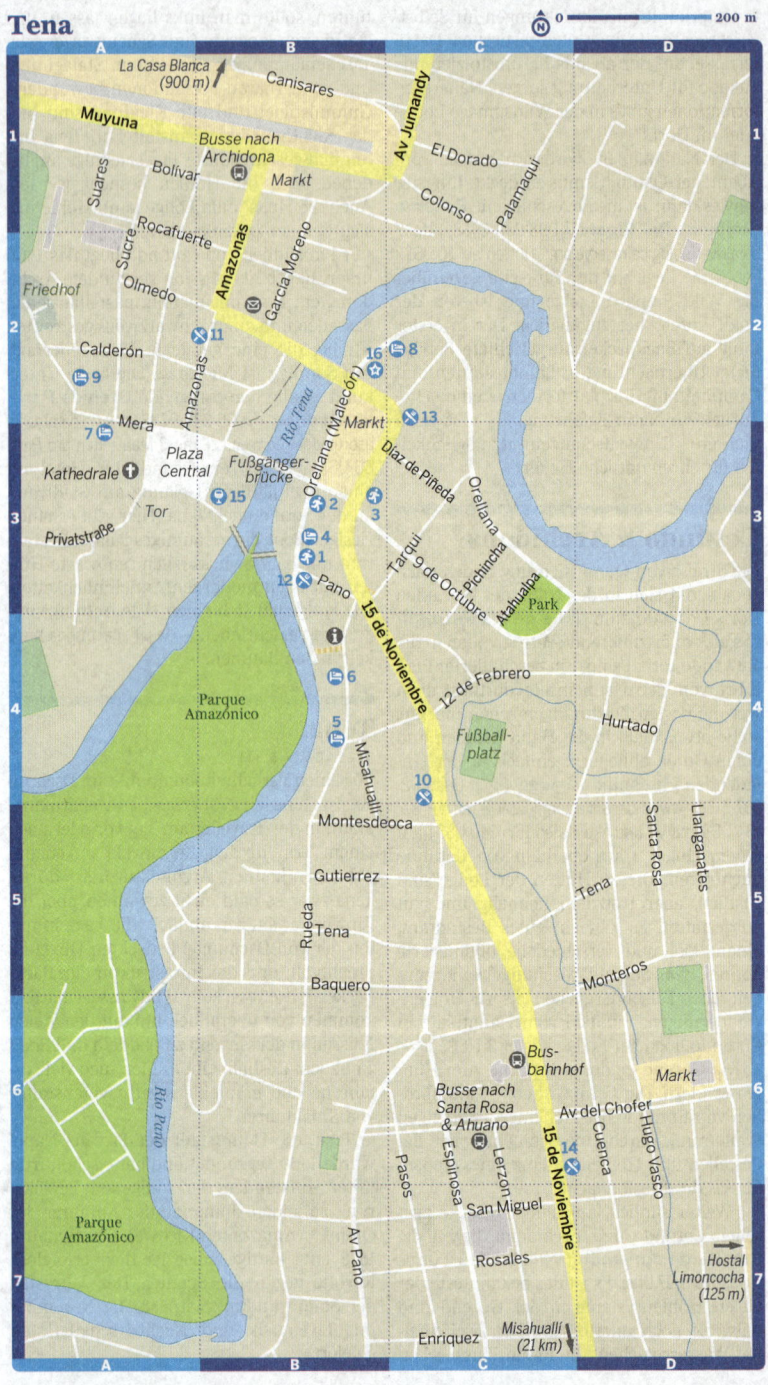

0   200 m

La Casa Blanca
(900 m)

Canisares

Muyuna

Busse nach
Archidona

Bolívar

Suares

Rocafuerte

Sucre

Olmedo

Friedhof

Calderón

Mera

Kathedrale

Privatstraße

Plaza
Central

Tor

Fußgänger-
brücke

Parque
Amazónico

Río Tena

Río Pano

Parque
Amazónico

Av Jumandy

El Dorado

Colonso

Palamaqui

Markt

García Moreno

Amazonas

Amazonas

Orellana (Malecón)

Markt

Díaz de Piñeda

Orellana

Pichincha

Atahualpa

Park

9 de Octubre

Tarqui

Pano

15 de Noviembre

12 de Febrero

Hurtado

Fußball-
platz

Montesdeoca

Gutierrez

Tena

Rueda

Tena

Baquero

Santa Rosa

Llanganates

Monteros

Bus-
bahnhof

Busse nach
Santa Rosa
& Ahuano

Av del Chofer

Markt

Pasós

Espinosa

Lerzón

San Miguel

Cuenca

Hugo Vasco

15 de Noviembre

Av Pano

Rosales

Enriquez

Misahuallí
(21 km)

Hostal
Limoncocha
(125 m)

Misahuallí

11

9

7

15

2

4

1

12

6

5

16

8

13

3

10

14

Tena

⊙ Sehenswertes & Aktivitäten

An klaren Tagen kann man manchmal den Volcán Sumaco in 50 km Entfernung aus dem Dschungel ragen sehen. Markttage sind Freitag und Samstag. Die Vibes von Tena lassen sich am besten bei einem Bummel auf dem einladenden *malecón* erspüren, der einige Häuserblöcke weit das Ost- und Westufer des Río Tena säumt. Tenas zweite (südliche) neue Fußgängerbrücke führt zum Parque Amazónico und besitzt einen futuristisch anmutenden *mirador* (Aussichtsturm). Am besten überquert man den Fluss auf dieser Brücke und kehrt über die alte zurück – ein richtig netter Spaziergang.

Parque Amazónico   ZOO

(zw. Ríos Pano & Tena; Eintritt 2 US$; ⊙8–17 Uhr) Auf der schicken neuen Fußgängerbrücke geht´s ein Stück über den Fluss auf die 27 ha große Insel. Ein Weg führt an ausgeschilderten einheimischen Pflanzen und an Tiergehegen vorbei, in denen man u.a. Tapire und Affen sehen kann. Ein echtes Dschungelerlebnis ersetzt der Zoo natürlich nicht. Es lohnt sich, auf den hohen *mirador* im Park zu klettern, um die tolle Umgebung von Tena zu betrachten.

Rafting

Tena ist Ecuadors Zentrum für Wildwassertouren. Der Bergbau rings um die Stadt zwingt die Veranstalter aber dazu, mit den Gruppen immer tiefer ins Umland zu gehen, um unberührte Flussabschnitte zu finden. Die Touren reichen von gemächlichen, malerischen Flusspartien bis hin zu Wildwasserfahrten über heftige Stromschnellen und zu rasanten Schussfahrten in prächtiger Landschaft. Seriöse Veranstalter haben alles, was man erwarten kann: ordentliche Rettungswesten, professionelle Guides, Erste-Hilfe-Ausrüstung und Rettungswurfleinen. Viele setzen auch Sicherheitsboote ein, die neben dem Boot entlangpaddeln und deren Besatzung im Fall des Kenterns eingreift. Es empfiehlt sich dringend, einen dieser guten Veranstalter zu nutzen. Die empfohlenen Veranstalter haben Guides und transportieren einen zu der Stelle, wo man zu Wasser gelassen wird.

Eine der beliebtesten Raftingtouren vor Ort findet auf dem Río Napo statt (der vor Ort Jatunyacu heißt, was auf Kichwa „großes Wasser" bedeutet). Hier geht es über eine unterhaltsame, 25 km lange Strecke mit Wildwasser der Klasse III+, die für Rafter aller Niveaus gut geeignet ist. Wer mehr Nervenkitzel möchte, wagt sich an den Río Misahuallí mit wilden Stromschnellen der Klasse IV+ und einem Abschnitt, an dem man das Boot um einen Wasserfall herum tragen muss.

⭐ River People   RAFTING

(☎06-288 7887/8384; http://riverpeopleecuador.com; Ecke Calle 15 de Noviembre & Calle 9 de Octubre) Das Unternehmen der englischen Familie Dent ist ein erstklassiger Veranstalter, der beständig begeisterte Kritiken erntet. River People ist Pionier bei der Erschließung zuvor nicht befahrener Flüsse in der Region; so bietet das Unternehmen Touren für erfahrene Rafter auf dem fernen Río Hollín an, bei denen die Teilnehmer nachts in unberührtem Regenwald campieren. Eine beliebte Tour ist die anstrengende zweitägige Abenteuerfahrt auf dem nahen Río Quijos, wo 2005 die Rafting-WM ausgetragen wurde. Die Guides haben mindestens acht Jahre Erfahrung und sprechen Englisch. Campen im Dschungel, Kajakunterricht und auf Kundenwünsche zugeschnittene Touren sind ebenfalls möglich.

ORIENTE TENA

Caveman Adventures
RAFTING

(☎06-288-8394; info@cavemanecuador.com; Orellana 268) Das einzig Negative an dem Veranstalter ist sein Name. Kajak-Anfänger erhalten bei den in den USA ausgebildeten Guides die denkbar beste Einführung und erfahrenere Rafter schwärmen von den unvergesslichen Paddeltouren auf klassischen Raftingstrecken wie dem Jatunyacu und Hollín. Auch Radtouren werden angeboten. Näheres im Büro am *malecón*, das meistens geöffnet hat.

Ríos Ecuador
RAFTING

(☎06-288-6727; www.riosecuador.com; Tarqui) Der alteingesessene Veranstalter hat etwas von seinem sehr guten Ruf eingebüßt, bietet jedoch immer noch Raftingtouren für jeden Geschmack. Am gefragtesten ist der Tagesausflug auf einem 25 km langen Abschnitt des Río Napo (Klasse III, tgl., 65 US$). Ein weiterer beliebter, auch für Anfänger geeigneter Trip ist die eintägige Río-Toachi- und Río-Blanco-Tour auf einer der längsten Wildwasserstrecken in Ecuador (87 US$). Es stehen auch noch viele andere Flussfahrten zur Verfügung.

Die meisten Guides sprechen Englisch. Vorsicht: Das Büro in Tena hat normalerweise geschlossen, daher lieber online buchen.

AguaXtreme
RAFTING

(☎06-288-8746; www.axtours.com; Orellana) Dieser Veranstalter mit Sitz am Flussufer in Tena bietet Touren auf dem Jatunyacu (50 US$/Pers.) und dem Misahuallí (70 US$) und auf vielen weiteren Wasserläufen. Das Unternehmen veranstaltet auch Ausritte, Höhlenwanderungen, Kajak- und Radtouren. Die Guides sprechen Englisch.

👉 Geführte Touren

Juan Garces
DSCHUNGELTOUR

(☎098-461-4199, 06-306-2907; joseluisgarces 2002@yahoo.com) Juan Garces spricht fließend Englisch, Französisch und Kichwa und (was noch wichtiger ist) kennt den Dschungel der Region wie seine Hosentasche. Er bietet Kajaktouren, Besuche bei Schokoladenherstellern und Dschungelwanderungen an. Außerdem begleitet er Interessierte auf mehrtägigen Abenteuerfahrten flussabwärts Richtung peruanische Grenze. Die Preise beginnen bei 50 US$ pro Person und Tag; mit Übernachtung in Juans vor Kurzem erbauter Sacha Sisa Lodge hinter Misahuallí kostet es natürlich etwas mehr.

Pakay Tours
DSCHUNGELTOUR

(☎06-284-7449; www.ecuadorpakaytours.com) Der neue Veranstalter mit Sitz im Hostal Pakay ist Spezialist für Regenwaldwanderungen und kulturelle Begegnungen mit Angehörigen von Regenwaldvölkern. Wer mit einem Blasrohr umgehen oder Ameisen mit einem Schuss Limonensaft probieren will, ist bei Pakay Tours genau richtig. Auf dem Programm stehen auch Touren zu entlegeneren Zielen wie dem Parque Nacional Cuyabeno.

Gary Garces & Michelle Klein
DSCHUNGELTOUR

Das Ehepaar Gary und Michelle sind nicht nur die Manager des neuen Hostels La Casa Blanca, sondern veranstalten auch interessante Touren. Gary blickt auf eine mehr als zehn Jahre lange Erfahrung als Guide zurück und leitet verschiedene ausgefallene Exkursionen in der Umgebung von Tena. Und Michelle gibt ecuadorianische Kochkurse, natürlich mit kulinarischem Dschungel-Einschlag.

🛏 Schlafen

⭐ La Casa del Abuelo
PENSION $

(☎06-288-8926; www.tomas-lodge.com; Calle Mera 628; EZ/DZ/3BZ 22/33/49,50 US$; 🅿 ❄ @ 🛜) Das hübsch aufgemöbelte Wohnhaus im Kolonialstil versteckt sich in einer ruhigen Straße. Nach rund sieben Jahren auf dem Markt hält „Opas Haus" immer noch locker seinen Platz unter den bevorzugtesten Unterkünften der Stadt. Die öffentlichen Bereiche sind vollgestopft mit regionalem Kunsthandwerk und die Zimmer ähneln im Stil denen von Dschungellodges; die hohen Decken lassen sie geräumig erscheinen. Kaffee gibt's kostenlos. Man sollte die Eigentümer auch nach ihrer ländlichen Pension fragen, die 5 km entfernt am Ufer steht.

⭐ Hostal Pakay
HOSTEL $

(☎06-284-7449; oberhalb der Av Perimetral; B/ EZ/DZ mit Frühstück 12/24/32 US$; 🅿 🛜) 🌿 Ein Aufenthalt in dem von Wald umgebenen Hostal Pakay mit deutsch-ecuadorianischen Besitzern fühlt sich weniger nach Hostel in der Stadt, sondern mehr nach Dschungellodge an. Die aus Holz gebauten Zimmer sind so neu, dass sie noch nach Politur riechen. Kajakfreunde und Backpacker lieben die zum Relaxen einladende Terrasse, und der Tourveranstalter im Haus ist gerade dabei, sich einen guten Namen zu machen. Das meiste Frühstücksobst stammt aus dem üppig grünen Garten. Der steile Anstieg vom Busbahnhof dauert 20 Minuten, daher besser ein Taxi nehmen.

La Casa Blanca
HOSTEL **$**

(06-264-8579; www.casablancatena.com; Ecke Churiyuyo & Ishpingo; B/EZ/DZ 12/25/40 US$) 1,5 km nordwestlich der Innenstadt strebt die idyllische, schmucke Casa Blanca danach, müde Rucksackreisende mit all dem zu verwöhnen, was sie in Hostels anderswo vergeblich suchten. Die traumhaft ausgestattete Küche, die großen Zimmer mit Otavalo-Wandbehängen, das „honesty system" für eisgekühltes Bier, der Extraraum zum Dschungelbootssäubern, die Reiseagentur im Haus ... hier scheint man wirklich an alles gedacht zu haben. Ermäßigte Wochen- und Monatstarife.

La Casa Blanca liegt im Viertel Aeropuerto Dos nördlich des alten Flugfelds, und die meisten Taxifahrer kennen die Adresse inzwischen.

Hostal Limoncocha
HOSTEL **$**

(06-284-6303; www.hostallimoncocha.com; Paso Urco zw. Av del Chofer & Rosales; Zi. mit Gemeinschaftsbad/eigenem Bad 8/10 US$/Pers.; P @ 🛜) Backpacker besuchen gern diese Herberge auf dem Hügel, 300 m südöstlich vom Busbahnhof. Sie hat nämlich die billigsten guten Betten in Tena und einen sagenhaften Ausblick – und ist außerdem ein altbewährter Travellertreff. Die schicken Zimmer haben Wandmalereien und saubere, eigene Badezimmer. Frühstück kostet 3 US$. Im Haus gibt's eine Gästeküche und einen Tourveranstalter.

Hostal La Posada
PEINSION **$**

(06-288-6890; Rueda 280; Zi. 15 US$/Pers.; P 🛜 🏊) Die familiengeführte Herberge hat ein tolles Preis-Leistungs-Verhältnis und bietet direkt am Fluss eine Reihe makellos sauberer, einfacher Zimmer mit Ventilator. Die Doppelzimmer liegen zum Fluss hin, die Einzelzimmer dagegen zur Straße und sind daher mehr dem Lärm von draußen ausgesetzt. Die meisten Zimmer haben Schreibtische und fließendes Warmwasser.

Hostal Los Yutzos
HOTEL **$$**

(06-288-6717; www.uchutican.com/yutzos; Rueda 190; EZ/DZ mit Frühstück 26/45 US$, mit Klimaanlage 38/53 US$; P ✳ 🛜) Dank der geräumigen, geschmackvoll eingerichteten Zimmer und der ruhigen Lage am Fluss die beste Unterkunft von Tena. Es gibt einen gefliesten Balkon mit Holzliegestühlen, von dem aus man auf den rauschenden Fluss blickt. Im üppig grünen Garten hängen Hängematten. An Wochenenden und während der Ferien muss man reservieren.

Brisa del Río
PENSION **$$**

(06-287-6444; Orellana; Zi. 15 US$/Pers., ohne Bad 9 US$/Pers.; P ✳ 🛜 🏊) Selten sind Backpackerherbergen im Dschungel dermaßen sauber und günstig gelegen wie diese hier, direkt am Fluss und mit einer Gästeküche und einem winzigen Badebecken versehen. Die Gemeinschaftsbäder sind sehr sauber, die Zimmer mit eigenem Bad verfügen auch über eine Klimaanlage.

Hotel Pumarosa
HOTEL **$$**

(06-287-0311; Orellana; EZ 20–25 US$, DZ 35–40 US$; P ✳ 🛜 🏊) Die einladenden Zimmer haben hohe Holzdecken, große Kleiderschränke und moderne, weiß geflieste Badezimmer. Die Warmwasserversorgung ist verlässlich, zudem gibt's Kabel-TV, einen üppigen Garten und einen Billardtisch in der offenen Lobby. Die Disko samt Rollschuhbahn nebenan sorgt am Freitag- und Samstagabend für Lärm, dafür haben die Gäste des Hauses dort aber auch freien Eintritt. Die faszinierendste unter den angebotenen Touren ist die zu den Plantagen, auf denen die Kakaobohnen zur Herstellung von Kallari Schokolade wachsen.

Hotel Cristian's Palace
HOTEL **$$**

(06-288-6047; Mera; EZ/DZ mit Frühstück 31/62 US$; P ✳ 🛜 🏊) Für hiesige Verhältnisse ist dieses Hotel ziemlich groß. Die geräumigen Zimmer haben gute Badezimmer, TV und meist auch Schreibtische. Sie verteilen sich um einen schmutzigen Pool, eine Sauna und einen Fitnessraum. Diese Anlagen können von den Gästen kostenlos genutzt werden.

🍴 Essen

⭐ Café Tortuga
INTERNATIONAL **$**

(Orellana; Imbiss 1,50–5 US$; ⏰ Mo–Sa 7.30–19, So bis 13 Uhr; 🛜) Alle Leute in der Stadt scheinen bei diesem immens beliebten, von einem Schweizer geführten Café am Fluss hineinzuschauen, sei es wegen des großen Frühstücksangebots, der köstlichen *batidos* (Fruchtsaft-Shakes) oder wegen der Palette an Salaten, Sandwiches und Kuchen. Besonders beliebt ist das Tortuga bei Backpackern, weil man hier andere Traveller kennenlernen kann. Im Café gibt's auch eine gute Büchertauschecke.

Pollos Sin Rival HÜHNCHEN **$**
(15 de Noviembre zw. San Miguel & Av del Chofer;
Gerichte ab 2 US$; ⊙ nur mittags) Auch wer
sonst keinem Schild in Ecuador traut – dieses hier mit der Aufschrift „konkurrenzlose
Hühnchen" lügt wirklich nicht. Das Lokal ist
nur zur Mittagszeit geöffnet und auch nur
so lange, bis die Grillhähnchen ausverkauft
sind.

Gelateria Artesanal CAFÉ **$**
(15 de Noviembre, nahe Montesdeoca; Espresso
1 US$, Kugel Eis 1 US$; ⊙ Mo–Sa 7–13 & 14–22 Uhr)
Das Eis ist mittelmäßig, aber der Kaffee der
beste in ganz Tena.

Pizzería Bella Selva PIZZA **$$**
(Malecón; Hauptgerichte 3–18 US$; ⊙ 17–22 Uhr)
Die strohgedeckte Pizzeria am *malecón* ser-
viert reich beladene Pizzas mit viel Käse und
große Pastaportionen. Die Pizza ist so gut
wie im Oriente halt möglich (aber durch-
aus lecker). Wenn´s ans Mittagessen geht,
herrscht in keinem anderen Lokal am Fluss
so viel Betrieb wie hier, wo sich ein buntes
Sammelsurium aus hiesigen Familien, Ge-
schäftsleuten und Touristen einfindet. Und
was die Salsa angeht: *aiaiai*!

Pizzería Hilton PIZZA **$$**
(Calle 15 de Noviembre 195; Pizzas 4–15 US$;
⊙ 16–23 Uhr) Ordentliche Pizzeria, aber lange
Wartezeiten!

Marquis Grille INTERNATIONAL **$$$**
(☎ 06-288-6513; Amazonas 251 nahe Olmedo;
Hauptgerichte 9–28 US$; ⊙ Mo–Sa 12–16 & 18–
22 Uhr) Mit einer verschlossenen Vordertür,
die von Kellnern im Livree geöffnet wird,
mit klassischer Musik und aufmerksamer
Bedienung ist dieses Restaurant das förm-
lichste in weitem Umkreis. Es gibt eine gute
Auswahl chilenischer Weine und Gerichte
wie köstlichen gedämpften Tilapia, reich-
haltige Pastagerichte oder Hummer.

🍷 Ausgehen & Unterhaltung

Auf den Dancefloors pulsiert an den Wo-
chenenden das Leben, und man kann ruhig
dabei sein. Sonntags bis mittwochs sind die
Diskos etwa von 20 bis 2 Uhr und donners-
tags bis samstags bis gegen 3 Uhr geöffnet.

La Araña Bar Coctelería BAR
(Hauptplatz; ⊙ Mo–Do 17–24, Fr & Sa bis 2 Uhr)
Der beliebteste Treff zum Trinken und
Zechen ist die raue „Spinne" auf der an-
deren Uferseite direkt an der Fußgänger-

brücke. Hier ist jeden Abend viel los, aber
richtig voll wird's an den Wochenenden,
wenn die Einheimischen und die Traveller
hineinströmen. Ein Kater wird nicht aus-
bleiben.

Discoteca La Galera DISKO
(Orellana; Eintritt 2 US$) Die Disko neben dem
Hotel Pumarosa hat eine lustige, aber er-
wachsene Atmosphäre, woran auch die an-
geschlossene Rollschuhbahn nichts ändert.
Hotelgäste kommen kostenlos hinein.

ⓘ Praktische Informationen

Banco del Pichincha (15 de Noviembre)
Schräg gegenüber der Tankstelle, besitzt die
zuverlässigsten Geldautomaten.
Krankenhaus (☎ 06-284-6755; 15 de Noviem-
bre zw. Eloy Alfaro & Ambato) Südlich der Stadt
an der Straße nach Puerto Napo.
Post (Ecke Olmedo & Moreno) Nordwestlich
der alten Fußgängerbrücke.
Touristeninformation (☎ 06-288-8046;
Rueda; ⊙ Mo–Fr 7.30–17 Uhr) Das freundliche
Personal tut sein Bestes, um einem bei allen
Fragen weiterzuhelfen. Einige Mitarbeiter spre-
chen Englisch.

ⓘ An- & Weiterreise

Der **Busbahnhof** (15 de Noviembre) liegt am
südlichen Ende der Stadt. Das Café Tortuga
führt eine sehr nützliche Liste über alle aktuellen
Abfahrtszeiten. Zahlreiche Abfahrten zu sämtli-
chen Zielorten.

ⓘ Unterwegs vor Ort

An der Westseite des Markts fahren tagsüber
alle 30 Minuten Nahverkehrsbusse nach
Archidona (0,25 US$, 15 Min.). Weitere Nahver-
kehrsbusse fahren von der 15 de Noviembre in
der Nähe des Busbahnhofs, u. a. nach Ahuano
(1,20 US$, 1 Std.), Misahuallí (0,75 US$,
45 Min.) und Santa Rosa/San Pedro (3 US$,
3 Std.).

BUSSE AB TENA

ZIEL	PREIS (US$)	FAHRZEIT (STD.)
Ambato	5	6
Baños	4	4
Coca	7	4
Puyo	2,60	2½
Quito über Baeza	6	5

Misahuallí

36 500 EW.

Früher eine wichtige Durchgangsstation für Reisende, die über den Fluss aus Coca kamen, versank Misahuallí (mi-ßa-wa-*ji*) in Bedeutungslosigkeit, als die Loreto-Straße zwischen Coca und Tena fertig war. Die zwischen zwei größeren Orten buchstäblich am Ende der Straße gelegene Ortschaft hat einen hübschen Sandstrand und eine berühmte Affenhorde, die es versteht, Besuchern die Sonnenbrillen zu stibitzen, und sonst nicht viel mehr.

Dank des nahe gelegenen, neu in Betrieb genommenen regionalen Flughafens **Aeropuerto Jumandy** landen jedoch die meisten Fluggäste von Quito erst einmal in Misahuallí, bevor sie Tena erreichen. Und viele ziehen die kleine, stimmungsvolle Stadt als Basis zur Erkundung des Río Napo und des dazugehörigen Regenwaldes Tena vor. Es bestehen gute Einrichtungen für Traveller und es gibt mehrere namhafte Touranbieter.

Besucher sollten aber wissen, dass das Umland seit Jahrzehnten erschlossen wird und die Zahl der Wildtiere dadurch stark abgenommen hat.

☞ Geführte Touren

In Misahuallí sind interessante Tourangebote zu haben. Ein Guide (mit annehmbarem Preis), der einem zusagt, findet sich allerdings viel leichter, wenn man bereits bei der Ankunft vier oder mehr Personen beisammenhat. Auf jeden Fall sollte man sich aber an lizenzierte Führer und empfohlene Veranstalter halten.

★ Teorumi   ÖKOTOUR

(☎06-289-0213; www.teorumi.com; Tour 65 US\$/Tag) ✈ Der Veranstalter arbeitet mit indigenen Gemeinden zusammen und ist daher eine ausgezeichnete Wahl für alle, die sich nicht nur für die Natur, sondern auch für die Kultur der indigenen Bevölkerung interessieren. Die Touren können auf die Interessen der Teilnehmer zugeschnitten werden, bei den meisten stehen aber Vogelbeobachtungen, Angeln, die Vorführung von Heilpflanzen und Dschungelwanderungen im Mittelpunkt. Zu weiteren Aktivitäten gehören Goldwaschen und Ausritte. Man spricht Englisch und Französisch. Teorumi hat sein Büro am Hauptplatz. Seine in der Nähe gelegene Shiripuno Lodge dient oft als Ausgangspunkt verschiedener Aktivitäten.

Rund um Tena ⊙ ⓝ

Rund um Tena

Der Besitzer von Teorumi ist einer der führenden Experten bezüglich Schlangen und deren Gift und hat bei der Entwicklung mehrerer Gegengifte mitgewirkt.

Ecoselva Pepe Tapia   ÖKOTOUR

(☎06-289-0019, 09-815-0532; http://ecoselva pepetapia.com; Tour ab 45 US\$/Tag) Pepe Tapia González bietet Besuchern kurzweilige ein- bis zehntägige geführte Touren, darunter Naturwanderungen und Kanutrips, mit Übernachtung in seiner rustikalen Lodge oder in Dschungelcamps. Er spricht fließend Englisch, ist Biologe und kennt sich gut mit Pflanzen, Vögeln und Insekten aus. Am Hauptplatz.

Selva Verde   ÖKOTOUR

(☎098-590-4101, 06-289-0165; www.selvaverde-misahualli.com; Tour 60–95 US\$/Tag) Luís Zapata, ein Englisch sprechender Führer mit langjähriger Erfahrung in der Region, betreibt diese empfohlene Tour-Agentur mit Büro am Hauptplatz. Spezialität sind Touren auf den Flüssen und Besuche in indigenen Dörfern.

🛏 Schlafen & Essen

Hostal Shaw   HOSTEL $
(📞 06-289-0163; Zi. 10 US$/Pers.) Dieses freundliche *hostal* an der Plaza hat einfache Zimmer mit Ventilator, Moskitonetzen und eigenem Bad mit Warmwasser. Im Café im Erdgeschoss – dem Lieblingstreffpunkt in Misahuallí – gibt's Espresso, einen guten Büchertausch sowie morgens Pfannkuchen und vegetarische Gerichte.

Shiripuno Lodge   DSCHUNGELLODGE $
(📞 06-289-0203; Zi. 15 US$/Pers., ohne Bad 10 US$/Pers.) Ein paar Kilometer von der Stadt flussabwärts befindet sich die von Tourveranstalter Teorumi betriebenen Shiripuno Lodge mit Schwerpunkt auf gemeindebasiertem Tourismus. Die Besucher sind normalerweise Tourteilnehmer, aber das tut der Güte des Aufenthalts keinen Abbruch. Sekundärdschungel umgibt die Hütten, und mitten auf dem Gelände liegt ein riesiger Felsblock (wahrscheinlich ein Meteorit), der eine bedeutende Rolle in der Kichwa-Mythologie spielt. Eine Kanufahrt von der Stadt hierher kostet 5 US$.

Hotel El Paisano   PENSION $$
(📞 06-289-0027; hotelelpaisano@yahoo.com; Ecke Rivadeneyra & Tandalia; Zi. mit Frühstück 18 US$/Pers.; 🅿 @ 🛜) Die beliebte Traveller-Unterkunft ist eine der charmanteren Herbergen im Ort. Sie bietet helle Zimmer mit Holzböden und Moskitonetze. Weitere Pluspunkte sind der Wäschedienst, guter Kaffee zum Frühstück und ein Büchertausch.

France-Amazonia   PENSION $$
(📞 06-289-0009; www.france-amazonia.com; Av Principal; Zi. mit Frühstück 18–24 US$/Pers., DZ 50 US$; 🅿 🛜 ☒) Die Anlage liegt gleich außerhalb des Ortes am Fluss. Schattige, strohgedeckte Hütten stehen um den glitzernden Pool und die sandige Feuerstelle. Die Betten sind klein, die Zimmer aber geräumig und angenehm rustikal. Im Garten gibt's viele Ecken, in denen man das angenehme Klima und das Rauschen des Flusses (über einen kleinen Weg erreichbar) genießen kann.

Hostería Misahuallí   HOTEL $$$
(📞 06-289-0063, in Quito 02-224-9651; www.misahualliamazonlodge.com; Zi. ab 60 US$/Pers.; 🛜 ☒) Als penibel gepflegte Version eines Dschungelcamps wirkt dieses Hotel wie ein Resort und ist bei ecuadorianischen Familien beliebt. Es hat eine tolle Lage mit Blick auf den Fluss und auf Misahuallí (von dort aus nimmt man das kostenlose Kanu hier hinüber). Die neueren Zimmer im Hotelstil sind elegant, die auf Stelzen stehenden Hütten dagegen ziemlich betagt. Den Gästen stehen Annehmlichkeiten wie ein Tennis- und ein Volleyballplatz und natürlich ein ordentlicher Pool zur Verfügung. Vollpension möglich.

El Bijao   ECUADORIANISCH $
(Hauptgerichte 5 US$; 🕐 mittags & abends) Das Lokal auf der Plaza eignet sich prima, um die ecuadorianische Dschungelspezialität *maito* zu probieren: im Blatt einer Dschungelpflanze eingewickelter und gebackener Tilapia (ein Flussfisch) und Hühnchenfleisch. Die frischesten bekommt, wer um die Mittagszeit herkommt.

El Jardín   ECUADORIANISCH $$
(Hauptgerichte 10–15 US$; 🕐 10–16 & 18–22 Uhr; 🅿 🛜) Jenseits der Brücke, an der Straße nach La Punta, befindet sich El Jardín – eine erfreuliche Neuerscheinung in der lokalen Restaurantszene. Im namensgebenden Garten voller Blumen werden riesige Platten mit Fleisch, *Tilapia* und Seafood aufgetragen.

ℹ Praktische Informationen

In Misahuallí gibt es weder Bank noch Postamt. Bei Busfahrten, Bootstouren und Wanderungen in der Region immer den Pass mitführen! Für Bootsfahrten ein paar kleine Geldscheine dabeihaben.

ℹ An- & Weiterreise

Busse fahren tagsüber etwa jede Stunde von der Plaza aus ab, der letzte um 18 Uhr. Das wichtigste angefahrene Ziel ist Tena (1 US$, 1 Std.). Vom Hauptplatz fährt täglich um 8.30 Uhr ein Bus nach Quito (6 US$, 5 Std.).

Dank der Loreto-Straße von Tena nach Coca und weiterer Straßen längs des Río Napo ist man nicht mehr auf die Fahrt mit Kanus angewiesen. Bootsfahrten lassen sich mit den Bootsbesitzern am Strand für rund 30 US$ pro Stunde vereinbaren, aber die Tourveranstalter in der Gegend bieten günstigere Angebote.

Alto Río Napo

Der Río Napo nimmt südlich von Tena, direkt vor Misahuallí, Fahrt auf und gewinnt an Breite, während er an Naturschutzgebieten, kleinen Dschungelgemeinden, Ölbohrtürmen und Lodges vorbeifließt. Leider hat der Straßenbau das Verhalten der Tiere dauerhaft verändert, sodass man heute weniger Vierfüßer und Vögel zu Gesicht bekommt als früher.

Westlich von Misahuallí

Hat man Tena hinter sich gelassen und die Flussbrücke von Puerto Napo erreicht, sieht man unter sich aufgewühlte Wassermassen: Hier beginnt der eigentliche Río Napo. In diesem Frühstadium fließt der mächtige Wasserlauf an überraschend luxuriösen Lodges vorbei und an beiden Ufern verlaufen gute Straßen bis nach Misahuallí.

Die nördliche Uferstraße, auf der ungefähr stündlich Busse verkehren, passiert die **Cascada Las Latas**, einen spektakulären Wasserfall auf ungefähr halber Strecke zwischen Puerto Napo und Misahuallí (und von beiden ungefähr 15 Min. Fahrzeit entfernt). Wer kein eigenes Fahrzeug hat, fragt einfach nach Busfahrer nach *el camino a las cascadas* (dem Fußweg zum Wasserfall). Er führt in einer Stunde flussaufwärts zur Cascada und passiert mehrere Badestellen. Wanderer sollten damit rechnen durch Wasser waten zu müssen.

Cotococha Lodge
LODGE $$$

(☑ in Quito 02-223-4336; www.cotococha.com; DZ all-inclusive 3 Tage/2 Nächte 470 US$) Dies ist die erste Lodge, die man am jungen Río Napo zu sehen bekommt. Die 17 km außerhalb von Tena am Südufer des Río Napo liegende ruhige Anlage besteht aus 22 kürzlich renovierten strohgedeckten, miteinander durch gewundene Kieswege verbundenen Bungalows in üppig grüner Lage. Öllampen sorgen für romantische Beleuchtung. Die Hütten bieten Warmwasser und eigene Terrassen mit Blick auf den Fluss. Englischsprachige Führer veranstalten Wanderungen und Ausflüge zu Wasserfällen; Tubing- und Raftingtrips sowie Besuche bei örtlichen Gemeinden lassen sich vereinbaren. Hier kann man gut in den Regenwald gelangen, ohne erst eine lange Flussfahrt machen zu müssen.

★ Hamadryade Lodge
BOUTIQUEHOTEL $$$

(☑098-590-9992; www.hamadryade-lodge.com; EZ/DZ mit Frühstück & Abendessen pro Pers. 255/290 US$; P🖥📶❄) Die ein paar Kilometer flussaufwärts von Misahuallí auf einem Hügel im Dschungel stehende, stilistisch ambitionierte, aber umweltbewusste Dschungellodge ist über die Norduferstraße zu erreichen. Sie gehört einem Franzosen und setzt sich mit schickem, zeitgenössischem Dekor vom typischen Aussehen einer Dschungellodge ab. Alle privaten Bungalows haben einen eigenen Balkon mit prachtvollem Blick in den Dschungel. Es gibt einen phantastischen Pool- und Lounge-Bereich, der perfekt über der hügeligen Landschaft thront; traditionelle Massagen werden ebenfalls angeboten. Mit nur fünf Bungalows ist die Anlage ideal, um stilvoll zu entspannen. Der Deluxe-Bungalow mit Platz für bis zu sechs Personen ist perfekt für Familien geeignet.

Reserva Biológica Jatun Sacha

Reserva Biológica Jatun Sacha
NATURSCHUTZGEBIET

(Eintritt 7 US$) Das 2500 ha große Regenwald-Schutzgebiet mit einer biologischen Station liegt am Südufer des Río Napo, 23 km östlich von Puerto Napo. Geleitet wird es von der **Fundación Jatun Sacha** (☑ 02-243-2240/331-8156, 099-490-8265; www.jatunsacha.org; Psje Eugenio de Santillan N.34–248, Quito; 6 US$), einer gemeinnützigen ecuadorianischen Organisation, deren Ziel die Erforschung und Erhaltung des Regenwaldes sowie die Vermittlung seiner Bedeutung ist. Seit den 1990er-Jahren wurden hier zahlreiche neue Spezies entdeckt, darunter die Passiflora jatunsachensis, und mit einer geschätzten Zahl von 1500 Pflanzenarten auf einem einzigen Hektar ist die Biodiversität im regionalen Vergleich sehr hoch.

Da benachbarte Gebiete schnell für Holzfällerei und Landwirtschaft erschlossen werden, wird die Erhaltung der Artenvielfalt im Jatun Sacha immer wichtiger. Die Stiftung begnügt sich nicht damit, die vorhandenen Spezies zu registrieren und zu zählen, sondern entwickelt gemeinsam mit örtlichen Bauerngemeinden und indigenen Gruppen Aufforstungspläne und land- bzw. forstwirtschaftliche Alternativen.

Das Personal der Forschungsstation und die Besucher wohnen in rustikalen **Hütten** (30 US$/Pers.) mit Gemeinschaftsbad, die am Hang über dem Eingang an der Straße zwischen Misahuallí und La Punta stehen. Das Wasser wird mit Solarenergie erhitzt, die Mahlzeiten sind im Übernachtungspreis enthalten. Das Restaurant neben dem Büro am Eingang zum Reservat serviert gesunde ecuadorianische und internationale Gerichte. Man kann hier Vögel beobachten, auf Pfaden durch den umliegenden Wald wandern und dann das Pflanzenschutzzentrum und den botanischen Garten anschauen.

CHICHA, DAS FRÜHSTÜCK DER CHAMPIONS

Bevor es im Amazonasbecken Coca Cola gab, trank man *chicha* – nicht die gekochte Hochland-Version, sondern ein gut haltbares, nährstoffreiches Getränk. Chicha wird als in Blätter gewickelte Paste aufbewahrt und mit Wasser vermischt getrunken.

Das Rezept ist einfach: Man kocht Yuca (Maniok) oder die Frucht der Pfirsichpalme zu einem Brei, den Frauen (ja, ausschließlich Frauen) anschließend durchkauen. Seit Jahrtausenden ist Chicha ein wichtiger Lieferant von Nährstoffen und Proteinen in abgelegenen Gemeinden. Im Dschungel, wo die Menschen sehr wenig essen, aber bis zu 6 l Flüssigkeit am Tag trinken, ist es ein wichtiges Grundnahrungsmittel. Frisch schmeckt Chicha mild und joghurtähnlich, aber mit der Zeit nimmt der Alkoholgehalt zu, weil die Bakterien aus dem Speichel die Kohlenhydrate in Zucker verwandeln. Je älter das Chicha ist, desto stärker wird es. Der Geschmack hängt von der zubereitenden Person ab, weil sich die bakterielle Zusammensetzung des Speichels individuell unterscheidet.

Echt scheußlichem Chicha werden böse Eigenschaften zugeschrieben. Aber wird Besuchern etwas passieren, wenn sie das Gebräu probieren? Tatsächlich entstehen Gefahren nicht durch den Speichel, sondern wenn ungefiltertes Flusswasser genutzt wurde, um die Paste trinkbar zu machen. Nur sehr wenige Leute bekommen Gesundheitsprobleme, wenn sie einen Schluck probieren. Ein Highlight bei vielen Besuchen indigener Gemeinden in Oriente besteht im Zuschauen bei der Zubereitung von Chicha und im anschließenden Probieren. Wohl bekomm's!

Außerdem besteht die Möglichkeit, einen Kletteranzug auszuleihen und den schwindelerregenden, 30 m hohen Beobachtungsturm in der Mitte des Naturschutzgebiets zu erklimmen. Für Reisegruppen und Studenten gibt's Rabatt.

Um von Tena zum Jatun Sacha zu gelangen, nimmt man einen Bus nach Ahuano oder Santa Rosa und lässt sich vom Fahrer am Haupteingang zur Forschungsstation absetzen. Ein Taxi von Misahuallí bis zum Eingang kostet 5 US$. Um einen Bus zu bekommen, muss man aber zuerst die 2 km hoch bis zur Kreuzung an der Hauptstraße Tena–Ahuano (der am Südufer des Río Napo verlaufenden Straße) hinter sich bringen.

Rund um La Punta & Ahuano

An der Straße, die von der Verbindungsstraße zwischen Tena und Santa Rosa nach Punta und Ahuano abzweigt, liegt auch der neue Flughafen für die Region Misahuallí und Tena, der Aeropuerto Jumandy. Im Flusshafenort La Punta gibt es den üblichen farbenfrohen Oriente-Mikrokosmos und ein schlichtes Restaurant.

Das Haupttreiseziel von hier aus ist Ahuano, ein verschlafenes Dorf auf der anderen Seite des Flusses. Da es noch in teilweise abgeholztem Sekundärdschungel steht und nur auf dem Wasserweg erreichbar ist, fühlt man sich in Ahuano wie am Beginn einer Abenteuerreise in den abgeschiedenen Regenwald. Es bietet tatsächlich eine relativ einfache Möglichkeit, sich mit der Regenwaldkultur vertraut zu machen, obwohl der eigentliche, undurchdringliche Dschungel noch in weiter Ferne zu liegen scheint.

Die Flussüberquerung kostet 0,25 US$; vom Ufer sind es dann 2 km Fußweg bis nach Ahuano (es gibt auch Boote, die für 10 US$ direkt von La Punta nach Ahuano fahren). Warum kommen überhaupt Leute hierher? In erster Linie, um in der überteuerten und alles andere als überwältigenden **La Casa del Suizo** (☎ in Quito 02-250-9504; www.lacasadelsuizo.com; Zi. mit VP 129 US$/Pers.; ❋ ✿) abzusteigen, einem Mittelklassehotel im Dorf, das nicht viel mehr als einen hübschen Pool und ein Restaurant am Fluss aufzuweisen hat.

Erheblich interessanter ist da schon die freundliche **Casa de Doña Maruja** (☎ 06-285-0094; Zi. pro Pers. 5 US$, mit 3 Mahlzeiten 10 US$). Sie bietet sehr einfache Zimmer mit offenen Plankenböden neben dem schnell fließenden Fluss in Ahuano. Es gibt nur Gemeinschaftsbäder, und das Essen wird gemeinsam mit der freundlichen Familie im Innenhof eingenommen. Für Ausflüge kann man ein Kanu mieten. Hier hat man die Chance, die Einheimischen wirklich kennenzulernen, sich als Teil der Gemeinschaft zu empfinden und den hiesigen Regenwald auf eine so entspannte Art zu erkunden, wie das in einer großen Lodge gar nicht möglich ist.

Es hat sich noch kaum herumgesprochen, dass flussaufwärts von La Punta ein paar ausgezeichnete Lodges mit Zugang zu intakterem Wald liegen. Die beste unter denen, die kürzlich aufgemacht haben, ist die **Sacha Sisa Lodge** (☎ 06-306-2907, 098-461-4199; ab 60 US$/Pers.) unter Leitung des aus Tena stammenden Guides Juan Garces. Eine Übernachtung hier ist Bestandteil seiner wärmstens empfohlenen Touren, die aus Kajakausflügen und abenteuerlichen Dschungelwanderungen bestehen. Die Lodge thront auf einem Felsen über dem Fluss und erfreut sich nicht nur entsprechend grandioser Ausblicke und herrlich frischer Luft, sondern ist auch moskitofrei.

Acht Busse fahren täglich von Tena nach La Punta, rund 28 km östlich von Puerto Napo entfernt. Der Bus kommt zwar nicht bis nach Ahuano, wird aber trotzdem Ahuano-Bus genannt, weil die meisten Passagiere von der Endstation aus mit Einbäumen bzw. einer Fähre über den Fluss nach Ahuano übersetzen.

Amazoonico & Liana Lodge

In dem ausgezeichneten **Amazoonico** (www.amazoonico.org; Erw./Kind 4/2,50 US$), einer gern besuchten Therapiestation für Tiere, sieht man alle Arten von Dschungeltieren. Es befindet sich auf dem Gelände von Selva Viva, einem 1500 ha großen Primärwald-Schutzgebiet am Río Arajuno, einem schmalen Nebenfluss des Río Napo rund 3 km östlich von Ahuano. Ein Ehepaar, bestehend aus einer Schweizerin und einem Kichwa, gründete das Zentrum im Jahr 1995, um sich um beschlagnahmte oder entwurzelte Tiere zu kümmern – von Tukanen über Capybaras und Affen bis hin zu Riesenschlangen.

Es ist natürlich toll, diese Tiere aus der Nähe zu sehen, dahinter steckt aber eine traurige Realität. Diese Tiere leben hier, weil Geschäftemacher sie einfingen und für schnelles Geld verkauften oder weil ihr Lebensraum zerstört wurde. Einige der Geschichten, die man bei den ausgezeichneten Führungen zu hören bekommt, sind herzzerreißend – da wurden Tiere in Hotelzimmern zurückgelassen, da tauchten seltene Vögel im Nachlass ihrer Halter auf und da wurden Tiere schwer traumatisiert beschlagnahmt, als man sie illegal verkaufen wollte. Einige gesunde Tiere werden schließlich wieder in die freie Wildbahn des Regenwalds entlassen, aber viele kommen hier in einem derart

der Wildnis entfremdeten Zustand an, dass ihre Auswilderung nicht mehr möglich ist.

Zweisprachige Freiwillige, die die Tiere genau kennen, veranstalten Führungen. Das Zentrum sucht ständig nach Freiwilligen (die pro Monat 125 US$ für Unterkunft und Verpflegung bezahlen müssen), besonders nach Tierärzten, die sich mindestens zwei Monate lang verpflichten.

Besucher müssen sich über die Website ankündigen, denn der Telefonempfang hier ist schlecht und es gibt auch gar keine Nummer, die man anrufen könnte.

In der nahe gelegenen **Liana Lodge** (☎ 099-800-463; www.lianalodge.ec; 2/3/4 Nächte pro Pers. 165/265/362 US$) verteilen sich acht Hütten über einen bewaldeten Hang. Jede hat kunsthandwerkliche Elemente, z. B. Bambusbetten und geschnitzte Kleiderbügel aus Abfallholz vom Straßenbau. Die Hütten bieten zwei Doppelzimmer und eine Warmwasserdusche, aber keinen Strom. Lagerfeuer, Wanderungen durch den Wald und eine runde Theke oberhalb des Flusses mit prachtvollem Blick in den Dschungel sorgen für eine entspannte Atmosphäre. Im Pauschalpreis enthalten sind die Mahlzeiten, Führungen (darunter auch Kurse über die Bereitung von *chicha* und der Bau eines Floßes aus Balsaholz) und der Transport mit dem Kanu von Puerto Barantilla aus. Es wird Kichwa, Englisch, Spanisch, Deutsch und Französisch gesprochen.

Sowohl zum AmaZOOnico als auch zur Liana Lodge nimmt man einen Bus von Tena nach Santa Rosa (2 US$, 1 Std.) und steigt in Puerto Barantilla aus. Dann geht es zu Fuß auf der unbefestigten Straße zum Fluss und der Stelle, wo die Transportkanus an- und ablegen; die Fahrt zum Rehazentrum oder der Lodge dürfte jeweil um 2 US$ kosten.

Arajuno Jungle Lodge

Arajuno Jungle Lodge   DSCHUNGELLODGE **$$$** (☎ 098-268-2287; www.arajuno.com; Zi. 3 Tage/2 Nächte pro Pers. 285 US$) Wer auf kleine und weitab vom Schuss gelegene Herbergen steht, sollte die Arajuno Jungle Lodge in einer Biegung des Río Arajuno ausprobieren. Sie gehört dem ehemaligen Friedenskorps-Freiwilligen Thomas Larson. Die wenigen Hütten am Hang eines Hügels sind niedlich und abgeschirmt, das Warmwasser wird mithilfe der Sonne erzeugt. Das strohgedeckte Haupthaus hat eine große Holzterrasse und einen Essbereich oberhalb des Flusses. Die Gäste können durch das 80 ha große Waldgelände stromern, wandern, Kanu fahren und das nahe gelegene AmaZOOnico besuchen.

Die Lodge arbeitet mit örtlichen Gemeinden an der Erschließung neuer Nahrungsquellen und der Verbreitung von Informationen über Gesundheit und Ernährung. Freiwillige, die sich für drei bis sechs Monate verpflichten, sind willkommen. Der Küchenchef bereitet regional inspirierte Gourmetgerichte wie geräucherte *cachama maitos* (gegrillter Fisch in Palmblättern) und *tortilla de yuca* (Maniokbrot) zu. Größeren Kindern wird das Schwungseil in den Fluss gefallen. Das Personal ist zweisprachig.

Puyo

36 500 EW.

Puyo gibt Rätsel auf: Während die meisten Städte versuchen ihr Zentrum aufzupolieren und dabei die Randbezirke links liegen lassen, macht Puyo genau das Gegenteil. Ihre Rolle als Hauptstadt der Provinz Pastaza verleiht ihr ein wenig Vitalität, aber insgesamt ist Puyo nicht viel mehr als eine aus dem Dschungel gestampfte Stadt und bietet wenig, was Traveller locken könnte. Allerdings kommt jeder, der den südlichen Oriente bereist, fast zwangsläufig hier durch. Der grüne Dschungel reicht bis dicht an den Stadtrand heran und es gibt zahlreiche gute Unterkünfte, was nicht zuletzt den Regenwaldbesuchern zu verdanken ist, die von Baños aus die einstündige Fahrt nach Puyo unternehmen. Auch einige der besten Dschungeltourveranstalter haben sich hier niedergelassen.

Die Fiestas de Fundación de Puyo, das einwöchige Fest zu Ehren der Stadtgründung, findet Anfang Mai statt.

Sehenswertes & Aktivitäten

Parque Omaere   PARK

(www.fundacionomaere.org; Kind/Erw. 1,50/3 US$; Di–So 9–17 Uhr) Weniger als 1 km nördlich vom Zentrum bietet dieser ethnobotanische Garten ein- bis zweistündige Führungen (im Eintrittspreis enthalten), überwiegend von indigenen Guides, bei denen man Pflanzen des Regenwalds und indigene Behausungen kennenlernt. Der Park wird von der Pflanzenkundlerin Teresa Shiki, die den Shuar angehört, und ihrem Ehemann, dem Biologen Chris Canaday geführt. Chris ist eine Fundgrube an Wissen über alles von Dschungelpflanzen bis zu ökologischen Trockentoiletten. Teresa half

bei der Gründung und Bepflanzung des Parks und stellt Naturheilmittel her.

Um hinzukommen, der Loja Richtung Norden rund 300 m die Stadt hinaus bis zu einer Tankstelle linkerhand folgen. Dort biegt man nach rechts ab und geht auf der Straße über eine den Fluss querende Fußgängerbrücke hinweg und am Hotel El Jardín vorbei bis zum Parkeingang. Ein hübscher Weg (der *paseo turístico*) führt hinter dem Omaere 1,7 km weiter am Fluss entlang bis zur Straße von Puyo nach Tena. Dort kann man zurück in die Stadt einen Bus heranwinken (alle 20 Min.) oder läuft einfach den selben Weg zurück.

Volcán El Altar   VULKAN

Frühaufsteher bekommen vielleicht die spitzen weißen Zähne des Volcán El Altar (5319 m) zu sehen, des fünfthöchsten Bergs von Ecuador, rund 50 km südwestlich. Wer an klaren Tagen nach Südwesten schaut, erblickt den Volcán Sangay (5230 m).

Jardín Botánico
las Orquídeas   BOTANISCHER GARTEN

(03-253-0305; Eintritt 5 US$; 8–18 Uhr) Besucher schwärmen von diesem privat geführten botanischen Garten, der 15 Minuten südlich von Puyo an der Straße nach Macas liegt. Der begeisterte Besitzer Omar Taeyu führt seine Besucher durch eine Landschaft voller Hügel mit üppigem Grün und voller Fischteiche; man erblickt hier wunderschöne Pflanzen und seltene Orchideen. Vorher telefonisch Bescheid sagen, dass man kommt.

Geführte Touren

Papangu Tours   TOUR

(03-288-7684; papanguturismo@yahoo.es; Ecke Calle 27 de Febrero & Sucre; Touren 3 Tage/2 Nächte pro Pers. ab 45 US$) Eine von Einheimischen betriebene Agentur mit Schwerpunkt auf gemeindebasiertem Tourismus. Sie hat Ausflüge nach Sarayaku (eine Kichwa-Gemeinde) und Cueva de los Tayos (Shuar) im Programm. Die Guides stammen aus der Region und sprechen sowohl Spanisch als auch Kichwa; ein Teil der Einnahmen fließt in die am Programm teilnehmenden Gemeinden. Wird von Lesern wärmstens empfohlen.

Shiran Nantu   ABENTEUERTOUR

(03-288-5667; www.shirannantu.com; Marín zw. 27 de Febrero & 9 de Octubre; pro Pers. und Tag 50 US$) Veranstaltet abenteuerliche Dschungelausflüge mit flexiblem Reiseablauf. Am

Puyo

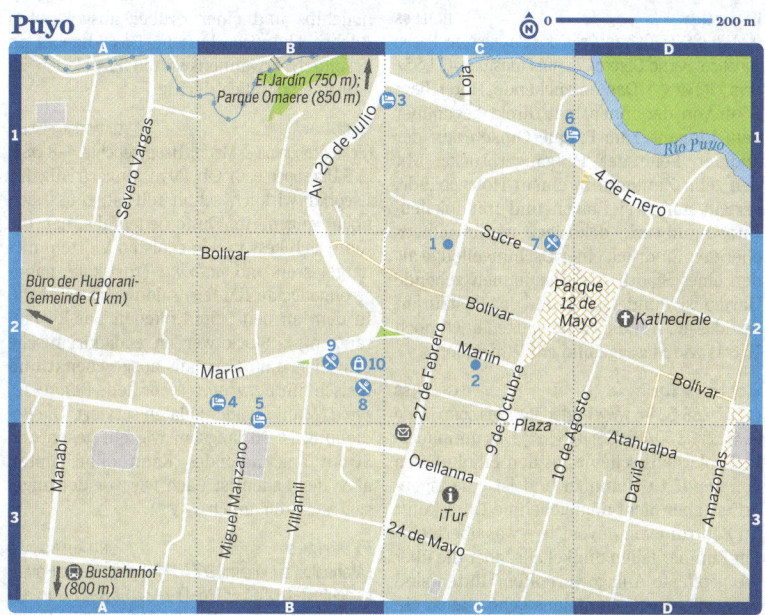

meisten Spaß machen die Touren, die längere Bootsfahrten erfordern; allerdings sind sie aufgrund der anfallenden Benzinkosten auch teurer. Im Angebot ist beispielsweise eine achttägige Exkursion auf dem Río Curaray bis hinab zur peruanischen Grenze.

Schlafen

Hostal Las Palmas   PENSION **$**
(☎03-288-4832; Ecke 20 de Julio & 4 de Enero; EZ/DZ mit Frühstück 25/40 US$; @) Das große gelbe Kolonialgebäude ist für etwas betuchtere Rucksackreisende gedacht. Zum Haus gehören gepflegte Grünanlagen, plappernde Papageien und geradezu unheimlich lebensechte Modelle von Regenwaldtieren. Die Zimmer sind hell und sauber. Im netten Hauscafé gibt's Wein, Kaffee und kleine Gerichte. Den Gästen stehen Hängematten und eine Feuerstelle im Freien zur Verfügung.

Hotel Libertad   HOTEL **$**
(☎03-288-3282; Ecke Orellana & Manzano; Zi. 8 US$/Pers.) Die Zimmer sind eng, aber alles ist sauber und auch Warmwasser und TV sind vorhanden. Angesichts des Preises ein Schnäppchen.

★ Posada Real   PENSION **$$**
(☎03-288-5887; www.posadareal.pastaza.net; Ecke 4 de Enero & 27 de Febrero; Zi. mit Frühstück 35 US$/Pers.) In Puyo hat ein sonnendurchflutetes Gästehaus aufgemacht und sich sofort in den Rang der besten Unterkunft der Innenstadt katapultiert. Die makellos instandgehaltene Posada Real, zwei Blocks vom Hauptplatz, erfreut sich einer abgeschiedenen Lage auf einem ruhigen Gelände. Ihre riesigen Zimmer verfügen über gemütliche Leselampen und antike Möbel, die meisten auch über einen Balkon. Das Frühstück in der gediegenen Cafeteria ist ein reines Vergnügen.

El Jardín
HOTEL $$

(☎03-288-7770; http://eljardinrelax.com.ec; Paseo Turístico, Barrio Obrero; Zi. mit Frühstück 45 US$/Pers.; P @ 🖧) Das entzückende Hotel liegt 1 km von der Innenstadt direkt gegenüber dem Eingang zum Parque Omaere auf der anderen Seite der Fußgängerbrücke. Mit den zehn Zimmern in einem Holzgebäude, verteilt auf zwei Etagen und mit lokalem Kunsthandwerk dekoriert, vermittelt es eher den Eindruck einer Dschungellodge als den eines Stadthotels. Der namensgebende Garten ist wunderschön und das Restaurant erstklassig. Auf die Gäste warten auch noch Extras wie Massage und ein Whirlpool.

Hostería Turingia
PENSION $$

(☎03-288-6344; www.hosteriaturingia.com; Marín 294; EZ/DZ 30/45 US$; P 🖧 ✿) Das ummauerte Tirolerhaus scheint aus den Filmkulissen von *Heidi* zu stammen und ist eine eigenartige, aber nicht unangenehme Unterkunft im Zentrum von Puyo. Die etwas überteuerten Zimmer fallen dunkel aus, aber die über die gepflegte Anlage verteilten Hütten sind wirklich schick. Zum Haus gehört auch ein Restaurant mit Bedienung.

Huella Verde
Rainforest Lodge
DSCHUNGELLODGE $$$

(☎03-278-7035; http://huella-verde.org; EZ/DZ ab 76/99 US$) Die Huella Verde an einem isolierten Seitenarm des Río Bobanaza, rund 45 km südlich von Puyo, stellt sogar die größeren Yasuní-Lodges in den Schatten, denn sie bietet spektakuläre Exkursionen in intakten Regenwald zu einem Bruchteil der dort verlangten Preise an: ethno-botanische Dschungelwanderungen, Ausflüge zu Schokoladenherstellern und Kanu-Abenteuertouren in Begleitung von Kichwa-Guides (nicht im Übernachtungspreis enthalten).

Auf dem Gelände gibt's auch ein Restaurant (Hauptgerichte 6–15 US$). Die zwei Bungalows, jeder mit Bad und einer Terrasse mit Hängematten, können zusammen nur sechs Gäste beherbergen, daher ist eine Reservierung unumgänglich. Wer in Eigenregie anreist, steuert das abseits der Straße Puyo–Macas gelegene Dorf Canelos (von Puyo per Taxi 25 US$) an und steigt dort in das kostenlos von der Lodge bereitgestellte Kanu.

✕ Essen

In den Cafés am Ufer bekommt man das typische *ceviche boquetero,* was wörtlich übersetzt „Schrotthaufen-Ceviche" heißt und aus gerösteten Maiskörnern, Bananenchips und einer drüber ausgekippten Büchse Thunfisch besteht. Das Angebot an besonders erwähnenswerten Esslokalen ist jedoch erstaunlich dürftig.

Escobar
ECUADORIANISCH $

(Ecke Atahualpa & Marín; Hauptgerichte 4–8 US$; ⏲9 Uhr–open end) Ob Puyo längerfristig für Escobar wirklich schon reif ist, muss sich noch zeigen. In Quito jedenfalls hat die Kette sich kess in den coolsten Vierteln niedergelassen und *palapas* (rustikale, palmstrohgedeckte Bauten) salonfertig gemacht. In dem an den Seiten offenen Bar-Restaurant im 1. Stock werden ecuadorianische Craftbiere und Cocktails ausgeschenkt und Fleisch mit *patacones* (gebratene Bananen), *yuca* (Maniok) oder Salaten serviert. Die Bedienung ist so langsam wie ein gegen den Strom ankämpfendes Kanu ohne Motor, aber der Laden ist nach wie vor der angesagteste Treff am Ort.

El Fariseo
INTERNATIONAL $

(Atahualpa zw. Villamil & 27 de Febrero; kleine Hauptgerichte 2–6 US$; ⏲Mo–Fr 7–22, Sa 8–22 Uhr; 🕾) Es macht von außen vielleicht nicht viel her, aber dieses Café ist stolzer Besitzer einer der wenigen im Oriente anzutreffenden Espressomaschinen – und die Mitarbeiter wissen damit umzugehen. Auch das Essen ist überraschend schmackhaft, zum Beispiel das ausgesprochen leckere *churrasco* (Steak mit Spiegelei). Burritos, Burger und Steaks sowie verführerische Kuchen runden die Speisekarte ab.

Ayni Café
CAFÉ $

(Ecke 9 de Octubre & Sucre; Hauptgerichte 3–5 US$; ⏲8–20 Uhr) „Hausgemachtes Essen und Kunst"? Was auf dem Schild vor dem winzigen, bunt angemalten Café steht, stimmt wirklich. Auf die Öffnungszeiten ist kein Verlass, aber die Speisen sind so liebevoll zubereitet, dass sich ein zweiter Versuch lohnt, falls man beim ersten Mal vor verschlossener Tür steht, denn es gibt gute Säfte, Kuchen und Salate und ein Mittagsmenü für schlappe 3,25 US$.

⭐ El Jardín
ECUADORIANISCH $$

(☎03-288-7770; Paseo Turístico, Barrio Obrero; Hauptgerichte 8–16 US$; ⏲Mo–Sa 12–16 & 18–22 Uhr; 🕾) Wahrscheinlich wird nirgendwo im Oriente so gut gekocht wie in diesem stimmungsvollen Haus am Fluss auf dem Gelände des charmanten gleichnamigen Hotels, 1 km nördlich der Stadt. Die preisgekrönte Chefköchin und Inhaberin Sofia bereitet ein

BUSSES AB PUYO

ZIEL	PREIS (US$)	FAHRZEIT (STD.)
Ambato	3	2½
Baños	2	1½
Coca	9	6½
Guayaquil	9	8
Macas	5,60	2½
Quito	5,50	5½
Tena	2,60	2½

leckeres *pollo ishpingo* (Zimthähnchen; *ishpingo* ist eine aus dem Oriente stammende Zimt-Art) zu, dessen feiner, extravaganter Geschmack den Gaumen kitzelt. Wer Lust auf ein zartes, perfekt zubereitetes Stück Fleisch an einem kunstvoll arrangierten Gemüsebett hat, ordert *lomo plancho* (gebratenes Steak). Hervorragend sind auch die vegetarischen Speisen und die Gerichte mit frischem Fisch.

Shoppen

Waorani KUNSTHANDWERK
(Asociacion De Mujeres Waorani De La Amazonia Ecuatoriana; Atahualpa zw. Villamil & 27 de Febrero; ⊙ Mo–Sa 7.30–12.30 & 14–19.30, So 7.30–14 Uhr) Verkauft von Waorani-Frauen angefertigtes Kunsthandwerk, darunter Schmuck, Speere, Hängematten, Blasrohre und Netze aus Palmfasern. Die Produzentinnen erhalten einen bestimmten Anteil des Verkaufspreises von jedem einzelnen Stück.

❶ Praktische Informationen

Banco del Pichincha (10 de Agosto zw. Atahualpa & Orellana) Die einzige zuverlässige Bank, um Geld aus dem Automaten zu ziehen.
Büro der Huaorani-Gemeinde (Juan de Velasco & Tungurahua) Hat interessante Informationen zu der in der Region beheimateten Huaorani-Volksgruppe und gibt Auskünfte zu Besuchen in Huaorani-Gemeinden.
IESS Hospital (☑ 03-288-5378; Ecke Marín & Curaray) In der Nähe des Busbahnhofs.
iTur (☑ 03-288-5122, Anschluss 227, 03-288-5937; Ecke Orellana & 27 de Febrero; ⊙ Mo–Fr 8.30–12.30 & 15–18 Uhr) Im Rathaus. Entweder ist der Schalter im Erdgeschoss oder das Büro im 1. Stock geöffnet. Ein weiteres, kleineres Büro befindet sich am Busbahnhof.
Post (27 de Febrero) Nordwestlich vom Markt.

❶ An- & Weiterreise

Der Busbahnhof liegt 1 km südwestlich der Stadt. Mehrmals täglich fahren Busse zu allen Zielorten.

❶ Unterwegs vor Ort

Eine Taxifahrt von der Innenstadt zum Busbahnhof kostet 1 US$, genau wie jede Fahrt innerhalb der Stadt. Kleine Regionalbusse fahren nach Shell (0,25 US$), Abfahrt ungefähr alle 30 Minuten südlich vom Markt an der Calle 27 de Febrero.

SÜDLICHER ORIENTE

Der nördliche Oriente hat allen Grund, den südlichen zu beneiden, denn hier ist der Dschungel wilder und urtümlicher. Flüsse schlängeln sich durch ausgedehnte Flächen Regenwalds, in dem es nur winzige indigene Siedlungen, aber keine Straßen gibt. Die Gegend ist wegen fehlender Industrie noch weitgehend unzugänglich, was sich aber durch Bergbau und Ölförderung irgendwann einmal ändern kann. Die meisten Besucher kommen, um sich das Leben indigener Völker wie der Shuar anzusehen, ein strapaziöses Unterfangen, bei dem man mit wenig Komfort rechnen muss, weil die Tourismusbranche hier noch in den Kinderschuhen steckt.

Macas

19 000 EW.

Bienvenidos in einer Dschungelstadt fast ohne Touristenattraktionen. Auf den ersten Blick scheint's hier nichts außer lärmigen Märkten, *huecos* (einfache, winzige Essbuden) und Häusern aus Glas und Beton zu geben. Doch der Schein trügt. Dank einiger guter Hotels und Restaurants ist Macas *der* Ausgangspunkt für Touren in die am wenigsten erforschten Gebiete des ecuadorianischen Regenwalds, bei denen sogar die Möglichkeit besteht, indigene Shuar und Achuar zu Gesicht zu bekommen. Und die längste ununterbrochene Raftingstrecke des Landes zieht außerdem noch Kajaksportler an.

ORIENTE MACAS

Die Natur ringsum mag noch unberührt sein, aber Macas selbst ist die kühn moderne Hauptstadt der Provinz Morona-Santiago. Stammesangehörige tragen traditionelle Perlenketten über Nike-T-Shirts und mit Dschungelprodukten beladene Lastwagen bahnen sich laut hupend ihren Weg durch mit Fahrzeugen verstopfte Straßen, die Lichtjahre von Urwaldflüssen entfernt scheinen. Die Stadt ist laut und ungehobelt – aber authentisch.

◉ Sehenswertes & Aktivitäten

Iglesia Catedral de la Virgen Purísima de Macas
KIRCHE

Die Kirche schmückt ein in Technicolor erstrahlendes Poster der Jungfrau, die von der Kirchenfassade auf die an einen gepflegten Skatepark erinnernde Plaza blickt. Der ruhige, säulenfreie Innenraum zieht alle Aufmerksamkeit auf den gefliesten Altar, auf dem ein friedliches Macas vor der Kulisse eines Feuer speienden Vulkans dargestellt ist. Dem Gemälde der Jungfrau von Macas (entstanden gegen 1592) auf dem Altar werden Wunder zugeschrieben.

Parque Recreacional
PARK

(Ecke Don Bosco & Pasaje la Randimpa; ⊙ Sonnenaufgang–Sonnenuntergang) Früher oder später sehnt sich jeder mal nach einem friedlichen, grünen Picknickplätzchen, besonders in Macas, wo solche Flecken Mangelware sind. Der Parque Recreacional mit Blick auf den Río Upano schafft Abhilfe.

Volcán Sangay
VULKAN

Der schneebedeckte, perfekte Kegel des Volcán Sangay (5230 m), rund 40 km nordwestlich, ist an klaren Tagen zu sehen. Es handelt sich um Ecuadors siebthöchsten Berg und einen der aktivsten Vulkane der Welt. Für die frühen Missionare war er ein Bild der Hölle.

☞ Geführte Touren

Macas ist der richtige Ort, um Touren in den südlichen Oriente zu buchen, aber die Dienstleistungen sind hier nicht so perfekt wie im Norden. Dafür geben einem der ursprünglichere Regenwald und die Abwesenheit anderer Touristen das Gefühl, ein echtes Abenteuer zu erleben. Achtung: Die Shuar wünschen keine Besucher ohne Guides in ihren Dörfern, und manche Dörfer lassen gar keine Besucher hinein! Es ist daher unbedingt erforderlich, in Begleitung eines professionellen Führers zu reisen,

der einem Zugang verschaffen kann und den Standpunkt der Shuar zum Tourismus berücksichtigt. Wer auf den Flüssen in der Umgebung von Macas Raftingtouren unternehmen möchte, wendet sich am besten an einen Veranstalter in Tena.

Tsuirim Viajes
TOUR

(☏ 07-270-1681; leosalgado18@gmail.com; Ecke Don Bosco & Sucre; Touren pro Pers. und Tag 50–70 US$) Hat eine ganze Reihe Dschungeltouren im Programm, darunter Besuche bei Shuar-Gemeinden und schamanistischen Ritualen, Canyoning, Rafting, Tubing und Dschungelwanderungen. Leo Salgado, der Eigentümer der Agentur, ist in einer Shuar-Gemeinde aufgewachsen und kennt daher die Gegend sehr gut.

Real Nature Travel
VOGELBEOBACHTUNG

(☏ 07-270-2525; www.realnaturetravel.com; Av la Ciudad; Tagestouren pro Pers. 120 US$, 9-tägige Tour für 2 Pers. 2000–3600 US$) Vogel- und Naturfreunde sind hier absolut richtig. Die Vogelbeobachtungstouren decken die Region einschließlich des Parque Nacional Sangay ab (gut für Leute, die nur einen Tag Zeit haben), führen aber gewöhnlich in sehr viel entlegenere Gefilde, in den Nebelwald und den andinischen *páramo*. Je länger man unterwegs ist, desto mehr sieht man natürlich. Die Mitarbeiter sprechen fließend Englisch.

✻ Feste & Events

Chonta Festival
INDIGENES FEST

Das Chonta Festival (Pfirsichpalmenfest) in der letzten Maiwoche ist das wichtigste Fest der Shuar im Jahr. Ein Shuar-Guide kann helfen, einem eine Einladung zu diesem großen Ereignis zu verschaffen, bei dem die Teilnehmer vier Stunden ununterbrochen tanzen, um bei der Fermentierung der *chicha* (ein vergorenes Getränk aus Mais oder Maniok) zu helfen.

🛏 Schlafen

Hostal Casa Blanca
HOTEL $

(☏ 07-270-0195; Soasti; Zi. mit Frühstück 15–35 US$; ❈ 🎇 📶 ⊕) Am ältesten und trotzdem am angenehmsten sind die Zimmer um den kleinen Pool im Garten hinter dem Haus. Die billigeren Zimmer haben keine Klimaanlage. Das „weiße Haus" ist die beste Wahl im Zentrum.

Hotel Sol de Oriente
HOTEL $

(☏ 07-270-2911; Tarqui zw. Amazonas & Soasti; EZ/DZ 15/25 US$) Ein annehmbares Ausweich-

Macas

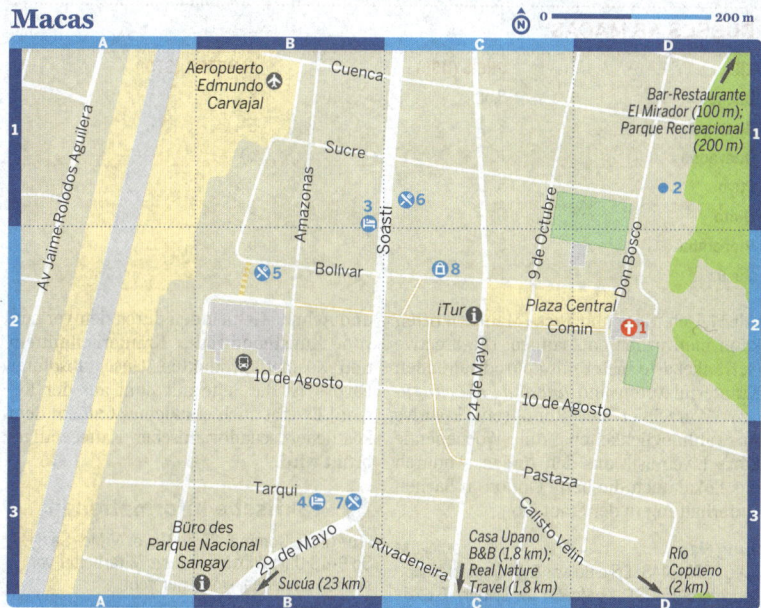

quartier für den Notfall. Manche Zimmer in dem fünfstöckigen Hotel sind etwas oll, aber alle haben ein akzeptables eigenes Bad. Man spricht Englisch.

⭐ **Casa Upano B&B** PENSION $$
(☏ 07-270-2674; info@realnaturetravel.com; Av la Ciudad s/n; EZ/DZ mit Frühstück 40/75 US$; 🅿 @ 🛜) Vielleicht ein Vorbote dessen, was Macas in Zukunft bieten könnte, ist diese Traveller-Oase abseits vom Trubel der Stadt. Die vier Zimmer mit Balkon bieten Aussicht auf einen riesigen Obstgarten, der sich zum Río Upano hin neigt. Die Englisch sprechenden Besitzer stellen ein unglaublich reichhaltiges Frühstück zusammen, dessen Zutaten aus der unmittelbaren Region (d. h. aus dem eigenen Garten oder von den Nachbarn) stammen. Der Kaffee ist köstlich stark.

Vor allem Hobbyornithologen frequentieren die Casa Upano, denn die Besitzer organisieren auch ausgezeichnete Vogelbeobachtungstouren. Das Haus liegt 1 km von der Kreuzung Juan de la Cruz und Avenida la Ciudad entfernt.

🍴 **Essen & Ausgehen**

Die *comedores* (Billiglokale) an der Comín nahe der Soasti verkaufen schmackhafte *ayampacos* – Dschungelleckerbissen aus

Macas

◉ **Sehenswertes**
1 Catedral Nuestra Señora de Macas ...D2

◈ **Aktivitäten, Kurse & Touren**
2 Tsuirim Viajes D1

🛏 **Schlafen**
3 Hostal Casa Blanca B1
4 Hotel Sol de Oriente B3

🍴 **Essen**
5 Jung+lab...............................B2
6 La Maravilla C1
7 Tisho's Pizzeria B3

🛍 **Shoppen**
8 Fundación Chankuap C2

Fleisch, Hähnchen oder Fisch, gegrillt in *bijao*-Blättern.

La Maravilla ECUADORIANISCH $
(Soasti nahe Sucre; Hauptgerichte 3–6 US$; ⏰ Mo-Sa 16–24 Uhr) Die blaue Casita ist mit Abstand die charmanteste Lokalität vor Ort. Hier steht von den blinkenden Lichtern auf der Veranda bis hin zu den roten Polstersesseln ganz das Ambiente im Vordergrund. Bei den *tablas* (Schneidebrettern)

BUSSES AB MACAS

ZIEL	PREIS (US$)	FAHRZEIT (STD.)
Cuenca	8,50	8
Gualaquiza	8	5¾
Guayaquil	10	10
Puyo	5	2½
Quito	8	8
Riobamba	5	5
Sucúa	1	¾

mit Fleisch, Käse und Yuca-(Maniok)Fritten kann man prima entspannen. Die kreative Getränkekarte bietet mit aphrodisierenden Kräutermixturen und *hueso de chuchuguazo* (Wurzelbier mit Rum) sehr kreative Auswahlmöglichkeiten. Am Wochenende gibt's Livemusik aus den Anden, wodurch das Lokal auch die beste Option in Sachen Unterhaltung in der Stadt ist.

Jung+lab
FUSIONSKÜCHE $$
(☎ 07-270-2448; Ecke Bolívar & Amazonas; Hauptgerichte 5–15 US$; ⊙ Mo–Sa 12–22 Uhr) Ist die Fusionsküche bis nach Macas vorgedrungen? In diesem überraschenden, lauschigen Lokal in der Nähe des Busbahnhofs sieht es ganz danach aus. Mit Fleischgerichten rechnet man im ecuadorianischen Dschungel – aber nicht mit so kreativ zubereiteten. Unbedingt die berühmte *cerveza de cacao* (Kakaobier) probieren!

Tisho's Pizzería
PIZZA $$
(Ecke Tarqui & 29 de Mayo; kleine/große Pizza 9/16 US$; ⊙ 11–22.30 Uhr) Der Eigentümer von Tisho's hat einige Jahre in den USA gelebt, und was er dort gelernt hat, zeigt sich hier: große Pizzas mit dicker Kruste und sogar Philly Cheesesteak-Sandwiches. Die Pizzas sind so mächtig, dass sie auf Servierwagen herangekarrt werden.

Bar-Restaurante El Mirador
BAR
(Pasaje la Randimpa & Parque Recreacional; ⊙ Mo–Sa 16–22.30 Uhr) Hier, fünf Blöcke nördlich des Hauptplatzes, relaxen die Einwohner von Macas bei einem oder mehreren kühlen Blonden auf der Terrasse am Parque Recreacional über dem *mirador* mit Blick auf den Río Upano. Es gibt auch warme Küche.

🔒 Shoppen

Fundación Chankuap
KUNSTHANDWERK
(www.chankuap.org; Bolívar zw. Soasti & 24 de Mayo; ⊙ Mo–Fr 8.30–13 & 14–20.30, Sa & So 8.30–14 Uhr) Die Stiftung unterstützt Shuar- und Achuar-Gemeinden durch den Verkauf von Kunsthandwerk, Kräuterheilmitteln und Kosmetikprodukten. Unser absoluter Favorit ist die Seife mit Zimt aus der Region! Es gibt auch ein kleines Café, in dem köstlicher ecuadorianischer Kaffee aufgebrüht wird.

ℹ Praktische Informationen

iTur (Ecke Comín & 24 de Mayo; ⊙ Mo–Sa 8–17, So 9–18 Uhr) Winzig, aber die Mitarbeiter versuchen zu helfen, wo es nur geht.

Lava Express (Ecke Sucre & Amazonas; 0,60 US$/kg; ⊙ 8–20 Uhr) Hier kann man für wenig Geld die schmuddligen Dschungelklamotten waschen.

Büro des Parque Nacional Sangay (Ecke Juan de la Cruz & 29 de Mayo; ⊙ Mo–Fr 8–17 Uhr) Bietet Informationen zum Parque Nacional Sangay.

ℹ An- & Weiterreise

BUS
Der Busbahnhof liegt an der Amazonas, mitten in der Stadt.

FLUGZEUG
Flugzeuge von **TAME** (☎ 07-270-4940; Aeropuerto Edmundo Carvajal) fliegen täglich vom kleinen **Flughafen Edmundo Carvajal** (Amazonas zw. Sucre & Cuenca) nach Quito. Beim Flug hat man links im Flugzeug den besten Blick auf die Berge, an klaren Tagen kann man u. a. den Sangay/Cotopaxi erkennen.

Parque Nacional Sangay

Die meisten Besucher erreichen diesen Park (S. 166) von Norden oder Westen; der Zugang von Süden oder Osten ist etwas kompliziert. Wer von Macas aus anreist, sollte sich auf die Bergseen konzentrieren, z.B. die malerischen Lagunas de Tinguichaca, in deren Umfeld es von Wildtieren wimmelt.

Der Vulkan selbst ist von hier aus nicht zugänglich.

Busse fahren von Macas zum benachbarten Dorf 9 de Octubre. Von dort führt ein Pfad (6 Std. einfach) hoch in den Park und zu einem *refugio* (3 US$/Pers.), wo man übernachten kann. Die kleine Siedlung Purshi ist der offizielle Parkeingang, hier sind möglicherweise einfache Landkarten zu haben. Am besten geht man mit einem Führer hinein, denn die Wege sind nur undeutlich und erfordern neben genauer Ortskenntnis auch den Einsatz der Machete. Die Touren hier sind generell für Menschen ungeeignet, die das Wandern in schwierigem Gelände nicht gewohnt sind. Bevor man sich auf den Weg macht, geht man im Büro des Parque Nacional Sangay (S. 258) in Macas vorbei, um Informationen einzuholen und sich als Parkbesucher registrieren zu lassen.

Zu einer bestimmten Zeit stand der Park auf der Roten Liste des gefährdeten Welterbes, und zwar hauptsächlich wegen dem Bau einer Straße zwischen Macas und Guamote. Die Straße, die 2006 schließlich fertiggestellt wurde, bietet einen besseren Zugang zum Park, fügte ihm aber gleichzeitig unwiederbringlichen Schaden zu.

Der Dschungel ab Macas

Die Karten zeigen Straßen oder Wege, die von Macas aus ins Landesinnere, meist zu Dörfern der indigenen Shuar oder zu Missionen tief im Oriente führen. In diese Gebiete auf eigene Faust vorzudringen, wird nicht empfohlen, denn die meisten Gemeinden verlangen, dass Touristen nur in Begleitung eines Führers kommen. Eine Exkursion in Eigenregie würde höchstwahrscheinlich auch weder in unberührten Dschungel noch zu Dörfern von Indigenen führen. Wer es doch versucht, setzt sich Gefahren aus und braucht unglaubliches Glück.

Zahlreiche Busse fahren von Macas zur Mission (Kirche & Schule) **Sevilla** (Don Bosco) am anderen Ufer des Río Upano. Das ist ein guter Ort, um Shuar-Kunsthandwerk zu kaufen. Von dort aus führt ein breiter Weg südwärts zum Dorf **San Luís**, wo man einen kurzen Einblick ins Leben der indigenen Bevölkerung gewinnt.

Wer dringende Lust nach **Höhlenwanderungen** verspürt oder einmal die seltenen Fettschwalme (nachtaktive, Früchte fressende Vögel, deren Fett die Shuar eine heilende Wirkung zuschreiben) sehen will, engagiert

einen Führer und marschiert zur **Cueva de los Tayos** zwischen Méndez und Morona. Ein fünfstündiger Weg führt zum weitläufigen Coangos-Höhlensystem, wo man zahlreiche mit Stalaktiten und Stalagmiten gespickte Höhlen erkunden kann. Für eine der Routen benötigt man umfangreiche Ausrüstung, weil sie mit einem 70 m tiefen, geraden Abstieg in den Untergrund beginnt. Eine andere führt über einen schlüpfrigen unterirdischen Weg zu einem unterirdischen Fluss. Selbst bei Routen, die keine Spezialausrüstung erfordern, sind Handschuhe, Gummistiefel und (nicht zu wenig) Taschenlampen erforderlich. Besser (und erheblich sicherer) sind Höhlenwanderungen, die im Rahmen einer geführten Tour von Macas aus unternommen werden.

Macas bietet sensationelle Raftingbedingungen auf Wildwasserstrecken, die weitaus weniger befahren sind als die in der Nähe von Tena. Man kann beispielsweise eine Flussfahrt den Río Santiago hinunter Richtung Peru (kein erlaubter Grenzübergang) unternehmen. Unerfahrene Paddler sollten für eine solche Tour in Macas oder Tena einen Guide anheuern.

Sucúa

12 500 EW.

Das ausgedehnte Sucúa mit seinen breiten, gepflegten Straßen bildet den Übergang vom geschäftigen Macas in den tiefen Dschungel. Da Sucúa ehrlich gesagt hübscher ist als Macas, lohnt sich die Halbtagsreise hierher. Alte Männer treten hier bedächtig in die Pedale ihrer Fahrräder, während ein Verkäufer Fleisch unter der einzigen Ampel im Ort grillt, gegenüber einer Plaza voller Feigenbäume und zirpender Grillen. In der Gegend von Sucúa leben viele Shuar-Volksstämme und in dem Städtchen begegnet man Angehörigen dieser Ethnien. Sonntag ist Markttag. Rund 3 km südöstlich der Innenstadt von Sucúa befindet sich der **Parque Botánico** (☎ 07-274-0211; abseits der Av Oriental s/n; ☉ 7.30–16.30 Uhr) GRATIS mit einem nagelneuen Besucherzentrum, einem Restaurant, einem liebevoll gehegten *orquideario* (Orchideengarten) und Spazierpfaden durch subtropischen Wald. Taxis von der Innenstadt verlangen 1,50 US$.

Einen Block von der Hauptplatz entfernt liegt **Tisho's Pizzería** (Ecke Pástor Bernal & Sangurima; Hauptgerichte 3–7 US$; ☉11–23 Uhr). Es handelt sich um das Originalrestaurant des bekannteren Fast-Food-Ablegers in Macas.

Von Sonnenaufgang bis Sonnenuntergang fahren von der Ecke des Hauptplatzes zahlreiche Busse und Pick-ups nach Susa (1 US$, 45 Min.). Andere starten Richtung Süden nach Gualaquiza (7 US$, 5 Std.).

Gualaquiza

9000 EW. / 950 M

Das Kolonialstädtchen Gualaquiza vor dem Hintergrund eines sanft gewellten Hügels gelegen und umgeben von dichtem Dschungel ist die ansprechendste Siedlung im südlichen Oriente. Sie wird von einer Kirche überragt, zu der ein Fächer türkisfarbener Stufen hinaufführt.

Was Tourismus angeht, so erwacht Gualaquiza gerade aus einem langen Dornröschenschlaf. Die Hauptaktivität der Besucher besteht im Bewundern von (oder baden in) den Wasserfällen ringsum. Je weiter man sich von der Stadt entfernt, desto spektakulärer werden sie. Der erste in der Reihe ist die **Cascada Las Culebrillas**, zu erreichen nach einer 1,5 km langen Taxifahrt (2 US$) auf der Straße Richtung Macas. Nach 12 km auf derselben Straße folgt die **Caverna y Cascadas la Dolorosa** (gute Badestelle) und schließlich der eindrucksvolle Wasserfall in der **Reserva Ecológica al Bosque Paraíso**, 20 km von Gualaquiza. Sämtliche Busse Richtung Macas lassen Passagiere auf Anfrage in der Nähe von jedem dieser Katarakte aussteigen. Man sollte sich vor Ort nach Infos über die ausgezeichneten **Höhlenwanderungen** 15 km westlich der Stadt nahe dem Dorf Nueva Tarquí (Taschenlampen und Ersatzbatterien erforderlich) erkundigen. Eine ausgezeichnete **Radtour** führt durch die Hügel nach La Florida (2½ Std.). Man muss dafür allerdings ein eigenes Fahrrad dabei haben. Wer über Nacht in Gualaquiza bleiben möchte, nimmt am besten die vor Kurzem eröffnete **Posada D'León** (☎ 099-095-6649; Ecke Gonzalo Pesántez & Domingo Comín; EZ/DZ 10/20 US$; 🛜), ein adrettes cremeweißes Gebäude mit zehn soliden, gepflegten Zimmern. Das Hotel liegt ein paar Schritte unterhalb vom Hauptplatz, wo sich unter mehreren Esslokalen auch die stimmungsvolle Bar **Los Pinchos** (Plaza; ⏰ 12–24 Uhr) befindet, in der für einen Dollar das Stück die namensgebenden *pinchos* (Spieße mit gegrilltem Fleisch und Gemüse) zu haben sind.

Der Busbahnhof liegt vom Hauptplatz aus vier Blocks den Hügel hinunter. Mehrmals täglich fahren Busse über Zamora (3,50 US$, 3½ Std.) nach Loja (6 US$, 5½ Std.). Außerdem geht's über Sigsig bis nach Cuenca (8 US$, 5–6 Std.). Richtung Norden fahren Busse nach Sucúa (7 US$, 5 Std.) und Macas (8 US$, 5¾ Std.).

Kapawi Ecolodge & Reserve

Kapawi   DSCHUNGELLODGE $$$
(Zi. 3/4/7 Nächte pro Pers. 889/1109/1589 US$) Im Herzen der Achuar-Wildnis, mitten in einem der abgelegensten Teile des ecuadorianischen Amazonien, bietet die Kapawi ein urtümliches, ökologisch und kulturell akzeptables Erlebnis. Viele Veranstalter behaupten, ähnlich vorzugehen, aber das trifft nur auf wenige wirklich zu. Diese Lodge ist für ihren Ansatz vielfach ausgezeichnet worden und wird ausschließlich von Achuar gemanagt. Buchung über das **Büro in Quito** (☎ 02-600-9333; www.kapawi.com; Oficina 2A, Edificio Los Granados, Av de los Granados E14-958).

Die Lodge besteht aus 18 strohgedeckten, auf Stelzen über einem See stehenden Hütten mit eigenem Bad und Balkon. Nachhaltige Technologien wie Solarstrom, Mülltrennung, Recycling, Wasseraufbereitung und der Einsatz biologisch abbaubarer Seife sind hier alltägliche Praxis.

Besucher gehen nicht einfach nur los, um die Achuar zu fotografieren, sondern werden in deren Wohnungen eingeladen, mit Maniokbier bewirtet und können so in einen einmaligen kulturellen Austausch eintreten. Die kleinen Gruppen werden von einem Achuar-Führer und einem Naturkundler begleitet, die als Gespann arbeiten und den Besuchern die Besonderheiten des Regenwalds aus ökologischer und aus kultureller Perspektive erklären.

Die Lodge befindet sich gleich abseits des Río Pastaza an einem Altarm des Río Capahuari und ist mit dem Kanu von dem nahe gelegenen Flugfeld aus zu erreichen. Die nächstgelegene Stadt ist zehn Tage Fußmarsch entfernt. Der Transport ab Quito (per Bus nach Shell in der Nähe von Puyo, dann weiter mit dem Flugzeug) kostet hin und zurück 440 US$. Wer ein bisschen Geld sparen möchte, kann in Shell versuchen sich einer organisierten Tour anzuschließen. Im Pauschalpreis sind alle Mahlzeiten und geführte Touren enthalten.

ORIENTE GUALAQUIZA

Nordküste & Tiefland

Tolle Naturerlebnisse

→ Reserva Ecológica de Manglares Cayapas Mataje (S. 266)

→ Playa de Oro Reserva de Tigrillos (S. 268)

→ Reserva Ecológica Cotacachi-Cayapas (S. 269)

→ Walbeobachtungstouren bei Mompiche (S. 278)

Schön übernachten

→ Playa Escondida (S. 276)

→ Bam-Bú (S. 278)

→ Hotel Bambu (S. 281)

→ Casa Grande (S. 283)

Auf an die Nordküste & ins Tiefland

An Ecuadors Nordküste verirren sich nur wenige ausländische Touristen – in einem so vielfältigen Land ist die Konkurrenz hart. Aber für Surfer und abenteuerlustige Naturfreunde könnte dies der glücklichste Ort auf Erden sein.

Die Region lockt mit einsamen Stränden, mächtigen Brechern, Mangrovenwäldern, indigenen Siedlungen, lebhaften Festen und bezaubernden afroecuadorianischen Dörfern. Sie ist spürbar ärmer als der Rest des Landes, macht dies aber mit herzlicher Gastfreundschaft und ihrem besonderen Kulturmix wett. Ein Besuch in San Lorenzo im Norden gibt Einblick in die kulturellen Wurzeln der kleinen afrikanischstämmigen Gemeinden von Ecuador. Entdeckungsreisende können hier oben Urwaldtouren unternehmen, Großkatzen sichten oder abgeschiedene indigene Dörfer besuchen.

Topziele für Backpacker sind die sonnenverwöhnten Strandorte Same, Mompiche und Canoa weiter südlich, mit toller Brandung, superrelaxter Atmosphäre und Party bis in die Morgenstunden.

Reisezeit

Manta

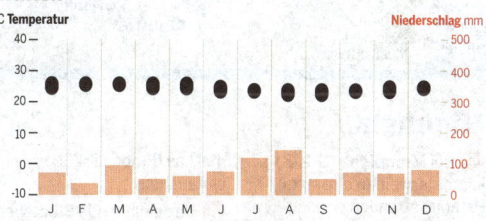

Dez.–März Die Regenzeit bringt Schauer und lästige Insekten, aber auch Hitze und Sonne.

Jul.–Aug. Die Badeorte quellen vor Inlandstouristen förmlich über; Urlaubsspaß überall.

Sept.–Nov. An der Küste ist es herrlich ruhig und das Wetter ist immer noch genial.

N	
0	80 km

KOLUMBIEN

Palmareal
San Pedro
Reserva Ecológica de
Manglares Cayapas Mataje
7 San Lorenzo
Olmedo
Limones
La Tola
Manglares
de Majagual
San Javier
de Cochaví
Borbón

Río Verde
Esmeraldas
Lagarto
Selva
Alegre
Rocafuerte

Súa
Atacames
Punta Galera **5**
Same Tonchigüe
Corredor Turístico
Galera-San Francisco
Río Muisne

Muisne
San Gregorio
Mompiche 1
Isla Portete
Daule

Cojimíes
San José de
Chamanga

Pedernales

Punta Ballena
Jama

Cabo Pasado
Flavio Alfaro

3 Canoa
San Vicente

Bahía de Caráquez 4
San Clemente
San Jacinto
**Archäolo-
gische Stätte
Chirije**
Crucita
Calceta
Rocafuerte

Cabo San
Lorenzo
Manta
Jaramijó
Montecristi
Portoviejo

Río Portoviejo

Parque
Nacional
Machalilla
Puerto
Cayo
Jipijapa
Manabí
Balzar
Machalilla
Agua Blanca
Puerto López
Salango
Ayampe
Parque
Nacional
Machalilla

PAZIFIK

Montañas
de Mache

Reserva
Ecológica
Mache
Chindul

Quinindé

**6
Reserva
Biológica
Bilsa**

Río Esmeraldas

Río Verde

San
Miguel

**2 Playa de
Oro Reserva
de Tigrillos**

Río Onzole

Reserva
Ecológica
Cotacachi-
Cayapas

Río Santiago

Cristóbal
Colón

Esmeraldas

Imbabura

Puerto
Quito

Reserva Biológica
Maquipucuna

Reserva Geobotánica
Pululahua

La Concordia

Äquator

Bosque
Protectora
La Perla

Río Blanco

Mindo

Pichincha
Chiriboga
Quito

El Carmen

Santo Domingo
de los Colorados

Volcán
Atacazo
(4463 m)
Alóag

Reserva Río
Palenque
Patricia
Pilar

Río Toachi

Volcán
Corazón
(4788 m)

Manabí

Chone

*Embalse
Daule-
Peripa*

Pichincha
Empalme
Quevedo

Buena Fe

Cotopaxi

Latacunga

Pujilí
San Miguel
de Salcedo

Panamericana

Los Ríos

Río Daule

Vinces
Palestina
San Juan

Río Quevedo

Bolívar

Guaranda

Cajabamba

Ambato

Reserva
Faunística
Chimborazo
Penipe

Riobamba

Highlights

WESTLICHES TIEFLAND

Die meisten Reisenden passieren das westliche Tiefland nur auf dem Weg zu den Attraktionen der Küste. Dabei ist das fruchtbare Ackerland mit seinen sanften Hügeln nicht ohne Reiz. Es beherbergt sehr authentische und sehr schmuddelige Städte, große Kakao-, Ölpalmen- und Bananenplantagen und ein paar spärliche Reste von Tropenwald.

Von Quito nach Santo Domingo de los Colorados

Ein großer Teil der Strecke von Quito nach Westen ist von atemberaubender Landschaft geprägt, mit steilen Abhängen, die sich in dunstiger Leere verlieren, während hinter scharfen Kurven plötzlich üppig grüne Hügel ins Blickfeld rücken. Diese Strecke legt man am besten morgens zurück, wenn die Chancen auf einen klaren Himmel am besten sind.

Außerhalb von Quito schraubt sich die Straße hinauf in den *páramo* (Höhengrasland der Anden), wo der Blick im Norden bzw. Süden auf die erloschenen Vulkane **Atacazo** (4463 m) und **Corazón** (4788 m) fällt. Die kurvenreiche Abfahrt führt ins Tal des Río Toachi, wo die Luft dicker wird und erste tropische Pflanzen sprießen.

🛏 Schlafen

Tinalandia   LODGE $$$
(☎ 02-244-9028; www.tinalandia.com; Vía Aloag Km 85; EZ/DZ 86/118 US$) Tinalandia liegt etwa 16 km außerhalb von Santo Domingo und wurde eigentlich für Golfer gebaut, ist aber besonders für seine erstklassigen Möglichkeiten zur Vogelbeobachtung bekannt. Das rustikale Resort befindet sich auf einer Höhe von 600 m in einem Feuchtwald der Voranden. Die Gäste kommen in verwitterten Bungalows mit eigenen Bädern und Warmwasserduschen unter. Vogelbeobachtungstouren kosten 75 bis 220 US$.

Die trockensten Monate (Mai und Juni) sind bei den Vogelbeobachtern besonders beliebt. Auch Tagestouristen sind willkommen (Tagespass 10 US$). Leckere Gerichte aus Frischgemüse von der Hydrokulturfarm kosten extra. Reservierung ist ratsam – über die Website, telefonisch oder über größere Reisebüros in Ecuador. Für Gäste mit Reservierung kann das Personal auch den Transport von Quito zur Lodge organisieren.

Santo Domingo de los Colorados

305 000 EW. / 500 M

Diese betriebsame und absolut reizlose Stadt ist ein wichtiges Wirtschaftszentrum und ein bedeutender Verkehrsknotenpunkt. Sie hat kaum Attraktionen, die sie zu mehr als einer reinen Durchgangsstation machen könnten. Der Hauptgrund, hier Halt zu machen, ist die Organisation eines Besuchs der faszinierenden Tsáchila-Gemeinden. Santo Domingo hat auch seine zwielichtigen Seiten – Besucher sollten achtsam sein und den Bereich rund um den Markt und die Calle 3 de Julio nach Einbruch der Dunkelheit meiden.

👁 Sehenswertes & Aktivitäten

Tsáchila & Chihuilpe   INDIGENE GEMEINSCHAFT
(Eintritt 5 US$) 🌿 Das Volk der Tsáchila zählt um die 3000 Mitglieder. Ihre acht Gemeinden sind über ein 10 500 ha großes Reservat rund um Santo Domingo verteilt. Es wird eine Führung durch die Gemeinden angeboten, zu der auch eine Präsentation traditioneller Heilpflanzen, eine Erklärung der Bräuche und Traditionen sowie eine Tanzaufführung gehören. Die Tsáchila fertigen Schmuck und hübsche Handwebwaren in knalligen Regenbogenfarben.

José Aguabil (☎ 09-770-8703), das Oberhaupt der El-Poste-Gemeinschaft, ist der richtige Ansprechpartner für alle, die an einem Besuch interessiert sind. Auch das 17 km von Santo Domingo an der Straße nach Quevedo liegende Chihuilpe kann besucht werden. Hierfür kontaktieren Traveller am besten **Tsapini Calasacón** (☎ 09-750-3320), das Oberhaupt dieser Gemeinschaft. Pro Besucher wird eine Gebühr von etwa 5 US$ fällig. Auch die Reisebüros in Santo Domingo können solche Touren buchen; Näheres erfährt man, indem man sich einfach im Stadtzentrum umhört.

🛏 Schlafen & Essen

Hotel Del Pacífico   HOTEL $$
(☎ 02-275-2806; Av 29 de Mayo 510; EZ/DZ 20/35 US$; ❄ 📶) Es gibt eigentlich keinen Grund, in Santo Domingo zu übernachten. Wer trotzdem hier strandet, versucht sein Glück am besten in diesem zentralen Hotel. Es hat saubere, geräumige Zimmer mit Fliesenböden und verglasten Fenstern und liegt im Stadtzentrum zwischen dem Hauptplatz und dem Markt.

BUSSE AB SANTO DOMINGO

ZIEL	PREIS (US$)	FAHRZEIT (STD.)
Ambato	4	4
Atacames	4	4
Bahía de Caráquez	5	5
Baños	5	5
Coca	13	14
Esmeraldas	4	3½
Guayaquil	5	5
Loja	11	12
Manta	6	6
Mindo	2,50	2
Muisne	6	5
Quito	3	3

Restaurante Timoneiro ECUADORIANISCH **$$**
(Av Quito 115; Hauptgerichte 3–7 US$; ⊘ 7–21 Uhr)
Am Hauptplatz gibt es einige Esslokale, darunter dieses freundliche und angenehm erleuchtete Restaurant mit traditioneller ecuadorianischer Küche.

❶ An- & Weiterreise

Santo Domingo ist ein wichtiger Verkehrsknotenpunkt mit Verbindungen nach ganz Ecuador. Der Busbahnhof liegt fast 2 km nördlich der Innenstadt. Von hier fahren regelmäßig Busse in viele große Städte. Es gibt auch Internetzugang, einen Geldautomaten und eine Gepäckaufbewahrung.

DIE NORDKÜSTE

Die Nordküste ist ein üppig grüner Landstrich mit tropischem Regenwald und Mangrovengewirr, einigen einladenden Stränden, bitterarmen Dörfern im Hinterland und entspannten Surferorten. Sie ist die Heimat der größten afroecuadorianischen Bevölkerungsgruppe des Landes, der die Gegend ihre typische Marimbamusik und lebhaften Festivals sowie hervorragende Gerichte mit Meeresfrüchten verdankt.

Traveller, die diese Gegend erkunden wollen, sollten gesunden Menschenverstand und Lust auf Abenteuer im Gepäck haben. Manche Besucher lassen sich von der frappierenden Armut, der vergleichsweise hohen Kriminalitätsrate und dem fehlenden Komfort abschrecken.

San Lorenzo

25 000 EW.

Am Ufer eines dumpfigen, stillen Meeresarmes liegt, umgeben von grünem Urwald, San Lorenzo, ein verwahrloster und gefährlicher Mischmasch aus flirrender Hitze, tropischen Rhythmen und bröckelnden Ladenfassaden. Der Reiz dieser abgelegenen afroecuadorianischen Siedlung sind die Marimba- und Salsaklänge, die sie erfüllen. San Lorenzo hat einige tolle Musikfestivals und ist ein hervorragender Ausgangspunkt für einen Besuch der nahe gelegenen Reserva Ecológica de Manglares Cayapas Mataje.

Die Straße hierher wurde erst Mitte der 1990er-Jahre fertiggestellt und so erhält sich die Stadt noch immer das Flair eines vergessenen Außenpostens. Es herrscht große Armut, der Tourismus ist kaum entwickelt und die Fortbewegung von A nach B ist mühsam.

☞ Geführte Touren

Boote zu den nahe gelegenen Stränden fahren um 7.30 und 14 Uhr ab (3 US$). Der Tourguide **Andres Carvache** (✆06-278-0161; andrescarvache@yahoo.es) organisiert diese und andere Bootstrips. Er ist an der rechten Seite des Piers in einem Laden auf Pfählen anzutreffen.

Es ist nicht möglich, die Mangroven mit öffentlichen Verkehrsmitteln zu erkunden. Eine Tour kann über die **Cooperativa San Lorenzo del Pailón** (✆06-278-0039) organisiert werden, eine autorisierte Agentur, die private Bootstouren für 20 bis 30 US$ pro Stunde anbietet. Touren können auch über

Andres Carvache arrangiert werden; hier kostet ein zwei- bis dreistündiger Ausflug 60 bis 80 US$.

 Feste & Events

San Lorenzo Marimba Festival MUSIK
Das dreitägige Festival, das normalerweise in der letzten Maiwoche stattfindet, bringt den Rhythmus, bei dem jeder mit muss.

Fiestas de San Lorenzo MUSIK
Um den 10. August herum steigt dieses pulsierende Festival mit Salsa-Livemusik, Tanzdarbietungen und mehr.

Schlafen & Essen

Das Angebot ist nicht gerade üppig. Moskitonetze und Ventilatoren sind unerlässlich, vor allem in der Regenzeit. Die folgenden Unterkünfte sind alle mit Moskitonetzen ausgestattet.

Gran Hotel San Carlos HOTEL $
(06-278-1189; Ecke Imbabura & José Garcés; EZ/DZ ohne Bad 10/15 US$, EZ/DZ mit Klimaanlage 17/22 US$; P ✳) Das Gran Hotel San Carlos No 1 hat saubere, helle Zimmer mit großen Fenstern. Die Gemeinschaftsbereiche sind in kitschigen Regenbogenfarben eingerichtet.

Gran Hotel San Carlos 2 HOTEL $
(06-278-1189; Av 16 de Agosto nahe José Garcés; EZ/DZ ohne Bad 10/15 US$, EZ/DZ mit Klimaanlage 17/22 US$; ✳) Das neue Gran San Carlos Nr. 2 ist komfortabel und bietet moderne Klimaanlagen, Kabelfernsehen und makellos saubere Fußböden.

Hotel Pampa de Oro HOTEL $
(06-278-0214; Tácito Ortíz; EZ/DZ 9/18 US$) Diese etwas verwohnte Herberge ist die günstigste Unterkunft im Ort. Es gibt Ventilatoren auf den Zimmern und jede Menge Plastikblumen.

Doña Luca ECUADORIANISCH $
(Eloy Alfaro; Hauptgerichte 2,50–5 US$; 7.30–20 Uhr) Die wohl beste kulinarische Adresse der Stadt. Das zwanglose Lokal serviert Frühstück und eine große Auswahl an Gerichten, von Fleisch und Fisch bis zu köst-

DIE TSÁCHILA

Die Tsáchila, von den frühen spanischen Siedlern auch „Colorados" genannt, sind sowohl für ihre *curanderos* (Medizinmänner) als auch für ihre wunderschönen Webwaren in knalligen Regenbogenfarben bekannt. Die für diese Volksgruppe typischen Merkmale sind leicht zu erkennen: Sie bemalen ihre Gesichter mit schwarzen Streifen, und die Männer färben ihre Pilzkopffrisuren rot.

Heutzutage ist es sehr viel wahrscheinlicher, Tsáchila zu treffen, die sich der westlichen Kultur angepasst haben. Bei all den Kuriositätenläden, die Postkarten mit Fotos von ihnen verkaufen, Gaffern in Santo Domingo, die sie „bemalte Tiger" nennen, und Busfahrern, die sich über ihre Haarfarbe beschweren, die angeblich die Kopflehnen der Sitze beschmutzt, ist es kein Wunder, dass sich die Tsáchila mit ihren Bräuchen aus der Öffentlichkeit zurückgezogen haben. In den letzten Jahren konnten die Tsáchila jedoch wichtige Siege erringen, vor allem durch die Gründung einer eigenen Provinz im Jahr 2007, die der Gruppe eine bedeutendere Rolle im nationalen politischen System gewährt.

Kasama, das Neujahr der Tsáchila (das mit dem Ostersamstag zusammenfällt), ist für sie eine Zeit, in der sie ihre Wurzeln feiern. Alle Dorfbewohner versammeln sich und wünschen sich gegenseitig alles Gute für das neue Jahr. Musik, Tanz und Theater sorgen für festliche Stimmung; dazu wird Rohrzucker-*chicha* ausgeschenkt (ein Getränk aus fermentiertem Mais oder Yucca, das zur Tradition vieler indigener Kulturen in Ecuador dazugehört). Obwohl Kasama das wichtigste Fest der Tsáchila ist, wird es nach einer 30-jährigen Unterbrechung erst seit 1998 wieder begangen. An die Wiederaufnahme ist auch die vage Hoffnung geknüpft, dass irgendwann auch wichtige Lebewesen ihrer Landschaft – wie das *guatusa* (Agouti, ein Nagetier) und das Gürteltier – wieder zurückkehren werden.

Während die meisten Tsáchila auf Besucher sehr zurückhaltend reagieren (und sich nur sehr ungern fotografieren lassen), sind Reisende in Chihuilpe und El Poste willkommen. Beide liegen südlich von Santo Domingo an der Straße nach Quevedo. Nach einem Besuch im Touristenzentrum von Chihuilpe kann man bei einem der *curanderos* vorbeischauen, die Heilkräuter verkaufen oder Behandlungen anbieten. In El Poste können Besucher auch an den oben erwähnten Kasama-Feierlichkeiten teilnehmen.

lichen Meeresfrüchten aus der Region. Es befindet sich im Stadtzentrum zwischen der Durchfahrtsstraße und dem Parque Central.

El Chocó
ECUADORIANISCH **$**
(Imbabura nahe Tácito Ortíz; Hauptgerichte 2–6 US$; ⊙ Mo–Sa 6–22 Uhr) Dieses saubere und beliebte Lokal direkt an der Hauptstraße hat typische Gerichte mit lokalen Meeresfrüchten wie Ceviche und *encocado de camarones* (Garnelen-Kokos-Eintopf) im Angebot.

Praktische Informationen

Die **Polizeiwache** (☎06-278-0672) ist direkt am Parque Central, die **Capitanía** (Hafenverwaltung) ist am Hauptpier zu finden. Wer hier nach Kolumbien einreist oder von dort ausreist (was nicht ratsam ist), muss sich an einer dieser Stellen um die Reisepassformalitäten kümmern.

Das katholische Krankenhaus von San Lorenzo liegt eine kurze Taxifahrt vom Stadtzentrum entfernt und ist angeblich das beste Krankenhaus nördlich von Esmeraldas. **Cyber San Lorenzo** (Calle 26 de Agosto; ⊙8–20 Uhr) bietet verlässlichen Internetzugang.

An- & Weiterreise

BUS

Die Busse der Busgesellschaft La Costeñita fahren von 5 bis 16 Uhr stündlich vom Parque Central nach Esmeraldas (4,50 US$, 5 Std.). Busse von Trans Esmeraldas bieten regelmäßige Verbindungen ab ihrem Depot in der 10 de Agosto über Ibarra (4 US$) nach Quito (7 US$) und nach Manta (7 US$) an.

SCHIFF/FÄHRE

Boote von **Ecuador Pacífico** (☎06-278-0161; andrescarvache@yahoo.es) fahren um 7.30, 10.30 und 13 Uhr nach Limones (3 US$, 1½ Std.) und von dort weiter nach La Tola (5 US$, 45 Min.). In La Tola kann man in einen Bus nach Esmeraldas umsteigen.

Um die Grenze nach Kolumbien zu überqueren, gibt es Boote um 7.30, 14 und 16 Uhr (3 US$); hinzu kommt noch die Busverbindung ins kolumbianische Tumaco. Aufgrund von Guerillaaktivitäten ganz in der Nähe, die manchmal eine Flut von Flüchtlingen mit sich bringen, wird davon abgeraten, die Grenze hier zu überqueren.

Reserva Ecológica de Manglares Cayapas Mataje

Millionen von Zugvögeln passieren zwischen Juni und Juli dieses Küstenreservat und sorgen für ein lautes und denkwürdiges Spektakel. Das 51 300 ha große Naturschutzgebiet bietet fünf verschiedenen Mangrovenarten einen Lebensraum. Außerdem findet sich hier der größte Mangrovenwald der Welt, der Manglares de Majagual nahe den Dörfern La Tola und Olmedo. San Lorenzo liegt mitten im Naturschutzgebiet und ist somit ein guter Ausgangspunkt. Der größte Teil des Reservats befindet sich auf Meereshöhe, und kein Punkt liegt höher als 35 m. Eines der Highlights des Naturschutzgebiets ist der unberührte, 11 km lange Inselstrand **San Pedro** nahe der kolumbianischen Grenze. Bevor man diese Gegend besucht, sollte man sich allerdings über die Sicherheitslage informieren.

ABSEITS DER ÜBLICHEN PFADE

RESERVA BIOLÓGICA BILSA

Hartgesottene Abenteurer auf der Suche nach ganz und gar abseits der ausgetretenen Pfade liegenden Zielen sollten sich auf den Weg zur Reserva Biológica Bilsa, 30 km westlich von Quinindé, machen. In dem 3000 ha großen Naturschutzgebiet in den Montañas de Mache erwarten die Besucher tosende Wasserfälle und eine atemberaubende Tierwelt. Dieser letzte Überrest von tropischem Vor-Anden-Feuchtwald besitzt eine außergewöhnlich große Artenvielfalt, zu der außer Brüllaffen auch bedrohte Vogelarten, Jaguare und Pumas gehören. Das Naturschutzgebiet, das von der **Fundación Jatun Sacha** (☎02-243-2240; www.jatunsacha.org; Zi. inkl. 3 Mahlzeiten 40 US$/Pers.) verwaltet wird, liegt innerhalb der 120 000 ha großen Reserva Ecológica Mache Chindul, die leider nur 2 bis 3 % des Urwalds der Region schützt, während der Rest für Holzwirtschaft, Ölförderung und andere industrielle Aktivitäten genutzt wird. Dieser Trip ist etwas für Unerschrockene: In der Regenzeit (Jan.–Juni) führt nur ein matschiger, 25 km langer Pfad hierher, den man entweder zu Fuß oder auf dem Rücken eines Maultiers zurücklegt. Reservierungen nimmt Jatun Sacha entgegen; er hat auch Infos zu Freiwilligenarbeit und Forschung.

> ### ⓘ SICHER REISEN IN NORDECUADOR
>
> Mit dem Hinweis auf Entführungen, die Ausbreitung des organisierten Verbrechens und das Vordringen terroristischer Organisationen entlang der Grenze nach Kolumbien hat das US-Außenministerium eine Reisewarnung für Ecuadors nördliche Grenzregion erlassen, die sich auf die Provinzen Sucumbios, das nördliche Orellana, Carchi und den Norden von Esmeraldas (von Esmeraldas bis nach San Lorenzo) erstreckt. Hier sind in den letzten elf Jahren mindestens elf US-Bürger entführt worden. Auch das Auswärtige Amt rät zu besonderer Vorsicht bei Reisen ins Grenzgebiet zu Kolumbien sowie bei Fahrten durch die Provinzen Esmeraldas, Orellana, Napo und die Küstengegend in und um die Stadt Esmeraldas sowie bei Besuchen der Stadt Santo Domingo. Unbedingt vor Reisebeginn mit den Reiseveranstaltern die aktuelle Sicherheitslage klären!
>
> Einige Toptipps, um Gefahren zu vermeiden:
>
> ➡ Keinesfalls von San Lorenzo aus über die Grenze nach Kolumbien reisen.
>
> ➡ Fußgänger sollten in Gruppen unterwegs sein – vor allem nachts. Noch besser ist ein registriertes Taxi.
>
> ➡ An der Küste nachts nicht das zentrale Touristenviertel (die Amüsiermeile mit den dröhnenden Bars) verlassen.
>
> ➡ Kokain meiden. Der Stoff kann einen auf verschiedenste Art in ganz üble Probleme verwickeln.
>
> ➡ Nur kleine Mengen Bargeld mitführen; die Kamera und andere teure Geräte im Hotel lassen.
>
> ➡ Als Faustregel gilt: Da, wo sich auch Frauen und Kinder aufhalten, ist es sicherer.

In der Nähe der Ortschaft **Palmareal** gibt es einfache, von der Gemeinde geführte *cabañas* (Hütten). Wer hier übernachtet, muss ein Moskitonetz und Wasser (oder Wasserreinigungstabletten) mitbringen. Die Cooperativa San Lorenzo del Pailón (S. 264) und Andres Carvache (S. 264) bieten Bootstouren von San Lorenzo aus an.

San Miguel

San Miguel ist eine bescheidene, freundliche afroecuadorianische Gemeinde, deren Bewohner in strohgedeckten Pfahlbauten im Wald leben. Ganz in der Nähe liegen am Fluss verstreut auch einige Chachi-Hütten. Das Dorf ist ein sehr guter Ausgangspunkt für alle, die die Tieflandbereiche der Reserva Ecológica Cotacachi-Cayapas besuchen wollen.

Oberhalb des Dorfs und der San Miguel Lodge thront die **Cotacachi-Cayapas Ranger Station** (5 US$/Pers.). In einem Laden im Dorf kann man sich mit den nötigsten Lebensmitteln eindecken oder einfach herumfragen, da die netten Dorfbewohner Reisenden gern für etwa 5 US$ ein einfaches Essen aus Suppe, Reis und Kochbananen zubereiten.

 **Schlafen**

San Miguel Lodge   LODGE $
(☎02-252-8769; www.cayapas-adventures.com; San Miguel; Zi. 30 US$/Pers. inkl. 3 Mahlzeiten) Die rustikale 6-Zimmer-Lodge oberhalb des Dorfs hat eine kühle Veranda, spektakuläre Aussicht und schlichte Zimmer mit Moskitonetzen. Sie serviert einfache Mahlzeiten.

ⓘ An- & Weiterreise

Der Bootsführer des täglich verkehrenden Passagierkanus aus Borbón (ein vom Glück verlassener Holzhafen 30 km flussabwärts) verbringt die Nacht etwa 15 Minuten flussabwärts von San Miguel. Er fährt nur zurück nach San Miguel, wenn eine Reservierung durch Passagiere vorliegt, weshalb man unbedingt vorab buchen sollte. Das Kanu fährt gegen 4 Uhr morgens in San Miguel los.

Busse der Unternehmen La Costeñita und Transportes del Pacífico verkehren zwischen 7 und 18 Uhr etwa einmal stündlich nach Esmeraldas (3 US$, 4 Std.) und San Lorenzo (1,50 US$, 1 Std.).

Ein täglich verkehrendes Passagierboot fährt um 11 Uhr nach San Miguel (8 US$, 5 Std.). Es kann Passagiere überall am Río Cayapas oder in San Miguel absetzen. Mehrere Boote steuern unregelmäßig andere Ziele an; am besten an der Anlegestelle umhören! Normalerweise können auch *fletes* (Privatboote) gemietet werden. Pro Gruppe werden dafür am Tag mindestens 100 US$ fällig.

Playa de Oro

Wenn man dem Río Santiago von Borbón landeinwärts folgt, ist die letzte flussaufwärts gelegene Siedlung das Dorf **Playa de Oro**. Der Charme von Playa de Oro liegt in seiner Authentizität. Die Einheimischen tun das, was sie und ihre Vorfahren schon immer getan haben, nämlich den Wald durchstreifen, sich von der Flussströmung treiben lassen, nach Gold suchen, Trommeln herstellen oder ihre Kinder in traditionellen Tänzen unterrichten. Wenn Besucher Interesse an ihrer Lebensweise zeigen, erfüllt das die Bewohner mit stillem Stolz. Der Ort bietet sich auch als Zugang zur umgebenden Playa de Oro Reserva de Tigrillos an.

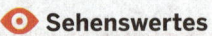 **Sehenswertes**

Playa de Oro
Reserva de Tigrillos   TIERRESERVAT

GRATIS Eine halbe Stunde flussaufwärts von Playa de Oro erreicht man die Playa de Oro Reserva de Tigrillos, ein 10 000 ha großes Naturschutzgebiet, das der Gemeinschaft von Playa de Oro gehört und von ihr auch verwaltet wird. Das Reservat grenzt an die Reserva Ecológica Cotacachi-Cayapas und dient dem Schutz der heimischen Dschungelkatzen – aber Besucher müssen schon Glück haben, um eine zu Gesicht zu bekommen.

 **Schlafen**

Urwald-Lodge Playa de Oro   LODGE $$

(Zi. pro Tag 50 US$/Pers.) Die beste Möglichkeit, das Naturschutzgebiet hautnah zu erleben, ist eine Übernachtung in der Urwald-Lodge direkt am Flussufer, die auch von der Gemeinschaft betrieben wird. Der Preis beinhaltet drei Mahlzeiten, einen Wäscheservice und einheimische Guides. Bei der Ankunft sollte man unbedingt darauf

---

AUSFLUG IN DEN URWALD

Playa de Oro liegt buchstäblich am Ende der Welt, und gerade das macht das Gebiet so besonders. Nachts kann man durchs Hüttenfenster die Langschwanzkatzen schnüffeln hören. Die afroecuadorianischen Bewohner des Dorfes sind die Nachkommen von Sklaven, die vor 500 Jahren zum Goldwaschen hierher gebracht wurden. Playa de Oro liegt von der Küste aus mehrere Stunden landeinwärts in einsamer, nicht an das Straßennetz angeschlossener Wildnis – und dank dieser Unzugänglichkeit ist das ursprüngliche Naturparadies noch erhalten.

Um sicherzustellen, dass es auch dabei bleibt, hat die Gemeinde 10 000 ha ihrer Fläche zur Playa de Oro Reserva de Tigrillos erklärt, einem Naturschutzgebiet, das alle einheimischen Wildkatzenarten schützt: Jaguare, Pumas, Ozelote, Langschwanzkatzen, Tigerkatzen und Jaguarundi. Angesichts der vielen Fälle, in denen die Landesregierung eine nachhaltige Entwicklung zugunsten der Großindustrie vernachlässigte, entschieden sich die Einheimischen gegen eine staatliche Registrierung und verwalten das Naturschutzgebiet nun in Eigenregie als Gemeinschaft.

In Playa de Oro ist jeder Dorfbewohner über 14 Jahren in wichtigen Angelegenheiten stimmberechtigt. Einige Dorfbewohner plädieren seit Langem für den Ökotourismus als vernünftige, unschädliche Nutzungsform. Doch weil sie darauf beharren, die Kontrolle über den Ökotourismus zu behalten und ihn nicht in die Hände von großen Reiseagenturen zu geben, die ein großes Stück vom Kuchen haben wollen, sind sie auf Individualreisende und Kleingruppen angewiesen.

Der Großteil der Gegend rund um das Naturschutzgebiet hat sich infolge der Goldförderung in den letzten 15 Jahren dramatisch verändert. Dort, wo früher kleine Dörfer lagen, haben Maschinen für die Goldwäsche große Kiesberge aufgeschüttet. Das Flusswasser ist mit Zyanid und Arsen verseucht, die im Abbauprozess eingesetzt werden. Bisher haben sich die Dorfbewohner den Angeboten von Unternehmen der Gold- und Holzbranche gegenüber standhaft gezeigt, die ihnen als Gegenleistung für ihr Land Güter und Dienstleistungen (ein Generator, eine neue Straße, Arbeitsplätze beim Abholzen ihres eigenen Waldes) anbieten. Fraglich bleibt, ob die spärlichen Einkünfte auch in Zukunft noch ausreichen werden, um das Naturschutzgebiet zu erhalten.

bestehen, in der Lodge im Regenwald und nicht in der im Dorf unterzukommen.

Die Preise für die beiden Unterkünfte sind identisch, die Erfahrung unterscheidet sich aber beträchtlich – es kann gut sein, dass die Gastgeber versuchen, einen in den unattraktiven Buden im Dorf unterzubringen.

ℹ An- & Weiterreise

Das Dorf Playa de Oro liegt von Borbón etwa fünf Stunden flussaufwärts, es gibt aber keine regulären Bootsverbindungen. Man muss von Borbón aus den Bus um 7.30 Uhr nach Selva Alegre (3 US$, 2 Std.) nehmen. Wer im Vorfeld reserviert hat, wird von dort mit einem Motorboot abgeholt und ins Dorf oder zum Reservat gebracht (einfache Strecke 50 US$/Boot). Wer nicht reserviert hat, sollte seinen Besuch auf einen Samstag legen, da dann das wöchentliche Marktboot fährt (Abfahrt ist gegen Mittag; Fahrpreis 10 US$/Pers.). Die Bootsfahrt von Selva Alegre dauert zwei Stunden.

Eine weitere Möglichkeit herzukommen, besteht darin, den Ansprechpartner von Playa de Oro, Ramiro Buitron, anzuheuern. Gegen Bezahlung kann er Traveller von Otavalo aus zur Bootsanlegestelle fahren (4 Std.).

Reserva Ecológica Cotacachi-Cayapas

Dieses 304 000 ha große Naturschutzgebiet ist mit Abstand Ecuadors größtes Schutzgebiet in den Westanden. Es erstreckt sich über Höhenlagen von etwa 200 m rund um San Miguel bis zu 4939 m am Gipfel des Cotacachi. Der Lebensraum ändert schnell sein Gesicht, vom tropischen Feuchtwald im Tiefland über Vor-Anden- und Anden-Nebelwald bis hin zu *páramo*. Dieser schnelle Wandel der Stufen ruft einen sogenannten „Schwelleneffekt" hervor, der eine unfassbare Vielfalt von Flora und Fauna hervorbringt.

Die Hügel sind das Zuhause solch selten gesichteter Säugetiere wie des Großen Ameisenbären, des Baird-Tapirs, des Jaguars und, in den obersten Höhenlagen des Schutzgebietes, des Brillenbären. Die Chancen, diese Tiere auch wirklich zu Gesicht zu bekommen, sind sehr gering. Häufig können jedoch Affen, Eichhörnchen, Faultiere, Neunbinden-Gürteltiere, Fledermäuse und eine große Vielfalt von Vogelarten gesichtet werden.

Das Naturschutzgebiet ist über das Hochland oder über San Miguel zugänglich. Das Wandern von einer Region in die andere ist so gut wie unmöglich, da die steilen und dicht bewucherten Hänge der Westanden fast undurchdringlich sind. Dies hat seine Vorteile für die hier lebenden Tierarten: Sie werden wohl noch ein Weile in Frieden leben können – auch wenn in letzter Zeit illegale Abholzungen, Bergbau und Ansiedlungen Grund zur Sorge geben.

Die tiefer gelegenen Ausläufer des Naturschutzgebiets und der Flüsse sind die Heimat des indigenen Volks der Chachi. Seine noch etwa 5000 Mitglieder, vorwiegend Fischer und Bauern, die für den Eigenbedarf produzieren, leben in an den Seiten offenen Strohhütten auf Stelzen am Flussufer. Das Flussvolk ist für seine Korbwaren bekannt, die man am besten direkt vor Ort erwerben sollte (auch wenn viele der Mitglieder nur Chachi sprechen). In den letzten Jahrzehnten wurden die Chachi von einer Epidemie der Flussblindheit heimgesucht, die von Kriebelmücken übertragen wird, welche besonders im April und Mai aktiv sind. Etwa 80 % der Bevölkerung sind mehr oder minder schlimm von der Krankheit betroffen. Um sich selbst während der Reise zu schützen, sollte man unbedingt Insektenschutzmittel auftragen und Malariatabletten nehmen.

Reisezeit

Während der Regenzeit (Dez.–Mai) sind die Flusspegel ziemlich hoch, wodurch die Reise viel zügiger vorangeht. Zu dieser Zeit sind allerdings auch die größten Schwärme von Stechmücken, Kriebelmücken und anderen Insekten unterwegs. Deshalb muss man während der Morgen- und Abenddämmerung, wenn sie in Massen auftreten, die Haut auf jeden Fall bedeckt halten.

Selbst in den Monaten der Regenzeit klart der Himmel am Morgen oft auf. In einigen der weiter im Landesinneren gelegenen Gegenden wurden schon bis zu 5000 mm Regen gemessen; San Miguel ist allerdings ein bisschen trockener. In den weniger feuchten Monaten zwischen September und Anfang Dezember sind für gewöhnlich nicht ganz so viele Insekten unterwegs, und man hat größere Chancen, Wildtiere zu beobachten, auch wenn zu dieser Zeit der Fluss oft nur eingeschränkt befahrbar ist.

ℹ Anreise & Unterwegs vor Ort

Detailliertere Infos über das Naturschutzgebiet gibt es bei der Cotacachi-Cayapas Ranger Station (S. 267) in San Miguel. Die Ranger fungieren auch als Guides und verlangen pro Tag etwa 10 US$ plus Verpflegung (der Zutritt zum Naturschutzgebiet ist kostenlos). Für Ausflüge auf dem Fluss sind zwei Guides notwendig, da einer an jedem Ende des Einbaums sitzen muss (bei der Fahrt mit diesen Kanus braucht man ein Paddel und eine Stange; Motorboote gibt es nur wenige). Alternativ schließt man sich einer geführten Tour aus einer der Lodges an (S. 267). Die Lodge (S. 268) in Playa de Oro ist gleichzeitig Zugangspunkt zum Naturschutzgebiet.

Von San Miguel aus dauert die Fahrt mit dem Kanu bis zur Parkgrenze etwa zwei bis drei Stunden. Nach weiteren ein bis zwei Stunden ist ein traumhafter kleiner Wasserfall mitten im Urwald erreicht. Da die wenigen Pfade schlecht gekennzeichnet sind, kommt man um das Anheuern eines Guides nicht herum. Wer ein Zelt und die nötige Ausrüstung dabei hat, kann an einigen Stellen auch campen.

Esmeraldas

161 000 EW.

Esmeraldas ist hässlich, gefährlich und schmutzig und es gibt wirklich keinen Grund, sich länger in der Stadt aufzuhalten. Die meisten Reisenden übernachten hier nur einmal (wenn es sein muss) und machen sich dann nach Südwesten zu den beliebten Strandorten Atacames, Súa und Mompiche auf.

Wer schon mal hier ist, probiert am besten am *malecón* (Uferpromenade) ein Fischgericht zum Mittagessen und stattet dem Kulturzentrum einen Besuch ab. Es informiert über den ersten Landgang der spanischen Konquistadoren in Ecuador, der genau hier stattfand.

⊙ Sehenswertes

Centro Cultural Esmeraldas MUSEUM
(Bolívar 427; ⊙ Di–Fr 9–17, Sa & So 10–16 Uhr) GRATIS In dieser Mischung aus Museum, Bibliothek und Bücherladen kann man alles Mögliche finden, von Infomaterial zur jüngsten Stadtgeschichte bis hin zu feinen Keramikarbeiten und Goldschmiedekunst aus der alten Tolita-Kultur. Einige Ausstellungsstücke haben englischsprachige Beschilderungen, und ein paar Videodokumentationen sind ebenfalls auf Englisch. Das Personal ist sehr zuvorkommend.

☞ Geführte Touren

Javier Valenciana TOUREN
(☎ 099-139-1649; pandafinu@hotmail.com) Javier bietet Touren in entlegene Winkel der Provinz Esmeraldas an.

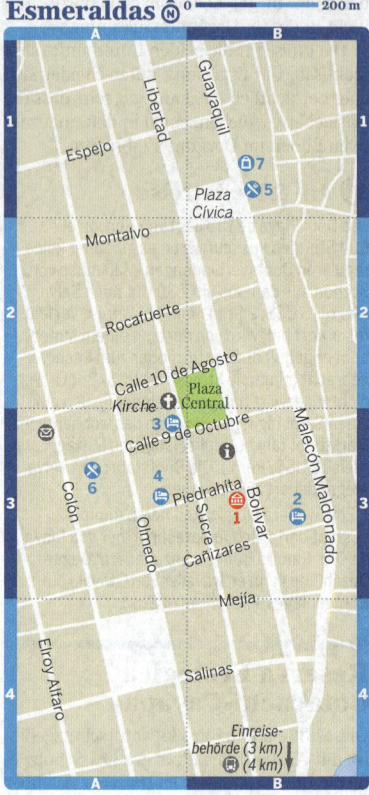

Esmeraldas

🛏 Schlafen

Hotels gibt es hier viele; die billigsten Unterkünfte sind aber unzumutbar. Während der Regenzeit darauf achten, dass das Zimmer mit einem Moskitonetz ausgestattet ist.

Hotel Central HOTEL $
(☎ 06-272-2502; Sucre 9-03; Zi. 17 US$/Pers.; ❄) Direkt am Hauptplatz befindet sich diese moderne, wenn auch leicht beengt wirkende Unterkunft mit ziemlich uninteressiertem Personal, aber guten, vor Kurzem komplett sanierten Zimmern mit Kabel-TV.

El Trébol HOTEL $
(☎ 06-272-8031; Cañizares 1-18; Zi. 16 US$/Pers.; ❄ 🛜) Das makellose, von Farnen gesäumte Hotel vermietet sehr große, adrette Zimmer mit Kabel-TV, aber ohne Warmwasser.

Hotel Perla Verde BUSINESSHOTEL $$
(☎ 06-272-3820; www.hotelperlaverde.com.es; Ecke Piedrahíta & Olmedo; EZ/DZ mit Frühstück 45/

Esmeraldas

55 US$; ⓟ❋🛜) Das beste Hotel der Stadt. Es liegt zentral und hat geräumige Zimmer mit vielen Annehmlichkeiten (sofern man sich nicht an der teils grässlich hässlichen Kunst an den Wänden stört). Das Personal ist freundlich, und auch das Restaurant im Erdgeschoss gehört zu den besten in ganz Esmeraldas.

✖ Essen

Das Essen in den vielen billigen Cafés und *comedores* (günstige Restaurants) am Straßenrand ist oft gut; eine brauchbare Essmeile ist die Olmedo zwischen Mejía und Piedrahíta.

AKI Supermercado
SUPERMARKT $
(Ecke Malecón Maldonado & Montalvo) Ein guter Supermarkt, um die Vorräte aufzustocken.

Parrilladas El Toro
STEAKHAUS $$
(Calle 9 de Octubre 4-23; Hauptgerichte 7–10 US$; ⏱17–24 Uhr) Trotz der nicht sehr einladenden Einrichtung ist das El Toro ein annehmbares Steakhaus. Seine Spezialitäten sind jede Art

von Rind und Koteletts. Im Hof mit Strohdach sitzt man schöner als im Innenraum.

🛍 Shoppen

Centro Artesenal
KUNSTHANDWERK
(Ecke Malecón Maldonado & Plaza Cívica) Dies ist die beste Adresse, um nach Wandteppichen, Körben, *tagua*-Schnitzereien und anderem Kunsthandwerk der Chachi zu stöbern.

❶ Praktische Informationen

Einreisebehörde (☎06-272-4624) Bei der Policía Civil Nacional, 3 km außerhalb der Stadt (mit dem Taxi fahren!). Hier holt man sich seinen Ein- bzw. Ausreisestempel, wenn man als Grenzübergang die selten genutzte – und nicht empfehlenswerte – Küstenstraße aus/nach Kolumbien gewählt hat.

Polizei (Ecke Bolívar & Cañizares) Zwei Häuserblocks südlich des Hauptplatzes

Touristeninformation (☎06-272-7340; Bolívar; ⏱Mo–Sa 9–12 & 14–18 Uhr) Zwischen Calle 9 de Octubre und Piedrahíta

GEFAHREN & ÄRGERNISSE

Esmeraldas dürfte die gefährlichste Stadt in ganz Ecuador sein. Besucher sollten es vermeiden, nach Einbruch der Dunkelheit hier einzutreffen und nachts in der Stadt herumlaufen. Lieber ein Taxi nehmen!

❶ An- & Weiterreise

BUS

Der neue Busbahnhof liegt 4 km vom Stadtzentrum entfernt an der Straße nach Atacames.

FLUGZEUG

Das **TAME-Büro** (☎06-272-6863; www.tame. com.ec; Calle 9 de Octubre nahe Bolívar; ⏱Mo–Fr 8–12.45 & 15–17.30 Uhr) liegt beim Hauptplatz. TAME bietet täglich Flüge nach Quito (einfache Strecke 75 US$) und seltener auch nach Guayaquil (einfache Strecke 82 US$) und Cali in Kolumbien (einfache Strecke 100 US$) an.

NORDKÜSTE & TIEFLAND ESMERALDAS

BUSSE AB ESMERALDAS

ZIEL	PREIS (US$)	FAHRZEIT (STD.)
Atacames	0,80	1
Guayaquil	9,20	9
Manta	9,35	10
Mompiche	3,15	2½
Muisne	2,15	2
Quito	7,25	6
San Lorenzo	4,65	5

ⓘ Unterwegs vor Ort

Der Flughafen liegt 25 km außerhalb der Stadt, auf der anderen Seite des Río Esmeraldas. Ein paar Stunden vor dem Abflug versammeln sich vor dem TAME-Büro Passagiere und Taxifahrer. Dann quetschen sich vier bis fünf Passagiere für 3 US$ pro Person (15 Min.) in ein Taxi zum Flughafen. Ankommende Passagiere am Flughafen machen dasselbe. Eine Direktfahrt vom Flughafen nach Atacames, also ohne Halt in Esmeraldas, kostet etwa 25 US$.

Eine Taxifahrt zum Strand kostet 1 US$. Alternativ steigt man in einen Selectivo-Bus mit der Aufschrift „Las Palmas No 1", der auf der Bolívar in Richtung Norden fährt. Die Mindestpauschale für Taxis liegt bei 1 US$, nach 23 Uhr ist sie doppelt so hoch.

Atacames

16 800 EW.

Atacames ist schwer zu begreifen. Der Strand ist gerade eben noch annehmbar, die Stadt ist schmutzig, nicht gerade ungefährlich und hoffnungslos übervölkert – und trotzdem lieben die *serranos* (Gebirgsbewohner) sie wegen ihrer Partyszene, der Ceviche-Stände am Strand und ihrer günstigen Lage zu den Stränden der Umgebung. Wer die liebe lange Nacht bei billigen Drinks zu Reggaeton abhotten möchte, ist hier richtig. Alle anderen finden weiter südlich schönere Strände, höhere Wellen und mehr Entspannung.

☞ Geführte Touren

Bootstouren BOOTSTOUREN

Fischer am Strand bieten für Touristen Bootstouren in die Umgebung an und passieren dabei auch die Isla de Pajaros, die unmittelbar vor der Küste liegt. Für eine 75-minütige Tour werden etwa 20 US$ pro Nase fällig, für einen Angelausflug um die 40 US$.

🛏 Schlafen

Atacames wimmelt von Hotels, an verlängerten Wochenenden mit Feiertagen kann es aber trotzdem ganz schön voll werden. In der Hauptsaison ist rechtzeitige Reservierung ratsam.

Hotel Jennifer HOTEL $

(☎ 06-273-1055; in der Nähe des Malecón; EZ/DZ mit Warmwasser 12/25 US$, ohne Warmwasser 10/18 US$) In dieser einfachen, schnörkellosen Unterkunft stehen den Gästen saubere, spartanisch eingerichtete Zimmer mit relativ viel Licht (jedes Zimmer hat Fenster) zur Verfügung. Freundliches Personal.

Arco Iris Resort RESORT $$

(☎ 06-273-1654; www.arcoirisatacames.com; Malecón; EZ/DZ 50/80 US$;) Das vom Zahn der Zeit angenagte Hochhaus am östlichen Ende des Strands bietet relativ moderne Zimmer mit Kochnische (und teils auch Balkon). Es gibt keine Gemeinschaftsbereiche, aber einen Pool im 2. Stock.

✕ Essen

Cocada (Kokosmakronen) und *batidos* (Fruchtshakes) gehören zu den hiesigen Spezialitäten, die überall verkauft werden.

Ceviche-Stände SEAFOOD $$

(Malecón; Ceviche 5–10 US$) Es gibt diverse Ceviche-Stände am Strand und an einigen zentralen Stellen entlang des *malecón*. Am allerbesten sucht man sich einen Stand aus, der möglichst sauber aussieht, um fangfrischen *ceviche de concha* (mit Muscheln) oder *ceviche de pescado* (mit Fisch) zu schmausen.

Pizzería D'Chris PIZZERIA $$

(Malecón; Pizza 7–11 US$) Die Pizzeria im 1. Stock bietet besten Blick auf das feuchtfröhliche Treiben unten auf dem *malecón*. Sie verwöhnt die Gäste mit gedämpftem Licht, niedrigen Tischen, Seilschaukeln, dem besten Service und der knusperdünnsten Pizza der Stadt.

🍷 Ausgehen & Nachtleben

Der *malecón* ist von Bars mit Strohdächern gesäumt, aus denen laute Musik schallt.

Friends Bar COCKTAILBAR

(Malecón; 12–24 Uhr) Samstagabends gibt es hier Marimba-Liveshows.

🔒 Shoppen

Kunsthandwerkermarkt KUNSTHANDWERK

(Malecón; Sa & So 9–20 Uhr) Am Wochenende gastiert am westlichen Ende des *malecón* ein winziger Kunsthandwerkermarkt.

ⓘ Praktische Informationen

Touristeninformation (iTur) (Las Acances Ave; ⓣ Mo–Sa 8–17 Uhr) Jede Menge Broschüren, minimale Information.

GEFAHREN & ÄRGERNISSE

Am Strand herrscht eine starke Strömung, Rettungsschwimmer arbeiten aber erst ab Mitte der Woche und am Wochenende. Jedes Jahr ertrinken hier Menschen; man muss also unbedingt seine eigenen Grenzen kennen.

Atacames

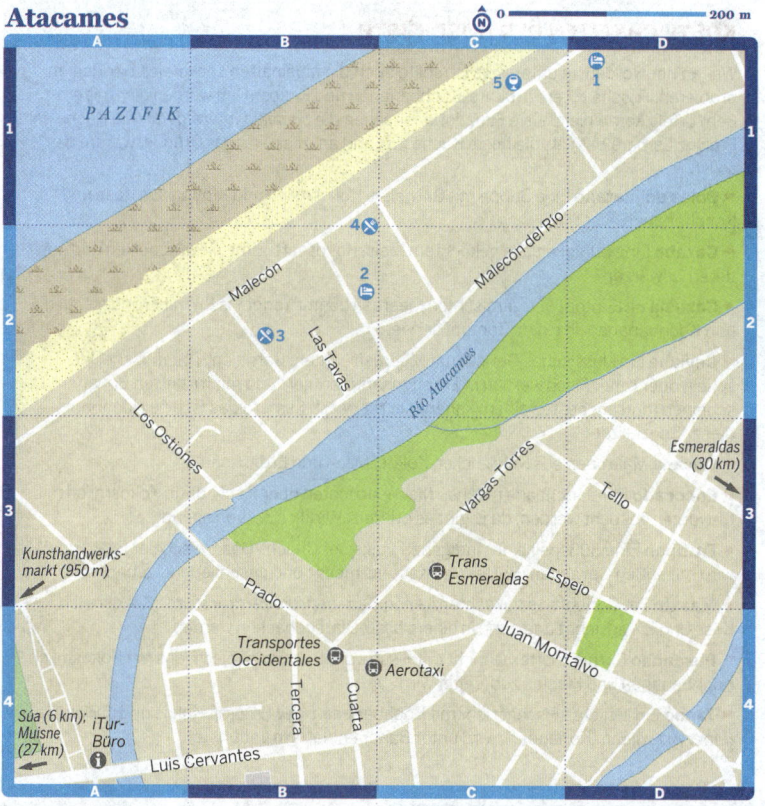

N 0 ————— 200 m

PAZIFIK

Malecón
Las Tavas
Malecón del Río
Los Ostiones
Río Atacames
Vargas Torres
Esmeraldas
(30 km)
Tello
Kunsthandwerks-
markt (950 m)
Trans
Esmeraldas
Espejo
Prado
Juan Montalvo
Transportes
Occidentales
Aerotaxi
Tercera
Cuarta
Súa (6 km);
Muisne
(27 km)
iTur-
Büro
Luis Cervantes

Atacames

🛏 Schlafen
1 Arco Iris Resort D1
2 Hotel Jennifer B2

🍽 Essen
3 Ceviche-Stände B2
4 Pizzeria D'Chris B1

🍷 Ausgehen & Nachtleben
5 Friends Bar C1

Nachts gilt der Strand als unsicher. Es wurde schon von Überfällen und Vergewaltigungen berichtet. Deshalb sollte man in den gut beleuchteten Gegenden vor den Hotels bleiben und den einsamen Strandabschnitt zwischen Atacames und Súa meiden, da von hier sogar Überfälle mit Messern gemeldet wurden. Es versteht sich sicherlich von selbst, dass Wertsachen zu keiner Tages- oder Nachtzeit am Strand sicher sind.

🛈 An- & Weiterreise

Alle Busse halten an der Hauptstraße von/nach Esmeraldas bei den *taxis ecológicos*. Einen Busbahnhof gibt es nicht, und die Büros der verschiedenen Busunternehmen liegen im Stadtzentrum verstreut. Busse nach Esmeraldas (0,80 US$, 1 Std.) starten normalerweise in Súa. Die meisten Busse von Esmeraldas nach Atacames fahren für etwa 0,50 US$ weiter nach Súa (10 Min.), Same (20 Min.) und Tonchigüe (25 Min.). Es gibt auch regelmäßige Busse nach Muisne (1,50 US$, 1½ Std.). *Ecovias* (Mototaxis) berechnen für die Fahrt nach Súa 2 US$; nach Same werden 7 US$ fällig.

Die folgenden Busunternehmen steuern täglich Quito (8 US$, 7 Std.) und Guayaquil (9 US$, 8 Std.) an: **Transportes Occidentales** (☑ 06-276-0547; Ecke Prado & Cuarta), **Trans Esmeraldas** (Ecke Vargas Torres & Juan Montalvo) und **Aerotaxi** (Cuarta). Wer in der Hauptsaison an einem Sonntag nach Quito möchte, sollte sein Ticket im Voraus kaufen.

KÖSTLICHKEITEN DER NORDKÜSTE

Wer an der Nordküste unterwegs ist, sollte auch die fabelhaften Leckereien der Region probieren. Frische Meeresfrüchte, Kochbananen und Kokosmilch werden hier mit großem Erfolg kombiniert. Viele Ecuadorianer sehen die *cocina esmeraldeña* (die Küche der Provinz Esmeraldas) als die beste Küche im Land an. Hier ein paar Gründe, warum das so ist:

➜ **Bolas de platano** Eine Suppe mit Garnelen, Kokosmilch und Klößen aus Käse und Kochbananen

➜ **Cazabe** Eine Süßigkeit aus gekochtem Mais, Kokossaft, Zimt, Gewürznelken und anderen Gewürzen

➜ **Cazuela** Ein Eintopf aus gemischten Meeresfrüchten (oder Fisch) mit Erdnusssauce und Kochbananen, in einem Tontopf serviert

➜ **Ceviche** Ein klassisches Gericht mit Meeresfrüchten: Garnelen, Tintenfische, Muscheln oder roher Fisch werden in Zitronensaft mariniert und mit frittierten Bananenscheiben (und am besten einem kalten Bier) serviert. Esmeraldas ist eine Hochburg dieser Spezialität.

➜ **Cocada** Makronen aus Rohrzucker, Kokos, Milch und Erdnüssen

➜ **Encocado** Ein Gericht aus frischen Meeresfrüchten oder Fisch, die in Kokosmilch mit Gewürzen gekocht werden; dazu gibt es oft Reis. Wirklich hervorragend!

➜ **Frutipan** Eine Süßspeise des indigenen Volks der Chachi. Das Fleisch der Brotfrucht wird mit süßen Gewürzen, Butter und Käse vermengt und anschließend gebacken.

➜ **Mazato** Ein Gericht aus gekochten, reifen Bananen, die zerdrückt, mit Kokosmilch, Käse und Ei vermengt und dann in einem *bijao*-Blatt gebacken werden

➜ **Pusandao** Ein herzhaftes Gericht mit Fisch oder Schweinefleisch, das mit Kokosmilch, Kochbananen und Maniok zubereitet wird

➜ **Tapao** Ein leckeres Fischgericht mit Kochbananen, gewürzt mit Kokos und *chillangua* (einer Art wildem Koriander); wird unter Bananenblättern gedünstet.

Tonsupa

Die Stadt nur 5 km nördlich von Atacames hat einen weitläufigen, von Hochhäusern gesäumten Sandstrand, der reichlich Platz zum Spazierengehen bietet. Hier herrscht weniger Partytreiben, was der Nachtruhe zuträglich ist. Am Strand kann man Walbeobachtungstouren für 15 US$ buchen. Bus Interplaya (0,25 US$, 10 Min.) fährt von der Hauptstraße in Atacames nach Tonsupa.

🛏 Schlafen & Essen

Makana Resort RESORT $$$
(☎ 06-246-5242; www.ghlhoteles.com; am Nordende des Strandes von Tonsupa; Zi. mit Frühstück 183–207 US$; P ❄ 🛜 🏊) Der strahlend weiße Hotel- und Apartmentkomplex direkt am Strand vermietet sehr anständige Zimmer mit Art-déco-Flair, allesamt mit Meerblick, eigenem Balkon und Kochnische. Es ist das angenehmste Hotel im Umkreis von gut 150 km. Dazu gibt es einen großen Infinity Pool, einen Whirlpool, ein Restaurant und einen Fitnessraum.

Wendy Restaurant SEAFOOD $$
(Malecón; Mahlzeiten 6–10 US$; ⏲ 8–22 Uhr) Gleich an der Hauptstraße serviert Wendy nordecuadorianische Strandkost wie Fischsuppe und Ceviche in einem Open-Air-Lokal mit Strohdach.

Súa

Súa ist familienfreundlicher, ruhiger und weniger stark besucht als das benachbarte Atacames und bietet am Wochenende bessere Hotelpreise. Aber auch hier dröhnt aus den Cocktailbars entlang des Strandes laute Musik, sodass auch Súa nicht gerade ein idyllisches Plätzchen ist. Zwischen Juni und September sind vor der Küste Buckelwale zu sichten. Es ist möglich, den Strand entlang von Atacames nach Súa zu gehen, aber man sollte dabei die Gezeiten im Auge behalten und keinesfalls bei Nacht unterwegs sein.

🛏 Schlafen & Essen

Hotel Chagra Ramos
HOTEL $

(☎06-247-3106; hotelchagraramos@hotmail.com; am Nordende des Malecón; Zi. 13–16 US$/Pers.; 🅿️🛜) Das freundliche, windgepeitschte Strandhotel ist die beliebteste Unterkunft am Ort. Die Zimmer sind sauber, wenn auch etwas abgewetzt, mit altertümlichen Bädern, flaumweichen Matratzen und ausgesprochen hübscher Aussicht. Es gibt kein Warmwasser, aber ein gutes, preiswertes Restaurant.

Hostal Las Buganvillas
HOTEL $

(☎06-247-3008; Malecón; Zi. 12 US$/Pers.; 🌀) Buganvillas vermietet sauber gefegte Zimmer mit Fliesenböden und Kaltwasserduschen. Manche Zimmer bekommen mehr von der Ozeanbrise ab als andere; am besten erst ansehen und dann auswählen.

Kikes
SEAFOOD $

(Malecón; Hauptgerichte 5–8 US$; ⏰9–18 Uhr) Das aus Bambus erbaute Speiselokal am Strand serviert köstlichen encocado de camarones.

ℹ An- & Weiterreise

Etwa alle 45 Minuten gibt es eine Busverbindung von/nach Esmeraldas. Von Súa nach Atacames (0,30 US$) sind es zehn Minuten, nach Esmeraldas (1 US$) dauert es etwa eine Stunde. Wer weiter die Küste entlang bis nach Muisne fahren möchte, muss außerhalb der Stadt an der Hauptstraße warten und in einen Bus aus Esmeraldas steigen, der gen Süden fährt (diese können nen überall an der Straße angehalten werden).

Same & Tonchigüe

In Same (sah-mey) finden sich alle Sonnen- und Schattenseiten eines Urlaubsorts: Einerseits ist da der wunderschöne Strand und die angenehme Atmosphäre, andererseits aber auch diese riesige Hotel- und Apartmentanlage namens Casablanca. Außerdem ist der tolle Strand leider alles andere als makellos und hätte – nach dem Vorbild Mompiches – dringend ein Eingreifen der Stadt nötig, um ihn sauber zu halten. Im Vergleich zu Atacames ist Same jedoch geradezu entzückend. Am Strand gibt es Stehpaddelbretter (10 US$/Std.) zu mieten.

Tonchigüe ist ein winziges Fischerdorf etwa 3 km westlich, am selben Sandstrand wie Same. Wer früh am Morgen kommt, kann zusehen, wie die Fischer ihren Fang an Land bringen.

🛏 Schlafen & Essen

Direkt am Strand von Same gibt es eine Handvoll einfacher comedores, die encocado oder pescado (Fisch) für etwa 5 US$ anbieten.

Azuca
HOTEL $

(☎08-882-9581; azuca2@hotmail.com; Same; Zi. 10 US$/Pers.; 🌀) Diese unglaublich günstige Unterkunft liegt nur einen kurzen Fußweg vom Strand entfernt (da, wo Sames Hauptstraße von der Küstenstraße abzweigt). Sie hat ein ausgesprochen uriges Flair und relativ komfortable, geräumige Zimmer ganz in Holz, mit Balkonen und Moskitonetzen; das Bettzeug wirkt allerdings etwas schmuddelig. Zu dem Ganzen gehört ein brauchbares Restaurant, das schlichte ecuadorianische Kost serviert.

Cabañas Familiares
HÜTTE $

(☎09-978-13513; Same; DZ 30 US$) Die nicht mehr ganz taufrische cabaña steht direkt am Strand, etwa auf halber Höhe des Strandabschnitts. Die Zimmer bekommen nicht allzu viel Meeresbrise ab, sind aber billig, und man kann die Wellen rauschen hören.

El Acantilado
HÜTTE $$

(☎06-302-7620; www.elacantilado.net; EZ/DZ 55/75 US$; 🅿️🛜🌀) Aus den Zimmern dieser Unterkunft, die am Steilhang oberhalb der tosenden Wellen thront, hat man einen ungehinderten Blick aufs Meer – zwischen Juni und September perfekt für die Walbeobachtung! In den rustikalen Suiten ist man den Elementen ganz nah: Einzig ein Insektengitter liegt zwischen den Zimmern und dem eigenen kleinen Garten mit Blick hinunter aufs Meer und auf den Strand.

Isla del Sol
HOTEL $$

(☎06-247-0470; www.cabanasisladelsol.com; Same; DZ/4BZ/Suite 60/72/112 US$; 🅿️❄️🛜🌀) Eine gute Adresse der mittleren Preiskategorie: neue moderne Suiten mit Wohnbereich, Strandterrasse, Klimaanlage und Flachbildfernseher (und ein paar billigere verwohnte Hütten nach hinten hinaus mit Holzböden, Balkendecken und kleinen Veranden). Hier kann man sich auf Englisch verständigen und auf Wunsch auch Kajaks leihen (10 US$/2 Std.).

La Terraza
PIZZERIA $

(Same; Pizza 6–10 US$) Das von Spaniern betriebene La Terraza hat eine tolle Lage direkt am Strand, ist geräumig und mit viel

Holz eingerichtet. Die beliebten Pizzas sorgen die ganze Woche über für massig einheimische Kundschaft.

Toquilla y Mar
PERUANISCH **$$**

(Same; Hauptgerichte 8–18 US$; ⏱ 8–22 Uhr) Das Open-Air-Strandlokal serviert frisch zubereitetes Seafood mit peruanischem Touch: gebratenen Reis mit Muscheln, Krebs mit Knoblauch und neun Ceviche-Varianten.

Seaflower Lateneus
SEAFOOD **$$**

(☎ 06-247-0369; Same; Hauptgerichte 10–25 US$; ⏱ 8–24 Uhr) Hier zaubert einer der besten Köche der Nordküste köstliche Platten voll gegrillter Meeresfrüchte. Fürs Wochenende ist Reservierung ratsam, denn dann wimmelt das Lokal von Cocktail schlürfenden Wochenendausflüglern – das Seaflower ist nebenbei auch noch Sames beste Bar.

ℹ An- & Weiterreise

Busse, die in nordöstlicher Richtung nach Esmeraldas bzw. in südlicher Richtung nach Muisne unterwegs sind, halten auch in Same und Tonchigüe. Zwischen Tonchigüe und Esmeraldas verkehren *rancheras* (Busse mit offenen Seiten oder Lkws, die mit unbequemen, schmalen Bänken ausgestattet sind – auch *chivas* genannt).

Corredor Turistico Galera-San Francisco

Etwa 3 km südlich von Tonchigüe führt eine Abzweigung zu diesem rauen, besucherarmen Küstenabschnitt mit einigen coolen Ökohotels, entlegenen afroecuadorianischen Dörfern und ganz viel unberührter Küstenlandschaft. Hierher kommt man am besten mit dem eigenen Auto (oder per Taxi von Same). Die Straße entlang der Küste verwandelt sich unterwegs in eine unbefestigte Piste, bevor sie schließlich Muisne erreicht.

🛏 Schlafen

⭐ Playa Escondida
HÜTTEN **$**

(☎ 06-302-7496; www.playaescondida.com.ec; Corredor Turistico Km 10; Hütte 25 US$/Pers., Strandnutzung für Tagesbesucher 5 US$;) 🏖 Wer eine abgeschiedene Bleibe sucht, ist an der netten, abgelegenen Playa Escondida genau richtig: Mitten in einem 100 ha großen Schutzgebiet stehen hier rund um eine schöne Bucht mit Strand einige rustikale Hütten. Ein Restaurant tischt Meeresfrüchte, Fleisch und vegetarische Kreationen auf. Es werden geführte Touren und andere Aktivitäten angeboten.

Cumilinche Club
HÜTTEN **$$**

(☎ 06-302-7526; cumilincheclub@hotmail.com; Corredor Turistico Km 11; EZ/DZ/3BZ 41/61/80 US$) An einer einsamen Bucht mit Ministrand vermietet diese abgelegene Lodge strohgedeckte Lehmziegelhäuschen mit großem Wohnbereich und Platz für die ganze Familie. Zur Anlage gehört ein Restaurant und die Gäste können ganz entspannt in der Hängematte auf der eigenen Veranda schaukeln. Klimaanlage gibt es keine, aber Meerbrisen sorgen für angenehme Kühle.

Muisne & Umgebung

Muisne ist eine heruntergekommene Arbeiterstadt, die von einem Fluss und dem Meer eingerahmt wird. In ihrem kleinen, genauso heruntergekommenen Hafen werden Bananen verladen – ein geschäftiger, wenn auch hier nicht sehr bedeutsamer Industriezweig. Durch die relativ abgeschiedene Lage sind hier weit weniger Touristen anzutreffen als in den beliebteren Strandorten, die Stadt ist aber ein interessantes Ziel abseits der ausgetretenen Pfade. Der lange, von Palmen gesäumte Strand ist das Beste am ganzen Örtchen. Die wenigen noch verbliebenen Mangroven der Gegend sind geschützt und einen Abstecher wert.

👉 Geführte Touren

Fundecol
ÖKOTOUREN

(Umweltschutzstiftung; ☎ 06-248-0519; Touren 25–50 US$/Tag) Die ortsansässige Umweltschutzstiftung organisiert Besuche in Gemeinden und Mangroventouren. Die Kosten hängen von der Art der Tour und der Gruppengröße ab. Es werden auch Bootstouren auf dem Río Muisne arrangiert, wo die letzten Mangroven zu sehen und die Auswirkungen des gewerblichen Garnelenfangs zu spüren sind.

Estación Biomarina Congal
ÖKOTOUREN

🏖 Nur 2 km von Muisne entfernt liegt dieses 650 ha große Meeresschutzgebiet, das sich dem Schutz der Mangroven und der ökologisch sinnvollen Aquakultur widmet. Es werden immer freiwillige Mitarbeiter gesucht, Besucher sind aber auch willkommen. Es gibt herrliche Möglichkeiten zum Schnorcheln und Tauchen sowie komfortable private Hütten. Übernachtung mit Vollpension (auf dem Speiseplan stehen Meeresfrüchte) kostet 40 US$ pro Person.

MANGROVEN IN GEFAHR

Die Küstenmangroven Ecuadors sind ein wichtiger Lebensraum. Sie helfen einerseits, die Erosion der Küste einzudämmen, andererseits bieten sie zahlreichen Vogelarten, Fischen, Weich- und Krustentieren ein Zuhause. Unglücklicherweise war es von jeher schwer zu sagen, wem dieser tropische, die halbe Zeit unter Wasser stehende Küstenwald gehört. Kleine Krebs- und Garnelenfischer nahmen ungeschützte und unbeaufsichtigte Mangrovengebiete in Besitz, was aber das Mangroven-Ökosystem nicht ernsthaft gefährdete, weil ihre Fangmengen einfach zu gering waren.

Das alles änderte sich in den 1980er-Jahren, als Garnelenfarmen auf der Bildfläche erschienen, die Garnelen unter künstlichen Bedingungen in viel, viel größeren Mengen züchteten, als man durch traditionelle Methoden hätte fangen können. Zum Bau der Farmen mussten die Mangroven abgeholzt werden. Angehende Besitzer von Garnelenfarmen kauften Land von der Regierung, fällten die Mangroven und begannen mit der Garnelenzucht. Die Nettogewinne dieser Farmen waren so hoch, dass die Idee schnell populär wurde und sich über die ganze Küste verbreitete, wodurch in den 1980er- und frühen 1990er-Jahren 80–90 % der ecuadorianischen Mangroven vernichtet wurden. Obwohl es mittlerweile Gesetze gibt, die diese Zerstörung eindämmen sollen, ist es schwierig, diese in abgelegenen Küstenregionen auch wirklich durchzusetzen.

Die Garnelenfarmen hatten kurz- und mittelfristig gesehen eine Menge negativer Auswirkungen. Früher waren die Mangroven für viele Familien eine nachhaltige Überlebensgrundlage, heute beschäftigen die Garnelenfarmen nur eine Handvoll Saisonarbeiter. Dort, wo die Mangroven einst einer großen Artenvielfalt Schutz boten, sind heute nur noch Garnelen aus kommerzieller Zucht zu finden. Die Erosion der Küsten und die Verschmutzung durch die Abfälle der Farmen haben sich zu einem ernsthaften Problem entwickelt. Krankheiten und wirtschaftlicher Niedergang haben dazu geführt, dass heute viele Garnelenfarmen verlassen daliegen. Inzwischen sind Muisne, Bahía de Caráquez und einige andere Küstenorte bemüht, neue Mangroven anzupflanzen. In den meisten größeren Touristenorten werden Mangroventouren angeboten.

Schlafen & Essen

Die trostlosen Hotels auf der anderen Flussseite sollte man besser meiden und sich lieber „auf der Insel" einmieten – am entfernt gelegenen Ende gibt es *cabañas* am Strand. In der Regenzeit können die Moskitos zur echten Plage werden; also unbedingt darauf achten, dass ein Moskitonetz im Zimmer ist.

Hostal Las Olas
HOTEL $

(06-248-0782; EZ/DZ 10/20 US$) Das Las Olas mit Blick aufs Meer ist ein gut instand gehaltenes Hotel mit hübschen Holzarbeiten im ganzen Haus. Die beste Wahl ist Zimmer 11 mit einem großen Sitzbereich. Die restlichen Zimmer sind ziemlich schlicht und düster. Im Erdgeschoss gibt es ein beliebtes, zu den Seiten hin offenes Restaurant.

Viejo Willy
ECUADORIANISCH $

(Hauptplatz; Tagesgericht 2,25 US$; 8–16 Uhr) Es scheint, als dränge sich ganz Muisne in dieses freundliche Lokal, um sich die hervorragenden Tagesgerichte schmecken zu lassen. Zu finden ist das Viejo Willy am Hauptplatz zwischen Hafenbecken und Strand.

Las Palmeiras
SEAFOOD $

(Strand; Hauptgerichte 6 US$; 7–19 Uhr) Das schlichte Strandlokal serviert zum Blick aufs Meer Garnelen oder Fisch aus dem Tagesfang.

Praktische Informationen

In Muisne gibt es keine Banken, und die Post (in der Nähe des Fernsprechamts) hat nur sporadisch geöffnet. Andinatel hat ein Büro am Hauptplatz.

GEFAHREN & ÄRGERNISSE

Teilweise wurden Strandhütten schon von Dieben heimgesucht. Bevor man loszieht, also erst prüfen, ob das Zimmer gut verschlossen ist! Alleinreisende (besonders Frauen) sollten sich nur in der Hotel- und Restaurantgegend am Strand aufhalten.

An- & Weiterreise

Die Busse aus Esmeraldas fahren bis zum zementierten Bootsanleger von El Relleno. Von hier aus geht es mit einem motorisierten Kanu über den blauen Río Muisne hinüber zur Insel (0,20 US$).

Von El Relleno fahren etwa alle 30 Minuten Busse nach Esmeraldas (2 US$, 2½ Std.) ab, die unterwegs auch in Same, Súa und Atacames halten. Es gehen täglich fünf Busse nach Santo Domingo de los Colorados (6 US$, 5 Std.), wo man nach Quito oder Guayaquil umsteigen kann. **Transportes Occidentales** (Ecke Calle Principal & El Relleno) betreibt einen Nachtbus von/nach Quito (9 US$, 8½ Std.). Wer weiter nach Süden will, nimmt einen Bus nach El Salto und steigt dort in einen Bus nach Pedernales (3 US$, 3 Std.) um. Von dort gibt es Verbindungen in andere Küstenorte weiter südlich.

Unterwegs vor Ort

Die Hauptstraße von Muisne geht direkt vom Pier ab und führt quer durchs Zentrum zum Strand. Von einem Ende zum anderen sind es 2 km. Ökotaxis wetteifern am Pier um Passagiere. Der 1 US$, den die wilde Fahrt bei Rikscha-Höchstgeschwindigkeiten durch Schlaglöcher und über spitzen, rutschigen Schotter kostet, ist gut angelegt.

Mompiche

Das kleine Fischerdorf mit Weltklassewellen und traumhaftem, 7 km langem, unberührtem (wenn auch etwas gräulichem) Sandstrand ist ein Topziel der Region. Das bei Backpackern und Surfern schon lange beliebte Mompiche war bis zum Bau der neuen Straße, die nun hierher führt, fast gänzlich von der modernen Welt abgeschottet. Selbst heute gibt es hier nur wenige Autos, und immer noch kennt jeder jeden. Neben dem herrlichen, von Palmen gesäumten Sandstrand hat Mompiche nicht viel zu bieten, und gerade das macht seine Schönheit aus. Allerdings wird der Strand infolge des Meeresspiegelanstiegs inzwischen bei Flut komplett überschwemmt und ist somit ein Viertel des Tages nicht nutzbar. Außerdem sind die Öko-Strandhotels weiter nördlich bei Tidehochwasser nicht über Land erreichbar. Besucher sollten sich vor der Anreise mit ausreichend Geld eindecken, denn in Mompiche gibt es keine Geldautomaten.

Aktivitäten

Von November bis Ende Februar lockt die beste Brandung mit bis zu 2 m hohen Wellen – das übrige Jahr ist das Meer relativ ruhig. Es gibt einen Break an einer Flussmündung nördlich des Orts und einen steilen Point Break (für Könner) südlich des Orts. Boards verleiht La Facha (S. 279; 12 US$/4 Std., 2½-stündiger Surfkurs 25 US$). Die Hostería Gabeal bietet eine zweistündige Urwaldtour für 12 US$ pro Person an.

Bootstouren BOOTSTOUREN

Am Strand werden Bootstouren zur Walbeobachtung und nach Isla Portete, Muisne, zu nahen Mangrovenwäldern und zu einigen einsamen Stränden angeboten. Sie kosten je nach Auslastung des Bootes etwa 25 US$ pro Person und Stunde.

Schlafen

Hotel Pikero HOTEL $

(06-244-8078; hotelpikeromompiche@hotmail.com; 10 m nördlich der T-Kreuzung; Zi. 8 US$/Pers.) Der Familienbetrieb hat blitzsaubere Zimmer, einen Hängemattenbereich zum Relaxen im 2. Stock und eine Gemeinschaftsküche. Leider gibt es nur zwei Zimmer mit Meerblick. Die Zimmer sind schlicht, aber mit Fliesenböden und komfortablen Matratzen ausgestattet.

Hostería Gabeal HOTEL $

(09-969-6543; mompiche_gabeal@hotmail.com; Zi./Camping 15/5 US$/Pers.; @ 🛜) In zwei großen, aber ansprechend rustikalen Holzbauten direkt am Strand ist dieser langjährige Favorit untergebracht. Die Zimmer sind einfach, aber sauber, haben Moskitonetze und ganz gute Badezimmer. Der Aufpreis für ein Zimmer mit Meerblick lohnt sich! Zur Anlage gehört ein Restaurant, das Frühstück serviert. Auf Anfrage werden auch andere Gerichte zubereitet.

Casa Yarumo HÜTTE $

(098-867-2924; muska.saygili@gmail.com; am Strand 1 km nördlich von Mompiche; Hütte 15 US$/Pers.) Die etwas verlassen wirkende *cabaña* liegt nördlich des Orts gleich am Meer und ist über den Strand in 10 Fußminuten erreichbar. Auf die Gäste warten hier wohltuende Einsamkeit und Entspannungsmassagen (20 US$/Std.); sie sollten aber die Gezeiten im Auge behalten: Bei Tidehochwasser ist die Unterkunft nicht zu erreichen!

Bam-Bú HOTEL $$

(095-978-0941; www.bambu-hotel.com; 100 m nördlich der T-Kreuzung; Zi. mit Frühstück 25 US$/Pers.; 🅿 🛜) Die dreistöckige Mikadokonstruktion aus Trägern, Bögen, Laubengängen und Veranden besteht fast komplett aus Bambus. Ein wirklich bemerkenswertes Bauwerk. Die Zimmer sind groß, mit modernen Bädern, komfortablen Betten und sehr einfacher Ausstattung. Im Erdgeschoss gibt es ein freundliches Restaurant mit Bar.

Iruña
HÜTTEN **$$**

(📱099-947-2458; teremompiche@yahoo.com; DZ 40 US$, FZ ab 50 US$) Einen 45-minütigen Strandspaziergang von Mompiches Zentrum entfernt liegt diese wunderbar abgelegene Anlage. Die sechs geräumigen *cabañas* sind zwischen Palmen um ein nettes Restaurant und einen Gemeinschaftsbereich direkt am Strand gruppiert und mit Moskitonetzen, Kühlschränken und Ventilatoren ausgestattet. Auf Anfrage gibt es auch leckere Mahlzeiten. Das Hotelpersonal kann Gäste in Mompiche abholen oder die Bootsüberfahrt ab Muisne organisieren. Achtung: Bei Flut ist die Anlage auf dem Landweg nicht zu erreichen!

✘ Essen

La Chillangua
SEAFOOD **$**

(10 m nördlich der T-Kreuzung; Hauptgerichte 5–8 US$; ⏱7–19 Uhr) Der mit *palapa*-Blättern gedeckte Fischimbiss bietet einen Traumblick aufs Wasser, jede Menge frittierte Meeresfrüchte und interessante Kreationen wie frittierte Garnelen mit Papayasauce und Avocado mit Garnelenfüllung und katalanischer Sauce.

La Facha
INTERNATIONAL **$**

(100 m nördlich der T-Kreuzung; Hauptgerichte 5–8 US$; ⏱12–22 Uhr) Ein charmantes Team aus jungen Einheimischen (leidenschaftliche Surfer, die auch das Hostel im selben Gebäude betreiben) serviert leckere Burger, Salate und Sandwiches. Zu finden ist in der Straße hinter dem *malecón*.

Suly's
ITALIENISCH **$$**

(100 m nördlich der T-Kreuzung; Hauptgerichte 6–9 US$; ⏱18–23 Uhr) In stimmungsvollem Kerzenlicht tischt dieses nette kleine Bar-Restaurant frisch zubereitete Pasta und Pizza aus seiner Open-Air-Küche auf. Die Inhaber Sully und Edgar begrüßen jeden Gast mit Wärme und Herzlichkeit. *Muy simpatico.*

❶ An- & Weiterreise

Täglich verbinden mehrere Busse Mompiche mit Esmeraldas (4 US$, 3½ Std.); sie halten unterwegs in Same und Atacames.

Isla Portete

Die palmenbestandene Insel nur 2 km südlich von Mompiche hat einen langen naturbelassenen Strand mit hellem Sand, an dem kaum etwas los ist. Es gibt Seafood-Imbisse am Strand und eine große Hotelanlage auf der anderen Seite des Meeresarms. Davon abgesehen finden Besucher hier eine anständige Brandung (mit einer langen, 1 m hohen rechten Welle von Dezember bis Ende März) und ein weitgehend menschenleeres Inselparadies. Einige einheimische Fischer bieten auf Nachfrage Bootstouren zu Nachbarinseln und anderen, weiter entfernten Zielen an. Von der Hotelanlage des Royal Decameron kann man zu einem imposanten natürlichen Steinbogen gehen, den die Brandung aus dem Fels ausgewaschen hat.

🛏 Schlafen

Donde Tito
HÜTTE **$**

(📱099-460-1487; h_padovani55@gmail.com; am Strand 100 m südlich vom Decameron Beach Club; Zi. inkl. 3 Mahlzeiten 15 US$/Pers., Camping 4 US$) Die kleine Strandhütte hat zwei Zimmer, eine Gemeinschaftsküche und eine große Veranda, von der die Gäste so gerade einen Blick aufs Meer erhaschen können. Die Unterkunft ist ein bisschen heruntergekommen, aber der mit *palapa*-Blättern überdachte Hängemattenbereich gleich oberhalb des Strands, die Gesellschaft und die relaxte Atmosphäre machen sie extrem sympathisch.

Royal Decameron
HOTELANLAGE **$$$**

(📱06-299-7300; www.decameron.com.ec; Zugang vom Festland 1 km südlich von Mompiche; EZ/DZ/3BZ all-inclusive 124/175/169 US$; 🅿✳🛜🏊) Das Megaresort liegt auf der anderen Seite des Meeresarms, gleich gegenüber von Isla Portete, auf dem Festland. Es hat fast 300 Zimmer und ein ganzes Sammelsurium an Pools, Fitnessräumen, Tennisplätzen, Bars, Büfettrestaurants, Tanzkursen, Diskos etc. Die Deluxe-Zimmer bieten Meerblick und sind mit einigen ecuadorianischen Textilien und allem modernen Komfort ausgestattet.

Gleich gegenüber auf der Isla Portete befindet sich der dazugehörige Beach Club mit Kajaks und anderen Wassersportgeräten; er ist mit einem kostenlosen Bootsservice zu erreichen.

❶ An- & Weiterreise

Es gibt keine Busverbindung hierher. Besucher nehmen am besten ab Mompiche ein Taxi (5 US$) und dann eine Flussfähre (0,50 US$) über den Meeresarm zur Insel.

Cojimíes

Die strandgesäumte Landzunge liegt ein bisschen weitab vom Schuss, ist aber für Traveller, die dem Rummel von Canoa und Mompiche entkommen wollen, den Abstecher allemal wert. Es gibt einen hübschen Stadtstrand mit hellbraunem Sand auf der Seite zum Meeresarm hin und auf der Ozeanseite einen endlosen unberührten Traumstrand, der sich bis nach Pedernales 38 km weiter südlich erstreckt. Ansonsten sind die Hauptattraktionen des bescheidenen Dorfs eine Ansammlung von Strandimbissen und die Bootstouren zur entlegenen Isla de la Amor (eine Strecke 15 US$ pro Boot).

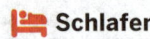 Schlafen

Hotel Santorini HOTEL $
(☎099-377-9957; santorini_hotel@hotmail.com; 200 m nördlich des Malecón Turistico; EZ/DZ 15/30 US$) Das Betonblockhotel steht gerade nah genug am Meer, um von der Brise zu profitieren. Die Doppeldeckerzimmer haben keinen Meerblick, aber dafür bekommt man Etagenbetten, einen flippigen Gemeinschaftsbereich und einfachen Zugang zum Strand.

An- & Weiterreise

Von Pedernales fährt ein Bus nach Cojimíes (0,75 US$, 45 Min.).

Canoa

6800 EW.

Canoa ist ein verschlafenes Dörfchen mit einem Herzen aus Gold. Der hübsche Strand wird im Norden von einer malerischen Steilküste begrenzt, im Süden erstreckt er sich bis zum Horizont. Trotz seiner wachsenden Beliebtheit bei Sonnenanbetern und Surfern ist das Dorf weiterhin ein entspannter Ort, an dem Kinder in der Dämmerung noch im Sand herumtollen und Fischer in den frühen Morgenstunden vor Sonnenaufgang aufs Meer hinausfahren. Abends werden die Bars und Pensionen am Strand von Backpackern bevölkert, die bei einem Rum-Cocktail Traveller-Erfahrungen austauschen.

In der Hauptsaison (Jan.–März), wenn die Wellen eine Höhe von über 2 m erreichen, werden hier internationale Surfwettbewerbe ausgetragen. Dann ist es auch recht schwierig, eine Unterkunft zu finden.

Aktivitäten

Hier herrschen starke Gezeitenströmungen; Schwimmer sollten nah am Strand bleiben. Bei Ebbe sind die Höhlen am nördlichen Ende des Strandes erreichbar, in denen Hunderte von Fledermäusen leben. Eine beliebte Radtour ist die etwa einstündige Fahrt über den Radweg nach Bahía de Caráquez. Surf Shack (S. 281) bietet Höhlentouren per Kajak (25 US$, 3 Std.), Paragliding (45 US$, 20 Min.) sowie Surfunterricht (25 US$, 1½ Std.) an.

Río-Muchacho-Biobauernhof BIOBAUERNHOF
(☎05-302-8184; www.riomuchacho.com; über Canoa Jama Km 10) Auf dem Río-Muchacho-Biobauernhof können sich Gäste und Einheimische beim Mithelfen die Hände schmutzig machen und dabei etwas über nachhaltige Anbaumethoden lernen. Es gibt Kurzseminare von ein bis drei Tagen Dauer und einmonatige Kurse (1200 US$). Für 300 US$ im Monat (Kost und Logis) kann man auch als freiwillige Hilfskraft mitarbeiten. Die meisten Gäste kommen im Rahmen einer Tour von drei Tagen und zwei Nächten zum Preis von 172 US$ pro Person; für Gruppen gibt es Ermäßigungen.

Die Gästegruppen werden bewusst klein gehalten, und Reservierung ist ein Muss. Übernachtet wird in rustikalen Hütten mit Gemeinschaftsduschen und Komposttoiletten. Heiß begehrt ist das Baumhaus mit Stockbetten. Der tropische Biobauernhof an dem gleichnamigen Fluss ist über eine 8 km lange Holperpiste erreichbar, die von der Straße nördlich von Canoa landeinwärts abzweigt. Der Hof ist am besten mit dem Pferd zu erreichen, demselben Fortbewegungsmittel, das auch die einheimischen *montubios* (Küstenbauern) nutzen.

Surfen SURFEN
(Boardmiete 5/15 US$ halber/ganzer Tag, 90-minütiger Kurs 25 US$) Es gibt hier ausschließlich Strandbrecher. Aber im Gegensatz zu anderen Surfspots entlang der Küste gibt es diese das ganze Jahr über – richtig hoch sind sie von Januar bis Ende März. Die meisten Pensionen vermieten Boards und bieten Unterricht im Wellenreiten an.

Aero Aventuras PARAGLIDING
(☎098-225-0024; Calle Principal) Der Tourveranstalter vermietet Fahrräder (5 US$/2 Std.) und organisiert 17-minütige Gleitschirmflüge mit Propellerantrieb für 15 US$ (nichts für Angsthasen!).

 Kurse

Spanischkurse
SPRACHKURSE

(☏098-507-4618; andrea.coronado.27@gmail.com; 1 Block nördlich vom Fußballplatz; 10 US$) Andrea gibt daheim Privatunterricht in Spanisch (nach dem ehemaligen Café Flor fragen).

Schlafen

Die meisten Hotels liegen am Strand oder in Strandnähe – also in direkter Nachbarschaft zu Bars, aus denen bis tief in die Nacht Musik dröhnt. Unbedingt Ohrstöpsel mitbringen.

Coco Loco
HOSTEL $

(☏09-924-63508; www.hostalcocoloco.weebly.com; B 7–9 US&, DZ 26 US$, ohne Bad 24 US$; ☎) Die bei Backpackern sehr beliebte Unterkunft direkt am Strand bietet saubere Zimmer mit ziemlich weichen Matratzen, Möbeln aus Bambus und einem Garten mit Sand und Palmen vor dem Haus. Es gibt eine entspannte Happy Hour, Grillabende (Do–So) und vieles, womit man sich die Zeit vertreiben kann.

Casa Shangri-La
PENSION $

(☏099-146-8470; 100 m nördlich vom Ort an der Hauptstraße; Zi. 10 US$; ☎✉) Die phantastische Unterkunft wird von einem freundlichen Holländer geführt, der hier einen relaxten Surfertreff mit großem Garten, Tauchbecken, sehr hübschen Zimmern und einer chilligen Atmosphäre geschaffen hat. Sie liegt einen kurzen Fußweg vom Ort entfernt, sodass die Gäste nicht die ganze Nacht den Reggaeton der Strandbars im Ohr haben.

Hostal Canoamar
HOTEL $

(☏05-258-8081; www.canoamar.com; Malecón; EZ/DZ 20/25 US$; ☎) Das dreistöckige Gebäude bietet einen schönen Meerblick und Zimmer mit Bambuswänden, Moskitonetzen und angenehm festen Matratzen. Sparsame Traveller werden die Gemeinschaftsküche zu schätzen wissen.

Posada Olmito
PENSION $

(☏099-553-3341; www.olmito.org; Malecón; DZ 26 US$, Frühstück 10 US$; ☎) Direkt am Strand steht dieses extrem rustikale Konglomerat, ideal für Strandfaulenzer. Die Bambuszimmer mit Ventilatoren sind sehr abgefahren, aber nicht besonders sauber. Zu jedem gehört ein eigenes kleines Bad mit Warmwasser. Die Atmosphäre ist mehr als relaxt.

Amalur
PENSION $

(☏098-303-5039; www.amalurcanoa.com; am Fußballplatz; B 10–12 US$, EZ/DZ 20/25 US$; ☎) Die Lage zwei Blocks vom Strand entfernt ist blöd, aber die Zimmer mit Bambusbetten, Holzböden, hellen Duschbädern und supersauberem Bettzeug sind prima.

★ Hotel Bambu
HÜTTEN $$

(☏05-258-8017; www.hotelbambuecuador.com; am Nordende des Malecón; B/EZ/DZ 10/30/40 US$; ☎) Das netteste Hotel am Ort hat einen tollen Restaurant- und Barbereich mit Sandboden und Hütten mit Bambusdächern, Holzfensterläden, Moskitonetzen und Warmwasserduschen. Meerblick bieten nur einige davon, aber die meisten profitieren von der angenehm kühlen Meeresbrise.

La Vista
PENSION $$

(☏099-228-8995; am Malecón; EZ/DZ 25/35 US$; P☎) Das La Vista steht direkt am Strand und ist eine etwas gehobenere Pension in einem vierstöckigen Gebäude. Die geräumigen, hübsch eingerichteten Zimmer haben Balkendecken und verglaste (nicht nur vergitterte) Fenster.

Essen & Ausgehen

Die Bars an der Strandpromenade drehen den Reggaeton um die Mittagszeit voll auf und dröhnen dann bis 2 oder 4 Uhr morgens durch.

Surf Shack
INTERNATIONAL $

(Malecón; Hauptgerichte 5–10 US$; ⏱8–24 Uhr; ☎) Der Surf Shack versorgt ausländische Touristen in Partylaune mit Pizza, Burgern, deftigem Frühstück und einer großen Auswahl von Rum-Cocktails. Die Californiadreamin-Surferatmosphäre ist perfekt.

Amalur
SPANISCH $$

(www.amalurcanoa.com; am Fußballplatz; Hauptgerichte 6,50–10 US$; ⏱8–22 Uhr) Das adrette, minimalistische Restaurant wird von einem sehr fähigen spanischen Paar geführt („Amalur" ist baskisch und bedeutet „Mutter Erde") – ein toller Ort, um essen zu gehen, und ein riesiger Unterschied zu anderen Restaurants, die man sonst in ecuadorianischen Dörfern findet! Es liegt zwei Häuserblocks vom Strand entfernt und bietet Ausblick auf den Fußballplatz.

Auf einer Tafel sind die Angebote des Tages angeschrieben, darunter sind Leckereien wie frischer Tintenfisch in Tinte, Gazpacho, gegrilltes Schweinefleisch mit roter Paprika, gut gewürzte Auberginen in Salsa und ein traumhaft zarter Seebarsch.

❶ Praktische Informationen

Canoa hat keine Banken (die nächsten Geldautomaten sind in San Vicente).

❶ An- & Weiterreise

Busse zwischen Bahía de Caráquez (1 US$, 45 Min.) und Pedernales oder Esmeraldas halten auch in Canoa.

Bahía de Caráquez

26 100 EW.

Auf der geschäftigen Halbinsel von Bahía de Caráquez stehen strahlend weiße Hochhäuser neben Häusern mit roten Ziegeldächern. Mit dem Río Chone auf der einen und dem Pazifik auf der anderen Seite rekelt sich die schmucke ehemalige Hafenstadt in der Sonne und verströmt eine wunderbar entspannte Atmosphäre. Sie hat einen hübschen Strand und ist bei Touristen aus dem Inland sehr beliebt, auch wenn sich nicht allzu viele Ausländer hierher verirren.

In der ersten Hälfte des 20. Jhs. war die Stadt Ecuadors wichtigster Hafen; durch die langsam erodierenden Sandbänke wurde diese Ehre aber Guayaquil und Manta zuteil, und Bahía konnte sich fortan sich selbst widmen. Die Stadt ist auch Ausgangspunkt für einen Besuch der archäologischen Stätte von Chirije.

◉ Sehenswertes & Aktivitäten

Museo Bahía de Caráquez   MUSEUM
(Ecke Malecón Santos & Peña; ⊙ Di–Fr 8.30–16.30, Sa 9–14.30 Uhr) GRATIS In dem sehr guten und modernen Museum können sich Besucher einen Einblick in die Geschichte der indigenen Völker der Gegend verschaffen. Zur Sammlung gehören Hunderte präkolumbischer Töpferwaren. Auch lokales Kunsthandwerk wird hier verkauft.

Mirador La Cruz   AUSSICHTSPUNKT
Hoch über der Halbinsel, am südlichen Ende der Stadt, liegt dieser Aussichtspunkt mit einem tollen Blick über die Stadt, das Meer und den Fluss. Er ist zu Fuß oder mit dem Taxi zu erreichen.

☞ Geführte Touren

Vom Strand starten Bootstouren zur Isla Corazón und Isla Fragatas und Walbeobachtungstouren (25 US$/Std.).

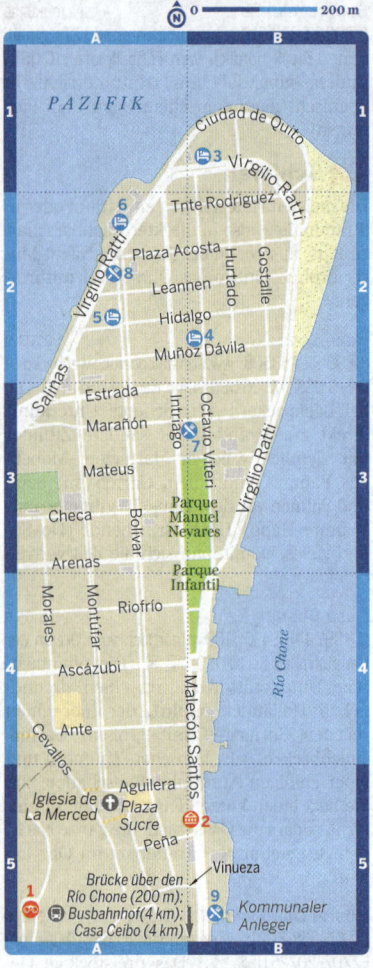

Bahía de Caráquez

Bahía Dolphin Tours   GEFÜHRTE TOUREN
(☎ 05-269-0257; www.bahiadolphintours.com; Virgílio Ratti 606, Casa Grande) Die archäologische Stätte von Chirije befindet sich im Besitz dieses Anbieters, der sowohl Tagesausflüge als auch längere Touren mit Übernachtung dorthin im Programm hat. Es können auch Tourpakete mit Übernachtungen in Chirije und Bahía geschnürt werden, die Besuche in einer Panamahut-Werkstatt, auf einer biologischen Garnelenfarm, auf einer Fregattvogelinsel oder Stippvisiten bei anderen interessanten Stätten einschließen können. Gute Nachricht: Es gibt deutschsprachige Guides!

Bahía de Caráquez

🛏 Schlafen

Centro Vacacional Life · · · · · · · · · · HÜTTEN $
(☎05-269-0496; Ecke Octavio Vitteri & Muñoz Dávila; Zi. 20 US$/Pers.; ❄🛜) Ideal für Familien. Die etwas anstaltsmäßigen Häuschen mit Küche und zwei Schlafzimmern bieten Platz für je fünf Personen. Dazu gibt es einen Rasenspielplatz, einen Billardtisch und eine Tischtennisplatte.

Hotel La Herradura · · · · · · · · · · · · · HOTEL $$
(☎05-269-0265; www.laherradurahotel.com; Bolívar 202; EZ/DZ ab 30/40 US$; P❄🛜) Das alte spanische Wohnhaus ist bis unters Dach mit Antiquitäten und Kunstwerken gefüllt und wurde mit viel Liebe zum Detail eingerichtet. Die Zimmer sind ziemlich heruntergekommen – ausländische Gäste dürften die Klobrillen schmerzlich vermissen. Dafür strotzt die Herberge vor Charme und besitzt eine kühle Veranda.

Casa Grande · · · · · · · · · · · BOUTIQUEHOTEL $$$
(☎099-917-1935; www.casagrandebahia.com; Virgílio Ratti 606; Zi. mit Frühstück 65–135 US$; P❄🛜🏊) Das reizende Casa Grande bietet sieben hübsch eingerichtete, geräumige Zimmer mit polierten Holzböden und modernen Badezimmern. Die besten Zimmer haben Meerblick und Balkone mit Hängematten. Es gibt eine gemütliche Lounge, stilvolle Gemeinschaftsbereiche und einen erfrischenden Pool.

Casa Ceibo · · · · · · · · · · · · · · · LUXUSHOTEL $$$
(☎05-239-9399; www.casaceibo.com; Av Sixto Durán Ballén; EZ/DZ mit Frühstück ab 120/240 US$; P❄🛜🏊) Wer ein bisschen verwöhnt werden will und dabei die Abgeschiedenheit sucht, ist in diesem abgeschotteten Luxushotelkomplex 4 km von Bahías Zentrum

entfernt genau richtig. Er liegt an der Straße, die aus der Stadt herausführt, unmittelbar hinter dem Busbahnhof. Mit seinen vornehmen, mit allen Annehmlichkeiten ausgestatteten Zimmern, den minimalistischen Gemeinschaftsbereichen und dem riesigen, gepflegten Garten, der bis hinunter zum Fluss reicht, ist dies definitiv das eleganteste Hotel der Stadt.

Sowohl Kajak- und Radfahren als auch die Nutzung des Fitnessraums, der Sauna und des Pools sind inbegriffen, und es gibt ein vollwertiges Restaurant.

Hotel La Piedra · · · · · · · · · · · · · · HOTEL $$$
(☎05-269-0180; www.hotellapiedra.com.ec; Virgílio Ratti; EZ/DZ 91/112 US$; P❄🛜🏊) Das große Hotel bietet alle Annehmlichkeiten und geräumige, saubere Zimmer mit tollem Meerblick. Es gibt einen luxuriösen Pool mit Schatten spendenden Palmen und Liegestühlen nur wenige Schritte von der Meeresbrandung. Der große Vorteil: Hier kann man wie in einem echten Urlaubsresort entspannen und ist dabei nur einen Katzensprung von den Bars und Restaurants der Stadt entfernt.

❌ Essen

An der Anlegestelle am Fluss findet sich eine Reihe verwitterter Restaurants, die die perfekte Location für ein Essen bei Sonnenuntergang abgeben. Sie sind für ihre Gerichte mit Meeresfrüchten (besonders Ceviche) bekannt. Den ganzen Tag über, von morgens bis Mitternacht, findet sich hier ein geöffnetes Restaurant.

D'Camaron · · · · · · · · · · · · · · · · · · SEAFOOD $
(Bolívar; Hauptgerichte 3–7 US$; ◷9–18 Uhr) Wie der Name vermuten lässt, sind Garnelen die Spezialität dieses lässigen Restaurants im Freien nahe am Wasser. Mit gegrillten Garnelen und einem Cocktail in der Hand lässt sich die Meeresbrise am besten genießen.

Puerto Amistad · · · · · · · · · · INTERNATIONAL $$
(Malecón Santos; Hauptgerichte 6–12 US$; ◷Mo-Sa 12–23 Uhr) Puerto Amistad ist bei den hier ansässigen Ausländern für seine leckeren Gerichte, die starken Cocktails und die hübsche, luftige Terrasse über dem Wasser beliebt. Salate, herzhafte Crêpes, Quesadillas, die Gerichte mit Meeresfrüchten und die Steaks sind hervorragend; die Bedienung ist freundlich und professionell. Das etwas gehobenere Restaurant ist gleichzeitig Bahías Jachtclub und ein guter Ort, um Segler auf der Durchreise kennenzulernen.

Arena Bar
PIZZERIA **$$**

(Marañón; Hauptgerichte 4–8 Uhr; ⏱ 17–24 Uhr)
In dem freundlichen Restaurant mit lässigem Surferdekor können Besucher es sich zu internationalen Rhythmen schmecken lassen. Die Pizzas sind gut, es gibt aber noch viele andere Optionen, beispielsweise den hervorragenden Salat und die leckeren Sandwiches.

Hotel La Herradura
ECUADORIANISCH **$$**

(Bolívar 202; Hauptgerichte 5–10 US$; ⏱ 7–22 Uhr)
Mit den hohen Decken und den schmiedeeisernen Leuchtern wirkt dieses hübsche Lokal am Meer überhaupt nicht wie ein Hotelrestaurant. Auf der kreativen Speisekarte stehen leckeres Kochbananenbrot und pikante Ceviches mit Koriander. Der Service hingegen ist, vorsichtig ausgedrückt, nicht immer sonderlich zuvorkommend.

ℹ Praktische Informationen

Banco de Guayaquil (Ecke Bolívar & Riofrío)
Tauscht Reiseschecks um und hat einen Geldautomaten.

ℹ An- & Weiterreise

Eine Brücke über den Río Chone verbindet Bahía mit San Vicente (und dem Rest der Nordküste). Auf diese Weise kann man sich die lange Fahrt um die Bucht oder die Fahrt mit der Flussfähre sparen.

Der Busbahnhof liegt 4 km vom Stadtzentrum entfernt am *malecón* in Richtung Chone. Von hier verkehren reguläre Busse und *ejecutivo*-Verbindungen (1. Klasse) über Santo Domingo (*regular/ejecutivo* 5/6 US$) nach Quito (*regular/ejecutivo* 7,50/10 US$, 8 Std., 4-mal tgl.). Es fahren auch Busse nach Guayaquil (7 US$, 6 Std., 7-mal tgl.), Manta (2,50 US$, 3 Std., 3-mal tgl.) und Canoa (1 US$, 45 Min., alle 30 Min.).

Rund um Bahía de Caráquez

Die **archäologische Stätte von Chirije** (☎ 06-269-0257; www.chirije.com) liegt 15 km südlich von Bahía. Hier finden sich antike Keramiken, Begräbnisstätten, Kochstellen, Müllkippen und Schmuckstücke, die vorwiegend aus der Bahía-Kultur stammen (500 v.Chr.–500 n.Chr.).

Die Stätte befindet sich im Besitz von Bahía Dolphin Tours (S. 282). Um sie besuchen zu können, muss eine geführte Tour über die Agentur gebucht werden. Die schiere Anzahl der Fundstücke veranlasst Archäologen zu der Vermutung, dass hier einst

ein wichtiger Hafen gewesen sein muss. Nur ein kleiner Bereich der Stätte wurde professionell ausgegraben, und einige der Fundstücke werden in einem winzigen Museum vor Ort ausgestellt – Besucher werden jedoch überall auf dem Gelände über Tonscherben stolpern.

Chirije wird bei Flut vom Rest der Welt abgeschnitten, sodass ein Besuch gut geplant sein will. Besucher können hier auch über Nacht bleiben und sich zu Fuß auf Pfaden in den trockenen, tropischen Küstenwald vorwagen. Fünf große, mit Solarstrom versorgte Hütten bieten Platz für jeweils bis zu acht Personen (auch wenn es dann recht eng wird). Jede hat eine Veranda, ein eigenes Bad und eine Küche. Pro Hütte werden 75 US$ fällig, auf Anfrage wird auch Essen zubereitet. Eine Tagestour nach Chirije kostet inklusive Mittagessen 45 US$ pro Person.

Manta
221 000 EW.

Manta ist die größte Stadt der Provinz (und die fünftgrößte in Ecuador). Die geschäftige, wohlhabende Hafenstadt hat jede Menge Hochhäuser und ein paar Stadtstrände, an die es vorwiegend einheimische Touristen zieht. Als wichtiges Zentrum der fisch- und thunfischverarbeitenden Industrie ist dies einer jener Orte, die man schon von Weitem riechen kann … Die kurioseste Attraktion ist somit auch die riesige Skulptur eines Thunfischs. Eigentlich gibt es nur wenige Gründe, hierher zu kommen – die Strände anderswo an der Küste sind viel besser –, die Stadt ist aber ein wichtiger Verkehrsknotenpunkt, hat ein lebhaftes Nachtleben, und auch wer sich auf dem Weg ins Kunsthandwerkerdorf Montecristi befindet, wird um Manta kaum herumkommen.

◉ Sehenswertes & Aktivitäten

Museo del Banco Central
MUSEUM

(Malecón de Manta nahe Calle 20; Eintritt 1 US$; ⏱ Di–Sa 9–17, So 11–15 Uhr) Das komplett modernisierte Stadtmuseum wurde 2009 an seinem heutigen Standort wiedereröffnet und stellt wertvolle Artefakte der präkolumbischen Manta-Kultur, eine Auswahl ecuadorianischer Gemälde und schrägen Fischerei-Krimskrams aus.

Playa Murciélago
STRAND

Dieser Strand ist weniger geschützt als die meisten Strände der Region und hat größere

Wellen (auch wenn sie nicht riesig sind, gibt es doch einen starken Sog). Die Playa Murciélago ist der beliebteste Strand der Stadt, befindet sich etwa 2 km nordwestlich des Zentrums und ist gesäumt von Snackbars, Restaurants und Sonnenschirmverleihen.

Tarqui-Strand
STRAND

Am östlichen Ende dieses Sandstrands geht es früh am Morgen zu wie in einem Bienenstock, wenn zahlreiche Fischverkäufer Hai, Thunfisch, Schwertfisch, Doraden und andere Fische feilbieten (deren Größe mit jedem Jahr abnimmt). Hier befindet sich auch der sogenannte Parque del Marisco: jede Menge Stände, die direkt am Strand eine große Auswahl von Gerichten aus frischem Fisch und Meeresfrüchten verkaufen, darunter auch – schenkt man den Einheimischen Glauben – die besten Ceviches des ganzen Landes. Der Strand eignet sich zum Schwimmen.

🛏 Schlafen

Die Preise steigen an Ferienwochenenden und in der Hauptsaison (Dez.–März und Juni–Aug.).

Leo Hotel
HOTEL $

(☎ 05-262-3159; Av 24 de Mayo; EZ/DZ 15/25 US$; ❄) Das Leo liegt gegenüber dem Busbahnhof und hat kleine, saubere Zimmer, von denen allerdings einige keine Fenster haben. Eine praktische Unterkunft für diejenigen, die nur auf der Durchreise sind.

Manakin
PENSION $$

(☎ 05-262-0413; hostalmanakin@hotmail.com; Calle 17 & Av 21; EZ/DZ mit Frühstück 48/61 US$; ❄🛜) Fast im Herzen des Ausgehviertels befindet sich das Manakin, ein umgebautes, einstöckiges Haus mit einem angenehm entspannten Flair. Die schmalen, adretten, wohlduftenden Zimmer sind hübsch eingerichtet und das Haus bietet nette Plätzchen zum Ausspannen – beispielsweise die Terrasse vor dem Haus.

Hotel Balandra
HOTEL $$$

(☎ 05-262-0545; www.hotelbalandra.com; Av 7 nahe Calle 20; EZ/DZ 100/138 US$, Deluxe-Zi. 155 US$; ❄@🛜) Ein kleines, aber gehobenes Hotel am Hang mit hübsch eingerichteten Deluxe-Zimmern und Hütten mit zwei Schlafzimmern, von denen einige einen Balkon zum Meer hin haben. Im Garten stehen kunstvoll geschnittene Sträucher, es gibt einen kleinen Fitnessraum, eine Sauna, einen Pool und einen Spielplatz.

✗ Essen

Comedores, die Gerichte mit Meeresfrüchten servieren, säumen das Ostende des Strands am Malecón de Tarqui. An der Playa Murciélago wimmelt es von Cafés, die besten Blick auf das Strandleben bieten.

Trovador Café
CAFÉ $

(Av 3 & Calle 10; Hauptgerichte 2–5 US$; ⊘ Mo–Sa 8–20 Uhr) In einer hübschen Fußgängerzone, nicht weit vom *malecón* entfernt, versteckt sich dieses Café, das schaumige Cappuccinos, Sandwiches und günstige Mittagsgerichte serviert. Es gibt Sitzgelegenheiten im Freien.

Parrillada Oh Mar
GRILLRESTAURANT $$

(Ecke Calle 20 & Flavio Reyes; Hauptgerichte 7–12 US$; ⊘ Mo–Sa 12–23 Uhr) Das einladende Grillrestaurant mit Glaswänden mitten in Mantas Ausgeh- und Amüsierviertel ist eine hervorragende Adresse, um ein sättigendes Steak und ein Glas guten argentinischen Rotwein zu genießen.

Beachcomber
STEAKHAUS $$

(Ecke Calle 20 & Flavio Reyes; Hauptgerichte 4–10 US$; ⊘ 18–24 Uhr) Das Lokal nahe dem Zentrum des Ausgehviertels ist sehr beliebt wegen seiner Grillfleischgerichte, die man im üppig grünen Garten hinterm Haus oder auf der offenen Veranda vor dem Haus genießen kann.

ℹ Praktische Informationen

Städtische Touristeninformation (☎ 05-262-2944; Av 3 N10-34; ⊘ Mo–Fr 8–12.30 & 14.30–17 Uhr) Das Personal ist freundlich und hilfsbereit.

Polizei (Av 4 de Noviembre)

Post (Calle 8) Im Rathaus

ℹ An- & Weiterreise

BUS

Die meisten Busse starten am zentralen Busbahnhof vor dem Fischereihafen in Manta. Auch die Busse zu den in der Nähe liegenden Städten und Dörfern der Provinz Manabí, wie Montecristi (0,50 US$, 15 Min.), fahren vom Busbahnhof ab.

Es gibt Busse nach Jipijapa (0,90 US$, 1 Std.), Canoa (4 US$, 3½–4 Std.), Bahía de Caráquez (2,50 US$, 3 Std.), Guayaquil (5 US$, 4 Std.), Esmeraldas (7 US$, 6 Std.) und Ambato (8 US$, 10 Std.).

Die *Ejecutivo*-Busse nach Quito (10 US$, 9 Std.) und nach Guayaquil (7,50 US$, 4 Std.) fahren den

Manta

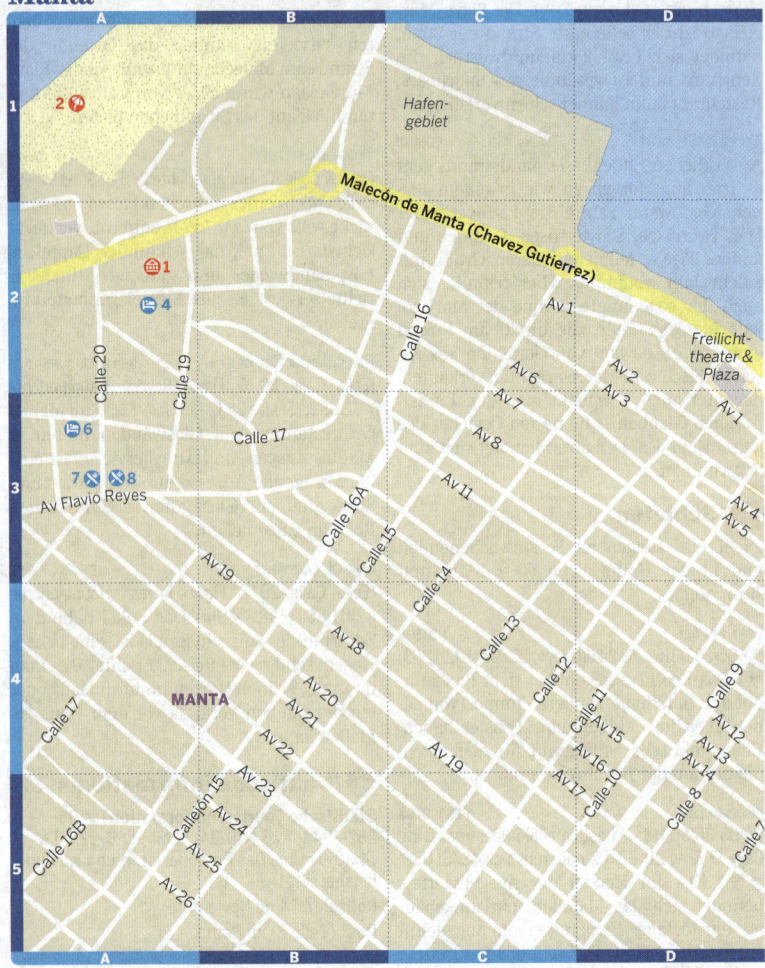

*Hafen-
gebiet*

Malecón de Manta (Chavez Gutierrez)

*Freilicht-
theater &
Plaza*

Calle 16
Av 1
Av 6
Av 2
Av 3
Av 7
Av 8
Av 1
Calle 20
Calle 19
Calle 17
Calle 16A
Calle 15
Av 11
Av 4
Av 5
Av Flavio Reyes
Av 19
Calle 14
Calle 13
MANTA
Av 18
Calle 12
Calle 9
Calle 11
Calle 17
Av 20
Av 21
Av 15
Av 12
Av 13
Av 14
Av 22
Av 19
Av 16
Av 10
Calle 8
Calle 16B
Callejón 15
Av 23
Av 24
Av 17
Calle 7
Av 25
Av 26

Manta

⊙ Sehenswertes
1 Museo del Banco Central A2
2 Playa Murciélago A1
3 Tarqui-Strand H3

🛏 Schlafen
4 Hotel Balandra A2
5 Leo Hotel E4
6 Manakin A3

✕ Essen
7 Beachcomber A3
8 Parrillada Oh Mar A3
9 Trovador Café E3

ganzen Tag über von einer kleineren Haltestelle auf dem *malecón* ganz in der Nähe ab.

FLUGZEUG
Das **TAME-Büro** (☎ 05-262-2006; Malecón de Manta) von Manta befindet sich direkt am Ufer hinter dem Freilufttheater. TAME bietet täglich ein bis zwei Flüge von/nach Quito (einfache Strecke ab 86 US$, 30 Min.) an. Die Flugtickets können auch am Morgen des Abflugs noch am Flughafen gekauft werden, doch aufgepasst: Am Wochenende und in der Ferienzeit sind normalerweise alle Flieger voll!

Der Flughafen liegt etwa 3 km östlich von Tarqui; eine Taxifahrt kostet um die 2 US$ (10 Min.).

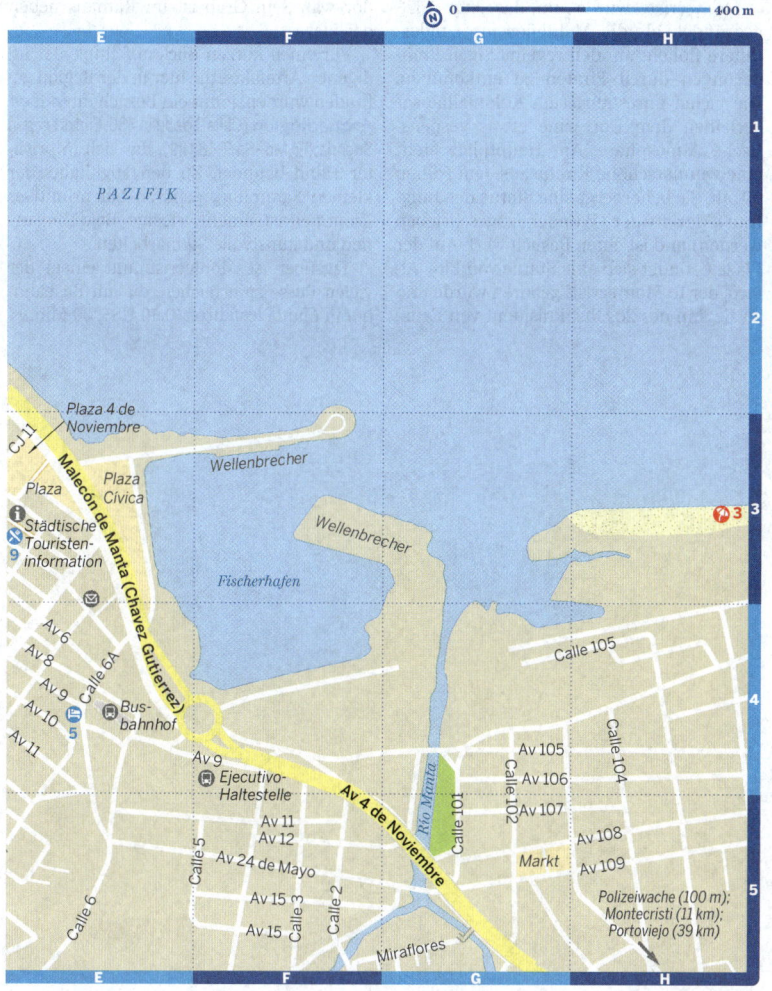

Montecristi

14 500 EW.

In Montecristi werden die feinsten Strohhüte des Planeten hergestellt – auch wenn sie fälschlich als „Panamahüte" bezeichnet werden. Wer einen erwerben möchte, fragt nach einem *sombrero de paja toquilla* (die Hüte bestehen aus *paja toquilla,* einem feinen, fasrigen Stroh, das nur in dieser Region wächst). Die Straße, die in die Stadt führt, und die Plaza sind von zahllosen Hutläden gesäumt, in denen die meisten Waren aber billig und zu locker geflochten sind. Echte *superfino-*Wa-

re (die feinste, engste Webart von allen) gibt es im Laden und Haus von **José Chávez Franco** (Rocafuerte 386; ⊙ 7–19 Uhr), zwischen Eloy Alfaro und der Calle 10 de Agosto, hinter der Kirche. Hier bekommt man einen qualitativ hochwertigen Hut für unter 100 US$, aber auch da sollte man genau hinsehen. Die Hüte sind weder vorgeformt noch haben sie ein Außenband an der Krempe, günstiger als hier sind sie aber auch kaum irgendwo auf der Welt zu bekommen. Wer sich ein wenig umsieht, wird noch weitere gute Läden finden, in denen auch einheimische Korbmöbel und -waren verkauft werden.

Montecristi wurde um das Jahr 1628 gegründet, als die Manteños ins Landesinnere flohen, um den regelmäßigen Plünderungen durch Piraten zu entkommen. Die vielen unrestaurierten Kolonialhäuser verleihen dem Dorf eine etwas gespenstische Atmosphäre. Am Hauptplatz steht eine wunderschöne Kirche aus dem frühen 20. Jh. Sie beherbergt eine Statue der Jungfrau Maria (der Wunder zugeschrieben werden) und ist einen Besuch wert. Auf der Plaza befindet sich eine Statue von Eloy Alfaro, der in Montecristi geboren wurde und zu Beginn des 20. Jhs. Präsident von Ecua-dor war. Sein Grab ist im Rathaus neben der Plaza.

Für einen kurzen Blick auf einige der indigenen Artefakte, die hier in der Region gefunden wurden, lohnt ein Besuch im **Museo Arqueológico** (Calle 9 de Julio 436; Eintritt gegen Spende; ☉ Mo–Sa 9–18 Uhr), das sich in privater Hand befindet. Zu den Highlights der kleinen Sammlung gehören ein primitives Trommelinstrument, riesige Begräbnisurnen und kunstvolle Steinarbeiten.

Tagsüber ist Montecristi mit einem der vielen Busse zu erreichen, die am Busbahnhof in Manta losfahren (0,50 US$, 30 Min.).

Südküste

Gut essen

➜ Pique & Pase (S. 303)
➜ Bellitalia (S. 311)
➜ Delfin Mágico (S. 314)
➜ Tiki Limbo (S. 318)

Schön schlafen

➜ Mansion del Rio (S. 301)
➜ Hostería Mandála (S. 310)
➜ Balsa Surf Camp (S. 317)
➜ Samaí Lodge (S. 315)
➜ La Posada del Sueco
(S. 322)

Auf an die Südküste!

Breite Sandstrände, üppige Naturschutzgebiete und artenreiche Inseln sind nur einige der Reize an der Südküste Ecuadors. Die Gegend ist ideal, um Wildtiere zu beobachten, für Outdoor-Aktivitäten oder einfach für faule Tage am Strand.

Tor in diese Region ist Guayaquil, eine quirlige Tropenstadt, die sich in den vergangenen Jahren enorm gewandelt hat. Westlich davon liegt die sogenannte Ruta Spondylus. Vor Puerto López lassen sich Buckelwale beobachten und Kolonien von Blaufußtölpeln besichtigen, in Montañita tummelt sich die Surfer- und Partyszene und Entspannung bieten friedliche Küstenorte wie Ayampe und Olón.

Südlich von Guayaquil erstreckt sich fast nur Bananenland, meilenweites *oro verde* (grünes Gold). Machala ehrt seine Bananentradition und ist auch Zugangsort zur urtümlichen, von Mangroven bewachsenen Insel Jambelí und ein wichtiger Zwischenstopp auf dem Weg nach Zaruma, einer malerischen Kolonialstadt in den Bergen.

Reisezeit
Guayaquil

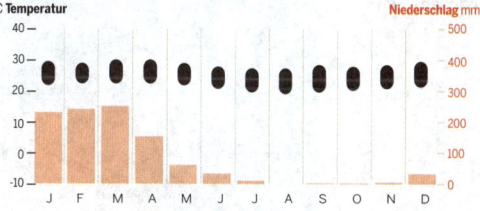

Jan.–Mai In der Regenzeit ist es an der Küste heiß, feucht und sonnig. Ab und zu gibt es starke Regenfälle.

Juni–Dez. Kühler und bewölkter (Trockenzeit). Von Juni bis September kann man Buckelwale sehen.

Ende Dez.–April Jetzt besuchen die Ecuadorianer normalerweise die Ferienorte an der Küste.

Highlights

1 Mit nistenden Tölpeln und anderen Vögeln auf der **Isla de la Plata** (S. 311) auf Tuchfühlung gehen

2 Im Surfer-Mekka **Montañita** (S. 315) in den Wellen herumtollen und fruchtige Cocktails zu tropischen Klängen schlürfen

3 Auf Wanderwegen durch dichten Wald bei **Dos Mangas** (S. 317) nach wilden Tieren Ausschau halten

4 In **Guayaquil** (S. 291) am *malecón* bummeln, in Ecuadors besten Restaurants essen und sich ins Nachtleben von Las Peñas stürzen

5 Die kühle Luft und die spektakuläre Aussicht rund um **Zaruma** (S. 326) genießen

6 Im Parque Nacional Machalilla vom Boot aus gewaltige **Buckelwale** (S. 314) auf ihrer jährlichen Wanderung erleben

7 In stillen Küstenorten wie **Olón** (S. 315) und **Ayampe** (S. 314) einfach nur ausspannen

GUAYAQUIL

2,4 MIO. EW.

Guayaquil ist nicht nur das Wirtschaftszentrum Ecuadors, sondern zugleich auch eine lebendige, wachsende Großstadt, die immer mehr an Selbstbewusstsein gewinnt. Mehr als ein halbes Dutzend Wolkenkratzer prägen die großstädtische Silhouette, und etliche Hügel werden von Elendsvierteln eingenommen. Das Herz der Stadt pocht jedoch am *malecón* am Río Guayas, Stadtzentrum, Restaurant- und Vergnügungsviertel gleichermaßen.

Das malerische Viertel Las Peñas oberhalb des Flusses ist der geografische und historische Kern der Stadt, während die wichtigste Verkehrsachse der Innenstadt, die Avenida 9 de Octubre, Büroangestellte, Einwohner und Kauflustige durch die Stadt schleust. Neben neu belebten Plätzen, Parks und massiven Stadterneuerungsprojekten hat Guayaquil auch muntere Bars und eine wachsende Theater-, Film- und Kunstszene, deren Kreativität nicht zuletzt von mehreren großen Universitäten angeregt wird.

Alle Flüge zu den Galapagosinseln starten in Guayaquil oder machen hier einen Zwischenstopp, daher eignet sich die Stadt neben Quito am besten, eine Reise dorthin zu organisieren.

Geschichte

Nach einer weit verbreiteten Legende soll der Name Guayaquil auf Guayas, den großen Häuptling der Puna, der tapfer gegen die Inkas und danach die Spanier kämpfte, sowie auf seine Frau Quill zurückgehen. Guayas soll Quill getötet haben, damit sie nicht in die Hände der Konquistadoren fiel, und sich selber anschließend ertränkt haben. Mehrere Historiker behaupten hingegen, der Name der Stadt gehe auf die Wörter *hua* (Land), *illa* (schöne Wiese) und Quilca, einen der Nebenflüsse des Río Guayas zurück, an dem der Stamm der Quilca lebte, bis er im 17. Jh. ausgelöscht wurde. Nach dieser Theorie heißt Guayaquil also wörtlich: „das Land mit einer schönen Wiese auf dem Land der Quilcas".

Eine Siedlung wurde in der Region erstmals gegen 1534 gegründet und schließlich 1547 an ihre jetzige Stelle auf dem Santa-Ana-Hügel verlegt. Die Stadt war ein wichtiger Hafen und eine wichtige Werft für die Spanier, wurde aber immer wieder von Piratenüberfällen und Feuersbrünsten heimgesucht. Besonders verheerend war das

„Große Feuer" von 1896, bei dem große Teile der Stadt völlig zerstört wurden. Guayaquil erlangte am 9. Oktober 1820 seine Unabhängigkeit von Spanien und war danach eine unabhängige Provinz, bis Simón Bolívar sie 1822 dem neu gegründeten Großkolumbien zuschlug. Als Bolívars Staatengründung 1830 scheiterte, wurde Guayaquil ein Teil der neu gegründeten Republik Ecuador.

Sehenswertes & Aktivitäten

Obwohl die meisten Besucher hier nur einen kurzen Stopp auf dem Weg zu den Galapagosinseln einlegen, hat die Stadt durchaus etliche Sehenswürdigkeiten zu bieten, die meist auch noch in Gehweite voneinander liegen. Auch wer nur wenig Zeit hat, sollte unbedingt einen Spaziergang auf dem Malecón 2000 (auch Malecón Simón Bolívar oder schlicht *el malecón* genannt) machen und das Hügelviertel Las Peñas besuchen – vor allem nachts ein reizvolles Ziel, wenn vom Río Guayas eine kühle Brise weht und unten die hellen Lichter der Stadt funkeln.

El Malecón

Waterfront PROMENADE

(7–24 Uhr) Eines der umfangreichsten Stadterneuerungsprojekte Südamerikas ist die Uferpromenade, ein abgezäunter, überwachter öffentlicher Bereich, der sich auf 2,5 km entlang des breiten Río Guayas erstreckt und Teiche, Spielplätze, Parks, Freiluftrestaurants, Museen, einen Veranstaltungssaal, ein IMAX-Kino und eine Einkaufspassage umfasst. Am nördlichen Ende hat man einen guten Blick auf die kolonialzeitlichen Viertel Las Peñas und Cerro Santa Ana und, weit dahinter, auf den Puente de la Unidad Nacional (Brücke der nationalen Einheit) über den Río Daule.

★ Museo Antropológico y de Arte Contemporáneo MUSEUM

(MAAC; Karte S. 294; 04-230-9383; Ecke Malecón Simón Bolívar & Loja; Di–Fr 9–16.30, Sa & So 10–16 Uhr) GRATIS Das Ende der Uferpromenade markiert das moderne MAAC, ein Museum für Anthropologie und Archäologie mit einer herausragenden ständigen Sammlung präkolumbischer Artefakte sowie mit Videos, die künstlerische Techniken alter Völker zeigen. Auf Wechselausstellungen werden Werke zeitgenössischer ecuadorianischer Künstler vorgestellt. Im MAAC gibt es auch ein modernes, 350 Plätze fassendes **Theater** (230-9400; www.maaccine.

com; Eintritt 2 US$), das für Theateraufführungen, Konzerte und Filmvorführungen genutzt wird.

Museo en Miniatura „Guayaquil en la Historia" — MUSEUM

(Karte S. 294; Malecón Simón Bolívar; Mo–Fr 15–18, Sa & So 8–18 Uhr; ⊙ Eintritt 3 US$) Das witzige Museum führt Besucher auf eine flotte Reise durch die Geschichte Guayaquils. Dargestellt wird sie mit aufwendigen Miniaturszenen, die wichtige Ereignisse der letzten 500 Jahren nachbilden (darunter Piratenangriffe, verheerende Feuersbrünste, revolutionärer Aufstände und ein ebenso kühnes Sanierungsprojekt aus jüngerer Zeit). Die ganze Tour dauert etwa 45 Minuten und ist auch mit englischen Kommentaren erhältlich.

La Rotonda — DENKMAL

(Karte S. 294; Malecón Simón Bolívar) Etwa in der Mitte des *malecón* steht eines der eindrucksvollsten Denkmäler von Guayaquil, besonders wenn es nachts angestrahlt wird. Flankiert von kleinen Springbrunnen ist die historisch verbürgte Begegnung der Revolutionäre Bolívar und San Martín dargestellt, die 1822 in Guayaquil stattfand.

Torre Morisco — DENKMAL

(Karte S. 294; Malecón Simón Bolívar; ⊙ Di–So 8.30–17 Uhr) GRATIS Dort, wo die Calle 10 de Agosto auf den *malecón* trifft, steht dieser berühmte, 30 m hohe Uhrenturm, der 1931 im maurischen Stil vollendet wurde (er erscheint auch im Titelkopf der Zeitung *El Telégrafo*). Nach Aufstieg über die enge Wendeltreppe bietet sich ein unvergesslicher Blick über die Uferregion.

Mercado Sur — GEBÄUDE

(Malecón Simón Bolívar) Am südlichen Ende des *malecón* steht diese schöne Stahlkonstruktion, die manchmal als Kristallpalast bezeichnet wird. Als die von einem belgischen Architekten entworfene Markthalle 1907 errichtet wurde, war sie der größte Markt in Guayaquil. Jetzt wurde sie restauriert und mit riesigen Glaswänden versehen und wird zeitweise für Kunst- oder Gewerbeausstellungen und Kunsthandwerksmärkte genutzt.

⊙ Las Peñas & Cerro Santa Ana

Die beiden historischen Viertel wurden zu einer idealisierten Version eines idyllischen südamerikanischen Bergdorfs umgestaltet, bestehend aus bunt getünchten Häusern und Kopfsteinpflastergassen. Der Blick vom Gipfel des Hügels ist spektakulär, insbesondere bei Nacht. Kleine, zwanglose, von Familien geführte Restaurants und Nachbarschaftskneipen säumen die Stufen. Das Gebiet ist absolut sicher, weil freundliches Sicherheitspersonal hier patrouilliert und dafür sorgt, dass der Fußgängerverkehr auf den steilen Treppen ungehindert fließen kann.

Numa Pompilio Llona — STRASSE

(Karte S. 294) Diese historische Straße, die nach einem bekannten Dichter aus der Stadt (1832–1907) benannt ist, beginnt am nördlichen Ende des *malecón*, rechts von den Stufen, die auf den Cerro Santa Ana hinaufführen. In der schmalen, kurvigen Straße sieht man an den Wänden der Häuser hier und da schlichte Gedenktafeln, die verkünden, dass in diesen unscheinbaren Häusern früher Präsidenten des Landes wohnten. Die kolonialen Holzhäuser dürfen elegant vor sich hin altern, wenn auch mit neuem Anstrich.

In der Gegend leben mehrere Künstler und in der Straße selbst gibt es einige Kunstgalerien und Kunsthandwerksläden.

Die Straße verläuft schließlich dicht am Fluss entlang mit einem schönen, asphaltierten Fußgängerweg direkt am Ufer.

Cerro Santa Ana — STADTVIERTEL

(Karte S. 294) Die Hügelenklave mit ihren leuchtend bunten Häusern, Cafés, Bars und Souvenirläden ist eine der typischsten Ansichten von Guayaquil. Ein schmaler Weg mit 444 Stufen schlängelt sich hinauf zum **Fortín del Cerro** (Bergfeste; Karte S. 294). Kanonen, die einst Guayaquil vor Piraten schützen sollten, zielen über die Brustwehr auf den Fluss; sie werden heute noch anlässlich von Feierlichkeiten abgefeuert. Man kann auf den **Leuchtturm** (Karte S. 294; ⊙ 10–22 Uhr) GRATIS steigen, von dem aus man einen spektakulären Blick auf die Stadt und ihre Wasserläufe hat, und die winzige Kapelle gegenüber besuchen.

Museo de la Musica Popular Guayaquileña Julio Jaramillo — MUSEUM

(Karte S. 294; Edificio 3, 1. Stock; ⊙ Mi–Sa 10–17, So bis 15 Uhr) GRATIS Das kleine, originelle Museum lohnt einen Besuch beim Bummel durch dieses historische Viertel. Ein Teil ist den großen Sängern und Liedermachern Ecuadors gewidmet (besonders dem legendären Julio Jaramillo) und zeigt u. a. alte Victrola-Grammophone und Mandolinen. Im anderen Teil dreht sich alles ums Bier,

z. B. Pilsener, das einst in einer Brauerei in der Nähe gebraut wurde. Pilsener vom Fass und preiswerte Tagesgerichte (3 US$) gibt es auch im Museumscafé.

Iglesia de Santo Domingo   KIRCHE
(Karte S. 294) Hinter der Freiluftbühne Teatro Bogotá befindet sich die älteste Kirche in Guayaquil. Das Gebäude geht auf das Jahr 1548 zurück, wurde 1938 restauriert und lohnt einen Blick.

⊙ Zentrum
In der Avenida 9 de Octubre, der wichtigsten Geschäftsstraße der Innenstadt, findet man Schuhgeschäfte, Läden für hochwertige Elektronik, Warenhäuser und Fast-Food-Restaurants.

Iglesia de San Francisco   KIRCHE
(Av 9 de Octubre, nahe Chile) Die Kirche wurde ursprünglich im frühen 18. Jh. erbaut, aber bei der verheerenden Feuersbrunst zerstört, die 1896 große Teile der Stadt in Schutt und Asche legte. Sie wurde 1902 wieder aufgebaut und Ende der 1990er-Jahre wunderschön restauriert.

Museo Nahim Isaias   MUSEUM
(Karte S. 294; Ecke Pichincha & Ballén; Di–Fr 8.30–16, Sa & So ab 10 Uhr) GRATIS Das Nahim Isaias an der Plaza de Administración zeigt eine sehr gute Sammlung von Skulpturen, Malereien und Artefakten aus der Kolonialzeit.

Palacio Municipal   HISTORISCHES GEBÄUDE
(Karte S. 294) Gegenüber vom *malecón* steht das prunkvolle, graue Gebäude des Palacio Municipal, das eine kleine, aber hübsche Fußgängerzone von dem schlichten und soliden Palacio de Gobierno nebenan trennt. Beide Gebäude stammen aus den 1920er-Jahren.

Palacio de Gobierno   HISTORISCHES GEBÄUDE
(Karte S. 294) In dem Gebäude nahe dem *malecón* sind die zentralen Regierungs- und Verwaltungsbüros von Guayaquil untergebracht. Der originale Holzbau wurde in der großen Feuersbrunst von 1917 zerstört.

Iglesia La Merced   KIRCHE
(Karte S. 294; Ecke Rendón & Rocafuerte) Wie die meisten kolonialzeitlichen Bauten in Guayaquil wurde auch die 1787 aus Holz errichtete Kirche durch einen Brand zerstört. Der gegenwärtige Neubau stammt von 1938 und hat einen reich verzierten goldenen Altar.

⊙ Parque Bolívar Area
Guayaquil ist vielleicht die einzige Stadt der Welt, in deren Zentrum Landleguane leben, die manchmal eine Länge von mehr als einem Meter erreichen. Diese prähistorisch aussehenden Tiere (eine andere Art als die auf den Galapagosinseln beheimatete) sind ein überraschender Anblick auf einem der berühmtesten Plätze von Guayaquil, dem Parque Bolívar, der auch als Parque Seminario bezeichnet wird. Rund um die kleinen Ziergärten des Platzes stehen mehrere der Spitzenhotels der Stadt.

Museo Municipal   MUSEUM
(Karte S. 294; 04-252-4100; Sucre; Di–Sa 9–17.30 Uhr) GRATIS Einen Block südlich vom Parque Bolívar findet man dieses Museum und die städtische Bibliothek (Karte S. 294). Im archäologischen Saal im Erdgeschoss sind hauptsächlich Inka- und prä-inkaische Keramiken ausgestellt, darunter mehrere Figürchen der Valdivia-Kultur (um 3200 v. Chr.), der ältesten Kultur im ecuadorianischen Raum. Ebenfalls im Erdgeschoss befindet sich die kolonialzeitliche Abteilung mit vielen religiösen Gemälden und ein paar Haushaltsgegenständen aus dieser Zeit. Im Obergeschoss verteilen sich Säle zur modernen Kunst und zur Völkerkunde.

Kathedrale   KIRCHE
(Karte S. 294) An der Westseite des Parque Bolívar steht die Kathedrale. Die ursprüngliche, 1547 aus Holz erbaute Kirche fiel, wie so vieles in Guayaquil, einem Brand zum Opfer. Das gegenwärtige Gebäude wurde 1948 fertiggestellt und 1978 renoviert. Es ist schlicht und modern, hat aber ein äußerst prunkvolles Eingangsportal.

⊙ Nördliches Zentrum

Malecón El Salado   PLATZ
Der Malecón El Salado ist ein attraktives Stadterneuerungsprojekt am Flussufer, das bei den Anwohnern sehr beliebt ist. In einem stromlinienförmigen, modernen Gebäude am Mündungsgebiet gibt es mehrere Restaurants und Cafés.

Einheimische mit Kindern im Schlepptau kommen an den Wochenenden abends zum Malecón El Salado, um sich die „tanzenden Springbrunnen", ein choreografiertes Wasserspiel, anzusehen (19, 19.30 & 20 Uhr). Ein großes, modernistisches Gebäude beherrscht die Plaza Rodolfo Baquerizo Moreno, den

Guayaquil – Zentrum

s. Karte Guayaquil – Nördliche Vororte (S. 300)

Puente de la Unidad Nacional
(Brücke der nationalen Einheit; 4,5 km)

SÜDKÜSTE GUAYAQUIL

Av. Kennedy
Bombona
Ricaurte
Libertador
Manuela Sáenz
Giradot 38
O'Leary
Saeadi
Carabobo
Rodriguez
Bello
Coronel
Pedro Menéndez
5
Alameda Ráez
Coronel
Piedrahita (Calle 8 NO)
Malecón
El Salado
Galecio (Calle 7 NO)
Pedro Gual
49 Lascano (Calle 6 NO)
Tungurahua
TARQUI
Vernaza (Calle 5A NO)
Padre Solano (Calle 5 NO)
Urdaneta (Calle 4 NO)
Ejército (Av 4 NO)
García Moreno (Av 3 NO)
Monzayo (Av 1 NE)
ROCA
Rumichaca (Av 4 NE)
Padre Solano (Calle 5 NE)
Plaza Rodolfo
Baquerizo
Moreno
Los Ríos
Quisquis (Calle 3 NO)
1 de Mayo (Calle 2 NO)
Machala (Av 1 NO)
Quito (Eje N-S)
Urdaneta
Junín (Calle 3 NE)
Rendón (Calle 2 NE)
26
15
Carchi (Av 9 NO)
Tulcán
9 de Octubre (Eje E')
53
31
Hurtado
Parque del Centenario
Garaycoa (Av 3 NE)
51
19
Vélez
Luque (Calle 3 SO)
José de Antepara (Av 2 NO)
Vélez (Calle 2 SE)
ROCAFUERTE
Luque (Calle 3 SE)
Aguirre (Calle 4 SO)
Los Ríos
Esmeraldas
Ballén (Calle 5 SO)
Aguirre (Calle 4 SE)
10 de Agosto (Calle 6 SO)
Sucre (Calle 7 SO)
Parque Victoria
Ballén (Calle 5 SE)
Colón (Calle 8 SO)
Busse zum Terminal Terrestre
Markt
Sucre (Calle 7 SO)
10 de Agosto (Calle 6 SE)
SUCRE
Alcedo
Colón (Calle 8 SO)
Ejército
Gómez
Ayachuco
Manabí
Machala
Quito (Eje N'S)
Moncayo
Montúfar (Av 1A SE)
6 de Marzo (Av 2 SE)
Garaycoa (Av 3 SE)
Rumichaca (Av 4 SE)
Romero (Callejón 9 SE)
BOLÍVAR
Ayachuco (Calle 11 SE)
Franco Dávila (Calle 11A SE)
Huancavilca
Avilés (Av 5 SE)
OLMEDO
Nájera

N 0 —————————— 400 m

CERRO DEL CARMEN

Capilla
Santa Ana 6
61 3 10

Hospital
Luis
Vernaza 7 LAS PEÑAS

Av Jorge Swett

Av Jacinto Morán

(Calle 9B) 35 11
59
Vernaza y Carbo 60 39
57 62 16
Montalvo (Calle 9 NE) Numa
Pompilio
Llona

Riobamba (Av 5 NE)

Aguirre

Baquerizo Moreno (Av 8 NE) 64 University 1
PEDRO Museo
CARBO Antropológico
y de Arte
Rocafuerte (Av 10 NE) Contemporáneo

Córdova (Av 9 NE)

Galecio 12

Córdova Aguirre (Calle 8 NE) 63

Lascano

Martínez (Calle 7 NE) 48

Mendiburo (Calle 6 NE)

55 54
56
Boyacá (Av 7 NE) Zona Rosa Tropischer
Garten
33 34 43
Roca (Calle 4 NE) Orellana Ruta del Sol
Escobedo (Av 7 NE)

Ximena (Av 5A NE) 27
Junín (Calle 3 NE) 37

Rendón 4

Paula de Icaza (Calle 1 NE) 41 Plaza de la
30 Merced Malecón
46 2000
47 22 44 50
23
29 Iglesia
25 45 de San 24
58 32 Francisco
Plaza de 40
San Francisco 8
Boyacá (Av 6 SE) 42
Chimborazo (Av 8 SE) 52
Escobedo (Av 7 SE)
Chile (Av 9 SE) 36

Dirección
Municipal Sucre-
de Turismo 17 Denkmal
2 Parque
Bolívar 14
Sucre (Calle 7 SE) 28 18
9
13
Colón (Calle 8 SE) Carbo (Av 10 SE) 20

Coturcip
Chiriboga (Calle 9SE) Pichincha (Av 11 SE)

Malecón Simón Bolívar (Av 12 SE) 21
Malecón
Olmedo (Diag 8 SE) 2000
Centro
Comercial
Villamil Malecón

Guayaquil Vision (150 m);
Olmedo Monument (150 m)

SÜDKÜSTE GUAYAQUIL

großen Platz gleich südlich des *malecón*. In ihm finden zeitweise Ausstellungen und Events statt.

Museo Presley Norton MUSEUM
(Karte S. 294; ☎04-229-3423; Av 9 de Octubre; ⊙Di–Fr 9–17, Sa & So 10–17 Uhr) GRATIS Das Museum mit einer eindrucksvollen Sammlung archäologischer Artefakte, darunter Töpferwaren und Figürchen der Ureinwohner Ecuadors, befindet sich in einer schön restaurierten Villa. Gelegentlich gibt's hier auch Filmvorführungen oder Livemusik.

Parque del Centenario PARK
(Karte S. 294) Der Park an der Avenida 9 de Octubre ist der größte in Guayaquil und markiert die Mitte zwischen dem Río Guayas und dem Estero Salado. Die vier Blocks umfassende Anlage enthält gepflegte Grünanlagen, Bänke und Denkmäler, deren wichtigstes die zentrale **Freiheitssäule** ist, um die herum Statuen der Gründerväter des Landes angeordnet sind.

Städtischer Friedhof FRIEDHOF
(Karte S. 294; Pedro Menéndez) Eine kurze Fahrt vom Zentrum entfernt befindet sich inmitten der Stadtlandschaft dieser 1823 gegründete Friedhof, der ein Wahrzeichen der Stadt ist. Hier gibt es Hunderte von oberirdischen Grabstätten (und insgesamt 700 000 Gräber). Die oberirdischen Grabstätten sind übereinander gestapelt, sodass sie an ein überfülltes Mietshaus erinnern.

Ein Weg führt zu mehreren Monumenten und großen Mausoleen, darunter zu dem eindrucksvollen Grabmal des Präsidenten Vicente Rocafuerte.

◎ Außerhalb von Guayaquil

Parque Histórico Guayaquil ZOO, MUSEUM
(Karte S. 300; ☎04-283-2958; www.parquehistorico.gob.ec; Av Esmeraldas; ⊙9–17 Uhr) GRATIS Bei dieser großen Sehenswürdigkeit jenseits des Puente Rafael Mendoza Aviles östlich des Río Daule handelt es sich um ein Zwischending aus Geschichtspark und Zoo. Der Park ist in drei Zonen unterteilt: eine für bedrohte Tiere mit 45 Vogel-, Säugetier- und Reptilienarten in einem naturähnlichen Habitat; eine Zone für städtische Architektur, die die Entwicklung der Architektur in Guayaquil im frühen 20. Jh. veranschaulicht und in der es ein Restaurant gibt; und eine „Traditionszone", in der ländliches Brauchtum, Kunsthandwerk und Landwirtschaft im Mittelpunkt stehen.

Die Taxifahrt aus der Stadt kostet etwa 3 bis 4 US$, ansonsten bietet sich auch der Bus Richtung Durán ab dem Terminal Río Daule an. Es ist einfacher, den Bus zurück in die Stadt vor dem großen Einkaufszentrum an der Hauptstraße, etwa 200 m vom Park entfernt, zu nehmen.

Zoologico el Patanal ZOO
(☎04-226-7047; www.zoologicoelpantanal.com; Km 23; Erw./Kind 6/3 US$; ⊙9–17 Uhr) Nörd-

SÜDKÜSTE GUAYAQUIL

lich der Stadt auf dem Weg nach Daule liegt diese Rettungs- und Rehabilitationsstation für verletzte oder verlassene Wildtiere, die zugleich ein Zoo mit Affen, Krokodilen und einigen Großkatzen ist. Eine Taxifahrt aus dem Zentrum kostet 15 US$; alternativ kann man auch vom Terminal Terrestre in Guayaquil einen Bus nach Nobol (1 US$, 40 Min.) nehmen.

👉 Geführte Touren

Captain Henry Morgan   BOOTSTOUREN
(Karte S. 294; ☏ 04-251-7228; Ecke Malecón Simón Bolívar & Colón) Das nachgebaute Segelboot ist nach dem berüchtigten Piraten (der nie in Guayaquil war) benannt. Es bietet einstündige Flussfahrten (7 US$, Di–So 16, 18 & 19.30 Uhr), an den Wochenenden gibt's auch noch frühere Fahrten. Es gibt Alkohol und Tanz, aber die Tour ist durchaus kinderfreundlich.

Tren Ecuador   ZUGFAHRTEN
(☏ 1800-873-637; www.trenecuador.com; hin & zurück 22 US$; ⊙ Abfahrt Do–So 8 Uhr) Die ganztägige Zugfahrt führt von Durán nach Yaguachi und weiter nach Bucay, 88 km östlich von Guayaquil. In Bucay gibt es einen dreistündigen Aufenthalt, der mit diversen Outdoor-Aktivitäten verbracht werden kann, wie Reiten, Mountainbiken und Wandern zu Wasserfällen (an denen auch Abseilen möglich ist). All das kostet extra. Am Bahnhof von Bucay warten entsprechende Anbieter.

Die Rückfahrt erfolgt mit dem Bus, mit Ankunft in Guayaquil gegen 17.30 Uhr. Der ganze Trip ist etwas touristisch (am Bahnhof von Bucay gibt's eine Tanzaufführung), aber es ist dennoch ein vergnüglicher Ausflug, der bei ecuadorianischen Urlaubern beliebt ist. Ein Taxi zum Abfahrtsbahnhof in Durán kostet vom Stadtzentrum 7 US$. Fahrkarten werden im **historischen Waggon** (Karte S. 294; Malecón; ⊙ Mo–Fr 10–18, Sa & So bis 15.30 Uhr) am *malecón* verkauft.

Guayaquil Vision   STADTRUNDFAHRTEN
(☏ 04-292-5332; www.guayaquilvision.com; Erw./ Kind 6/3 US$) Veranstaltet Rundfahren durch das Zentrum und die umliegenden Vororte mit Doppeldeckerbussen (1½ Std.). Täglich starten fünf Touren an der Plaza Olmedo am *malecón*, die erste um 10.40 Uhr. Es gibt noch vier weitere Haltestellen zum Ein- und Aussteigen.

Tangara Tours   TAGESTOUREN
(Karte S. 294; ☏ 04-228-2828; www.tangara-ecua dor.com; Ciudadela Bolivariana, Ecke Manuela Sáenz & O'Leary, Block F, Casa 1) Hat seinen Sitz in der gleichnamigen Pension und ist sehr zu empfehlen für Tagestouren in die Umgebung, z.B. zum Reserva Ecológica Manglares Churute.

TropicEco   ÖKOTOUREN
(www.destinationecuador.com; Quito) Ein erfahrener und sehr angesehener Veranstalter, der sich auf Ökotouren spezialisiert hat.

Galapagostouren

Die Preise für Schiffsreisen zu den Galapagosinseln (S. 39) sind hier nicht günstiger als in Quito, die Flüge zu den Inseln sind jedoch etwas billiger.

Centro Viajero
GEFÜHRTE TOUREN

(Karte S. 294; ☎04-256-4034; www.centroviajero.com; Baquerizo Moreno 1119 nahe Av 9 de Octubre, Office 805, 7. Stock) Organisiert Galapagos-Pauschalreisen. Man spricht Spanisch, Englisch und Französisch; nach dem Manager Douglas Chang fragen.

Dreamkapture Travel
KREUZFAHRTEN

(Karte S. 300; ☎04-224-2909; www.dreamkapture.com; Alborada 12A etapa, Manzana 2, Villa 21, Juan Sixto Bernal) Gute Angebote bei Kreuzfahrten zu den Galapagosinseln und anderen Touren. Man spricht Spanisch, Englisch und Französisch.

Galasam Tours
KREUZFAHRTEN

(Karte S. 294; ☎04-230-4488; www.galasam.com.ec; Av 9 de Octubre 424, Grand Pasaje Bldg, Erdgeschoss, Office 9A) Bekannt für preisgünstige Galapagos-Kreuzfahrten; aber mit Vorsicht zu genießen.

Trips & Dreams
GEFÜHRTE TOUREN

(Karte S. 294; ☎099-235-1335; www.tripsanddreams.com; Quísquis 305 nahe Rumichaca) Dieser sehr empfehlenswerte Veranstalter ist in dem von ihm verwalteten Hostal Suites Madrid zu finden. Nach Christopher Jimenez fragen, dem äußerst sachkundigen und freundlichen Manager. Organisiert Touren aller Art, besonders ermäßigte Fahrten zu den Galapagosinseln.

⭐ Feste & Events

Karneval
KULTUR, RELIGION

Ein bewegliches Fest, das an den Tagen unmittelbar vor Aschermittwoch und der Fastenzeit stattfindet. Neben dem traditionellen Brauch, Wasser über die Teilnehmer zu sprengen, hat sich die Unsitte eingebürgert, Passanten mit allen möglichen ekligen Flüssigkeiten zu bespritzen.

Simón Bolívars Geburtstag & Gründungstag Guayaquils
KULTUR, GESCHICHTE

Am 24. bzw. 25. Juli. Die Stadt feiert mit Umzügen, Schönheitswettbewerben, Feuerwerk, Gelagen und Tanz.

Unabhängigkeitstag & Día de la Raza
KULTUR, GESCHICHTE

Diese beiden Events sorgen gemeinsam für ein langes Festwochenende mit Kulturevents, Umzügen und größerem Andrang als gewöhnlich auf dem *malecón*. Der Unabhängigkeitstag ist der 9. Oktober (1820), der Día de la Raza der 12. Oktober.

Silvester
KULTUR

Der Beginn des neuen Jahres wird mit Freudenfeuern und lebensgroßen Puppen, den *viejos* („Alten"), gefeiert, die mit alten Lumpen behängt sind und das alte Jahr symbolisieren. Die *viejos* werden auf den Hauptstraßen der Stadt aufgestellt, vor allem auf dem *malecón,* und um Mitternacht in Freudenfeuern verbrannt.

🛏 Schlafen

Einige Besucher ziehen es vor, in den nördlichen Vorstädten zu übernachten, aber das ist für den Weg zum Flughafen oder zum

---

ISLA SANTAY

Die von Mangroven bedeckte Insel Santay wurde von den meisten Besuchern Guayaquils lange Zeit ignoriert. Seit sie unter Naturschutz gestellt wurde, entwickelt sie sich aber allmählich zum neuen Reiseziel. Santay ist Teil des Stadtbegrünungsprogramms der Regierung und Aushängeschild des jüngst eingeführten ökotouristischen Projekts „Guayaquil Ecológico". 2014 wurde eine autofreie Brücke eingeweiht, über die Fußgänger und Radfahrer die Insel erreichen können.

Die friedliche, 2000 ha große Insel im Río Guayas ist ein wohltuendes Refugium vom städtischen Treiben Guayaquils und zudem mit 128 Vogelarten ideal zur Vogelbeobachtung (in den trüben Gewässern lassen sich auch Kaimane blicken). Hölzerne Laufstege führen auf der Insel durch ein kleines Fischerdorf mit 230 Einwohnern (und ein paar einfachen Essensangeboten). Bei Drucklegung stand eine zweite Brücke vor der Fertigstellung, die die Insel mit dem Kanton Durán verbinden wird.

Die 840 m lange Santay-Brücke befindet sich ein paar Kilometer südlich des *malecón*. Zu erreichen ist sie mit dem Metrovia-Bus bis zur Haltestelle Barrio Centenario, die zwei Straßenblöcke von der Brücke entfernt ist.

Busbahnhof nicht wirklich praktischer, als im Zentrum unterzukommen. Außerdem ist man dann gezwungen, für alle Unternehmungen ein Taxi zu nehmen. Wenn man also dort absteigt, sollte der Grund nur in der Qualität der jeweiligen Unterkunft liegen.

🛏 Zentrum

Der Straßenlärm kann lästig sein, gleichgültig in welche Preisklasse das Hotel fällt.

Hostal Suites Madrid   HOTEL $
(Karte S. 294; ☏ 04-230-7804; www.hostalsuites madrid.com; Quísquis 305 nahe Rumichaca; Zi. mit Ventilator/Klimaanlage ab 25/30US$; P✱@🖨) Dieses blitzsaubere und sichere Refugium nur zehn Minuten zu Fuß vom *malecón* ist eines der wenigen auf ausländische Besucher eingestellten Hotels in der Stadt. Es hat hohe Decken, bunte und fröhliche Farben und eine Dachterrasse mit Computern für die Gäste. Die Angestellten sind sehr hilfsbereit und freundlich. Der Manager Christopher Jimenez spricht Englisch, Französisch und Italienisch und betreibt das angeschlossene Reisebüro. Zur Zeit der Recherche wurde gerade ein Anbau nebenan mit Pool, Bar und Terrasse gebaut.

Hotel Nueve de Octubre   HOTEL $
(Karte S. 294; ☏04-256-4222; Av 9 de Octubre 736; Zi. 18 US$; ✱🖨) Dieser Hotelgigant steht auf einem erstklassigen Grundstück im Herzen der Einkaufszone im Zentrum. Die sowjetisch anmutenden Korridore und einfachen Zimmer sind sauber, haben aber keinen Charakter; Warmwasser gibt's auch nicht.

Hotel Andaluz   HOSTEL $$
(Karte S. 294; ☏ 04-230-5796; Baquerizo Moreno 840 nahe Junín; EZ/DZ/2BZ 25/34/40 US$; @🖨) Die Zimmer sind zwar nicht so reizvoll wie die Fassade (die ein elegantes Kolonialgebäude vermuten lässt), aber das Andaluz ist trotzdem eine freundliche, preiswerte Bleibe. Die Zimmer sind hell mit einigen ecuadorianischen Kunstelementen und die Terrasse oben ist prima zum Relaxen.

Re Bed & Breakfast   PENSION $$
(Karte S. 294; ☏ 04-231-0111; www.rebandb.com; Junín 428 nahe Córdova, 2. Stock, Apt. D; B/EZ/DZ mit Frühstück 17/37/64 US$; ✱🖨) Die kleine Pension in einem Apartmenthaus besteht aus fünf einfachen Zimmern, die mit Schablonenzeichnungen, Pop-Art und bunten Vorhängen ausstaffiert sind. Es gibt eine

Gästeküche, ein kleines Wohnzimmer mit viel natürlichem Licht und eine freundliche alternative Atmosphäre, in der sich jeder gleich heimisch fühlt.

Casa de Romero   B&B $$
(Karte S. 294; ☏ 04-603-6244; www.hostelrome ro.com; Ecke Vélez 501 & Boyacá, 6. Stock; EZ/DZ mit Frühstück 28/45 US$; ✱@🖨) Wer den Lebensstil der *guayaquileños* im Stadtzentrum kennenlernen will, kann es mit dieser freundlichen Unterkunft in einem Apartmenthochhaus probieren. Die Zimmer sind recht groß (alle bis auf eines mit Bad) und mehrere haben einen Balkon. Es gibt auch eine schöne Lounge und eine Gästeküche (mit Waschmaschine).

Manso Boutique Hotel   HOTEL $$
(Karte S. 294; ☏ 04-252-6644; www.manso.ec; Ecke Malecón Simón Bolívar & Aguirre; B 17 US$, Zi. 41–82 US$; ✱@🖨) Abgesehen von der unschlagbaren Lage am *malecón* ist das Manso mindestens genauso sehr Hostel wie Boutiquehotel. Die Zimmer unterscheiden sich in Komfort und Stil; die besten sind hell, luftig und mit etwas Farbe an der Wand und gerahmten Bildern aufgepeppt. Das Haus hat ein etwas alternatives Flair: Es gibt Yogakurse, Leihfahrräder und ein nettes Café mit Bio-Essen.

Hotel Las Peñas   HOTEL $$
(Karte S. 294; ☏ 04-232-3355; www.hlpgye.ec; Escobedo 1215 nahe Vélez; EZ/DZ/3BZ mit Frühstück 49/61/67 US$; ✱🖨) Das nicht weit vom *malecón* und der Avenida 9 de Octubre entfernte Las Peñas bietet ein gutes Preis-Leistungs-Verhältnis und äußerst geräumige Zimmer mit alten Fernsehern und Minikühlschrank. Die Eckzimmer haben große Fenster und eine schöne Aussicht.

Hotel Presidente Internacional   HOTEL $$
(Karte S. 294; ☏ 04-230-6779; www.presidente internacional.com; Quísquis 112 nahe Riobamba; EZ/DZ 40/67US$; ✱@🖨) In diesem eher heruntergekommenen Stadtteil wirkt ein uniformierter Hotelportier ungewöhnlich, aber das neunstöckige Presidente bietet mit polierten Holzböden, hochwertigen Badezimmern und dezenten Kunstwerken auch echte Qualität – es gibt sogar einen kleinen Fitnessraum und einen Whirlpool.

Hotel Versailles   HOTEL $$
(Karte S. 294; ☏04-230-8773; www.hotelver sailles.com.ec; Ecke Quísquis & Ximena; EZ/DZ ab 27/35 US$; ✱@🖨) Dem Vergleich mit

Guayaquil – Nördliche Vororte

LOS SAUCES

ALBORADA

2

Parque
Industrial

Av José María Egas

Oxandaberro

Los
Sauces
Park

Av Francisco de Orellana

Av Agustín Freire Icaza

Av Isidro Ayora

Av Juan Tanca Marengo

Plaza
La Garzota

LA GARZOTA

Guillermo Pareja Rolando

Av Hermano Miguel

Av de las Américas

KENNEDY

14

Av Joaquín Orrantia

Estero Salado

José Santiago Castillo

Av Francisco de Orellana

3

URDESA

9

8

Ficus

Av de Circunvalación

Rendón Seminario

Monjas

Dátiles

Fco Huerta Rendón

Av del Rotarismo

Cedros

Bálsamos

6

Cosme Renella

Leonidas Plaza Dañin

7

11

5

4

10

Estrada

12

13

Av Francisco Boloña

Av del Periodista (San Jorge)

Av de las Américas

Av Carlos Julio Arosemena

Estero Salado

Ciudadela
Universitaria
Salvador Allende

Guayaquil – Nördliche Vororte

seinem Namenspatron kann es zwar nicht standhalten, trotzdem ist das Versailles, ein paar Blocks von der Avenida 9 de Octubre, eine gute Wahl. Die Zimmer sind mit Marmorböden sind geräumig (einige sind jedoch fensterlos und dunkel) und haben hochwertige Duscharmaturen und Flachbild-TVs.

★ Mansion del Rio   HOTEL $$$

(Karte S. 294; 📞04-256-6044; www.mansiondel rio-ec.com; Numa Pompilio Llona 120, Las Peñas; Zi. mit Frühstück ab 186 US$; ❄@🛜) Das Hotel in einem liebevoll restaurierten Wohnhaus aus den 1920er-Jahren versteckt sich in einer Kopfsteinpflastergasse am Fluss im Stadtteil Las Peñas und ist das einzige, das aus Geschichte und Lage Guayaquils Nutzen zieht. Die elf Zimmer sind mit sorgsam ausgewählten Antiquitäten und vielen originalen Elementen (Kronleuchter, Vintage-Tapeten, Messingarmaturen) schön eingerichtet.

Von der Dachterrasse hat man einen wunderbaren Blick. Transport vom/zum Flughafen gehört zum Service.

Hotel Oro Verde   HOTEL $$$

(Karte S. 294; 📞04-232-7999; www.ororverdeho tels.com; Ecke Av 9 de Octubre & García Moreno; Zi. ab 160 US$; 🅿❄@🛜❄) Das Oro Verde, rund vier Blocks westlich des Parque del Centenario, ist immer noch das feinste Hotel der Stadt – nicht so sehr wegen der edlen Zimmer, sondern vor allem wegen der erstklassigen Einrichtungen, dem Kasino und den ausgezeichneten Restaurants.

Hotel Palace HOTEL $$$

(Karte S. 294; ☑04-232-1080; www.hotelpalace guayaquil.com.ec; Chile 214; EZ/DZ mit Frühstück ab 110/133 US$; P ✹ @ ☎) Nur Schritte von der Avenida 9 de Octubre und einige Blocks vom *malecón* entfernt, ist das professionell geführte Palace das bestgelegene Businesshotel der Stadt. Es hat moderne und kompakte, aber geschmackvoll eingerichtete Zimmer, die sogar Luxuselemente wie hochwertige Fernseher enthalten.

Hotel Continental HOTEL $$$

(Karte S. 294; ☑04-232-9270; www.hotelcontinen tal.com.ec; Chile 510; Zi. ab 98 US$; P ✹ @ ☎) Das festungsartige Hotel Continental gehört zu den ältesten Luxushotels vor Ort und hat komfortable, wenn auch nicht besonders große Zimmer und mehrere gute Restaurants. Es befindet sich direkt gegenüber dem Parque Bolívar.

🛏 Nördliche Vororte

Mehrere typische Businesshotelketten wie Sheraton und Howard Johnson finden sich draußen nahe der Mall del Sol.

NucaPacha HOSTEL $

(Karte S. 300; ☑04-261-0553; www.nucapacha. com; Bálsamos Sur 308; B 11 US$, EZ/DZ 22/ 33 US$, ohne Bad 17/27 US$; @ ☎ ✹) Das Nuca-Pacha in einer stillen Straße in Urdesa hat eine einladende Terrasse mit Pool, die von tropischen Bäumen umgeben ist (darunter Mango- und Papayabäume). Die Zimmer sind ziemlich schlicht (kahle Wände, eine Neonlampe, lauter Ventilator) und die Betten nicht sehr bequem, aber die Angestellten sind freundlich und der Preis stimmt. Das Haus hat auch eine Gemeinschaftsküche und bietet Touren an.

Tangara Guest House PENSION $$

(Karte S. 294; ☑04-228-2828; www.tangara-ecua dor.com; Ciudadela Bolivariana, Ecke Manuela Sáenz & O'Leary, Block F, Casa 1; EZ/DZ mit Frühstück ab 35/56 US$; ✹ ☎) Das Tangara hat nette, aber ziemlich einfache Zimmer, eine kleine Veranda mit Hängematte und eine Lounge, wo die Gäste nach all der Besichtigung entspannen können. Auch eine Gästeküche ist vorhanden. Der Besitzer spricht Englisch und hat nützliche Tipps zur Erkundung der Stadt. Das Haus liegt ein paar Blocks von der Universität Guayaquil entfernt.

Hilton Colón Guayaquil HOTEL $$$

(Karte S. 300; ☑04-268-9000; www.hiltoncolon. com; Francisco de Orellana; Zi. ab 164 US$; ✹ @ ☎ ✹) Dieser riesige Komplex mit mehreren Restaurants, Läden, einem Pool, einer Sporthalle und einem Kasino ist eine luxuriöse Option. Wer den Aufpreis für eine Suite zahlt, bekommt zusätzlich einen Balkon mit spektakulärer Aussicht.

Essen

Die *guayaquileños* lieben ihren *encebolla-do*, eine leckere Suppe aus Fisch, Maniok und Zwiebeln, die mit Popcorn und *chifles* (knusprigen frittierten Bananenscheiben) garniert wird. Das beste *encebollado* bekommt man in billigen kleinen Familienrestaurants, in denen die Suppe bis mittags verkauft wird. *Cangrejo* (Krebs) ist eine weitere örtliche Spezialität. Viele der besten Restaurants findet man in der Vorstadt Urdesa, 4 km nordwestlich des Zentrums.

🍴 Zentrum

Sweet & Coffee CAFÉ $

(Karte S. 294; Ecke Carbo & Luque; Snacks 2–3,50 US$; ⏱Mo-Fr 7.30–20.30, Sa ab 9, So 12–18 Uhr; ☎) Ein beliebtes Café in dunklem Holz mit exzellenten Kuchen und Quiches (die *torta de jamón y queso* ist ziemlich gut). In der Avenida 9 de Octubre nahe dem Oro de Verde gibt's eine **Filiale** (Karte S. 294; Ecke 9 de Octubre & José de Antepara; Snacks 2–3,50 US$; ⏱Mo-Fr 7.30–20.30, Sa ab 9, So 12–18 Uhr).

Mi Comisariato SUPERMARKT $

(Karte S. 294; Av 9 de Octubre, zwischen Avilés & Boyacá; ⏱9–20 Uhr) Der große Lebensmittelladen ist die bequemste Adresse für Selbstversorger im Zentrum. Sieht wie ein Bekleidungsgeschäft aus.

Dulceria La Palma CAFÉ

(Karte S. 294; Escobedo, zwischen Vélez & Luque; ⏱Mo-Sa 7.45–19, So 8–17 Uhr) Das altmodische Café mit wirbelnden Deckenventilatoren und Schwarz-Weiß-Fotos von Guayaquil ist eines der stimmungsvollsten Lokale im Zentrum, bestens geeignet für ein Frühstück oder für Snacks wie *cachitos* (knusprige Mini-Croissants; 0,11 US$) oder diverses Gebäck (alle 0,27 US$ pro Stück).

Frutabar SAFTBAR $

(Karte S. 294; Malecón Simón Bolívar; Hauptgerichte 5–7 US$; ⏱9–24 Uhr) In der Restaurant-Bar mit Surferflair gibt's Gourmet-Sandwiches, Snacks und leckere tropische Fruchtsäfte und Cocktails. Prima für einen Drink zu Reggae und Lounge-Beats.

Las 3 Canastas — SAFTBAR $
(Karte S. 294; Ecke Vélez & Chile; Getränke ab 2,10 US$; ⊙ Mo–Sa 8.30–18.30 Uhr) Ein tagsüber geöffneter, gut besuchter Laden mit Straßentischen, Barhockern und einer großen Auswahl an Fruchtgetränken.

Costillas de Nico — ECUADORIANISCH $
(Karte S. 294; Ecke Paula de Icaza & Córdova; Hauptgerichte 4–7 US$, Empanadas um 1,50 US$; ⊙ 12–21 Uhr) Für Fleischliebhaber gibt's in diesem beliebten Restaurant nahe der Plaza de la Merced Grillrippchen, Steak und Huhn. Im hauseigener Imbissstand gleich davor serviert leckere Empanadas – ein toller Snack für unterwegs.

Restaurante 8-28 — CHINESISCH $
(Karte S. 294; Av 9 de Octubre, zwischen Rumichaca & Avilés; Hauptgerichte 4–7 US$, Tagesgerichte 2,50 US$; ⊙ 11–23 Uhr) Die beste und beliebteste *chifa* (chinesisches Restaurant) des Viertels serviert große Portionen in einem sauberen, modernen Ambiente.

Lorenabo — VEGETARISCH $
(Karte S. 294; Paula de Icaza, zwischen Moreno & Cordova; Hauptgerichte 3 US$; ⊙ Mo–Fr 12–17 Uhr;) Eines der wenigen Lokale mit fleischlosen italienischen und ecuadorianischen Gerichten.

Fragela Heladería Artesanal — EISCREME $
(Karte S. 294; Malecón Simón Bolívar nahe Av 9 de Octubre; Eistüte 2,20–3,20 US$) Eine nette Eisdiele im Zentrum.

Resaca — INTERNATIONAL $$
(Karte S. 294; Malecón Simón Bolívar Höhe Rendón; Hauptgerichte 7–14 US$, Mittagsteller 3,50 US$; ⊙ Mo–Sa 11–24, So bis 20.30 Uhr) Das gesellige, zweistöckige Restaurant am *malecón* serviert deftige ecuadorianische Klassiker. Daneben gibt's All-you-can-eat-Buffets mit mexikanischem Essen (donnerstags) und Krebsgerichten (fast täglich am 20 Uhr; rund 24 US$, einschließlich unbegrenzt Pils). Die Dachterrasse ist prima für einen abendlichen Drink.

Victoria Café — ECUADORIANISCH $$
(Karte S. 294; Malecón Simón Bolívar; Hauptgerichte 7–17 US$; ⊙ 11–23 Uhr) Das hübsche, schattige Lokal befindet sich an einem kleinen Ententeich und in idealer Lage für eine Pause vom Bummeln am Ufer. Geboten werden ecuadorianische Klassiker, aber man kann auch für einen Drink oder Snack vorbeischauen.

Mercado El Norte — ECUADORIANISCH $
(Ecke Baquerizo Moreno & Martínez; ⊙ Mo–Sa 9–19, So 10–16 Uhr) Frisches Obst und Gemüse sowie preisgünstige Tagesgerichte gibt's auf diesem quirligen Markt in der Nähe des Mercado Artesanal Loja.

Pique & Pase — ECUADORIANISCH $$
(Karte S. 294; Lascano zwischen Tulcán & Carchi; Hauptgerichte 8–15 US$; ⊙ 12–23 Uhr) Das beste Restaurant für traditionelle ecuadorianische Spezialitäten wartet auch mit traditionell gekleideten Kellnern auf. Es lohnt sich, mehrere kleine Gerichte zu teilen, wie z. B. *bolon verde* (gebratene Kochbananen mit Käsebrei), *humitas* (Maisklöße in einem Maishüllblatt gedämpft) oder *guatita con moro de lentejas* (Eintopf aus Rinderkutteln mit gemischtem Reis und Linsen), bevor man sich als ein Hauptgang ein Fleisch- oder Meeresfrüchtegericht kommen lässt.

Picantería La Culata — FISCH & MEERESFRÜCHTE $$
(Karte S. 294; Córdova zwischen Mendiburo & Martínez; Hauptgerichte 4–9 US$; ⊙ Mo–Do 8–24, Fr & Sa bis 2 Uhr) La Culata bringt einen Hauch Küste in die große Stadt und serviert exzellente Ceviche, *encocados* (Garnelen oder Fisch in einer schweren, pikanten Kokosnusssauce) und Reisgerichte mit Meeresfrüchten. Es ist ein relaxtes, halb offenes Restaurant (mit Wandbildern, die ein *cabaña*-Ambiente am Strand vortäuschen), das zu jeder Tages- und Nachtzeit gut besucht ist.

Cocolon — ECUADORIANISCH $$
(Karte S. 294; Av Carbo; Hauptgerichte 8–12 US$; ⊙ Mo–Sa 12–21, So bis 17 Uhr) Das Cocolon gleich auf der anderen Seite des Vorplatzes der Iglesia de San Francisco ist modern, aber fröhlich eingerichtet und bekannt für seine ecuadorianischen Gerichte. *La ultima cena* (gegrillte Lende mit Reis, Bohnen und allem Drum und Dran) ist ein Klassiker. Mutige können die *guatita* probieren, einen Eintopf aus Kutteln und Kartoffeln in einer pikanten Erdnusssauce.

Manso Mix — FUSIONSKÜCHE $$
(Karte S. 294; Ecke Malecón Simón Bolívar & Aguirre; Hauptgerichte 7–9 US$; ⊙ 8–22 Uhr;) Das farbenfrohe Café im Manso Boutique Hotel serviert leckeres, gesundes Essen, wie Quinoa-Tortillas, Fisch in Kokosnusssauce und Bohnen-Hamburger.

PLAZA LAGOS

Einer der reizvollsten Plätze Guayaquils zum Ausgehen ist die **Plaza Lagos** (www.plaza lagos.com.ec; Km 6,5 Via Puntilla), eine schön gestaltete Anlage mit feinen Restaurants, Weinbars und Straßencafés inmitten von Palmen, plätschernden Springbrunnen, Promenaden und einem künstlichen See. Mit der kolonial anmutenden Architektur und der tropischen Brise wirkt der Platz ein bisschen wie eine Mischung aus Miami und Mittelmeer.

Rund zwei Dutzend Speiselokale um den Platz bieten eine breite Auswahl, von südamerikanischer Fusionsküche bis zu spanischen Tapas. Neben den Nobelrestaurants servieren zudem eine Handvoll Cafés Italienisches, Gourmetsandwiches, Kuchen und dergleichen. Hier an den Straßentischen zu speisen ist ein Vergnügen, besonders an Wochenenden, wenn es in einigen Lokalen Livemusik gibt. Zu beachten ist jedoch, dass die Preise hier höher sind als anderswo – aber im Allgemeinen auch die Qualität.

Der Platz liegt auf der anderen Seite des Río Daule im Nobelviertel Samborondón. Ein Taxi vom Zentrum Guayaquils kostet etwa 8–10 US$.

Artur's Café INTERNATIONAL $$

(Karte S. 294; ☎ 04-231-2230; Numa Pompilio Llona 127, Las Peñas; Hauptgerichte 6–9 US$; ⏲ So-Do 18–24, Fr & Sa bis 2 Uhr) Das alteingesessene Lokal oberhalb des Río Guayas serviert gewöhnliches ecuadorianisches Essen, aber es ist ein lebhafter Treffpunkt für einen abendlichen Drink, bevor es auf Tour durch Las Peñas geht. An den meisten Wochenenden gibt's Livemusik.

★ La Tasca de Carlos SPANISCH $$$

(Karte S. 294; Ecke Cordova & Paula de Icaza; Hauptgerichte 15–28 US$, Tapas 4–10 US$; ⏲ Mo-Fr 12–19, Sa bis 16 Uhr) Die freundliche, familiengeführte Kneipe serviert Delikatessen aus der Alten Welt, wie weiche Tortillas, *arroz negro con calamares* (Reis mit Tintenfischtinte und Calamari), *pulpo a la gallega* (Tintenfisch auf galizische Art) und reichhaltige Paella. Sie verströmt mit den alten Fotos und anderem Krimskrams aus Spanien viel Atmosphäre; mittags geht's hier fröhlich rund.

🍴 Nördliche Vororte

Sweet & Coffee CAFÉ $

(Karte S. 300; Estrada nahe Cedros; Snacks 2–3,50 US$; ⏲ Mo-Do 8–23, Fr & Sa bis 2, So 10–23 Uhr; 🛜) Ein modernes und einladendes Café in Urdesa, in dem alle Altersgruppen auf einen Kaffee, einen lebhaften Plausch und wegen der exzellenten Quiches und Kuchen vorbeischauen.

Frutabar - Urdesa CAFÉ $

(Karte S. 300; Estrada nahe Monjas; Hauptgerichte 5–7 US$; ⏲ 10–24 Uhr) Das Café mit polynesischen Motiven serviert gute Sandwiches, Säfte und tropische Cocktails und wird von freundlichen, jungen Leuten besucht.

Sushi Isao JAPANISCH $$

(Karte S. 300; Balsamos 102 nahe Estrada; Hauptgerichte 10–19 US$; ⏲ Di-Sa 12–23, So bis 22 Uhr) Das Sushi Isao ist eines der besten japanischen Restaurants in der Stadt, ein kleines, zwangloses Lokal, das beliebt bei japanischen Expats ist. Die Zutaten sind frisch und die Gerichte sind gekonnt zubereitet. Ein echtes Schnäppchen ist das *chirashizushi* (12,60 US$), eine ganze Schüssel mit Lachs, Garnelen, Thunfisch, Tintenfisch und Aal auf Algen, *tomago* (Rührei) und Reis.

Café El Español CAFÉ $$

(Karte S. 300; Ecke Estrada & Cedros; Hauptgerichte 7 US$; ⏲ So-Do 8.30–22, Fr & Sa bis 24 Uhr; 🛜) Eine zweistöckige Kombination aus gehobenem Café und spanischem Feinkostladen (Schinken ist die Spezialität) mit Plätzen drinnen und draußen.

★ Lo Nuestro ECUADORIANISCH $$$

(Karte S. 300; ☎ 04-238-6398; Estrada 903; Hauptgerichte 15–27 US$; ⏲ 12–23 Uhr) Das Restaurant in einer 100 Jahre alten Villa mit hölzernen Fensterläden und alten Möbeln ist eines der stimmungsvollsten der Stadt und ein guter Ort, um Ceviche, Seebarsch mit Krebs und andere Fischgerichte zu genießen. Am Wochenende spielen abends Musiker, und dann sollte man reservieren.

La Alameda de Chabuca PERUANISCH $$$

(Karte S. 300; ☎ 04-269-0641; nahe der Av Francisco de Orellana; Hauptgerichte 12–16 US$; ⏲ 12.30–16 & 19–22.30 Uhr) Das elegant eingerichtete Restaurant gegenüber der San Marino Mall ist ein Schaukasten der besten peruanischen Küche Guayaquils. Zum breiten Speisenangebot gehören köstliche Ceviche, reichhaltige *parihuela* (gemischte Meeresfrüchte in einer schweren Weißweinsauce) und zartes *lomo saltado* (Steakscheiben, Kartoffeln, Zwiebeln und Tomaten auf Reis).

Red Crab
FISCH & MEERESFRÜCHTE $$$

(Karte S. 300; Estrada 1205 nahe Laurales; Hauptgerichte 17–22 US$; ⊙12–23 Uhr) Das berühmte Krustentier wird in diesem beliebten und fröhlichen Restaurant auf ein Dutzend Arten zubereitet. Hier dreht sich alles um Unterwasserwelt mit schlechter Beleuchtung und leckere (wenn auch überteuerte) Krebsgerichte.

 ## Ausgehen & Unterhaltung

Das *farra* (Nachtleben) verteilt sich in Guayaquil über die Stadt. Im ehemaligen Rotlichtviertel hinter dem *malecón* zwischen der Aguirre und der Orellana (das immer noch als Zona Rosa bezeichnet wird) gibt es mehr als 20 Bars und Clubs (durchschnittlicher Eintritt am Wochenende 10 US$) sowie ein paar Schwulen- und Lesbenclubs mit Travestieshows an den Wochenenden. In Las Peñas, am Hang nördlich des Zentrums, gibt's bescheidenere Kneipen, während die nördliche Vorstadt Urdesa und das Gebiet von Samborondón nahe dem Parque Histórico Tummelplätze der Schönen und Schicken sind.

Bars & Clubs

Rayuela
BAR

(Karte S. 294; Numa Pompilio Llona; ⊙Di–So 9 Uhr bis open end) Der hippe neue Laden mit Kerzenbeleuchtung hat eine Lounge-Atmosphäre, die genau das richtige Ambiente für ein paar Drinks mit Freunden ist. Gut gemixte Cocktails (7–9 US$) und Snacks (*quesadillas*, Tapas, Fondues) sind im Angebot und donnerstagabends spielen Bands gedämpfte Musik. Mindestverzehr pro Person sind 15 US$. Tagsüber gibt's Brunch und bis 20 Uhr zwei Drinks zum Preis von einem.

Chavela
LOUNGE

(Karte S. 300; Circunvalación sur 106 nahe Victor Emilio Estrada) Die stilvolle Lounge in Urdesa ist derzeit die angesagteste Bar, in der sich gut gekleidete, tanzwütige Gäste mit dicker Brieftasche tummeln. Mindestverzehr ist üblicherweise um 25 US$ und es gibt ein Restaurant im Haus (ab 19.30 Uhr geöffnet).

La Paleta
BAR

(Karte S. 294; Numa Pompilio Llona 174; ⊙Di–Sa 21–2 Uhr) In der kleinen Lounge-Bar La Paleta mit ihren höhlenartigen Nischen, dem Hipster-Volk und der Ambient-Musik im Hintergrund lässt sich gut ein ganzer Abend verbringen. Es gibt Bier und Edelcocktails sowie Tapas.

Puerto Pirata
BAR

(Karte S. 294; Escalón 384; ⊙17–24 Uhr) Nach dem Aufstieg auf den Cerro Santa Ana kann man in diesem als Piratenschiff aufgemachten Lokal unterhalb des Leuchtturms wieder zu Atem kommen. Hier gibt's Getränke und Essen und an den Wochenenden Livemusik.

Cali Salsoteca
BAR

(Karte S. 294; Panamá nahe Martinez; ⊙Do–Sa 21–2 Uhr) Eine der besten Salsa-Bars in Guayaquil inmitten der Zona Rosa lockt mit faszinierenden Tänzern und Blechmusik.

Bar El Colonial
BAR

(Karte S. 294; Rocafuerte 623; ⊙Mo–Do 16–24, Fr & Sa bis 2 Uhr) Ein seit Langem bestehender Treff in der Zona Rosa, der an den Wochenenden abends Livemusik bietet.

La Taberna
BAR

(Karte S. 294; Cerro Santa Ana) Die lebhafte, szenige Kneipe liegt in Las Peñas die Treppen hoch und dann die erste Gasse links. Hier gibt's Salsa, fröhliche Gäste und viel Zuneigung zu Guayaquils Barcelona Sporting Club: Überall hängen Trikots und alte Fußballmemorabilien.

Diva Nicotina
BAR

(Karte S. 294; Cerro Santa Ana; ⊙Mo–Do 19–24, Fr & Sa bis 2 Uhr) Im stimmungsvollen Diva Nicotina zu Füßen des Hügels verkehren gut gelaunte junge Leute. Proppenvoll wird es, wenn's Livemusik gibt.

Rollings Tone
BAR

(Karte S. 300; Jorge Perez Concha; ⊙18 Uhr bis open end) Eine gehobene Sportbar nicht weit vom Beginn der Einkaufszeile der Estrada in Urdesa. Hier gibt's Billard, Tischfußball und an den Wochenenden abends Auftritte von Coverbands.

Kinos

Die Programme aller Kinos der Stadt stehen im *El Telégrafo* und im *El Universo*. Filmbesucher in den nördlichen Vorstädten haben die Auswahl zwischen verschiedenen Kinos mit mehreren Sälen in den großen Einkaufszentren.

Cinema Malecón
KINO

(Karte S. 294; ☎04-256-3078; Malecón Simón Bolívar nahe Loja; Karte 4 US$) Im Zentrum zeigt das mit dem MAAC verbundene IMAX-Kino am *malecón* Hollywoodfilme.

Sport

Die *guayaquileños* fiebern in Gelb und Schwarz, den Farben ihres Fußballclubs **Barceloña Sporting Club** (BSC; www.bsc.ec). An Spieltagen wirkt die Stadt vielerorts wie ausgestorben, denn wer nicht in dem 90 000 Plätze fassenden Estadio Monumental Banco del Pichincha in der nördlichen Vorstadt El Paraíso ist, klebt zu Hause oder in einer Bar vor dem Fernseher. In den letzten Jahren hat allerdings das zweite Team, **Emelec** (www.emelec.com.ec), dessen Stadion sich im Centenario gleich südlich der Innenstadt befindet, die Nase vorn gehabt. Wenn Barceloña und Emelec (Blau und Weiß) gegeneinander spielen, sollte man es vermeiden, die Farben eines der Teams zu tragen, ganz besonders bei einem Stadionbesuch (Tickets ab 5 US$), denn dann könnte man den Zorn der Anhänger der gegnerischen Mannschaft zu spüren bekommen. Die Termine der Spiele sind über den Sport-Link der Website www.eluniverso.com zu erfahren.

 Shoppen

Eines der größten Einkaufszentren in ganz Südamerika ist die **Mall del Sol** (Karte S. 300; Av Juan Tanca Marengo) nahe dem Flughafen. **San Marino** (Av Francisco Orellana) im Vorort Kennedy ist ein großes, ebenso nobles Einkaufszentrum.

Vivián L Tettamanti   KUNSTHANDWERK
(Karte S. 294; Numa Pompilio Llona 124; ⊙11–19 Uhr) Der schmucke kleine Laden in einer Straße voller Galerien in Las Peñas verkauft schöne Arbeiten verschiedener ecuadorianischer Künstler und Kunsthandwerker. Da gibt es Wandteppiche, *tagua*-Schnitzereien, Schals, Lederbrieftaschen, auffallenden Schmuck, Panamahüte, Bioschokolade und Accessoires aus recyceltem Material.

El Mercado Artesanal Loja   MARKT
(Karte S. 294; Baquerizo Moreno; ⊙Mo–Sa 9–19, So 10–17 Uhr) Der große Kunsthandwerksmarkt hat eine große Auswahl an Kunsthandwerk aus ganz Ecuador, z. B. Pullover im Otavalo-Stil, Panamahüte, geschnitzte Schachfiguren und Gemälde aus Massenproduktion. Feilschen wird erwartet.

Praktische Informationen

GEFAHREN & ÄRGERNISSE

In Guayaquil gibt's reichlich Armut und die üblichen Probleme einer Großstadt, aber nichts, weswegen man panisch werden müsste. Die wichtigsten Touristengebiete um die Avenida 9 de Octubre, den Malecón 2000, Las Peñas und die Restaurantmeile in Urdesa sind absolut sicher. Das Gebiet unmittelbar nördlich und südlich des Parque del Centenario wirkt nachts ziemlich zwielichtig, aber es reicht, seinen gesunden Menschenverstand einzuschalten und die üblichen Vorsichtsmaßregeln zu beherzigen, die für jede Großstadt gelten.

GELD

Banken und Geldautomaten gibt es im ganzen Zentrum, besonders um die Plaza de la Merced.

INTERNETZUGANG

Die meisten Hotels und Hostels haben kostenloses WLAN. Die Internetcafés, die sich über die Innenstadt verteilen, nehmen alle rund 1 US$ pro Stunde.

KULTURZENTREN

Alliance Française (☑04-253-2009; www. alianzafrancesaguayaquil.com; Ecke Hurtado 436 & Mascote) In dem französischen Kulturzentrum nahe der US-amerikanischen Botschaft finden Ausstellungen, Konzerte und diverse Vorträge und Kurse statt.

Casa de Cultura (☑04-230-0500; www. casadelaculturaguayas.org; Ecke Av 9 de Octubre & Moncayo; ⊙Di–Fr 10–18, Sa 9–15 Uhr) Veranstaltet Kunstausstellungen, Vorträge und Filmvorführungen.

MEDIEN

El Universo und *El Telégrafo* sind die wichtigsten lokalen Zeitungen in Guayaquil, die alle kulturellen Ereignisse in der Stadt auflisten.

MEDIZINISCHE VERSORGUNG

Einige rund um die Uhr geöffnete Apotheken finden sich an der Avenida 9 de Octubre.

Clínica Kennedy (☑04-228-9666; Av del Periodista) Das Krankenhaus gehört zu den besseren in Guayaquil und liegt beim Einkaufszentrum Policentro im Vorort Kennedy. Die Avenida del Periodista wird auch San Jorge genannt.

NOTFALL

Cruz Roja (Rotes Kreuz; ☑131)
Polizei (☑101)

POST

Post (Karte S. 294; Ecke Carbo & Ballén; ⊙Mo–Fr 8–19, Sa bis 12 Uhr) In einem riesigen Gebäude.

TOURISTENINFORMATION

Dirección Municipal de Turismo (Karte S. 294; ☑04-232-4182; www.thisisecuador. com; Ecke Pichincha & Ballén, Museo Nahim Isaias; ⊙Di–Sa 9–17 Uhr) Die kleine Touristeninformation für Stadt- und Regionalinfos ist jeweils nur mit einer Person besetzt, die zwar sehr freundlich ist, aber meist nur Spanisch spricht.

❶ An- & Weiterreise

BUS

Der riesige **Terminal Terrestre** (Karte S. 300; www.ttg.ec) gleich nördlich vom Flughafen ist gleichzeitig ein weitläufiges Einkaufszentrum (mit Läden, Restaurants, Internetcafés usw.) und Verkehrsknotenpunkt. Die kleinen Büros von mehr als 100 Busunternehmen reihen sich auf der einen Seite im Erdgeschoss des Gebäudes. Die Schalter sind nach Region sortiert, die Ziele und Abfahrtzeiten sind meist deutlich angegeben. Die Busse fahren von der ersten und zweiten Ebene ab.

Die meisten Busunternehmen verkaufen Fahrkarten im Voraus, was einen Sitzplatz garantiert. Ansonsten kann man auch einfach zum Busbahnhof kommen und einen Bus aussuchen, der am gleichen Tag zum gewünschten Ziel fährt. Am Freitagabend und an Feiertagen können die Plätze knapp werden.

FLUGZEUG

Guayaquils schicker und moderner internationaler Flughafen **José Joaquín de Olmedo** (Karte S. 300; ☎ 04-216-9209) befindet sich östlich der Avenida de las Américas rund 5 km nördlich des Zentrums. Alle Flüge zu den Galapagosinseln starten hier oder legen auf dem Weg von Quito einen Zwischenstopp ein. Überall im Flughafen gibt's kostenlosen WLAN-Zugang. Ein Schalter mit Infos zu Unterkünften und Verkehrsverbindungen befindet sich unmittelbar außerhalb der Ankunftshalle.

Inland

Es gibt viele Inlandsflüge in alle Landesteile, die häufigsten sind nach Quito (1 Std.) mit Avianca, LAN oder Tame. Ein einfaches Ticket kostet ab 78 US$. Den schönsten Blick im Flugzeug nach Quito bietet ein Platz auf der rechten Seite.

Tame fliegt auch täglich nach Cuenca (ab 92 US$, 30 Min.) und Loja (ab 72 US$, 50 Min.).

---

❶ **SCHNELLER REISEN PER BUS**

Die besten Busverbindungen nach Quito sind die direkten Abendbusse der Panamericana (10,25 US$, 8 Std.). Nach Cuenca fahren Busse über El Cajas (8,25 US$, 4 Std.) sowie über die etwas umständlichere Strecke via La Troncal (7,25 US$, über 5 Std.). Nach Peru fahren ebenfalls Busse (S. 307).

Es gibt in der Regel auch Flüge nach Tulcán, Latacunga und Esmeraldas. Avianca, Tame und LAN fliegen täglich nach Baltra (2 Std.) und San Cristóbal (2 Std.) auf den Galapagosinseln. Flüge hin und zurück kosten ab 395 US$.

Folgende Fluglinien mit Inlandsverbindungen haben Büros in Guayaquil:

Avianca (☎ 1-800-003-434; www.avianca.com; Junín 440)

LAN (☎ 04-269-2850; www.lan.com; 1042 Córdova)

TAME (☎ 04-256-0728; www.tame.com.ec; Av 9 de Octubre 424, Gran Pasaje)

MINIVAN

Minivans von **Ruta del Sol** (Karte S. 294; ☎ 04-230-2984; Panama 501 nahe Orellana) fahren hinter dem Hotel Ramada am *malecón* direkt nach Salinas (10 US$, 2½ Std.). Sie verkehren zwar stündlich von 6 bis 20 Uhr, aber es ist besser, einen Platz zu reservieren.

Nach Machala starten Minivans von **Coturcip** (Karte S. 294; ☎ 04-251-8895; Sucre 202 nahe Pichincha) stündlich im Zentrum (11 US$, 3 Std.).

Busse nach Peru

Ecuadorianische Busgesellschaften wie CIFA und Rutas Orenses fahren nach Huaquillas an der peruanischen Grenze.

Die einfachste Anreise nach Peru erfolgt jedoch mit einer der internationalen Buslinien. **Cruz del Sur** (www.cruzdelsur.com.pe) hat neuere Busse als die der ecuadorianischen Busgesellschaften; sie haben größere und komfortablere Sitze, besseres Mittagessen und manchmal funktionierendes WLAN. Die Fahrkarten kosten 44 US$ nach Mancora, 60 bis 70 US$ nach Trujillo und 85 bis 100 US$ nach Lima (26 Std., Di, Mi, Fr & So 14 Uhr).

Ein weiteres empfehlenswertes Busunternehmen ist **CIVA** (www.excluciva.pe; ☎) mit täglichen Verbindungen (um 21 Uhr) von Guayaquil nach Chiclayo (70–90 US$) mit Anschluss nach Lima und anderen Orten.

Expreso Internacional Ormeño (☎ 04-214-0847; www.grupo-ormeno.com.pe/ormeno.php; Centro de Negocios El Terminal, Bahia Norte, Office 34, Bloque C) fährt täglich nach Lima (90 US$, 26 Std., 11.30 Uhr). Büro und Busbahnhof befinden sich in der Avenida de las Americas gleich nördlich des Hauptbusbahnhofs.

Diese Busverbindungen sind sehr angenehm, da der Bus wartet, während die Grenzformalitäten erledigt werden.

❶ Unterwegs vor Ort

AUTO

Am Flughafen sind mehrere internationale Autovermietungen vertreten, darunter **Budget** (☎ 04-216-9026; www.budget-ec.com) und **Hertz**

(☎04-216-9035; www.hertz.com.ec). Das Fahren in der Stadt ist nichts für Zimperliche: Verkehrsregeln, Sicherheitsvorschriften usw. werden hier auf die leichte Schulter genommen.

BUS

Die Metrovia (0,25 US$), ein wachsendes Schnellbusnetz, fährt l auf eigenen Busspuren mit übergroßen Gelenkbussen aus dem Zentrum in die nördlichen Vororte.

TAXI

Eine Fahrt zwischen zwei beliebigen Punkten im Zentrum sollte ungefähr 1,50 US$ und die Fahrt in den nördlichen Vorort Urdesa zwischen 3 und 4 US$ kosten. Man sollte sich vor dem Einsteigen über den Preis verständigen, sonst könnte es schnell teurer werden als gedacht. Eine andere Methode ist, dem Fahrer einfach das Geld, das man knapp für angemessen hält, entgegenzustrecken – greift er ohne Widerworte zu, prima. Wenn er mehr fordert, hat man wohl zu wenig geboten.

Wer kein Taxi auf der Straße sieht, kann bei der **Cooperativa de Taxis Paraíso** (☎04-220-1877) eines bestellen.

VOM/ZUM BUSBAHNHOF

Der Busbahnhof Terminal Terrestre liegt etwa 2 km vom Flughafen entfernt. Ein Taxi zwischen beiden kostet 2 bis 3 US$, ansonsten fährt auch der Metrovia-Bus (0,25 US$) Richtung Norden bis zum Terminal Río Daule gegenüber vom Busbahnhof.

Vom Stadtzentrum zum Busbahnhof bzw. zum Terminal Río Daule gleich gegenüber verkehren zwei Metrovia-Linien. Günstig gelegene Haltestellen sind die in der Avenida Quito (in der Nähe vom Parque del Centenario) und der Rocafuerte, einen Straßenblock nördlich der 9 de Octubre.

Ein Taxi vom oder zum Zentrum kostet etwa 4 bis 5 US$.

VOM/ZUM FLUGHAFEN

Der Flughafen (www.tagsa.aero; Av de las Américas) liegt ungefähr 5 km nördlich des Zentrums. Die Taxifahrt zwischen Flughafen und Innenstadt sollte 4 bis 5 US$ kosten. Am Flughafen stehen überwiegend gelbe Taxis der Cooperativa de Transportes Aeropuerto Guayaquil (☎04-216-9141); sie fahren in die Stadt oder auch zu anderen Zielen im Land. Die Preise sind hinten an den Sitzen angeschlagen.

Metrovia-Busse (0,25 US$) fahren von der gegenüberliegenden Straßenseite vor dem Flughafen ins Zentrum. Die Haltestelle „Plaza del Centenario" in der Avenida Machala ist die günstigste im Zentrum. Zurück zum Flughafen fährt der Metrovia-Bus einen Block südlich in der Avenida Quito ab.

Bosque Protector Cerro Blanco

Rund 15 km westlich von Guayaquil gibt es in diesem Waldschutzgebiet (Frw./Kind 4/3 US$; ☺Sa & So 8–16 Uhr, werktags mit Anmeldung) einen der letzten erhaltenen tropischen Trockenwälder des Landes. In dem 6078 ha großen Cerro Blanco leben Jaguare, Pumas, Affen, Hirsche, Waschbären und mehr als 200 Vogelarten, darunter der seltene und als gefährdet eingestufte Große Soldatenara (das Symbol des Schutzgebiets). Es gibt Trockenwaldbestände mit riesigen Ceiba-Bäumen und mehr als hundert weiteren Baumarten, und immer wieder bietet sich ein Blick auf die Küstenmangrovenwälder in der Ferne. Mehrere Wanderwege führen in die hügelige Küstenlandschaft hinein.

Der Wald ist ein privates Schutzgebiet, das von der Fundación Pro-Bosque (☎098-622-5077; www.bosquecerroblanco.org) verwaltet wird. Es gibt eine Öko-Farm, ein Informationszentrum mit Ausstellungen über die lokale Ökologie und die hiesige Vogelwelt (auf Spanisch) und eine Wildtierrettungsstation, in der bedrohte Tiere versorgt werden. Dazu gehört auch eine große Voliere mit mehreren Großen Soldatenaras. Spanischsprachige Führer stehen für einen der Naturpfade (2–4 Std.) für 10–35 US$ pro Gruppe (bis zu 8 Pers.) zur Verfügung.

Von Januar bis Mai gibt es viel Wasser, und die Pflanzen sind grün, aber in der Zeit sind auch viele Moskitos (der harmlosen, nicht Malaria übertragenden Sorte) unterwegs, sodass man Insektenschutzmittel braucht. In der Trockenzeit zwischen Juni und Dezember blühen die Bäume, und es ist leichter, Tiere zu beobachten, weil diese sich in den verbliebenen Feuchtgebieten konzentrieren. Die besten Beobachtungszeiten sind wie immer der frühe Morgen und der späte Nachmittag. Im Besucherzentrum kann man eine Liste der Vögel sowie Broschüren kaufen und bekommt Infos und Wegekarten.

Gleich westlich des Cerro Blanco liegen südlich der Straße Guayaquil–Salinas in der Nähe der kleinen Gemeinde Puerto Hondo die Puerto-Hondo-Mangroven. Zuständig für den Schutz dieses gefährdeten Habitats ist der Club Ecológico Puerto Hondo (☺Sa & So 9–16 Uhr, werktags mit Reservierung), der schöne Kanufahrten durch die Mangroven (15 US$/Kanu) anbietet, auf denen man Dutzende Vogelspezies beobachten kann. Weitere Informationen erhält man bei der Fundación Pro-Bosque.

ⓘ An- & Weiterreise

Den Cerro Blanco und Puerto Hondo erreicht man mit einem Bus der Cooperativa de Transportes Chongón, der in der Innenstadt von Guayaquil von der Kreuzung Calle 10 de Agosto und García Moreno abfährt. Man kann auch jeden Bus nach Playas oder Salinas vom Terminal Terrestre in den nördlichen Vororten nehmen. Er hält auf Wunsch am Parkeingang bei Kilometer 16. Vor der Zementfabrik aussteigen, die Stelle ist ausgeschildert. Ein Taxi dorthin kostet rund 20 US$ (einfache Strecke).

Vom Eingang des Reservats bis zum Besucherzentrum und Campingplatz sind es etwa zehn Minuten zu Fuß.

RUTA SPONDYLUS

Der Küstenabschnitt, einst Ruta del Sol genannt, hat sehr viel mehr zu bieten als Sonne und Sand. Das Landschaftsbild der Gegend reicht von einem langweiligen, leblosen Mix aus Trockenbüschen und Kakteen bis hin zu üppig grünen Nebelwäldern im Küstengebirge und vorgelagerten Inseln mit einer einmaligen Flora und Fauna.

Puerto López
POP 16.000

Den verlotterten Ort zeichnet nur wenig aus, abgesehen von ein paar Hotels und Tourveranstaltern für ausländische Touristen. Was Puerto López an baulichem Charme fehlt, wird aber durch den langen, breiten Strand und die Nähe zu den Naturwundern des Parque Nacional Machalilla mehr als wettgemacht. Vor allem in der Walbeobachtungssaison bevölkern Besucher die *malecón* und die staubigen Straßen und verwandeln das ansonsten ruhige Fischerdorf in ein munteres, freundliches Urlauberlager. In den ganz frühen Morgenstunden, noch ehe die Reisegruppen ihre Tagesausflüge antreten und sich einige Sonnenhungrige ihren Platz auf dem Sandstrand sichern, nehmen die Fischer am Strand ihre nächtlichen Fänge aus. Dabei wimmelt es in der Luft von Fregattvögeln und Geiern, die versuchen, sich einige Bissen im Sturzflug zu erhaschen.

☞ Geführte Touren

Zahlreiche Veranstalter bieten Touren zur Isla de la Plata und zu dem auf dem Festland gelegenen Teil des Parks an. Wanderungen, Ausritte, Mountainbiketouren und Ange-

lausflüge werden auch angeboten. Manche Unternehmen haben Führer, die Englisch, Deutsch oder Französisch sprechen.

Von Juni bis in den September sind Walbeobachtungstouren in Verbindung mit Besuchen auf der Isla de la Plata beliebt (45–50 US$; nur Walbeobachtung 25–30 US$). Im Juli und August sind gute Walsichtungen so gut wie garantiert, im Juni und September sieht man die Tiere vielleicht nur kurz, von fern oder nur einzelne Tiere. Auf der Isla de la Plata bekommen die Teilnehmer ein Mittagessen, es gibt eine geführte Wanderung und eine kurze Gelegenheit zum Schnorcheln. Die Fahrt zur Insel dauert gut über eine Stunde und kann rau sein; gegen den Wind und die Gischt eine Regenjacke mitnehmen. Empfehlenswert ist auch ein Mittel gegen Seekrankheit.

Lizenzierte Unternehmen befinden sich an der Córdova und dem Malecón Julio Izurieta. In den Straßen auf Schnäppchenjagd nach billigeren Walbeobachtungstouren zu gehen, empfiehlt sich nicht, denn Fischerboote sind langsamer und kleiner, und auf ihnen fehlt die offiziell vorgeschriebene Ausrüstung.

Außerhalb der Walbeobachtungszeit werden ähnliche Touren zur Insel angeboten, bei denen man Vögel und Seelöwen beobachten kann und vielleicht auch Delfine sieht. Die meisten Veranstalter organisieren außerdem viele andere Touren in der Gegend – z.B. Besuche an Stränden oder Camping und/oder Ausritte im Gebiet von Agua Blanca und San Sebastián. In der Regel wird es billiger, wenn man Agua Blanca auf eigene Faust aufsucht.

Exploramar Diving TAUCHEN
(☎05-230-0123; www.exploradiving.com; Malecón Julio Izurieta) Für zwei Tauchgänge ist mit rund 130 US$ zu rechnen.

Machalilla Tours ABENTEUERTOUREN
(☎05-230-0234; www.machalillatours.org; Malecón Julio Izurieta) Bietet Standardtouren sowie Reitausflüge (50 US$), Kajaktouren, Mountainbiken und Paragliding.

🛏 Schlafen

In der Walbeobachtungssaison sollte man ebenso vorab reservieren wie in der Hauptsaison für Strandurlauber (Ende Dez.–April).

Hostal Maxima PENSION $
(☎05-230-0310; www.hotelmaxima.org; Gonzales Suarez nahe Machalilla; Zi. pro Pers. 10 US$, ohne Bad 7 US$; ☎) Das preiswerte Hotel hat sau-

bere, nette Zimmer und einen freundlichen, Englisch sprechenden Besitzer. Der rasenbewachsene Hof mit Hängematten blickt auf eine offene Küche, wo sich Gäste etwas kochen können. Zelten ist hier auch möglich (pro Pers. 4 US$).

Hostería Playa Sur
HOSTERÍA $

(☎099-004-8967; playasurpuertolopez@hotmail.com; Malecón Julio Izurieta; EZ/DZ 15/25 US$, Zi. pro Pers. ohne Bad 8 US$; 🛜) Wenn man nicht gerade unter Klaustrophobie leidet, sind die einfachen, freistehenden Holz-*cabañas* am nördlichen Ende des Strandes durchaus eine Überlegung wert. Man kann sich drinnen zwar kaum am Bett vorbeiquetschen, aber die meisten haben ein eigenes Bad mit Warmwasser.

Hostal Yemayá
HOSTEL $

(☎05-230-0122; www.hostalyemaya.com; Gral Córdova; Zi. pro Pers. 15 US$; 🛜) Viel Atmosphäre hat das Yemayá zwar nicht, aber es ist recht preiswert. Die Handvoll Zimmer haben Ventilatoren, Heißwasser, kleine Fernseher und wenig Dekor und es gibt einen winzigen Innenhof zum Kaffeetrinken. Der Besitzer Miguel betreibt auch eine **Surfschule** (2-Std.-Kurs 30 US$).

Hostal Monte Libano
PENSION $

(☎05-230-0231; hostalmontelibano@yahoo.com; Malecón Julio Izurieta; DZ 30–40 US$, B/DZ ohne Bad ab 10/20 US$; ❄🛜) Das Monte Libano am südlichen Ende des Strands (in der Nähe des Anlegers) hat einfache, saubere Zimmer und eine freundliche, familiäre Atmosphäre. Es gibt eine Gästeküche und eine kleine Veranda mit Hängematten im oberen Stock. Sehr begehrt ist das Zimmer in einem Baum. Die Besitzerin Maria bietet auch Kochkurse an.

★ Hostería Mandála
HÜTTEN $$

(☎05-230-0181; www.hosteriamandala.info; EZ/DZ ab 41/58 US$; @🛜) Die Anlage am Strand nördlich vom *malecón* ist sicher die netteste Unterkunft im Ort. Die Hütten verteilen sich über einen üppigen Blumengarten. Die Zimmer sind dezent, rustikal und elegant. Holz, Bambus und farbenfrohe Stoffe machen sie zu zauberhaften, gemütlichen Refugien. Vorn gibt es eine große hübsche Lodge mit einer Bar und einem Restaurant, das köstliches Frühstück sowie Meeresfrüchte und italienische Gerichte serviert.

Victor Hugo
HOTEL $$

(☎095-909-0875; www.victorhugohotel.com.ec; EZ/DZ mit Frühstück ab 34/56 US$; 🛜) Das rela-
tiv neue Hotel am Strand besteht aus einer Mischung aus Holz- und Ziegelelementen und hat schöne Zimmer, die auf einen gemeinschaftlichen Balkon mit Hängematten hinausgehen. Die teureren Zimmer (75 US$) blicken aufs Meer. Ein gutes Restaurant gibt's hier auch.

Hostería Itapoá
HOSTEL $$

(☎05-230-0071; www.hosteriaitapoa.com; Malecón Julio Izurieta nahe Calle Abdon Calderon; EZ/DZ mit Frühstück ab 18/30 US$, B 10–13 US$; 🛜) In dieser freundlichen, von einer Familie geführten Anlage verstecken sich eine Handvoll strohgedeckter Hütten in einem üppig grünen Hof. Die Zimmer sind ordentlich und funktional und haben Moskitonetze, das überdurchschnittliche Frühstück wird vorne im Café auf einer erhöhten Holzplattform am *malecón* serviert. Man kann Mountainbikes und Surfbretter mieten, und ein Englisch sprechender Biologe veranstaltet von aus hier geführte Touren.

Punta Piedrero
PENSION $$

(puntapiedreroecolodge.com; Malecón Julio Izurieta; EZ/DZ 30/40 US$; ❄🛜) Das ruhige Punta Piedrero ist Richtung Süden (am Anleger vorbei) das letzte Haus am Strand und hat saubere, gefliste Zimmer, viele mit herrlichem Meerblick. Zum Relaxen laden die Hängematten auf den Balkonen zum Strand raus ein. Zum Haus gehören auch eine Gästeküche und ein Grillplatz.

Nantu Hostería
HOTEL $$

(☎05-230-0040; www.hosterianantu.com; Malecón Julio Izurieta; EZ/DZ mit Frühstück 28/40 US$; ❄🛜) Das Nantu liegt am Strand Richtung Hostería Mandála und hat saubere und moderne, wenn auch etwas langweilige Zimmer ohne Aussicht. Es gibt einen kleinen Pool und einen Whirlpool und in der zweistöckigen Lounge und Bar einen Billardtisch und ein komplettes Speiseangebot.

🍴 Essen & Ausgehen

Strandbuden servieren Fruchtsäfte, Cocktails, einfaches Frühstück, Meeresfrüchte und Snacks. Alle haben Liegestühle am Strand, allerdings ist die dröhnende Musik nichts für Leute, die Ruhe suchen.

Die meisten Traveller essen abends in den wenigen Fischrestaurants am *malecón* südlich der Kreuzung mit der Córdova. Die Restaurants Carmita's, La Caída del Sol und Restaurante Sol, Mar y Arena servieren alle vergleichbar frische Ware (Fisch 7–12 US$, Hummer 20 US$).

ISLA DE LA PLATA

Die Isla de la Plata (Silberinsel) ist ein ziemlich getreues Abbild einer Galapagosinsel, aber per Boot nur etwa eine Stunde von Puerto López entfernt. Wer sich in der Gegend aufhält, darf diese Insel nicht versäumen. Nachdem die Insel durch mehrere private Hände gegangen war, darunter die eines Geschäftsmannes aus Guayaquil, der ein Hotel (in dem sich heute als einzige Einrichtung auf der Insel die Parkverwaltung befindet) und eine Landepiste baute, wurde die Insel in den Parque Nacional Machalilla integriert. Das war auch für das Überleben der Vogelwelt gut – zuvor rückten die Fischer den Albatrossen mit Keulen zu Leibe, bis diese ihren Fang fallen ließen.

Für den Namen der Insel gibt es zwei Erklärungen: Nach der einen handelt es sich um eine Anspielung auf einen angeblich von Sir Francis Drake hier vergrabenen Schatz, nach der anderen bezieht er sich auf das silbrige Schimmern der mit Guano bedeckten Klippen bei Mondschein. Auf der Insel nisten Kolonien von **Meeresvögeln**: Man findet hier viele Blaufußtölpel, und auch Fregattvögel, Rotfußtölpel, Pelikane und diverse Arten von Möwen, Meerschwalben und Sturmvögel werden oft beobachtet. Albatrosse kann man von April bis Oktober sehen, Delfine ziehen an der Insel vorbei, und das ganze Jahr über kann in den Korallenriffen rund um die Insel **geschnorchelt** werden.

Ein steiler Anstieg führt von der Bootsanlegestelle zu zwei Rundwanderwegen, die mit bzw. gegen den Uhrzeigersinn laufen: Die eine ist der 3,5 km lange **Sendero Punta Machete**, die andere der 5 km lange **Sendero Punta Escalera**. Beide Wege sind rau und der Sonne ausgesetzt, man braucht also festes Schuhwerk und viel Trinkwasser.

Man kann das „Galapagos des kleinen Mannes" ausschließlich im Rahmen einer geführten Bootstour ab Puerto López besuchen.

Restaurant Danica ECUADORIANISCH $

(Malecón Julio Izurieta; Hauptgerichte 3,50 US$; ⊙19–22 Uhr) Trotz des Betonbodens und der Plastikstühle ist das Freiluftrestaurant immer voll. Das Erfolgsgeheimnis: köstlicher Fisch, Garnelen, Huhn oder Schweinekoteletts vom Holzkohlegrill. Zu erkennen am wabernden Rauch am *malecón* (in der Nähe der Banco del Pichincha).

Patacon Pisa'o KOLUMBIANISCH $

(Gral Córdova; Hauptgerichte 5–8 US$; ⊙12–21.30 Uhr; ☎) Das freundliche Lokal besteht nur aus ein paar Tischen unter freiem Himmel. Geboten werden köstliche kolumbianische Spezialitäten wie *arepas* (Maispfannkuchen) und das namensgebende Gericht: große, dünne, knusprig gebratene Kochbananen mit Fleischbelag nach Wahl. Guten Filterkaffee gibt's auch und in der Hochsaison wird schon zum Frühstück geöffnet.

Etnias Café CAFÉ $

(Gral Córdova; Hauptgerichte 3–5 US$; ⊙Mo–Sa 8–15 Uhr; ☎) Das französisch geführte, gemütliche Café serviert gute Crêpes, Waffeln, Desserts und Eiskaffee.

Bellitalia ITALIENISCH $$

(☎099-617-5183; Juan Montalvo; Hauptgerichte 9–12 US$; ⊙Mo–Sa 18–22 Uhr) Das wunderbare Restaurant serviert feine italienische Küche in einem romantischen, gartenähnlichen Ambiente. Es liegt einen Straßenblock landeinwärts vom Strand (um die Ecke von der Hostería Itapoá). Reservierung ist ein Muss, besonders am Wochenende.

Whale Cafe INTERNATIONAL $$

(Café Bellena; Malecón Julio Izurieta; Hauptgerichte 8–11 US$; ⊙Di–Sa 17–21 Uhr; ☎🍴) Das zauberhafte, von US-Amerikanern geführte und etwas erhöht liegende Café serviert auf seinen Balkontischen thailändische Pfannengerichte, vegetarische Wraps, Taca-Salate, Spaghetti Bolognese sowie Hummus und Knoblauchtoast. Es liegt Richtung südliches Ende des *malecón*.

🛍 Shoppen

Pacha Chocolates SCHOKOLADE

(☎05-230-0323; Av Machalilla; ⊙8.30–19 Uhr) Der neue Laden an der Hauptstraße mit allen möglichen schokoladigen Versuchungen ist ein Traum für Schokofreunde. Pacha bietet auch vierstündige Touren (pro Pers. 35 US$) zur Plantage an, wo man aus erster Hand den Weg von der Bohne bis zum Riegel sehen (und kosten!) kann.

ℹ Praktische Informationen

Die Banco del Pichincha (Malecón Julio Izurieta) hat einen verlässlichen Geldautomaten. Mehrere Internetcafés verlangen 1,50 US$ pro Stunde und fungieren auch als Telefoncenter. In einigen Waschsalons am *malecón*, die auf ausländische Traveller ausgerichtet sind, kann man seine Wäsche abgeben (rund 4 US$/Ladung).

❶ An- & Weiterreise

Alle Busse fahren nun vom neuen *terminal terrestre* (Busbahnhof) 2,5 km nördlich der Stadt ab. Ein Mototaxi zum/vom Zentrum kostet 0,50 US$ pro Person.

NACH QUITO

Carlos Aray Ejecutivo Hat Busse nach Quito (11 US$, 10 Std., 5, 9 & 19 Uhr), die über Jipijapa, Portoviejo, Chone und Santo Domingo fahren. Alternativ kann man auch einen Bus nach Portoviejo oder Manta nehmen und dort umsteigen.

Reina de Camino Hat mit Bussen der 1. Klasse um 8 und 20 Uhr (12 US$, 10 Std.) den schnellsten und verlässlichsten Service nach Quito.

ZUR SÜDKÜSTE & NACH GUAYAQUIL

Die Busse der Cooperativa Manglaralto fahren alle 30 Minuten nach Montañita (2,50 US$, 1¼ Std.) und La Libertad (4 US$, 2¾ Std.). Aussteigen ist an jedem beliebigen Punkt an der Küste möglich.

Die Busse der Cooperativa Transportes Jipijapa fahren zehnmal täglich über Jipijapa nach Guayaquil (4 US$, 4½ Std.). Eine andere Möglichkeit ist der überfüllte Bus nach Jipijapa von Trans Turismo Manta.

❶ Unterwegs vor Ort

Alles im Ort ist zu Fuß erreichbar, doch wer sich schlapp fühlt, kann sich eines der Mototaxis nehmen, die in der Stadt herumflitzen (rund 1 US$ pro Pers.). Autos und Pick-ups der Asociación de Camioneros stehen vor der Kirche. Eine Taxifahrt nach Agua Blanca oder zum Strand Los Frailes kostet hin und zurück 15 US$, zu beiden 25 US$. Mototaxis dürfen die Fahrt derzeit nicht machen.

Parque Nacional Machalilla

Ecuadors einziger Küstennationalpark erinnert daran, wie ein großer Teil der mittel- und südamerikanischen Pazifikküste früher aussah. Nachdem diese Landschaft nun fast völlig verschwunden ist, ist dies einer der am stärksten bedrohten tropischen Wälder weltweit. Der 1979 geschaffene Park schützt nur einen kleinen Teil der rapide schwindenden Küstenhabitate des Landes, nämlich rund 50 km an Stränden, rund 40 000 ha tropischen Trocken- und Nebelwald sowie rund 20 000 ha Meeresfläche (einschließlich der Inseln vor der Küste, von denen die Isla de la Plata die wichtigste ist).

Der tropische Trockenwald, der einen großen Teil des Binnenlands im Park einnimmt, präsentiert sich als seltsame, wunderbare Landschaft mit auffällig flaschenförmigen Bäumen mit kleinen Kronen und harten Stacheln (zum Schutz gegen Pflanzenfresser). In den höher gelegenen Bereichen des Parks trifft man auf feuchten Nebelwald.

Innerhalb dieses seltsam aussehenden Waldes leben diverse Tier- und Vogelarten. Weit über 200 Vogelspezies wurden gezählt, darunter eine Reihe von Küstenpapageien und Sittichen sowie Meeresvögel wie z. B. Fregattvögel, Pelikane und Tölpel – manche davon nisten auf den Inseln vor der Küste. Weitere Tiere sind u. a. Hirsche, Hörnchen, Brüllaffen, Ameisenbären und diverse Arten von Eidechsen, Schlangen und Leguanen.

Die meisten archäologischen Stätten im Park stammen aus der Manta-Epoche, die gegen 500 n. Chr. begann und bis zur spanischen Eroberung währte. Es gibt aber auch Zeugnisse der viel älteren Machalilla- und Chorrera-Kulturen aus der Zeit zwischen ca. 800 und 500 v. Chr. und sogar der Salango-Kultur (gegen 3000 v. Chr.). Die Fundstätten sind zwar bedeutend, für normale Besucher aber nicht besonders aufregend.

Von Dezember bis Mai ist es sonnig und unangenehm heiß mit häufigen kurzen Regengüssen. Von Juni bis November ist es kühler und oft bedeckt.

◉ Sehenswertes & Aktivitäten

Agua Blanca   DORF

(Eintritt 5 US$) Ein Besuch in der kleinen indigenen Gemeinde und ihrem Umland bietet die Möglichkeit, dem Teer und Beton des modernen Ecuador zu entkommen. Die Abzweigung befindet sich rund 5,5 km nördlich von Puerto López auf der rechten Seite der Straße. Hier zahlt man eine Gebühr von 5 US$ (die auch den Eintritt in das Museum und einen Führer abdeckt).

Das **archäologische Museum** lohnt den Besuch. Die Spanisch sprechenden Führer erklären die Bedeutung der Ausstellungsstücke, zu denen gut erhaltene Keramiken und Urnen gehören. Die Führung setzt sich dann an der nicht weit entfernten **Manta-Stätte** fort, die ein wichtiges politisches Zentrum der Manta gewesen sein soll. Man sieht nur die Fundamente der Gebäude, von denen es

Parque Nacional Machalilla

annähernd 400 gegeben haben soll; einige müssen erst noch ausgegraben werden.

Dann folgt eine sehr schöne, etwas über einstündige Wanderung, erst durch ein knochentrockenes Flussbett und dann durch einen ebenso trockenen tropischen Wald. Man kann unterwegs Halt machen, um in dem **Schwefelteich** zu baden, dessen Kombination aus heißem Wasser und Heilschlamm es mit jeder Spa-Anwendung aufnehmen kann. Gegen Ende der Wanderung kommt man zu einer erhöhten Plattform mit Panoramablick und vielen interessanten **Vögeln** und **Pflanzen**, auf die ein die kenntnisreichen Führer hinweisen. Wegen der sengenden Sonne ist die Gefahr eines Hitzschlags während einer Wanderung in der Gegend groß; man braucht unbedingt eine Kopfbedeckung, Sonnenschutzmittel und Trinkwasser.

Los Frailes   STRAND

GRATIS Der zu beiden Seiten von dramatischen Landzungen eingerahmte Strand ist einer der hinreißendsten in Ecuador. Die Ausfahrt befindet sich etwa 10 km nördlich von Puerto López, gleich vor der Ortschaft Machalilla. Hinter der Rangerstation sind es noch 3 km über eine unbefestigte Straße bis zum Strand (eine Warnung an Schwimmer: Es gibt hier starke Unterströmungen).

Außerdem führt ein 4 km langer Naturpfad durch den Trockenwald zu zwei abgeschiedenen Stränden und zu Aussichtspunkten – hier nach Blaufußtölpeln Ausschau halten.

San Sebastián & Julcuy RADFAHREN, REITEN
(pro Pers. 10–15 US$) Die ausgezeichnete vierstündige Wanderung bzw. der Ausritt führt von Agua Blanca nach Südosten. Der Weg führt hinauf in eine Übergangszone zu den Resten feuchten Nebelwalds bei San Sebastián, rund 600 m über dem Meeresspiegel. Wer die hin und zurück 20 km lange Tour nicht zu Fuß machen will, kann ein Pferd mieten; einen Führer (20 US$) zu engagie-

ren, ist vorgeschrieben. Führer findet man in Puerto López, Agua Blanca oder San Sebastián (Tourveranstalter in Puerto Lopez fordern rund 45 US$ pro Pers.).

Am besten bleibt man über Nacht, aber die einzigen Unterkunftsmöglichkeiten sind Campen oder der Aufenthalt bei Einheimischen.

Eine weitere Option besteht darin, über Agua Blanca hinaus das Tal des Río Julcuy hinauf Richtung Nordosten zu wandern. Von Agua Blanca wandert man sechs bis sieben Stunden durch den Park bis zum Dorf Julcuy gleich hinter der Parkgrenze. Von Julcuy sind es weitere drei Stunden bis zur Straße von Jipijapa nach Guayaquil. Bei guten Wetterbedingungen ist sie für Geländewagen vielleicht passierbar, aber eigentlich ist es ein Reitweg. Einige Veranstalter in Puerto López sowie Führer in Agua Blanca (Letztere können aber keine Fahrräder stellen) arrangieren ganztägige Mountainbiketouren (35 US$ pro Pers.) von Jipijapa über Julcuy nach Agua Blanca – darauf sollten sich aber nur wirklich fitte und wendige Mountainbiker einlassen.

☞ Geführte Touren

Nur das kraftvolle Ballett der balzenden Buckelwale, die in diesen Gewässern zwischen Mitte Juni und Anfang Oktober (vor allem aber im Juli und Aug.) oft zu beobachten sind, kann es mit den Naturwundern der Isla de la Plata aufnehmen. Bootstouren zur Walbeobachtung sind hier ein boomendes Geschäft, und trotz strikter Richtlinien und gesetzlicher Bestimmungen sind die Wissenschaftler über die Auswirkungen des Tourismus auf das Paarungsverhalten der sanften Riesen besorgt.

❶ An- & Weiterreise

Mindestens stündlich fahren Busse die Küste zwischen Puerto López und Jipijapa (hi-pi-*ha*-pa) hinauf und hinunter. Es sollte nicht schwer sein, sich am Parkeingang vom Bus absetzen zu lassen bzw. dort für die Rückfahrt einen heranzuwinken. Ab und an fährt auch mal ein Truck von der Hauptstraße nach Agua Blanca, aber man muss sich dennoch auf langes Warten in großer Hitze einstellen; wer fit ist (unbedingt Wasser mitnehmen), kann die 5 km auch laufen. Die vernünftigste Lösung ist aber, in Puerto López ein Taxi anzuheuern (hin & zurück 15 US$).

Bootsausflüge zur Isla de la Plata können über Tourveranstalter in Puerto López und bei den Unterkünften an der Küste gebucht werden.

Südlich von Puerto López

Nur 6 km südlich von Puerto López liegt das verschlafene Fischerdorf Salango. Man kann mit Fischerbooten (10 US$ pro Pers.) zur 2 km entfernten Isla Salango übersetzen, einem Paradies für Vögel, darunter Blaufußtölpel, Pelikane und Fregattvögel, wo man auch gute Bedingungen zum Schnorcheln findet. In Salango lohnt es sich, im Delfin Mágico (Hauptgerichte 12–16 US$; ☺ 10–20 Uhr; ☎) mit seinen herausragenden Meeresfrüchten einzukehren. Das Restaurant liegt in der Nähe der Kirche im Zentrum. Wer früh kommt, vermeidet lange Wartezeiten.

Die strohgedeckten Bungalows der Azuluna Eco-Lodge (☎ 05-234-7093; www.azuluna-ecuador.com; Zi. ab 70 US$; ✳☎) liegen auf einem Hügel etwa 12 km südlich von Salango (und auf der landzugewandten Seite der Straße). Die Häuser, darunter ein schönes Restaurant (Hauptgerichte 7–14 US$) mit Lounge, haben Holzböden und Steinwände.

Die Hosteria Tsafiki (☎ 098-334-8759; www.tsafiki.com; Zi. pro Pers. mit Frühstück 25 US$; ☎) am Strand von Las Tunas ist ein Komplex aus hübschen, zweistöckigen *cabañas* mit lehmziegelartigen Wänden und blauen Absetzungen. La Perla Hosteria (☎ 05-234-7001; www.hosterialaperla.net; EZ/DZ 40/55 US$) nur ein paar Meter weiter ist ein planlos gestaltetes, verwittertes Strandhaus mit mehreren sauberen *cabañas* mit Holzböden. Hier werden manchmal Yogakurse angeboten.

In Ayampe, wo der Río Ayampe in den Ozean mündet (starke Strömungen machen das Schwimmen hier schwierig), rücken die üppig grünen Hügel bis dicht an den Strand. In einem dieser Hügel versteckt sich mitten in einem dichten Wald die reizvolle Finca Punta Ayampe (☎ 099-189-0982; www.fincapuntaayampe.com; Zi. 55–65 US$; ☎), die lichte Zimmer aus Bambus mit hohen Decken vermietet und ein gutes Restaurant führt. La Buena Vida (☎ 099-486-3985; www.suflabuenavida.com; B/EZ/DZ mit Frühstück 23/35/60 US$; ✳☎) wird von einem ecuadorianisch-US-amerikanischen Paar geführt und hat sieben farbenfrohe Zimmer, alle mit Meerblick. Freundliche Gastgeber, gutes Frühstück und ein einladendes, halb offenes Café, das ideal für einen Sundowner ist, machten es zum beliebten Ziel. Auch Surfkurse werden angeboten. Die Cabañas La Tortuga (☎ 05-258-9363; www.latortuga.com.ec; cabaña 20–30 US$; ☎) sind eine Ansammlung

WANDERN ÖSTLICH VON PUERTO LÓPEZ

El Pital (📞08-526-9042; www.elpital.org) Eine Option, um in den Hochwald in und um San Sebastián zu kommen, ist der Weg über El Pital, ein kommunales Öko-tourismus-Projekt 9 km (mit Gelände-wagen 35 Min.) östlich von Puerto López. Hier findet man Führer für Wanderungen oder Ausritte auf Wegen, die kreuz und quer über mehrere Bäche führen; zu diesen Wegen gehört der siebenstündige *sendero* (Weg) La Bola de Oro. Es gibt eine kleine „Gemeinde-Lodge", eine strohgedeckte Backsteinhütte mit vier Doppelzimmern, wo auch Mahlzeiten serviert werden; Campen ist möglich.

einfacher, strohgedeckter Hütten am Strand mit einem halboffenen Restaurant. Hier können Touren, Surf- und Spanischkurse gebucht werden.

Olón

Ein paar Kilometer nördlich von Montañita liegt **Olón**. Das Dorf hat einen langen Strand mit Wellen, die für Surf-Neulinge geeignet sind, und eine Landschaft, die sich dramatisch vom trockenen Buschland weiter südlich unterscheidet. Dieser üppige Nebelwald ist Teil der **Cordillera Chongón-Colonche**, eines niedrigen Küstengebirges. Das Gebiet ist einer der wenigen Orte auf Erden, an denen man Nebelwald und Strand so dicht beieinander findet; in dem Wald leben u.a. Jaguare, Brüllaffen und die gefährdeten Großen Soldatenaras.

Die zauberhafte **Samaí Lodge** (📞099-462-1316; www.samailodge.com; DZ/3BZ mit Frühstück ab 104/129 US$; 🛜📶) nutzt diese wahrhaft einmalige Lage mit tief in den Wald führenden Wegen voll aus. Die idyllische Oase verbindet raffinierte Ästhetik mit rustikalem Charme. Ein paar Hütten verteilen sich über das Anwesen; die meisten haben wandhohe Fenster mit einem Ausblick bis zur Küste. Es gibt einen Whirlpool, einen Pool und schmackhaftes Essen. Ein Taxi von hier nach Olón (7 km entfernt) kostet 5 bis 7 US$, nach Montañita 7 US$.

La Mariposa (📞04-278-8120; lamariposahostal.com; Calle 13 de Deciembre nahe Rosa Mística; Zi. 30–35 US$; 🛜) in Olón selbst ist ein von Italienern geführtes einfaches, aber einladen-

des Haus mit guter Lage einen Straßenblock vom Strand entfernt. Die Zimmer im ersten und zweiten Stock haben Meerblick und im netten Innenhof schaukeln Hängematten.

Montañita

1200 EW.

Die allgegenwärtige entspannte Atmosphäre und ganzjährig gute Surfbedingungen locken einen ständigen Strom kosmopolitischer Backpacker – aus Südamerika und dem Rest der Welt – in das Stranddorf Montañita. Wegen der billigen Unterkünfte und der Rasta-Stimmung schlagen manche Traveller hier zeitweilig Wurzeln und verlegen sich aufs Flechten von Zöpfen, die Herstellung von Schmuck oder die Arbeit als Portier am Empfang ihrer Pension. Einen besonderen *localismo* (Revierverhalten) gibt es hier nicht – es handelt sich um eine entspannte Surfergemeinde, in der alle willkommen sind. Montañita ist ideal für jeden, gleichgültig welchen Alters, der mit Kleidervorschriften in Restaurants Probleme hat: Hier ist es angesagt, ohne Hemd und barfuß herumzulaufen.

Die Wellen sind fast ganzjährig zum Surfen geeignet, die besten Bedingungen gibt's aber zwischen Dezember und Mai. Anfänger sollten berücksichtigen, dass die Wellen sehr hoch sein können und oft Rückströmungen auftreten. Erfahrene Surfer wagen sich an die bei guten Bedingungen 2–3 m hohen Wellen bei *la punta* (dem Punkt) am Nordende des Strands. Rund um den Karneval findet in der Regel ein internationaler Surfwettbewerb statt. Die meisten Unterkünfte vermieten Surfbretter (10 US$/halber Tag) und vermitteln Surfunterricht (25 US$/2 Std.). Neoprenanzüge und Bodyboards sind ebenfalls erhältlich.

Frauen sollten an diesem Strand nachts allein vorsichtig sein, denn es gibt Berichte über Übergriffe.

Aktivitäten

Locales Escuela de Surf ist eine empfohlene Surfschule neben dem Otro Mundo Montañita Dive Center.

Otro Mundo Montañita Dive Center TAUCHEN (📞04-206-0059; www.montanitadiving.com) Die Tauchschule in der Hauptstraße unternimmt Tauchtouren in der Nähe der Punta Ayangue und um den Islote El Pelado (zwei Tauchgänge 85 US$).

👉 Geführte Touren

Machalilla Tours
ABENTEUERTOUREN

(☎099-169-4213) Machalilla Tours in der Hauptstraße nahe der Banco Bolivariano hat ein breites Angebot an Aktivitäten, darunter Wandertouren durch den Regenwald (45 US$), Fahrradexkursionen (45 US$), Reitausflüge (45 US$) sowie Paragliding (40 US$).

🛏 Schlafen

In vielen Hotels im Ort ist Lärm ein Problem, vor allem an Wochenenden und in der Hauptsaison; es empfiehlt sich also, Ohrstöpsel mitzubringen. Wer Ruhe schätzt und gleichzeitig am Strand wohnen möchte, hält sich an die Unterkünfte gleich außerhalb des Ortes. Die aufgeführten Preise gelten in der Hauptsaison (Ende Dez.–Ende April). Fast alle Hotels senken in der übrigen Zeit ihre Preise, und Rabatte für längere Aufenthalte sind fast immer möglich.

Die Calle Principal ist die Hauptstraße hinunter zum Strand. Die meisten Hotels haben Moskitonetze, während die Meeresbrise für die Ventilation sorgt. Manche Unterkünfte haben nur Kaltwasser.

🛏 Im Ort

Hotel Hurvínek
HOSTERÍA $

(☎04-206-0068; www.actiweb.es/hurvinek; Calle 10 de Agosto; Zi. pro Pers. mit Frühstück 20 US$; 📶) Die mit Ventilator ausgestatteten geräumigen Zimmer dieser hellen und sonnigen Pension sind von den polierten Holzböden und dem rustikalen Holzmobiliar bis zu den hübsch gefliesten Badezimmern sehr schön ausgeführt. Das Frühstücksbuffet wird im Loungebereich im Erdgeschoss aufgebaut. Um zum Hurvínek zu kommen, nach dem Abbiegen von der Hauptstraße an der ersten Querstraße im Ort links fahren; das Haus liegt dann rechts auf der halben Höhe der Straße.

Hostal Las Palmeras
HOTEL $

(☎06-969-2134; Av 15 de Mayo; Zi. pro Pers. ab 12 US$) Las Palmeras könnte zwar etwas Pflege brauchen, ist aber für Montañita eine preiswerte Option. Die Zimmer im weiß gestrichenen Lehmziegelgebäude hinten sind geräumig und mit Moskitonetz, rustikalen Lampen und modernen Bädern ausgestattet (die bei unserem Besuch kein Warmwasser hatten). Es gibt einen kleinen Innenhof mit Liegestühlen, wo das Krachen der Wellen zu

hören ist. Zu erreichen von der Hauptstraße, dann die zweite und schließlich letzte Straße links; das Hotel liegt rechts auf halbem Weg an dieser Strandstraße.

Casa Blanca
HOSTERÍA $

(☎04-277-7931; lacasablanca@hotmail.com; Zi. pro Pers. 10 US$) Das Haus steht an einer Ecke an der verkehrsreichsten Kreuzung im Ort, hat kleine Bambuszimmer mit abgenutzten Wänden und Balkone mit Hängematten.

Hostal Mohica Sumpa
PENSION $

(☎098-289-6109; hostalmohicasumpa@hotmail.com; Calle Principal; Zi. 20–30 US$; 📶) Die beiden zweistöckigen, strohgedeckten Gebäude haben eine erstklassige Lage mit Blick auf den Ozean am Ende der Calle Principal. Die Zimmer sind klein, einfach und aus Holz und Bambus gezimmert; diejenigen mit Ausblick lohnen den Aufpreis.

Tiki Limbo
HOSTEL $$

(☎04-206-0019; www.tikilimbo.com; Zi. pro Pers. ab 15 US$; 📶) Das Tiki Limbo übertrifft die Billigkonkurrenz in Sachen Stil: Die pastellfarbenen Zimmer haben Himmelbetten aus Bambus und Bettüberwürfe im Zebramuster. In der Lounge im ersten Stock können Gäste in Hängematten oder auf Liegestühlen relaxen; auch Surfkurse sind im Angebot.

🛏 Außerhalb des Orts

Alle genannten Unterkünfte liegen am Strand oder in Strandnähe jenseits des Bachs, der die nördliche Ortsgrenze bildet.

Hostal Mama Cucha
PENSION $

(☎04-206-0080; Zi. pro Pers. ab 10 US$; 📶) Die gute Billigunterkunft mit ihren Wandbildern und bunten Wänden hat einfache Zimmer um einen kleinen Hofgarten. Es ist ein freundliches, familiengeführtes Haus, in dem auch Fahrradtouren und Surfkurse organisiert werden.

Iguana Backpackers
HOSTEL $

(☎099-499-6098; iguanabackpackers@gmail.com; B/DZ ab 7/20 US$; 📶) Das Ziegel- und Bambusgebäude mit ein paar einfachen Zimmern liegt jenseits des Flüsschens und dann rechts. Die billigste Option ist das Dachgeschoss mit offenen Wänden (mit Moskitonetz über jedem Bett). Es hat eine Gemeinschaftsküche und eine freundliche Atmosphäre, ist aber ziemlich beengt.

RAUS AUS DER SONNE

Das im Hinterland gelegene Dorf **Dos Mangas** wird meist als Abstecher vom weinige Kilometer entfernten Montañita aus besucht. Das Dorf ist der Ausgangspunkt für Wanderungen oder Ausritte, die tiefer in den tropisch-feuchten Wald der Cordillera Chongón-Colonche hineinführen. Im Dorf kann man *tagua*-Schnitzereien und *paja toquilla* (Panamahüte) kaufen.

Traveller können hier abgelegene Küstendörfer besuchen und gegen einen kleinen Unkostenbeitrag für Mahlzeiten, Führer und Maultiere bei einheimischen Familien übernachten. Die Dörfer sind fast alle eine einfache Tageswanderung oder einen leichten Ausritt von Manglaralto sowie voneinander entfernt. Es lassen sich Touren mit Übernachtung organisieren, auf denen man Vögel beobachtet oder abgelegene Wasserfälle und andere Naturattraktionen besucht.

Führer und Pferde kann man im **Centro de Información Sendero Las Cascadas** (☉8–12 & 13–17 Uhr) mieten, einem kleinen Kiosk in Dos Mangas. Die freundlichen Führer sprechen nur Spanisch und bringen einen bei vier- bis fünfstündigen Wanderungen in den bis zu 60 m hohen Wald und zu den 80 m hohen **Wasserfällen** (die in der Trockenzeit allerdings kein Wasser führen). Die Führung kostet 20 US$ (bis zu 8 Pers. je Führer) und 2 US$ pro Person für den Parkeintritt. Mittagessen gibt es auf Wunsch, auch werden Pferde (8 US$) vermietet und Stiefel (0,50 US$) verliehen, die man auch braucht, da es hier meist sehr matschig ist. Über **Vicente Laines** (☎099-202-0348) kann ein Führer im Voraus gebucht werden, aber es reicht auch, morgens einfach anzutreten. Stände in der Nähe verkaufen *tagua*-Schnitzereien und anderes im Dorf hergestelltes Kunsthandwerk.

Trucks nach Dos Mangas (0,50 US$, 15 Min.) fahren ungefähr stündlich von der Schnellstraße bei Manglaralto. Die Taxifahrt von Montañita ist bequemer und kostet rund 5 US$.

Eine 40-minütige, 17 km lange Busfahrt führt vom Küstendorf Valdivia nach **Loma Alta** (www.pansite.org; Eintritt 10 US$), einem kommunal geschützten, 2428 ha großen Nebelwald (für Besuche mit Übernachtung mehrere Tage im Voraus anrufen). Der Bus fährt zunächst durch die Dörfer Sinchal und Barcelona und auf den letzten 10 km schließlich über eine raue Straße in den Wald. In diesem geschützten Naturreservat und Wassereinzugsgebiet leben Brüllaffen und mehr als 200 Vogelspezies (darunter auch 20 Kolibriarten). Das Gebiet ist ideal zum Wandern, man kann aber auch mit Pferden oder Maultieren vier bis sechs Stunden zu den einfachen Hütten und Campingplätzen reiten. Mit einem Führer besteht die Möglichkeit, vom Loma Alta bis zum Dorf El Suspiro zu laufen.

Hostal Kundalini　　　　　　HOSTEL **$**
(☎095-950-5007; www.hostalkundalini.com.ec; Zi. 40–50 US$; ☎) Das Kundalini direkt vor einem Surf-Break ist nicht mehr als ein strohgedecktes Gebäude auf einem Rasenstück mit Strandzugang. Es gibt vier kleine Zimmer mit Bambuswänden und -möbeln sowie privaten Hängematten.

Hanga Roa Hostal　　　　　HOSTERÍA **$$**
(☎04-206-0000; www.hangaroamontanita.com; EZ/DZ ab 35/40 US$; ☎) Das freundliche, kleine Haus hat einfache Zimmer mit Holzelementen und modernen Badezimmern. Zwei Zimmer haben Meerblick. Schön zum Relaxen sind eine nette Veranda im oberen Stock zum Strand raus und ein Hofgarten mit schattigen Hängematten.

Hostal Esperanto　　　　　HOSTERÍA **$$**
(☎099-970-4569; www.esperantohostal.com; B 19 US$, DZ ab 44 US$; @☎) 🏄 Das vierstöckige Gebäude gleich hinter dem kuppelgekrönten Dharma Beach Hotel hat behagliche Zimmer mit Holzakzenten und Balkon sowie eine Dachterrasse mit Panoramablick. Es gibt auch eine kleine Lounge und eine Gemeinschaftsküche.

★**Balsa Surf Camp**　　　BUNGALOW **$$$**
(☎04-206-0075; www.balsasurfcamp.com; EZ/DZ ab 60/80 US$; ☎) Das hübsche Refugium aus selbstgezimmerten, zweigeschossigen Bungalows mit Strohdächern liegt in einem üppigen Garten gegenüber einem Sandweg zum Strand. Es herrscht eine entspannte Surferatmosphäre, und das Design gibt sich balinesisch. Hier gibt's auch Surfkurse.

Nativa Bambu · HÜTTEN $$$

(☎ 04-206-0097; www.nativabambu.com; Hütte mit Frühstück ab 70 US$; ✳☎) Die ruhig gelegenen, strohgedeckten Holzhütten mit kleinen Veranden haben einen wunderbaren Blick über Montañita und das Meer. Nativa Bambu ist zudem bekannt für den freundlichen, professionellen Service und die hochwertige Ausstattung (gute Betten, Kaffeemaschinen, in einigen Hütten Direct TV). Der beschilderte Eingang befindet sich an der Hauptstraße nahe der Calle Principal.

Essen

Fast alle Freiflächen an der Straße wurden zu zwanglosen Restaurants umfunktioniert, darunter auch Straßenkarren, die Obstsalat, Empanadas, Sandwiches, *encebollado*, Ceviche, Hamburger und brodelnde *cazuela* (Eintopf aus Fisch und Meeresfrüchten) verkaufen. Lokale, die eher auf Ecuadorianer zielen, bieten meist preisgünstige *almuerzos* (Mittagessen; 2–4 US$) und *meriendas* (preiswerte Abendmenüs).

Donde Garci · BÄCKEREI $

(Kuchen 0,60–1,20 US$; ☺5–23 Uhr) Leckere Kekse und Kuchen nach kolumbianischer Art an der Kreuzung der Fernstraße mit der Calle Principal.

Papillon · FRANZÖSISCH $

(Crêpes 3–10 US$; ☺8–22 Uhr; ☎) Das Lokal in der Straße mit den Cocktail-Verkäufern (nicht weit vom Tiki Limbo) hat eine tolle Auswahl an süßen und herzhaften Crêpes.

Kaffeina · INTERNATIONAL $

(Hauptgerichte 4–8 US$; ☺Do–Mo 11–21, Sa ab 16 Uhr; ☑) Das winzige Café unter dänisch-ecuadorianischer Leitung serviert gesundes und köstliches hausgemachtes Essen, darunter vegetarische Hamburger, Pfannengerichte, Crêpes und Salate. Es liegt gleich hinter der Kirche.

Tiki Limbo · INTERNATIONAL $$

(Hauptgerichte 7–14 US$; ☺8.30–24 Uhr; ☎☑) Montañitas bestes Restaurant im Ortszentrum hat ein bunt gemischtes Angebot internationaler Gerichte (Fajitas, Falafel, Hamburger, Garnelen in Sesamkruste, Meeresfrüchteplatten) und ein hübsches Ambiente mit Bambusmöbeln (und auch ein paar Sofabetten, die gleichzeitig als Tisch dienen).

Karukera · INTERNATIONAL $$

(Hauptgerichte 5–7 US$; ☺8–23 Uhr) Das kleine, halboffene Café ist super zum Leute gucken.

Im Angebot sind Pasta, Lasagne, panierte Garnelen, Kuchen und Kaffee.

Hola Ola · INTERNATIONAL $$

(Hauptgerichte 7–14 US$; ☺8–24 Uhr) Das Hola Ola in israelischem Besitz ist ein zwangloses Lokal, das zu jeder Tageszeit gut für ein Essen oder einen Drink ist. Zum breiten Speiseangebot gehören Omelettes, Fish and Chips, Grillhühnchen, Pizza, Schawarma- und Falafel-Wraps sowie guten Kaffee (echten Espresso) und Süßspeisen.

Pigro · ITALIENISCH $$

(Hauptgerichte 7–14 US$; ☺11–23 Uhr; ☑) Nobles Essen gibt's im Pigro, das cremiges Risotto, leckere Pasta mit Meeresfrüchten, deftige Lasagne und andere italienische Gerichte serviert (aber keine Pizza). Gute Cocktails und zwangloses Ambiente.

Ausgehen & Nachtleben

Auf der am Strand endenden Nebenstraße stehen viele Karren, die meist bis spät in die Nacht tropische Cocktails (ab 3 US$), Bier und Shakes verkaufen. Der Lost Beach Club einen Straßenblock weiter schmeißt große Tanzpartys mit DJs aus Ecuador und anderen Ländern. Im Nativa Bambu in der Nähe gibt's am Wochenende meist Livemusik und DJs. Das Restaurant Hola Ola verwandelt sich nach Sonnenuntergang in ein angesagtes Nachtlokal mit Livemusik und Tanz.

❶ Praktische Informationen

Die Banco de Guayaquil und die Banco Bolivariano haben Geldautomaten. Es gibt auch ein paar Internetcafés (2 US$/Std.). Die meisten Hotels bieten einen Wäschedienst, es gibt aber auch einige *lavanderías* (Wäschereien).

❶ An- & Weiterreise

CLP-Busse starten im gleich nördlich von Montañita gelegenen Olón (15 Min. vor den unten genannten Abfahrtszeiten) und halten in Montañita auf ihrem Weg südwärts nach Guayaquil (5,50 US$, 3 Std., 4.45, 5.45, 10, 13, 15 & 16.30 Uhr). Diese Busse sind viel bequemer als die anderen, die auf dem Weg nach Santa Elena (2 US$, 2 Std.), La Libertad oder nordwärts nach Puerto López (2,50 US$, 1¼ Std.) hier durchkommen. Allerdings fahren die letztgenannten ungefähr alle 20 Minuten.

Montañisol S.A (☎ 08-378-2643; montanisol@gmail.com) ist eines von zwei Taxiunternehmen gleich an der Abfahrt von der Hauptstraße, mit denen man bis nach Puerto López (25 US$) und sogar Guayaquil (80 US$) fahren kann.

VON DER HALBINSEL SANTA ELENA BIS GUAYAQUIL

Das Gebiet rund um La Libertad (die größte Stadt auf der Halbinsel) und Santa Elena (am Ende der Halbinsel) ist eine staubige, verstädterte Zone. Östlich der Santa-Elena-Halbinsel scheint die Landschaft wie gemacht für Cowboys. Die Gegend wird zusehends trockener und struppiger, die Ceiba-Bäume weichen bis zu 5 m hohen Kandelaberkakteen. Die Ferienorte an der Küste im Süden ziehen hauptsächlich *guayaquileños,* aber kaum Ausländer an, weil sich hinter den Stränden – vor allem in Salinas, in geringerem Maß auch in Playas – nur Beton und Bauwerke befinden und die Städte abgesehen vom Meer wenig reizvoll sind. In Santa Elena gibt's eine Ölraffinerie, eine Rundfunkstation und ein kleines archäologisches Museum.

Am Rand von Ballenita gleich nördlich von Santa Elena liegt die charmant-eigenwillige **Hostería Farallón Dillon** (☏04-295-3611; www.farallondillon.com; Zi. ab 84 US$; ❄ ☎), ein weiß getünchter Komplex auf einer Klippe mit Blick zum Horizont (und von Juni bis Sept. auf vorbeiziehende Wale). Von dem mit Antiquitäten vollgestopften Restaurant bis zu den ganz mit Holz eingerichteten Zimmern gibt sich das Haus in seiner Ästhetik nautisch, was auch passt, da das Haus ein eigenes großes Seefahrtsmuseum hat. Auf jeden Fall lohnt es sich, hier auf ein Essen (Hauptgerichte 12–21 US$) oder einen Drink mit Meerblick einzukehren.

In der Nähe des Orts San Pedro wird Paragliding von den Klippen übers Meer angeboten. **Parapente San Pedro** (☏098-252-3436; comunasanpedro2007@gmail.com; Km 41; pro Pers. 30 US$; ⊙11–17 Uhr) gleich nördlich von Ayangue bietet an den meisten Tagen 15-minütige Tandemflüge an; zu finden ist das Unternehmen über den ausgeschilderten Abzweig von der Hauptstraße. Agenturen in Montañita buchen diese Aktivitäten, aber die kann auch jeder selbst organisieren, per Anruf oder persönlich.

Das **Acuario Valdivia** (☏098-298-3994; Km 42; Eintritt 3 US$; ⊙8–16 Uhr) ein paar Kilometer weiter nördlich ist eine Tierrettungsstation, wo einige der Meerestiere Ecuadors (Meeresschildkröten, Pinguine, Blaufußtölpel und ein Seelöwe) aus der Nähe betrachtet werden können.

Salinas

35 000 EW.

Aus der Ferne erinnert Salinas mit seinen hohen weißen Apartmenthäusern vor dem hellweißen Sandstrand, auf dem sich die Sonnenhungrigen tummeln, an Miami Beach. Aus der Nähe, und zwar schon einen Block abseits vom Strand, wirken die Straßen heruntergekommen und keineswegs wie der Tummelplatz wohlhabender Ecuadorianer. Gleichwohl ist Salinas der größte Ferienort an der Südküste und zugleich die westlichste Stadt auf dem ecuadorianischen Festland.

In der Hauptsaison (Mitte Dez.–Ende April), wenn ausländische Segelboote beim Jachtclub am westlichen Ende des Strands anlegen, ist Salinas überfüllt und überteuert. Am wärmsten ist das Wasser von Januar bis März. Im Juli und August ist es in Salinas bewölkt und trübe, allerdings kann man in diesen Monaten gut Wale und Vögel beobachten. Während des Karnevals im Februar ist die Stadt komplett ausgebucht.

Das Resort erstreckt sich über mehrere Kilometer mit Restaurants und Bars längs des Strandes und des *malecón.* Auf der einen Seite endet es an dem großen Hotel Barcelo Colon Miramar; am anderen Ende liegen der Jachtclub, die Plaza und die Kirche. Westlich davon befindet sich ein langer Sandstrand, aber die Apartmentgebäude reichen bis zum Strand. Die meisten Einheimischen orientieren sich in der Stadt an erkennbaren Wahrzeichen, nicht an Straßennamen.

Aktivitäten

Walbeobachtungstouren sind von Juni bis Oktober die große Attraktion. 13 km vor der Küste von Salinas sinkt der Festlandssockel von 400 m auf über 3000 m ab (diese Tiefe wird ca. 40 km vor der Küste erreicht). Auf einer einstündigen Segeltour kann man also schon in sehr tiefe Gewässer kommen, wo man gute Möglichkeiten hat, Schwertfische, Fächerfische, Thunfische, Goldmakrele oder Schwarze Marline zu **angeln** (beste Saison ist von Sept.–Dez.). **Vogelbeobachter** können die privaten Ecuasal-Seen an der Saline von Salinas erkunden, wo 120 Vogelspezies gesichtet wurden.

Die Zona de Mar bravo ist ein Strand südlich der Punta Carnero (Taxi einfache Strecke 3 US$) mit guten Brechern zum **Surfen**. Seelöwen und Blaufußtölpel versammeln sich auf den Felsen um die Luftwaffenbasis.

Oystercatcher Bar

VOGELBEOBACHTUNG

(Bar de Ostras; ☎ 04-277-8329; bhaase@ecua.net.
ec; Enríque Gallo 1109, zwischen Calle 47 & 50) Die
Touren werden von Ben Hasse geführt, einem Pionier der Walbeobachtung in der Gegend (er besitzt ein kleines Walmuseum und
hinter dem Haus ein 10 m langes Skelett eines Buckelwals). Hasse weiß mehr über Küstenvögel als irgendjemand sonst vor Ort und
unternimmt Führungen (pro Pers. 30 US$)
nach Ecuasal. Die Bar liegt ein paar Straßenblöcke östlich des Barcelo Colon Miramar
(und einen Block landeinwärts).

Pesca Tours

ANGELN

(☎ 04-277-2391; www.pescatours.com.ec; Malecón
577) Der Veranstalter chartert Boote für bis
zu sechs Angler (rund 700 US$ pro Tag, 5–17
Uhr). Gestellt werden der Kapitän, zwei Matrosen und die gesamte Angelausrüstung;
Mittagessen und Getränke muss man selber
mitbringen.

🛏 Schlafen

Die Unterkünfte sind nicht auf ausländische Traveller ausgerichtet, die nach einem
entspannten Strandrefugium suchen. Die
genannten Preise gelten in der Hauptsaison – von Mai bis Mitte Dezember fallen sie
häufig um 20–30 %, in der Osterwoche, zu
Weihnachten, zu Neujahr und im Karneval
liegen sie aber noch höher.

Coco's Boutique Hostal

PENSION **$$**

(☎ 04-277-0361; www.hostal-cocos.com; Malecón
nahe Fidón Tomalá; EZ/DZ 24/40 US$; ❄🌐) Das
Coco's mit zentraler Lage am Wasser und
einigen Kunstwerken ist wegen seiner schö-
nen, aber einfach eingerichteten Zimmer
eine gute Option (einige haben jedoch kein
natürliches Licht).

Big Ralph's Hostal & Restaurant

PENSION **$$**

(☎ 04-293-0910; www.bigralphhostal.com; Ecke
Av San Lorenzo & Carlos Espinoza; EZ/DZ ab
30/50 US$; ❄🌐) Big Ralph's liegt zwar nicht
in Strandnähe und etwa zehn Minuten zu
Fuß vom malecón, verdient aber Bestnoten
für seine ansprechenden (wenn auch etwas
dunklen) Zimmer mit weißen Lehmziegel-
wänden und Terrakottaböden. Es ist ein
freundliches, familiengeführtes Haus mit
einem guten Restaurant.

Hotel Francisco III

HOTEL **$$**

(☎ 04-277-4883; www.hotelesfrancisco.com; Ecke
Malecón & Calle 27; EZ/DZ mit Frühstück 30/
35 US$; ❄🌐🏊) Das größte, neueste und
hübscheste der Franciscos in Salinas hat

eine gute Lage mitten auf dem malecón.
Die sonnigen offenen Korridore sind an-
genehm, aber leider könnten die Zimmer
selbst auch mehr natürliches Licht gebrau-
chen. **Francisco I** (☎ 04-277-4106; www.cade
nahotelesfrancisco.com; Enríquez Gallo, zwischen
Calle 19 & 20; EZ/DZ ab 25/35 US$; ❄🌐🏊), ei-
nen Block hinter dem malecón gegenüber
vom Supermarkt Mi Comiserato, hat betag-
te, aber saubere Zimmer.

Hotel Marvento I

HOTEL **$$**

(☎ 04-277-0975; www.hotelmarvento.com; Ecke
Guayas & Enríquez Gallo; Zi. pro Pers. mit Frühstück
20–30 US$; ❄🌐🏊) Wer nicht unbedingt ei-
nen Blick aufs Meer haben will, für den ist
das nur einen Block vom malecón entfernte Hotel ein tolles Angebot. Alles, von den
blanken Marmorböden bis hin zu den rustikalen Holzmöbeln, ist in gutem Zustand.
Auf dem Dach gibt's einen kleinen Pool.

Ein paar Straßenblöcke weiter steht das
neuere **Hotel Marvento II** (☎ 04-277-0827;
Ecke Enríquez Gallo & Digno Nuñez; Zi. mit Frühstück
45 US$; ❄@🌐🏊) mit hochwertigeren Mö-
beln und einem überwiegend schattigen Pool
und Hof. Das **Marvento Suites** (Enríquez Gallo
nahe Armando Barreto; EZ/DZ ab 45/70 US$) in
der gleichen Straße ist sogar noch nobler und
hat größere Zimmer, eine Sauna und einen
Whirlpool (und einen Aufzug).

Hotel El Delfin

HOTEL **$$**

(☎ 04-277-0601; hotel.eldelfin@gmail.com; Ecke
Av Isabel González Rubio & Calle Eleodora Peña;
EZ/DZ ab 20/30 US$, Zi. Hochsaison 45 US$;
❄@🌐🏊) Direkt hinter dem stillgelegten
Wasserpark liegt dieses gepflegte Hotel mit
kleinen, modernen Zimmern und einem
kleinen Hof mit Pool.

Barcelo Colon Miramar

HOTEL **$$$**

(☎ 04-277-3806; www.barcelo.com; Malecón nahe
Calle 38; Zi. inkl. 3 Mahlzeiten 240 US$; ❄@🌐🏊)
Das größte Hotel in der Stadt hat schon
bessere Tage gesehen, bietet aber alle Ein-
richtungen eines Resorts: einen Pool, einen
Fitnessraum, drei Restaurants und mehrere
Bars und Lounges. Über die Qualität kann
man geteilter Meinung sein.

 Essen

Die meisten Restaurants liegen direkt am
malecón oder ein, zwei Blocks entfernt.
Manche sind in der Nebensaison geschlossen oder haben verkürzte Öffnungszeiten.
Cevichelandía ist der Spitzname für eine
empfehlenswerte Ansammlung preisgüns-

tiger Meeresfrüchtestände an der Ecke der Calle 17 und Calle Enríquez, die gern zur Mittagszeit besucht werden (die meisten schließen um 18 Uhr).

Cevicheria Lojanita   FISCH & MEERESFRÜCHTE $$
(Ecke Enriquez Gallo & Aviles; Hauptgerichte 6–10 US$; ⊙9–20.30 Uhr) In dem großen gelben Komplex, einen Block von den Cevichelandía-Ständen entfernt, gibt's zu den großen Portionen auch noch Popcorn.

Smokin' BBQ   GRILL $$
(Malecón nahe 24 de Mayo; Hauptgerichte 6–18 US$; ⊙Mi-So 9–23 Uhr) Das Lokal im Besitz eines texanischen Paares bereitet leckere Sandwiches mit Schweinefleisch, Rippchen, Krautsalat und gebackenen Bohnen zu. Der zwanglose Laden ist beliebt bei Expats.

Cafeteria del Sol   ECUADORIANISCH $$
(Malecón; Hauptgerichte 6–12 US$; ⊙8–23 Uhr) Zwischen der Banco del Pichincha und dem Calypso Hotel liegt dieses von Spalieren bedeckte Restaurant, in dem man alles von Burritos bis zu Meeresfrüchte-Paella bekommt.

Luv'n Oven   ECUADORIANISCH $$
(Malecón; Hauptgerichte 7–10 US$; ⊙11–21 Uhr) Das einladende Restaurant am Wasser serviert gute Meeresfrüchtegerichte, z. B. leckeres *encocao* (Eintopf mit Meeresfrüchten und Kokosnussmilch), Ceviche und Tintenfischreis. Der Service ist schleppend.

 Ausgehen & Nachtleben

In der Handvoll Bars und Discos am oder nahe dem *malecón* herrscht an den Wochenenden in der Hauptsaison Hochbetrieb. Der schicke und Salsa-vernarrte Salinas Beach Club liegt gleich hinter dem Hotel Francisco III. In der zwangloseren **Casa de Roy** (Av 30 nahe Calle 50, Ciudadela Italiana; ⊙Mi-Sa 20–2 Uhr) in der Nähe des Barceló Colon gibt's am Wochenende Livemusik (Blues, Rock).

Sin   BAR
(Calle 13 & 55; ⊙Mo–Do 15–24, Fr & Sa bis 4 Uhr) Im feierfreudigen Sin, Bar und Club mit US-amerikanischem Besitzer, ist immer etwas los. Hier tummelt sich eine Mischung aus Expats und Einheimischen. Die „Panikstunde" am Donnerstag (von 21.15 bis 22.15 Uhr), wenn alles in der Bar nur einen Dollar kostet, sollte niemand versäumen. An anderen Abenden gibt es Konzerte, Sportspiele, Karaoke und werktags die Happy Hour (16–18 Uhr).

 Shoppen

Last-Minute-Geschenke gibt's an den Kunsthandwerksständen in der Calle Armando Barreto, gleich hinter dem *malecón* (in der Nähe der Banco del Pichincha).

ⓘ Praktische Informationen

Die Banco de Guayaquil, die Banco Bolivariano und die Banco Pinchincha haben Filialen mit Geldautomaten am *malecón*.

ⓘ An- & Weiterreise

La Libertad ist die Drehscheibe des Busverkehrs auf der Halbinsel. Wenn man aber nicht auf dem Weg nach Salinas ist, ist es bequemer, unter Umgehung von La Libertad in Santa Elena in einen Bus umzusteigen, der an der Küste entlang in den Norden bzw. ostwärts nach Guayaquil fährt.

Busse nach Salinas fahren ganztägig von der Calle 8 und der Avenida 2 in La Libertad. Eine Taxifahrt zwischen beiden Städten kostet rund 3 US$. Wer von La Libertad nach Santa Elena möchte, winkt einer der häufigen Minibusse heran, die auf der Calle 9 de Octubre fahren.

NACH GUAYAQUIL

Salinas ist am einfachsten mit den Express-Minivans der **Turismo Ruta del Sol** (☎04-277-0358) zu erreichen, die zwischen Salinas und Guayaquil verkehren (10 US$, stündl. 6–20 Uhr). Das Büro befindet sich im Hotel Calypso I am *malecón* in Salinas. In Guayaquil fahren die Minivans gleich hinter dem Hotel Ramada am *malecón* ab. Reservierung ist empfohlen.

Von Salinas nach Guayaquil (4 US$, 2½ Std., alle 15 Min.) fahren Busse der Cooperativa Libertad Peninsular (CLP), der Cooperativa Intercantonal Costa Azu (CICA) und von Liberpresa am Busbahnhof an der Calle 7, hinter dem geschlossenen Wasserpark einen Block landeinwärts am westlichen Ende des *malecón*, ab. Sie nehmen in La Libertad weitere Fahrgäste auf.

NACH NORDEN

Um Ziele weiter im Norden wie Montañita (2 US$, 2 Std.) oder Puerto López (4,50 US$, 3 Std.) zu erreichen, nimmt man in La Libertad an einer Haltestelle nahe dem Markt einen Bus der CITUP, der Cooperativa Manglaralto oder der CITM. Achtung: Diese Busse können in der Hauptsaison vorab ausgebucht sein. Sie bedienen auch andere Dörfer an der Küste im Norden, z. B. Ballenita, Valdivia, Ayangue und Palmar.

Playas

31 000 EW.

Wer Playas erreicht (das auf einigen Karten auch General Villamil genannt wird), den befällt so etwas wie Erleichterung, auch wenn die Stadt verfallen und staubig ist – genau wie die ausgedörrte Landschaft, die man bei der Anreise durchquert. Die *guayaquileños*, die hier ihre Wochenenden verbringen, sind aber auch nicht auf der Suche nach elegantem Stadtleben: Sie locken der lange, breite und relativ stadtnahe Strand und die frischen Meeresfrüchte. In der Gegend gibt's auch einige gute **Surfspots**; Infos hat Juan Gutiérrez im **Jalisco** (Av Paquisha), einem Restaurant einen Block vom Strand.

Playas ist immer noch ein Fischerdorf: Ein paar alte Balsa-Flöße, die noch vor einer Generation üblich waren und eigentlich nur aus drei zusammengebundenen Baumstämmen und einem Segel bestehen – sie ähneln sehr den Booten aus präkolumbischer Zeit –, entladen ihren Fang am westlichen Ende des Strands.

Von Dezember bis April ist in der Stadt viel los, sonst ist es ruhig.

🛏 Schlafen

In Richtung Data, südöstlich vom Ortszentrum, und weiter hinaus bis zum 16 km entfernten Posorja gibt es mehrere ruhige Unterkünfte nahe dem Strand, die sich an den Wochenenden in der Hauptsaison schnell füllen und dann weit höhere Preise verlangen. Ein paar neue Hotels, von denen aber keines Meerblick hat, wurden in den letzten Jahren errichtet oder vielmehr nur halb errichtet – sehr oft ist alles ab dem ersten Stock im Rohbau stecken geblieben.

⭐ La Posada del Sueco   HOTEL $$
(☎099-372-2888; www.posadadelsueco.com; Km 2; DZ 40–80 US$; 🛜🌿) Der schöne, umweltbewusste Strandkomplex im Besitz eines schwedisch-ecuadorianischen Paares hat sechs attraktive Zimmer um einen Garten, der üppig mit Bougainvillea, Passionsfruchtranken und Obstbäumen bepflanzt ist. Das Hotel liegt 2 km von Playas Richtung Data.

Hotel Arena Caliente   HOTEL $$
(☎04-276-1580; Ecke Guayaquil & Paquisha; EZ/DZ 30/45 US$; ❄🌿) Das Arena Caliente hat die üblichen gefliesten Zimmer, die in gutem Zustand sind. Pluspunkte gibt's außerdem für den großen Swimmingpool und den Lounge-Bereich im Hof.

Hotel Nevada Playas   HOTEL $$
(☎04-276-0759; www.hotelnevadaplayas.com; Ecke Guayaquil & Paquisha; EZ/DZ 45/50 US$; ❄🌿) Das Nevada, nur zwei Straßenblöcke vom

Strand entfernt, hat komfortable Zimmer mit kitschiger Einrichtung (einige sind hell, andere ziemlich düster). Es gibt einen Pool im Hof und eine Lounge mit Tischfußball und einem abgewetzten Billardtisch.

Hotel Ana   HOTEL $$
(☎099-898-5886; Km 2; Zi. 35 US$; ❄🌿) Das Hotel Ana, etwa 2 km hinter Playas Richtung Data, ist ein Gebäude mit nachgemachter Ziegelfassade, einem winzigen Pool und einfach möblierten Zimmern mit Fliesenböden.

El Jardín   PENSION $$
(☎04-276-6071; www.eljardindeplayas.com.ec; Km 12; DZ 50–80 US$; ❄🌿) El Jardín am Strand außerhalb der Stadt ist eine friedliche Anlage mit Bungalows in einem grünen Garten. Die Zimmer sind nett möbliert und die Gastgeber freundlich. Sie liegt 12 km hinter Playas an der Straße Richtung Data.

🍴 Essen & Ausgehen

Um die Kreuzung Roldos Aguilera und Paquisha (neben und gegenüber der Straße vom Hotel Arena Caliente und Hotel Nevada Playas) sind reichlich Lokale mit Meeresfrüchten und Ceviche zu finden. Am Strand gibt es über ein halbes Dutzend *comedores* (billige Restaurants) mit einfachen Fischgerichten.

Empanadas de Playas   ECUADORIANISCH $
(Roldos Aguilera; Snacks um 1 US$) Ein schlichtes Restaurant mit Plastiktischen, das billige Empanadas mit Huhn- und Fleischfüllung serviert.

Restaurant Jalisco   FISCH & MEERESFRÜCHTE $
(Ecke Paquisha & Av 7; Hauptgerichte 3–10 US$; ◷8–17 Uhr) Das Jalisco ist eine lokale Institution und serviert seit rund 40 Jahren billige *almuerzos* und Meeresfrüchte.

Restaurant El Pescaito   ECUADORIANISCH $$
(Ave Jaime Roldós; Hauptgerichte 7–10 US$; ◷Mi-So 12–20, Fr & Sa bis 22 Uhr) Wer es etwas feiner haben will als in den anderen Fisch- und Ceviche-Lokalen, sollte es mit dem Pescaito probieren, einem farbenfrohen Restaurant mit Bambuswänden sowie guten Meeresfrüchten und auch *cazuelas*. Es liegt um die Ecke vom zentralen Platz.

ℹ Praktische Informationen

Am *malecón* gibt es eine kleine **Touristeninformation** (◷9–13 & 14–17.30 Uhr). Geldautomaten befinden sich am zentralen Platz; die Banco de Guayaquil hat eine größere Filiale in der

Paquisha nahe der Avenida Guayaquil. Ein paar Internetcafés und Telefoncenter sind nur einige Blocks vom Platz entfernt.

❶ An- & Weiterreise

Busse von **Transportes Villamil** (Mendez Gilbert) und Transportes Posorja fahren nach Guayaquil (2,75 US$, 1¾ Std., 97 km); die Busse beider Gesellschaften starten zwischen 4 und 20 Uhr alle zehn Minuten.

Wer nach Santa Elena oder die Küste weiter hinauf nach Norden will, sollte an der Kreuzung bei Progreso (1 US$, 25 Min.) aussteigen und auf einen beliebigen Bus Richtung Norden warten. Die Busse, die hier durchkommen, sind aber oft schon seit der Abfahrt aus Guayaquil voll besetzt.

SÜDLICH VON GUAYAQUIL

Die meisten Traveller fahren hier auf dem Weg nach Peru schnell durch, dabei gibt es in diesem landwirtschaftlich wichtigen Teil des Landes mehrere Naturschutzgebiete und ein bezauberndes Gebirgsstädtchen.

Reserva Ecológica Manglares Churute

Das 50 000 ha große **Naturschutzgebiet** (Eintritt 10 US$) schützt ein Mangrovengebiet südöstlich von Guayaquil. Ein großer Teil der Küste war einst ein Mangrovensumpf – ein wichtiges und einmaliges Habitat. Das hier ist eine der wenigen verbliebenen Mangrovenküsten; der Rest wurde für die Krabbenzucht zerstört. Im Binnenland gibt es auf Hügeln, die eine Höhe von 700 m über dem Meeresspiegel erreichen, einige tropische Trockenwaldgebiete.

Untersuchungen über die Gegend innerhalb des Schutzgebiets belegen, dass der Übergang der Habitate von Küstenmangroven zu Bergwäldern eine starke Artenvielfalt mit einem hohen Anteil endemischer Arten unterstützt. An der Küste werden oft Delfine beobachtet, und auch viele andere Tier- und Vogelarten können von den Naturbeobachtern, die den Großteil der Besucher ausmachen, gesehen werden.

Der Eingang zum Schutzgebiet befindet sich links von der Hauptverbindungsstraße zwischen Guayaquil und Machala rund 50 km südöstlich von Guayaquil. Hier gibt es auch ein **Informationszentrum** (☎ 09-

276-3653), in dem man den Eintritt bezahlt. Parkranger können Boote für den Besuch der Mangroven (rund 60 US$/Tag für 4–5 Pers.) besorgen, und es gibt mehrere Kilometer an Wanderwegen. Die beste Saison für Bootstouren ist die Zeit von Januar bis Mai, wenn der Wasserstand hoch ist (allerdings gibt es dann auch mehr Insekten).

Mehrere Tourveranstalter in Guayaquil bieten Tagesausflüge hierher an.

Es gibt ein paar einfache *cabañas* – kaum mehr als Betonunterstände – nahe dem Informationszentrum. Camping ist möglich, wenn man das vorab mit dem Büro des Schutzgebiets abspricht.

Alle Busse, die zwischen Guayaquil und Naranjal oder Machala unterwegs sind, können einen am Informationszentrum absetzen. Um wegzukommen, einfach an dem Schild an der Straße (das alle Fahrer kennen) einen Bus heranwinken. Eine Taxifahrt aus Guayaquil kostet hin und zurück rund 40 US$.

Machala

231 000 EW.

Umgeben von Bananenplantagen – dem *oro verde* (grünes Gold), das der Spitzname der Provinz ist – bildet Machala die wirtschaftliche und verwaltungstechnische Hauptstadt der Provinz El Oro. Die Stadt ist ein praktischer Zwischenstopp auf dem Weg von Guayaquil südwärts zur peruanischen Grenze oder für Touren, die in die Berge direkt im Osten führen. Das nur 7 km entfernte Puerto Bolívar ist der internationale Hafen der Region und ihr Fischereizentrum.

Der Parque Juan Montalvo ist der Hauptplatz im Zentrum der Stadt. Die Busbahnhöfe und die meisten Hotels und Restaurants liegen nicht weiter als sechs Straßenzüge von hier entfernt.

Die **Feria Mundial del Banano** in der dritten Septemberwoche ist ein Fest, bei dem sich alles um Bananen dreht. Bei einem internationalen Schönheitswettbewerb wird La Reina del Banano (die Bananenkönigin) gekürt.

🛏 Schlafen

Hostal Saloah
HOTEL **$**

(☎ 07-293-4344; Colón 1818; EZ/DZ ab 20/24 US$; ✴@🖨) Nur Schritte entfernt vom Sitz mehrerer Busunternehmen bietet das Saloah gute Zimmer, die ruhig, wenn auch ziemlich dunkel sind (dank der winzigen Fenster und

Machala

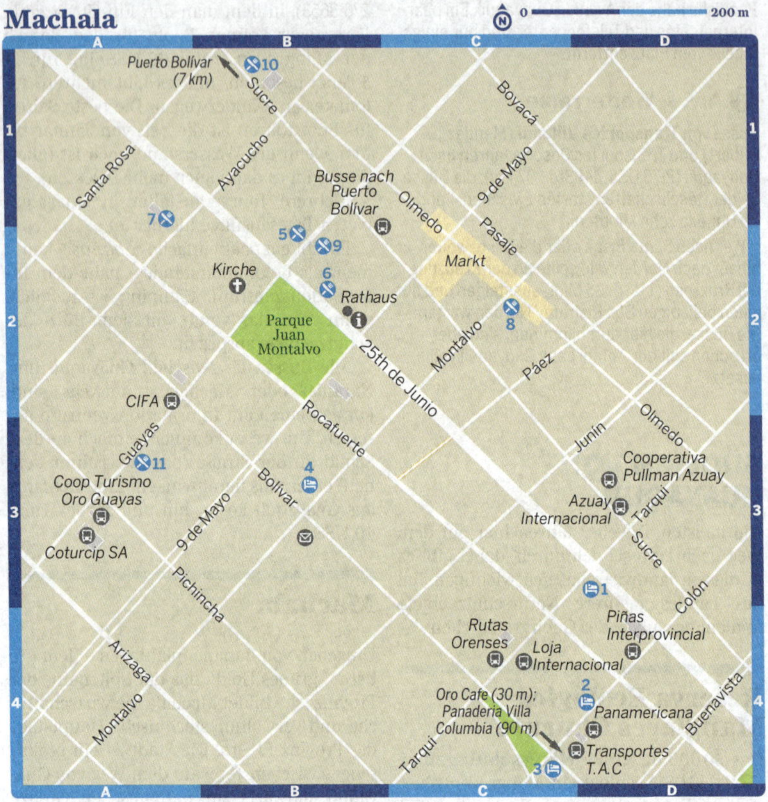

N 0   200 m

Puerto Bolívar
(7 km) ✕ 10

Sucre

Boyacá

Santa Rosa

Ayacucho

Busse nach
Puerto
Bolívar

Olmedo

9 de Mayo

Pasaje

5 ✕ 9

Kirche

6

Markt

Rathaus

✕ 8

Parque
Juan
Montalvo

25th de Junio

Montalvo

Páez

CIFA

Rocafuerte

Olmedo

Junín

Guayas

11

4

Bolívar

Cooperativa
Pullman Azuay

Coop Turismo
Oro Guayas

9 de Mayo

Azuay
Internacional

Tarqui

Sucre

Colón

Coturcip SA

Pichincha

1

Piñas
Interprovincial

Arizaga

Rutas
Orenses

Loja
Internacional

Montalvo

Oro Cafe (30 m);
Panadería Villa
Columbia (90 m)

2

Panamericana

Buenavista

Tarqui

3

Transportes
T.A.C

7

---

der trüben Beleuchtung). In allen vier Stockwerken gibt's auch eine größere, hellere, zur Straße gerichtete Suite, die den kleinen Aufpreis lohnt. Auch eine Dachterrasse ist vorhanden.

Hotel Bolívar Internacional
HOTEL $

(☎ 07-293-0727; Ecke Bolívar & Colón; EZ/DZ 20/30 US$; ❄ 🛜) Das saubere, freundliche Hotel ist nur einen kurzen Weg von den Terminals mehrerer Busunternehmen entfernt. Einige der gefliesten Zimmer blicken auf einen kleinen Park.

Grand Hotel Americano
HOTEL $$

(☎ 07-296-6400; www.hotelesmachala.com; Ecke Tarqui & Av 25th de Junio; Zi. mit Frühstück ab 37 US$; ❄ @ 🛜) Das Businesshotel vermietet helle, moderne Zimmer mit Außenfenstern, einem Schreibtisch und großen Flachbildschirm-TVs. Pluspunkte sind zudem eine nette Lobby, zuvorkommendes Personal, ein Restaurant und ein Aufzug.

Veuxor Executive Hotel
HOTEL $$$

(☎ 07-293-2423; www.hotelveuxor.com; Ecke Bolívar & Juan Montalvo; EZ/DZ mit Frühstück 64/75 US$; ❄ 🛜) Das Veuxor, eines der feinsten Hotels im Stadtzentrum, ist mit seinen geräumigen, schön eingerichteten Zimmern, einige mit Blick über die Stadt, immer eine gute Wahl.

🍴 Essen

Für ein Mittagessen aus frischen Meeresfrüchten lohnt sich die Fahrt nach Puerto Bolívar. Im Paseo, einem modernen Einkaufszentrum 3,5 km südlich der Stadt, gibt es ein riesiges Warenhaus mit einer Lebensmittelabteilung, einem Food-Court und einem Kino.

Coffee Station
CAFÉ $

(Av 25th de Julio; Cappuccino 2–3,50 US$; ⊙ Mo-Fr 8–21.30, Sa & So 9–21 Uhr; 🛜) Das behagliche Café in einer kleinen Einkaufspassage

Machala

gegenüber vom Parque Juan Montalvo, hat guten Kaffee aus einer echten Espressomaschine. Flottes WLAN gibt's hier auch.

Mercado · MARKT $
(Ecke Olmedo & Montalvo) Der riesige Markt von Machala erstreckt sich über mehrere Straßenblöcke. Ideal für frisches Obst und Proviant.

Oro Cafe · ECUADORIANISCH $
(Bolívar nahe Buenavista; Mittagessen 2,25 US$; ☻Mo–Sa 7–20 Uhr) Das kleine, farbenfrohe Café in der Nähe der Busunternehmen serviert Snacks (Empanadas, Maisbrei) und sättigende Tagesgerichte (wie *seco de chivo*; Ziegeneintopf). Den Kaffee kann man vergessen.

Panaderia Villa Columbia · BÄCKEREI $
(Ecke Bolívar & Buenavista; ☻7–23 Uhr) In diesem Laden in der Nähe der Busunternehmen gibt's warme, knusprige Croissants (0,10 US$).

El Paraiso de la Vida · ECUADORIANISCH $
(Ayacucho nahe Av 25th de Junio; Hauptgerichte 4–6 US$; ☻Mo–Fr 7–21, Sa & So bis 16 Uhr; ☑) Sandwiches, Wraps, Lasagne, Tagesgerichte und Frühstück in einem schmalen, modernen Gastraum.

Nutripan · BÄCKEREI $
(Guayas, zwischen Av 25th de Junio & Sucre; ☻Mo–Sa 7–21, So 8–18 Uhr) Die heißen, süßen Schnecken (0,50 US$) und Kuchen sind als Snack zu Mittag unschlagbar.

Romero's · ECUADORIANISCH $$
(Sucre 1304; Hauptgerichte 5–10 US$; ☻12–22 Uhr) Romero's serviert abends leckeres Grillfleisch und tagsüber preisgünstige Tagesgerichte (um 2,75 US$). Gegessen wird auf der

winzigen Veranda vorne oder im adretten Gastraum.

Chesco Pizzeria · PIZZERIA $$
(Guayas 1050 nahe Av 25th de Junio; Hauptgerichte 5–10 US$; ☻Mo–Sa 11–23, So ab 15 Uhr) In dem Fast-Food-Ambiente (bestellt wird an der Theke) gibt's brutzelnd heiße Pizza sowie Pasta und Hamburger.

Zona Refrescante · INTERNATIONAL $$
(Guayas nahe Bolívar; Hauptgerichte 9–12 US$; ☻9–23 Uhr) Das einladende, klimatisierte Restaurant mit hauptsächlich Grillfleisch gehört zu den besten in der Stadt. Es ist auch prima für einen abendlichen Drink (an den Straßentischen).

❶ Praktische Informationen

Die **Touristeninformation** (Ecke Calle 9 de Mayo & Av 25th de Junio; ☻Mo–Sa 8–13 & 14.30–17 Uhr) hat Stadtpläne und Regionalkarten. Ein paar Filialen der großen Banken mit Geldautomaten finden sich rund um den Parque Juan Montalvo. Mehrere Internetcafés säumen die Avenida 25 de Junio zwischen der Guayas und der Las Palmeras.

❶ An- & Weiterreise

BUS
In Machala gibt es keinen zentralen Busbahnhof, aber die meisten Busunternehmen haben ihre Haltestellen etwa fünf Straßenblöcke südöstlich des Parque Juan Montalvo.

FLUGZEUG
An Werktagen starten morgens Flugzeuge von **TAME** (☑ 07-296-4865; Montalvo nahe Pichincha) nach Quito (125 US$). Der Flughafen liegt 1 km vom Zentrum entfernt, die Fahrt mit dem Taxi dorthin kostet rund 1 US$.

MINIVAN
Eine Handvoll Minivan-Unternehmen säumen die Guayas zwischen der Pichincha und der Serrano, darunter **Coturcip SA** (☑ 07-296-0849) und **Coop Turismo Oro Guayas** (☑ 07-293-4382). Deren Minivans fahren stündlich nach Guayaquil (11–12 US$, 3 Std.).

Puerto Bolívar & Jambelí

Die nur 7 km von Machala entfernte Hafenstadt Puerto Bolívar ist eigentlich nur ein banaler Betonstreifen, aber für Meeresfrüchteliebhaber und all jene interessant, die einen Blick auf die Mangrovenküste werfen wollen. Das Spannendste für Besucher

EL BOSQUE PETRIFICADO PUYANGO

Mit 2659 ha ist der Bosque Petrificado Puyango der größte versteinerte Wald Ecuadors und wahrscheinlich auch ganz Südamerikas. Man findet hier versteinerte Araukarienstämme (von denen viele Millionen Jahre alt sind), die eine Länge von bis 11 m und einen Durchmesser von 1,6 m haben. Das Schutzgebiet ist außerdem die Heimat von mehr als 130 Vogelarten.

Der Wald liegt in einem Tal auf ungefähr 360 m über dem Meeresspiegel, rund 55 km von der Küste entfernt im Hinterland. Die Eintrittsgebühr beträgt 1 US$, Campen ist gegen eine kleine Gebühr erlaubt – im Informationszentrum (www.bosquepuyango.ec; ⏱8–16.30 Uhr) nachfragen. Es gibt Aussichtspunkte und Wege.

In dem nahegelegenen kleinen Dorf Puyango gibt es zwar kein Hotel im eigentlichen Sinne, aber man bekommt bei den Dorfbewohnern leicht ein Bett oder einen Platz auf dem Fußboden. Die Einheimischen kennen das Reservat, und einige betätigen sich auch als Führer.

Busse von Loja Internacional aus Machala oder Loja halten auf Wunsch in Puyango (3 US$, 3 Std. ab Machala). Alternativ nimmt man einen CIFA-Bus bis zur Ortschaft Arenillas, von wo einen ein Nahverkehrsbus, der allerdings nur selten verkehrt, die letzten 55 km bis nach Puyango bringt. Achtung: Es kann Passkontrollen geben, denn der Park liegt nahe an der Grenze.

ist der lange Betonlandungssteg, von dem Boote zur kleinen Insel Jambelí ablegen. Auf der anderen Straßenseite gibt es über ein Dutzend Freiluftrestaurants, die Ceviche und Schalentiere servieren. Das beliebte Pepe's (Hauptgerichte 11–14 US$; ⏱10–23 Uhr) mit Straßentischen gleich am Landungssteg hat exzellente Meeresfrüchte; empfehlenswert ist die *orgia de mariscocos* (Meeresfrüchteorgie).

Jambelí ist mit seinen sonnigen Stränden und sandigen Wegen ein beliebtes Ausflugsziel der Bewohner Machalas, die der Stadt entkommen wollen. An Wochenenden herrscht hier viel Betrieb und zum Karneval und zur Semana Santa geht es hoch her. Außerhalb dieser Feste hat die Insel eine verschlafene Atmosphäre mit einem verwilderten und zerzausten Charme. In der Regenzeit ist mit Moskitos zu rechnen.

Las Tórtolas (☎099-929-7926; www.lastortolasjambeli.com; EZ/DZ ab 30/40US$; ❄🐾) liegt am Strand, etwa zehn Minuten zu Fuß nordwärts vom Anleger, und hat nette Holzhütten sowie einen palmengesäumten Garten mit Hängematten. El Faro Playa Spa (☎07-292-0414; www.elfaro.com.ec; Zi. pro Pers. inkl. 3 Mahlzeiten 85 US$; 🐾) an der Nordwestspitze von Jambelí (30 Minuten zu Fuß vom Anleger) vermietet hübsche Nurdachhäuschen mit Strohdach an einem herrlichen Strandabschnitt. Auch Tagesausflüge sind möglich. Sie kosten 30 US$ einschließlich Mittagessen, Benutzung der Anlagen und Kajaks sowie Transfer von/nach Puerto Bolívar.

An Wochenenden bieten Bootsunternehmen Kurzrundfahrten ab Puerto Bolívar durch die Mangroven an, die prima zur Vogelbeobachtung sind. Ein gutes Schnorchelrevier ist das Gewässer um die nahe Mangroveninsel Isla del Amor, die zu einem kommunalen Ökoprojekt zum Schutz der Meeresumwelt gehört.

Von Machala fährt der Bus 1 oder 13 über die Sucre (es gibt eine Haltestelle einen Straßenblock nördlich des Parque Juan Montalvo) hierher; ein Taxi kostet rund 3 US$. Die Boote nach Jambelí (hin & zurück 4 US$, 25 Min.) legen um 7.30, dann von 9 bis 18 Uhr zu jeder vollen Stunde ab.

Zaruma

23 000 EW. / HÖHE 1150 M

Nachdem man sich seinen Weg auf und ab über üppig grüne Hügel, wo Wildbäche durch das Grün strömen, gebahnt hat, wirkt der letzte Anstieg nach Zaruma (südöstlich von Machala) fast wie das Ende einer Pilgerfahrt. Und wer über die waschbrettflache Küstenstraße kommt, für den wird diese alte Goldgräberstadt (gegründet ca. 1549) mit ihren schmalen, hügeligen Straßen und ihren mit Topfpflanzen verschönerten Holzbalustraden wie eine Offenbarung wirken. Zwar sind die meisten Goldminen inzwischen erschöpft oder für die Öffentlichkeit nicht zugänglich, man kann aber den 500 m langen Tunnel der nahegelegenen Mina el Sexmo (Calle El Sexmo; ⏱Di–So 8–12 & 13–16.30 Uhr)

GRATIS besuchen, wo es mit Stiefeln und Helm hinab in die Erde geht (nach einem zehnminütigen Video zur Geschichte der Mine). Vom Stadtzentrum ist es eine kurze Taxifahrt (2 US$) oder ein langer Marsch bergauf.

Die meisten Hotels und Restaurants befinden sich auf der schmalen Hauptstraße, die sich durch Zaruma hochwindet und schließlich an der hübschen **Plaza de la Independencia** und der malerischen Kirche **Virgen del Carmen** endet. Ein kleines **Museum** mit historischen und archäologischen Artefakten ist über der Touristeninformation am Platz untergebracht.

Das architektonisch modernere und weniger reizvolle **Piñas** besucht man am besten im Rahmen eines Abstechers während des Aufenthalts in Zaruma. 1980 wurde in der Nähe eine unbekannte Vogelart, der El-Oro-Sittich, entdeckt. Die beste Möglichkeit, den Vogel zu sehen, hat man in der **Reserva Buenaventura** (Eintritt 15 US$, Hütten pro Pers. inkl. 3 Mahlzeiten 146 US$; ☉ 8–16 Uhr) der Fundación Jocotoco, einem 2700 ha großen Nebelwaldreservat etwa 9 km von Piñas. Es gibt dort auch einfache Holzhütten und ein teures Restaurant (Mahlzeiten 20 US$), in dem Kolibris herumschwirren.

🛌 Schlafen

Abgesehen von der Hostería El Jardín liegen alle folgenden Unterkünfte in der Hauptstraße (die öfter ihren Namen ändert).

★ Hostería El Jardín HOSTERÍA $
(☎ 07-297-2706; Av Isidro Ayora, Barrio Limoncito; EZ/DZ ab 25/35 US$; @) Die Hostería außerhalb des Ortszentrums ist eine ruhige, familiengeführte Pension mit einem hübschen Hofgarten und komfortablen Zimmern. Vom Zentrum ist es eine kurze Taxifahrt (1,50 US$) hierher.

Romerio Hostal PENSION $
(☎ 07-297-3618; romeria_hostal@hotmail.com; Plaza de la Independencia 45; EZ/DZ 12/24 US$; ☎) Das preiswerte Haus am Rand des Platzes gegenüber der Touristeninformation bietet unterschiedliche Zimmer, entweder mit Teppich- oder Holzboden, aber alle mit Warmwasser. Im Erdgeschoss befindet sich ein Restaurant.

Hotel Blacio HOTEL $
(☎ 07-297-2045; www.hotelblacio.com; Ecke Sexmo 015 & Sucre; Zi. pro Pers. 10 US$) Das kleine, freundliche Hotel mit gepflegten Zimmern liegt nur ein paar Schritte bergab von der Plaza de la Independencia.

Zaruma Colonial HOTEL $$
(☎ 07-297-2742; www.hotelzarumacolonial.com.ec; Sucre nahe Sexmo; EZ/DZ/3BZ 15/30/45 US$; ☎) Das freundliche, vierstöckige Hotel besitzt schöne, moderne Zimmer, von denen die besten eine hübsche Aussicht haben.

✕ Essen

Unbedingt probiert werden sollte *tigrillo*, eine magenfüllende regionale Spezialität aus grünen Bananen, Eiern und Käse.

★ Tertulia INTERNATIONAL $
(Plaza de la Independencia; Hauptgerichte 4–6 US$; ☉ Di–So 10.30–14.30 & 15.30–22 Uhr) Das Tertulia direkt neben der Kirche profitiert von einer Toplage mit Straßentischen an der Plaza de la Independencia. Drinnen hat das kleine Café ein stilvolles Lounge-Ambiente und serviert leckere Lasagne, Schweinefleisch-Sandwiches, Waffeln, Tamales und Getränke (Sangria, Mojito, Bier, Wein und Inca Kola).

Saborcito Zarumeño ECUADORIANISCH $
(Hauptgerichte 2,50–5 US$) Ein gutes, nüchternes Lokal an der Hauptstraße mit Grillfleisch und Brathähnchen sowie preisgünstigen Tagesgerichten.

Cafe Imperdible ECUADORIANISCH $
(Hauptgerichte 2,50 US$; ☉ Mo–Sa 9.30–13 & 15.30–22 Uhr; ☎) Das kleine, moderne Café am Eingang zur Plaza de la Independencia hat Filterkaffee und Sandwiches im Deli-Stil.

200 Millas ECUADORIANISCH $$
(Av Honorato Márquez; Hauptgerichte 5–10 US$; ☉ Mo–Sa 7–22.30, So bis 21 Uhr; ☎) Das Spitzenrestaurant Zarumas liegt an der Hauptstraße, zehn Minuten zu Fuß von der Plaza de la Independencia den Berg hinab. Im Angebot sind ecuadorianische Spezialitäten, gutes Frühstück und eine Aussicht auf das Tal darunter.

ⓘ Praktische Informationen

Die freundliche **Touristeninformation** (☎ 07-297-3533; www.visitezaruma.com; Calle 9 de Octubre; ☉ Mo–Fr 8–12 Uhr) befindet sich am Rand der Plaza de la Independencia. Im Ort gibt's eine Banco de Guayaquil und eine Banco de Machala (beide mit Geldautomaten) und mehrere Internetcafés.

ⓘ An- & Weiterreise

Die zwei Busunternehmen (Piñas und TAC) befinden sich in der Nähe des Friedhofs ganz unten

ⓘ GELDUMTAUSCH

Die inoffiziellen Geldwechsler auf beiden Seiten der Grenze sollte man meiden. Auf der ecuadorianischen Seite sind das die Typen mit Aktenkoffern, die auf Plastikstühlen herumsitzen. Probleme mit Falschgeld sind hier häufig, und die Geldwechsler erzählen einem immer, dass die Geldautomaten nicht funktionieren. Die Banken in Huaquillas oder Aguas Verdes tauschen normalerweise keine Devisen, aber versuchen kann man es trotzdem. Geldautomaten gibt es auf der ecuadorianischen und der peruanischen Seite.

Bei der Ausreise aus Peru sollte man noch vor dem Verlassen des Landes so viele peruanische Sol wie möglich loswerden. Bei der Ausreise aus Ecuador lassen sich die dort gültigen US-Dollar in Peru leicht wechseln, größere Mengen sollte man aber nicht an der Grenze, sondern weiter südlich eintauschen.

im Ort. Zur Plaza de la Independencia sind es 2 km steil bergauf (ein Taxi kostet 1,50 US$).

Die Piñas-Busse verkehren stündlich ab Machala (3 US$, 3 Std.) über Piñas (45 Min.). Piñas-Busse fahren zudem um 13.45 Uhr nach Cuenca (7 US$, 7 Std.), dreimal täglich nach Quito (12 US$, 12 Std.), viermal täglich nach Guayaquil (6,50 US$, 5 Std.) und dreimal täglich nach Loja (5 US$, 4 Std.).

Die TAC-Busse fahren nach Machala (3 US$, stündl.), Guayaquil (6,50 US$, 5-mal tgl.) und Cuenca (7 US$, 7 Std., 1-mal tgl. gegen 24 Uhr).

Mit dem eigenen Fahrzeug sind es etwa zwei Stunden von/nach Machala. Alle Straßenparkplätze in Zaruma kosten 1,50 US$ für drei Stunden; Parktickets verkaufen Restaurants und Läden.

Über Huaquillas nach Peru

Auf der Route, die die meisten Reisenden auf dem Landweg nehmen, sind es rund 80 km von Machala bis nach Huaquillas an der peruanischen Grenze. Die Straße führt durch Bananen- und Palmenpflanzungen sowie durch die staubigen Marktorte Santa Rosa und Arenillas. Die Grenze selbst liegt am Río Zarumilla, einem weitgehend ausgetrockneten Flusslauf, über den die internationale Brücke führt, die Huaquillas mit Aguas Verdes in Peru verbindet (die Grenzwachen belästigen einen nicht mit Formalitäten; man kann ungehindert hinübergehen).

Wenn man in Huaquillas über Nacht hängenbleibt, sind das Hotel Vanessa (☏ 07-299-6263; www.hotelvanessa-ec.com; Calle 1 de Mayo & Hualtaco; EZ/DZ ab 10/20 US$; ❄ 🛜) und gleich nebenan das Hotel Hernancor (☏ 07-299-5467; grandhotelhernancor@gmail.com; Calle 1 de Mayo; EZ/DZ mit Frühstück 24/30 US$; ❄ @ 🛜) gute Optionen. Letzteres ist die Grande Dame der Stadt mit weiten Korridoren, hohen Decken und großen Zimmern. Beide liegen etwa 400 m von der Grenze nahe dem Parque Central. Das Hotel San Martin (☏ 07-296-6083; Av La Republica nahe 19 de Octubre; EZ/DZ 8/16 US$) nur ein paar Schritte von der Grenze entfernt (und an der gleichen Straße) ist eine gute Billigunterkunft.

Mehrere zwanglose Lokale und *juguerías* (Saftbuden) befinden sich gleich hinter dem Gebäude der Stadtverwaltung – einfach nach dem Uhrenturm auf dem Parque Central Ausschau halten.

Die peruanische und die ecuadorianische Einreisebehörde (⏱ 24 Std.) befinden sich direkt nebeneinander in einem neuen Komplex ca. 4 km nördlich der Brücke und 1 km abseits der Fernstraße; hier werden alle Ein- und Ausreiseformalitäten erledigt. Wer mit dem Bus anreist, sollte besser in Huaquillas aussteigen und mit dem Taxi zurück zur Einreisebehörde fahren. Taxis verlangen ungefähr 3–5 US$ pro Strecke.

In Aguas Verdes fahren *colectivos* (Gemeinschaftstaxis; etwa 2–5 US$ pro Pers.) und Mototaxis (5 US$ pro Pers.) nach Tumbes in Peru, wo es reichlich Hotels und auch Verkehrsverbindungen weiter nach Süden gibt. Transportes Flores (www.floreshnos.net) fährt viermal täglich von der peruanischen Grenze mit Zwischenstopps südwärts nach Lima (um 25 US$, 20 Std.). Um 18 Uhr wird ein bequemerer Doppeldecker mit Liegesitzen, Toilette, TVs und Abendessen (32 US$) eingesetzt.

Von Guayaquil sind die Direktbusse nach Lima von Cruz del Sur und Expreso Internacional Ormeño die bequemste Möglichkeit, weil man hier an der Grenze nicht den Bus wechseln muss.

Wer von Peru nach Ecuador einreist, kommt nach Überquerung der internationalen Brücke auf die Hauptstraße, die von Marktständen gesäumt ist und sich bis hinter Huaquillas erstreckt. Von hier empfiehlt sich ein Taxi (rund 3 US$; doppelt so viel, wenn es warten soll) zu den peruanischen und ecuadorianischen Einreisebehörden; wahrscheinlich muss man dann nach Huaquillas zurückkehren, um einen Bus weiter nach Norden zu erwischen.

Die Busunternehmen verteilen sich über ein halbes Dutzend Blocks gleich nördlich der Grenze. **CIFA** (Ecke Santa Rosa & Machala) fährt fünf- bis sechsmal täglich nach Guayaquil (7 US$, 4 Std.) und alle 20 Minuten zwischen 5.30 und 19.30 Uhr nach Machala (1,80–2,30 US$, 1½–2 Std.). Die Minivans von **Transfrosur** (Santa Rosa) fahren zwischen 5 und 20 Uhr stündlich nach Guayaquil (14 US$, 4 Std.).

Busse von **Panamericana** (Ecke Teniente Cordovez & 10 de Agosto) starten zehnmal täglich nach Quito (12 US$, 11 Std.); die Busse fahren über Ambato, einige auch über Santo Domingo. Wer unbedingt ganz schnell nach Kolumbien weiterreisen will, kann den Bus nehmen, der täglich um 16 Uhr nach Tulcan (20 US$, 19 Std.) nahe der kolumbianischen Grenze fährt. Azuay Internacional, ebenfalls an der Teniente Cordovez, hat täglich vier Busverbindungen nach Cuenca (7 US$, 5 Std.).

Galapagosinseln

30 000 EW.

Gut essen

→ El Atardecer del Nene
(S. 340)

→ La Cueva de Gus (S. 340)

→ Oasis (S. 356)

→ Calypso Restaurant
(S. 349)

Schön
übernachten

→ Floreana Lava Lodge
(S. 360)

→ Caleta Iguana Hotel & Surf
Camp (S. 354)

→ Finch Bay Hotel (S. 339)

→ Casa Blanca (S. 347)

Auf zu den Galapagosinseln!

Nach einer Reise zu den Galapagosinseln ist es gut möglich, dass Traveller die Welt mit anderen Augen sehen. Die vielen tierischen Bewohner der Inseln – viele sind nirgendwo sonst zu finden – verhalten sich allesamt so, als wären die Menschen nicht mehr als etwas lästige Paparazzi.

Die Inseln sind nicht wie die Bahamas oder andere typische Tropenparadiese. Auf den meisten Inseln ist eigentlich gar keine Vegetation zu finden und manche erinnern eher an den Mond als an Hawaii. Dennoch leben hier mehr Menschen, als viele annehmen, und die Ortschaften sind auf einem überraschend hohen Entwicklungsstand und meist auf die blühende Tourismusindustrie eingestellt.

Dieser abgeschiedenen Gruppe von Vulkaninseln und ihrem fragilen Ökosystem kommt als Schaukasten der Artenvielfalt beinahe schon Legendenstatus zu. Um einen der letzten Orte gebührend würdigen zu können, an dem sich die Spuren der Menschen noch in Grenzen halten, muss man aber weder Evolutionsbiologe noch Vogelkundler sein.

Reisezeit
Galapagosinseln

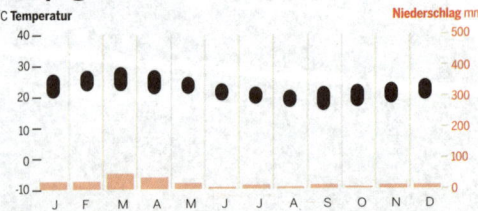

Jan.–Mai Sonnig, warm, hin und wieder Schauer. Das Wasser ist ruhiger und der Wind weniger stark.

Juni–Dez. Die kühlere Trockenzeit. Das Meer ist wegen des Humboldtstroms recht unruhig.

Juni–Dez. Meeressäugetiere und Landvögel sind zu dieser Zeit am aktivsten.

Isla Darwin
(Culpepper)

Isla Wolf
(Wenman)

0   50 km

PAZIFIK

Isla Pinta
(Abingdon)

Isla Genovesa
(Tower)

Roca Redonda

Isla Marchena
(Bindloe)

Äquator

Isla Santiago
(San Salvador oder James)

4 Isla Bartolomé

Isla Fernandina
(Narborough)

Isla Pinzón
(Duncan)   Isla Baltra

**Rancho
Primicias**
5

Isla San Cristóbal
(Chatham)

Isla Santa Cruz
(Indefatigable)

**Volcán
Sierra 3
Negra**

**Isla Isabela
(Albemarle)
7**

6
**Bahía
Tortuga**

**Puerto
Baquerizo
Moreno 8**

1
Los Túneles

**Isla Floreana
(Santa María
oder Charles) 9**

Punta Suárez 2
Isla Española
(Hood)

Highlights

1 In den tollen Lavaformationen der **Túneles** (S. 352) Seepferdchen erblicken

2 Mit eigenen Augen die Vogelwelt an der **Punta Suárez** (S. 361) auf der Isla Española bestaunen

3 In der unwirklichen Landschaft am **Volcán Sierra Negra** (S. 351) zwischen den Fumarolen wandern

4 Die spektakuläre Aussicht von der **Isla Bartolomé**

(S. 358) genießen, dann mit Meeresschildkröten um den Pinnacle Rock schnorcheln

5 Die dösenden Tiere auf der **Rancho Primicias** (S. 332) im Hochland von Santa Cruz mustern

6 Am grandiosen weißen Sandstrand der **Bahía Tortuga** (S. 334) neben Meerechsen die Sonne anbeten

7 Auf der **Isla Isabela** (S. 350) tagsüber an Pin-

guinen vorbei paddeln und abends am Strand Cocktails schlürfen

8 Nur ein paar Schritte von **Puerto Baquerizo Moreno** (S. 345) auf der Isla San Cristóbal surfen, schnorcheln, tauchen, Kajak- oder Radfahren

9 Nach einem aktiven Tag am hübschen Strand auf der stillen **Isla Floreana** (S. 359) relaxen

ISLA SANTA CRUZ (INDEFATIGABLE)

Auf der Insel Santa Cruz liegt der größte und am besten entwickelte Ort der Galapagosinseln. Beinahe jeder Besucher kommt hier durch, selbst wenn er nur auf dem Weg vom Flughafen auf der nahe gelegenen Isla Baltra zu einem der Kreuzfahrtschiffe im Hafen von Puerto Ayora ist. Aber auch für diejenigen, die länger bleiben, ist Santa Cruz weit mehr als nur eine Wegstation oder ein Außenpos-

Isla Santa Cruz

ten der modernen, von Menschen gemachten Welt. Die Insel an sich ist schon einen Besuch wert und voller sehenswerter Orte, leicht zugänglicher Strände und mit einem einsamen Hochland im Landesinnern. Zudem ist sie der perfekte Ausgangspunkt für Abenteuer weitab der ausgetretenen Touristenpfade.

Sehenswertes

Verschiedene interessante Orte im Hochland von Santa Cruz liegen an der Straße, die einmal über die gesamte Insel führt, und werden zudem bei vielen Touren angesteuert.

El-Chato-Schildkrötenreservat WILDRESERVAT

(Eintritt 3 US$; ☺ 8–17 Uhr) Das Schildkrötenreservat El Chato, in dem Riesenschildkröten in freier Natur beobachtet werden können, liegt südlich von Santa Rosa. Es ist ein beeindruckender Anblick, wenn diese geradezu apathischen, prähistorisch anmutenden Riesen ihren Ziehharmonikahals zum Fressen ausstrecken. Im Naturschutzgebiet kann man auch prima Sumpfohreulen, Darwinfinken, Goldwaldsänger, Galapagosrallen und Goldschnabel-Sumpfhühner (die letzten beiden sind im hohen Gras oft schwer zu erkennen) beobachten. Da das Reservat Teil des Nationalparks ist, muss ein Führer mit von der Partie sein.

Rancho Primicias WILDRESERVAT

(Eintritt 3 US$; ☺ 8–17 Uhr) Neben El Chato befindet sich die Farm der Familie Devine. Hier leben Dutzende von Riesenschildkröten und man kann ungehindert umherstreifen. Der Eingang liegt hinter Santa Rosa, abseits der Hauptstraße; die Einheimischen können den Weg dorthin erklären. Nicht vergessen, jedes Gatter, durch das man geht, auch wieder zu schließen! In einem Café werden kalte Getränke und heißer Tee verkauft, der besonders willkommen ist, wenn der Nebel des Hochlands die Kleidung klamm gemacht hat.

Lavatunnel TUNNEL

(Eintritt 3 US$; ☺ 8–17 Uhr) Die beeindruckenden unterirdischen Lavatunnel südöstlich des Orts Santa Rosa sind über 1 km lang und entstanden, als sich die äußere Haut eines Lavastroms verfestigte. Als der Lavastrom verebbte, floss die geschmolzene Lava im Innern weiter und ließ eine feste Hülle in Form eines Tunnels zurück. Da sie sich auf privatem Gelände befinden, können die Röhren ohne einen offiziellen Führer besichtigt werden. Die Tunnel sind elektrisch beleuchtet (es können zusätzlich Taschenlampen ausgeliehen werden). In Puerto Ayora werden geführte Touren zu den Lavatunneln angeboten.

Los Gemelos
AUSSICHTSPUNKT

Die Zwillingstrichter (keine Vulkankrater) liegen in dem Teil des Hochlands, das von der Straße aus erreicht werden kann, und sind von Scalesia-Wäldern umgeben. Hier werden oft Rubintyranne und seltener auch Sumpfohreulen gesichtet. Los Gemelos liegt etwa 2 km hinter Santa Rosa an der über die Insel führenden Straße. Obwohl die zwei Krater nur 25 bzw. 125 m von der Straße entfernt liegen, werden sie von üppiger Vegetation verdeckt, sodass man den Fahrer bitten muss, am Ausgangspunkt des Weges zu halten.

Cerro Crocker
VULKAN

Nördlich von Bellavista führt ein Pfad in Richtung Cerro Crocker (864 m) und zu anderen Hügeln und erloschenen Vulkanen. Eine Wanderung hier ist eine gute Möglichkeit, die Vegetation aus Scalesia- und Miconia-Wäldern und Gebieten mit Farnen und Riedgräsern zu erkunden und nach Vögeln wie dem Rubintyrann, der scheuen Galapagosralle und dem Goldschnabel-Sumpfhuhn Ausschau zu halten. Von Bellavista aus sind es etwa 5 km bis zum halbmondförmigen Hügel **Media Luna** und weitere 3 km zum Fuß des Cerro Crocker. Beide liegen im Nationalpark, weshalb ein Führer mit von der Partie sein muss.

Playa El Garrapatero
STRAND

Nach einer 30-minütigen Taxifahrt ab Puerto Ayora über das Hochland und einem 15-minütigen Fußmarsch ist dieser wunderschöne Strand erreicht. Hier gibt es Ge-zeitenbecken, in denen man an Tagen mit ruhigem Wetter mit Schnorchelausrüstung auf Erkundungstour gehen kann, sowie eine Lagune mit Flamingos, Bahamaenten und Schwarznacken-Stelzenläufern.

Playa Punta Estrada
STRAND

Der kleine Strand vor dem Finch Bay Hotel ist ein hübscher Ort, um sich ein paar Stunden zu vertreiben. Das Wasser ist kristallklar, und nicht selten können Haie bei ihrem Streifzug durch die Bucht beobachtet werden.

An der Küste

Die übrigen interessanten Stätten auf Santa Cruz sind nur mit einem Boot und Führer zu erreichen. An der Westküste sind das die **Bahía Ballena** (Whale Bay) und die **Conway Bay**, an der Küste im Norden die **Caleta Tortuga Negra** (Black Turtle Cove) und **Las Bachas**. In der Conway Bay gibt es einen 1,5 km langen Pfad, der an einer Lagune mit Flamingos vorbeiführt. Nördlich davon liegt der **Cerro Dragón**, in dessen beiden Lagunen manchmal Flamingos zu sehen sind. Hier gibt es auch einen Weg von 1,75 km Länge, der durch einen Wald aus Palo-Santo-Bäumen (heiliges Holz) und Feigenkakteen zu einem kleinen Hügel mit schönem Ausblick führt. Dort leben einige riesige, ausgewilderte Galapagos-Landleguane.

In der Caleta Tortuga Negra gibt es keine Bootsanlegestelle. In der Bucht geht man für gewöhnlich mit *pangas* (kleine Boote, die für die Beförderung von Passagieren zwischen größeren Booten und dem Strand

---

INSEL-EINMALEINS

Die Inseln liegen im Pazifischen Ozean am Äquator, etwa 90° westlich von Greenwich. Die Inselgruppe besteht aus 13 Hauptinseln (mit einer Fläche von 14 bis 4588 km²), sechs kleinen Inseln (1 bis 5 km²) und unzähligen kleinen Inselchen, von denen nur die wenigsten einen Namen haben.

Fünf der Inseln sind bewohnt. Etwa die Hälfte aller Einwohner lebt in Puerto Ayora auf der Isla Santa Cruz in der Mitte des Archipels. Puerto Baquerizo Moreno auf der Isla San Cristóbal (die östlichste der Inseln) kommt aus touristischer Sicht an zweiter Position, gleich nach Puerto Ayora.

Die anderen bewohnten Inseln sind Isla Isabela (die größte der Inseln; sie nimmt die Hälfte der Landmasse des Archipels ein) mit dem kleinen, immer beliebter werdenden Ort Puerto Villamil, Isla Baltra und Floreana mit Puerto Velasco Ibarra. Die restlichen Inseln sind unbewohnt, können aber im Rahmen einer Tour besucht werden.

Die meisten der Inseln haben zwei, wenn nicht sogar drei Namen. Auf den ersten Seekarten wurden die Inseln mit sowohl spanischen als auch englischen Bezeichnungen versehen (viele von ihnen tragen die Namen von Piraten oder englischen Adeligen), die ecuadorianische Regierung verpasste den Inseln 1892 dann ihre offiziellen Namen. Diese werden auch in diesem Kapitel in den meisten Fällen benutzt.

genutzt werden) an Land. Die Bucht hat viele kleine Meeresarme und ist von Mangroven umgeben, in denen Lavareiher und Pelikane zu sehen sind. Die Hauptattraktion ist jedoch im Wasser zu finden: Manchmal werden Meeresschildkröten gesichtet, oft schwimmen Schwärme von Goldrochen vorbei, und nicht selten dümpeln Weißspitzenriffhaie im seichten Wasser. Die nahe Playa Las Bachas ist ein sehr beliebter Strand, um in der Sonne zu liegen und zu schwimmen, und doch ist er oft menschenleer.

🛏 Schlafen

Eco Lodge

Galápagos Walker PENSION $$$
(☎ 05-303-2051; www.ecolodgegalapagoswalker. com; EZ/DZ inkl. 3 Mahlzeiten 220/285 US$) In dem umweltfreundlichen Hotel ein paar Kilometer von Bellavista lässt sich prima die Beschaulichkeit des Hochlands genießen. Das Essen, das im Garten serviert wird, stammt aus eigenem Anbau. Auch Touren werden angeboten.

Royal Palm HOTEL $$$
(☎ 05-252-7408; www.royalpalmgalapagos.com; Zi. ab 300 US$; ✸✿✆✇✈) Wem die „grellen Lichter der Großstadt" von Puerto Ayora zu viel werden, der mietet sich am besten im Royal Palm Hotel ein, einem Luxushotel mit wunderschönem Design im Hochland bei Santa Rosa.

Puerto Ayora
12 000 EW.

Viele Besucher, die auf den Inseln nichts als Pflanzen und Tiere erwarten, sind von der sowohl flächenmäßig größten als auch bevölkerungsreichsten Stadt der Galapagosinseln überrascht. Puerto Ayora könnte auch ein wohlhabender Küstenort auf dem ecuadorianischen Festland sein – wären da am Ufer nicht die Seelöwen und Pelikane. Die meisten Hotels, Restaurants und touristischen Einrichtungen säumen die Avenida Charles Darwin, der Flughafen befindet sich etwa eine Stunde nördlich auf der Isla Baltra. Nach mehreren Querstraßen landeinwärts weichen die Reisebüros einfachen, bescheidenen Wohnhäusern und Läden. Einigen Nachkommen einer Handvoll deutscher, schweizerischer und norwegischer Familien, die sich hier vor vier Generationen niedergelassen haben, ist es gelungen, ihre Position in der Tourismusindustrie zu behaupten.

👁 Sehenswertes & Aktivitäten

Forschungsstation
Charles Darwin WILDRESERVAT
(☎ 05-252-6146; www.darwinfoundation.org; ⏲ 6–18 Uhr) Gleich nordöstlich der Stadt liegt diese berühmte Forschungsstation, in der sich über 200 Wissenschaftler und Freiwillige mit Forschung und Naturschutz befassen. Das bekannteste Projekt ist ein Zuchtprogramm für Riesenschildkröten. Pfade durch die Trockenzonenvegetation führen an Schildkrötengehegen vorbei, in denen sich die Galapagos-Riesen aus der Nähe betrachten lassen. Es gibt auch ein **Babyschildkrötenhaus** mit Brutkästen (sobald die Schildkröten 1,5 kg wiegen bzw. vier Jahre alt sind, werden sie auf ihren Heimatinseln ausgesetzt).

Weitere Attraktionen sind u.a. ein kleines Gehege mit mehreren **Landleguanen**. Erklärungen auf Spanisch und Englisch erläutern die Bemühungen, sie wieder auf den Inseln anzusiedeln, wo ihr Bestand bis an den Rand des Aussterbens dezimiert wurde. Die Forschungsstation wird durch Spenden an das **Galápagos Conservancy** (www.galapagos.org) getragen.

Bahía Tortuga & Umgebung STRAND
Wenn endlos schöner, weißer Sand gefragt ist, ist dieser Strand einer der besten in Südamerika. Er befindet sich am Ende eines 2,5 km langen geteerten Pfads südwestlich von Puerto Ayora, der bei einheimischen Joggern sehr beliebt ist. Neben der Möglichkeit, zu schwimmen (eine Landzunge schützt vor der starken und gefährlichen Strömung auf der ausgesetzten Seite), zu surfen oder sich einfach nur zu sonnen, können auch Haie, Meerechsen, Pelikane und vereinzelt auch Flamingos beobachtet werden. Es gibt weder Trinkwasser noch andere Annehmlichkeiten. Vom Beginn des Weges, an dem man sich zwischen 6 und 18 Uhr eintragen muss, ist die *playa* nach einem 30-minütigen Fußmarsch erreicht.

Wer die Bahía Tortuga komplett entlangläuft, erreicht ganz hinten die **Playa Mansa**, eine malerische, von Mangroven gesäumte Lagune. Hier tummeln sich u. a. Meeresechsen, Pelikane und Blaureiher. In den nahen Dünen legen Meeresschildkröten ihre Eier. Das sanfte, flache Wasser ist ideal für Kinder. **Kajaks** (pro Pers./Std. 10 US$; ⏲ 9–18 Uhr) werden hier verliehen.

Am Fuß des Hügels, an dem der Pfad beginnt, befindet sich das **Centro Comunitaria de Educación Ambiental Miguel Cifuente Arias** (⏲ Mo–Fr 7.30–12.30 & 14–17,

Sa 8–12 Uhr), in dem man viel über Umweltschutzmaßnahmen und über Probleme in den Gewässern rund um den Archipel erfährt. Zu erreichen ist das Zentrum 500 m über die Straße ab Puerto Ayora bis zu einem asphaltierten Pfad, der auf einer Hügelkuppe beginnt und bis zur Bahía Tortuga verläuft. Kurz vor diesem Pfad auf dem Hügel befindet sich das Zentrum. Zur Zeit der Recherche wurde in der Nähe ein neues Museum zur Ökologie der Galapagosinseln gebaut.

Laguna de las Ninfas   LAGUNE
GRATIS An der stillen Lagune gibt es einen kurzen Steg, von dem man die Mangroven betrachten und manchmal auch Stachelrochen, junge Haie, Meeresschildkröten und andere Tiere entdecken kann.

Tauchen
Da mehrtägige Tauchausflüge mit dem Boot hier sehr teuer und die Plätze begrenzt sind, entscheiden sich die meisten Taucher dafür, die Wunder der Unterwasserwelt der Galapagosinseln in Tagesausflügen ab Puerto Ayora zu erkunden. Das Tauchgebiet ist nicht für Anfänger geeignet, da die Strömung teilweise sehr stark ist und bei den meisten Tauchgängen Strömungstauchen angesagt ist.

Beliebte Taucherziele sind die Gordon Rocks, die Islote Caamaño, La Lobería, Punta Estrada, Punta Carrión und die Isla Seymour Norte, die eine kurze Bootsfahrt von der Isla Baltra entfernt liegt. Devil's Crown, Enderby oder Champion vor der nördlichsten Spitze der Isla Santa María sind die besten Stellen, um Barrakudas, Rochen und Haie zu sehen. Eine gute Anlaufstelle für etwas erfahrenere Taucher ist die Bahía Academia vor Puerto Ayora.

Der Standardpreis für zwei Tauchgänge vom Boot aus liegt bei 180 US$ (160 US$ für Last-Minute-Buchungen). Alle Anbieter haben PADI-Anfängerkurse im Programm und Englisch sprechende Tauchlehrer.

Academy Bay Diving   TAUCHEN
(✆ 05-252-4164; www.academybaydiving.com; Ecke Av Darwin & Islas Plaza)

Scuba Iguana   TAUCHEN
(✆ 05-252-6497; www.scubaiguana.com; Av Darwin) Wird von zwei der erfahrensten Taucher der Galapagosinseln betrieben.

Surfen
Rund um Puerto Ayora gibt es mehrere gute Breaks, zu denen auch La Ratonera und

---

ABSTECHER

LAS GRIETAS

Diese mit Wasser gefüllte Felsspalte bietet tolle Schwimm- und Schnorchelmöglichkeiten. Oft erklimmen talentierte, furchtlose Einheimische die nahezu vertikal ansteigenden Wände, um dann elegant (teilweise aber auch ungelenk) ins Wasser zu springen. Um die *grietas* zu erreichen, nimmt man ein Wassertaxi (0,60 US$/Pers.; 6–19 Uhr) bis zur Anlegestelle am Restaurant Angermeyer Point und geht dann zu Fuß am Finch Bay Hotel und an einer interessanten Salzmine vorbei und schließlich über einen mit Lavagestein übersäten Pfad zum Wasser. Gutes Schuhwerk ist für den 700 m langen Weg vom Anleger empfehlenswert. Die Wertsachen, die am Ufer zurückgeblieben sind, im Auge behalten!

Bazán in der Nähe des Strands der Charles Darwin Forschungsstation gehören. Wem es nichts ausmacht, sein Brett ein paar Kilometer weit zu schleppen, der findet an der Bahía Tortuga einige gute Wellen vor. Mit dem Boot hat man nach etwa einer Stunde die Punta Blanca erreicht. Noch weiter nördlich liegen Cerro Gallina, Las Palmas Chica und Las Palmas Grande, die als die besten Breaks auf den Galapagosinseln gelten. Auch vor der Westküste der Isla Baltra gibt es einige gute Wellen.

Radfahren
Eine neue *ciclovia* (Fahrradweg), die zur Zeit der Recherche fast fertig war, verläuft von Puerto Ayora hoch nach Bellavista und Santa Rosa. Es ist aber eine lange und harte Strecke bergauf ins Hochland. Eine schöne Abenteuertour auf eigene Faust ist, mit dem Taxi entweder nach Los Gemelos oder Ele Camote zu fahren und mit dem Leihfahrrad zurückzuradeln. Auf dem Rückweg von Los Gemelos lohnt sich ein Zwischenstopp in El Chato und den Lavatunneln. Ein prima Tagesausflug ist stattdessen, mit dem Taxi nach El Camote zu fahren und von dort mit dem Fahrrad zum Strand El Garrapatero hinunter zu radeln. In der Stadt gibt es viele Fahrradverleiher, darunter Comercial Penguin (Av Baltra nahe Tomás de Berlanga; Rad pro Std./halbtags/ganztags 3/10/15 US$; ⏱ Mo–Sa 8–20, So ab 10 Uhr).

Puerto Ayora

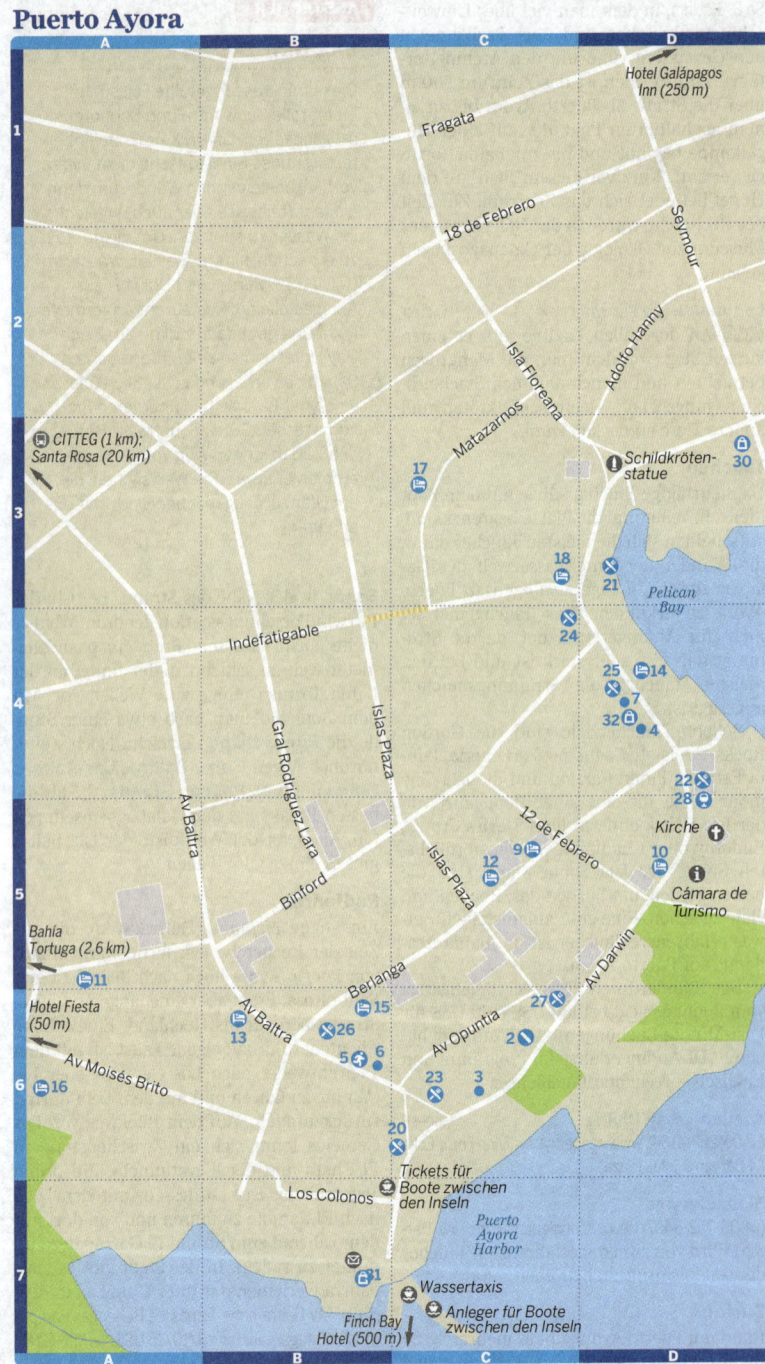

Hotel Galápagos
Inn (250 m)

Fragata

18 de Febrero

Seymour

Isla Floreana

Adolfo Hanny

Matazarnos

CITTEG (1 km);
Santa Rosa (20 km)

Schildkröten-
statue

30

17

18

21

Pelican
Bay

24

Indefatigable

25   14

7

32   4

Gral Rodriguez Lara

Islas Plaza

Av Baltra

22

28

Kirche

12 de Febrero

10

Islas Plaza

Binford

12   9

Cámara de
Turismo

Bahía
Tortuga (2,6 km)

Berlanga

Av Darwin

Hotel Fiesta
(50 m)

11

Av Baltra

15

27

Av Moisés Brito

13

26   5   6

Av Opuntia

2

16

23   3

20

Tickets für
Boote zwischen
den Inseln

Los Colonos

Puerto
Ayora
Harbor

31

Wassertaxis

Anleger für Boote
zwischen den Inseln

Finch Bay
Hotel (500 m)

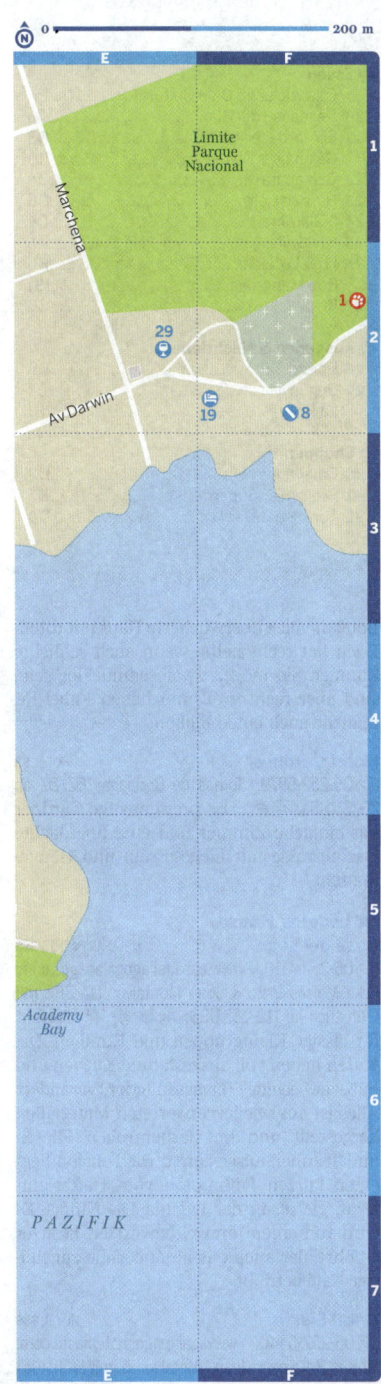

👉 Geführte Touren

Fast jedes Reisebüro hat täglich Ausflüge zu den Inseln Isla Santa María, Isla Isabela, Isla Bartolomé und Isla Seymour Norte sowie zur nahen Isla Santa Cruz im Programm. Manche schließen Schnorcheln und Landgänge zum Besuch der Tierreservate ein.

Albatros Tours   TAUCHEN

(☎05-252-6948; albatrostours@gpsinter.net; Av Charles Darwin) Tagestrips zur Isla Santa Cruz, Schnorchelausrüstung und Tauchausflüge.

Aquatours   BOOTSTOUREN

(☎05-252-7303; www.galapagosaquatours.com; Av Charles Darwin) Rundfahrten in Glasbodenbooten durch die Bucht (pro Pers. 30 US$), einschließlich Schnorcheln und einem Ausflug (zu Fuß) nach Las Grietas.

Joybe Tours   BOOTSTOUREN

(☎05-252-4385; Av Baltra) Gute Angebote für Last-Minute-Bootsausflüge mit Übernachtung und Tagestouren.

Metropolitan Touring   BOOTSTOUREN

(☎05-252-6297; www.metropolitan-touring.com) Die im Finch Bay Hotel ansässige Agentur kann Trips auf der *M/V Santa Cruz,* auf den Jachten *Isabela II* und *La Pinta* und jede andere Galapagostour buchen.

Moonrise Travel   CAMPING & BOOTSTOUREN

(☎05-252-6402; www.galapagosmoonrise.com; Av Darwin) Die Reiseagentur wird von einer Familie von Galapagos-Experten und langjährigen Guides betrieben. Diese können Übernachtungen im Zelt auf ihrer privaten Ranch im Hochland arrangieren sowie Bootsausflüge mit Übernachtungen an Bord oder in Hotels. Auch Tauchausflüge sind im Angebot.

🛏 Schlafen

Im Vergleich zum Festland ist das Preis-Leistungs-Verhältnis auf den Inseln viel schlechter. Die meisten Hotels sind innerhalb weniger Häuserblocks von der Avenida Charles Darwin zu finden und die Preise können während der touristenstärksten Zeiten (Dez.–Jan. & Juni–Aug.) sogar noch steigen.

🛏 Südlicher Teil der Avenida Charles Darwin

La Posada del Mar   PENSION $$

(☎05-301-4976; ceciliabaquero2012@hotmail.com; Tomás de Berlanga nahe Av Baltra; EZ/DZ mit Frühstück 45/65 US$) Die schönen Zimmer der

Puerto Ayora

Pension über dem Galápagos Deli sind mit rostroten Bodenfliesen und Balkonen mit Blick über das Grün jenseits der Stadt ausgestattet. Das Frühstück im erstklassigen Galápagos Deli ist ein Bonus.

Galápagos Native
PENSION $$
(☎05-252-4730; www.galapagosnative.com.ec; Tomas de Berlanga nahe Av 12 de Febrero; EZ/DZ ab 25/30 US$) Die neue Unterkunft bietet für den Preis recht gute und saubere Zimmer mit Lehmziegelwänden. Die drei besten Zimmer sind hell und luftig und haben einen Balkon.

Hotel Sir Francis Drake
HOTEL $$
(☎05-252-6221; www.sirfrancisdrakegalapagos.com; Av Baltra; EZ/DZ ab 25/30 US$; ✳🌐) Das Sir Francis Drake hinter einem kleinen Kaufhaus nur ein paar Schritte vom Pier entfernt ist für den Preis eines der besseren Hotels im Ort. Am besten sind die Zimmer ganz hinten im Erdgeschoss, sie haben nämlich große Fenster und bekommen somit viel natürliches Licht ab. Als Gemeinschaftsbereich dienen lediglich ein Innenhof ohne Sitzgelegenheit und ein einzelner Balkon.

Hotel Crossman
HOTEL $$
(☎05-252-6467; www.crossmanhotel.com; Ecke Juan Montalvo & Charles Binford; EZ/DZ mit Frühstück 30/60 US$; ✳🌐) Das hübsche, von

Bougainvillea überwucherte Haus mit rotem Dach hat recht nette, wenn auch schlichte Zimmer. Sie mögen zwar schmucklos sein, sind aber recht groß und haben Kabel-TV, manche auch einen Balkon.

Hotel Gardner
HOTEL $$
(☎05-252-6979; Tomás de Berlanga; EZ/DZ ab 20/35 US$; ✳🌐) Das preisgünstige Gardner hat einfache Zimmer und eine überdachte Dachterrasse mit Liegesesseln und Hängematten.

★ Lodging House Casa del Lago
APARTMENTS $$$
(☎05-252-4116; www.casadellagogalapagos.com; Ecke Moisés Brito & Juan Montalvo; DZ/3BZ mit Frühstück ab 115/165 US$; ✳@🌐) Perfekt für lässige Kleingruppen und Familien. Die Suiten haben voll ausgestattete Küchen und hübsche eigene Terrassen oder Veranden. Alles ist aus wiederverwerteten Materialien hergestellt und mit farbenfrohen Fliesen und Textilien ausgestattet. Die Pension liegt einen kurzen Fußmarsch vom Hafen entfernt, gleich an der Laguna Las Ninfas. Es wird von einem umweltbewussten Besitzer geführt, der auch das bezaubernde zugehörige Café betreibt.

Hotel Fiesta
HOTEL $$$
(☎05-252-6440; www.galapagoshotelfiesta.com; Moisés Brito nahe Juan Montalvo; Zi. mit Frühstück

100 US$; ❄@🛜⊠) Das Hotel an der Laguna las Ninfas hat blitzblanke, moderne Zimmer um einen schönen Innenhof mit Kakteen, Palmen, Scalesia-Bäumen und einem verlockenden Pool. Das Frühstück ist klasse.

🛏 Nördlicher Teil der Avenida Darwin

Hostal Los Amigos   HOSTEL $
(📞 05-252-6265;   hostal.losamigos@gmail.com; Av Charles Darwin; EZ/DZ/4BZ US$, ohne Bad 15/30/60 US$; 🛜) Wahrscheinlich die beste Budgetunterkunft im Ort. Die fehlenden eigenen Badezimmer (abgesehen vom Vierbettzimmer) werden durch die zentrale Lage und die sauberen Zimmer mit Holzfußboden – die zugegebenermaßen klein sind – wettgemacht. Es gibt eine Küche und einen Aufenthaltsraum mit TV.

Peregrina B&B   HOSTERÍA $$
(📞 05-252-6323; www.laperegrinagalapagos.com. ec; Ecke Av Charles Darwin & Indefatigable; EZ/DZ mit Frühstück 45/65 US$; ❄🛜) Ein typisches B&B ist das in einem edlen Gebäude untergebrachte Peregrina wahrlich nicht. Einige der einfachen Zimmer sind größer und hübscher ausgestattet als andere. Ein paar Hängematten im kleinen Kakteengarten verstärken den Eindruck eines entspannten Rückzugsorts noch.

Hotel Galápagos Inn   HOTEL $$$
(📞05-252-7343; www.hotelgalapagosinn.com; Ecke Fragata & Scalecia; EZ/DZ 70/100 US$, mit Meerblick 110/150 US$; ❄🛜⊠) Der unschlagbare Meerblick von der Dachterrasse und die sonnenverwöhnten Zimmer mit Balkon im oberen Stockwerk sind die große Attraktion in dem Hotel, der früheren Casa de Judy. Einige der kleineren Standardzimmer (nicht empfehlenswert) liegen zu einer Terrasse mit einem hübschen Pool hin. Das Hotel befindet sich in einem ruhigen Häuserblock fast am Stadtrand, dennoch ist es bis zum *malecón* (Pier) nur ein kurzer Fußweg.

Mainao Inn   HOTEL $$$
(📞05-252-4128; www.hotelmainao.com; Matazarnos; Zi. mit Frühstück ab 120 US$; ❄@🛜) Der weiß verputzte Komplex, eine Mischung aus griechischer Insel und marokkanischer Kasbah, verfügt über einen schön gestalteten, blumenreichen Innenhof und saubere, geräumige, wenn auch für den Preis recht unspektakuläre Zimmer.

🛏 Am Wasser

Finch Bay Hotel   RESORT $$$
(📞05-252-6297; www.finchbayhotel.com; Zi. ab 379 US$; ❄@🛜⊠) In dieser umweltbewussten Unterkunft auf der anderen Seite der Bucht von Puerto Ayora können Traveller runterkommen und abschalten. Beim Pool machen es sich auch Lavamöwen und Reiher gemütlich und jedes Detail passt zur Philosophie des Ortes. Die Zimmer sind nicht besonders groß oder luxuriös, aber das Gelände an sich, der Whirlpool und das Restaurant lohnen eine Übernachtung. Das im Hotel ansässige Metropolitan Touring (S. 337) kann jede nur denkbare Art von Outdooraktivität organisieren.

Red Mangrove Aventura Lodge   HOTEL $$$
(📞05-252-6564; www.redmangrove.com; Av Charles Darwin; Zi. ab 145 US$; ❄@🛜) In einer schattigen, von Mangroven gesäumten Bucht am nördlichen Ende der Stadt liegt diese Unterkunft aus roten Lehmziegeln. Sie ist zauberhaft gestaltet und versprüht den Charme eines geheimen Rückzugsorts. Die Standardzimmer sind angemessen komfortabel, und damit liegt die Lodge mit ihren Veranden im Freien und den gefliesten Badezimmern, was Größe, Luxus und Sonnigkeit angeht, ganz klar eine Klasse über den meisten anderen Unterkünften. Am Ufer gibt's ein hervorragendes Restaurant und zudem können alle Arten von Tagesausflügen und Trips mit Übernachtungen gebucht werden.

Angermeyer Waterfront Inn   HOTEL $$$
(📞05-252-6561; www.angermeyer-waterfront-inn. com; Zi. ab 200 US$; ❄@🛜) Auf der gegenüberliegenden Seite des Hafens (mit einem Wassertaxi zu erreichen) befindet sich dieser sonnenverwöhnte Komplex mit einfachen Zimmern und einem außergewöhnlichen Blick von der Gartenterrasse und von den Zimmern mit Balkon im neueren, mehrstöckigen Anbau.

Hotel Sol y Mar   HOTEL $$$
(📞05-252-6281; www.hotelsolymar.com.ec; Av Charles Darwin; Zi. mit Frühstück ab 250 US$; ❄@🛜⊠) An einem heiß begehrten Fleckchen direkt am Wasser und mit Pelikanen, Seelöwen und Meerechsen als Nachbarn befindet sich dieses Hotel, das (man mag es gut oder schlecht finden) stark an einen Apartmentkomplex in Florida erinnert. Die Zimmer sind pragmatisch, effizient und komfortabel gestaltet und haben einen klei-

nen Balkon. Was dieses Hotel aber von anderen abhebt, sind der Whirlpool direkt am Meer und der Bar- und Restaurantbereich.

 Essen

In der Charles Binford, gleich östlich der Avenida Baltra, verkaufen über ein halbes Dutzend Imbissstände preisgünstiges und herzhaftes Essen, hauptsächlich Meeresfrüchte. Abends ist hier am meisten los, besonders am Wochenende, wenn an den Straßentischen eine Partyatmosphäre herrscht.

El Atardecer del Nene FISCH & MEERESFRÜCHTE $$

(Av Darwin; Hauptgerichte 7–9 US$; ⏱Mo–Sa 17–20 Uhr) An den wenigen Plastiktischen im Freien neben dem Fischmarkt lassen sich überwiegend Einheimische nieder, die den unglaublich frischen Fisch und Hummer (nach Saison) schätzen. Es herrscht eine fröhliche Atmosphäre mit Salsa-Musik und einer kühlen Meeresbrise.

Descanso del Guia ECUADORIANISCH $$

(Av Charles Darwin nahe Los Colonos; Hauptgerichte 7–14 US$; ⏱6–20 Uhr) Die trubelige Cafeteria in der Nähe des Passagieranlegers ist praktisch für einen schnellen Imbiss (Tagesgerichte 4,50 US$).

Rock ECUADORIANISCH, INTERNATIONAL $$

(Ecke Av Charles Darwin & Islas Plaza; Hauptgerichte 8–23 US$; ⏱Di–So 9–22 Uhr; 🕿) Das lebhafte Restaurant an der Hauptstraße serviert Meeresfrüchte und Grillgerichte, z. B. gebratenen Thunfisch mit Pfeffer, Schweinerippchen mit Ananas-Salsa und Linguine mit Kokosnuss und Hummer. Leichtere Gerichte aus dem großen Angebot sind Pasta, *quesadillas* und Sandwiches.

Galápagos Deli DELI, PIZZERIA $$

(Tomás de Berlanga; Hauptgerichte 5–9 US$; ⏱Di–So 7–22 Uhr; 🕿) Wer von den ganzen typischen *almuerzos* (Mittagstisch) erst mal genug hat, der kann sich in diesem eleganten und modernen Restaurant eine Pizza aus dem Ziegelofen (klein 5 US$) oder ein Deli-Sandwich holen. Es gibt auch Fish and Chips, Espresso und köstliches Eis. Da sich der Laden in einem ruhigen Block versteckt, ist er so etwas wie ein Geheimtipp.

Casa de Lago Café Cultural CAFÉ $$

(Ecke Moisés Brito & Montalvo; Hauptgerichte 7–9 US$; ⏱Mo–Sa 7–19 Uhr; 🕿🖊) Das szenige Café hat drinnen und draußen ein paar Tische stehen. Es gibt ein hervorragendes Frühstück, Sandwiches, Empanadas und

Hernan Café ECUADORIANISCH, INTERNATIONAL $$

(Av Baltra; Hauptgerichte 8–15 US$; ⏱8–22 Uhr; 🕿) Das lebhafte Hernan Café ist dank der Lage an der verkehrsreichsten Kreuzung der Stadt oft proppenvoll. Es serviert recht gute (wenn auch langweilige) Pasta, Pizza, Fisch- und Fleischgerichte.

Lo & Lo ECUADORIANISCH $$

(Berlanga; Hauptgerichte 7–14 US$; ⏱Mi–Mo 7–15 Uhr; 🕿) Ein kleines, halb offenes Lokal mit Ceviche, gegrilltem Fisch, *seco de chivo* (Ziegeneintopf), *balones* (Bällchen aus Kochbananenbrei) und Empanadas.

La Cueva de Gus INTERNATIONAL $$$

(☏05-252-6561; Hauptgerichte ab 15–26 US$; ⏱17–22 Uhr) Das malerische Freiluftrestaurant über dem Wasser serviert leckeren Fisch und Hummer, Pizza und Bistrogerichte. Es gehört zum Angermeyer Point Hotel und ist vom Pier mit dem Wassertaxi zu erreichen.

Isla Grill GRILL, INTERNATIONAL $$$

(Av Darwin; Hauptgerichte 13–25 US$; ⏱Di–So 12–22 Uhr) In dem quirligen Grillrestaurant gibt's üppige Teller mit Grillfleisch und Meeresfrüchten. Die Hits: *costillitas* (Schweinerippchen), *mariscada* (gegrillte Garnelen, Tintenfische und Calamari) und *churrasquito de mimi* (ein besonders zartes Steak). Die prallen Salate sind ebenfalls klasse.

Garrapata ECUADORIANISCH $$$

(Av Darwin; Hauptgerichte 12–21 US$; ⏱Mo–Sa 9–23.30 Uhr) Gute Musik, eine kühle Brise und leckere ecuadorianische und internationale Gerichte (Hühnercurry, gemischte gegrillte Meeresfrüchte, Fisch in Kokosnusssauce) locken fast jeden Abend eine fröhliche Gästeschar an. Das Restaurant mit offenen Seiten und Kieselboden ist teuer, aber zwanglos.

Il Giardino ITALIENISCH, EIS $$$

(Ecke Av Darwin & Binford; Hauptgerichte 13–23 US$; ⏱8–22 Uhr; 🕿) Die Open-Air-Trattoria bietet eine schöne Speiseterrasse und gute Fleisch-und Fischgerichte sowie himmlische Desserts. Zum Lokal gehört auch eine *heladería* (Eissalon).

Red Mangrove JAPANISCH $$$

(Av Darwin, Red Mangrove Aventura Lodge; Hauptgerichte ab 16–24 US$; ⏱8–22 Uhr; 🕿) Die Attraktion ist hier ein Platz auf der hinteren Terrasse am Ufer, wo Seelöwen frei umhertollen. Die Sushi und japanischen Gerichte sind ganz gut, aber nicht spektakulär.

Ausgehen & Nachtleben

Bongo Bar   BAR
(Av Darwin; 🕑19–2 Uhr; 🛜) Das bisschen Nachtleben, das in Puerto Ayora zu finden ist, konzentriert sich vor allem auf diese Location. Die trendige, zweistöckige Bar wartet mit Flachbildfernsehern, Musik und einer alkoholschwangeren Mischung aus hippen Einheimischen, Guides und Touristen auf. Überraschenderweise gibt's hier auch das beste Sushi der Inseln (10–14 US$).

La Panga   CLUB
(Av Darwin; 🕑22–2 Uhr) In dieser Disko unter der Bongo Bar kann durch die Nacht getanzt werden.

Buganvilla   BAR, CAFÉ
(Av Darwin; 🕑7–2 Uhr; 🛜) Die quietschbunte Outdoor-Lounge ist mit plätscherndem Brunnen, Lichterketten und Sofanischen ausgestattet. An Wochenenden gibt's manchmal Livemusik; Billard und Tischfußball sind hier immer hoch im Kurs.

Shoppen

In Puerto Ayora wird jeder erdenkliche Gegenstand mit dem Logo der Galapagosinseln versehen und verkauft.

Galería Aymara   GALERIE, SCHMUCK
(www.galeria-aymara.com; Ecke Av Darwin & Seymour) Eine edle Künstlerboutique, in der es Kunsthandwerk, Schmuck und Keramikwaren in einzigartigen Designs zu kaufen gibt.

Tortoise Gallery   SCHMUCK
(Av Darwin; 🕑9–12.30 & 15–20 Uhr) Der Schmuckladen verkauft Unikate, nämlich erlesene, handgemachte Arbeiten ecuadorianischer Kunsthandwerker. Einige sind mit Lavagestein gemacht, andere haben Motive aus der präkolumbischen Kunst oder der in Ecuador beheimateten Tierwelt.

Proinsular-Supermarkt   SUPERMARKT
(Av Darwin; 🕑Mo–Sa 7–20, So 9–17 Uhr) Der Supermarkt nur ein paar Schritte vom Pier entfernt führt Lebensmittel, Bier, Wein, Toilettenartikel, Sonnenschutz und andere Notwendigkeiten. Und nicht zu vergessen die guten Zimtschnecken und Croissants (links hinter dem Eingang).

 ZEIT & GELD

→ Bitte beachten: Geldautomaten gibt es nur in Puerto Ayora und in Baquerizo Moreno.

→ Auf den Inseln ist es eine Stunde früher als auf dem Festland Ecuadors.

 Praktische Informationen

INTERNETZUGANG
Galápagos Online (Av Darwin; pro Std. 2 US$; 🕑8–22.30 Uhr) Das Internetcafé verkauft auch Speicherkarten (16 US$ für 30GB) und USB-Sticks.

GELD
Banco del Pacífico (Av Darwin nahe Los Colonos; 🕑Mo–Fr 8–15.30, Sa 9.30–12.30 Uhr) Hat einen Geldautomaten und wechselt Reiseschecks. In der Nähe des Piers und vor dem Supermarkt Proinsular gibt es zwei weitere Geldautomaten.

POST
In der Nähe des Hafens befindet sich eine Post.

TOURISTENINFORMATION
Cámara de Turismo (Touristeninformation; Av Darwin nahe Av 12 de Febrero; 🕑8–12.30 & 14.30–18 Uhr) Hat Infos zu Hotels und Karten; einige der Angestellten sprechen Englisch. Hier kann man seine Beschwerden über Boote, geführte Touren, Guides oder Crewmitglieder loswerden.

An- & Weiterreise

FLUGZEUG
Drei Fluglinien fliegen die Galapagosinseln an (S. 370). Es wird empfohlen, die Abflugszeiten in den Büros der Avianca (S. 307), **Lan** (🗹05-269-2850; Av Charles Darwin; 🕑Mo–Sa 8–18, So 10–13 Uhr) oder **Tame** (🗹05-252-6527; Ecke Av Charles Darwin & Av 12 de Febrero; 🕑Mo–Fr 8–12 & 14–17, Sa 8–13 Uhr) bestätigen zu lassen. Flüge sind oft ausgebucht, sodass es schwierig sein kann, einen Flug umzubuchen oder überhaupt ein Ticket zu bekommen.

Emetebe (🗹05-252-4978; Av Darwin nahe Tomás de Berlanga) und **Air Zab** (🗹05-252-7261; Indefatigable nahe Av Charles Darwin) haben kleine Flugzeuge, die zwischen der Isla Baltra, Isla San Cristóbal und Isla Isabela hin und her fliegen.

SCHIFF/FÄHRE
Lanchas (Schnellboote) fahren täglich zur Isla Isabela (30 US$, 2–2¼ Std.) und Isla San Cristóbal (30 US$, 2 Std.). Abfahrt zu beiden

ist um 7 und 14 Uhr. Täglich um 8 Uhr fährt des Weiteren ein Boot zur Isla Floreana (30 US$, 1¾ Std.). Die Überfahrten können sehr unruhig und für manche somit recht unangenehm sein. Es ist zwar nicht notwendig, im Voraus zu buchen, aber es ist sinnvoll, das Ticket am Vortag zu kaufen. Viele Tourunternehmen in der Stadt verkaufen Tickets, darunter auch **Cabo Martur** (☎05-252-4859; cabomartur@hotmail.com; Av Charles Darwin nahe Los Colonos) in der Nähe des Passagieranlegers.

ℹ️ Unterwegs vor Ort

Hotels, Reiseagenturen, Tourveranstalter und einige Cafés verleihen Fahrräder (2 US$/Std.). Zu den Booten im Hafen oder zu einem Hotel oder einem anderen Ziel südwestlich der Stadt kommt man mit einem Wassertaxi. Sie kosten von 6 bis 19 Uhr 0,60 US$ pro Person und von 19 bis 6 Uhr 1 US$.

ZUM/VOM FLUGHAFEN
Der Flughafen befindet sich auf der Isla Baltra, einer kleinen Insel, die den nördlichsten Zipfel der Isla Santa Cruz fast berührt. Wer schon im Voraus eine Tour gebucht hat, wird bei der Ankunft von einem Vertreter des Bootsanbieters abgeholt und mit dem Bus zu dem Kanal gebracht, der die beiden Inseln voneinander trennt. Die Fahrt zum Bootsanleger dauert zehn Minuten.

Wer unabhängig reist, nimmt den öffentlichen Bus (kostenlos) mit der Aufschrift „Muelle". Die Fahrt zum Fähranleger dauert zehn Minuten, ebenso wie die Fahrt mit der Fähre zur Isla Santa Cruz (1 US$). Dort wartet ein CITTEG-Bus, der die Passagiere ins 45 bis 60 Minuten entfernte Puerto Ayora (2 US$) bringt. Diese Fahrt (auf asphaltierter Straße) vermittelt einen guten Einblick ins Landesinnere und das Hochland von Santa Cruz.

Busse (2 US$) von Puerto Ayora zur Isla Baltra (über die Fähre) fahren morgens um 6.30, 7.15, 8 und 8.30 Uhr (die Zeiten können sich ändern, also vorher checken!) vom CITTEG-**Busbahnhof** (Av Baltra) etwa 2 km nördlich des Hafens los; eine Taxifahrt dorthin kostet 1 US$. Wer am Flughafen einen Flug erwischen muss, sollte für den kompletten Weg aus der Stadt 90 Minuten oder mehr einrechnen.

Eine Taxifahrt ab der Stadt bis zum Kanal (noch auf Isla Santa Cruz) kostet 18 US$ (35–40 Min.).

BUSSE & TAXIS
Vom CITTEG-Busbahnhof in Puerto Ayora fahren zwischen Montag und Samstag vier Busse pro Tag nach Santa Rosa (ca. 2 US$), sonntags sind es weniger.

Wer das Landesinnere erkunden will, ohne zwischendurch festzusitzen, mietet am besten mit anderen Travellern zusammen ein Taxi für den Tag.

Alle Taxis sind Pick-ups. Wer also den Rückweg nach Puerto Ayora mit dem Fahrrad antreten möchte, kann es auf der Hinfahrt einfach hinten aufladen. Eine Taxifahrt nach Bellavista kostet etwa 3 US$, nach Santa Rosa sind es etwa 5 US$ (jeweils für die einfache Strecke).

RUND UM DIE ISLA SANTA CRUZ

Die eine Insel von ansehnlicher Größe im zentralen Archipel, die keine für Besucher interessanten Orte zu bieten hat, ist die Isla Pinzón (Duncan). Sie ist von Klippen geprägt, was eine Landung hier sehr schwierig macht. Zudem braucht man für einen Besuch eine Genehmigung.

Islas Seymour & Mosquera

Die durch einen Kanal von der Insel Baltra getrennte Isla Seymour hat eine Fläche von 1,9 km^2 und ermöglicht durch ihre erhöhte Lage eine Trockenlandung. Es gibt einen felsigen Rundweg (etwa 2,5 km lang), der durch eine der größten und am aktivsten genutzten Brutstätten von Meeresvogelkolonien der gesamten Inselgruppe führt. Die Hauptattraktion sind die prächtigen Fregattvögel und Blaufußtölpel. Zu jeder Jahreszeit gibt's hier was zu sehen: Balz, Paarung, Brut oder Aufzucht der Jungvögel. Es ist kein Problem, nahe an die Nester heranzukommen, da es immer mindestens ein sorgloses Tölpelpaar gibt, das es für eine gute Idee hält, sein Nest mitten auf den Weg zu bauen. Zudem nisten Gabelschwanzmöwen hier, und auch andere Vögel werden häufig gesichtet. Oft bekommt man auch Seelöwen, Landleguane und Meerechsen zu Gesicht, während sich Seebären, Lavaechsen und Galapagos-Schlangen nur recht selten blicken lassen. Die Tierwelt allein ist schon einen Besuch wert.

Die Isla Mosquera ist eine winzige Sandinsel (ca. 120 x 600 m) im Kanal zwischen der Isla Baltra und der Isla Seymour. Einen Wanderweg gibt nicht, Besucher kommen aber hierher, um am sandigen Strand die Seelöwenkolonie zu sehen (oder sogar mit den Tieren zu schwimmen). Wichtig ist jedoch, von den Seelöwen gebührend Abstand zu halten. Die Männchen verteidigen ihr Territorium, und wenn man zu nahe an die Weibchen oder Jungtiere heranschwimmt, könnten sie angreifen, indem sie den vermeintlichen Angreifer im Wasser anrempeln, um ihn zu vertreiben.

Islas Plazas

Die zwei kleinen Inseln unmittelbar vor der Ostküste von Santa Cruz können im Rahmen eines Tagesausflugs ab Puerto Ayora besucht werden. Sie bildeten sich infolge einer Anhebung des Meeresgrunds aufgrund von Verwerfungen. Boote ankern zwischen den beiden Inseln, und Besucher können auf der gerade einmal 13 ha großen **Plaza Sur** an Land gehen, der größeren Insel der beiden. Ein Anlegesteg sorgt für eine Trockenlandung und führt Traveller zu einem Opuntienwald, in dem viele Landleguane zu sehen sind. Ein 1 km langer Rundweg führt durch Seelöwenkolonien und oben an einer Klippe entlang, an der Gabelschwanzmöwen und andere Arten nisten. Die 25 m hohen Felsen sind ein hervorragender Aussichtspunkt, um verschiedene Meeresvögel wie Rotschnabel-Tropikvögel, Fregattvögel, Pelikane und Schuppensturmtaucher zu beobachten. Es ist auch möglich, zwischen Seelöwen zu schnorcheln.

Islas Daphne

Die beiden Vulkaninseln liegen etwa 10 km westlich der Isla Seymour. Während **Daphne Minor** stark erodiert ist, hat **Daphne Mayor** größtenteils die typische vulkanische Form (Tuffkegel genannt) beibehalten. Ein kurzer, aber steiler Weg führt zum 120 m hohen Gipfel der letzteren Insel.

Oben auf dem Kegel befinden sich zwei kleine Krater, in denen Hunderte Nester von Blaufußtölpeln zu finden sind. Nazca-Tölpel nisten am Kraterrand, und einige Rotschnabel-Tropikvögel haben ihre Nester in den Felsspalten der steil abfallenden Klippen der Inseln gebaut.

Die Insel ist schwer zu besuchen, da für die Anlandung eine gewisse akrobatische Leistung gefordert ist: Besucher müssen von einem schaukelnden *panga* auf eine schräge Klippe springen und über die Felsen nach oben kraxeln. Für den Besuch ist eine Sondergenehmigung erforderlich.

Isla Santa Fé (Barrington)

Diese 24 km² große Insel liegt etwa 20 km südöstlich von Santa Cruz und ist ein beliebtes Ziel für Tagesausflüge. In einer hübschen Bucht an der Nordostküste gibt es einen sehr guten Ankerplatz, und nach einer Nasslandung haben Besucher die Wahl zwischen zwei Wegen. Ein 300 m langer Pfad führt zu einem der höchsten Opuntienbestände der Galapagosinseln – einige Kakteen sind über 10 m hoch. Ein etwas anstrengender, 1,5 km langer, unwegsamer Pfad führt ins Hochland, wo man mit etwas Glück den **Santa-Fé-Landleguan** (den es sonst nirgendwo auf der Welt gibt) zu Gesicht bekommt. Weitere Attraktionen sind eine Seelöwenkolonie, hervorragende Schnorchelreviere, Meerechsen und, natürlich, Vögel.

ISLA SAN CRISTÓBAL (CHATHAM)

Stolze Einheimische nennen San Cristóbal gerne die Hauptstadt des Paradieses – und praktisch trifft das eigentlich auch zu, da ihre Hafenstadt Puerto Baquerizo Moreno politischer Sitz der Provinz Galapagos ist. San Cristóbal ist die einzige Insel mit Süßwasservorkommen und einem Flughafen in der Stadt, und sie wartet mit mehreren leicht erreichbaren Besuchermagneten auf, was dazu führt, dass hierher fast so viele Touristen kommen wie nach Santa Cruz. San Cristóbal ist die fünftgrößte Insel des Archipels und hat die zweithöchste Einwohnerzahl. Die San-Cristóbal-Spottdrossel ist auf der Insel weit verbreitet, sonst aber nirgendwo auf der Welt zu finden.

Obwohl sie schon 1880 besiedelt wurde, markierte erst die Errichtung einer Zuckerfabrik durch Manuel J. Cobos im Jahr 1891 den Startpunkt für eine erwähnenswerte Präsenz des Menschen auf der Insel. Cobos warb Häftlinge vom Festland an, die in seiner Fabrik in El Progreso arbeiten sollten. Er importierte Eisenbahnwaggons und prägte sein eigenes Geld, das er Cobo nannte. Das utopische Experiment ging 13 Jahre lang gut, bis die Arbeiter rebellierten und ihn 1904 meuchelten. Daraufhin übernahm sein Sohn das Geschäft, war aber nicht sonderlich erfolgreich. Jene Stätte ist heute ein kleiner Ort, in dem noch die Fabrikruinen und die Stelle zu sehen sind, an der Cobos beerdigt wurde.

⊙ Sehenswertes & Aktivitäten

⊙ Der Süden von San Cristóbal

Eine Tour im Süden auf eigene Faust ist mit einer Fahrt im Pick-up-Taxi zur Laguna El Junco, nach Galapaguera und Puerto Chino machbar. Die Fahrer verlangen rund 60 US$ hin und zurück ab Puerto Baquerizo Moreno.

Isla San Cristóbal

Canal de Santa Fé

Bahía Tortuga

Puerto Grande

Los Galápagos

Punta Pitt

León Dormido (Kicker Rock)

Cerro Brujo

Isla Lobos

Cerro San Joaquín (896 m)

Playa Ochoa

Las Tijeretas

Punta Carola

El Progreso

Laguna El Junco

Galapaguera

Puerto Baquerizo Moreno

La Lobería

Puerto Chino

Frigatebird Hill (Cerro de las Tijeretas)

Roca Ballena

León Dormido INSEL

Eine etwa einstündige Bootsfahrt nordöstlich von Puerto Baquerizo Moreno liegt der León Dormido (Kicker Rock), der seinen Namen der Ähnlichkeit mit einem schlafenden Löwen verdankt. Der León Dormido ist ein beeindruckender, steilwandiger Tuffkegel, der sich durch Erosion geteilt hat. Kleinere Boote können zwischen den beiden Felsen hindurchschippern. Da es keine Anlandemöglichkeit gibt, bleibt meist nur die Option, die Insel beim Schnorcheln, aus dem vorbeifahrenden Boot oder vom Gipfel des Cerro de las Tijeretas außerhalb von Puerto Baquerizo Moreno zu bestaunen – besonders bei Sonnenuntergang ein toller Anblick! Tagesausflüge hierher ab Puerto Baquerizo Moreno kosten 80 US$.

Laguna El Junco SEE

Etwa 10 km über die Hauptstraße ostwärts von El Progreso liegt die Laguna El Junco, ein Süßwassersee etwa 700 m über dem Meeresspiegel. Er ist einer der wenigen permanenten Süßgewässer auf den Galapagosinseln. Hier sind Fregattvögel zu sehen, die sich das Salz aus ihrem Gefieder waschen, des Weiteren Bahamaenten und Amerikanische Teichhühner sowie die typische Miconia-Vegetation des Hochlands und endemische Baumfarne. Oft ist es neblig oder

regnerisch. Ein Taxi hin und zurück kostet etwa 30 US$.

Cerro Brujo STRAND

Dies ist vielleicht einer der schönsten Strände der Galapagosinseln. Der riesige, weiße Cerro Brujo liegt an der Westseite der Insel, und der Sand hier fühlt sich an wie Puderzucker. Hier sind eine Seelöwen- und eine Blaufußtölpelkolonie beheimatet. In der Lagune hinter dem Strand kann man Silber- und Kanadareiher beobachten. Das türkisfarbene Wasser eignet sich außerdem hervorragend zum Schnorcheln.

Playa Ochoa STRAND

An der Westseite der Insel befindet sich diese hufeisenförmige Bucht mit weißem Sandstrand und flachem Wasser, das zum Schnorcheln einlädt. Seelöwen, Fregattvögel, Pelikane und Blaufußtölpel tollen hier herum, man braucht aber ein Boot und einen Führer, um in die Bucht kommen. Alternativ paddelt man mit dem Kajak hierher.

Galapaguera WILDRESERVAT

Galapaguera gehört zum Nationalpark am südwestlichen Zipfel von San Cristóbal, in dem Riesenschildkröten unter annähernd natürlichem Bedingungen leben. Ein Taxi ab Puerto Baquerizo Moreno und wieder zurück kostet etwa 35 US$.

El Progreso
DORF

Eine Straße führt von der Hauptstadt nach El Progreso, das etwa 8 km östlich am Fuß des 896 m hohen Cerro San Joaquín liegt, der höchsten Erhebung San Cristóbals. El Progreso ist ein verschlafenes Dorf, in dem es nicht viel zu sehen gibt. Es wird mehrmals täglich von Bussen aus Puerto Baquerizo Moreno angefahren; eine Taxitour kostet 3,50 US$.

Die **Casa del Ceibo** (☎ 099-469-7733; Eintritt 1,50 US$, Aufstieg 3 US$, Zi. pro Pers. 25 US$; ☺ 9–12.30 & 13.30–17.30 Uhr) in der Nähe des Ortseingangs ist jedoch ungemein originell. Auf einem riesigen Kapokbaum befindet sich auf halber Höhe ein Baumhaus (über eine schmale Hängebrücke zu erreichen), wo man übernachten kann. Es ist auch möglich, einfach den Baum hochzuklettern oder einen kühlen Drink in der Snackbar darunter zu genießen.

Puerto Chino
STRAND

Die Straße zur Laguna El Junco führt weiter über die Insel bis zum einsamen Strand Puerto Chino (mittlerweile auch über einen asphaltierten Pfad zu erreichen). Er ist einer von zwei Orten, an denen das Campen möglich ist – mit Genehmigung des **Galápagos-Nationalparkbüros** (☎ 05-252-0497; cristobal@galapagos.gob.ec) in Puerto Baquerizo Moreno. Außerdem ist er für Surfanfänger geeignet, da die Wellen hier über Sandbänken brechen. Ein Taxi ab Puerto Baquerizo Moreno kostet hin und zurück 40 US$.

Isla Lobos
INSEL

Eine halbstündige Bootsfahrt nordöstlich von Puerto Baquerizo Moreno befindet sich die winzige Felseninsel Isla Lobos. Die hier lebenden Seelöwen- und Blaufußtölpelkolonien werden häufig von Besuchern der Isla San Cristóbal angesteuert. Auf dem 300 m langen Weg, der über die Insel führt, werden oft auch Lavaechsen gesichtet. Bootsfahrt und Weg sind oft rau bzw. unwegsam, und es gibt andere Orte, an denen Tierpopulationen besser zu sehen sind.

⊙ Der Norden von San Cristóbal

Los Galápagos
WILDRESERVAT

Am nördlichen Zipfel von San Cristóbal befindet sich Los Galápagos, wo nicht selten Galapagos-Riesenschildkröten in freier Wildbahn beobachtet werden können. Allerdings ist das Hochlandgebiet, in dem sie leben, nur schwer zu erreichen.

Eine Möglichkeit, nach Los Galápagos zu gelangen, ist es, in der Bucht am nördlichen Ende der Insel zu ankern und dann hinauf ins Hochland zu wandern. Der Weg in das Schildkrötengebiet dauert etwa zwei Stunden. Man kann Glück oder Pech haben und ganz viele oder keine einzige Schildkröte sehen.

Punta Pitt
VOGELBEOBACHTUNG, SCHNORCHELN

Der nordöstlichste Punkt der Insel, die Punta Pitt, weckt mit vulkanischen Tufffformationen das Interesse von Geologen (und ist selbst auch ein hübscher Anblick). Das Einzigartige an der Punta ist aber, dass dies der einzige Ort ist, an dem alle Galapagos-Tölpelarten an einer Stelle nisten. Der Fußweg ist zwar anstrengend, lohnt sich aber.

Puerto Grande
STRAND

Puerto Grande ist kleiner, als der Name vermuten lässt. Die gut geschützte Bucht liegt an der Nordwestküste San Cristóbals. Der hübsche Sandstrand eignet sich zum Schwimmen, und es können einige Meeresvögel beobachtet werden. Die kleine Bucht ist mit dem Kajak erreichbar und Campen mit vorheriger Genehmigung gestattet.

Bahía Tortuga
TIERBEOBACHTUNG

Hier können Flamingos, Meeresschildkröten und andere Tiere beobachtet werden. Sowohl die Bahía Tortuga als auch der Cerro Brujo können im Rahmen eines Ausflugs zur Punta Pitt und Los Galápagos besucht werden.

Puerto Baquerizo Moreno
6000 EW.

Trotz eines kleinen Hotelbooms hat sich Puerto Baquerizo Moreno den Charme eines verschlafenen Fischerdorfs bewahrt, in dem die Zeit stillzustehen scheint. Und obwohl immer mehr Ausflüge hier beginnen oder enden, steht es doch weiterhin im Schatten von Puerto Ayora, seiner größeren, prominenten Schwesterstadt. Die Surfmöglichkeiten hier haben Weltklasseniveau, und viele Orte der Insel können von hier aus auf eigene Faust erkundet werden.

⊙ Sehenswertes & Aktivitäten

La Lobería
STRAND

Südwestlich des Orts führt eine Straße über 2,5 km (etwa 30 Minuten zu Fuß) bis La Lobería, einem felsigen Strand mit trägen Seelöwen. Zum Surfen eignet er sich das gan-

Puerto Baquerizo Moreno

ze Jahr über und am Weg, der vom Strand weiterführt, gibt es viele Leguane. Wasser und Sonnenschutz nicht vergessen! Eine Taxifahrt hierher kostet etwa 3 US$. Zurück geht's zu Fuß. Am Klippenpfad vom Strand aus sind Meeres- und Lavaechsen sowie in der Luft Fregattvögel zu sehen. Zu Fuß ist der Strand über die Avenida Alsacio Northia Richtung Flughafen, dann nach dem Stadion (mit seinen Wandbildern) links und dann die erste Straße rechts zu erreichen.

Tauchen

In der näheren Umgebung finden sich einige gute Tauchreviere. Adlerrochen, Meeresschildkröten, Seelöwen, Hammer- und Weißspitzenriffhaie sind rund um den León Dormido (Kicker Rock) anzutreffen. Makrelenschwärme, Adlerrochen, Stachelrochen und Seepferdchen tummeln sich am Stephanie's Rock. Roca Ballena ist eine in einer Tiefe von etwa 23 bis 24 m gelegene Höhle mit Korallen, Papageienfischen und Rochen.

Aufgrund der starken Strömung ist sie aber nur für erfahrene Taucher zugänglich. Auch Wracktauchen ist hier möglich, z.B. um die *Caragua,* einem 100 m langen Frachter in der Nähe der Stelle, an der sich die Ölkatastrophe mit der *Jessica* ereignete. Mehrere Betreiber im Ort bieten Tauchausflüge an.

Surfen

Die Gegend ist zweifellos der beste Surfspot auf den gesamten Galapagosinseln. Jedes Jahr im Januar zieht es über 100 Surfer, vorwiegend aus Brasilien, hierher. Die Wellen sind das ganze Jahr über gut, die beste Zeit ist aber von Dezember bis April. Erstklassige Reefbreaks in Ortsnähe sind **El Cañon** und **Tongo Reef.** Sie sind beide zu Fuß durch das Militärgebiet zu erreichen. Wer ein Surfbrett dabei hat und sich entsprechend ausweisen kann (mit dem Reisepass), wird vom Wachmann durchgelassen. Auch **La Lobería** und **Punta Carola** haben hervorragende Reefbreaks. **Cañon Point** (Av de la Armada; Fahrrad

Puerto Baquerizo Moreno

halb-/ganztags 10/20 US$; 8.30–20 Uhr) verleiht Surfbretter (pro Tag 20 US$) und gibt Kurse (30 US$ für einen halben Tag).

Rad- & Kajakfahren

Radfahrer mit guter Kondition können den steilen Anstieg zum El Junco, 16 km östlich (und 700 m aufwärts) von Puerto Baquerizo Moreno in Angriff nehmen. Vom El Junco sind es weitere 10 km bergab bis Puerto Chino. Wer beides schaffen will, muss fit sein und sehr früh starten. Eine andere Möglichkeit ist, mit dem Pick-up-Taxi eine Strecke zu fahren und die andere zu radeln. In der Stadt gibt es mehrere Fahrradverleiher. Die gepflegtesten Räder gibt's bei Cañon Point (S. 346).

Wer aufs Wasser will, kann sich bei Cabañas Don Jorge (S. 348) für 20 US$ (4 Std.) ein Zweierkajak leihen und vor der nahen Playa Mann paddeln.

Geführte Touren

Sharksky Tours   SCHNORCHELN, TAUCHEN
(05-252-1188; www.sharksky.com; Av Darwin) Das Unternehmen hat eintägige Schnorchelausflüge (80 US$), Touren mit Hotelübernachtungen, Kajaktouren und Sporttauchen (2 Bootstauchgänge 160 US$) im Angebot.

Chalo Tours   TAUCHEN
(05-252-0953; chalotours@hotmail.com; Hernandez nahe Española) Hat ein- und mehrtägige Tauchtrips mit Übernachtung im Programm, außerdem Kajaktouren und Tagesausflüge auf San Cristóbal und zu nahe gelegenen Inseln. Es werden auch Schnorchel- und Fahrradausrüstungen verliehen.

Galakiwi   ABENTEUERTOUREN
(05-252-1864; www.galakiwi.com; Av Darwin) Das von zwei Neuseeländern gegründete Galakiwi unternimmt sechs- und zehntägige Abenteuertouren mit Aktivitäten wie Kajak- und Radfahren, Paddleboarding und Schnorcheln.

Schlafen

Am Wasser

Hostal San Francisco   PENSION $
(05-252-0304; Av Darwin; EZ/DZ 15/30 US$;) Das Hostal San Francisco, die beste von mehreren Budgetunterkünften am Wasser, hat einfache, aber saubere Zimmer mit Bad und Warmwasser und freundliche Besitzer, die auch den Laden im Erdgeschoss betreiben.

Casa Blanca   HOTEL $$
(05-252-0392; www.casablancagalapagos.com; Av Darwin; EZ/DZ mit Frühstück ab 50/70 US$;) Die beste Unterkunft im ganzen Ort. Das Gebäude aus weiß getünchten Lehmziegeln hat zauberhaft eingerichtete Zimmer mit Fliesenböden und liegt dazu noch am *malecón* direkt gegenüber der Passagieranlegestelle. Somit hat man aus den Zimmern mit dem Meer zugewandten Balkonen eine traumhafte Aussicht. Es gibt sogar unter der Dachkuppel eine Suite mit eigenem Balkon.

Hostal León Dormido   HOTEL $$
(05-252-0169; hostaleondormido@hotmail.com; Av Villamil; EZ/DZ 25/40 US$;) Das freundliche León Dormido, einen halben Straßenblock vom *malecón* entfernt, hat saubere, gefliste Zimmer in fröhlichen Gelbtönen.

CERRO DE LAS TIJERETAS

Das moderne **Informationszentrum** (☎ 05-252-0358; ⊙ 8–17 Uhr) GRATIS an der nördlichen Seite der Bucht bringt dem Besucher auf leicht verständliche Art die Geschichte und Bedeutung der Galapagosinseln näher, so gut wie keine andere Anlaufstelle auf der gesamten Inselgruppe. Die Ausstellungen befassen sich mit der Biologie, Ökologie, Geologie und der Geschichte des Menschen auf den Inseln. Selbst wenn man von den Guides auf den Booten schon mit unzähligen Fakten bombardiert wurde, lohnt sich ein Besuch hier unbedingt.

Vom Zentrum aus führen mehrere gut markierte und geteerte Wege um den von Büschen bewachsenen Cerro de las Tijeretas (Hügel der Fregattvögel) herum. Einer der Pfade geht über den Hügel bis zur kleinen Bucht Las Tijeretas, wo man hervorragend **schnorcheln** kann. Einen Strand gibt es hier nicht – der Zugang zum Wasser geht über die Felsen. Andere Pfade führen zu atemberaubenden **Aussichtspunkten** und einer hinab zur malerischen **Playa Baquerizo** (2 km vom Aussichtspunkt entfernt); die letzte Hälfte ist von großen, scharfkantigen Steinen übersät, feste Schuhe sind also ratsam.

Direkt vor dem Informationszentrum liegt die **Playa Mann**, ein kleiner Strand, der sowohl bei Einheimischen als auch bei Touristen sehr beliebt ist, besonders bei Sonnenuntergang und am Wochenende. In dem großen Gebäude auf der gegenüberliegenden Straßenseite ist das Galápagos Academic Institute for the Arts & Sciences untergebracht, das ein Austauschprogramm für Studenten aus aller Welt und spezielle Meeresökologie- und Freiwilligenprogramme anbietet.

Vom Ende der unbefestigten Straße, die vor dem Informationszentrum vorbeiführt, geht ein kurzer Pfad zur **Playa Punta Carola**, einem schmalen Strand, der den Beinamen „Playa del Amor" (Liebesstrand) trägt, da die schützenden Mangroven ein beliebter Rückzugsort für Paare sind (die Seelöwen hier scheinen sich wenig dafür zu interessieren, was die Paare dort treiben). An der nahe gelegenen Landspitze bieten sich hervorragende Surfmöglichkeiten.

Die meisten haben Fenster zum Innenhof (Nr. 7 hat jedoch ein Fenster nach außen – beim Rauslehnen ist das Meer zu sehen). Im Erdgeschoss gibt's einen Fahrradverleih und ein Tourunternehmen.

Casa Opuntia
HOTEL $$$
(☎ 02-604-6800; www.opuntiahotels.com; EZ/DZ mit Frühstück ab 120/150 US$; ❀ 🤶 ☀) Die weiß getünchte Villa steht an einem Ende des *malecón*. Die Zimmer sind luftig und spartanisch eingerichtet, manche sind mit Korbwaren und Insel-Schnickschnack dekoriert. Einige der Zimmer haben einen Balkon mit Blick auf den Pool hinterm Haus, während andere Zimmer Meerblick bieten und über den hübschen Hof mit den Hängematten vor dem Haus blicken..

Miconia
HOTEL $$$
(Av Darwin; EZ/DZ ab 92/166 US$; ❀ 🤶 ☀) Das Hotel Richtung östliches Ende der Uferpromenade bietet unterschiedliche Zimmerkategorien. Die besten sind die sieben Suiten im Originalgebäude: Sie haben große Fenster, Bogendecken und eine moderne Einrichtung. Die kleine Terrasse hinter dem Haus und der Pool sind weitere Pluspunkte.

🛏 Übrige Insel

★ Casa de Laura Hostal
HOSTEL $
(☎ 05-252-0173; hostalcasadelaura@hotmail.com; Av de la Armada; Zi. pro Pers. 20 US$; ❀ @ 🤶) Das freundliche, familiengeführte Haus ist eine der preiswertesten Unterkünfte im Ort. Das zweistöckige Gebäude aus Lehmziegeln verfügt über moderne Zimmer mit Warmwasseranschluss. Außerdem gibt es einen hübsch angelegten Hof und Hängematten im winzigen Kakteengarten vor dem Haus. Die Casa de Laura liegt am westlichen Ende der Avenida Charles Darwin.

Casa de Nelly
PENSION $$
(☎ 05-252-0112; jnagama@gmail.com; Av Tijeretas nahe Manuel Agama; EZ/DZ ab 50/60 US$; ❀ 🤶) Die freundliche, dreistöckige Pension befindet sich am Stadtrand Richtung Playa Mann. Die besten Zimmer sind hell und luftig und haben einen schönen Blick aufs Wasser. Am Eingang ist eine kleine Terrasse mit ein paar Palmen.

Cabañas Don Jorge
HÜTTEN $$
(☎ 05-252-0208; Av Alsacio Northia; EZ/DZ 35/60 US$; ❀ 🤶) Ein buntes Durcheinander

aus rustikalen, alternden Hütten, die an eine Rangerstation mitten in der Wildnis erinnern. Die Küchen sind voll ausgestattet, sodass Selbstversorgung kein Problem ist. Das Don Jorge liegt auf dem Weg zur Playa Mann auf der rechten Seite. Fahrräder sind für Gäste kostenlos und es werden Kajaks vermietet.

Hostería Pimampiro PENSION $$$
(📞 05-252-0323; www.hosteriapimampiro.com; Av Quito & Tulcan; EZ/DZ mit Frühstück 61/95 US$; ✳🛜🏊) Es ist ein langer Marsch bergauf (1 km) bis zu diesem kleinen, ummauerten Komplex oberhalb der Stadt. Wenn das kein Problem ist, sind die aus Stein gebauten Hütten, eigentlich Ferienhäuser, mit Hängematten auf der Veranda eine exzellente Wahl. Und der Pool ist an heißen Tagen eine schöne Erfrischung.

Casa Iguana Mar y Sol HOTEL $$$
(📞05-252-1788; Zi. 135–285 US$; ✳) Alles an diesem Hotel, das sich nur wenige Minuten vom *malecón* entfernt in Richtung Playa Mann befindet, ist mit Liebe und Sorgfalt von Hand gefertigt – vom Treppengeländer bis hin zu dem Leguan, der in die Eingangstür geschnitzt ist. Die Zimmer sind große Suiten in Boutiquequalität mit überraschenden Schnörkeln. Es gibt eine Lounge/Bar/Frühstücksecke im Erdgeschoss und die Dachterrasse ist ideal für einen Sundowner.

 Essen

La Zayapa CAFÉ $
(📞099-482-0384; www.lazayapahotel.com; Av Darwin; Snacks 2–4 US$; ⊘9–20.30 Uhr) Das lässige Café hat den besten WLAN-Anschluss an der Uferpromenade. An den Straßentischen lässt es sich schön bei einem Eiskaffee, Sandwich oder Dessert sitzen. Hinten werden auch preiswerte Zimmer vermietet (pro Pers. 40–50 US$).

Mary's Café ECUADORIANISCH $
(Villamil; Snacks 2–3,50 US$; ⊘Mo–Sa 6–12 & 17–19 Uhr) Das nette Café gleich hinter dem *malecón* ist prima für ein billiges Frühstück, frisches Obst, Smoothies, *humita* und andere leichte Gerichte.

Cabaña Mi Grande CAFÉ $
(Villamil; Hauptgerichte um 3 US$; ⊘6–15 & 18–22 Uhr) In dem Café im 1. Stock gibt's leckere Smoothies sowie Hamburger, getoastete Sandwiches und gutes Frühstück, z. B. Müsli mit Obst und Joghurt.

Cuencan Taste BÄCKEREI $
(Av Alsacio Northia; Snacks ab 0,50 US$; ⊘6–22 Uhr) Alle lieben hier die frischgebackenen Köstlichkeiten: Schoko-Croissants und Zimtschnecken, Empanadas, Pasteten und Obst- und Puddingtörtchen.

Lucky's ECUADORIANISCH $
(Ecke Villamil & Hernández; Hauptgerichte 3,50 US$; ⊘tgl. 12–14, Mo–Fr 18–20 Uhr) Das zwanglose, beliebte Restaurant bietet Tagesgerichte und Abendmenüs zu Tiefstpreisen.

Supermercado Galamaxi SUPERMARKT $
(Ecke Flores & Av Quito; ⊘Mo–Fr 7.30–21, Sa & So bis 18 Uhr) Der beste Supermarkt der Stadt.

Casa Blanca Cafe INTERNATIONAL $
(Av Darwin; Hauptgerichte 3–9 US$; ⊘tgl. 8–13, Mo–Sa 16.30–22 Uhr) Das Open-Air-Café nicht weit vom Anleger ist eines der beliebtesten Lokale im Ort. Hier gibt's Thunfisch- oder Hühnchen-Sandwiches, Hamburger, Empanadas, Capuccino und andere Kleinigkeiten.

Calypso Restaurant ECUADORIANISCH, INTERNATIONAL $$
(Av Darwin; Hauptgerichte 8–19 US$; ⊘17.30–23 Uhr) Das Calypso serviert gute Gerichte mit Meeresfrüchten (wie das *festival calypso*, ein gemischter Meeresfrüchteteller mit Koskosnuss-Ingwer-Sauce) sowie Hamburger, Pizza und Salate. Es ist ein entspanntes Lokal mit Straßentischen und auch gut für einen Kaffee, einen Saft oder ein leckeres Stück Schokoladenkuchen.

Rosita ECUADORIANISCH $$
(Ecke Hernández & Villamil; Hauptgerichte 6–12 US$; ⊘8–20 Uhr) Im Rosita gibt's beliebte Tagesgerichte (5 US$) in einem netten, an allen Seiten offenen Lokal mit Holzeinrichtung und eigentümlichem Dekor (Fußballtrikots hängen von den Deckenbalken, präparierte Fische und Surfbretter an der Wand).

Restaurante Bambú ECUADORIANISCH $$
(Hernández nahe Melville; Hauptgerichte 10–16 US$; ⊘7–10 & 19–23 Uhr) Der Steinfußboden und die Betonziegelwände sollten nicht abschrecken: Das Bambú serviert köstliche, frische Meeresfrüchte (aber auch Rindfleisch und Huhn), die vorne am Grill gebrutzelt werden.

El Descanso Marinero FISCH & MEERESFRÜCHTE $$
(Av Alsacio Northia; Hauptgerichte 12–15 US$; ⊘Di–So 8–21 Uhr) Ceviche, Hummer und andere frische Meeresfrüchte werden in einem

hübschen Garten auf Picknicktischen serviert. Das Angebot hängt vom Tagesfang ab.

La Playa FISCH & MEERESFRÜCHTE $$$
(Av de la Armada; Hauptgerichte 13–19 US$; ☉10–22 Uhr) Das Restaurant gleich westlich des *malecón* wird von ausländischen Reisegruppen besucht, die vor allem die Straßentische und die guten (aber teuren) gegrillten Meeresfrüchte und die Ceviche schätzen.

Ausgehen & Unterhaltung

El Barquero BAR
(Hernández ; ☉Mo–Sa 21–3 Uhr) Das Barquero hat eine einladende, lässige Atmosphäre und Tische auf einer kleinen, mit Lavakies bestreuten Terrasse. Billardtische und nordamerikanische Musik sorgen fürs Ambiente, eine *cerveza grande* und die schrägen Wandbilder sorgen für die richtige Entspannung.

Iguana Rock BAR
(Ecke Flores & Quito; ☉Mo–Do 20–24, Fr & Sa bis 2 Uhr; ☎) Ausgelassene und tanzwütige Leute tummeln sich am Wochenende im Iguana Rock, aber werktags geht es ruhig zu. Es gibt hier einen Billardtisch, Salsa dröhnt und manchmal treten auch Bands von außerhalb auf.

Praktische Informationen

INTERNETZUGANG
WLAN gibt's tagsüber im La Zayapa (S. 349) oder abends im Iguana Rock (s. o.). Dolphin (s. Telefon) am *malecón* hat Computer.

GELD
Banco del Pacifico (Ecke Melville & Hernández) Die Bank nur ein paar Schritte vom Pier hat einen Geldautomaten.

TELEFON
Dolphin (Av Darwin; pro Std. 1,50 US$)
Hat Computer und liegt direkt am *malecón*.

TOURISTENINFORMATION
Städtische Touristeninformation (☎05-252-0119; www.turismosancristobal.com; Av Darwin & 12 de Febrero; ☉Mo–Fr 7.30–12.30 & 14–17 Uhr) Karten, Unterkunftsvermittlung und Infos zu Verkehrsverbindungen.

An- & Weiterreise

FLUGZEUG
Der Flughafen liegt 700 m vom Ort entfernt; zu Fuß sind das zehn Minuten, ein Taxi berechnet 1,50 US$ (Taxis sind weiße Pick-ups). Unabhängig davon, mit welcher Fluglinie man fliegt, sollte man sein Gepäck immer mindestens zwei Stunden im Voraus abgeben. Danach kann man immer noch in die Stadt zurückgehen und die letzten Stunden auf der Insel ganz entspannt verbringen. Avianca, Emetebe, Lan und Tame haben Schalter am Flughafen.

SCHIFF/FÄHRE
Boote fahren täglich um 7 und 15 Uhr nach Puerto Ayora (30 US$, 2¼ Std.). Mehrere Tourunternehmen in Puerto Baquerizo Moreno buchen Tickets für diese Boote, darunter **Via Mar** (☎099-155-5029; Ecke Melville & Av Darwin) gegenüber des Casa Blanca sowie **Galápagos Dava Tours SA** (☎05-252-0494; Av Darwin, Arrecife Boats).

Unterwegs vor Ort

Die Pick-up-Taxis der **Cooperativa de Transporte Terrestre** (☎05-252-0477) sind in Puerto Baquerizo Moreno entlang dem *malecón* zu finden. Beispiele für Fahrpreise (einfach): La Lobería (3 US$), El Progreso (3,50 US$), Laguna El Junco (15 US$) und Puerto Chino (30 US$). Es können mit dem Fahrer auch Tagesrouten zu mehreren Orten ausgehandelt werden. Ein Halbtagestrip nach El Junco, Galapaguera und El Chino kostet 60 US$.

ISLA ISABELA (ALBEMARLE)

Isabela ist mit 4588 km^2 die größte Insel des Archipels. Trotz ihrer Größe und ihrer beeindruckenden Silhouette aus aktiven Vulkanen sind es die kleineren Reize, welche die Besucher begeistern, beispielsweise die Fregattvögel, die in den Wolken schweben, oder die Pinguine, die vorsichtig am Rand der Klippen entlangwatscheln.

Es handelt sich um eine relativ junge Insel, die aus einer Kette von fünf zeitweise aktiven Vulkanen besteht, darunter der Volcán Sierra Negra, der Ende 2005 ausbrach und eine 20 km hohe Rauchsäule in die Luft spie. Puerto Villamil (22 km weiter südlich) und die Tiere der Umgebung waren glücklicherweise nicht in Gefahr. Einer der Vulkane der Insel, der Volcán Wolf, ist mit einer Höhe von 1707 m (andere Quellen geben 1646 m an) die höchste Erhebung der Galapagosinseln. Es gibt noch einen kleinen, älteren Vulkan, nämlich den Volcán Ecuador (610 m).

Als Reaktion auf die Bedrohung des gesamten Ökosystems und die schwindende Schildkrötenpopulation auf Isabela und besonders rund um den Volcán Alcedo

GALAPAGOSINSELN ISLA ISABELA (ALBEMARLE)

(1097 m) aufgrund eingeschleppter, ver-
wilderter Ziegen haben die Charles-Darwin-Forschungsstation und die Verwaltung
des Galapagos-Nationalparks erfolgreich
ein Projekt durchgeführt, bei dem Zehntausende Ziegen vom Boden und aus der Luft
gejagt wurden.

Während der Überfahrt zum westlichen
Teil der Isla Santa Cruz sind zwar die Vulkane Isabelas zu sehen, aber die Insel selbst
wird nur selten von kleineren Booten angefahren. Dies liegt daran, dass die meisten
der schönsten Besucherattraktionen auf der
Westseite der Insel liegen, die nur durch
eine lange Fahrt mit dem Boot ab Santa
Cruz (über 200 km) erreicht werden kann.

🔴 Sehenswertes & Aktivitäten

Volcán Sierra Negra   VULKAN
Nordwestlich des winzigen Dörfchens
Tomás de Berlanga erhebt sich der mächti-
ge Volcán Sierra Negra (1490 m), der Ende

2005 zum letzten Mal ausbrach. Ein 8 km
langer Pfad führt an der Ostseite des Vulkans entlang. Es besteht die Möglichkeit, bis
ganz nach oben zur Caldera des Vulkans zu
wandern, der Weg verläuft sich aber irgendwann.

Unterwegs können oft Galapagosbussarde, Sumpfohreulen, Finken, Fliegen-
schnäpper und andere Vögel beobachtet
werden. Der Gipfel ist häufig nebelverhan-
gen (besonders in der kälteren, trockeneren
garúa-Saison von Juni bis Dezember), und
man kann sich schnell verlaufen. Die Aussicht vom nahen Volcán Chico, einem Ne-
benkrater mit Fumarolen, ist spektakulär.
Mehrere Unternehmen in den Orten bieten
ganztägige Touren (pro Pers. 35 US$) an.
Sie enthalten den Transport auf den Vulkan mit anschließender Wanderung über
11 km. Mitzubringen sind eine Regenjacke,
Wasser und Snacks (ein Lunchpaket wird
bereitgestellt).

Bitte darauf achten, nur in einem geschlossenen Fahrzeug mitzufahren (und den Sicherheitsgurt anzulegen); eine *chiva* (Bus mit offenen Seiten) sollte auf keinen Fall bestiegen werden. Bei einem tragischen Unfall 2014 wurden auf dieser Tour mehrere Touristen schwer verletzt, als der Fahrer der *chiva* bei der Fahrt bergab die Kontrolle verlor.

Volcán Alcedo — VULKAN

Der Gipfel dieses Vulkans (1097 m) ist bekannt für seine 7 km breite Caldera und die rauchenden Fumarolen. Besonders von Juni bis Dezember können hier Hunderte von **Riesenschildkröten** beobachtet werden, und Jungbussarde schweben in den thermalen Aufwinden. Die Aussicht ist phantastisch. Die Wanderung ist lang und steil, und es gibt nirgendwo Wasser. Um sie in Angriff nehmen (man braucht zwei Tage) und in der Nähe des Gipfels campen zu dürfen, braucht man eine Genehmigung.

Lago Darwin — SEE

Ein 2 km langer Pfad führt vorbei an dieser traumhaft schönen Salzwasserlagune. Der Ausgangspunkt kann mit dem Boot (Trockenlandung) erreicht werden. Die Lagune, ein Tuffkegel des Hauptvulkans, der wie ein Schornstein aussieht, hat einen doppelt so hohen Salzgehalt wie das Meer. Der Pfad führt zu den unteren Lavahängen des Volcán Darwin (1280 m), wo es mehrere vulkanische Gesteinsformationen und einen hinreißenden Ausblick auf die umliegenden Vulkanhänge gibt. Unterwegs gilt es ein paar sehr steile Abschnitte zu bewältigen. Bei einer Fahrt entlang der Klippen in einer *panga* zur Caleta Tagus sind historische Graffiti und verschiedene Meeresvögel zu sehen, darunter meist auch Galapagospinguine und Galapagosscharben. In der Bucht kann auch geschnorchelt werden.

Caleta Tagus — HISTORISCHE STÄTTE

Unmittelbar südlich der Punta Tortuga befindet sich diese Bucht, in der früher oft Matrosen ankerten und die Namen ihrer Schiffe in die Klippen ritzten. Die Felsritzungen – die älteste stammt von 1836 – sind angesichts der sonst unberührten Umgebung mit einigen trägen Seelöwen ein sonderbarer Anblick.

★ Los Túneles — SCHNORCHELN

Eine rund 30- bis 40-minütige Bootsfahrt von Puerto Villamil entfernt befindet sich dieses herausragende Schnorchelrevier aus verschachtelten Lavaformationen, die zwischen den Mangroven und dem offenen Meer im Wasser liegen. Wer die Augen offenhält, kann Weißspitzenriffhaie, Mantarochen, Adlerrochen, Seelöwen, Meeresschildkröten und sogar Seepferdchen im seichten Wasser entdecken. Tourunternehmen in Puerto Villamil bieten täglich fünfstündige Ausflüge für rund 75 US$ an.

Punta García — VOGELBEOBACHTUNG

Einige Kilometer nördlich des Anlandungsplatzes für den Alcedo befindet sich die Punta García, die vorwiegend aus gezackten Lavabrocken besteht (sehr scharfkantig!). Echte Wege verlaufen hier nicht, aber ein Anlegen ist möglich. Dies ist einer der wenigen Plätze, an denen die endemische Galapagosscharbe (Kormoran) beobachtet werden kann, ohne dass man den weiteren Weg bis zur Westseite auf sich nehmen muss (Sichtungen sind aber nicht garantiert).

Punta Albemarle — VOGELBEOBACHTUNG

Am nördlichsten Punkt der Isla Isabela befindet sich die Punta Albemarle, die den USA im Zweiten Weltkrieg als Radarstation diente. Wege gibt es nicht, aber der Ort ist bekannt für die Galapagosscharbe. Weiter westlich gibt es mehrere Stellen, an denen Galapagosscharben, Galapagospinguine und andere Meeresvögel gesichtet werden können. Aussichtspunkte für Besucher gibt es nicht, also müssen die Tiere vom Boot aus beobachtet werden.

Punta Vicente Roca — SCHNORCHELN

Am westlichen Zipfel des nördlichen Arms der Isabela befindet sich der kleine, alte Volcán Ecuador, der fast bis zum Meer reicht. Die Punta Vicente Roca an seinem Fuß ist eine felsige Landspitze mit guten Schnorchel- und Tauchplätzen. Einen offiziellen Landungsplatz gibt es aber nicht.

Punta Tortuga — VOGELBEOBACHTUNG

Dieser von Mangroven umgebene Strand am Fuß des Volcán Darwin ist der erste offizielle Landungsplatz für Besucher am westlichen Ende der Isla Isabela. Es gibt zwar keine Wege, aber man kann am Strand anlegen und die Mangroven nach dem Mangrove-Darwinfinken absuchen – er ist zwar da, aber nicht immer leicht zu entdecken. Dieser Fink ist nur auf der Isla Isabela und der Isla Fernandina heimisch.

Bahía Urbina — VOGELBEOBACHTUNG, WANDERN

Die Bucht liegt etwa in der Mitte der Westküste der Isla Isabela und ist ein flaches

Gebiet, das 1954 durch eine tektonische Hebung aus dem Meer entstanden ist. Von dem Ereignis zeugt u. a. das Korallenriff, das auf dem Trockenen liegt. An Land können Galapagosscharben, Pelikane, Riesenschildkröten, Landleguane und Meerechsen beobachtet werden, in der Bucht sind oft Rochen und Meeresschildkröten unterwegs. Nach einer Nasslandung am Strand führt ein 1 km langer Pfad zum Korallenriff. Der Blick auf den Volcán Alcedo ist von hier sehr schön.

Bahía Elizabeth TIERBEOBACHTUNG
Nahe der Stelle, wo die westliche Küstenlinie der Isla Isabela scharf zum unteren Arm der Insel abknickt, befindet sich eine Stelle, die für ihre Meereslebewesen bekannt ist. Da es in der Bahía Elizabeth keine Landungsplätze gibt, besucht man sie am besten mit einer *panga*. Im Wasser können gewöhnlich Meeresschildkröten und Rochen gesichtet werden und auch verschiedene Meeres- und Küstenvögel sind unterwegs. Auf der Isla Marielas am Eingang zur Bucht sind häufig Pinguine zu sehen.

Punta Moreno VOGELBEOBACHTUNG
Westlich der Bahía Elizabeth befindet sich die Punta Moreno, wo eine Trockenlandung auf Lava an einigen Brackwasserbecken möglich ist. Manchmal sichtet man Flamingos, Bahamaenten und Amerikanische Teichhühner. In der Umgebung sind diverse Pionierpflanzen und -insekten zu finden.

Puerto Villamil

1900 EW.
Puerto Villamil (am südöstlichsten Ende der Isla Isabela) verkörpert das sprichwörtliche „Ende der Welt" – und zwar im positiven Sinne, sodass dieser Ort müde Städter aus allen Winkeln der Erde anlockt. Das kleine, verschlafene Dorf mit sandigen Straßen und kleinen Häuschen liegt vor einer Lagune samt Flamingos und Meerechsen an einem wunderschönen weißen Sandstrand. Dennoch droht auch hier die Überentwicklung, und in den letzten Jahren gab es einen kleinen Bauboom.

Als General José Villamil 1832 in der Hoffnung hierher kam, eine Mustergesellschaft vorwiegend aus Walfängern zu gründen, fand er diesen Ort zweifellos ebenso betörend wie der moderne Besucher. Unglücklicherweise entpuppte sich der Traum vom friedlichen Zusammenleben der Zugezogenen als reine Utopie, und am Ende wurde die Kolonie zerstört. Später brachte Villamil Kühe, Pferde und Esel hierher, die sich schnell vermehrten und heute das empfindliche Ökosystem der Insel bedrohen.

Vom *muelle* (Pier) sind es 1 km zu Fuß zum Ortszentrum (ein Taxi kostet 2 US$). Die Avenida Antonio Gil ist die Hauptstraße, wo sich viele Hotels, Restaurants und der zentrale Platz befinden. Der *malecón* ist nur einen Straßenblock weiter südlich.

◉ Sehenswertes & Aktivitäten

Lagune von Villamil WILDRESERVAT
(🕐Pfad 6–18 Uhr) Hinter dem Dorf in Richtung Westen geht es zu dieser Lagune, die für die hier lebenden **Meerechsen** und Zugvögel bekannt ist, darunter vor allem Sumpfvögel, von denen hier schon über 20 verschiedene Arten gesichtet wurden. Unmittelbar hinter dem Iguana Crossing Hotel beginnt ein etwas über 1 km langer **Pfad**. Der Bohlenweg führt über die Lagune und durch Mangroven und dichte Vegetation, bis er im **Centro de Crianza de Tortugas** (Aufzuchtstation für Riesenschildkröten) endet.

Freiwillige erklären hier gerne, was für den Schutz der Riesenschildkröten auf der Isla Isabela unternommen wird. Pick-ups aus dem Ort (1 US$) setzen Besucher am Eingang an der Straße ins Hochland ab. Hinter der Aufzuchtstation geht es zu Fuß über die Hauptstraße (400 m nordwärts) bis zu einer kleinen **Lagune**, wo oft rosa Flamingos zu sehen sind.

Muro de las Lágrimas HISTORISCHE STÄTTE
Gut 7 km westlich von Puerto Villamil liegt der Muro de las Lágrimas (Tränenmauer), eine 100 m lange Mauer aus Lavasteinen, die von Gefangenen unter härtesten Bedingungen erbaut wurde. Die Strafkolonie wurde 1959 geschlossen, die Mauer steht aber heute noch als Mahnmal für ein unrühmliches Kapitel der Geschichte dieser Insel. Am besten ist die Mauer mit dem Fahrrad zu erreichen, da es unterwegs noch andere schöne Stellen gibt (Mangroven, Strände, Aussichtspunkte). Wasser und Sonnenschutz gehören ins Gepäck, da es kaum Schatten gibt. Ein Taxi hierher kostet rund 10 US$.

Pozo Salinas LAGUNE
Um das Ufer der kleinen Lagune um die Ecke vom Hauptplatz führt ein Steg, der ideal zum Beobachten der Flamingos und Stelzenläufer ist, die hier manchmal nach Futter suchen.

Iglesia Cristo Salvador   KIRCHE

(Las Fragatas) Die Kirche, die am zentralen Platz emporragt, besitzt einzigartige Galapagos-Bildmotive. Die Buntglasfenster zeigen einheimische Tiere (Meeresechsen, Seepferdchen, Pinguine, Flamingos) und die Wandbilder neben dem Altar einen Jesus, der über Puerto Villamil schwebt, während Fregattvögel, eine Meeresechse und Blaufußtölpel zuschauen.

Schnorcheln

Um Puerto Villamil gibt es mehrere herausragende Schnorchelreviere. Abgesehen von Los Túneles (S. 352) und Los Tintoreras ist Schnorcheln auch in der Concha de Perla möglich, wo sich manchmal Pinguine blicken lassen. Sie ist über einen Steg durch die Mangroven in der Nähe des Hafens zu erreichen.

★ Los Tintoreras   SCHNORCHELN

Mit dem Boot sind es vom Ort bis zu diesem traumhaften Schnorchelplatz nur etwa fünf Minuten. Los Tintoreras ist eine kleine Vulkaninsel mit Meerechsen, Tölpeln und anderen Vögeln, an der Rochen, Meeresschildkröten, der eine oder andere Weißspitzenriffhai und Pinguine beobachtet werden können. Besonders viel Spaß macht es, zwischen den engen Felsspalten hindurchzuschwimmen, die wie mit Pflanzen und Korallen verzierte Unterwasserkorridore erscheinen. Tourunternehmen verlangen 40 US$ für den 2½-stündigen Trip.

Surfen

Für erfahrene Surfer gibt es in Ortsnähe eine Handvoll guter Surfbreaks, von denen einige nur mit dem Boot zu erreichen sind. Das Caleta Iguana Hotel & Surf Camp verleiht Surfbretter (15 US$/halber Tag) und gibt Surfunterricht (40 US$).

Radfahren

Es gibt mehrere Fahrradverleiher im Ort, darunter Tienda Pelícano (Av Antonio Gil; pro Std. 2 US$; ⏰ 7–20 Uhr) in der Hauptstraße ein paar Straßenblöcke hinter dem Hauptplatz. Beliebte Radtourziele sind die Strände östlich des Orts und der Muro de Lágrimas.

☞ Geführte Touren

Touren werden von vielen Unterkünften sowie von einigen Agenturen angeboten. Zu den Standardausflügen gehören eine Halbtagestour in die Sierra Negra (zu Fuß 35 US$, mit dem Pferd 60 US$) und Schnor-

chelausflüge zu Los Túneles (60 US$) und Los Tintoreras (25 US$).

Isabela Discovery   KAJAKFAHREN

(☎ 05-252-9303; jacibruns@hotmail.com) Das oft empfohlene, von einem US-amerikanisch-ecuadorianischen Paar geführte Unternehmen bietet verschiedene Aktivitäten, darunter Kajaktouren in der Bucht (pro Pers. 25 US$) – eine tolle Art, Tiere zu beobachten, ohne sie zu stören.

Schlafen

🛏 Am Strand

Volcano Hotel   HOTEL $

(☎ 098-831-8842; Ecke Antonio Gil & Los Flamencos; EZ/DZ ab 20/30 US$; 🛜) Das attraktive Haus mit Holz- und Steindetails in schöner Lage bietet saubere, helle und luftige Zimmer und eine Gästeküche. Die besten Zimmer (20 US$ pro Pers) haben Meerblick.

La Brisa del Mar   PENSION $

(☎ 05-301-6800; Zi. pro Pers. mit Ventilator/Klimaanlage 15/20 US$) Die nette Budgetunterkunft ein paar Straßenblöcke vom zentralen Platz hat helle, gefliese Zimmer mit großen Fenstern, Warmwasser und TV (mit nur einem Kanal). Zum Faulenzen laden die schattigen Hängematten im Garten ein.

La Gran Tortuga   HOSTERÍA $$

(☎ 05-252-9198; www.viajaragalapagos.com; Ecke Las Fragatas & Av 16 de Marzo; EZ/DZ ab 30/40 US$; 🛜) Vermietet saubere und einfache Zimmer mit Warmwasserduschen. Frühstück kostet 5 US$ extra pro Person.

Sierra Negra   HOTEL $$

(☎ 05-252-9046; Malecón; DZ ab 70 US$; ❄🛜) Das schmucklose, moderne Gebäude steht direkt am Strand und nur ein paar Straßen vom zentralen Platz entfernt. Der fehlende Charakter wird von den großen Fenstern in den Zimmern zum Meer raus mehr als wettgemacht – sie bieten einen ungehinderten Blick auf den Sonnenuntergang. Die Zimmer haben große Betten und sehr gute Duschen.

★ Caleta Iguana Hotel & Surf Camp   PENSION $$$

(☎ 05-252-9405; www.iguanacove.com; Av Antonio Gil; B 23 US$, DZ ab 90 US$, ohne Bad ab 68 US$, Zi. mit Aussicht 124–140 US$; ❄🛜) Die lässige Strandpension am Westrand des Orts ist auf vielfältige Art reizvoll. Die Zimmer sind mit schönen Möbeln nett eingerichtet und die besten haben eine eigene Terrasse mit Meerblick. In der Lounge gibt es eine Bücherbörse und auf der kleinen, schattigen Terrasse können Gäste in Hängematten schaukeln und das Meer betrachten. Frühstück ist in allen Zimmerpreisen enthalten.

Zudem bietet das Haus viele Touren und Surfunterricht an und verleiht Fahrräder und Surfbretter. Ein gut besuchter Strand befindet sich gleich daneben.

La Casita Moondance PENSION $$$
(☎05-252-9303; jacibruns@hotmail.com; Zi. ab 84 US$; 🕾) ✈ Das kleine Haus am Strand hat nur ein paar Zimmer, alle hell, hübsch und ganz in Holz. Die beiden Zimmer oben teilen sich einen Balkon mit herrlichem Meerblick. Es ist eine einladende, umweltbewusste Pension mit Solarzellen auf dem Dach. Die Besitzer bieten diverse Touren an und vermieten auch ein ganzes Haus nebenan.

Hotel Albemarle HOTEL $$$
(☎02-252-4438; www.hotelalbemarle.com; Malecón; Zi. mit Frühstück 155–240 US$; ❇@🕾🏊) Die zweistöckige, mediterran anmutende Villa in erstklassiger Strandlage im Ortszentrum hat stilvolle Zimmer mit hohen Decken und edlen steinernen Badezimmern (mit Doppelwaschbecken) sowie kleine Extras wie Wasserkühler und TVs mit DVD-Player (mit Filmen zum kostenlosen Ausleihen). Die teuersten Zimmer haben einen Balkon mit Meerblick.

Iguana Crossing Boutique Hotel HOTEL $$$
(☎05-252-9484; www.iguanacrossing.com.ec; Av Antonio Gil; Zi. mit Frühstück 254–324 US$; ❇@🕾🏊) Das feinste Hotel auf Isabela sind schöne Zimmer mit hübschen Holzterrassen (mit Blick auf die Lagune oder das Meer). Das ganze Haus ist geschmackvoll und edel ausgestattet. Es gibt zudem einen Pool, einen Whirlpool und ein Restaurant, das eine der besten Küchen der Insel zu bieten hat. Das Hotel liegt am Ortsrand auf der anderen Seite der sandigen Strandstraße.

La Casa Marita GASTHAUS $$$
(☎05-252-9301; www.casamaritagalapagos.com; EZ/DZ mit Frühstück ab 118/142 US$, Zi.mit Meerblick ab 183 US$; ❇@🕾) Das schöne Haus, das letzte am Strand Richtung Hafen, hat attraktiv eingerichtete und mit Kunst geschmückte Zimmer mit jeweils unterschiedlicher Farbgestaltung (einige haben auch eine Kochnische). In der Casa Marita gibt es

oben auch ein Restaurant mit Aussicht und eine hübsche Veranda direkt am Meer mit Hängematten und Liegestühlen.

La Casita de la Playa HOTEL $$$
(☎05-252-9103; casitadelaplaya@hotmail.com; Malecón; Zi. 134–183 US$; 🕾) Das weiße Lehmziegelhaus mit orangefarbenen Akzenten liegt am Strand in Zentrumsnähe und hat reinliche, gefliste Zimmer, die besten mit Meerblick. Einige haben nur Fenster zum Hof (und sind dafür ziemlich teuer). Auf der kleinen, palmengesäumten Wiese an der Meerseite gibt es Liegestühle und eine Hängematte.

🛏 Übriger Ort

La Posada del Caminante HOSTEL $
(☎05-252-9407; Zi. pro Pers. 15 US$; 🕾) Die freundliche, familiengeführte Hostería ist eine der Budgetoptionen mit dem besten Preis-Leistungs-Verhältnis. Sie steht einige Häuserblocks hinter der Poza Salinas und westlich der Kreuzung von Avenida 16 de Marzo und Avenida Cormorant. Eine Handvoll Zimmer ist hier um einen schmalen Hinterhof mit mehreren Hängematten angeordnet. Es stehen jederzeit Bananen und anderes Obst bereit und die Gäste können die Küche mitbenutzen.

Coral Blanco Lodging HOSTERÍA $$
(☎05-252-9125; hotelcoralblanco@gmail.com; Av Antonio Gil; EZ/DZ mit Frühstück 34/68 US$; ❇🕾) Hat kleine, einfache Zimmer und steht einige Häuserblocks vom zentralen Platz entfernt auf der dem Strand gegenüberliegenden Straßenseite. Es werden alle Arten von geführten Touren angeboten.

La Laguna de Galápagos HOTEL $$$
(☎in Quito 02-247-5390; www.lalagunagalapagoshotel.com; EZ/DZ 61/102 US$) Das Hotel an der Lagune Pozo Salinas hat nette Zimmer mit hohen Decken und modernen Möbeln und Bädern. Die besten Zimmer haben einen großen Balkon mit Blick auf die Lagune. Auf der Dachterrasse befindet sich ein solarbeheizter Whirlpool.

Hotel San Vicente HOTEL $$$
(☎05-252-9140; isabelagalapagos.com.ec; Ecke Escalecias & Cormoran; EZ/DZ 51/90 US$; ❇🕾) Das effizient geführte Hotel liegt mehrere Straßenzüge nördlich vom zentralen Platz (weitab vom Strand). Es hat große, helle Zimmer mit weißem Gipsverputz und vorne einen schönen Garten mit Whirlpool.

Wooden House
HOTEL $$$

(🖥 in Quito 02-250-5756; www.thewoodenhouse hotel.com; Zi. mit Frühstück ab 121 US$; ❄@🛜🏊) An der staubigen Straße zwischen dem Pier und dem Ort liegt dieses sorgfältig ganz in Holz eingerichtete Haus (im fast schon balinesischen Stil). Wer nicht unbedingt direkt am Strand wohnen muss, trifft mit dieser Unterkunft eine hervorragende Wahl. Neben den geschmackvoll dekorierten und gemütlichen Zimmern mit Regenduschen gibt es hier auch einen palmengesäumten Vorgarten mit Hängematten und kleinem Pool.

Essen & Ausgehen

Auf dem zentralen Platz an der Avenida Antonio Gill, zwischen Las Fragatas und der Avenida 16 de Marzo, sind ein halbes Dutzend Restaurants angesiedelt. Hauptgerichte mit Meeresfrüchten kosten zwischen 10 und 20 US$.

Shawerma Hot
ORIENTALISCH $

(Av Antonio Gil ; Hauptgerichte 5,50–7 US$; ⏱ 10–23 Uhr; 🍴) In der rustikalen, strohgedeckten Hütte gibt's nur ein paar Schritte östlich des Hauptplatzes leckere Hühnchen-Schawarma, Falafel-Wraps und *salchipapa* (Kartoffeln und Wurst).

Panaderia Fragatas
BÄCKEREI $

(Av Antonio Gil; Snacks 1 US$; ⏱ 6.30–10 & 16.30–19.30 Uhr) Die winzige Bäckerei gleich nach dem Hauptplatz verkauft Bananenbrot, *orejas* (große Kekse) und andere Leckereien.

Oasis
FISCH & MEERESFRÜCHTE $$

(🖥 05-252-9054; Ecke Colmoran & Pinzon Artesano; Hauptgerichte 8–17 US$; ⏱ abends nach Vereinbarung) Die aus Esmeraldas stammende Geanny Bennett Valencia kocht die wohl besten Gerichte im Ort. Köstliche *encocados* (Schmorgerichte mit Kokosnuss) sind die beliebtesten und kommen in Versionen wie *camarones* (Garnelen), *langosta* (Hummer) oder *pescado* (Fisch). Der Haken: Das Restaurant öffnet nur bei Reservierung, sei es telefonisch oder tagsüber persönlich.

El Cafetal
Café Cultural
ECUADORIANISCH, INTERNATIONAL $$

(Las Fragatas; Hauptgerichte 8–16 US$; ⏱ 8–22.30 Uhr) Das moderne, kleine Café am zentralen Platz bietet kreative, sorgfältig zubereitete Gerichte, zu denen wechselnde Hits wie Ceviche (gibt's auch vegetarisch), gegrillter Fisch, Huhn mit Pilzen und *cazuela* (Meeresfrüchtetopf) gehören. Serviert werden aber auch Süßspeisen und Espressogetränke.

Isabela Grill
GRILL $$$

(16 de Marzo; Hauptgerichte 16–22 US$) Im Isabela Grill in der Nähe des Hauptplatzes werden saftiges Filet Mignon, Meeresfrüchteteller und andere beliebte Gerichte aufgetischt.

Casa Rosada
BAR

(Antonio Gil; ⏱ Mo–Sa 17–24 Uhr) Highlight des Inselnachtlebens ist diese lässige Strandbar neben dem Caleta Iguana Hotel & Surf Camp. Junge Leute sitzen an den Tischen draußen (oder abends um die Feuerstelle), lauschen tropischer Musik oder werfen sich bei regulären Volleyballspielen in den Sand. Manchmal gibt's Livemusik.

Iguana Point Bar
BAR

(⏱ 16–19 & 20–2 Uhr) Hinter dem Platz, am Ende des Piers, der vom Dorfstrand hinaus aufs Wasser führt, liegt diese stimmungsvolle und lustige Bar, die der perfekte Ort für einen Drink bei Sonnenuntergang ist.

ℹ Praktische Informationen

Es gibt keinen Geldautomaten, der ausländische Karten akzeptiert, also ausreichend Bargeld mitbringen. Die Wäsche kann man in einigen *lavanderías* (Wäschereien) in der Hauptstraße waschen und trocknen lassen.

ℹ An- & Weiterreise

FLUGZEUG

Emetebe (🖥 in Guayaquil 04-230-9209; Ecke Antonio Gil & Las Fragatas) und Air Zab (S. 370) verbinden Isabela mit San Cristóbal und Baltra. Ein einfacher Flug kostet 156 US$ (hin & zurück 240 US$).

SCHIFF/FÄHRE

Jeden Morgen um 6 Uhr fahren in Puerto Villamil Boote nach Santa Cruz (30 US$, 2¼ Std.) ab. In Santa Cruz legen diese Boote zur Isabela um 14 Uhr ab. Fahrkarten gibt es am Hafen oder bei **Transmartisa** (🖥 05-252-9053; Ecke Av Antonio Gil & Las Fragatas) in der Nähe des Hauptplatzes. Bei der Ankunft am Passagierpier östlich des Orts wird eine Gebühr von 5 US$ fällig.

ℹ Unterwegs vor Ort

Busse von Villamil nach Santo Tomás und weiter ins Hochland fahren gegen 6.30 und 13 Uhr ab und kehren 90 Minuten später wieder zurück. Zu anderen Zeiten können Pick-up-Fünfsitzer gemietet werden, z. B. bei der **Cooperativa Sierra Negra** (🖥 05-252-9147). Eine Taxifahrt zum Flughafen oder Hafen kostet 2 US$.

ISLA FERNANDINA (NARBOROUGH)

Selbst für Galapagos-Verhältnisse ist Fernandina einzigartig. Hier leben Tausende träger Meerechsen, und – besonders für Vulkanfans interessant – sie ist außerdem die Insel, auf der ein Vulkanausbruch am wahrscheinlichsten ist: Der letzte fand im Februar 2009 statt. Fernandina ist mit ihren 642 km² nicht nur das drittgrößte, sondern auch das westlichste und jüngste Eiland der Hauptinseln. Anders als in anderen Teilen der Galapagos-inselgruppe konnten sich hier keine eingeführten Arten ansiedeln.

Die einzige für Besucher interessante Stätte an der **Punta Espinoza**, gleich gegenüber der Bahía Tagus auf der Isla Isabela, wird so schnell keiner mehr vergessen. Hier sonnen sich Meerechsen – es sind zu viele, um sie zu zählen – auf den schwarzen Lavaformationen. Der dramatische Anblick gleicht einem Dinosaurierdiorama in einem Museum, das plötzlich zum Leben erwacht ist. Ganz in der Nähe nisten Galapagosscharben, Bussarde segeln durch die Lüfte und manchmal tollen auch Galapagospinguine, Meeresschildkröten und Seelöwen in bewundernswerter Artentoleranz in der Lagune nahe dem Landungsplatz herum.

An der Trockenlandestelle beginnen zwei Pfade. Der eine ist 250 m lang und führt zur Landspitze, der andere (750 m lang) zu den kürzlich erst entstandenen Lavafeldern. Dort sind Pionierpflanzen wie der *Brachycereus*-Kaktus sowie Formationen aus *Pahoehoe*- und Brockenlava zu bestaunen. Hier wurden schon mehrere Filmszenen gedreht, die bekannteste davon ist im Film *Master & Commander* zu sehen, durch den die Weiße Mangrove bekannt wurde.

ISLA SANTIAGO (SAN SALVADOR ODER JAMES)

Die Isla Santiago war einst ein Versteck britischer Seeräuber und eine der Zwischenstationen auf Darwins Reiseroute. Sie ist die viertgrößte der Galapagosinseln und wird häufig von Tourbooten angesteuert, da es hier mehrere interessante Besucherattraktionen gibt und die rauen Lavafelder beispielhaft für die faszinierende Schönheit der Insel sind.

Eine der beliebtesten Stätten aller Inseln ist **Puerto Egas** in der James Bay an der Westküste der Isla Santiago. Ihren Namen verdankt sie Dario Egas, dem Besitzer eines Salzbergwerks auf der Insel, der einst aufgrund einer präsidialen Protektion der einzige Salzproduzent im ganzen Land war. Hier ist die Küste von ebener, schwarzer Lava bedeckt, die zu Lavabecken, -höhlen und -einbuchtungen erodiert ist, welche eine große Vielfalt von Tieren beherbergen. Dies ist ein traumhafter Ort, um Kolonien von Meerechsen beim Sonnenbaden zu beobachten. In den Gezeitenbecken leben Hunderte Roter Klippenkrabben, die Vertreter aller hier vertretenen Reiherarten anlocken, weil sie den Vögeln als Nahrung dienen.

In den Einbuchtungen fühlen sich besonders die Galapagos-Seebären wohl, was wiederum eine hervorragende Möglichkeit darstellt, zwischen diesen überraschend wendigen Tieren sowie den vielen tropischen Fischarten, Muränen, Haien und Kraken zu schnorcheln.

Gleich hinter der mit schwarzer Lava bedeckten Küstenlinie erhebt sich der **Zuckerhutvulkan**, der über einen 2 km langen Pfad zu erreichen ist. An diesem Weg werden häufig Lavaechsen, Darwinfinken und Galapagostauben gesichtet. Nahe dem 395 m hohen Gipfel verläuft sich der Weg, der Ausblick von hier ist aber umwerfend. Es gibt einen erloschenen Krater, in dem sich nicht selten wilde Ziegen tummeln (diese sind ein riesiges Problem auf Santiago), und Galapagosbussarde schweben oft nur wenige Meter über dem Vulkangipfel durch die Luft. In dem Krater nördlich des Vulkans befand sich einst das Salzbergwerk. Die Überreste können besichtigt werden. Einfach dem 3 km langen Weg ab der Küste folgen!

Am nördlichen Ende der Bahía James, etwa 5 km von Puerto Egas entfernt, liegt die braunsandige **Playa Espumilla**, die nach einer Nasslandung erreicht werden kann. Hier schwimmt es sich gut und in der kleinen Lagune hinter dem Strand sind verschiedene Sumpfvögel zu sehen, darunter manchmal auch Flamingos. Ein 2 km langer Pfad führt durch verschiedene Vegetationsformen, in denen ebenso verschiedene Finken und der Galapagos-Fliegenschnäpper leben, ins Landesinnere.

Am nordwestlichen Ende von Santiago befindet sich die **Caleta Bucanero**, ein weiterer Ort, der meist mit dem Boot angefahren wird. Sie verdankt ihren Namen

„Seeräuberbucht" der Tatsache, dass im 17. und 18. Jh. Piraten hier gerne ihre Schiffe kielholten. Heutzutage sind die Klippen und Felsnadeln, die mehreren Meeresvögeln als Brutstätten dienen, die Hauptattraktion.

In der Bahía Sullivan, an der Ostküste der Isla San Salvador, ist ein riesiger, schwarzer, an die 100 Jahre alter Lavastrom zu einer Fläche erstarrt, die bis ans Wasser reicht. Eine Trockenlandung ermöglicht es den Besuchern, die Lavamasse zu betreten. Von dort kann man auf der Lava einem 2 km langen Rundweg folgen, der durch weiße Pfähle gekennzeichnet ist. Unterwegs gibt es von der Erosion verschonte *Pahoehoe*-Lava, Lavablasen und in der Oberfläche Hohlräume von einst dort stehenden Bäumen zu sehen. Wer sich für Vulkanologie oder Geologie interessiert, kommt hier voll auf seine Kosten.

RUND UM DIE ISLA SANTIAGO

Isla Bartolomé

Ein herrlicher Ausblick und muntere Pinguine machen diese winzige Insel an der Bahía Sullivan auf der Isla Santiago zu einem beliebten Ziel bei Bootstouren. Vom Anleger (für Trockenlandungen) führt ein Pfad hinauf auf den 114 m hohen, windgepeitschten „Gipfel" der Insel. Das atemberaubende Panorama hier schreit geradezu nach einem Gruppenfoto. Der Weg führt durch eine raue und unwirtliche Lavalandschaft, die von Bohlenwegen und Treppen durchzogen ist, um den Besuchern den Weg zu erleichtern und den Pfad vor Erosion zu schützen.

Ein zweites Touristenziel ist ein kleiner Sandstrand in einer Bucht (Nasslandung), an dem man seine Schnorchelausrüstung anlegen kann, um dann eine Runde mit den flinken Galapagospinguinen zu schwimmen, die in dieser Bucht anzutreffen sind. Auch Meeresschildkröten und eine Vielfalt von farbenprächtigen tropischen Fischen werden hier oft gesichtet.

Die besten Pinguinschnappschüsse lassen sich von einer *panga* aus machen, die ihre Passagiere an beiden Seiten der Bucht nahe an die Felsen heranbringt, besonders rund um die Felsnadel mit dem passenden Namen „Pinnacle Rock", die sich vom Meer aus gesehen auf der rechten Seite der Bucht befindet. So kommt man oft bis auf wenige Meter an diese faszinierenden Vögel heran – von Puerto Ayora aus betrachtet ist dies der nächstgelegene Ort, wo das möglich ist. Kolonien anderer Pinguine sind an der Westküste der Isla Isabela heimisch.

Vom Strand aus führt ein 100 m langer Pfad über den schmalsten Teil von Bartolomé zu einem Sandstrand auf der anderen Seite der Insel. Zwischen Januar und März können hier Meeresschildkröten ihre Eier ablegen.

Sombrero Chino

Diese winzige Insel liegt direkt am südöstlichsten Zipfel der Isla Santiago. Sie ist weniger als 0,25 km² groß und besteht aus einem relativ jungen Vulkankegel. Wie passend der Name der Insel („Chinesenhut") gewählt ist, lässt sich am besten von Norden aus erkennen. An der Nordseite der Insel gibt es eine kleine Seelöwenbucht, an deren Besucherstätte man ankern und an Land gehen kann. Gegenüber von Sombrero Chino, an der felsigen Küste der nahe gelegenen Isla Santiago, sind oft Pinguine zu sehen.

Ein 400 m langer Pfad führt um die Bucht, in der die Möglichkeit zum Schwimmen und Schnorcheln besteht, und durch eine Seelöwenkolonie hindurch. Überall sieht man Meerechsen herumhuschen.

Isla Rábida (Jervis)

Die etwa 5 km² große Insel, auch unter dem Namen Jervis bekannt, liegt 5 km südlich der Isla Santiago. Es gibt eine Nasslandestelle an einem dunkelroten Strand, an dem Seelöwen faulenzen und Pelikane nisten. Dies ist eine der besten Stellen, um sich solche Nistplätze anzuschauen.

Hinter dem Strand liegt eine Salzwasserlagune, in der manchmal Flamingos und Bahamaenten gesichtet werden. In dieser Lagune tummelt sich außerdem eine Seelöwenkolonie, in der die vom dominanten Männchen verscheuchten *solteros* (männliche Singles) ein schmachvolles Leben als Junggesellen führen.

Es gibt einen 750 m langen Pfad, von dem aus man einen guten Blick auf den 367 m hohen, von Palo-Santo-Bäumen bewachsen Vulkangipfel hat. Am Ende des Pfades liegt ein toller Schnorchelplatz.

SÜDLICHE INSELN

Floreana (Isla Santa María oder Charles)

Die sechstgrößte Galapagosinsel ist für die tragische Geschichte ihrer ersten Bewohner ebenso bekannt wie für ihre tiefrosafarbenen Flamingos und die erstklassigen Schnorchelstellen.

Viele Tourunternehmen in Santa Cruz verkaufen Floreana als Tagesausflug, aber man sollte wissen, dass dann kein Cent an die Gemeinde geht und über vier anstrengende Stunden in einem Schnellboot verbracht werden müssen. Eine Übernachtung lohnt sich daher auf jeden Fall, da es im Dorf Puerto Velasco Ibarra schöne Unterkünfte gibt und eine Erkundung der Gegend faszinierend ist für alle jene, die bereit sind, sich darauf einzulassen.

◎ Sehenswertes & Aktivitäten

Bahía de Correos   HISTORISCHE STÄTTE
An der Nordküste der Isla Floreana gibt es drei Besucherattraktionen. Die meisten Gruppen verbringen der Form halber einige Minuten in der Bahía de Correos, in der ein paar vergammelte Fässer und Holztafeln mit eingeritzten Botschaften herumstehen. Im 18. Jh. diente dieser Ort britischen und amerikanischen Walfängern als Briefkasten. Heute ist es aber eher Touristen, die hier ihre Postkarten einwerfen und – wie bei einer Flaschenpost – hoffen, dass sie ankommen. Die Ernüchterung folgt aber sogleich, denn Besucher werden meist gebeten, ein paar davon mitzunehmen, wenn sie in ihre Heimat zurückkehren. Etwa 300 m hinter den Fässern befindet sich eine **Lavahöhle**, in die man an einem kurzen Seil mit einer Taschenlampe ausgestattet hinabklettern kann. Der Weg ist rutschig und an manchen Stellen muss man durch kaltes Wasser waten. Ganz in der Nähe liegt ein hübscher **Badestrand**, und es gibt die Überreste einer Konservenfabrik zu sehen. Hier ist eine Nasslandung angesagt.

Asilo de la Paz   WILDRESERVAT
Vom Dorf Puerto Velasco Ibarra führt eine Straße über 5 km landeinwärts hinauf zu dieser offiziellen Besucherattraktion. Zweimal täglich, nämlich um 6 Uhr (Rückfahrt um 7.30 Uhr) und um 15 Uhr (Rückfahrt um 16.30 Uhr), fährt eine *chiva* dorthin; die einfache Fahrt kostet 1 US$. Mit einem

Truck kostet es hin und zurück 50 US$. Zu sehen sind hier schwerfällige Riesenschildkröten, die natürliche Quelle, die Floreana versorgte, und die Höhlen, in denen die ersten Siedler lebten. Manchmal ist auch der endemische Kleinschnabel-Darwinfink zu sehen, der nur auf Floreana lebt.

★ Corona del Diablo   SCHNORCHELN
Dieser Halbkreis aus zackigen Felsen ragt einige Hundert Meter von der Punta Cormorant entfernt aus dem Wasser. Er ist eine der markantesten marinen Sehenswürdigkeiten der Galapagosinseln. Die starke Strömung spült Schnorchler in flottem Tempo an Tausenden schillernder tropischer Fische, einer kleinen Korallenformation, Seelöwen, Meeresschildkröten und gelegentlich einem Hai vorbei. Wer den halb versunkenen Vulkankegel mit einer *panga* umrundet, hat einen guten Blick auf die Rotschnabel-Tropikvögel, Pelikane, Reiher und Lavamöwen, die auf den Felsen nisten.

Punta Cormorant   SCHWIMMEN, SCHNORCHELN
Auch die Punta Cormorant lässt sich nur über eine Nasslandung erreichen. An diesem grünlichen Strand (die Farbe rührt von den Kristallen des Minerals Olivin her) tummeln sich Seelöwen, und man kann gut schwimmen und schnorcheln (aber Vorsicht vor Stachelrochen und paarenden Schildkröten). Ein Pfad von 400 m Länge führt über eine Landenge zu einem weißen Sandstrand, an dem gelegentlich Meeresschildkröten ihre Eier ablegen.

Lagune   VOGELBEOBACHTUNG
Zwischen den beiden Stränden liegt eine kleine Lagune, in der normalerweise mehrere Dutzend Flamingos zu sehen sind. Dies ist auch ein guter Ort, um nach anderen Sumpfvögeln wie dem Schwarznacken-Stelzenläufer, Austernfischern, Schlammtretern und Regenbrachvögeln Ausschau zu halten. Dazu bringt man sich am Holzgeländer am Rand der Lagune in Stellung – am besten mit Fernglas und dem stärksten Zoomobjektiv bewaffnet, das man besitzt, denn sonst sind die Flamingos nichts als verschwommene Punkte am Horizont. Auch Bahamaenten werden in der Lagune oft gesichtet, und in der Luft ziehen Galapagosbussarde ihre Kreise. Der Anblick ist besonders spektakulär, wenn die dunklen Schatten in der untergehenden Sonne den Eindruck einer ewigen Stille entstehen lassen.

Puerto Velasco Ibarra

Der winzige Hafenort, die einzige Siedlung auf Floreana, liegt an einem schwarzsandigen Strand in einer geschützten Bucht. Reisende empfinden ihn als recht friedlichen und perfekten Abschluss nach einer aktionsreichen Tour um die Inseln. Es ist das Galapagos wie vor 40 Jahren: nur schmale Feldwege, keine Autos, aber dafür Tiere, die ohne Besuchermassen beobachtet werden können.

Zur Zeit der Recherche wurde gerade ein neues kommunales Tourismusprojekt umgesetzt: Die Kooperative aus Einheimischen wird zwei- bis dreitägige Pauschalen anbieten, einschließlich Unterkunft und Führungen über die Insel. Zu den neuen Projekten gehört ein Pfad, der das Dorf mit der Bahía de Correos verbindet (eine 2,5-stündige Wanderung je Strecke). Auch wird es ein neues Tauchzentrum und einen kommunalen Campingplatz geben, wo Besucher in komfortablen Safarizelten mit Meerblick unterkommen (Schlafsäcke sind nicht nötig).

Sehenswertes

La Loberia ist eine winzige, malerische Halbinsel 20 Minuten zu Fuß vom Dorf, wo Seelöwen am Strand dösen und man mit Meeresschildkröten auf Futtersuche schnorcheln kann (am besten bei Ebbe). Die Ausrüstung (Maske, Flossen, Neoprenanzug) wird in der Casa de Joselito im Dorf verliehen.

Im Hochland lohnt sich ein Ausflug zum Asilo de la Paz oder auf den Cerro Alieri, einen Hügel mit phantastischem Blick über die Insel. Zu erreichen ist er in 15 Minuten Fahrt über die Hauptstraße oder in 90 Minuten zu Fuß.

🛏 Schlafen

Hostal Wittmer   HOSTEL **$$**
(☎05-253-5033; erikagarciawittmer@hotmail.com; EZ/DZ ab 30/60 US$) Das modern aussehende Hostal Wittmer wird von den Nachfahren der Wittmers geführt. Es hat auch ein kleines Museum mit Exponaten zur seltsamen Geschichte der Insel. Die meisten Zimmer zum Strand raus mit jeweils eigenem Balkon befinden sich in einem kleinen, weißen, zweistöckigen Gebäude.

Cabaña Lecocarpus   PENSION **$$**
(☎05-253-5054; EZ/DZ 20/40 US$; 🔊) Im Lecocarpus gibt es mehrere einfache Zimmer mit Bad an der Hauptstraße (direkt am Hafen).

Casa de Huespedes Hildita   PENSION **$$**
(☎05-253-5079; EZ/DZ 20/40 US$) Das Hildita an der Hauptstraße vermietet nette, saubere und moderne Zimmer mit Bad und Warmwasser. Es hat einen mit Kieseln (aus kleinen Lavasteinen) bestreuten Hof mit einer einsamen Hängematte zwischen den Bäumen.

Hostal Santa Maria   PENSION **$$**
(☎05-253-5022; malourdes.soria@hotmail.com; EZ/DZ mit Frühstück 35/70 US$; 🔊) Die fünf Zimmer der Pension sind blitzblank, modern und luftig. In den oberen Stockwerken befinden sich die besten Zimmer, alle mit Balkon, die einen schönen Blick aufs Ufer bieten.

Floreana Lava Lodge   HÜTTEN **$$$**
(☎05-552-6564; malourdes.soria@hotmail.com; EZ/DZ mit Frühstück 138/153 US$) Die Floreana Lava Lodge nur ein paar Schritte vom Dorf entfernt besteht aus einer Ansammlung adretter, kleiner Hütten, die sich auf schwarzem Lavagestein am Wasser verteilen. Sie werden oft von Gruppen belegt, die mit einer Tour von **TropicEco** (www.destination ecuador.com) unterwegs sind, und bilden ein friedliches Refugium von der Zivilisation. Geführt wird die Lodge von Claudio Cruz, der die Insel kennt wie kein zweiter.

🍴 Essen

In allen Lokalen im Ort muss tagsüber ein geplantes Abendessen angekündigt werden. Die Restaurants öffnen nämlich nur dann (und besorgen entsprechend Vorräte), wenn sich Gäste angemeldet haben.

Conchalagua   PIZZERIA **$$**
(Hauptgerichte 8–12 US$; ☉ Di–So) Das winzige Conchalagua, mit Abstand das beste Restaurant auf Floreana, serviert köstliche Pizza, Sandwiches, Hamburger und Snacks. Geführt wird es von der charmanten Aura Cruz, die viel über das Heranwachsen auf der Insel zu erzählen hat.

Restaurante de la Baronesa   ECUADORIANISCH **$$**
(Hauptgerichte 5–12 US$) Ein nettes Lokal in der Hauptstraße mit Terrassentischen und einer kleinen Auswahl Hausmannskost.

ℹ An- & Weiterreise

Von Puerto Ayora auf Santa Cruz fahren täglich um 8 Uhr Boote nach Puerto Velasco Ibarra (30 US$) und kehren um 15 Uhr von Floreana zurück. Wer sich eine Hin- und Rückfahrkarte kauft, sollte unbedingt den Namen des Bootes notieren.

AUFWACHSEN AUF FLOREANA

Claudio Cruz, Besitzer der Floreana Lava Lodge – und auf Floreana geboren und aufgewachsen – gibt einen Einblick ins Leben auf der Insel.

Wie hat es deine Familie auf die Insel verschlagen?

Mein Vater war einer der ersten Ecuadorianer, die hier eintrafen. Er kam 1939 von Ibarra im Norden Ecuadors hierher. Er hatte von Galapagos gehört und probierte zunächst aus, wie das Leben auf den anderen Inseln ist. Aber sobald er hier ankam, wusste er, wo sein Zuhause ist. Er liebte die Friedlichkeit der Insel und wollte niemals mehr woanders leben. Er verbrachte ein paar Jahre allein für sich auf der Insel, kehrte dann auf das Festland zurück und begegnete meiner Mutter. Sie ließen sich 1943 endgültig hier nieder und zogen zwölf Kinder groß: sechs Jungen und sechs Mädchen.

Wie war es, auf der Insel aufzuwachsen?

Wir fühlten uns wie die Besitzer der Insel. Da es hier so wenige Menschen gab, fühlten wir uns sehr frei.

Wie hat sich das Leben auf der Insel verändert?

Früher ritten wir auf Eseln über die Insel. Mein Vater saß auf dem Rücken eines Esels und las ein Buch – er war ein sehr gebildeter Mann – und der Esel wusste immer, wo es lang ging ... Seit acht Jahren arbeite ich nun im Tourismusgeschäft und es hat sich seither viel verändert. Wir arbeiten jetzt an einem Projekt namens „turismo communitario" (kommunaler Tourismus).

Wie funktioniert das?

Das Projekt kommt der ganzen Gemeinde zugute. Es schafft Arbeitsplätze, da die Einheimischen die Möglichkeit erhalten, Touren zu führen. Wir haben hier sehr viel mehr zu bieten als Tagesausflüge und organisieren auch zwei- und dreitägige Touren, um die Highlights zu besichtigen. In ein paar Monaten haben wir alle nötigen Genehmigungen, 2015 sollte es also losgehen können.

Was sind deine Zukunftswünsche für Floreana?

Wir bemühen uns sehr, die Insel zu schützen. Auf den anderen bewohnten Inseln im Galapagosarchipel gibt es zu viele Menschen und eine Menge Autos, was wir nicht wollen. Wir möchten, dass Floreana für unsere Familien gedeiht, vor allem aber wollen wir die Insel erhalten.

Isla Española (Hood)

Die 61 km² große Isla Española ist nicht nur die südlichste der Galapagosinseln, sondern zweifelsohne auch ein Eiland von außerordentlicher, dramatischer Schönheit. Da Española etwa 90 km südöstlich von Santa Cruz liegt, nehmen die Kapitäne mancher kleinerer Boote diesen langen Weg nur ungern auf sich.

Ein Besuch auf der Insel lohnt sich besonders zwischen Ende März und Dezember, denn dann ist hier die einzige Kolonie des Galapagosalbatros, eines der spektakulärsten Meeresvögel des Archipels, anzutreffen. Die Zahl der Opuntien und die Population der Riesenschildkröten – in den 1960er-Jahren durch eingeschleppte Ziegen und Jäger weitestgehend ausgerottet – sind dank eines offensiven Renaturierungsprogramms glücklicherweise wieder angewachsen. Schildkröten brauchen die Kakteen als Nahrungs- und Wasserlieferanten sowie als Schattenspender.

An der Westseite der Insel liegt die **Punta Suárez**. Nach einer Nasslandung führt von dort ein 2 km langer, felsiger Weg durch Kolonien von Masken- und Blaufußtölpeln bis zu einem Strand voller Meerechsen und – wirklich einzigartig – einer Kolonie von Galapagosalbatrossen (Ende März–Anfang Dez., wenn der Großteil der weltweiten Albatrospopulation zum Brüten hierher kommt). Selbst im Alter von nur wenigen Monaten sind diese gigantischen Vögel ein spektakulärer Anblick, und ihre langen, gekrümmten, gelben Schnäbel, ihre flauschigen Mauserfedern und die wachsamen Augen lassen sie verletzlicher erscheinen, als sie sind. Ebenso atemberaubend ist der Blick von den wellengepeitschten Klippen im Süden: Aus den Blowholes der Felsenküste darunter schießt einströmendes Meerwasser hoch in die Luft, und Meeresvögel, besonders der Rotschnabel-Tropikvogel, führen akrobatische Flugübungen und unbeholfene Starts und Landungen vor.

Weitere Vögel, die hier gesichtet werden können, sind die Hood-Spottdrossel (nirgendwo sonst zu finden), Gabelschwanzmöwen und Austernfischer. Es gibt hier drei Finkenarten: den Opuntiengrundfink, den Kleingrundfink und den Waldsängerfink. Sie alle gehören zur Familie der Darwinfinken und folgen Besuchern nicht selten in der Hoffnung, etwas von deren Trinkwasser abzubekommen. Der Opuntiengrundfink ist nur auf wenigen weiteren Inseln zu finden.

Nach einer Nasslandung erreicht man die **Bahía Gardner** am nordöstlichen Ende der Isla Española. Der wunderschöne weiße Sandstrand bietet gute Bademöglichkeiten; hier lebt aber auch eine große Seelöwenkolonie. Ein Spaziergang ist ein bisschen wie der Gang über ein Minenfeld (eines allerdings, das sich ab und zu bewegt) – besser macht man einen großen Bogen um die Bullen, damit die eigene Neugier nicht fälschlicherweise als Herausforderung interpretiert wird ... Auf den Felsen am östlichen Rand des Strandes sind oft Meerechsen und Rote Klippenkrabben zu sehen. Eine nicht weit vor der Küste gelegene Insel bietet gute – wenn auch teils etwas ungemütliche – Möglichkeiten zum Schnorcheln und Tauchen. Dort gibt es einen Felsen, unter dem sich oft Weißspitzenriffhaie aufhalten, und nicht selten werden Hammerhaie, Meeresschildkröten, Rochen, Seesterne und Rotlippen-Fledermausfische gesichtet.

NÖRDLICHE INSELN

Isla Genovesa (Tower)

Egal wie man sie nun nennt – Isla Genovesa, Tower Island oder sogar Booby Island – Liebhaber des knuddeligen und manchmal etwas vertrottelt aussehenden Tölpels sollten sie sich nicht entgehen lassen! Viele Traveller suchen hier den Horizont nach weit entfernten Pottwalen ab oder hoffen, eine der selten gesichteten Galapagosohreulen zu erspähen, aber man sollte auch mal auf den Boden schauen, denn die flauschigen kleinen Babytölpel oder gut getarnte Leguane sind leicht zu übersehen.

Diese nordöstlichste der Galapagosinseln ist nur 14 km² groß und die einzige regelmäßig besuchte Insel, die vollständig nördlich des Äquators liegt (der nördlichste Teil der Isla Isabela ragt ein kleines Stück über den Äquator hinaus). Dies gibt oft Anlass zu dem kleinen seemännischen Späßchen: „Festhalten! Wir fahren über die Delle!" Da die Isla Genovesa relativ weit abgelegen ist, liegt sie nur selten auf der Route kürzerer Bootstouren.

Sie ist der beste Ort, um Kolonien von Rotfußtölpeln zu sehen, bietet Besuchern aber auch die Möglichkeit, Bindenfregattvögel, Rotschnabel-Tropikvögel, Gabelschwanzmöwen, Nazca-Tölpel und viele Tausende Wellenläufer zu beobachten. Weitere gefiederte Attraktionen sind die Galapagostauben und die Sumpfohreulen. Auch Seelöwen und Galapagos-Seebären sind hier vertreten, und es ist durchaus möglich, mit einem Schwarm von Hammerhaien zu schnorcheln. Die Insel ist relativ flach und rund und hat an ihrer Südseite eine große, fast vollkommen landumschlossene Bucht mit dem Namen Darwin Bay.

Es gibt zwei Besucherziele, die sich beide in der Darwin Bay befinden. **El Barranco** (auch Prince Philip's Steps genannt) liegt am östlichen Rand der Bucht und ist trockenen Fußes erreichbar. Ein steiler, felsiger Pfad führt hinauf zu den 25 m hohen Klippen. Mitten auf dem schmalen Weg sind gelegentlich nistende Rotfuß- und Maskentölpel anzutreffen.

Am oberen Rand der Klippen geht ein 1 km langer Weg ins Landesinnere ab, der durch Trockenwälder und an mehreren Meeresvogelkolonien vorbei zu einer Fläche aus scharfkantigem Lavagestein führt, auf der Tausende von Wellenläufern ihre Nester bauen. Manchmal können auch Sumpfohreulen beobachtet werden.

Die zweite interessante Stätte, der **Darwin Bay Beach**, ist ein Korallenstrand, der über eine Nasslandung erreicht wird. Der 750 m lange Weg am Strand entlang führt an Kolonien von Rotfußtölpeln und mehrere Gezeitenbecken vorbei und endet an einem Aussichtspunkt mit Blick auf die Klippen. Eine angenehme Fahrt mit einer *panga*, oft begleitet von einer Schar verspielter Seelöwen, eröffnet einen guten Blick auf die oben in den Klippen nistenden Vögel.

Isla Marchena (Bindloe) & Isla Pinta (Abington)

Die Isla Marchena ist mit 130 km² die siebtgrößte Insel des Archipels und die größte ohne offizielle Stätten für Besucher. Es gibt hier allerdings einige gute Tauchmöglichkeiten, sodass man vielleicht während eines Tauchausflugs doch noch recht nah an die Insel herankommt. Der 343 m hohe Vulkan im Zentrum der Insel war 1991 sehr aktiv. Der Guide sollte Auskunft über die aktuelle Aktivität geben können.

Die Isla Pinta ist die ursprüngliche Heimat des kürzlich erst verstorbenen Schildkrötenmännchens Lonesome George, welches das letzte Exemplar einer von Walfängern und Piraten stark dezimierten Unterart war. Vor gerade einmal 200 Jahren gab es von dieser Art noch etwa 5000 bis 10 000 Tiere. Im Jahr 2010 wurden 39 in Gefangenschaft aufgezogene Schildkröten einer Hybridspezies auf der Isla Pinta ausgesetzt (diese wurden sterilisiert, da das Ziel dieses Programms nicht die Wiederansiedlung ist).

Marchena liegt nördlicher als jede andere Insel von vergleichbarer Größe. Es gibt Landungsplätze, aber keine Besucherstätten, und selbst Forscher brauchen eine Genehmigung, wenn sie die Insel betreten wollen.

Isla Wolf (Wenman) & Isla Darwin (Culpepper)

Die nördlichsten Inseln der Galapagos-Region sind die Zwillingsinseln Isla Wolf und Isla Darwin, die etwa 100 km nordwestlich vom Rest des Archipels liegen. Sie werden, außer im Rahmen von Tauchausflügen (Schnorcheln kann man hier nicht), nur selten besucht. Beide haben annähernd vertikal abfallende Klippen, die eine Landung äußerst schwierig machen. Fregattenvögel, Tölpel, Tropikvögel und Möwen nisten auf beiden Inseln zu Tausenden. Die Isla Darwin wurde 1964 erstmals betreten, als eine Helikopterexpedition auf ihrem höchsten Punkt landete.

DIE GALAPAGOSINSELN VERSTEHEN

Geschichte

Der Galapagosarchipel wurde 1535 zufällig entdeckt, als Tomás de Berlanga, der erste Bischof von Panama, bei einer Fahrt mit dem Boot von Panama nach Peru vom Kurs abkam. Der Bischof berichtete König Karl I. von Spanien von seiner Entdeckung. In seinem Bericht beschrieb er auch die Galapagos-Riesenschildkröten, denen die Inselgruppe ihren Namen verdankt, und kommentierte amüsiert, was jeder Besucher auch heute noch nachvollziehen kann: nämlich dass die Vögel der Inseln so dümmlich seien, dass sie nicht einmal wüssten, wie man flieht, und viele mit der bloßen Hand gefangen werden können.

Es ist gut möglich, dass die indigene Bevölkerung Südamerikas schon vor 1535 von der Existenz der Inseln wusste, es gibt aber keine eindeutigen Aufzeichnungen darüber. Die Inseln tauchten erst 1570 auf der ersten Weltkarte auf, auf der sie als „Schildkröteninseln" bezeichnet wurden. Der norwegische Forschungsreisende Thor Heyerdahl entdeckte 1953 Tonscherben, die aus präkolumbischer Zeit stammen könnten; endgültig bewiesen werden kann dies allerdings nicht. Die ersten groben Seekarten des Archipels wurden im späten 17. Jh. von Seeräubern angefertigt, und die wissenschaftliche Erkundung begann erst im späten 18. Jh.

Die Galapagosinseln wurden nach ihrer Entdeckung über 300 Jahre lang von Seeräubern, Robben- und Walfängern als Stützpunkt genutzt. Sie boten geschützte Ankerplätze, Feuerholz, Wasser und reichlich frische Nahrungsmittel in Form von Galapagos-Riesenschildkröten, die zu Tausenden gefangen und lebendig in den Frachträumen der Schiffe aufgetürmt wurden. Schätzungen zufolge wurden zwischen 1811 und 1844 über 100 000 Exemplare von ihnen gefangen. Die Schildkröten konnten ein Jahr oder länger überleben und dienten den Matrosen so auch noch lange, nachdem sie die Inseln verlassen hatten, als Frischfleischlieferanten. Auch die Population der Galapagos-Seebären wurde stark dezimiert, da Tausende von ihnen wegen ihres kostbaren Fells getötet wurden.

Der erste Bewohner der Inseln war der Ire Patrick Watkins, der 1807 auf der Isla

CHARLES DARWIN: DER MANN HINTER DEM MYTHOS

In den Köpfen der meisten Menschen sind das Leben und die Arbeit von Charles Darwin so eng mit den Galapagosinseln verbunden, dass viele davon ausgehen, er habe einen beachtlichen Teil seines Lebens hier verbracht. Auch wird oft angenommen, dass ihm die Ideen, die er in *Die Entstehung der Arten* darlegt, in einem Aha-Moment kamen, während er über die Inseln reiste. Nichts davon trifft zu.

Darwin verbrachte lediglich fünf Wochen auf den Galapagosinseln, und zu Beginn war sein Interesse mehr geologischer als biologischer Natur. Sowohl seine spätere Beobachtung von Tauben als auch die Methoden der Hundezüchter in England hatten auf ihn einen größeren Einfluss als die Finken, die zu einer Art Aushängeschild für die Evolutionstheorie wurden.

Darwin lebte nach seiner Rückkehr von den Galapagosinseln noch fünf Jahre lang in London, bevor er sich auf dem Land zur Ruhe setzte. Von da an reiste er kaum noch, was teilweise auch seinen chronischen Leiden geschuldet war.

Schon in jungen Jahren hatten ihn religiöse Freidenker mehr inspiriert als säkulare Atheisten, und es war nie seine Absicht gewesen, die Existenz einer göttlichen Figur zu widerlegen. Nachdem er 22 Jahre seines Lebens dem Versuch gewidmet hatte, seine Theorie zu belegen, wandte er sich im mittleren Alter vom Christentum ab und beschrieb sich selbst als Agnostiker.

Darwin wurde ursprünglich nach Cambridge geschickt, um Pfarrer zu werden, dann waren es aber die Botanikkurse seines Mentors J. S. Henslow, die ihn inspirierten. Sein Hobby wurde es, Käfer zu sammeln, und er gründete einen Club, der sich dem Verzehr von Tieren widmete, die der europäischen Küche unbekannt waren. Erst nach der Einmischung seines Onkels Josiah Wedgwood erlaubte Darwins Vater seinem Sohn im Alter von 22 Jahren, auf eine Entdeckungsreise zu gehen. Darwin schlief auf der *Beagle* in einer Hängematte, ritt auf dem Rücken von Galapagos-Riesenschildkröten und verzehrte ihr Fleisch – was gemäß den heutigen Parkvorschriften ein Vergehen ist.

Die Mission der *Beagle* bestand von 1831 bis 1836 darin, die Küste Südamerikas zu vermessen und Häfen für die britische Marine ausfindig zu machen. Bei ihrer Reise machte sie in Brasilien, auf den Falklandinseln, in Argentinien und Chile Halt, bevor es auf die Galapagosinseln ging. Darwin kehrte mit über 1500 Proben zurück, wobei er allerdings bei denen, die er auf den Galapagosinseln gesammelt hatte, die korrekte Dokumentierung ihres Fundorts vernachlässigte.

Als das Schiff 1836 die brasilianische Stadt Bahía erreichte, blickte Darwin seiner Rückkehr sehnlich entgegen. Er schrieb in sein Tagebuch: „Ich hasse, ich verabscheue das Meer und alle Schiffe, die darauf fahren". *Die Entstehung der Arten* war 1859 am Tag seines Erscheinens schon ausverkauft. Nur 1 % des Buches ist Galapagos gewidmet.

Santa María strandete und zwei Jahre lang dort lebte. Er baute Gemüse an und tauschte seine Erzeugnisse gegen Rum bei den vorbeifahrende Schiffe an Bord hatten. Es heißt, er sei während des größten Teils seines Aufenthalts betrunken gewesen und habe irgendwann das Beiboot eines Schiffs gestohlen und sich in Begleitung von fünf Sklaven auf den Weg nach Guayaquil gemacht. Niemand weiß, was aus den Sklaven wurde, denn nur Watkins erreichte das Festland.

Ecuador beanspruchte der Galapagosarchipel erstmals 1832 für sich, und General Villamil wurde zu seinem ersten Gouverneur ernannt – eigentlich verantwortete er nur eine einzige Kolonie von ehemals rebel-lischen Soldaten auf Floreana. Während der darauf folgenden etwa 100 Jahre wurden die Inseln nur von wenigen Siedlern bewohnt und als Strafkolonien genutzt. Die letzte Strafkolonie wurde 1959 auf der Isla Isabela geschlossen.

Der berühmteste Besucher der Galapagosinseln war Charles Darwin, der 1835 an Bord des britischen Marineschiffs *Beagle* hier ankam. Darwin blieb fünf Wochen, wovon er 19 Tage auf vier der größeren Inseln verbrachte, sich Notizen machte und Proben sammelte, die ihm wichtige Beweise für seine Theorie der Evolution lieferten. Es sollte aber noch mehrere Jahrzehnte dauern, bis er seine Beweise ausformulieren und veröffentlichen würde. Den Großteil seiner Zeit verbrachte er auf der Isla San Salvador, wo er Schildkröten beobachtete und verzehrte. Darwins Interesse an den Tieren und den Meereslebewesen der Galapagos-Region war ebenso groß wie das an der Geologie und der Botanik.

Einige der Inseln wurden 1934 zu Naturschutzgebieten erklärt, und 97% des Archipels wurden 1959 zum Nationalpark. Der organisierte Tourismus hielt ab den späten 1960er-Jahren Einzug; 1986 gründete die Regierung das Meeresreservat.

Geologie

Die älteste der heute sichtbaren Inseln entstand vor etwa 4 bis 5 Mio. Jahren, als Vulkane unterhalb der Wasseroberfläche ausbrachen und sich bis nach oben auftürmten (die Inseln waren also nie mit dem Festland verbunden). Die Galapagosregion ist vulkanisch sehr aktiv – seit ihrer Entdeckung 1535 wurden über 50 Ausbrüche registriert. Der letzte Ausbruch war der des Volcán La Cumbre im Februar 2009 auf der Isla Fernandina, der vermutlich aktivsten Insel des Archipels. Die Entstehung der Inselgruppe ist also ein fortlaufender Vorgang; aus geologischer Sicht ist sie ziemlich jung.

Geologen sind sich gemeinhin einig, dass die Entstehung der Inseln anhand zweier relativ neuer geologischer Theorien erklärt werden kann. Gemäß der Theorie der Plattentektonik besteht die Erdkruste aus mehreren festen Platten, die sich im Lauf der Zeit (in geologischen Dimensionen gesprochen) im Verhältnis zueinander bewegen. Die Galapagosinseln liegen am nördlichen Rand der Nazcaplatte und nahe der Stelle, wo diese an die Cocosplatte grenzt. Diese beiden Kontinentalplatten driften mit einer Geschwindigkeit von etwa 1 km in 14000 Jahren voneinander weg, was für solche Platten ganz schön rasant ist.

Die Hotspot-Theorie hingegen besagt, dass es tief im Inneren der Erde (unterhalb der sich bewegenden Platten) bestimmte Bereiche mit extrem hohen Temperaturen gibt, die ihre Position nicht ändern. In relativ kurzen Abständen (natürlich wieder in geologischen Dimensionen) steigt die Temperatur dieser Hotspots so stark an, dass die Erdkruste schmilzt und ein Vulkanausbruch von einer solchen Stärke stattfindet, dass die geschmolzene Lava aus dem Meeresgrund austritt und schließlich auch bis über die Meeresoberfläche reicht.

Die Galapagosinseln bewegen sich über einem fixen Hotspot langsam in Richtung Südosten, sodass die Vermutung nahe liegt, dass die südöstlichen Inseln zuerst entstanden und die nordwestlichen Inseln relativ jung sind. Das älteste bisher auf den Inseln entdeckte Gestein ist etwa 3,25 Mio. alt und stammt aus dem Südosten der Isla Española. Im Vergleich dazu sind die ältesten Felsstücke der Isla Fernandina und Isla Isabela weniger als 750000 Jahre alt. Die nordwestlichsten Inseln befinden sich noch immer im Entstehungsprozess, und ihre Vulkane sind noch aktiv, ganz besonders die der Inseln Isabela und Fernandina. Zusätzlich zum allmählichen Abdriften der Nazcaplatte nach Südosten macht der Norddrall der Cocosplatte die Sache noch einmal komplizierter, sodass das Alter der Inseln von Nordwest nach Südost nicht einheitlich zunimmt.

Das Meer rund um die meisten Galapagosinseln ist sehr tief. Weniger als 20 km von der Küste der westlichen Inseln entfernt hat der Ozean schon eine Tiefe von über 3000 m. Besucher, die auf Booten um die Inseln schippern, sehen nur etwa das obere Drittel der Vulkane, der Rest ist vom Wasser bedeckt. Einige der ältesten Vulkane der Gegend befinden sich sogar komplett unterhalb der Wasseroberfläche. Die Carnegie Ridge, eine versunkene Bergkette, die sich von der Galapagosregion nach Osten erstreckt, besteht u.a. aus den Überbleibseln ehemaliger Vulkaninseln, von denen manche 9 Mio. Jahre alt waren. Sie wurden vom Wasser komplett weggewaschen, liegen nun 2000 m über dem Meeresboden und erstrecken sich über etwa die Hälfte der Distanz zwischen den Galapagosinseln und dem Festland.

Der Großteil des Vulkangesteins, aus dem die Galapagosinseln bestehen, ist Basalt. Geschmolzener Basalt ist flüssiger als andere Vulkangesteine, sodass bei einer Eruption Basalt eher in Form von Lavaströmen als in Form von Explosionen austritt. Somit sind die Vulkane auf den Galapagosinseln keine Kegel, wie man sich gemeinhin einen Vulkan vorstellt, sondern sanft abgerundete Schildvulkane.

Ökologie & Umwelt

Jede Pflanze und jede Tierart auf den Galapagosinseln muss nach einer Reise von mehreren Hunderten oder Tausenden Kilometern auf einem zufälligen Wind-, Luft- oder Meeresstrom hier angekommen sein, die meisten aus Südamerika oder der Karibik. Teile der Flora und Fauna kamen später auf weniger natürlichem Wege auf die Inseln, nämlich durch Siedler und andere Besucher, die mit Schiffen oder Flugzeugen auf die Inseln gelangten. Große Landsäugetiere gibt es nicht, aber die Tierwelt der Inseln ist faszinierend.

Die Sorge um die Natur der Inseln ist nicht neu. Schon zu Beginn des 18. Jhs. zeigten sich einige Wissenschaftler beunruhigt. Die ecuadorianische Regierung erklärte

1934 einige der Inseln zwar zu Wildreservaten, aber erst 1959, im 100. Jahr der Veröffentlichung von *Die Entstehung der Arten*, wurden die Galapagosinseln offiziell zum Nationalpark erklärt (die Unesco ernannte sie 1978 zur Welterbestätte). Kurz danach wurde mit dem Bau der Charles Darwin Forschungsstation auf der Isla Santa Cruz begonnen, die sich dem Erhalt der Umwelt widmet und ihre Arbeit als internationale Nichtregierungsorganisation 1964 aufnahm. Der Servicio Parque National Galápagos

DIE EVOLUTION IN AKTION

Als die Galapagosinseln entstanden, waren sie nichts als karge Vulkaninseln ohne jegliches Leben. Da die Inseln nie mit dem Festland verbunden waren, ist es am wahrscheinlichsten, dass alle heute hier vertretenen Arten irgendwie die 1000 km offenes Meer überquert haben. Die Arten, die fliegen oder über längere Strecken schwimmen konnten, hatten die besten Chancen, die Inseln zu erreichen, es gab aber auch andere Methoden der „Besiedlung".

Kleine Säugetiere, Landvögel und Reptilien sowie Pflanzen und Insekten könnten die Distanz auf organischem Treibgut zurückgelegt haben. Die Tiere, die die Reise überlebt hatten, können in ihren Mägen oder an ihren Federn Pflanzensamen oder Insekteneier oder -larven transportiert haben.

Als die ersten Zugvogelarten vor Millionen von Jahren auf den Inseln ankamen, fanden sie hier nur wenige andere Tiere vor, mit denen sie konkurrieren mussten. Einige Vögel konnten überleben, sich fortpflanzen und Nachkommen hervorbringen. Die Jungen gehörten derselben Art an wie ihre Eltern, einige hatten aber feine Unterschiede.

Ein klassisches Beispiel dafür ist ein Vogel, dessen Junges mit einem Schnabel auf die Welt kommt, der sich geringfügig von dem seiner Eltern oder Geschwister unterscheidet. In den unterschiedlichen Umgebungen der verschiedenen Inseln können sich manche Vogelküken mit geringfügig anderen Schnäbeln die äußeren Bedingungen besser zunutze machen. Diese Vögel gelten als besser angepasst und haben eine bessere Chance, zu überleben und ihre eigene Brut aufzuziehen.

Diese besser angepassten Überlebenden können günstige genetische Merkmale (in diesem Fall ein geringfügig besser angepasster Schnabel) an ihre Nachkommen weitergeben, und somit werden über viele Generationen hinweg bestimmte günstige genetische Merkmale „auserwählt" und andere weniger günstige genetische Merkmale „ausgesiebt". Irgendwann ist der Unterschied zwischen den ursprünglichen Kolonisten und ihren entfernten Nachkommen so groß, dass die Nachkommen als eine komplett andere Art betrachtet werden können. Dies ist die Kernaussage von Darwins Theorie der Evolution durch natürliche Selektion.

Bei einer großen Vielfalt von Inseln und Lebensräumen könnten verschiedene Arten von Schnäbeln Vögeln in verschiedenen ökologischen Nischen bestimmte Anpassungsvorteile verleihen. Aus einer „Ahnengattung" könnten somit mehrere moderne Arten hervorgehen – ein Prinzip, das als adaptive Radiation bezeichnet wird. Dieses Beispiel erklärt, warum es auf den Galapagosinseln 13 ähnliche und endemische Finkenarten, nämlich die Darwinfinken, gibt.

Viele Jahre lang rätselten Evolutionsbiologen darüber, wie sich auf den Galapagosinseln in der relativ kurzen Zeitspanne von rund 4 Mio. Jahren (das Alter der ältesten Insel) so viele einzigartige Arten entwickeln konnten. Die Antwort lieferten Geologen und Ozeanographen, die unter der Wasseroberfläche östlich der bestehenden Inseln die Überreste von 9 Mio. alten Inseln fanden. Vermutlich lebten die Vorfahren der heutigen Tierwelt auf diesen versunkenen Inseln und hatten dadurch 9 Mio. Jahre Zeit, sich zu entwickeln – das ist eine Zeitspanne, die für Evolutionsbiologen plausibel erscheint.

(Galapagos-Nationalparkverwaltung, SPNG) ist die wichtigste ecuadorianische Regierungsinstitution, die für den Park zuständig ist. Sie nahm ihre Arbeit 1968 auf. Die beiden Einrichtungen verwalten die Inseln in Gemeinschaftsarbeit. Im Jahr 1986 rief die ecuadorianische Regierung das 133 000 km^2 große Galapagos-Meeresreservat (Reserva Marina de Galápagos) ins Leben und stellte somit die Inseln unter einen noch umfangreicheren Schutz. Ein 1998 verabschiedetes Gesetz gibt der Bewahrung der Inseln und des angrenzenden Meers durch den Nationalpark und das Reservat auch einen rechtlichen Rahmen. Es fördert zudem die Forschung zu Bildungs- und Wissenschaftszwecken und ermöglicht den Inseln eine nachhaltige Entwicklung als ecuadorianische Provinz.

Invasive Arten

Die Einschleppung domestizierter Tiere auf jeder Hauptinsel außer auf Fernandina ist eine der größten Herausforderungen, denen sich der Archipel gegenübersieht. Verwilderte Ziegen und Schweine sowie eingeschleppte Ratten dezimierten heimische Arten (oder verursachten ihr Aussterben) in nur wenigen Jahren. Es wird davon ausgegangen, dass die Ziegen allein für das Aussterben von vier oder fünf Arten verantwortlich zu machen sind. Es dauerte über 127 Jahre, bis die Population der verwilderten Hausschweine auf der Isla Santiago ausgelöscht werden konnte.

Auch Vieh, Katzen, Hunde, Esel, Frösche und Ratten stellen eine Bedrohung für das Überleben endemischer Flora und Fauna dar. Es wurden zudem Hunderte von Insektenarten eingeschleppt, darunter auch eine Wespenart, von der befürchtet wird, dass sie für die rückläufige Zahl der Raupenlarven verantwortlich ist, die wiederum eine wichtige Nahrungsquelle für Finken sind. Auch fast 800 Pflanzenarten wurden auf die Inseln eingeschleppt. Als schlimmste davon gilt die Brombeere, da sie die Artenvielfalt um ganze 50 % verringert.

Überfischung

Eines der größten Probleme aller Weltmeere, die Überfischung, stellt auch auf den Inseln eine ständige Spannungsquelle dar. Fischer, die unzufrieden mit den Beschränkungen in manchen Fischereigründen sind, organisieren regelmäßig Proteste, und es gab teilweise auch schon schwerwiegende Zwischenfälle. Die Proteste betreffen meist den (äußerst lukrativen) Fang von Seegurken und Hummern. In bestimmten Küstengebieten wurden Fischfangverbotszonen eingerichtet; die industrielle Fischerei ist schon seit 1994 nicht mehr erlaubt. Die Gesetze werden allerdings regelmäßig von sowohl ecuadorianischen als auch ausländischen Schiffen missachtet. Den größten Schaden richten dabei die Langleinenfischer an (dabei hängen Hunderte oder Tausende von Haken mit Ködern an einer einzigen Leine, die oft mehrere Kilometer lang ist).

Obwohl Seegurken schon seit 1994 nicht mehr gefischt werden dürfen, werden jedes Jahr Hunderttausende von ihnen illegal exportiert, meist aufgrund ihrer angeblichen aphrodisischen Eigenschaften. Illegal ist u. a. auch das Abschneiden von Haiflossen für Haifischflossensuppen, die Tötung von Seelöwen für Köder oder die Überfischung von Hummern, um Touristen und Einheimische zu versorgen.

Erlaubt ist nur das „handwerkliche" Fischen in kleinen Booten. Diese Regulierung wurde allerdings auf eine sehr umstrittene Art und Weise ausgelegt, um den Touristen das Sportfischen zu ermöglichen. Nachdem es zuerst möglich, dann 2005 für kurze Zeit verboten war, ist es mittlerweile wieder erlaubt. Die wenigen lizenzierten Anbieter müssen sich aber an strengste Auflagen halten.

Weitere Probleme

Einige Inselbewohner sehen den Nationalpark als Hindernis dafür, von der Landwirtschaft leben zu können. Ihr Argument lautet, dass wenn mehr Lebensmittel vor Ort angebaut würden, weniger davon importiert werden müssten und die Einheimischen somit ihre Lebenshaltungskosten senken könnten (und gleichzeitig die Umweltbelastung geringer wäre). Deshalb gibt es Anstrengungen, den Anbau von qualitativ hochwertigen Biolebensmitteln auf den Inseln zu unterstützen. Landwirtschaft führt aber natürlich zum Verlust von Lebensräumen und zur Veränderung der Landschaft. Zusätzlich wird das Vorhaben durch die geringen Wasservorkommen erschwert – die meisten Quellen sind versiegt, das küstennahe Grundwasser kann verschmutzt sein und die geringen Mengen Wasser, die im Hochland zu finden sind, lassen sich nur schwer auf effiziente Weise nutzen.

Nachdem 2001 ein ecuadorianischer Öltanker in der Nähe von Puerto Baquerizo Moreno auf der Isla San Cristóbal auf Grund gelaufen war, arbeitete die Regierung gemeinsam mit dem World Wide Fund for Nature (WWF) an der Modernisierung und dem Wiederaufbau der größten Anlage für die Treibstofflagerung auf Baltra und brachte sie auf den neuesten Stand. In jüngerer Zeit hat die ecuadorianische Regierung gemeinsam mit der UN und einigen der weltweit größten Versorgungsunternehmen zugesichert, die Inseln bis zum Jahr 2020 durch den Einsatz von Solar- und Windkraft gänzlich von fossilen Brennstoffen unabhängig zu machen. Auf San Cristóbal existiert bereits eine groß angelegte Windkraftanlage.

Manche Arten, insbesondere die Galapagos-Pinguine, die Suppenschildkröten und die Meerechsen (die einzige im Meer lebende Echsenart der Welt), reagieren bei steigenden Wassertemperaturen und einem steigenden Meeresspiegel – beides hervorgerufen durch die globale Erwärmung – empfindlich. Jahre mit einem immer längeren und massiveren Auftreten der Meeresströmung El Niño (wenn verheerende Regenfälle auf Südamerika niedergehen) – 1998 war die schlimmste Saison in den letzten 50 Jahren – haben mehrere Ökosysteme der Galapagosinseln aus dem Gleichgewicht geraten lassen.

Umweltschutzmaßnahmen

Über 50 % der Flora und Fauna sind bedroht oder gefährdet (bisher wurde keine Vogelart des Archipels für ausgestorben erklärt), darunter auch die Floreana-Spottdrossel und der Galapagos-Wellenläufer. Trotz dieser alarmierenden Zahlen haben bisher über 95 % aller Arten, die die Inseln vor dem ersten Kontakt mit dem Menschen bewohnten, überlebt, und die einzigen in der Wildnis ausgestorbenen Spezies sind die Abingdon-Riesenschildkröte der Insel Pinta und die San-Salvador-Landleguane. Aufzucht- und Renaturierungsprogramme, das Ausmerzen von nicht einheimischen und invasiven Arten durch groß angelegte Jägerei, Nestschutz, Schutzzäune und Wiederaufforstung sind einige der wichtigsten Strategien der auf den Inseln arbeitenden Naturschützer.

Die vom Reisebüro Metropolitan Touring ins Leben gerufene Fundación Galápagos (www.fundaciongalapagos.org) hat sich mit verschiedenen Körperschaften und Reiseunternehmen zusammengetan und in Puerto Ayora eine Recyclingfabrik erbaut. Theoretisch hat nun jeder Haushalt der Inseln drei farbige Mülleimer für die Mülltrennung. Die Stiftung führt auch Freiwilligenprogramme zur Säuberung der Küsten durch und bezahlt einheimische Fischer dafür, dass sie den Müll im Meer einsammeln.

Es gibt verschiedene Lösungsansätze für die Probleme der Galapagosinseln. Dazu gehört auch ein verstärktes Augenmerk auf den nachhaltigen Tourismus zur Regulierung der Entnahme begrenzter Ressourcen aus dem Wasser und dem Erdboden, da diese Entnahmen die Umwelt irreparabel verändern könnten. Eine extreme Position ist es, jegliche Besiedlung und jeglichen Tourismus zu verbieten – eine Option, die nur wenig Zustimmung findet. Viele der Einwohner – etwa 30 000 Menschen leben hier permanent – verhalten sich verantwortungsvoll und setzen sich aktiv gegen die zerstörerischen oder gefährlichen Machenschaften anderer ein. Dies sichert auch ihre Arbeitsplätze in der boomenden Tourismusindustrie.

Nichtsdestotrotz verweist die Regierung regelmäßig Ecuadorianer der Inseln, die keine Aufenthalts- oder Arbeitsgenehmigung für den Archipel haben. Ecuadorianer haben nur drei Möglichkeiten, eine unbeschränkte Aufenthaltsgenehmigung für die Galapagosinseln zu erhalten: Entweder haben sie vor 1998 fünf Jahre dort gelebt, wurden dort geboren oder haben jemanden geheiratet, der eine unbeschränkte Aufenthaltsgenehmigung besitzt. Viele halten diese Herangehensweise für ungerecht und fragen sich, warum stattdessen nicht die Zahl der relativ reichen Touristen beschränkt wird. Die Tourismusbranche ist jedoch für die ecuadorianische Wirtschaft enorm wichtig; sie generiert über 200 Mio. US$ pro Jahr – ein Viertel davon fließt in die kommunalen Kassen. Die Mehrheit der Interessenvertreter ist der Meinung, dass die Kombination aus Umweltbildung für Einwohner und Besucher und ein Programm für verantwortungsbewussten und nachhaltigen Tourismus die beste Lösung wäre, wobei Letzteres zwangsweise eine Reduzierung oder Deckelung der Besucherzahlen bedeuten würde.

PARKVORSCHRIFTEN

Die Regulierungen bezüglich der Reiserouten von Tourbooten wurden Anfang 2012 komplett überarbeitet. Grund hierfür war der Versuch, die Anzahl der Landungen an den beliebtesten Besucherstätten zu reduzieren, die Gesamtanzahl der Besucher zu verringern und den Baltra-Flughafen zu entlasten.

Es ist gesetzlich vorgeschrieben, dass Tourboote von einem zertifizierten, naturkundigen Guide begleitet werden müssen, der von der Nationalparkverwaltung ausgebildet wurde. In der Realität haben die Guides auf den günstigeren Booten jedoch oft keinerlei Zertifizierung und es gibt auch nur eine beschränkte Anzahl von naturkundlichen Guides der Kategorie III (hoch qualifizierte, meist mehrsprachige Biologen mit Hochschulabschluss, deren Anliegen es ist, die Tierwelt zu schützen und sie den Besuchern näherzubringen).

Es dürfen nur die offiziellen Besucherstätten angesteuert werden (70 an Land, 79 auf dem Wasser). Die wichtigen Parkvorschriften schützen sowohl die Tierwelt als auch die Umwelt und haben vor allem etwas mit Höflichkeit und gesundem Menschenverstand zu tun: die Tiere weder berühren noch füttern, keinen Müll wegwerfen, keine natürlichen Gegenstände mitnehmen (ob lebendig oder nicht), keine Haustiere mitbringen und keine Gegenstände kaufen, die aus Pflanzen oder Tieren hergestellt worden sind. Der Zutritt zu den Besucherstätten ist nach Einbruch der Dunkelheit und ohne einen qualifizierten Guide nicht gestattet, und jedes Boot muss von einem Guide begleitet werden. Bei jedem Landgang ist ein Guide dabei, der Fragen beantworten kann und dafür sorgt, dass die Parkvorschriften eingehalten werden.

Tourismus

Bis Mitte der 1960er-Jahre kamen – abgesehen von Industriemagnaten, Prinzen mit Privatjachten und extrem unerschrockenen Abenteurern, die nicht davor zurückschrecken, sich den Platz auf einem Frachtschiff mit lebendem Vieh zu teilen – nur wenige Touristen auf die Inseln. Die Eröffnung der Forschungsstation und die Aufnahme der ersten Charterflüge waren der Startschuss für den organisierten Tourismus, der zu Beginn gerade einmal aus etwas mehr als 1000 Besucher jährlich bestand. Diese Zahl sollte bald dramatisch ansteigen. Im Jahr 1971 boten schon sechs kleine Boote und ein großes Kreuzfahrtschiff ihre Dienste an. In weniger als zwei Jahrzehnten verzehnfachte sich die Anzahl der Besucher: In den frühen 1990er-Jahren kamen pro Jahr etwa 60 000 Touristen. Zahlen für das Jahr 2013 gehen

LESETIPPS

* ➡ *Postlagernd Floreana* von Margret Wittmer

* ➡ *Galapagos* von Kurt Vonnegut

* ➡ *Galapagos. Das Ende der Welt* von William Beebe

* ➡ *My Father's Island* von Johanna Angermeyer

* ➡ *Der Schnabel des Finken oder der kurze Atem der Evolution* von Jonathan Weiner

* ➡ *Verloren im Paradies* von John Treherne

* ➡ *Die Entstehung der Arten* von Charles Darwin

* ➡ *Die Fahrt der Beagle* von Charles Darwin

von 203 000 Besuchern aus – sowohl ausländische Touristen (132 000) als auch Ecuadorianer (72 000). Heute gibt es etwa 85 Boote (mit Schlafgelegenheiten) für 4 bis 96 Passagiere; die meisten Boote bieten allerdings weniger als 20 Personen Platz.

Dies ist zwar gut für die ecuadorianische Wirtschaft, aber daraus haben sich Probleme für die Umwelt ergeben. Die ecuadorianische Regierung und Umweltorganisationen sind sich dieser Herausforderungen bewusst und arbeiten daran, die Entwicklung umzukehren oder sie zumindest zu stoppen (dazu gehören auch die Einstellung von Hochhausbauten und die Eindämmung der Nachfrage nach Kreuzfahrtschiffen), um die Flora, die Fauna und die Bewohner der Galapagosinseln zu schützen.

ℹ Praktische Informationen

GEBÜHREN & STEUERN

Der Eintrittsgebühr für den Galapagos-Nationalpark beträgt 100 US$. Sie muss an einem der Flughäfen unmittelbar nach der Ankunft in bar bezahlt werden oder, im Falle einer gebuchten Tour, im Voraus. Bevor die Gebühr nicht bezahlt ist, darf man den Flughafen nicht verlassen. Im Flughafen von Quito bzw. Guayaquil wird zusätzlich eine Transitkontrollgebühr von 10 US$ fällig. Diese muss am Schalter des Instituto Nacional Galápagos (INGALA) neben dem Ticketschalter bezahlt werden. Bei vielen vorgebuchten Bootstouren ist diese Gebühr schon im Preis enthalten.

Flugzeug

Flieger vom Festland landen auf einem von zwei Flughäfen: auf Isla Baltra unmittelbar nördlich von Santa Cruz oder auf Isla San Cristóbal. Baltra und San Cristóbal werden von annähernd derselben Zahl von Flugzeugen bedient.

Die Galapagosinseln werden von drei Fluggesellschaften angeflogen: Tame, Avianca und LAN. Alle bieten täglich zwei Flüge am Morgen von Quito über Guayaquil zum Flughafen der Isla Baltra an (2 Std.), der mit öffentlichen Verkehrsmitteln lediglich etwas mehr als eine Stunde von Puerto Ayora entfernt liegt. Dieselben Fluggesellschaften bieten jeden Morgen auch einen oder zwei Flüge zum Flughafen von San Cristóbal an (1½ Std.). Die Rückflüge starten jeweils am frühen Nachmittag.

Hin- und Rückflüge von Guayaquil kosten ab 360 US$, Hin- und Rückflüge ab Quito etwa ab 440 US$. Die Flieger ab Quito legen alle einen Zwischenstopp in Guayaquil ein, bei dem man das Flugzeug aber nicht verlassen muss. Es ist auch möglich, in Quito zu starten und auf dem Rückflug schon in Guayaquil auszusteigen oder umgekehrt. Oft ist es auch praktischer, nach Baltra zu fliegen und ab San Cristóbal wieder zurückzufliegen (oder umgekehrt). Wer schon vorab eine organisierte Bootstour gebucht hat, kann dies alles vom Reisebüro regeln lassen. Die Gepäckmenge für Flüge auf die Galapagosinseln ist für aufgegebenes Gepäck auf 20 kg pro Person begrenzt.

Die meisten Touristen besuchen die Inseln im Rahmen einer organisierten Bootstour, es ist aber sehr einfach, die bewohnten Inseln auch auf eigene Faust zu besichtigen. Auf den Inseln Santa Cruz, San Cristóbal, Isabela und Floreana gibt es Unterkünfte und tägliche Bootsverbindungen zwischen den Inseln (einfach 30 US$) sowie teurere Flüge zwischen Santa Cruz, San Cristóbal und Isabela.

Flugzeug

Emetebe (☎ 05-252-9155; www.emetebe.com. ec) und **Air Zab** (☎ 05-301-6740; www.airzab. net) haben täglich Flugverbindungen in kleinen Fliegern für fünf Passagiere zwischen Baltra (Santa Cruz) und Isla Isabela (35 Min.), zwischen Baltra und San Cristóbal (35 Min.) sowie zwischen San Cristóbal und Isla Isabela (45 Min.). Die Tickets für einen einfachen Flug kosten im Schnitt 150 US$; bei Überschreitung der Gepäckbegrenzung von 11 kg pro Person muss etwas mehr gezahlt werden.

Schiff/Fähre

Private Schnellboote, die sogenannten *lanchas*, haben einen täglichen Passagierservice zwischen Santa Cruz und San Cristóbal, zwischen Santa Cruz und Isabela sowie zwischen Santa Cruz und Floreana. Die Tickets kosten einheitlich 30 US$ und werden entweder am Tag vor der Fahrt oder am gleichen Tag erworben. Agenturen in Hafennähe einer jeden Ortschaft verkaufen diese Tickets.

WAYNE LYNCH / GETTY IMAGES ©

Den ersten Entdeckern war Ecuadors berühmter Archipel als Las Islas Encantadas (Die verzauberten Inseln) bekannt. Der Name mag heute ein anderer sein, die Galapagosinseln ziehen die Besucher aber unverändert in ihren Bann. Die Kette kahler, abgeschiedener Vulkaninseln bietet unzähligen Tieren einen Lebensraum; viele Arten findet man ausschließlich hier. Es gibt nur wenige Orte weltweit, an denen man Wildtieren so nahe kommen kann, zu Lande wie zu Wasser.

Naturführer
Galapagosinseln

Oben Meerechse

Säugetiere

In den planktonreichen Gewässern rund um die Inseln tummeln sich einige der größten Säuger der Welt, darunter 25 Walspezies. Überall ist man „ganz nah dran" – an verspielten Seelöwen, Delfinen, die in der Bugwelle des Boots mitreisen, oder Walen, die plötzlich aus dem Wasser auftauchen.

Schwertwal (Orca)

Einen Schwertwal in freier Natur zu sehen ist absolut spektakulär. Bei den Jägern handelt es sich eigentlich um eine Delfinart. Wenn sie Fische oder andere Wale verfolgen, erreichen sie Geschwindigkeiten von bis 55 km/h. Für Menschen geht von ihnen keine Gefahr aus. **Wo:** Canal Bolívar.

Galapagos-Seelöwe

Der Liebling fast aller Galapagos-Besucher ist weit verbreitet: Vertreter der Population mit ca. 50 000 Tieren findet man auf sämtlichen Inseln. Die liebenswerten Tiere liegen oft faul am Strand herum oder „begleiten" Schnorchler und Badende. **Wo:** Überall.

1. Galapagos-Seebär **2.** Galapagos-Seelöwen **3.** Großer Tümmler

Galapagos-Seebär

Introvertierter als der Seelöwe ist der endemische Seebär mit seiner dichten, isolierenden Pelzschicht. Im 19. Jh. hatten Jäger die Gattung fast ausgerottet, die Population hat sich aber sehr gut erholt und zählt heute rund 30 000 Tiere. **Wo:** Santiago (Puerto Egas, S. 357), Genovesa (S. 362)

Großer Tümmler (Flaschennase)

Die am häufigsten vertretene Walart des Archipels ist der Große Tümmler. Diese Delfine sind verspielt und neugierig und gehen normalerweise in Schulen von 20 bis 30 Tieren bis zu 500 m von der Küste entfernt auf Nahrungssuche. **Wo:** Überall

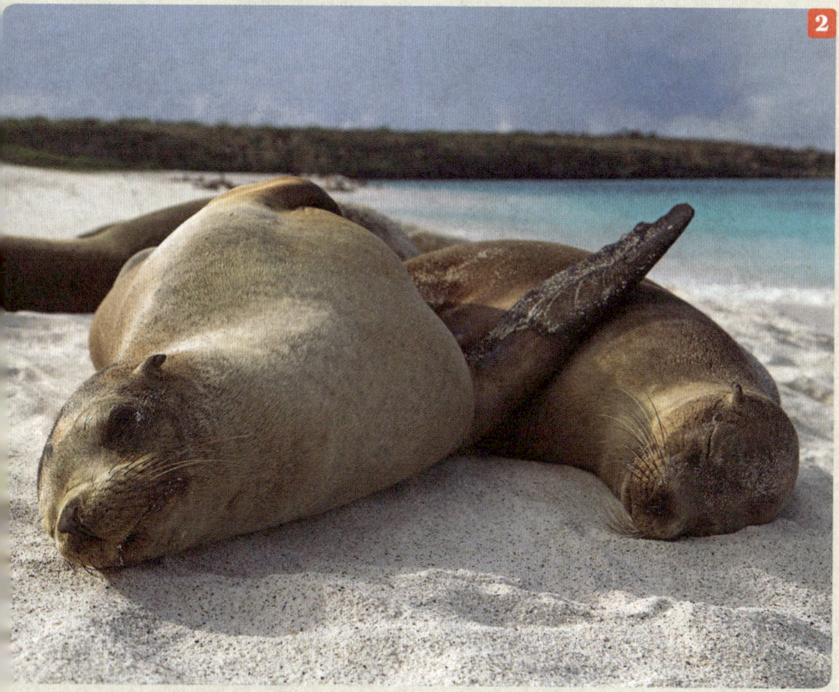

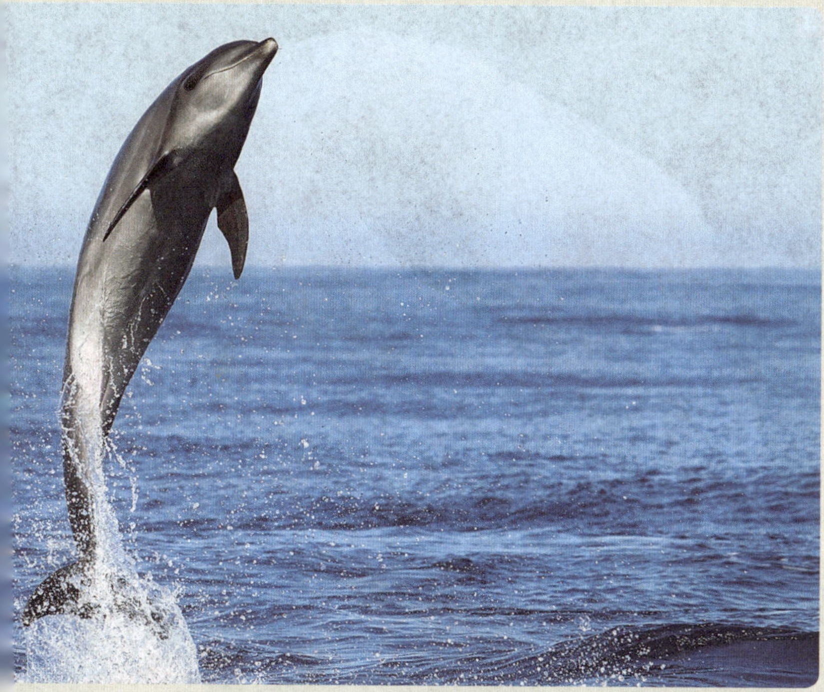

STEFANO PATERNA / GETTY IMAGES ©

MICHAEL NOLAN / GETTY IMAGES ©

1. Galapagos-Bussard **2.** Kurzohreule **3.** Galapagos-Flamingo
4. Spottdrossel

Vögel

Um die hiesige Vogelvielfalt interessant zu finden, muss man kein Ornithologe sein. Man kann gefährliche Raub- und zierliche Singvögel beobachten, Goldwaldsänger, Spottdrosseln und Darwinfinken.

Galapagos-Bussard

Der endemische Galapagos-Bussard jagt alles Mögliche, von kleinen Insekten bis hin zu kleinen Ziegen. **Wo:** Española (S. 361), Santa Fé (S. 343), Fernandina (Punta Espinoza, S. 357).

Darwinfinken

Alle auf den Inseln lebenden Finken sollen auf einen gemeinsamen Ahnen zurückgehen. Heute gibt es 13 ungewöhnliche Arten wie den blutsaugenden Vampirfinken. **Wo:** Santa Cruz (Los Gemelos, S. 333; Media Luna, S. 333), Española (Punta Suárez, S. 361), Genovesa (S. 362).

Galapagos-Flamingo

Dies ist eine der größten der fünf Flamingoarten. In kleinen Gruppen bevölkern sie die seichten Lagunen. Es gibt nicht mehr als 500 Tiere auf den Inseln. **Wo:** Floreana (Punta Cormorant, S. 359), Rábida (S. 358), Isabela (Puerto Villamil, S. 353).

Kurzohreule

Anders als die meisten ihrer Verwandten jagt die Kurzohreule auch tagsüber. Die majestätischen Vögel schlagen langsam mit ihren Flügeln, während sie ihre Beute zerlegen. **Wo:** Genovesa (S. 362), Santa Cruz (Media Luna, S. 333).

Spottdrossel

Spottdrosseln können wunderbar singen und sind oft die Ersten, die die Besucher am Strand in Augenschein nehmen, ihre Taschen „durchsuchen" und sich auf Hüten niederlassen. **Wo:** Santa Cruz (S. 331), Santa Fé (S. 343), Genovesa (S. 362).

TRISTAN BROWN / GETTY IMAGES ©

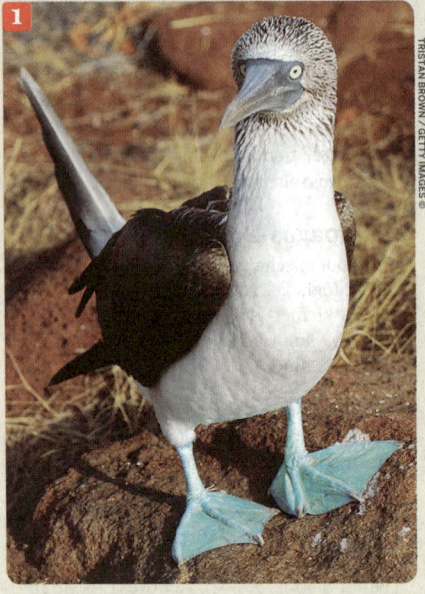

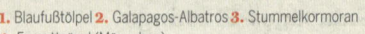

1. Blaufußtölpel 2. Galapagos-Albatros 3. Stummelkormoran
4. Fregattvögel (Männchen)

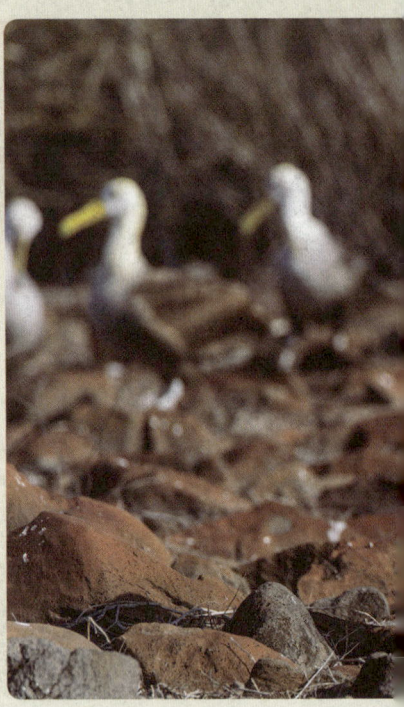

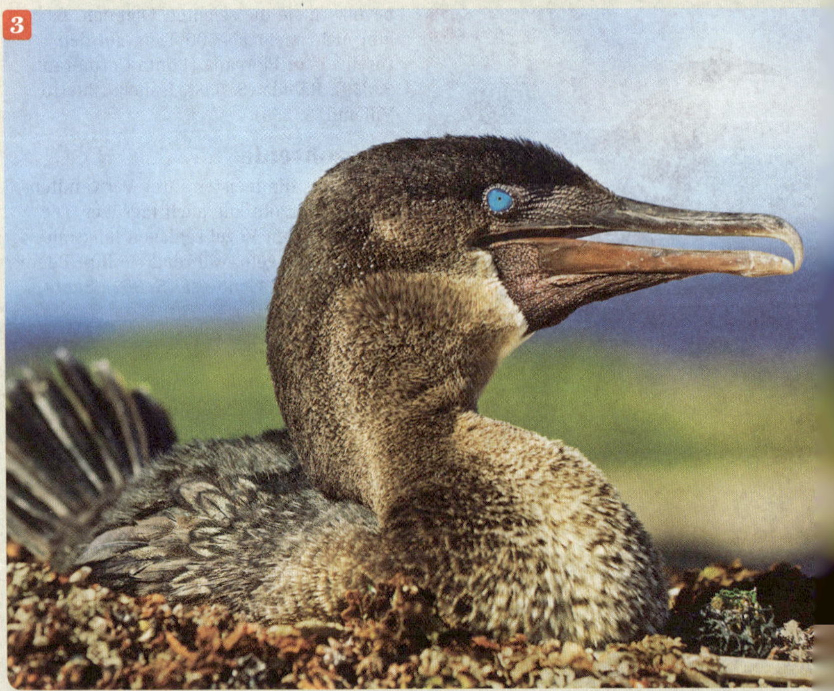

CHRISTIAN HANDL / GETTY IMAGES ©

Wasservögel

Auf den Inseln leben Meeresvögel wie der Galapagos-Albatros und der flugunfähige Kormoran, der überraschend agile Galapagos-Pinguin, der witzige Blaufußtölpel und der extrem wendige Fregattvogel.

Blaufußtölpel

Dies ist eine von vier Tölpelarten auf den Inseln. Die Brautwerbung in der Paarungszeit ist bezaubernd komisch. **Wo:** Española (Punta Suárez, S. 361), Genovesa (S. 362), San Cristóbal (Punta Pitt, S. 345).

Galapagos-Albatros

Wenn kein Lüftchen weht, ist der Galapagos-Albatros geradezu hilflos. Er ist vom Südostpassat abhängig, um zu den Nahrungsplätzen zu gelangen. Der größte Vogel der Inselgruppe (5 kg schwer; Flügelspanne 2,4 m) ist der einzige Albatrosvertreter, der am Äquator brütet. **Wo:** Española (Punta Suárez, S. 361).

Fregattvögel

Diese Luftakrobaten gleiten auf thermischen Aufwinden über den Felsen. Manchmal attackieren sie kleinere Seevögel so lange, bis sie ihre Beute fallen lassen, und schnappen sich diese dann noch im Fall. **Wo:** Seymour Norte (S. 335), Genovesa (S. 362), San Cristóbal (Punta Pitt, S. 345).

Galapagos-Pinguin

Keine andere Pinguinart der Welt lebt in den Tropen, und keine lebt weiter nördlich als der Galapagos-Pinguin. **Wo:** Isabela (S. 350), Fernandina (S. 357), Bartolomé (S. 358).

Stummelkormoran

Mit Ausnahme der Pinguine ist der Stummelkormoran der einzige flugunfähige Wasservogel weltweit. Es handelt sich um eine endemische Art, von der es nur noch ca. 700 Paare gibt. **Wo:** Fernandina (Punta Espinoza, S. 357), Isabela (Caleta Tagus, S. 352; Bahía Urbina, S. 352).

Reptilien

Riesige, prähistorisch anmutende Schildkröten und gefährlich aussehende Echsen
können an Land und auch im Wasser
beobachtet (z. B. beim Schnorcheln) und
fotografiert werden.

Riesenschildkröte

Das berühmteste Reptil des Archipels
ist die Riesenschildkröte oder auch
Galápagos (span. für „Sattel"); sie ist die
Namensgeberin der Inselgruppe und kann
über 150 Jahre alt werden. **Wo:** Santa
Cruz (Hochland, S. 332), Isabela (Bahía
Urbina, S. 352), San Cristóbal (Galapa-
guera, S. 344).

Galapagos-Landleguan

Drusenköpfe sehen gefährlich aus und
sind sehr groß, aber harmlose Vegetarier.
Die Männchen verteidigen ihr Revier
mit Kopfnüssen. **Wo:** Plaza Sur (S. 343),
Isabela (S. 353), Santa Cruz (Cerro
Dragón, S. 333), Fernandina (S. 357),
Baltra und Seymour Norte (S. 335).

Lavaechsen

Die am weitesten verbreitete Reptilien
auf den Inseln sind die verschiedenen
Lavaechsengattungen. Häufig sieht
man sie über Steine flitzen oder auf
dem Rücken von Leguanen hocken.
Wo: Überall.

Meerechse

Diese bemerkenswerte Echsenart ist die
einzige, deren Lebensräume Land und
Meer sind. Ihre Größe und Farbe ist
von Insel zu Insel unterschiedlich. Die
größten Tiere sind bis zu 1,5 m lang.
Wo: Überall.

Suppenschildkröte

Suppenschildkröten können bis zu 150 kg
schwer und 1 m lang werden. In ruhigen
Gewässern sieht man sie zum Luftholen
an der Wasseroberfläche. Schnorchler
berichten häufig von Begegnungen.
Wo: Santa Cruz (Caleta Tortuga Negra,
S. 333), Fernandina (Punta Espinoza,
S. 357), Santiago (Playa Espumilla, S. 357),
aber auch an anderen Stellen.

2

1. Riesenschildkröte 2. Galapagos-Landleguan
3. Suppenschildkröte 4. Lavaechse

ANDY ROUSE / GETTY IMAGES ®

4

REINHARD DIRSCHERL / GETTY IMAGES ®

1

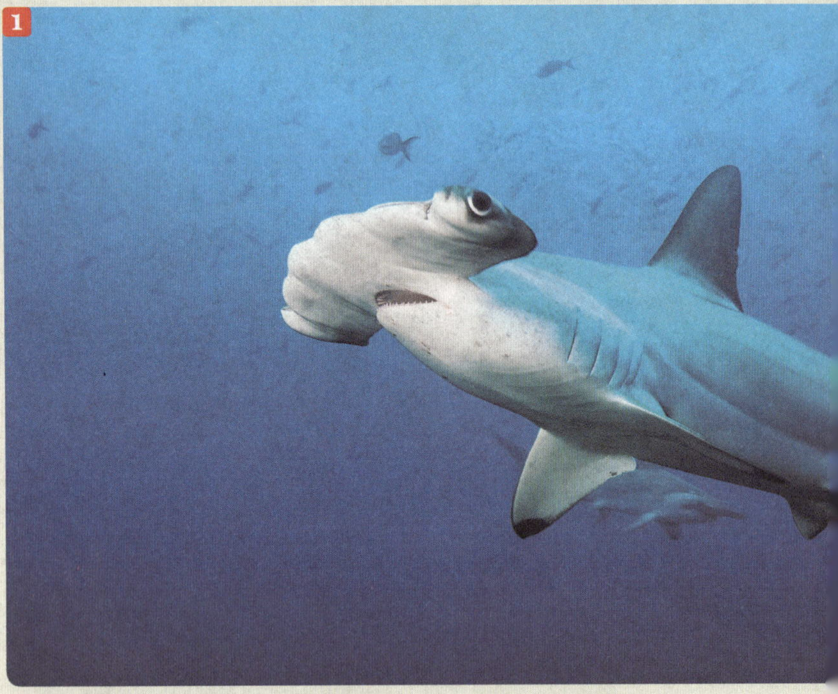

2

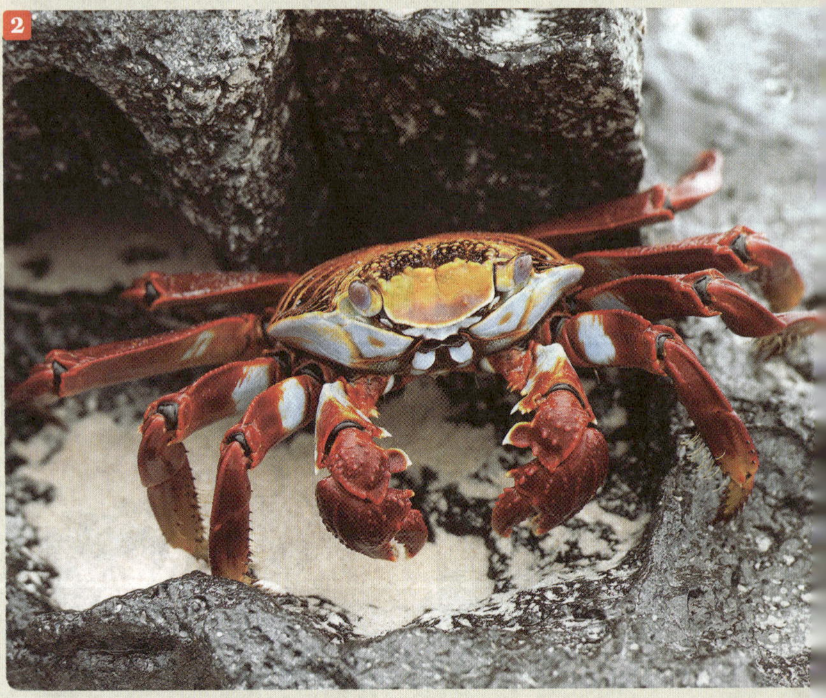

MICHELE WESTMORLAND / GETTY IMAGES ©

Unterwasser-welt

Der Archipel dient einer faszinierenden Vielfalt von Meeresbewohnern als Lebensraum, Zigtausenden von Arten aller Formen und Größen, u. a. 25 Delfin- und Walspezies und 400 Fischarten. Am berühmtesten sind der Galapagos-Seelöwe und der Galapagos-Seebär.

Tropische Fische

In den Gewässern rund um die Inseln leben mehr als 400 Fischspezies, bei etwa 50 von ihnen handelt es sich um endemische Arten. Beim Schnorcheln sieht man häufig Neon-Demoisellen, Engelfische, Gelbschwanz-Doktorfische, Wimpel-, Papagei- und Kugelfische. **Wo:** Überall.

Hammerhai

Gruppen dieser bizarr anmutenden Geschöpfe wird man auch zu sehen bekommen, wenn man nicht taucht (obwohl das den Effekt natürlich noch verstärkt). **Wo:** Seymour Norte (S. 335), Santa Cruz (Gordon Rocks, S. 335), Floreana (Corona del Diablo, S. 359), Santa Fé (S. 343), Genovesa (S. 362), Wolf (S. 363), Darwin (S. 363).

Rote Klippenkrabbe

Klippenkrabben gibt's en masse. Sie haben eine ausgefallene Färbung, hocken auf den Steinen sämtlicher Inseln und sind extrem agil: Sie springen von Stein zu Stein, und man hat den Eindruck, als könnten sie sogar auf dem Wasser laufen. **Wo:** Überall.

Mantarochen

Von den 15 hier heimischen Rochenarten ist der Manta der Größte – und einer der größten Fische überhaupt. Die Riesen unter ihnen haben eine Spannweite von 9 m, typischer sind aber 4 m. **Wo:** Canal Bolívar und andere tiefe Meeresgebiete.

1. Hammerhai **2.** Rote Klippenkrabbe **3.** Wimpelfische

Lebensräume

Der gesamte Archipel ist vulkanischen Ursprungs. Bei den Hauptinseln handelt es sich um die Gipfel riesiger Unterwasservulkane. In der (nach geologischen Maßstäben) kurzen Zeit seit Entstehung der Inseln haben sich die sterilen Lavaströme in komplexe Lebensräume verwandelt.

Küste

Die felsige Küste besteht aus erodierenden Lavaströmen. Hier fühlen sich Seelöwen, Meerechsen und Klippenkrabben wohl. In den Mangroven wird genistet und gebrütet. Außerdem dienen sie Vögeln, Seelöwen und Schildkröten als schattiger Rückzugsort.

Hochland

Die hohen Gipfel einiger der Inseln sind zu fruchtbaren vulkanischen Böden erodiert, und die Tropenvegetation ist dank gelegentlicher Regenfälle sehr üppig. Ein paar Pflanzenarten sind besonders faszinierend, z. B. die 15 m hohe Scalesie, deren Stamm und Zweige von Epiphyten wie Moosen, Farnen, Orchideen und Bromelien überzogen sind.

Trockengebiete

Die meisten Inseln sind von nährstoffarmen Vulkanböden bedeckt und Kakteen dominieren die umgebende Vegetation – kein besonders gastlicher Lebensraum, aber dennoch Heimat diverser Arten wie etwa des endemischen Lavakaktus', der seine Wurzeln in die Spalten kahler Lavaströme gräbt.

Meer

Strömungen transportieren das ganze Jahr über Nährstoffe in die Gewässer um die Inseln, und Plankton treibt auf der Wasseroberfläche – ein Festessen für die Fische, ihre Jäger (ein paar Stufen höher in der Nahrungskette) und die größten Tiere der Welt: die Wale.

....
1. Felsküste der Isla Santa Fé (S. 343) **2.** Hochland der Isla San Cristóbal (S. 343)

Ecuador verstehen

Ecuador aktuell

Ecuador, einst als wirtschaftlich hoffnungsloser Fall betrachtet, hat sich aufgerappelt und zu einem ökonomischen Erfolgsmodell Lateinamerikas entwickelt. Der Wirtschaftsaufschwung sorgte für Investitionen in neue Straßen, Krankenhäuser und Schulen sowie ins Sozialwesen. Viel ist Rafael Correa, dem charismatischen und populären Präsidenten des Landes, zu verdanken, aber zum neuen Wohlstand des Landes haben auch der hohe Ölpreis und Ecuadors gigantischer Öl- und Mineralreichtum beigetragen.

Bücher

The Farm on the River of Emeralds
(1978) Moritz Thomsens fesselnde
Memoiren über sein Leben an der
Küste Ecuadors.

Postlagernd Floreana (1961) Eine
Geschichte über Exzentriker und
schillernde Episoden auf den Galapagosinseln, von Margret Wittmer.

Unser kleines Stückchen Erde
(1934) Jorge Icazas Darstellung des
harten Lebens der indigenen Andenbewohner.

Krieger des Jaguars (1995) Witziger
und aufschlussreicher Bericht des
Kampfes der Huaorani gegen die Ölindustrie, von Joe Kane.

Der Alte, der Liebesromane las
(1992) Bewegende Geschichte von
Liebe und Verlust im ecuadorianischen Amazonien, vom chilenischen
Schriftsteller Luis Sepúlveda.

Film

Wie weit noch? (2006) Roadmovie
über zwei junge Frauen auf einer Reise
der Selbstfindung im Hochland der
Anden.

Entre Marx y una Mujer Desnuda
(1996) Porträt einer Gruppe junger
Intellektueller in Quito.

Ratas, Ratones, Rateros (1999)
Preisgekrönter Film über zwei Kleinkriminelle auf der Flucht in Quito und
Guayaquil.

Boomzeiten

Als „bürgerliche Revolution" bezeichnet Präsident Correa die großen Veränderungen, die über Ecuador hinweggefegt sind. Trotz dieser Übertreibung lässt sich der enorme Wohlstandszuwachs, den viele Bürger in der Regierungszeit Correas erlebten, kaum leugnen. Seit seinem Amtsantritt 2007 ist die Armutsrate dramatisch gesunken (von 45 % im Jahr 2006 auf 25 % im Jahr 2014), ebenso die Arbeitslosigkeit (auf unter 5 %), während die Gehälter gestiegen sind und die Inflation eingedämmt wurde. Die jährliche Wachstumsrate des Bruttoinlandsprodukts liegt bei beständigen 4 %. Unter Correa wurden die staatlichen Ausgaben für den öffentlichen Sektor nahezu verdoppelt (von 21 % im Jahr 2006 auf über 40 % im Jahr 2014), vor allem im Gesundheits- und Bildungswesen. Das Ergebnis: Die Kindersterblichkeit ging zurück und mit dem Bau neuer Schulen und Universitäten können mehr Schüler und Studenten als je zuvor Bildungseinrichtungen besuchen.

Im ganzen Land entstanden große Infrastrukturprojekte, darunter neue Wasserkraft-Talsperren, nagelneue Straßen und Brücken und der neue Flughafen von Quito. Weitere Vorhaben sind noch im Bau, wie ein 23 km langes U-Bahnnetz in Quito, das 2017 fertig sein soll (und rund 1,6 Mrd. US$ kostet), und ein neuer Flughafen für Guayaquil. Eines der ambitioniertesten Projekte des Landes ist der Bau des Universitäts- und Forschungskomplexes Yachay, ein weitläufiger Campus, der in der nördlichen Provinz Imbabura entsteht. Das Gelände, als „Stadt des Wissens" bezeichnet (*yachay* bedeutet „Wissen" auf Kichwa), hat etwa die Fläche von Atlantic City und soll zum wichtigen Zentrum für Wissenschaft, Technologie und Innovation werden – vielleicht das nächste Silicon Valley, wenn alles wie geplant läuft.

Angesichts all dieser Entwicklungen überrascht es nicht, dass Correa weithin populär ist. Mit einem Beliebtheitsgrad, der zwischen 60 % und 80 % schwankt, ist er einer der beliebtesten Regierungschefs Lateinamerikas und wohl der populärste Präsident in der Geschichte des Landes.

Schwarzes Gold

Und was finanzierte die öffentlichen Mehrausgaben? Es sind die weltweite Gier nach Öl und hohe Rohölpreise auf dem Weltmarkt. Ecuador besitzt ein besonders hohes Ölvorkommen und nach Venezuela und Brasilien die drittgrößten Ölreserven in Südamerika, die über 30 % der Staatseinnahmen und die Hälfte aller Exporterträge bestreiten.

Vor Correa floss ein großer Teil des Vermögens aus Ecuadors Ölreserven ins Ausland. Ein neues Gesetz änderte 2010 die Vertragsbedingungen mit multinationalen Konzernen und erhöhte die staatlichen Bruttoeinnahmen aus der Ölförderung von 13 % auf 87 %, was dem Staat jährlich weit über 800 Mio. US$ einbringt.

Das Öl hat zwar die Staatskasse gefüllt, brachte aber auch ökologische Gefahren mit sich. Im Parque Nacional Yasuní, einem unberührten Gebiet am Amazonas, ruht eines der größten Ölvorkommen Ecuadors – mutmaßlich 856 Mio. Barrel (mit einem Schätzwert von 7 Mrd. US$). Das Gebiet besitzt auch den größten Artenreichtum der Welt und ist der Lebensraum von isolierten indigenen Gruppen. Ersuchen von Umweltverbänden, ein Referendum zur Ölförderung im Nationalpark abzuhalten, wurden von der Regierung abgelehnt. Ende 2014 verkündete der Umweltminister, dass Bohrgenehmigungen unterzeichnet wurden und die Ölförderung bereits 2016 beginnen könne. Der Bau von Zugangsstraßen und Pipelines – ganz zu schweigen von möglichen Ölverschmutzungen – könnten für den Yasuní verheerend sein.

Interne Kämpfe

Angesichts solcher Kontroversen hat sich Correa im Lauf der Jahre einige Feinde gemacht. Seine Gegner charakterisieren ihn als halbautoritären Herrscher, der durch Ausweitung der präsidialen Macht, Einschränkung der Gerichtshoheit und Angriffe auf seine Widersacher die Demokratie untergraben habe. NGOs wie Human Rights Watch erwähnen auch seine umfassenden Befugnisse, mit denen er vermeintlichen Feinde mundtot machen kann. 2013 löste der Umweltminister die Pachamama-Stiftung auf (eine Nichtregierungsorganisation für Umweltschutz und Menschenrechte), und zwar mit der Anschuldigung, dass ihre Mitglieder an gewalttätigen Demonstrationen teilgenommen hätten. Im gleichen Jahr verabschiedeten Correas Parteigänger ein Mediengesetz, das Journalisten mit Strafanzeigen droht, wenn sie laut Aufsichtsbehörde nicht fair und ausgewogen berichten. Ende 2014 schließlich beriet das ecuadorianische Verfassungsgericht über einen Antrag von Correas Partei Alianza País, die Beschränkung der Amtszeit für alle gewählten Staatsdiener abzuschaffen. Das würde Correa ermöglichen, 2017 und auch später erneut für die Präsidentschaft zu kandidieren.

BEVÖLKERUNG: **15,7 MIO.**

WIRTSCHAFTS-WACHSTUM: **4 %**

BRUTTOSOZIALPRODUKT PRO KOPF: **10 600 US$**

ARBEITSLOSIGKEIT: **4,2 %**

ARMUT: **25 %**

ALPHABETISIERUNG: **92 %**

Gäbe es nur 100 Ecuadorianer, wären ...

65 Mestizen
25 südamerikanische Ureinwohner
7 Weiße europäischer Abstammung
3 Afro-Ecuadorianer

Religionszugehörigkeit
(% der Bevölkerung)

95 Katholiken
4.1 Protestanten
0.6 Atheisten und Sonstige
0.2 Indigene Religionen
0.1 Buddhisten

Einwohner pro km²

ECUADOR USA DEUTSCHLAND

≈ 58 Einwohner

Geschichte

Das Land aus Feuer und Eis kann auf eine wahrhaft bewegte Vergangenheit zurückblicken. Seit seiner Unabhängigkeit 1830 hat Ecuador fast 100 Regierungswechsel und 20 Verfassungen erlebt – die letzte stammt aus dem Jahre 2008. Verschärft werden die Unsicherheiten des Andenstaates durch Rivalitäten, intern (das konservative, von der Kirche getragene Quito gegen das liberale, weltliche Guayaquil) wie extern (Grenzstreitigkeiten mit Peru). Die unbesungenen Helden der ecuadorianischen Geschichte sind für Wissenschaftler die widerstandsfähigen indigenen Gruppen, Nachfahren einiger der großen Kulturen, die einst auf dem amerikanischen Kontinent blühten.

Die frühen Kulturen

In ihrer Blütezeit zählten die Inkas mehr als 12 Mio. Menschen auf einer Fläche von 1 Mio. km^2.

Die Mehrheit der indigenen Völker lebt heute im Hochland und im Oriente, vor dem Eintreffen der Spanier (und der Inkas) konzentrierten sich die meisten Völker jedoch entlang der Küste. Die Küstenkulturen La Tolita, Bahía, Manta, Valdivia und Machalilla sind für die ecuadorianische Identität von größter Bedeutung und stellen in vielerlei Hinsicht sogar die Inkas in den Schatten, die im heutigen Ecuador nur ein halbes Jahrhundert vor den Spaniern ankamen.

Es gilt als nahezu gesichert, dass Ecuador von Menschen bevölkert wurde, die von Brasilien aus gen Westen in die bewohnbaren Gegenden an der Küste zogen. Die erste sesshafte Kultur Ecuadors war die Valdivia-Kultur. Sie entstand vor mehr als 5500 Jahren auf der Halbinsel Santa Elena. Als eine der ältesten Kulturen in Amerika sind die Valdivia berühmt für ihre fein gearbeiteten Keramiken – insbesondere die Figuren der „Venus von Valdivia". Diese kleinen Frauenfiguren mit deutlich ausgeprägten Brüsten und Genitalien sind in den verschiedenen Stadien der Schwangerschaft und Niederkunft dargestellt und wurden höchstwahrscheinlich bei Fruchtbarkeitsritualen benutzt.

Die Valdivia-Kultur war zwar die erste Kultur in Ecuador, jedoch waren die Chorrera die am weitesten verbreitete und einflussreichste Gruppe in der sogenannten Gründungsperiode (4000–300 v. Chr.). Sowohl die Menschen der Chorrera- als auch der Machalilla-Kultur (die von 1500 bis 800 v. Chr. in Süd-Manabí und auf der Halbinsel Santa Elena lebten)

ZEITACHSE	3500 v. Chr.	800 n. Chr.	1463
	Die Valdivia siedeln entlang der Küste der Halbinsel Santa Elena. Es sind Fischer und Bauern, die Mais, Yucca, Bohnen, Kürbisse und Baumwolle anbauen und für ihre Töpferwaren berühmt sind.	Kulturen beginnen sich zu vermischen und werden zu größeren hierarchischen Gesellschaften. Hierzu gehören die Manteños, Huancavilcas und Caras an der Küste und die Quitus, Puruhá und Cañari in der Sierra.	Die Inkas beginnen unter der Herrschaft des Pachacútec Yupanqui mit der Eroberung Ecuadors. Sein Sohn Tupac leitet den Angriff und trifft dabei auf heftigen Widerstand.

sind für ihre deformierten Köpfe bekannt. Sie benutzten Steine, um ihre Schädel langsam länger und flacher zu formen – eine Art Statussymbol. Um ihr Aussehen noch weiter zu verschönern, zogen sie sich des Öfteren auch zwei Vorderzähne.

Ungefähr um 600 v. Chr. wurden die Gesellschaften vielschichtiger: Sie wurden von einer aus Schamanen und Kaufleuten bestehenden Elitekaste regiert, die hoch geschätzten Fernhandel betrieben. Hierzu gehörten die Kulturen Bahía, Jama-Coaque, Guangala und La Tolita an der Küste und die Panzaleo-Kultur im Hochland. Wahrscheinlich war die Panzaleo-Kultur die erste, die die Technik der *tzantza* (Schrumpf-köpfe) praktizierte, obwohl eigentlich die Shuar aus dem Süd-Oriente hierfür weitaus bekannter sind (sie übten diese Technik bis in die Mitte des 20. Jhs. aus).

Etwa 800 n. Chr. wurden die Kulturen langsam in größere, hierarchischere Gesellschaften integriert. Hierzu gehören die Manteños, Huancavilcas und Caras an der Küste, die Quitu (der die Stadt Quito ihren Namen verdankt) im nördlichen Hochland, die Puruhá aus dem zentralen Hochland und die Cañari aus der Gegend um das heutige Cuenca. Ungefähr am Ende des 1. Jhs. n. Chr. besiegten die expansionswütigen Cara an der Küste die friedliebenden Quitu im Hochland. Die so verschmolzenen Kulturen wurden zusammen als Quitu-Cara- oder Shyri-Zivilisation bekannt. Diese war bis etwa ins 14. Jh. hinein die treibende Kraft im ecuadorianischen Hochland, dann wurden die Puruhá aus dem zentralen Hochland immer mächtiger. Die dritte wichtige Kultur waren die Cañari weiter im Süden. Auf diese Kulturen trafen die Inkas, als sie begannen, sich in Richtung Norden auszubreiten.

Das Inkareich

Bis zum Anfang des 15. Jhs. konzentrierte sich das Inkareich rund um Cuzco in Peru. Das änderte sich unter der Herrschaft des Inkas Pachacutec Yupanqui dramatisch, dessen expansionistische Politik die Erschaffung des riesigen Inkaimperiums Tahuantinsuyo in Gang setzte. In Quechua bedeutet dieser Name „Land der vier Himmelsrichtungen". Als die Inka Ecuador erreichten, wo sie auf heftigen Widerstand trafen, war Tupac Yupanqui, Pachacútecs Nachfolger, ihr Herrscher.

Die Cañari verteidigten sich mit all ihrer Kraft gegen die Inkas, sodass Tupac Yupanqui mehrere Jahre brauchte, sie zu bezwingen, bevor er sein Augenmerk auf den Norden richten konnte. Dort erwartete ihn jedoch ein noch hartnäckigerer Widerstand. Einmal drängten die Cañari die Angreifer sogar zurück bis nach Saraguro.

Die Unterwerfung des Nordens dauerte viele Jahre. In dieser Zeit bekam der Inka Tupac einen Sohn mit einer Cañari-Prinzessin. Dieser Sohn, Huayna Capac, wuchs in Ecuador auf und folgte seinem Vater auf

Präkolumbische Attraktionen

Ingapirca, südliches Hochland

Museo Nacional, Quito

Museo Guayasamín, Quito

Museo del Banco Central „Pumapungo", Cuenca

GESCHICHTE DAS INKAREICH

Der Inkaherrscher Huayna Capac hatte noch einen dritten Sohn, Manco Capac. Er war der letzte Inkaherrscher. Unter seiner Herrschaft kam es zu den größten Aufständen gegen die Spanier. Er wurde von einem Spanier umgebracht, dessen Leben er zuvor gerettet hatte.

1500	1526	1532	1533
Tupacs Sohn Huayna Capac besiegt die Cañari (in der Gegend um das heutige Cuenca), die Cara (im Norden) und die Quitu (rund um das heutige Quito). Ecuador wird Teil des riesigen Inkareichs.	Der Inkaherrscher Huayna Capac stirbt unerwartet (wahrscheinlich an Pocken oder Masern) und vermacht das Inkareich seinen beiden Söhnen, Atahualpa und Huáscar. Ein erbitterter Kampf ist die Folge.	Der spanische Konquistador Francisco Pizarro trifft mit 180 Männern im heutigen Ecuador ein. Als er von den sagenhaften Inkareichtümern hört, beschließt er, das Land für die spanische Krone zu erobern.	Atahualpa wird von den Spaniern getötet und das Inkareich steht ohne Herrscher da. Pizarro zieht gen Süden nach Cuzco (im heutigen Peru) und plündert die einst großartige Hauptstadt von Tahuantinsuyo.

den Inkathron. Er reiste jahrelang durch sein Imperium – von Bolivien bis Ecuador – und musste überall Aufstände unterdrücken. Die blutigen Schlachten setzten sich fort. Die Inkas metzelten Tausende Cara nieder und warfen sie in der Nähe von Otavalo in einen See, dessen Wasser sich daraufhin rot gefärbt haben soll. Er wurde deshalb Laguna Yaguarcocha (Blutsee) genannt.

Wann immer möglich, stärkte Huyna Capac seine Stellung durch eine Eheschließung und bekam im Laufe der Zeit zwei Söhne: Atahualpa, der in Quito aufwuchs, und Huáscar, der in Cuzco groß gezogen wurde.

Als Huayna Capac 1526 starb, vermachte er sein Reich nicht nach alter Sitte einem Sohn, sondern beiden. Das Inkareich wurde erstmals geteilt – ein Ereignis, das verhängnisvollerweise mit dem rätselhaften Auftauchen einer Gruppe bärtiger Männer auf Pferden in der heutigen

DAS LEBEN UNTER DEN INKAS

Die Inkas trafen nur kurze Zeit vor ihrem Sturz durch die spanischen Konquistadoren in Ecuador ein. Ihre Anwesenheit sollte aber sich aber nachhaltig auf die indigene Bevölkerung auswirken. Landwirtschaft, soziale Strukturen und Landbesitz erfuhren erhebliche Veränderungen. Die Inkas führten neue Pflanzen – Kakao, Süßkartoffeln und Erdnüsse – und neue Anbaumethoden ein. Sie benutzten Lamas und bewässerten die Felder. Privater Landbesitz wurde abgeschafft. Das Land gehörte den neu geschaffenen Agrargemeinschaften *ayllu* gemeinsam. Jeder Familie wurde in der *ayllu* eine kleine Parzelle Ackerland zugewiesen. Staat und Hohepriester besaßen ansehnliche Grundstücke, auf denen die Untertanen des Kaisers den von ihnen verlangten Staatsdienst absolvieren mussten.

Das Inkareich war hoch organisiert. Es wurde die Sprache Quechua eingeführt, es wurden Steuern erhoben und ein umfassendes Straßennetz errichtet (das später mit verheerendem Erfolg von den berittenen Konquistadoren benutzt wurde). Neuigkeiten wurden durch ein System von Läufern übermittelt, wodurch sich wichtige Nachrichten innerhalb eines Tages über Hunderte Kilometer verbreiten konnten. Die Religion der Inka und mit ihr ein ganzes Pantheon voller Götter, u. a. Inti (der Sonnengott) und Viracocha (der Schöpfergott), verbreiteten sich. Von der einheimischen Bevölkerung wurde zwar verlangt, den Sonnengott anzubeten, ihr eigener Glaube wurde aber toleriert.

Die Wirtschaft basierte voll und ganz auf Landwirtschaft, vor allem Mais und Kartoffeln. Es wurden auch *cuy* (Meerschweinchen), Enten, Hunde, Lamas und Alpakas, deren Wolle zu Kleidungsstücken verarbeitet wurde, gezüchtet. Auch Baumwolle wurde angebaut.

Den Inkas gefiel es in Ecuador recht gut. Der Kaiser Huayna Capac machte Quito zur zweiten Hauptstadt des Inkareichs und lebte dort bis zu seinem Tod im Jahr 1526. Die Einheimischen wurden im Großen und Ganzen in Ruhe gelassen, solange sie ihren Tribut zahlten und seine Göttlichkeit anerkannten. Wer sich gegen ihn stellte, wurde in die äußersten Zipfel des Reiches verbannt und durch andere Kolonisten ersetzt. Die zwangsweise Migration der Menschen trug auch dazu bei, Quechua, die Sprache des Kaiserreichs, zu verbreiten.

1542	1563	1600	1690
Francisco de Orellana verbringt auf der Suche nach Gold acht Monate am Amazonas und wird der erste Europäer, der ihn in ganzer Länge befährt (anschaulich in Buddy Levys *River of Darkness* beschrieben).	Die Spanier erklären Ecuador zur Audiencia de Quito und der Regierungssitz in Lima, Peru, wird aufgehoben. Das Gebiet erstreckt sich von Cali (Kolumbien) bis nach Paita (Peru).	Die Escuela Quiteña entsteht – indigene Künstler und Kunsthandwerker stellen einige der schönsten religiösen Kunstwerke Amerikas her. In den nächsten 150 Jahren entstehen viele synkretische Meisterwerke.	In Ecuador wüten die Pocken und die Diphtherie, ein Drittel der Menschen sterben. Die indigene Bevölkerung (die zu Zeiten der Eroberung auf 1 Mio. Menschen geschätzt wird) nimmt dramatisch ab.

Provinz Esmeraldas zusammenfiel. Die ersten Spanier waren in Ecuador angekommen. Unter der Leitung von Bartolomé Ruiz de Andrade zogen sie für Francisco Pizarro auf eine Erkundungsmission Richtung Süden. Pizarro selbst blieb vorerst im Norden.

Allmählich nahm die Rivalität zwischen den beiden Söhnen von Huayna Capac zu und mündete schließlich in einem Bürgerkrieg. Nach mehreren Jahren des Kampfes besiegte Atahualpa seinen Bruder Huáscar in der Nähe von Ambato und war der alleinige Herrscher eines geschwächten und noch immer geteilten Inkareichs, als Pizarro 1532 mit dem Ziel ins Land kam, es zu erobern.

Die spanische Eroberung

Pizarros Vorstoß war schnell und dramatisch. Seine berittenen, gepanzerten, mit Kanonen schießenden Konquistadoren wurden für gottgleich gehalten, und obwohl es nicht viele waren, verbreiteten sie doch Terror unter den Einheimischen. Ende 1532 wurde ein Gipfeltreffen zwischen Pizarro und Atahualpa arrangiert. Atahualpa war bereit, mit den Spaniern zu verhandeln, Pizarro hingegen hatte andere Vorstellungen. Als Atahualpa am 16. November am vereinbarten Treffpunkt (Cajamarca in Peru) ankam, wurde er von den Konquistadoren gefangen genommen, und die meisten seiner schlecht bewaffneten Wachmänner wurden niedergemetzelt.

Atahualpa wurde gegen Lösegeld als Geisel gehalten und unermessliche Mengen Gold, Silber und andere Wertsachen flossen nach Cajamarca. Statt aber den Inka nach der Zahlung des Lösegeldes freizulassen, wurde er vor ein fingiertes Gericht gestellt und zum Tode verurteilt. Atahualpa wurde der Inzucht (Ehen unter Geschwistern waren in der Inkakultur Tradition), der Vielweiberei, der Verehrung falscher Götter und des Verbrechens gegen den König beschuldigt. Am 29. August 1533 wurde er schließlich hingerichtet. Sein Tod bedeutete das Ende für das Inkareich.

Zum Zeitpunkt von Atahualpas Hinrichtung war sein Heerführer Rumiñahui vermutlich gerade mit dem Lösegeld – Gold und Schätze en masse – auf dem Weg nach Cajamarca. Der Legende nach soll Rumiñahui, als er von Atahualpas Tod hörte, den Schatz in den unzugänglichen Bergen des heutigen Parque Nacional Llanganates versteckt haben. Er wurde aber nie gefunden.

Rumiñahui kämpfte dann noch zwei weitere Jahre gegen die Spanier. Der General war so gnadenlos, dass er der Legende nach einen spanischen Kollaborateur (und möglichen Thronfolger von Atahualpa) tötete, indem er ihm alle Knochen einzeln in kleine Stücke brach, sie durch ein Loch im Körper entfernte und ihn – Kopf und Gliedmaßen waren noch intakt – durch eine Walze langzog. Als Pizarros Leutnant, Sebastián de Benalcázar, sich Ende 1534 seinen Weg nach Quito gebahnt hatte, war die Stadt bereits von Rumiñahui dem Erdboden gleichgemacht worden.

Inkas & Konquistadoren: Bücher

The Conquest of the Incas (1973), John Hemming

River of Darkness: Francisco Orellana's Legendary Voyage of Death and Discovery Down the Amazon (2011), Buddy Levy

The Last Days of the Incas (2007), Kim MacQuarrie

GESCHICHTE DIE SPANISCHE EROBERUNG

Der von Bartolomé de Las Casas im 16. Jh. geschriebene *Kurzgefasste Bericht von der Verwüstung der Westindischen Länder* ist eine scharfe, lesenswerte Beschreibung darüber, wie die Spanier die indigene Bevölkerung in der Kolonialzeit misshandelten.

1767	1790	1791	1822
König Karl III. vertreibt die Jesuiten aus dem spanischen Königreich. Missionen im Oriente werden verlassen, einige der besten Schulen und Haziendas des kolonialen Ecuadors gehen zugrunde.	Nach 100 Jahren wirtschaftlichen Missmanagements durch Spanien befindet sich die ecuadorianische Wirtschaft in einer schweren Krise. Die Städte liegen in Trümmern und selbst die Elite leidet an Armut.	Der Vordenker der Unabhängigkeit, Eugenio de Santa Cruz y Espejo, wird Leiter der „patriotischen Gesellschaft", die die Lebensumstände verbessern will. Seine Schriften bringen ihn ins Gefängnis, wo er 1795 stirbt.	Zwei Jahre nach der Unabhängigkeitserklärung Guayaquils besiegt Antonio José de Sucre die spanischen Royalisten in der Schlacht von Pichincha. Ecuador wird Teil Großkolumbiens.

Rumiñahui hatte es vorgezogen, die Stadt zu zerstören, statt sie in die Hände der Konquistadoren fallen zu lassen. Quito wurde am 6. Dezember 1534 neu gegründet, Rumiñahui wurde schließlich gefangen genommen, gefoltert und im Januar 1535 hingerichtet.

Obwohl die Inkas nur kurze Zeit (knapp über 100 Jahre) in Ecuador waren, haben sie ein unauslöschliches Erbe hinterlassen. Die Bevölkerung musste Quechua (Kichwa in Ecuador) sprechen, eine Sprache, die noch heute von einem Viertel aller Ecuadorianer gesprochen wird. Die Inka bauten ein ansehnliches Straßennetz und verbanden so Cuzco im Süden mit Quito im Norden. Auf einem Teil der „Königsstraße" – des Inkawegs nach Ingapirca – kann man noch heute entlangwandern. Ingapirca selbst ist Ecuadors bedeutendste archäologische Inkastätte mit hervorragenden Beispielen von den mörtellosen Mauern der Inkas.

Die Kolonialzeit

Nach 1535 verlief die Kolonialzeit ohne größere Aufstände der indigenen Ecuadorianer. 1540 machte Francisco Pizarro seinen Bruder Gonzalo zum Gouverneur von Quito.

Während der ersten Jahrhunderte der Kolonialherrschaft war Lima in Peru der Regierungssitz von Ecuador. Ecuador war ursprünglich eine *gobernación* (Provinz) und wurde 1563 zur Audiencia de Quito (ein politisch bedeutenderer Bezirk). Sie gehörte zunächst zum Vizekönigreich Peru und wurde 1739 dann dem Vizekönigreich Kolumbien zugeführt (das damals Nueva Granada hieß).

Ecuador blieb während dieser Zeit eine friedvolle Kolonie, in der Landwirtschaft und Künste florierten. Neue Produkte wie Rinder und Bananen, die auch noch für das moderne Ecuador von heute wichtig sind, wurden durch die Europäer eingeführt. Auf jedem heiligen Fleck der indigenen Kultur wurden Kirchen und Klöster gebaut und mit einzigartigen Schnitzereien und Malereien verziert, die spanische und indigene Einflüsse verbanden. Die sogenannte Escuela Quiteña (Quito-Schule) wird noch heute von den Besuchern Ecuadors bewundert. Sie hat sowohl die Kolonialgebäude dieser Zeit als auch Ecuadors einzigartige Kunstgeschichte stark geprägt.

Die Kolonialherren führten ein angenehmes Leben, aber die indigenen Bewohner (und später auch die *mestizos*, Menschen mit spanischen und indigenen Wurzeln) wurden miserabel behandelt. Zwangsarbeit wurde nicht nur geduldet, sondern auch gefördert. Und so überrascht es nicht, dass die indigenen Gruppen im 18. Jh. mehrere Aufstände gegen die spanischen herrschenden Klassen anzettelten. Soziale Unruhen und die Einführung von Kakao- und Zuckerplantagen im Nordwesten führten dazu, dass Grundbesitzer afrikanische Arbeitssklaven importierten. Ein Großteil der reichen afro-ecuadorianischen Kultur, die man heute in der Provinz Esmeraldas findet, stammt aus dieser Zeit.

Koloniale Meisterwerke

La Compañía de Jesús, Quito

Monasterio de San Francisco, Quito

Haziendas an der Laguna de San Pablo, nördliches Hochland

El Sagrario („alte Kathedrale"), Cuenca

Numa Pompilio Llona, Guayaquil

1830
Ecuador verlässt Großkolumbien und wird unabhängig. Honoratioren aus Quito erstellen eine Verfassung und General Flores wird eingesetzt, um sich um militärische und politische Angelegenheiten zu kümmern.

1835
Der junge Naturforscher Charles Darwin verbringt fünf Wochen mit der Erforschung der Galapagosinseln – was sich später für seine bahnbrechende Evolutionstheorie als ausschlaggebend erweisen sollte.

1851
General José Maria Urbina befreit die Sklaven des Landes. Sein Nachfolger, General Francisco Robles, beendet die seit 300 Jahren bestehende jährliche Abgabepflicht der indigenen Bevölkerung.

1859
García Moreno kommt an die Macht. Er wird von seinen Gegnern zwar als Diktator bezeichnet, trägt aber stark zur Bildung, zum Gemeinwohl und zur wirtschaftlichen Entwicklung bei. 1875 wird er ermordet.

MYTHOS AMAZONAS

Eines der bedeutendsten Ereignisse der frühen Kolonialzeit war die unglaubliche Reise von Francisco de Orellana entlang des Río Napo. Orellana machte sich im Dezember 1541 auf die Suche nach Essbarem für die hungrigen Männer von Gonzalo Pizarro, die mit viel Mühen die Cordillera Oriental überquert hatten. Als Orellana aber den dichten, üppig grünen Urwald am Flussufer sah, geriet seine ursprüngliche Mission schnell ins Vergessen und er begann, nach Gold zu suchen. In dieser Zeit sprachen die spanischen Konquistadoren von legendären, verlassenen Goldstädten, und Orellana wollte unbedingt El Dorado finden. „Nachdem wir unsere Schuhe und Sattel mit einigen Kräutern gekocht und verzehrt hatten", schrieb Orellana, „machten wir uns auf den Weg zum Königreich des Goldes". Es war eine zermürbende Reise, die der Hälfte seiner Kameraden das Leben kosten sollte.

Am 5. Juni 1542, etwa fünf Monate nachdem sie Segel gesetzt hatten, erreichten Orellanas Schiffe einen großen, mit vielen geschnitzten „grimmigen Löwen" (wahrscheinlich Jaguare) geschmückten Ort. Einer der Dorfbewohner sagte, dass die Schnitzereien die Stammesherrin und ihren Herrscher darstellen würden. Als sein Schiff später aufs Heftigste angegriffen wurde (nachdem seine eigenen Männer andere Siedlungen am Fluss überfallen hatten), war Orellana davon überzeugt, dass diese Attacke von Kriegerinnen ausging. Er nannte den Fluss daraufhin nach den Amazonen, den mythischen Kriegerinnen im antiken Griechenland. Als er nach etwa acht Monaten den Atlantik erreichte, hatte er die Suche nach Gold aufgegeben. Er war der erste Europäer, der den ganzen Amazonas entlang gereist war – eine Meisterleistung, die sich in den nächsten 100 Jahren nicht wiederholen sollte. Dieses Ereignis wird in Ecuador alljährlich am 12. Februar mit dem Aniversario del Descubrimiento del Río Amazonas (Entdeckung des Amazonas) gefeiert.

Unabhängigkeit

Der erste ernsthafte Versuch, sich von den Spaniern zu befreien, fand am 10. August 1809 statt. Er wurde von einer von Juan Pío Montúfar angeführten Partisanengruppe unternommen. Sie konnte Quito einnehmen und eine Regierung einsetzen, aber die königstreuen Truppen erlangten innerhalb von nur 24 Tagen die Kontrolle zurück.

Unabhängig wurde das Land schließlich durch den venezolanischen Befreier Simón Bolívar, der von Caracas aus Richtung Süden zog, 1819 Kolumbien befreite und die Bewohner von Guayaquil unterstützte, als sie am 9. Oktober 1820 ihre Unabhängigkeit erklärten. Es dauerte jedoch weitere zwei Jahre, bis Ecuador sich endgültig von der spanischen Herrschaft befreien konnte. Die entscheidende Schlacht fand am 24. Mai 1822 statt, als einer der besten Offiziere Bolívars, Mariscal (Feldmarschall) Antonio José de Sucre, die Royalisten bei Pichincha besiegte und Quito einnahm. An die Schlacht von Pichincha erinnert ein phantastisch gelegenes Denkmal am Volcán Pichincha mit Blick über die Hauptstadt.

1890	1895	1920	1930er-Jahre
Kakao belebt die Wirtschaft – die Produktion steigt von 6,5 Mio. kg im Jahr 1852 auf 18 Mio. kg im Jahr 1890. Ecuadors Exporte wachsen in der gleichen Zeit von 1 Mio. auf 10 Mio. US$.	José Eloy Alfaro Delgado kommt an die Macht. Als Verteidiger des Liberalismus entzieht er der Kirche die Macht, legalisiert zivilrechtliche Ehen und Scheidungen und begründet die Rede- und Religionsfreiheit.	Wirtschaftsprobleme legen Ecuador lahm. Pilzbefall und sinkende Nachfrage vernichten die Kakaobranche. Die Arbeiter protestieren gegen rasende Inflation und sinkenden Lebensstandard. Streiks werden brutal unterdrückt.	Nach den Reformen Ende der 1920er-Jahre (z. B. Pensionen für Staatsangestellte) kommt es zum Crash der Wirtschaft. Die Arbeitslosigkeit schnellt in die Höhe, politische Instabilität erschüttert die Regierung.

Bolívar träumte von einem vereinten Südamerika und verschmolz Venezuela, Kolumbien und Ecuador zum unabhängigen Staat Großkolumbien (Gran Colombia). Aber schon nach acht Jahren war der Traum ausgeträumt, und 1830 erlangte Ecuador die vollständige Unabhängigkeit. Im selben Jahr wurde ein Vertrag mit Peru unterzeichnet, der die Grenze zwischen den beiden Nationen festlegte. Diese Grenze ist auf allen ecuadorianischen Karten eingezeichnet, die vor 1999 gedruckt wurden. Nach einem Krieg zwischen Ecuador und Peru wurde 1942 die Grenze neu gezogen. Sie wurde von den ecuadorianischen Behörden aber erst mit Unterzeichnung des Friedensvertrags mit Peru Ende 1998 anerkannt.

DIE ESCUELA QUITEÑA

Als die Spanier das heutige Ecuador kolonisierten, wurde die religiöse Bekehrung zum Schlüssel für die Unterwerfung der indigenen Bevölkerung und für die Neuauflage der Neuen Welt als Abbild der Alten. Das erfolgreichste Werkzeug der Bekehrung war die Kunst, deren machtvolle Bildersprache und visuelle Darstellung der katholischen Kirche seit Langem als Mittel diente, um Gläubige zu gewinnen. Zuerst wurden Skulpturen und Gemälde aus Spanien eingeführt. Ab Mitte des 16. Jhs. richtete die Kirche dann aber Zünfte und Werkstätten ein, in denen indigene Künstler ausgebildet wurden. Diese Werkstätten brachten eines der bedeutendsten Kunstgenres Lateinamerikas hervor: die Escuela Quiteña, die Quito-Schule.

Die Schönheit der Escuela Quiteña liegt in ihrer faszinierenden Mischung aus indigenen Konzepten und Stilen mit europäischen Kunstformen. Glaube und künstlerische Traditionen der Kunsthandwerker schlichen sich in ihre Arbeiten ein. Wer sich die Gemälde in Quitos vielen Museen und Kirchen genauer ansieht, wird viele nichteuropäische Motive erkennen: Christus, der ein *cuy* (gebratenes Meerschweinchen) verspeist, oder die zwölf Apostel, deren Abendmahl aus *humitas* (einer Art Maiskloß) besteht. Religiöse Figuren werden häufig mit dunklerer Hautfarbe oder stärkerem Körperbau dargestellt – beides steht für indigene Ecuadorianer. Die Decken der Kirchen sind mit Sonnenmotiven und astrologischen Symbolen verziert, die an maurische Muster erinnern.

Die Escuela Quiteña wurde durch ihre herausragende Realitätstreue bekannt. Im 18. Jh. benutzten die Künstler für ihre Skulpturen Glasaugen sowie echte Haare und Wimpern. Sie setzten bewegliche Gelenke ein und legten winzige Spiegel in den Mund, die Speichel imitieren sollten; berühmt wurde ihre gekonnte polychrome Malerei (die Anwendung mehrfacher Farben). Einige Skulpturen, vor allem die des Bildhauers Manuel Chili (Spitzname „Caspicara") aus dem 18. Jh., sind so realistisch, dass sie fast lebendig wirken. Namhafte Maler der Escuela Quiteña sind u. a. Miguel de Santiago, Manuel Samaniego, Nicolás Goríbar und Bernardo Rodríguez.

Nachdem 1822 Quito von Spanien unabhängig wurde, verlor die religiöse Kunst der Escuela Quiteña sowohl ihre Kraft als auch ihre Notwendigkeit. Heute können Caspicaras Werke in Quito im Monasterio San Francisco und im Museo Nacional bewundert werden.

1941	1948	1948–1952	1955
Wegen umstrittener Amazonasgebiete marschiert Peru mit 13 000 Mann in Ecuador ein. Nach dem Friedensschluss tritt Ecuador fast die Hälfte seines Territoriums ab, erkennt die Grenzen aber nicht an.	Galo Plaza wird Präsident, eine Ära des Fortschritts und Wohlstands beginnt. Die Inflation nimmt ab, der Haushalt wird saniert und es wird in Schulen, Straßen und sonstige Infrastruktur investiert.	Eine Krankheit bedroht die Plantagen Mittelamerikas. Ecuador wird einer der größten Bananenproduzenten der Erde. Die Exporte steigen zwischen 1948 und 1952 von 2 auf 20 Mio. US$.	Ecuadorianische Beamte beschlagnahmen zwei US-amerikanische Fischereiboote und werfen ihnen vor, in der 200-Seemeilen-Zone Ecuadors gefischt zu haben – der Beginn der „Thunfischkriege".

Politische Entwicklung

Nach der Unabhängigkeit von Spanien kam es in Ecuador zu ausufern-
den politischen Kämpfen zwischen Liberalen und Konservativen. Die
Feindseligkeiten eskalierten oft in Gewalt. 1875 wurde der von der Kirche
unterstützte konservative Diktator, Präsident García Moreno (der den
Katholizismus zur Voraussetzung für die ecuadorianische Staatsangehö-
rigkeit machen wollte), vor Quitos Präsidentenpalast mit einer Machete
zerstückelt. 1912 wurde der liberale Präsident Eloy Alfaro, der versuchte,
einen Großteil des Erbes von García Moreno rückgängig zu machen, in
Quito von einem konservativen Mob getötet und verbrannt. Die Rivalitäten zwischen diesen Gruppen bestehen noch heute, wenngleich weniger
gewalttätig. Quito ist noch immer Hochburg der kirchentreuen Konservativen, Guayaquil ist seit Jahrhunderten liberaler und manchmal auch
sozialistisch angehaucht.

   Ecuadors Politik war auch im 20. Jh. größtenteils unbeständig, aber
es gab zu keiner Zeit Blutvergießen oder brutale Militärdiktaturen wie in
anderen lateinamerikanischen Ländern. Das will aber nicht heißen, dass
das Militär nie die Zügel in der Hand hatte – im 20. Jh. war das Militär
genauso lange an der Macht wie die Zivilregierung. Präsident José María
Velasco Ibarra wurde zwischen 1934 und 1972 fünfmal gewählt, wurde
aber jedes Mal vor Ablauf seiner Amtszeit vom Militär abgesetzt. Ibarra war nicht der Einzige, dem dieses Schicksal widerfuhr: In den zehn
Jahren zwischen 1930 und 1940 versuchten 17 Präsidenten Ecuador zu
regieren, keiner von ihnen hielt seine Amtszeit durch.

Gelbes und schwarzes Gold

Bis in die 1970er-Jahre war Ecuador im wahrsten Sinne des Wortes eine
„Bananenrepublik" – denn die Banane war das einzige wirklich wichtige
Exportgut. Ecuador exportierte mehr Bananen als jedes andere Land
der Welt. Bananen sind zwar immer noch das Hauptprodukt der ecuadorianischen Wirtschaft, sie bekamen aber eine starke Konkurrenz, als
1967 im Oriente Öl gefunden wurde. 1973 standen die Ölexporte an erster Stelle und Anfang der 1980er-Jahre waren sie für mehr als die Hälfte
aller Exporterlöse des Landes verantwortlich. Das Öl hatte zweifellos
einen Wirtschaftsboom zur Folge, jedoch behaupten linke Politiker, im
Bündnis mit Vertretergruppen für die Rechte der indigenen Bevölkerung, dass sich ein Großteil des Reichtums noch immer in den Händen
einiger weniger befindet und dass die meisten keinen Nutzen davon
haben. Das zeigt auch die Statistik: Die Mehrheit der Landbevölkerung
hat bestenfalls den gleichen Lebensstandard wie in den 1970er-Jahren,
für viele ist er seitdem sogar gesunken.

   Nach Entdeckung des Öls nahm Ecuador Kredite auf, im Vertrauen darauf, dass die Profite aus dem Ölexport für die Tilgung der Auslandsschul-

Wissenschafts-
und Geschichts-
fans sowie all
jene, die gern
gute (wahre)
Abenteuer-
geschichten
lesen, werden von
Larrie D. Ferreiros
Werk *Measure
of the Earth: The
Enlightenment
Expedition That
Reshaped Our
World* (2011)
begeistert sein.
Darin beschreibt
er die faszinieren-
de Wissenschafts-
expedition von Eu-
ropäern, die sich
im 18. Jh. auf den
Weg nach Quito
machten, um
die wahre Form
unseres Planeten
zu bestimmen.

1959	1970er-Jahre	1978	1992
Die Galapagosinseln werden zum ersten Nationalpark Ecuadors, 97 % des Archipels stehen unter Natur-schutz. 1979 erklärt die Unesco die Inseln zur Welterbestätte.	Nach der Entdeckung von Erdöl im Oriente durchlebt Ecuador starke Veränderungen. Der Staatshaushalt, die Exporte und das Pro-Kopf-Einkommen steigen um 500 % und es entsteht eine kleine Mittelklasse.	Ecuador betrauert den Tod seines berühm-testen Sängers Julio Jaramillo, der während seiner Karriere Tau-sende Lieder aufnahm. An seiner Beerdigung nehmen über 250 000 Menschen teil.	Tausende indigener Protestler, die für eine Landreform kämpfen, demonstrieren in Quito am 500. Jahrestag der Landung Kolumbus'. In den folgenden Ver-handlungen erhalten sie über 1 Mio. ha Land in Amazonien.

den reichen würden. Dies erwies sich aber aufgrund des starken Rückgangs der ecuadorianischen Ölexporte Mitte der 1980er-Jahre als Irrtum. 1986 fielen die Erdölpreise weltweit, und 1987 zerstörte ein verheerendes Erdbeben etwa 40 km einer Ölpipeline. Es kam nicht nur die Umwelt zu Schaden, auch die Wirtschaft litt unter den Auswirkungen. Die Entdeckung von Öl führte auch dazu, dass immense Gebiete des ecuadorianischen Amazonasbeckens für Probebohrungen freigegeben wurden. Darunter litten sowohl der Regenwald als auch die dort lebenden indigenen Stämme, von denen einige noch nie Fremde gesehen hatten.

Ecuadors Wirtschaft basiert noch immer hauptsächlich auf Öl, obwohl die Vorkommen nicht so groß wie erwartet sind. Auch das blinde Vertrauen in Erdölgewinne hat sich zuletzt (2014) verheerend auf die Wirtschaft ausgewirkt, als der Weltölpreis kräftig sank.

Rückkehr zur Demokratie

Die 1980er- und frühen 1990er-Jahre waren ein ständiger Kampf zwischen Konservativen und Liberalen. Außerdem gab es Korruptionsskandale, die das Vertrauen der Bevölkerung in die herrschende Klasse schwächten. Die Kandidaten in der Wahl von 1996 waren zwei hitzköpfige Politiker aus Guayaquil, die für ihre Unverfrorenheit bekannt waren. Der Sieger, Abdala Bucaram, wurde auch „El Loco" (Der Verrückte) genannt. Diesen Spitznamen verdankt er seiner feurigen, mit Flüchen gespickten Art zu reden und seiner Vorliebe, während des Wahlkampfs auf Rockkonzerten aufzutreten. Bucaram versprach bezahlbare Wohnungen, niedrigere Grundnahrungsmittelpreise und kostenlose medizinische Versorgung. Aber stattdessen wertete er die ecuadorianische Währung, den Sucre, ab und erhöhte die Lebenshaltungskosten. Auch wurde er des Öfteren beim Feiern in Quitos Nachtclubs gesehen.

In nur wenigen Monaten legten Streiks, zu denen die Gewerkschaften und die Confederación de Nacionalidades Indígenas del Ecuador (CONAIE; Bündnis der indigenen Nationalitäten Ecuadors) aufgerufen hatten, das Land lahm. Der Kongress erklärte Bucaram für „geistig unfähig" und entließ ihn aus seinem Präsidentenamt. Bucaram floh nach Panama.

Nach Bucarams Rausschmiss bekleidete erstmals eine Frau dieses Amt. Seine Vizepräsidentin, Rosalía Arteaga, konnte sich aber kaum zwei Tage als Präsidentin Ecuadors behaupten. Der Kongress stimmte mit überwältigender Mehrheit für den Kongressvorsitzenden Fabián Alarcón. Er stand bis 1998 an der Spitze der Regierung. Dann wurde der *quiteño* Jamil Mahuad von der Demokratischen Volkspartei zum Präsidenten gewählt.

Mahuads politisches Geschick wurde sofort auf die Probe gestellt. Die verheerenden Folgen von El Niño und der schwächelnde Ölmarkt in den Jahren 1997 und 1998 brachten die Wirtschaft 1999 ins Trudeln. Im gleichen Jahr sanken die Garnelenexporte aufgrund einer verheerenden

Der Ex-Präsident Abdala Bucaram (alias Der Verrückte) nahm eine CD auf mit dem Titel *El Loco Que Ama (Ein Verrückter, der liebt)*. Auf dem Cover dieser CD mit 18 Stücken ist er mit Präsidentenschärpe und Chaplin-Schnurrbart abgebildet.

1995	1995	2000	2008
Ecuador und Peru haben einen weiteren Grenzstreit, 400 Menschen sterben. 1998 beendet ein Friedensvertrag die Feindseligkeiten und beide Seiten bemühen sich, die unzähligen Landminen zu beseitigen.	Bau der ergreifenden Capilla del Hombre in Quito. Sie enthält die Werke des größten Malers Ecuadors, Oswaldo Guayasamín, und ist den Menschen Lateinamerikas gewidmet.	Wegen der starken Inflation und der Staatsschulden ersetzt Ecuador den Sucre (die Landeswährung) durch den US-Dollar. Die Wirtschaft erholt sich leicht, trotzdem rutschen viele Ecuadorianer in die Armut ab.	Die Ecuadorianer beschließen eine neue Verfassung. Der Präsident erhält mehr Macht, das Budget für Sozialleistungen wird erhöht, und die Rechte der *indígenas* und der Umweltschutz bekommen Verfassungsrang.

Krankheit dieser Tiere um 80 %. Als die Inflationsrate in Ecuador 60 % erreichte und somit die höchste in ganz Lateinamerika war, ergriff der unter Druck stehende Präsident drastische Maßnahmen: Das Überleben der ecuadorianischen Wirtschaft hing seiner Meinung nach von der Dollarisierung ab. Durch diesen Prozess sollte die instabile Währung Ecuadors durch den US-Dollar ausgetauscht werden.

Dollarisierung

Die Dollarisierung war in einigen wenigen ums Überleben kämpfenden Ländern, u. a. im nahe gelegenen Panama (wo der Dollar Balboa genannt wird), erfolgreich. Als Präsident Mahuad aber seinen Plan vorstellte, die nationale Währung abzuschaffen, kam es zu Streiks, Protesten und Straßensperren. Am 21. Januar 2000 legten Demos die Hauptstadt lahm. Die Protestierenden besetzten das Parlamentsgebäude und zwangen Mahuad zum Rücktritt.

Ihre Anführer waren Antonio Vargas, Oberst Lucio Gutiérrez und der ehemalige Präsident des Obersten Gerichtshofs, Carlos Solorzano, die ein kurzes Führungstrio bildeten. Zwei Tage später – und hauptsächlich aufgrund des internationalen Drucks, der auf den ersten Militärputsch in Lateinamerika in 20 Jahren folgte – übergab das Dreiergespann dem Vizepräsidenten Gustavo Noboa das Präsidentenamt. Noboa setzte die Dollarisierung fort, und im September 2000 wurde der US-Dollar die offizielle Landeswährung. Nur ein Jahr zuvor kostete ein Dollar 6000 Sucre. Im Inflationsjahr 2000 mussten die Menschen dann für einen Dollar 25 000 Sucre hinblättern. Die Verluste waren enorm.

Das 21. Jahrhundert

Zusammen mit dem Dollar führte Noboa Sparmaßnahmen ein, um vom Internationalen Währungsfond (IWF) und anderen internationalen Geldgebern eine Zwei-Milliarden-Dollar-Spritze zu bekommen. Ende 2000 schossen die Preise für Benzin und Brennstoff zum Kochen (hauptsächlich als Folge der Dollarisierung) in die Höhe, und das neue Jahr war von Streiks und Protesten der Gewerkschaften und indigenen Gruppen geprägt. Die Wirtschaft stabilisierte sich schließlich, und Noboa verließ sein Amt unter einigermaßen freundlichen Umständen.

Nach Noboa wurde der Ex-Putschist Lucio Gutiérrez im Jahre 2002 zum Präsidenten gewählt. Er hatte zwar ein populistisches Programm versprochen, aber stattdessen führte er Sparmaßnamen ein, um die erheblichen Schulden des Landes in den Griff zu bekommen. In der Hauptstadt kam es zu Protesten, und 2005 wählte der Kongress Gutiérrez mit überwältigender Mehrheit ab (der dritte ecuadorianische Präsident, der innerhalb von acht Jahren gestürzt wurde) und ersetzte ihn durch seinen Vizepräsidenten Alfredo Palacio.

O. Hugo Benavides' Werk *Making Ecuadorian Histories: Four Centuries of Defining Power* ist eine hervorragende wissenschaftliche Untersuchung über Staatenbildung, Bevölkerungsgruppen und Sexualität in Bezug auf die Schaltstellen der Macht in Ecuador.

GESCHICHTE DOLLARISIERUNG

2010	2011	2014	2014
Ein neues Gesetz erweitert die staatliche Kontrolle über die Ölindustrie. Es besagt, dass das im Land produzierte Erdöl und Erdgas zu 100 % Eigentum Ecuadors ist.	Nach einem 18-jährigen Gerichtsverfahren wird der Erdölgigant Chevron verdonnert, 18 Mrd. US$ zu zahlen. Damit sollen die Ölverschmutzungen im Nordosten des Oriente beseitigt werden. Chevron legt Berufung ein.	Ölbohrungen im Nationalpark Yasuní werden genehmigt. Neue Straßen, Bauarbeiten und die Gefahr von Ölverschmutzung bedrohen dieses artenreiche Naturschutzgebiet.	Für über 280 Mio. US$ wird das Eisenbahnnetz Ecuadors saniert. Touristenzüge befahren nun spektakuläre Strecken zwischen Quito und Guayaquil.

John Perkins behauptet in seinem Insider-Bericht *Bekenntnisse eines Economic Hitman – Unterwegs im Dienst der Wirtschaftsmafia*, die US-Regierung habe eine entscheidende Rolle dabei gespielt, dass Ecuador enorme Entwicklungskredite aufnahm und lukrative Projekte an US-amerikanische Unternehmen vergab.

Palacio, ein Newcomer auf der politischen Bildfläche, bezeichnete sich selbst als „einfachen Arzt". Er richtete sein Augenmerk schnell auf die sozialen Probleme, die sein Vorgänger vernachlässigt hatte. Um Gesundheits- und Bildungsprogramme zu finanzieren und die Wirtschaft wieder auf Vordermann zu bringen, kündigte Palacio an, dass er die Erdölprofite, die eigentlich für die Tilgung der Auslandsschulden gedacht waren, umverteilen würde. Bei diesem Vorhaben war Rafael Correa, ein in den USA ausgebildeter Ökonom, ein wichtiger Partner. Er wurde Palacios Finanzminister, setzte später nach seiner Wahl zum Präsidenten im Jahr 2006 noch rigorosere Sozialreformen durch und konnte so seine Macht festigen.

Correa beschreibt sich selbst als Humanisten, glühenden, linken Katholiken und Verfechter eines Sozialismus des 21. Jhs. Seit seiner Amtsübernahme leitete er etliche groß angelegte Veränderungen ein. 2008 schuf eine neue, durch ein Referendum abgesegnete Verfassung die Grundlage für eine neue Sozialpolitik: Die Ausgaben für das Gesundheitswesen und die Armen wurden erhöht, indigenen Gruppen mehr Rechte verliehen, neue Umweltschutzmaßnahmen bewilligt und sogar homosexuellen Paaren erlaubt, eingetragene Partnerschaften einzugehen.

Ecuador hat seit 2006 die Sozialausgaben verdoppelt: 8,5 Mrd. US$ flossen in das Bildungswesen und über 5 Mrd. US$ in die Gesundheitsfürsorge. Mehr als 5000 km Straßen wurden gebaut oder instandgesetzt. Ein neues Behindertenprogramm hat 300 000 Menschen unterstützt und die Ärmsten erhalten nun eine monatliche Vergütung. Die Armutsquote sank zwischen 2006 und 2011 um 9 %. Auch die ecuadorianische Mittelschicht profitierte von solchen Programmen wie einer Eigenheimzulage für Erstkäufer in Höhe von 5000 US$.

Eines der größten Angriffsziele Correas war die Ölindustrie: Er forderte höhere Steuern für Öleinkünfte, die den Armen Ecuadors zugutekommen sollten, und beschuldigte ausländische Ölkonzerne in Ecuador, sich nicht an die geltenden Umweltschutzbestimmungen zu halten. Auch kritisierte er seinen Vorgänger Mahuad für die Einführung des US-Dollars als Landeswährung und deutete an, dass Ecuador zum Sucre zurückkehren werde, sobald es ökonomisch machbar sei (in jüngerer Zeit konzentrierte sich Correa auf die Schaffung einer digitalen Währung). Seine Anhänger begrüßen Correas Fürsorge für die Armen und seine Konzentration auf wirtschaftliche Reformen.

Kritiker indes beschreiben Correa als eine Möchtegern-Version des verstorbenen Hugo Chávez, Venezuelas umstrittenen linken Präsidenten, der Großbetriebe wie die Telekommunikation verstaatlichte und versuchte, Präsident auf Lebenszeit zu bleiben (nach einem Referendum in Venezuela, das die Begrenzung der Amtszeit für Regierungsbeamte aufhob). Andere behaupten, dass Correa seine Versprechen brach, die Umwelt zu schützen, insbesondere durch die Bekanntgabe, dass im Parque Nacional Yasuní, einer Region am Amazonas mit einer überwältigenden Artenvielfalt, nach Öl gebohrt werden wird.

Die indigenen Völker Ecuadors

Ecuadors indigene Bevölkerung setzt sich aus verschiedenen Gruppierungen zusammen und besteht aus fast 4 Mio. Menschen; das sind etwa 25% der Ecuadorianer (weitere 65% der Bevölkerung sind Mestizen mit indigenen und europäischen Vorfahren). Es gibt mehr als ein Dutzend unterschiedliche Gruppen in Ecuador, die etwa 20 verschiedene Sprachen sprechen. Die eingeborenen Völker Ecuadors litten während der europäischen Kolonialzeit schwer unter Diskriminierung und Misshandlung. Die heutigen Gruppen sehen sich ebenfalls beängstigenden Problemen gegenüber, vor allem durch den Landverlust aufgrund von Abholzung.

Heutige Probleme

Die indigenen Völker Ecuadors werden seit Jahrhunderten diskriminiert und stehen weiterhin am unteren Rand der Sozialstruktur Ecuadors. Es ist bekannt, dass die Mitglieder dieser Unterschicht meist arm und weniger gebildet sind und weniger Zugang zu medizinischer Grundversorgung haben. Nach einem Bericht der Weltbank sind 87% der Urbevölkerung Ecuadors arm; im ländlich geprägten Hochland sind es sogar 96%. Erschwerend kommt hinzu, dass Ölbohrungen, Bergbau und Abholzung zu einer umfassenden Vertreibung indigener Gruppen oder zur Verschmutzung ihrer Umgebung geführt haben – die Verurteilung von Texaco (das jetzt Chevron gehört) zu 18 Mrd. US$ Schadensersatz wegen fortgesetzter Verunreinigung des Amazonas mit Ölrückständen ist nur ein Beispiel.

Trotz der Schwierigkeiten haben die *indígenas* Fortschritte an der politischen Front gemacht. Mit Demonstrationen und Volksaufständen hat die Confederación de Nacionalidades Indígenas del Ecuador (CONAIE) für größere Autonomie und Landreformen gekämpft und dabei besonders dagegen protestiert, dass Land der indigenen Völker an multinationale Konzerne übereignet wird. Seit ihrer Gründung in den 1980er-Jahren hat die politische Macht der CONAIE zugenommen und die Regierung einige Zugeständnisse gemacht – 1992 wurden indigenen Gruppen 16 000 km² Land zugesprochen, und in der neuen Verfassung von 2008 erhielten sie größere Autonomie und Anerkennung.

Kichwa

Zur größten ethnischen Gruppe, den Kichwa, gehören weit über 2 Mio. Menschen. Sie leben sowohl in der Sierra als auch am Amazonas und unterscheiden sich beträchtlich in ihren Sitten und Lebensstilen. In den Bergen leben sie auf kleinen Parzellen mit Ackerland, züchten Schafe und Rinder, und ihre fein gewebten Textilien sind eine wichtige Einnahmequelle.

Eine der bekanntesten Gruppierungen in der Kichwa-Gemeinschaft sind die Otavaleños. Wie andere Ureinwohner auch haben sie eine einzigartige Bekleidung, die sie von anderen Gruppen unterscheidet. Bei den Männern besteht sie aus einem blauen Poncho, einem weichen Filzhut, wadenlangen weißen Strümpfen und einem *shimba* (ein geflochtener Zopf, der fast bis zur Taille reicht). Das Haar auf diese Art zu tragen,

Einsichten in die Bräuche und die Kosmologie der Shuar gibt *Spirit of the Shuar* (2001) von John Perkins und Shakaim Chumpi. Mithilfe von Interviews mit Mitgliedern des Amazonas-Stammes erforscht Perkins die Kriegerkultur der Shuar, ihre Heilkunst, sexuellen Praktiken, spirituellen Glaubensvorstellungen und die Herausforderungen angesichts eines rasanten Fortschritts der Moderne.

LIEBE & KRIEG BEI DEN SHUAR

Die Shuar, eine der am besten erforschten Gruppen im Amazonasgebiet, waren früher als „Kopfjäger" gefürchtet und galten als grimmige Krieger – tatsächlich wurden sie von den Spaniern nie besiegt. Bis zur Mitte des 20. Jhs. waren sie berühmt für den aufwendigen Prozess des *tzantza*, mit dem sie die Köpfe ihrer getöteten Feinde schrumpften. Die Shuar glaubten, *muisak* (die Seele) des Opfers bliebe im Inneren des Kopfes, und den *tzantza* zu behalten, brächte dem Krieger Glück und besänftigte die Geister der Ahnen.

Männer der Shuar nehmen eine oder zwei Frauen, und die Mädchen werden oft schon zwischen zwölf und 14 Jahren verheiratet. Anders als in manch anderen Gesellschaften sind die Frauen in der Ehe autonom: Wenn sie mit ihren Ehemännern nicht zufrieden sind, können sie diese verlassen und zu ihren Familien zurückkehren. Die Männer können dagegen ihre Frauen nicht verlassen (wer davonläuft, wird von der Familie der Frau zurückgeholt!). Neben der Ehe haben manche Shuar Liebhaber oder Geliebte, was vom Ehepartner geduldet werden kann oder auch nicht. Ältere Ehefrauen nehmen es manchmal auf sich, junge, unverheiratete Männer in die Kunst der körperlichen Liebe einzuführen. Mehrere Partner zu haben, wird nicht unbedingt missbilligt. Trotzdem sind Missverständnisse nicht selten, und so manche blutige, lang anhaltende Familienfehde hat ihre Ursachen in Seitensprüngen.

stammt wahrscheinlich aus Vor-Inka-Zeiten und hat eine lange, tief verwurzelte Tradition. Die Bekleidung der Frauen kommt von allem, was in den Anden getragen wird, der Inkatracht wohl am nächsten. Weiße Blusen, blaue Röcke, Umhänge und Schmuck dienen dazu, ihre ethnische Zugehörigkeit nach außen zu zeigen.

Huaorani

Die Huaorani sind ein Amazonasstamm, der im Oriente zwischen dem Río Napo und dem Río Curaray lebt. Die Menschen sind von kleiner Gestalt (die Männer sind durchschnittlich 1,50 m groß). Die Huaorani haben nicht mehr als 4000 Mitglieder und bleiben eine der isoliertesten indigenen Gruppen Ecuadors. Sie haben den Ruf, Krieger zu sein und ihr Territorium gegenüber Außenstehenden zu verteidigen, seien es nun rivalisierende Stämme oder Ölsucher. Sie haben eine komplexe Kosmologie – die keinen Unterschied macht zwischen der materiellen und der spirituellen Welt – und ein tiefgehendes Verständnis für den Regenwald, in dem sie ihre Medizin, Gifte zur Verteidigung und Halluzinogene für ihre spirituellen Riten anbauen. Manche nennen sie immer noch Auca, was in der Sprache der Kichwa „Wilde" bedeutet. Die Huaorani finden das äußerst beleidigend.

Ein eher ungewöhnlicher Führer in der Amazonasregion ist der über 50-jährige „Gringo Chief" Randy Borman. Als Sohn amerikanischer Missionare, die im Amazonasgebiet lebten, wurde er einer der einflussreichsten Anführer der Cofáns. Er spricht makelloses Cofán und hat dem Stamm geholfen, bedeutende Landkonzessionen zu gewinnen.

Shuar

Bis in die 1950er-Jahre hinein waren die Shuar, die im Amazonastiefland leben, eine Gesellschaft männlicher Jäger und weiblicher Gärtner. Um ihre Kultur und ihre Ländereien zu erhalten, gründeten die Shuar (die heute 40 000 Menschen zählen) 1964 das erste ethnische Bündnis in Ecuador und dem Amazonasgebiet. Traditionell waren sie Halbnomaden, die im kleinen Rahmen Brandrodung betrieben, Feldfrüchte anbauten (wie Maniok und Süßkartoffeln) und weiterzogen, bevor der Boden ausgelaugt war. Wie andere Gruppen Amazoniens verabreichen auch die Schamanen der Shuar *ayahuasca,* einen psychoaktiven Aufguss, mit dem sich bei spirituellen Übungen höhere Bewusstseinsstufen erreichen lassen.

Chachi

Die Chachi lebten ursprünglich im Hochland Ecuadors, flohen jedoch infolge der Eroberungszüge von Inkas und Spaniern zur Pazifikküste (der heutigen Provinz Esmeraldas). Die etwa 4000 Menschen leben in

Hütten aus Palmwedeln, reisen mit dem Kanu durch eine wasserreiche Landschaft und pflanzen Kakao und tropische Früchte an. Sie sind hochqualifizierte Kunsthandwerker und besonders bekannt für ihre Hängematten.

Cofán

Die etwa 1200 Cofán leben im Grenzgebiet zwischen Ecuador und Kolumbien im Nordosten, etwa die Hälfte in Ecuador. Wie andere Amazonas-Stämme mussten sie einen erheblichen Verlust ihres Landes und eine Verschlechterung ihrer natürlichen Umwelt hinnehmen, zum großen Teil wegen der Ölförderung. In den letzten Jahren haben sie aber eine erfolgreiche Kampagne für Landrechte geführt und kontrollieren derzeit 4000 km² Regenwald (das hört sich nach viel an, ist jedoch nur ein Bruchteil der 30 000 km², die ihnen ursprünglich gehörten).

Kunst & Musik

Die Poncho tragenden, Flöte spielenden Musiker aus den Anden sind in so ziemlich jeder größeren Stadt der Welt anzutreffen. Die musikalischen und künstlerischen Traditionen dieses kulturell reichen Landes sind aber sehr viel komplexer. Hier warten phantastische Kolonialarchitektur, beeindruckende Kunstwerke von gefeierten ecuadorianischen Malern und ein reicher Schatz von Volksliedern, die auf die afrikanischen und indigenen Wurzeln des Landes zurückgreifen.

Architektur

In Sachen Kolonialarchitektur ragen zwei Städte haushoch über den Rest des Landes heraus: Quito und Cuenca. Beide haben so umwerfende historische Stadtkerne, dass sie zum Weltkulturerbe der Unesco erklärt wurden (Quito 1978 und Cuenca 1999). Die Kirchen von Quito gehören zu den prächtigsten und spektakulärsten Kolonialbauten ganz Südamerikas. Viele Kirchen Quitos belegen mit ihren auffallenden maurischen Einflüssen, dem Mudéjar-Stil, dass Spanien jahrhundertelang von den Mauren beherrscht wurde.

Zahlreiche Kirchen in Quito wurden auf heiligen indigenen Stätten errichtet und fügen somit der kulturellen Vermischung einen weiteren Aspekt hinzu. Die Gesamterscheinung der kolonialen Kirchen der Stadt ist überwältigend ornamental und von fast erdrückender Opulenz.

Die Häuser der Mittel- und Oberschicht der Kolonialzeit waren hingegen elegant und einfach. In der Regel hatten sie weiß gestrichene Mauern und rote Ziegeldächer sowie oft Zimmer mit Veranden um einen Innenhof. Viele Häuser waren zweistöckig, wobei der obere Stock reich geschmückte Holzbalkone mit filigran geschnitzten Balustraden besaß. Cuenca ist ein Musterbeispiel für diesen Architekturstil.

Die Filmbiografie *Ruisenor de America* (1996) fängt die Brillanz und Dekadenz der lateinamerikanischen Musiklegende Julio Jaramillo phantastisch ein. In seiner über 20-jährigen Karriere nahm er mehr als 4000 Songs auf, lebte ein von Alkohol geprägtes, unkonventionelles Leben und hinterließ zahlreiche Liebhaberinnen (und Dutzende von unehelichen Kindern).

Malerei & Bildhauerei

Der bedeutendste künstlerische Beitrag Ecuadors ist die Escuela Quiteña (S. 392), die ihren Zenith zwischen 1600 und 1765 erreichte. Das 19. Jh. war durch die Republikanische Periode geprägt, deren beliebteste Motive Helden der Revolution, blühende Landschaften und wichtige Mitglieder der Oberschicht der jungen Republik waren.

Im 20. Jh. entwickelte sich die *indigenista*-Bewegung, angeführt von indigenen Künstlern, deren Thema die Unterdrückung und Beschwerlichkeiten der indigenen Bewohner Ecuadors war. Vorreiter dieser Bewegung war Camilo Egas (1899–1962), der zusammen mit dem Maler Eduardo Kingman (1913–1998) die moderne ecuadorianische Kunst international bekannt machte. Der berühmteste *indigenista*-Maler des Landes ist jedoch Oswaldo Guayasamín (1919–1999), dessen eindringliche und bewegende Werke sich um Themen wie Folter, Armut und Verlust drehen. Seine Bilder hängen in Galerien der ganzen Welt, doch der beste Ort, um sein Werk zu sehen, ist zweifellos Quito.

Keine Diskussion über ecuadorianische Malerei ist jedoch vollständig, ohne *tigua* zu erwähnen, ein komplexer, farbenfroher Malstil, der meist indigene Gruppen der Anden abbildet. Der wichtigste Vertreter dieser Kunstform ist der international bekannte Alfredo Toaquiza.

Literatur

Es gibt zwar mehrere nennenswerte Schriftsteller in Ecuador, aber keiner ist außerhalb des Landes ein Begriff. Juan Montalvo (1832–1889) war ein erfolgreicher Essayist aus Ambato, der häufig die diktatorischen Politiker seiner Zeit angriff. Sein bekanntestes Werk ist das Buch *Siete Tratados* („Sieben Abhandlungen", 1882), das einen Vergleich zwischen Simón Bolívar und George Washington enthält. Juan León Mera (1832–1894), ebenfalls aus Ambato, ist für seinen Roman *Cumandá* (1891) berühmt, der das indigene Leben im 19. Jh. beschreibt.

Der vielleicht bekannteste ecuadorianische Schriftsteller des 20. Jhs. ist der *quiteño* Jorge Icaza (1906–1979), der zutiefst von der *indigenista*-Bewegung beeinflusst war. Sein berühmtester Roman *Huasipungo* (1934; 1955 übersetzt als *Huasipungo. Unser kleines Stückchen Erde*) ist eine brutale Geschichte über indigene Ecuadorianer, die Beschlagnahmung ihres Landes und das grausame Massaker an jenen, die sich widersetzten.

Música Folklórica

Eine der bekanntesten Melodien der *música folklórica* (traditionelle Musik) ist Simon and Garfunkels Version von *El Cóndor Pasa* (*If I Could*). Sie war schon lange eine klassische Andenmelodie, als sie von dem beliebten Duo ins Repertoire aufgenommen wurde (komponiert hat sie 1913 der Peruaner Daniel Alomía Robles).

Typisch für solche Anden-Songs sind gehaucht-schwermütig klingende Panflöten, die in Ecuador *rondador* heißen. Sie bestehen aus einer einzigen Reihe Bambuspfeifen mit pentatonischer (Fünfton-) Tonleiter und werden als Nationalinstrument Ecuadors angesehen. Die *rondador* unterscheidet sich von den anderen in den Anden benutzten Instrumenten wie die aus zwei Rohrreihen bestehende *zampoña* (die ihren Ursprung im Hochland rund um den Titicaca-See hat) sowie die *quena* und die *pingullo* (große und kleine Bambusflöte). Ein weiteres traditionelles Musikinstrument ist die *charango,* ein an eine Mandoline erinnerndes Instrument mit zehn Saiten und einem Resonanzkörper, der ursprünglich aus dem Panzer eines Gürteltiers bestand.

Pasillo

Wer an Ecuador denkt, hat wohl zuerst *folklórica* im Sinn. Die beliebteste Musik hier ist aber *pasillo,* der seine Wurzeln im Walzer hat. *Pasillo* wurde schon im 19. Jh. gespielt, als Ecuador (zusammen mit Kolumbien, Venezuela und Panama) ein Teil von Großkolumbien war. Die ergreifenden Lieder mit ihren melancholischen Melodien handeln oft von Enttäuschungen, vergangener Liebe und unstillbarer Sehnsucht nach der guten alten Zeit, seltener von der Schönheit der ecuadorianischen Landschaft (oder der Ecuadorianerinnen), der Tapferkeit der ecuadorianischen Männer (*pasillo* war im ecuadorianischen Unabhängigkeitskrieg recht beliebt) oder dem Charme der Städte und Orte.

Die berühmteste *pasillo*-Stimme ist die von Julio Jaramillo, der liebevoll „JJ" (auf Spanisch *jota jota*) genannt wird. Der attraktive, 1935 geborene Sänger aus Guayaquil machte dieses Genre mit seinen gefühlvollen Liedern in ganz Lateinamerika populär. Leider starb er nach einem ausschweifenden Leben schon mit 42 Jahren (an Leberzirrhose). Er verschied als Legende, und mehr als 250 000 Trauernde erwiesen ihm das letzte Geleit. Jaramillos Version von *Guayaquil de Mis Amores* ist ein Loblied auf diese Stadt, das mit Sicherheit jeden, der längere Zeit dort gelebt hat, mit Sehnsucht erfüllt.

KUNST & MUSIK LITERATUR

Songs

A Mi Lindo Ecuador – Pueblo Nuevo

Algo Así – Fausto Miño

Andarele – Grupo Bambuco

Ayayay! – Tomback

Caderona – Papá Rincón

Codominio de Cartón – Rocola Bacalao

De Mis Manos – Manolo Criollo

Homenaje a Mis Viejos – Raíces Negras

Afro-ecuadorianische Musik

Der Nordwesten Ecuadors, vor allem die Provinz Esmeraldas, ist das Zentrum der afro-ecuadorianischen Bevölkerung. Hier – und in afro-kolumbianischen Gemeinden im benachbarten Kolumbien – unterscheidet sich die traditionelle Musik deutlich von der in anderen Teilen Ecuadors.

Das wichtigste Instrument ist die *marimba* (ein Schlaginstrument ähnlich einem Xylofon, aber mit Holzklangstäben), die helle, weiche Töne hervorbringt. Sie wird begleitet von der einer Congatrommel ähnelnden *cunuco,* der größeren *bomba* (große Schaffelltrommel) und der einer Maraca ähnelnden *guasá.* Die einfachen Chor-Arrangements werden von westafrikanischen Rhythmen untermalt. Oft wird die Musik von traditionellen Tänzen wie dem stilisierten *bambuco* begleitet.

Auch im Chota-Tal im Norden gibt es eine afro-ecuadorianische Gemeinde, die einzige ihrer Art im Hochland. Dort ist die Musik eine Mischung aus indigenen Elementen (u.a. Panflöten) und afrikanischen Rhythmen – sie heißt *bomba* nach der großen Trommel, die für die harten Beats verantwortlich ist.

Eine der sehr populären afro-ecuadorianischen Musik- und Tanzgruppen ist Azúcar, die ihren Namen ihren auf Zuckerrohrplantagen arbeitenden Urahnen verdankt. Die tanzbare Musik der Grupo Bambuco aus Esmeraldas erhält durch zusätzliche Bläser einen besonderen Drive.

Weitere Musikstile

In den letzten 200 Jahren florierten zahlreiche musikalische Mischformen in Ecuador und es entstanden neue Genres aus traditionellen spanischen Stilen und indigenen Einflüssen.

Der *sanjuanito* (was so viel wie „kleiner hl. Johannes" bedeutet) ist ein beschwingter Tanz- und Musikstil mit traditionellen Rhythmen und Instrumenten aus den Anden (aber auch er hat einen Touch Melancholie). Sein Ursprung liegt in religiösen Feierlichkeiten des 24. Juni. Dieser Tag ist sowohl für Katholiken (Johannistag) als auch für die indigene Bevölkerung (das Inti Raymi bzw. das Sonnenfest für die Inkas) von Bedeutung.

Anfang des 20. Jhs. entstand der *pasacalle,* ein entfernter Verwandter des spanischen *pasodoble,* eine Art Marschmusik, die vorwiegend bei Stierkämpfen gespielt wird. Auch die ecuadorianische Variante ist flott und hat dramatische Elemente sowie einen klaren Zweivierteltakt.

Wenn es in diesem Andenland eine unvermeidliche Musikform gibt, so ist es *cumbia.* Ihr Rhythmus erinnert an ein dreibeiniges trottendes Pferd. Ursprünglich stammt *cumbia* aus Kolumbien; die ecuadorianische Version klingt rauer (fast amateurhaft) und melancholisch und wird von einem elektronischen Keyboard dominiert. Busfahrer lieben diese Musik, vielleicht weil sie die Fahrten über die Nebenstraßen der Anden so seltsam schön untermalt (und hoffentlich den Fahrer wach hält).

In den Clubs ist der aus der Karibik stammende *reggaetón* (eine Mischung aus puerto-ricanischem *bomba,* Dancehall und Hip-Hop) mit seinen eindringlichen Melodien und flotten Texten sehr beliebt. Im Radio und in den Clubs im ganzen Land ist auch oft Salsa, Merengue und *rock en español* (Latin Rock) zu hören.

Eine gute Einführung in die ecuadorianische Literatur ist *Diez Cuentistas Ecuatorianos* (1990), eine Anthologie mit Kurzgeschichten von zehn ecuadorianischen Schriftstellern, die in den 1940er-Jahren geboren wurden. Die Geschichten sind auf Spanisch mit englischer Übersetzung geschrieben.

Weitere Songs

*Inti Raymi –
Faccha Huayras*

*Light It Up –
Esto Es Eso*

*Luz de Mi Vida –
Jayac*

*Ñuca Llacta –
Ñanda Mañanchi*

*Soy El Hombre –
Azúcar*

*Super Girla –
Sudakaya*

*Te Odio y Te
Quiero –
Julio Jaramillo*

Natur & Umwelt

Trotz seiner geringen Ausdehnung besitzt Ecuador eine der vielfältigsten Landschaften der Welt. Das Land von der ungefähren Größe Großbritanniens umfasst die Berge der Anden, Regen- und Nebelwälder des Amazonas und nicht zu vergessen jene spektakulären Vulkaninseln 1000 km vor der Küste. In solch unterschiedlichen geografischen Gegebenheiten birgt Ecuador eine außerordentlich reichhaltige Tierwelt. Vom winzigen Erzfischer bis zum majestätischen Jaguar lebt hier eine umwerfende Menagerie aus allen möglichen Kreaturen.

Geografie

Ecuador erstreckt sich entlang der südamerikanischen Pazifikküste auf beiden Seiten des Äquators und grenzt im Norden an Kolumbien und im Süden und Osten an Peru. Das Land lässt sich in drei Regionen unterteilen: Die Anden bilden das Rückgrat Ecuadors, das Küstentiefland liegt westlich der Berge und der Oriente im Osten besteht aus den Dschungeln des oberen Amazonasbeckens.

In nur 200 km Vogelfluglinie geht es von der Küste hinauf zu schneebedeckten Bergen und wieder hinab in den Dschungel im Ostteil des Landes. Die Galapagosinseln liegen am Äquator 1000 km westlich der ecuadorianischen Küste und bilden eine der 21 Provinzen des Landes.

Die Anden (in Ecuador Hochland genannt) ragen hoch über die Landschaft empor, mit dem 6310 m hohen Volcán Chimborazo als höchstem Gipfel Ecuadors. Das zentrale Hochland umfasst zwei parallel verlaufende vulkanische Gebirgsketten, die jeweils etwa 400 km lang sind. Der deutsche Entdecker Alexander von Humboldt, der das Land 1802 besuchte, taufte das zwischen ihnen eingebettete Tal passenderweise „Straße der Vulkane". Quito liegt in diesem Tal und ist mit 2850 m nach La Paz in Bolivien die am zweithöchsten gelegene Hauptstadt der Welt. Im zentralen Hochland liegen auch zahlreiche Ortschaften und winzige Dörfer, die für die Märkte und Fiestas der *indígenas* bekannt sind. In dieser Region ist die Bevölkerungsdichte landesweit am höchsten.

Das Küstentiefland im Westen war einst stark bewaldet, aber die Ausweitung der Landwirtschaft führte dazu, dass die Wälder durch Obstplantagen ersetzt und die Mangroven für die Aufzucht von Garnelen abgeholzt wurden. Die Strände sind ganzjährig mit warmem Wasser gesegnet, und es gibt gute Surf-Möglichkeiten. Allerdings können die Strände hier nicht mit denen in der Karibik mithalten.

Im Tiefland des Oriente im Osten existiert immer noch ein großer Teil des unberührten Regenwaldes, aber Kolonisierung und Ölbohrungen haben dem empfindlichen Lebensraum geschadet. Die Bevölkerung des Oriente hat sich seit den späten 1970er-Jahren mehr als verdreifacht.

Als Kalmen bezeichnen Seeleute den windstillen Gürtel um den Äquator. Er entsteht durch die intensive Erwärmung entlang des Äquators, die dazu führt, dass die Luft eher nach oben steigt, als zu strömen, was für Segelschiffe fatale Folgen hat.

Tiere & Pflanzen

Ökologen haben Ecuador als einen der weltweiten „Hotspots der Mega-Artenvielfalt" ausgezeichnet. Die winzige Nation gehört zu den Ländern der Erde mit dem größten Artenreichtum. Die erstaunliche Artenvielfalt Ecuadors ergibt sich aus der großen Anzahl von Lebensräumen

NATUR & UMWELT TIERE & PFLANZEN

innerhalb seiner Landesgrenzen mit einer erstaunlich unterschiedlichen Fauna in den Anden, den tropischen Regenwäldern, den Küstenregionen und den zahlreichen Übergangsgebieten. Daraus geht eine Fülle von Biotopen, Ökosystemen sowie Tieren und Pflanzen hervor.

Vögel

Vogelbeobachter aus der ganzen Welt strömen aus einem einfachen Grund nach Ecuador: Das Land ist die Heimat von fast 1600 Vogelspezies – das sind doppelt so viele wie auf dem europäischen und nordamerikanischen Kontinent zusammen! Eine genaue Zahl kann nicht genannt werden, da häufig Arten gemeldet werden, die zuvor noch nicht beobachtet wurden, und ab und zu sogar eine neue Art entdeckt wird – ein unglaublich seltenes Ereignis in der Vogelwelt. Die Vögel können das ganze Jahr über hervorragend beobachtet werden, und jeder Teil des Landes bietet einzigartige Biotope.

Viele Besucher finden es am reizvollsten, die winzigen Kolibris, die überall in Ecuador zu finden sind, zu beobachten. Etwa 120 Arten wurden bisher in Ecuador gefunden, und ihre herausragende Schönheit geht mit extravaganten Namen einher, wie etwa Grünschwanz-Goldkehlchen, Glanzelfe, Braunbauch-Brillant und Amethystsonnennymphe.

Säugetiere

Etwa 300 Säugetierarten sind in Ecuador dokumentiert. Die Bandbreite reicht von Affen im Amazonastiefland bis zu den seltenen Brillen- oder Andenbären im Hochland.

Von allen Säugetieren sind Affen für viele am unterhaltsamsten zu beobachten. Zu den ecuadorianischen Arten gehören Brüllaffen, Klammeraffen, Wollaffen, Springaffen, Kapuzineraffen, Totenkopfäffchen, Tamarine und Marmosetten. Unter den Orten, in denen man sie am besten

Das exzellente zweibändige (aber unhandliche) Werk *The Birds of Ecuador* von Robert Ridgely und Paul Greenfield ist das kompetenteste Arbeit zur Vogelbeobachtung überhaupt. Ein praktischerer Naturführer ist das (viel schmalere) *Fieldbook of the Birds of Ecuador* von Miles McMullan und Lelis Navarrete.

FEIN & GEFIEDERT: ECUADORS BERÜHMTE VÖGEL

In den einzig- und verschiedenartigen Lebensräumen Ecuadors sind erstaunlich viele große und kleine Vogelarten beheimatet. Zu den ewigen Favoriten gehören u. a. folgende Arten:

➜ **Andenkondor** Mit seiner Flügelspannweite von 3 m ist der Wappenvogel von Ecuador einer der größten fliegenden Vögel weltweit. 1880 schrieb der britische Bergsteiger Edward Whymper, dass er für gewöhnlich ein Dutzend Kondore gleichzeitig fliegen sah. Heutzutage gibt es nur noch einige wenige Hundert Paare im Hochland von Ecuador, einen einzigen zu sehen ist daher ein aufregendes Erlebnis.

➜ **Hellroter Ara** Diese farbenprächtigen Vögel mit ihren blauen, roten und gelben Federn sind ein grandioser Anblick und gehören zu den über 40 Papageienarten in Ecuador. Sie sind häufig paarweise unterwegs und haben eine Lebenserwartung von über 40 Jahren.

➜ **Harpyie** Dieser Raubvogel mit einer Flügelspannweite von bis zu 2 m und einem Gewicht von bis zu 10 kg ist einer der größten Raubvögel der Welt. Er hat mächtige Krallen, mit denen er Rüsselbären, Faultiere, Affen und andere auf Bäumen lebende Säugetiere erbeuten kann.

➜ **Leistenschnabeltukan** Tukane gehören zu den bekanntesten lateinamerikanischen Vögeln und haben riesige (aber meist hohle) Schnäbel, die ideal dafür geeignet sind, reife Früchte von Zweigen abzuknabbern. Diese besondere Art mit ihrem schwarzen und elfenbeinfarbenen Schnabel kommt an den westlichen Berghängen der Anden vor und macht mit grellen Lauten, die man bis zu 1 km weit hören kann, ganz schön viel Krawall.

➜ **Erzfischer** Dieser winzige Vogel, der gerade einmal 18 g wiegt und nur etwa 12 cm groß wird, hat das typische Aussehen eines Eisvogels (langer Schnabel und kurzer Schwanz), wird aber, wenn er vorbeihuscht, fälschlicherweise häufig für einen Kolibri gehalten.

in ihrem natürlichen Lebensraum beobachten kann, sind die Reserva Producción Faunística Cuyabeno, der Parque Nacional Yasuní im Amazonastiefland und der selten besichtigte Tieflandabschnitt der Reserva Ecológica Cotacachi-Cayapas in der Nähe der Küste. Eine Gruppe von schelmischen Kapuzineraffen hat die zentrale Plaza in der Stadt Misahuallí im Oriente eingenommen. Hier erlebt man sie garantiert hautnah (und manchmal auch zu nah). Im Oriente kommt es nicht selten vor, dass die Brüllaffen schon deutlich zu hören sind, bevor man sie sieht. Das schaurige Gebrüll der Männchen ist über große Entfernungen zu vernehmen und kann sich wie das Schreien eines Babys oder wie heulender Wind in den Bäumen anhören.

Zu den anderen tropischen Besonderheiten gehören zwei Faultierarten: die tagaktiven Dreifingerfaultiere und die nachtaktiven Zweifingerfaultiere. Es ist gut möglich, dass man Erstere bei einer Wanderung durch das Amazonasgebiet erblickt. Sie hängen gewöhnlich regungslos von Bäumen herab oder bewegen sich verblüffend langsam über einen Ast in Richtung eines Büschels besonders saftiger Blätter, ihrer Hauptnahrungsquelle.

Im Hochland gibt es weit weniger Säugetierarten als im Tiefland. Dazu zählen auch Rehe und Kaninchen, die man häufig sieht, und der Andenfuchs, der seltener gesichtet wird. Eines der Symbole der Anden ist das Lama, das domestiziert ist und in erster Linie als Lasttier eingesetzt wird. Sein wilder Verwandter, das anmutige Vicunja, wurde im Chimborazo-Gebiet wieder angesiedelt – wer mit dem Auto, dem Bus oder zu Fuß im Park unterwegs ist, kann sich fast sicher sein, eines zu erspähen.

Weitere Säugetiere, die man möglicherweise zu Gesicht bekommt, sind etwa Ameisenbären, Gürteltiere, Agutis (große Nagetiere), Capybaras (noch größere Nagetiere, einige wiegen bis zu 65 kg), Pekaris (wilde Schweine) und Otter. Flussdelfine werden gelegentlich in Nebenflüssen des Amazonas gesichtet. Andere exotische Säugetiere, wie Ozelots, Jaguare, Tapire, Pumas und Brillen- oder Andenbären, sieht man nur sehr selten.

Amphibien & Reptilien

Die Mehrheit der ungefähr 460 Amphibienarten in Ecuador sind Frösche. Es gibt Baumfrösche, die ihr ganzes Leben in Bäumen verbringen und ihre Eier in dem Wasser ablegen, das sich in Bromelien (eine Art epiphytische Pflanze) sammelt. Die Pfeilgiftfrösche mit ihren gruseligen Namen zählen zu den Froschfamilien mit den knalligsten Farben überhaupt. Ihre Farben decken das Spektrum von leuchtendem Rotorange mit rabenschwarzen Punkten bis hin zu Neongrün mit schwarzen, wellenförmigen Linien ab. Einige Pfeilgiftfrösche haben Hautdrüsen, über die sie Gifte ausscheiden, die bei Tieren und Menschen Lähmungen auslösen und zum Tod führen können.

Unter den Reptilien in Ecuador gibt es vier Arten, von denen die Besucher wirklich beeindruckt sind. Drei von ihnen – die Landschildkröte, der Landleguan und die Meerechse – leben auf den Galapagosinseln und die Wahrscheinlichkeit, sie zu sehen, ist hoch. Die vierte Art ist der Kaiman, der Lagunen im Oriente bewohnt. Mit ein wenig Geduld und einem guten Kanuführer kann man auch diese unheimlichen Wesen entdecken.

Schlangen, über die viel gesprochen wird, die man aber selten zu Gesicht bekommt, machen den Großteil der Reptilien in Ecuador aus. Normalerweise schlängeln sie sich beim Geräusch herannahender Menschen ins Unterholz, sodass nur einige wenige glückliche Besucher sie zu Gesicht bekommen. Die extrem giftige Lanzenotter ist die vielleicht am meisten gefürchtete Schlange in Ecuador. Besucher werden selten von Schlangen gebissen, aber aufpassen sollte man durchaus. Wer eine Schlange sieht, hält besser einen respektvollen Abstand und provoziert das Tier nicht.

Kolibris schlagen bis zu 80-mal pro Sekunde mit ihren Flügeln und bewegen diese dabei in Form einer Acht. Dadurch können sie auf der Stelle oder sogar rückwärts fliegen.

Niemand weiß, was es mit den peniblen Toilettengewohnheiten des Faultiers auf sich hat: Einmal pro Woche klettert es von seinem Baum herunter, gräbt ein Loch, in dem es sein Geschäft verrichtet, und schüttet es anschließend wieder zu. Dadurch setzt sich das Faultier der Gefahr von Raubtieren aus – der Baum wird die nährstoffreiche Einlagerung aber sicherlich zu würdigen wissen.

DER UNSICHTBARE REICHTUM DES REGENWALDS

Der Regenwald im Amazonasgebiet scheint mit seinen giftigen Schlangen, Pflanzen und fleischfressenden Fischen (ganz zu schweigen von den räuberischen Kaimanen und Jaguaren) nicht gerade der einladendste Lebensraum der Erde zu sein. Aber für die indigene Bevölkerung, die schon immer hier lebt, bietet er alles, was sie zum Überleben braucht. Er dient als Supermarkt, Apotheke, Baumarkt und Kathedrale.

Wer sich nicht vorstellen kann, ohne die moderne Medizin der westlichen Welt aus-zukommen, wird es ungemein spannend finden, etwas mehr über das Leben im Oriente zu erfahren, wo Dorfschamanen noch immer als Heiler fungieren, indem sie sich die potenten Extrakte des Regenwaldes für alle Arten von Beschwerden zunutze machen. Es gibt Medikamente gegen Kopfschmerzen, Fieber, Insektenstiche, Verstopfung, Muskel-schmerzen, Nervenleiden, Durchfall, Asthma, Epilepsie, Geschwüre und Darmparasiten – und es werden sogar Pflanzen als Verhütungsmittel benutzt. Neben der medizinischen Verwendung dienen die Pflanzen und Tiere des Regenwaldes auch vielen anderen Zwecken. Die winzigen, aber äußerst tödlichen Pfeilgiftfrösche – von denen ein einziger so giftig ist, dass er etwa ein Dutzend Menschen töten könnte – spielen für die Jagd eine wichtige Rolle, während die psychotrope Pflanze *Ayahuasca* ein wirkungsvolles Halluzi-nogen ist, das bei spirituellen Zeremonien zum Einsatz kommt.

Lebensräume

In den verschiedenen Lebensräumen Ecuadors sind 25 000 Arten von Gefäßpflanzen beheimatet (im Vergleich zu 17 000 Arten in Nordamerika), und jedes Jahr werden neue Arten entdeckt. Nebelwälder, Regenwäl-der, *páramo*-Gebiete (Graslandschaften in den Höhenlagen der Anden) und Mangrovensümpfe sind allesamt Schauplätze, an denen man die fotogenen Naturwunder Ecuadors entdecken kann.

Regenwälder

Der Oriente ist der auf ecuadorianischem Territorium gelegene Teil des Amazonasgebiets, des größten Regenwaldbiotops der Welt. Er ist die Heimat einer erstaunlichen Vielfalt von Pflanzen und Tieren, die hier viel dichter angesiedelt sind als in den Wäldern der gemäßigten Klima-zonen.

Lianen (dicke, baumelnde Kletterpflanzen) hängen von den Baumkro-nen hoch oben herunter, und die enormen Wurzeln von Würgefeigen umschlingen andere Bäume und nehmen ihnen allmählich Licht und Le-ben. Überall auf dem Waldboden finden sich die Brettwurzeln von tropi-schen Hartholzbäumen, die häufig so gewaltig sind, dass man zwischen ihren rippenartigen Verzweigungen fast verschwindet. Ebenso beeindru-ckend sind die riesigen Blätter des Waldes, die dick und wachsartig sind und eine spitz zulaufende „Abtropfrinne" haben, über die das Wasser bei Regengüssen besser ablaufen kann.

Der Großteil des Lebens von Pflanzen und Tieren im Regenwald spielt sich eher in den Baumkronen als auf dem Waldboden ab, der beim erst-maligen Besuch überraschend leer erscheinen mag. Wer in einer Urwald-hütte übernachtet, sollte herausfinden, ob es dort auch einen Baumkro-nenturm gibt. Dann heißt es nämlich in die Baumkronen klettern und den spektakulären Ausblick genießen!

Tropische Nebelwälder

Einer der bezauberndsten Lebensräume Ecuadors ist der tropische Nebelwald. Dieses feuchte Biotop befindet sich in den höheren Lagen und verdankt seinen Namen den Wolken, die hier abgefangen werden (und zu deren Bildung es beiträgt) und den Wald in einen feinen Dunst-schleier hüllen. Diese stetige Feuchtigkeit ermöglicht es den besonders

Raupen sind Meister der Tarnung: Einige von ihnen ahmen Zweige nach, andere einen Schlangenkopf oder sogar ein Vogelkothäuf-chen – alles zu ihrem eigenen Schutz.

empfindlichen Vertretern der Pflanzenwelt zu überleben. Dichte Baumkronen mit kleinen Blättern und moosbedeckte Zweige bilden einen Lebensraum für zahlreiche Pflanzen – darunter Orchideen, Farne und Bromeliengewächse. Die dichte Vegetation auf allen Ebenen dieses Waldes verleiht ihm ein geheimnisvolles und ein wenig märchenhaftes Erscheinungsbild. Manche Menschen finden den Nebelwald sogar noch schöner als den Regenwald, da viele der Pflanzen näher am Waldboden wachsen. Dadurch entsteht ein noch viel üppigeres Umfeld, in dem die artenreiche Tierwelt gedeiht – und leichter zu beobachten ist.

Páramo

Über den Nebelwäldern befindet sich die Gras- und Buschlandschaft in den Höhenlagen der Anden, die *páramo* genannt wird. Der *páramo* zeichnet sich durch ein raues Klima, starke UV-Strahlung und nasse, moorige Böden aus. Er ist ein äußerst spezialisierter Lebensraum, der in den Neotropen (tropisches Amerika) einzigartig ist und der nur in dem Gebiet zwischen dem Hochland von Costa Rica und dem Norden Perus vorkommt.

Im *páramo* gibt es vorwiegend Polsterpflanzen, Hartgräser und kleine krautige Pflanzen, die sich gut an die raue Hochlandumgebung angepasst haben. Die meisten Pflanzen hier oben sind klein und kompakt und wachsen nah am Boden. Eine Ausnahme ist die riesige *Espeletia,* einer der merkwürdigsten Anblicke dieser Region. Die seltsam aussehenden Pflanzen sind mannshoch und haben in der Gegend den Spitznamen *frailejones* (graue Mönche) bekommen. Sie sind ein unverwechselbares Merkmal des nördlichen ecuadorianischen *páramo,* vor allem in der Gegend um El Ángel.

Der *páramo* zeichnet sich auch durch ein fast undurchdringliches Dickicht aus kleinen Bäumen aus, häufig aus der Gattung der *Polylepis,* die zusammen mit den Himalaja-Tannen die Bäume sind, die in der größten Höhe gedeihen. Sie waren einst weit verbreitet, Feuer und Beweidung haben sie aber in kleine Nischen zurückgedrängt.

Mangrovensümpfe

Mangroven sind Bäume, die sich angepasst haben und die die bemerkenswerte Fähigkeit besitzen, im Salzwasser zu wachsen. Die Rote Mangrove ist in Ecuador am weitesten verbreitet und besitzt, wie andere Mangroven auch, ein weit verzweigtes System von ineinander greifenden Stelzwurzeln, die den Baum auf den instabilen Böden der Ufer stützen. Diese Wurzeln fangen Ablagerungen auf und lassen einen reichhaltigen organischen Boden entstehen, der einen geschützten Lebensraum für viele Pflanzen und Fische sowie Weichtiere, Krustentiere und andere wirbellose Tiere darstellt. Die Zweige bieten Seevögeln wie Pelikanen und Fregattvögeln Nistplätze. Ausgedehnte Mangrovengebiete an der Küste Ecuadors wurden zugunsten von Garnelenfarmen beseitigt; die meisten Mangroven findet man nun in den entlegenen nördlichen und südlichen Küstenregionen. Die größten Mangroven der Welt befinden sich in der Reserva Ecológica de Manglares Cayapas Mataje.

Tropische Trockenwälder

Dieser faszinierende Lebensraum verschwindet in einem rasanten Tempo und ist in erster Linie in den heißen Küstengebieten in der Nähe des Parque Nacional Machalilla und im Südwesten der Provinz Loja auf dem Weg nach Macará zu finden. Die Pflanzenart, die ihn auszeichnet, ist der majestätische Flaschenbaum (auch Kapokbaum genannt), ein prächtiger Baum mit einem enorm bauchigen Stamm und – in der entsprechenden Jahreszeit – weißen Blüten, die wie Glühbirnen von den nackten Ästen herabhängen.

Die größte Ameise im südamerikanischen Regenwald ist die Conga-Ameise oder 24-Stunden-Ameise, die so genannt wird, weil die heftigen Schmerzen, die das lähmende Nervengift verursacht – sie sind mit denen einer Schussverletzung vergleichbar –, bis zu 24 Stunden anhalten können.

Unabhängig vom vorhandenen (oder fehlenden) wissenschaftlichen Hintergrund ist der unterhaltsame und äußerst lesenswerte Klassiker *Tropical Nature* von Adrian Forsyth und Kenneth Miyata eine hervorragende Lektüre vor oder während einer Reise in den Regenwald.

NATUR & UMWELT LEBENSRÄUME

Nationalparks & Naturschutzgebiete

Ecuador hat über 30 staatlich geschützte Parks und Naturschutzgebiete (von denen neun den Titel „Nationalpark" tragen) sowie zahlreiche privat geführte Naturschutzgebiete. Insgesamt befinden sich 18% des Landes in geschützten Gebieten. Allerdings fallen viele dieser Gebiete trotz ihres Schutzstatus immer noch Ölbohrungen, Abholzungen, dem Bergbau, der Viehwirtschaft und der Kolonisierung zum Opfer.

In vielen Parks leben indigene Gruppen, die schon lange vor dem modernen Park- oder Schutzgebietstatus einen Bezug zu dem Gebiet hatten. Im Fall der Parks im Oriente pflegen die indigenen Bewohner traditionelle Jagdrechte, die auch die Ökologie beeinträchtigen. Die Frage, wie die Nationalparks vor Schäden durch die Schwerindustrie (Öl, Holz und Bergbau) geschützt werden können, während gleichzeitig die Rechte der indigenen Bewohner anerkannt werden – all dies vor dem Hintergrund, die Zahlungsfähigkeit des Landes aufrechtzuerhalten –, bleibt in Ecuador ein brandheißes Thema.

Umweltprobleme

Laut UN-Daten hat Ecuador eine der höchsten Entwaldungsraten in Südamerika. Das Land hat zudem eine sehr dürftige Umweltbilanz. Im Hochland ist fast der gesamte natürliche Bewuchs verschwunden, und es gibt nur noch einige wenige Waldnischen, die sich hauptsächlich in privaten Naturschutzgebieten befinden. Entlang der Küste sind die einst üppigen Mangrovenwälder ebenfalls fast verschwunden. Sie beherbergten eigentlich eine große Vielfalt von Meeres- und Küstenlebewesen, wurden jedoch gerodet, um künstliche Teiche anzulegen, in denen Garnelen für den Export gezüchtet werden.

Aus etwa 95% der Wälder an den westlichen Berghängen und im Tiefland ist Agrarland geworden, hauptsächlich Bananenplantagen. In

NATIONALPARKS

NAME	BESONDERHEITEN	AKTIVITÄTEN	REISEZEIT
Cajas (S. 196)	*páramo*, Seen, kleine *Polylepis*-Bäume, Wälder	wandern, angeln, Vögel beobachten	ganzjährig
Cotopaxi (S. 138)	*páramo*, Volcán Cotopaxi; Andenkondor, Rotwild, Kaninchen	wandern, klettern	ganzjährig
Galápagos (S. 330)	vulkanisch geformte Inseln: Seevögel, Leguane, Schildkröten, vielfältige Unterwasserwelt	Tierbeobachtung, schnorcheln, tauchen	Nov.–Juni
Llanganates (S. 157)	*páramo*, Nebelwald, Tieflandwald: Rotwild, Tapire, Jaguare, Brillenbären	wandern	ganzjährig (schwer zugänglich)
Machalilla (S. 312)	Küstentrockenwald, Strände, Inseln: Wale, Seevögel, Affen, Reptilien	wandern, Tierbeobachtung	ganzjährig
Podocarpus (S. 209)	*páramo*, Nebelwald, tropischer Feuchtwald: Brillenbären, Tapire, Rotwild, Vögel	Vogelbeobachtung, wandern	ganzjährig
Sumaco-Galeras (S. 240)	Volcán Sumaco, subtropischer und Nebelwald	Geländewandern	ganzjährig (schwer zugänglich)
Sangay (S. 166)	Vulkane, *páramo*, Nebelwald, Tieflandwald: Brillenbären, Tapire, Pumas, Ozelots	wandern, klettern	ganzjährig
Yasuní (S. 239)	Regenwald, Flüsse und Lagunen: Affen, Vögel, Faultiere, Jaguare, Pumas, Tapire	wandern, Tierbeobachtung	ganzjährig

diesen Wäldern waren so viele Arten wie nirgendwo sonst auf der Welt zu Hause, viele von ihnen endemisch. Wissenschaftler gehen davon aus, dass unzählige Arten wahrscheinlich bereits ausgestorben sein werden, bevor sie überhaupt bestimmt werden konnten. In den letzten Jahren hat sich eine kleine Bewegung zur Erhaltung der Natur etabliert.

Wenngleich ein großer Teil des Regenwaldes im ecuadorianischen Amazonasgebiet noch steht, ist dieser doch ernsthaft von Zerstückelung bedroht. Die größte Gefahr für den Regenwald sind Abholzung, Viehzucht und Ölgewinnung. Die Entdeckung des Öls hatte den Bau von Straßen und neuen Siedlungen zur Folge, und die Abholzung des Regenwaldes hat exponentiell zugenommen.

Zur Zeit der Drucklegung dieses Buchs begannen bedauerlicherweise die Ölbohrungen in einer der unberührtesten Gegenden Ecuadors, dem Nationalpark Yasuní. Unter einer der artenreichsten Regionen der Welt mit zahlreichen seltenen Tierarten, abgeschotteten Stammesgruppen und einer enormen Vielfalt von Pflanzen (mit beispielsweise mehr verschiedene Harthölzern auf 1 ha als auf dem gesamten nordamerikanischen Kontinent) liegen riesige Ölfelder. Die Bohrgenehmigungen wurden 2014 erteilt und die Ölförderung soll bereits 2016 beginnen. Umweltschützer sorgen sich wegen der sehr realistischen Möglichkeit einer verheerenden Ölpest.

Ebenso zerstörerisch für die Umwelt ist der Bergbau, der im südlichen Amazonasgebiet genauso verheerende Schäden anrichten könnte wie das Öl im Norden. Die größte Sorge gilt u. a. der Verunreinigung des Grundwassers und der nahe gelegenen Flüsse durch Chemikalien, die für die Aufbereitung von Mineralien und Erz verwendet werden.

Diese Probleme sind natürlich eng mit der ecuadorianischen Wirtschaft verknüpft. Öl, Mineralien, Bananen und Garnelen gehören zu den wichtigsten Exportprodukten des Landes. Die Vertreter der Industrie behaupten, die Kosten, die durch die Aufgabe dieser Einkommensquellen entstünden, wären für ein kleines Land in der Entwicklungsphase zu hoch. Umweltschützer hingegen behaupten, die Regierung habe der Großindustrie freien Lauf gelassen, was bisweilen zu katastrophalen Schäden für die lokale Ökologie geführt habe. Über eine berüchtigte Umweltsammelklage, die sich 18 Jahre lang hingezogen hatte, wurde 2011 schließlich entschieden: Der Konzern Chevron (nun Besitzer von Texaco) wurde zur Zahlung von 18 Mrd. US$ Schadenersatz verdonnert, weil er mehrere Milliarden Gallonen Giftmüll in den Amazonas gekippt und 900 Abfallgruben zurückgelassen haben soll. Chevron hält die Entscheidung allerdings für unrechtmäßig und will Berufung einlegen, sodass der Streit sehr wahrscheinlich nicht in absehbarer Zeit beigelegt werden kann.

Die indigenen Bewohner des Regenwalds, die von den Flüssen als Quelle für Trinkwasser und Nahrung abhängig sind, sind ebenfalls in dramatischer Weise betroffen. Ölrückstände, Chemikalien für die Ölaufbereitung, Erosion und Düngemittel verseuchen die Flüsse, töten die Fische und machen das, was einst Trinkwasser war, ungenießbar. Ein Gleichgewicht zwischen Entwicklung und Umweltschutz zu finden ist nach wie vor eines der brisantesten politischen Themen im Lande.

Wer Pflanzen, Tiere und das einzigartige Ökosystem in Südamerika noch besser verstehen will, sollte sich das Buch *A Neotropical Companion* von John Kricher zulegen. Illustrationen und Farbfotos ergänzen den detaillierten Überblick über Ökologie, Evolutionstheorie, Vogelkunde, Arzneimittelkunde und Umweltschutz.

Ecuadorianische Küche

Die ecuadorianische Küche wird von der geografischen Vielfalt des Landes begünstigt, die tropische Früchte, frische Meeresfrüchte und klassische Rezepte vom *campo* (Land) zum reich gedeckten Andentisch beiträgt. Viele Gerichte entstanden im Lauf der Zeit aus der Verbindung von spanischen und indigenen Einflüssen. Es mag zwar außerhalb des Landes kaum bekannt sein, aber die ecuadorianische Küche bietet mit Rezepten und Zubereitungsarten, die von Region zu Region völlig unterschiedlich sind, beste Gelegenheiten für kulinarische Abenteuer.

Hochland-Highlights

Ohne Erwähnung der einst hochgeschätzten Kulturpflanze, des *maíz* (Mais), ist die Küche des Hochlands nicht denkbar. Der Mais ist in seinen zahlreichen Arten seit tausend Jahren das Grundnahrungsmittel in den Anden und bildet heute den Hauptbestandteil zahlreicher Hochlandspezialitäten. Die Maiskörner werden zu *tostada* geröstet, zu *cangil* (Popcorn) erhitzt, gekocht zu *mote* (Maisgrütze) verarbeitet und zu Maismehl gemahlen. Letzteres wird gewürzt oder mit Zutaten angereichert, in Maiskolbenhülsen oder dunkelgrüne Achira-Blätter gewickelt und gedünstet. Heraus kommen einige der feinsten Leckerbissen des Hochlands, z. B. *tamales* (ähnlich wie in Mexiko), *humitas* (leicht gesüßte Maisklößchen) und *quimbolitos* (süßere und kuchenartigere Maisklößchen).

Kartoffeln stammen bekanntlich aus den Anden und sind ein weiteres wichtiges Nahrungsmittel des Hochlands. Neben zahlreichen, winzigen Kartoffeln in verschiedenen Farben gibt es auch Kreationen wie *llapingachos*, Kartoffel-Käse-Pfannkuchen, die oft als Beilage zu gebratenen Eiern gereicht werden. Quinoa, ein extrem proteinreiches Getreide, ist ein Grundnahrungsmittel der indigenen Bevölkerung des Hochlands und gehört mittlerweile in ganz Ecuador zur modernen Küche.

Eines der berühmtesten Gerichte des Hochlands ist *cuy* (gebratenes Meerschweinchen). *Cuy* ist eine indigene Spezialität, die noch aus der Inkazeit stammt und angeblich proteinreich und cholesterinarm ist. Die Tiere werden meist in Gänze am Spieß gebraten – die hervorstehenden Pfötchen und Zähnchen können ein bisschen verstörend sein, aber für Fleischliebhaber lohnt es sich, einmal zu kosten, am besten in Cuenca oder Loja.

Eine weitere augenfällige Spezialität ist das ganze gebratene Schwein, das *hornado* (wörtlich „gebraten"), eines der beliebtesten Gerichte im Hochland. Auf den Märkten wird das saftige Fleisch für Kunden direkt von den goldbraunen Tierkörper gezupft. *Hornado* ist fast so beliebt wie *fritada*, gebratene Schweinefleischstücke, die fast ausnahmslos mit *mote* serviert werden. In Latacunga gibt es eine berühmte Variante zu diesem Gericht, nämlich *chugchucara*, das sich als tolle (wenn auch nicht gesunde) Schlemmerei fürs Wochenende eignet.

Wie überall in Ecuador spielen Suppen in der Hochlandküche eine wichtige Rolle. Es gibt sie in zahllosen Varianten, wie z. B. als *caldo* (Bouillon), *sopa* (reichhaltigere Brühe), *locro* (cremigere und generell

In der Karwoche essen die Ecuadorianer eine köstliche und herzhafte Suppe namens *fanesca*. Die beste *fanesca* besteht aus Stockfisch und mindestens einem Dutzend Getreidearten und ist ziemlich arbeitsaufwendig. Sollte unbedingt probiert werden, wenn man zu dieser Zeit im Land ist.

BANANENREPUBLIK

Bananen spielen in Ecuador eine wichtige Rolle. Sie halten die Wirtschaft am Laufen (Ecuador exportiert 5 Mio. t pro Jahr und ist somit der größte Bananenexporteur der Welt) und bilden die Grundlage für zahllose Rezepte. Bananen sind sogar Teil der Popkultur. Das größte jährliche Ereignis in der Küstenstadt Machala ist die Feira Mundial del Banana (Weltbananenfest), deren Höhepunkt die Krönung einer *reina del banano* (Bananenkönigin) ist.

Bananen und Kochbananen sind hier auf vielerlei Art zu finden, auf folgende beliebte Gerichte sollte man also achten:

Chifles Getrocknete und gesalzene Kochbananenchips; ein prima Snack oder eine Beilage für Suppen und Ceviche.

Empanadas de verde Teigtaschen aus grünen Kochbananen, oft mit Käse gefüllt.

Patacones Dicke, geklopfte Scheiben grüner Kochbananen, die frittiert werden.

Bolones de verde Frittierte Klößchen aus Kochbananenbrei, oft gefüllt mit Käse oder Fleisch.

Tigrillo Ein reichhaltiges Gericht aus Kochbananenbrei, das mit Eiern und Käse und oft Wurst oder Rindfleisch serviert wird.

---

deftigere Suppe), *sancocho* (eintopfartige Suppe) und *seco* (Eintöpfe, die meist auf Reis serviert werden). *Seco de chivo* (Ziegeneintopf) ist ein ecuadorianischer Klassiker, der im ganzen Land beliebt ist. Wer nicht auf Ziegenfleisch steht, bekommt auch *seco de pollo*, das gleiche Gericht, aber mit Huhn. Eine wärmende Köstlichkeit an einem nebligen Hochlandtag ist *locro de papa*, eine sämige Kartoffelsuppe mit Avocado und Käse.

Küstenküche

An der Küste entfaltet sich die ecuadorianische Küche erst wirklich. Die gesamte Küste ist mit kulinarischen Reichtümern gesegnet und köstliches, gesundes Essen ist allerorten zu finden. Besonders die Küche der Provinz Manabí zählt zur besten des Landes und ist ein gewichtiger Grund, warum so viele Exil-Ecuadorianer Heimweh haben.

Grundnahrungsmittel an der Küste sind natürlich Fisch und Meeresfrüchte, die in allen Hafenorten frisch vom Boot kommen. Das häufigste Fischgericht ist *corvina*, was wörtlich „Seebarsch" heißt, aber meist irgendein beliebiger weißfleischiger Fisch ist, der gerade zum Tagesfang gehört. Wenn es wirklich eine *corvina* ist, lohnt es sich allemal.

Ceviche ist in Ecuador erstklassig. Das köstliche Gericht besteht aus rohem Fisch und Meeresfrüchten, die in Zitronensaft mariniert und mit dünn geschnittenen Zwiebeln und Kräutern gewürzt werden. Es wird kalt serviert und ist an heißen Nachmittagen himmlisch mit Popcorn und einem kalten Bier. Zubereitet wird Ceviche mit *pescado* (Fisch), *camarones* (Garnelen), *calamares* (Calamari), *concha* (Muscheln), *cangrejo* (Krebsen) oder in jedweder Kombination *(mixto)*. Nur die Garnelen werden vor dem Marinieren gekocht.

In der Provinz Esmeraldas mit ihrer großen afro-ecuadorianischen Bevölkerung gibt es einige leckere afrikanisch beeinflusste Spezialitäten, darunter das herrliche *encocado*, Garnelen oder Fisch in einer reichhaltigen, scharfen Kokosnusssauce. Die Provinz Guayas, besonders der Ort Playas, ist berühmt für ihre Krebse, die in Gänze gekocht und in so großen Haufen serviert werden, wie es der Appetit verlangt, einschließlich eines Holzhammers, um die Schalen aufzubrechen. Es ist eines der vergnüglichsten kulinarischen Erlebnisse des Landes (mit hoher Kleckergefahr!).

Kochbananen und Bananen spielen in der Küstenküche eine große Rolle. Eines der leckeren und faszinierenden Gerichte ist die *sopa de*

Appetitanregende ecuadorianische Gerichte und Informationen zu kulinarischen Traditionen mit schönen Fotos bietet die Website www.laylita.com von Layla Pujol, die aus Vilcabamba stammt. 2015 erscheint ihr Kochbuch.

Ein altes ecuadorianisches Sprichwort lautet: „*Chocolate sin queso es como amor sin besos*" („Schokolade ohne Käse ist wie Liebe ohne Küsse").

bolas de verde, eine dickflüssige Erdnusssuppe mit gewürzten Klößchen aus Kochbananenbrei. Und auf der Busfahrt entlang der Nordküste steigen oft Kinder ein und verkaufen aus großen Körben *corviche* (eine Teigtasche aus Kochbananen, gefüllt mit Fisch oder Garnelen).

Die Fischsuppen sind oft hervorragend. Eine der beliebtesten (und billigstes Essen für hungrige Mäuler) ist der *encebollado*, eine Fisch- und Zwiebelsuppe, die über Maniok gegossen und mit *chifles* (gebratenen Bananenchips) und Popcorn serviert wird. Das Gericht wird meist morgens oder als frühes Mittagessen verspeist. Eine weitere phantastische und delikate Suppe ist die *sopa marinera* mit viel Fisch, Schalentieren, Garnelen und manchmal Krebsen, die von klar bis sämig und erdnussig serviert wird.

Praktische Informationen

Allgemeine Informationen

Arbeiten in Ecuador

Ecuador hat zwar eine niedrige Arbeitslosenquote, aber die Unterbeschäftigung ist hoch (über 50 %). Es ist also nicht einfach, Arbeit zu finden. Offiziell braucht man dafür in Ecuador ohnehin ein Arbeitsvisum. Abgesehen von Aushilfsjobs in einer Touristenlodge oder in einer von Ausländern betriebenen Bar gibt es wenig Aussicht auf bezahlte Arbeit, außer als Deutschlehrer.

Die meisten bezahlten Jobs als Sprachlehrer werden in Quito und Guayaquil zu finden sein. Die Schulen suchen manchmal per Annoncen auf den Schwarzen Brettern von Hotels und Restaurants nach Lehrern. Die Bezahlung reicht manchmal gerade zum Leben, außer man wurde im Heimatland für eine Vollzeitstelle angeworben. Wer ein Sprachlehrerzertifikat vorweisen kann, hat es leichter. Schulen wie die American School in Quito stellen oft Lehrer für Mathematik, Biologie und andere Fächer ein und helfen auch bei der Beschaffung eines Arbeitsvisums. Sie zahlen auch wesentlich besser als die Sprachschulen. Lehrerjobs werden oft in den Zeitungen oder in den Hotels vor Ort annonciert. Eine der besten Infoquellen für Englischlehrer im Netz ist **Dave's ESL Café** (www.eslcafe.com), wo es auch Stellenangebote gibt.

Botschaften & Konsulate

Die Öffnungszeiten sind begrenzt und ändern sich regelmäßig – am besten vor dem Besuch anrufen!

Deutsche Botschaft, Quito (02-297-0820; www.quito.diplo.de; Naciones Unidas E10-44 y República de El Salvador, Edificio Citiplaza, 12. Stock)

Deutsches Konsulat, Guayaquil (04-220-6867/8; www.quito.diplo.de; Ecke Av Las Monjas 10 & Av CJ Arosemena, Km 2,5, Edificio Berlín)

Kolumbianische Botschaft, Quito (02-333-0268; quito.consulado.gov.co; Catalina Aldaz N34-131 nahe Portugal, 1. Stock)

Kolumbianisches Konsulat, Guayaquil (04-263-0674; guayaquil.consulado.gov.co; Francisco de Orellana 111, World Trade Center, Tower B, 10. Stock)

Kolumbianisches Konsulat, Lago Agrio (06-283-2114; nuevaloja.consulado.gov.co; Av Quito nahe Colombia, Edificio Moncada, 3. Stock)

Kolumbianisches Konsulat, Tulcán (06-298-0559; tulcan.consulado.gov.co; Calle Bolívar zw. Junín & Ayacucho; Mo–Fr 8–13 & 14.30–15.30 Uhr)

Österreichisches Konsulat, Quito (02-246-9700; przibra@interactive.net.ec; Gaspar de Villaroel No. E9-53 zw. Av de los Shyris und 6 de Diciembre)

PRAKTISCH & KONKRET

➜ **Währung** US-Dollar (US$)

➜ **Gewichte & Maße** Ecuador benutzt das metrische System.

➜ **Adressen** In ecuadorianischen Adressen steht „s/n" für *sin numero* (ohne Hausnummer).

➜ **Medien** Quitos größte Tageszeitung ist *El Comercio* (www.elcomercio.com). Die Zeitungen von Guayaquil heißen *El Telégrafo* (www.telegrafo.com.ec) und *El Universo* (www.eluniverso.com). Das bekannteste Nachrichtenmagazin Ecuadors ist *Vistazo* (www.vistazo.com). Ausländische Zeitungen sind in Quito erhältlich.

➜ **DVD-Region** Für DVDs gilt in Ecuador der Regionalcode 4, der auch im übrigen Lateinamerika üblich ist.

Österreichisches Konsulat, Guayaquil
(☏04-238-4886; sotomay@gye. satnet.net; Av Jorge Perez Concha 718, Urdesa)

Peruanische Botschaft
(☏02-225-2582; www. embajadadelperu.org.ec; Av República de El Salvador 495 & Irlanda, Quito)

Peruanisches Konsulat, Guayaquil
(☏04-263-4014; www.consuladoperuguayaquil. com; Av Francisco de Orellana 501, 13. Stock)

Peruanisches Konsulat, Loja
(☏07-257-9068; Av Zoilo Rodriguez 03-05, Ciudadela Zamora)

Peruanisches Konsulat, Machala
(☏07-293-7040; Urbanización Unioro Manzana 14, Villa 11)

Schweizerische Botschaft, Quito
(☏02-243-4113; www.eda.admin.ch; Juan Pablo Sanz & Av Amazonas N35-17, Edificio Xerox)

Schweizerisches Konsulat, Guayaquil
(☏593 42 681 900; guayaquil @honrep.ch; Av Juan Tanca Marengo km 1,8 & Santiago Castillo, Edificio Conauto)

Ermäßigungen

Neben dem ermäßigten Eintritt in Museen (und das kann sich summieren) ist der einzig nennenswerte Rabatt, den man bekommt, der Nachlass von 15 % bei Flügen zu den Galapagosinseln außerhalb der Hauptsaison. Die **International Student Identity Card** (ISIC; www. isic.org) wird prinzipiell nur akzeptiert, wenn sie im Heimatland ausgestellt wurde und gemeinsam mit einem gültigen Studentenausweis vorgelegt wird.

Essen

Die Küche Ecuadors ist reichhaltig und vielfältig, mehr dazu siehe S. 410. Feinere Restaurants schlagen auf die Rechnung noch Mehrwertsteuer (12 %) und Servicegebühr (10 %) drauf.

PREISKLASSEN VON RESTAURANTS

Die folgenden Preisklassen beziehen sich auf ein Standardhauptgericht.

$	< 7 US$
$$	7–14 US$
$$$	> 14 US$

Feiertage

An allgemeinen Feiertagen sind Banken, Büros und andere Dienstleistungsbereiche geschlossen. Die Verkehrsmittel sind überfüllt – also Busfahrkarten vorab kaufen! Große Feiertage werden manchmal mehrere Tage lang gefeiert. Fällt ein Feiertag aufs Wochenende, sind die Büros manchmal am vorangehenden Freitag oder am folgenden Montag geschlossen.

Neujahr 1. Januar

Dreikönigstag 6. Januar

Semana Santa (Osterwoche) März/April

Tag der Arbeit 1. Mai

Schlacht am Pichincha 24. Mai. Erinnert an die Schlacht im Kampf um die Unabhängigkeit Ecuadors von Spanien im Jahr 1822.

Geburtstag von Simón Bolívar 24. Juli

Unabhängigkeitstag von Quito 10. August

Unabhängigkeitstag von Guayaquil 9. Oktober. Bildet zusammen mit dem Nationalfeiertag am 12. Oktober ein wichtiges Fest in Guayaquil.

Tag des Kolumbus/Día de la Raza 12. Oktober

Allerheiligen 1. November

Allerseelen 2. November. Auf Friedhöfen werden Blumen niedergelegt.

Unabhängigkeitstag von Cuenca 3. November. Bildet zusammen mit den Allerheiligen (1. Nov.) und Allerseelen (2. Nov.) das wichtigste Fest des Jahres in Cuenca.

Heiligabend 24. Dezember

1. Weihnachtsfeiertag 25. Dezember

Frauen unterwegs

Im Allgemeinen ist Ecuador für Frauen ein sicheres, angenehmes Reiseziel, obwohl der Machismo hier noch blüht. Ecuadorianische Männer machen oft kokette Bemerkungen und pfeifen sowohl ecuadorianischen als auch ausländischen Frauen, die alleine unterwegs sind, hinterher. Am besten ignoriert man sie einfach.

Die Anmache an der Küste ist zudringlicher. Alleinreisende Frauen sollten deshalb Vorsicht walten lassen, sich von Bars und Diskos fernhalten, in denen sie sehr wahrscheinlich angemacht werden, abends nicht zu Fuß gehen, sondern ein Taxi nehmen, etc. Drinks von Fremden sollten keinesfalls angenommen und das Getränk auch nicht unbeaufsichtigt stehen gelassen werden. Es gibt gelegentliche Berichte von Drogenbeimischungen.

Lonely Planet hat schon Berichte von Frauen erhalten, die während einer organisierten Tour belästigt wurden. Frauen, die alleine unterwegs sind, sollten unbedingt einige Infos einholen, bevor sie sich für eine Tour entscheiden, z. B. herausfinden, wer der Tourleiter ist, welche Teilnehmer mitkommen etc. Manchmal gibt es auch Reisegruppen nur mit weiblichen Teilnehmern und Guides.

Freiwilligenarbeit

Zahlreiche Organisationen suchen nach der Mithilfe von Freiwilligen. Die meisten verlangen aber, dass sie zumindest etwas Spanisch können, mindestens einige Wochen oder Monate zur Verfügung stehen und für Kost und Logis (10 US$/Tag–700 US$/Monat) selbst aufkommen. Freiwillige können in Umweltschutzprogrammen arbeiten, Straßenkindern helfen, unterrichten, Naturpfade anlegen, Websites einrichten oder im medizinischen oder im landwirtschaftlichen Bereich arbeiten – die Möglichkeiten sind endlos. Auch die Inhaber vieler Urwald-Lodges akzeptieren Freiwilligenarbeiter für längere Aufenthalte. Um die Kosten niedrig zu halten, ist es das Beste, wenn man sich direkt in Ecuador nach einem Job umschaut.

South American Explorers (SAE; Karte S. 66; 02-222-7235; www.saexplorers.org; Mariana de Jesus Oe3-32 & Ulloa, Mariana de Jesus;) in Quito hat eine Rubrik für die aktuellen Angebote. Unter den Kleinanzeigen auf der Seite **Ecuador Explorer** (www.ecuadorexplorer.com) findet man eine lange Liste mit Organisationen, die Freiwillige suchen.

Organisationen für Freiwilligenjobs in Ecuador:

AmaZOOnico (www.amazoonicorescuecenter.com) Sucht Freiwillige für die Tierrettungsstation.

Andean Bear Conservation Project (www.andeanbear.org) Das Bärenschutzprojekt bildet Freiwillige zu Bärensuchern aus. Sie marschieren durch entlegene Nebelwälder, um den seltenen Brillenbären aufzuspüren, dessen Vorliebe für Zuckermais sein natürliches Verhalten verändert. Weitere Jobs hier sind die Instandhaltung von Wanderwegen und die Zusammenarbeit mit lokalen Bauern, um die Maisfelder wieder zu bepflanzen, die von Bären verwüstet wurden (um die Bärenjagd zu verhindern). Freiwillige können auch nur eine Woche bleiben, aber ein Monat (700 US$) wird empfohlen.

Bosque Nublado Santa Lucia (www.santaluciaecuador.com) Gemeindeorientiertes Ökotourismusprojekt in den Nebelwäldern im Nordwesten Ecuadors. Verpflichtet regelmäßig Freiwillige, die bei der Aufforstung helfen, Wanderwege aufbauen und instand halten, Englisch unterrichten u. v. m.

FEVI (Fundación para la Educación y el Voluntariado Internacional; www.fevi.org) Die Stiftung für Bildung & internationale Freiwilligenarbeit unterstützt Kinder, Senioren, Frauengruppen und indigene Gemeinden überall in Ecuador.

Fundación Arte del Mundo (Karte S. 158; 03-274-2244; www.artedelmundoecuador.com; Oriente & Cañar, Baños; 15.30–18 Uhr) Betreibt ein außerschulisches Kultur- und Leseprogramm und jeden Dienstag um 19 Uhr einen kostenlosen Sprachaustausch.

Inti Sisa (www.intisisa.org) Das Hostel in Guamote hat Infos zu Freiwilligenjobs in der Kleinkindpädagogik.

Junto con los Niños (www.juconi.org.ec) Die Organisation arbeitet mit Straßenkindern in den Slums von Guayaquil. Mindestaufenthalt von einem Monat erwünscht.

Merazonia (www.merazonia.org) Refugium für verletzte Tiere im zentralen Hochland.

New Era Galápagos Foundation (www.neweragalapagos.org) Gemeinnützige Stiftung mit Freiwilligenjobs in der Gemeindearbeit und im nachhaltigen Tourismus auf den Galapagosinseln. Freiwillige wohnen und arbeiten auf der Isla San Cristóbal.

Progreso Verde (www.progresoverde.org) Nimmt Freiwillige für Wiederaufforstung, Biolandbau, Lehrtätigkeit und andere Bereiche.

Rainforest Concern (www.rainforestconcern.org) Britische gemeinnützige Organisation, die Freiwilligenarbeit in den Wäldern Ecuadors anbietet.

Reserva Biológica Los Cedros (www.reservaloscedros.org) Das Reservat in den Nebelwäldern der westlichen Andenausläufer braucht oft Freiwillige.

Río Muchacho Organic Farm (05-258-8184; www.riomuchacho.com; über Canoa Jama Km 10) Das Ökotourismusprojekt an der Küste bietet eine einmonatige Ausbildung in biologischer Landwirtschaft.

Siempre Verde (www.siempreverde.org) Die kleine kommunale Forschungsstation Siempre Verde ist von der Straße kurz vor Santa Rosa nach einem zweistündigen Marsch zu erreichen. Sie fördert Erziehung zum Umweltschutz in den Tropen mit exzellenten Wanderungen und Vogelbeobachtung. Studenten und Wissenschaftler sind nach vorheriger Absprache willkommen.

Yanapuma Foundation (Karte S. 56; 02-228-7084; www.yanapuma.org; Guayaquil E9-59 nahe Oriente, Quito) Hat eine Reihe von Freiwilligenjobs: Englisch unterrichten, in abgelegenen Gemeinden Häuser bauen, bei Aufforstungsprojekten helfen oder an der Säuberung der Küsten teilnehmen. Infos gibt's in Quito im Hauptbüro und in der Sprachschule.

Geld

Ecuadors offizielles Zahlungsmittel ist der US-Dollar. Abgesehen von Euro, peruanischen *soles* und kolumbianischen *nuevos soles* ist es sehr schwierig, in Ecuador ausländische Währungen umzutauschen. In den meisten Großstädten gibt es Filialen von Western Union.

Bargeld

Offizielles Zahlungsmittel sind US-Dollar – sie sind identisch mit denen in den USA. Die Münzen zu einem, fünf, zehn, 25 und 50 Cent sind in Form, Größe und Farbe ebenfalls identisch mit denen in den USA, haben aber auf der Kopfseite Porträts berühmter Ecuadorianer. In Ecuador sind sowohl ecuadorianische als auch US-Münzen im Umlauf. Weit verbreitet ist die 1 US$-Münze.

Geldautomaten

Bargeld bekommt man am einfachsten an Geldautomaten. Diese gibt es in den meisten Städten und sogar in kleineren Ortschaften; hin und wieder sind sie aber außer Betrieb. Man sollte darauf achten, dass die PIN nicht mehr als vier Zahlen hat, weil viele ecuadorianische Geldautomaten nur vierstellige PINs annehmen.

Geld wechseln

Am besten tauscht man Geld in größeren Städten wie Quito, Guayaquil und Cuenca um, wo die Wechselkurse am günstigsten sind. Weil die Banken nur begrenzte Öffnungszeiten haben, sind manchmal die *casas de cambio* (Wechselstuben, Mo–Fr 9–18, Sa min. bis 12 Uhr) die einzige Möglichkeit, Geld umzutauschen.

Kreditkarten

Kreditkarten sind eine gute Rückversicherung. Visa, MasterCard und Diners Club sind die am häufigsten akzeptierten Kreditkarten. In Spitzenrestaurants, Hotels, Souvenirshops und Reisebüros kann man normalerweise auch mit MasterCard oder Visa bezahlen, in kleineren Hotels, Restaurants und Läden nicht. Selbst wenn eine Einrichtung einen Kreditkartenaufkleber am Fenster hat, muss das nicht heißen, dass man auch wirklich mit Karte zahlen kann. In Ecuador schlagen Händler, die Kreditkarten annehmen, oft noch zwischen 5 % und 10 % auf die Rechnung drauf. Daher ist es oft günstiger, bar zu zahlen.

Trinkgeld

Bessere Restaurants schlagen 12 % Mehrwertsteuer und 10 % Servicegebühr auf die Rechnung drauf. Wenn die Bedienung zufriedenstellend war, sollte man für den Kellner noch weitere 5 % hinzufügen. Die billigeren Lokale erheben keine Steuer und Servicegebühr.

Wer der Bedienung ein Trinkgeld geben will, sollte ihr dieses direkt in die Hand geben, nicht einfach nur das Geld auf dem Tisch hinterlassen.

Taxifahrer bekommen normalerweise kein Trinkgeld, aber man kann auf das Wechselgeld verzichten.

Guides erhalten in der Regel nur wenig Lohn und schätzen ein Trinkgeld. Bei geführten Touren wird ein Trinkgeld erwartet. In einer Reisegruppe legt man für einen erstklassigen Guide rund 5 US$ pro Person und Tag zusammen. Der Fahrer bekommt etwa die Hälfte. Wer einen privaten Guide engagiert, zahlt etwa 10 US$ pro Tag Trinkgeld.

Auf Galapagos-Rundfahrten (S. 41) ist ein Trinkgeld von 10–20 US$ pro Teilnehmer und Tag üblich, in Dschungellodges 5–10 US$ pro Person und Tag.

Gesundheit

In den größeren Städten ist medizinische Versorgung leicht zu erhalten, in ländlichen Gebieten ist das nicht so einfach. Die meisten Ärzte und Krankenhäuser wollen bar bezahlt werden, auch wenn man eine Reisekrankenversicherung hat. Apotheken heißen in Ecuador *farmacias*. Es kann schwierig werden, importierte Medikamente zu finden; wichtige Arzneimittel und Hygieneartikel sollten mitgebracht werden, da sie in Ecuador im Allgemeinen mehr kosten.

Gesundheitsrisiken
HÖHENKRANKHEIT

Höhenkrankheit kann entstehen, wenn Reisende sich zu schnell in Höhen von über 2500 m begeben; das betrifft auch jene, die direkt nach Quito fliegen. Symptome sind z. B. Kopfschmerzen, Übelkeit, Erbrechen, Schwindel, Unwohlsein, Schlafstörungen und Appetitlosigkeit. In schweren Fällen kann sich Flüssigkeit in den Lungen (Höhenlungenödem) oder im Gehirn (Höhenhirnödem) ansammeln. Die meisten Todesfälle werden durch Höhenlungenödeme verursacht.

Um eine Höhenkrankheit zu vermeiden, sollte man sich nur schrittweise in größere Höhen begeben, sich nicht überanstrengen, leicht essen und auf alkoholische Getränke verzichten.

Infektionskrankheiten
CHOLERA

Die Cholera verursacht extremen Durchfall und muss behandelt werden. Meist wird über Choleraausbrüche in den Medien berichtet, sodass man problematische Gebiete meiden kann. Die wichtigste Maßnahme ist der ausreichende Ersatz von Flüssigkeit. Ansonsten droht die Dehydration, weil man bis zu 20 l Wasser pro Tag verliert. Wer sich nicht gleich in ein Krankenhaus begeben kann, sollte mit der Einnahme von Tetracyclin (Erw. 4-mal tgl. 250 mg) beginnen.

GESUNDHEITSHINWEISE

Vor der Abreise sollte man sich in seinem Heimatland über eventuelle Reisewarnungen informieren.

➡ **Deutschland** (www.auswaertiges-amt.de/DE/Laenderinformationen/01-Reisewarnungen-Liste)

➡ **Österreich** (www.bmeia.gv.at/reise-aufenthalt/reisewarnungen/)

➡ **Schweiz** (www.eda.admin.ch/eda/de/home/vertretungen-und-reisehinweise)

DENGUEFIEBER

Anders als die Malariamücke ist die Ägyptische Fiebermücke (Aedes aegypti), die den Denguevirus überträgt, vor allem tagsüber aktiv und findet sich überwiegend in urbanen Gebieten und menschlichen Behausungen.

Anzeichen des Denguefiebers sind plötzliches Auftreten von hohem Fieber, Kopfschmerzen, Muskel- und Gliederschmerzen (daher auch „Knochenbrecherfieber"), Übelkeit und Erbrechen. Umgehend in ärztliche Behandlung begeben!

GELBFIEBER

Diese Virusinfektion tritt in Südamerika auf und wird durch Stechmücken übertragen. Symptome sind Fieber, Kopfschmerzen, Bauchschmerzen und Erbrechen. Dringend medizinische Hilfe aufsuchen und viel trinken! Traveller im Amazonasgebiet sollten sich vor Reiseantritt unbedingt impfen lassen (die Impfung ist sehr wirksam und schützt zehn Jahre).

MALARIA

Malaria wird durch die Stechmücke übertragen, die in der Regel von Sonnenuntergang bis Sonnenaufgang aktiv ist. Das Hauptsymptom ist plötzliches hohes Fieber, oft mit Schüttelfrost, Schweißausbrüchen, Kopfschmerzen, Gliederschmerzen, Kraftlosigkeit, Übelkeit oder Durchfall. In schweren Fällen ist das zentrale Nervensystem betroffen, was zu Krampfanfällen, Verwirrtheit, Koma und sogar zum Tod führen kann.

Für alle ländlichen Gebiete unterhalb von 1500 m Höhe wird die Einnahme von Malariatabletten empfohlen. Am höchsten ist das Risiko an der nördlichen Küste und im nördlichen Oriente. Im Hochland besteht kein Malariarisiko.

TYPHUS

Typhus ist eine gefährliche Darminfektion und wird durch verunreinigtes Wasser und Essen verursacht. Medizinische Behandlung ist unabdingbar.

Die ersten Stadien der Erkrankung verlaufen wie eine starke Erkältung oder Grippe mit Symptomen wie Kopf- und Gliederschmerzen und jeden Tag etwas stärker ansteigendem Fieber bis zu 40 °C oder mehr. Je mehr das Fieber steigt, desto niedriger wird der Puls – anders als bei normalem Fieber, bei dem der Puls steigt. Auftreten können auch Erbrechen, Bauchschmerzen, Durchfall oder Verstopfung.

Internetzugang

WLAN ist weit verbreitet, da Pensionen im ganzen Land Zugang anbieten (meist kostenlos). In den Adressen in diesem Buch ist der WLAN-Zugang mit dem Symbol 🛜 gekennzeichnet.

Internetcafés verschwinden allmählich in Ecuador, aber in den meisten größeren Orten gibt es noch ein paar. Sie verlangen rund 1,50 US$ pro Stunde. Einige Hotels stellen ihren Gästen auch ein oder zwei Computer zur Verfügung. In diesem Buch sind Unterkünfte mit internetfähigen Computern mit dem Symbol @ gekennzeichnet.

Kinder

Ausländische Touristen (vor allem Europäer), die mit Kindern unterwegs sind, ziehen in Ecuador immer noch viel Aufmerksamkeit auf sich, und ein weinendes oder lachendes Kind lässt schnell die Herzen der Einheimischen schmelzen. Eltern werden extrafreundlich und zuvorkommend behandelt. Wie fast überall auf der Welt lieben die Menschen auch in Ecuador Kinder. Eine gute Infoquelle ist Lonely Planets Travel with Children.

Praktisch & konkret

Für Kinder wird in Bussen der volle Fahrpreis fällig, wenn sie einen Sitzplatz belegen; sitzen sie aber auf dem Schoß der Eltern, können sie oft kostenlos mitfahren. Kinder unter zwölf Jahren zahlen für Inlandsflüge die Hälfte (dafür bekommen sie einen eigenen Sitzplatz), Kleinkinder unter zwei Jahren 10 % des regulären Flugpreises (ohne Sitzplatz). In Hotels kann man es mit Feilschen versuchen.

In Restaurants gibt es normalerweise zwar keine Kindergerichte, aber es ist völlig akzeptabel, eine Portion zu bestellen und sie zwischen zwei Kindern oder einem Erwachsenen und dem Kind aufzuteilen.

Wickelräume sind außerhalb der Spitzenrestaurants rar. Das Stillen in der Öffentlichkeit gilt hier nicht als anstößig. Babynahrung bekommt man nur in den Supermärkten größerer Städte, aber Einwegwindeln werden auf den meisten Märkten überall im Land verkauft.

Bei Autovermietern sind Kindersitze prinzipiell schwer zu bekommen (rechtzeitig bestellen!), und in Taxis gibt es gar keine. Nicht vergessen: Dies ist ein Land, in dem oft eine vierköpfige Familie auf einem Motorrad durch die Stadt rast.

Sehenswertes & Aktivitäten

Ecuador ist kein Land der Vergnügungsparks oder der organisierten Spektakel für Kinder. Stattdessen gibt's hier echte Abenteuer – durch den Regenwald stampfen, mit dem Kanu einen Fluss erkunden oder in den Wellen spielen.

In Puerto López sollte man unbedingt Wale beobachten. Ältere Kinder haben auch viel Spaß beim Schnorcheln und Tiere beobachten auf den Galapagosinseln. Quito bietet viele Dinge, an denen Kinder Spaß haben, darunter einen Reptilienzoo, einen Themenpark und gute Museen.

Öffnungszeiten

Öffnungszeiten sind dann angegeben, wenn sie von den folgenden üblichen Geschäftszeiten abweichen.

BRANCHE	ÖFFNUNGS-ZEITEN
Restaurants	Mo–Sa 10.30–23 Uhr
Bars	Mo–Do 18–24, Fr & Sa bis 2 Uhr, So geschl.
Läden	Mo–Fr 9–19, Sa 9–12 Uhr
Banken	Mo–Fr 8–14 oder 8–16 Uhr
Postämter	Mo–Fr 8–18, Sa 8–13 Uhr
Telefon-zentren	tgl. 8–22 Uhr

Post

Ecuadors Post ist zuverlässig. Ein Brief oder ein Paket braucht etwa eine bis zwei Wochen bis zum Ziel. Kurierdienste wie FedEx, DHL und UPS gibt es in größeren Ortschaften, sie sind aber teuer.

Rechtsfragen

In Ecuador sind die Strafen für den Besitz kleiner Mengen Drogen in den vergangenen Jahren gemildert worden. Der Besitz von bis zu 10 g Cannabis und bis zu 2 g Kokain wird nicht mehr unter Strafe gestellt.

Autofahrer sollten Pass und Führerschein dabeihaben. Im Falle eines Unfalls – außer bei Bagatellschäden – müssen die Fahrzeuge an Ort und Stelle stehenbleiben, bis die Polizei eintrifft und einen Unfallbericht aufnimmt. Das ist auch für eventuelle Versicherungsansprüche unbedingt notwendig. Gibt es bei dem Unfall Verletzte, man selbst ist aber unverletzt, sollte man das Opfer in ein Krankenhaus fahren, insbesondere wenn es sich um

einen Fußgänger handelt. Als Autofahrer wird man für die Verletzungen eines Fußgängers haftbar gemacht, auch wenn man den Unfall nicht verursacht hat, und wer nicht bezahlt, landet schnell im Gefängnis. Also: Vorsichtig fahren!

Reisen mit Behinderung

Leider gibt es in Ecuador so gut wie keine Infrastruktur für behinderte Traveller. Rollstuhlrampen sind nur spärlich vorhanden, und die Bürgersteige sind häufig übersät mit furchtbaren Schlaglöchern und Rissen. Die Badezimmer und Toiletten sind oft zu klein für Rollstühle. Beschilderungen in Blindenschrift oder Telefone für Hörgeschädigte gibt es praktisch gar nicht.

Trotzdem kommen behinderte Ecuadorianer irgendwie zurecht – meistens mithilfe von anderen. Es ist gar nicht so ungewöhnlich, dass behinderte Traveller beispielsweise in einen Bus gehoben werden. Gesetzlich ist eigentlich vorgeschrieben, dass Behinderte kostenlos in Bussen befördert werden. Die Stadtbusse, die immer überfüllt sind, tun das sicher nicht, aber Fernbusse halten sich manchmal daran. Reisende mit Behinderung erhalten 50 % Ermäßigung bei Inlandsflügen.

In Sachen Unterkunft findet man wirklich rollstuhlgerechte Zimmer eigentlich nur in den internationalen Kettenhotels in Quito und Guayaquil.

Schwule & Lesben

Gleichgeschlechtliche Paare sollten in Ecuador in der Öffentlichkeit keine Zärtlichkeiten austauschen. In der neuen Verfassung von 2008 wurden gleichgeschlechtliche Partnerschaften für legitim erklärt und für die meisten Ecuadorianer sind

die Schwulenrechte in politischer Hinsicht nach wie vor kein Thema. Bis 1998 war Homosexualität jedoch verboten und es herrschen noch immer viele Vorurteile.

Es gibt in Ecuador mehrere Feste mit Umzügen, bei denen Männer als Frauen verkleidet sind. Das ist eher spaßig gemeint und bedeutet nicht, dass alternative sexuelle Orientierungen akzeptiert werden. Aber immerhin ist so eine kulturelle Situation gegeben, in der die Leute (ob schwul oder hetero) sich amüsieren können, ohne anzuecken.

Nützliche Websites & Organisationen

FEDAEPS (☎02-290-4242; www.fedaeps.org; Av La Coruña N28 nahe Bello Horizonte) Gemeindezentrum für Lesben, Schwule, Bi- und Transsexuelle. Macht sich auch als AIDS-Hilfsorganisation verdient.

Gay Guide to Quito (www. quitogay.net)

Zenith Travel (☎02-252-9993; www.galapagosgay.com; Ecke Juan Leon Mera N24-264 & Luis Cordero, Quito) Touren für Schwule und Lesben.

Sicherheit

Kein Grund zur Sorge; mit gesundem Menschenverstand lassen sich die meisten unangenehmen Vorfälle vermeiden. Gleichgültig, wohin man reist, es ist auf jeden Fall eine gute Idee, eine Reiseversicherung abzuschließen.

Diebstahl

Bewaffnete Raubüberfälle sind selten in Ecuador, aber manche Teile von Quito und einige Küstengegenden sind gefährlich. Konkrete Infos finden sich im jeweiligen Regionalkapitel.

Diebstähle kommen häufiger vor. An Busbahnhöfen, in vollen Stadtbussen und auf geschäftigen Märkten immer auf die eigenen Siebensachen (und die Gesäßtaschen) achten!

In Bussen sind Diebstähle keine Seltenheit, vor allem in Nachtbussen und bei Fahrten zwischen Quito, Latacunga, Baños und Riobamba im zentralen Hochland. All diese Orte sind Tummelplätze von Taschenaufschlitzern und -dieben. Wer clever ist, kann vermeiden, eines ihrer Opfer zu werden.

Es ist ratsam, im Portemonnaie in der Tasche nur wenig Geld mitzuführen und wichtige Dinge versteckt direkt am Körper unter der Kleidung in einer Brusttasche zu tragen.

Normalerweise ist es sicher, wenn man sein Geld im Hotelschließfach lässt – aber man sollte es in einen versiegelten, zugeklebten Umschlag packen. Einige Leser haben sich beschwert, dass ihnen in billigeren Hotels Geld aus dem Schließfach gestohlen wurde.

Drogen im Drink

Es ist ratsam, Vorsicht bei Essens- und Getränkeangeboten von Fremden walten zu lassen. Es könnten Drogen beigemischt sein, mit der Absicht, das ahnungslose Opfer zu betäuben und auszurauben.

Entführung

Es ist zwar sehr unwahrscheinlich, aber es gab in Städten gelegentliche Vorfälle von „Express-Kidnapping" (secuestro exprés). Das heißt, bewaffnete Diebe (die meist ein nicht lizensiertes Taxi fahren) zwingen ihr Opfer, Geld aus einem Automaten abzuheben, und setzen es dann am Stadtrand aus. Um das zu vermeiden, sollte das Hotel oder Restaurant gebeten werden, ein Taxi zu rufen, oder die Easy-Taxi-App benutzt werden.

Taxis sollten nun eigentlich auf dem Rücksitz einen mit GPS verbundenen Alarmknopf an der seitlichen Armstütze haben, der automatisch die Polizei ruft und Video- und Audioaufnahmen startet (bei unserem Besuch nur in 30 % der Taxis). Diese Taxis tragen die Beschriftung „transporte seguro".

Gefahrenzonen

Aufgrund gelegentlicher bewaffneter Auseinandersetzungen im benachbarten Kolumbien können die Gebiete an der kolumbianischen Grenze (insbesondere im nördlichen Oriente) gefährlich sein. Die Touren im Oriente sind prinzipiell sicher, aber es gab auch schon vereinzelt bewaffnete Überfälle.

Überfälle

Wenn möglich, sollte man bei Tagesausflügen keine Wertsachen dabeihaben, vor allem wenn es in überwiegend von Touristen besuchte Gebiete geht.

Hotelzimmer in der Nähe von Busbahnhöfen sind oft preiswert, aber auch gefährlich und dienen oft auch als Stundenhotels.

Autofahrer sollten ihr Fahrzeug in Ecuador niemals auf einem unbeaufsichtigten Parkplatz abstellen. Auch sollte man keine Wertsachen sichtbar darin zurücklassen – selbst auf bewachten Parkplätzen kann das Fenster eingeschlagen und der Wagen geplündert werden.

Im seltenen Fall, dass man ausgeraubt wird, sollte man umgehend Anzeige bei der Polizei erstatten – auch wenn es unwahrscheinlich ist, dass die das gestohlene Eigentum wiederbeschaffen kann. Der Polizeibericht ist notwendig, um bei der Versicherung Ansprüche geltend machen zu können.

Sprachkurse

Ecuador ist toll, um Spanisch zu lernen. Das hiesige Spanisch ist deutlich und präzise und dem mexikanischen und mittelamerikanischen Spanisch ähnlich. Sprachkurse sind hier preiswert. Quito (S. 65) und Cuenca (S. 188) sind die besten Orte, weil es hier viele Sprachschulen gibt. Für eine Privatstunde zahlt man etwa 10 US$. Auch die Unterbringung bei Gastfamilien kann arrangiert werden. Wer lieber in eine Kleinstadt will, findet in Baños (S. 161) und Otavalo ebenfalls Sprachschulen.

Strom

120 V / 127 V / 60 Hz

120 V / 127 V / 60 Hz

Telefon

In einem Land, in dem die Handys weit verbreitet sind, verschwinden Münztelefone und Telefonzentren ziemlich schnell von der Bildfläche. Wer kein Handy hat und telefonieren muss, macht das am besten über Skype, wenn WLAN vorhanden ist. Wer keinen Computer zur Verfügung hat, findet in den meisten Städten einige Internetcafés.

Einige Telefonzellen funktionieren mit Telefonkarten, die u. a. in Zeitungsläden erhältlich sind, andere akzeptieren nur Münzen. Sämtliche Hotels – bis auf die einfachsten – gestatten ihren Gästen, Ortsgespräche zu führen.

Hotels, in denen man Auslandsgespräche führen kann, berechnen oft horrende Gebühren.

Alle ecuadorianischen Telefonnummern sind siebenstellig – mit Ausnahme von Handynummern; sie bestehen aus zehn Ziffern einschließlich der 0 am Anfang.

Handys & ecuadorianische Telefonnetze

Ecuadorianische Handynummern beginnen immer mit der ✆09. Wer sein eigenes Handy mitbringen will, sollte wissen, dass nur GSM-Handys mit 850 MHz (GSM 850) mit den Handynetzen Claro und Movistar kompatibel sind. Alegro nutzt 1900 MHz (GSM 1900). Am billigsten ist es, wenn man sich bei einem der oben genannten Netzbetreiber eine SIM-Karte ("Chip" genannt, 5–10 US$) kauft. Um das Guthaben aufzuladen, kauft man sich eine Prepaidkarte (*tarjeta prepago*) des entsprechenden Betreibers; sie sind in Gemischtwarenläden, Supermärkten und Apotheken erhältlich.

Vorwahlen

Die zweistelligen Ortsvorwahlen beginnen überall in Ecuador mit einer "0". Die Ortsvorwahl fällt bei Ortsgesprächen weg, es sei denn, man telefoniert von einem Handy aus.

Die Landesvorwahl Ecuadors lautet ✆593. Um vom Ausland eine Nummer in Ecuador anzurufen, wählt man zunächst die internationale Vorwahl (00), dann die Landesvorwahl Ecuadors, gefolgt von der Ortsvorwahl *ohne* die "0" und der siebenstelligen Telefonnummer (oder die neunstellige Handynummer – ebenfalls ohne die 0).

Toiletten

Wie überall in Südamerika ist der Wasserdruck der sanitären Anlagen auch in Ecuador sehr niedrig. Deshalb darf man auch keinesfalls Toilettenpapier in die Schüssel werfen – höchstens vielleicht in den Luxushotels. Das gebrauchte Toilettenpapier immer in den Abfalleimern entsorgen (das ist besser als eine verstopfte und überlaufende Toilette). Ein gutes Budgethotel erkennt man auch daran, dass täglich die Eimer geleert und die Toiletten gereinigt werden.

Öffentliche Toiletten gibt es nur an Busbahnhöfen, Flughäfen und in Restaurants. WCs heißen hier *servicios higiénicos* und sind in der Regel mit einem "SS. HH" gekennzeichnet. Man kann in einem Restaurant auch einfach nach dem *baño* (Bad) fragen. Toilettenpapier ist nicht immer vorhanden; erfahrene Traveller haben deshalb immer ihr eigenes Klopapier dabei. Achtung: Das "M" an der Tür bedeutet *mujeres* (Frauen), nicht "Männer"! Die Männertoilette ist mit dem "H" für *hombres* (Männer) oder mit einem "C" für *caballeros* (Herren) gekennzeichnet.

Touristeninformation

Das Netz der staatlichen Touristeninformationen in Ecuador ist bisher noch nicht sonderlich ausgereift, wird aber besser. Die Touristeninformationen in Quito und Cuenca sind exzellent.

Das staatliche **Ministerio de Turismo** (http://ecuador.travel) ist verantwortlich für die Touristeninformationen auf Landesebene. Viele Ortschaften haben eine Art städtische oder provinziale Touristeninformation. Die Qualität der Informationen hängt gänzlich vom Engagement der Person hinter dem Schalter ab. Meistens können aber die Angestellten den Großteil der Fragen zufriedenstellend beantworten.

Eine gute Quelle, besonders nach der Ankunft in Ecuador, ist **South American Explorers** (SAE; Karte S. p66; ✆02-222-7235; www.saexplorers.org; Mariana de Jesus 0e3-32 & Ulloa, Mariana de Jesus; ☎), eine gemeinnützige, von Mitgliedern finanzierte Organisation mit Clubhäusern in Quito, in Lima und Cuzco (Peru), in Buenos Aires und Hauptsitz in Ithaca, New York. Die Clubhäuser dienen als Infozentren für Traveller, Abenteurer, Forscher etc. und bieten eine Menge Tipps für Reisen in Lateinamerika. Für die Nutzung der Einrichtungen wird ein Mitgliedsbeitrag verlangt.

Unterkunft

In Ecuador gibt es Unterkünfte vielerlei Art – von schlichten Holzschuppen in den Mangroven über erstklassige

UNTERKÜNFTE ONLINE BUCHEN

Weitere Unterkunftsbewertungen von Lonely Planet Autoren gibt's unter http://lonelyplanet.com/hotels. Dort findet man unabhängig recherchierte Infos und Empfehlungen zu den besten Adressen. Zudem kann online gebucht werden.

Urwald-Lodges im Amazonasgebiet, wunderbare Haziendas in den Anden und travellerfreundliche Hostels bis hin zu hübschen, familienbetriebenen Pensionen im ganzen Land.

Fast in jedem Ort, ungeachtet seiner Größe, gibt es ein Hotel. Allerdings muss man außerhalb der größten Touristenziele manchmal auch durchgelegene Betten, schlechte Duschen oder laute Nachbarn in Kauf nehmen – aber das gehört eben auch zu einem echten Äquator-Erlebnis dazu.

Die meisten Hotelzimmer verfügen über ein eigenes Bad. Warmwasser ist immer häufiger anzutreffen, in einigen Budgetunterkünften fehlt es aber weiterhin (besonders im Oriente und an der Küste). Im Hochland hingegen steht überall warmes Wasser zur Verfügung, sofern nichts anderes angegeben ist.

Im Normalfall ist es kein Problem, einfach irgendwohin zu fahren und ein Bett für die Nacht zu finden – außer während großer Fiestas oder am Abend vor dem Markttag.

Zu beachten ist, dass überall bei Kreditkartenzahlung eine zusätzliche Gebühr von 5–10 % berechnet wird.

B&Bs

B&Bs sind ein altbewährtes Konzept in Ecuador und besonders beliebt in touristischen Orten wie Quito, Baños, Cuenca und Otavalo. Auf dem Land gibt es kaum einen Unterschied zwischen B&Bs und *hosterías*.

Camping

Campen kann man auf dem Gelände mancher ländlicher Hotels, auf dem Land und in den meisten Nationalparks. In Städten gibt es keine Campingplätze. *Refugios* (Berghütten) gibt es auf einigen der wichtigsten Berge in manchen Nationalparks – Schlafsack mitbringen!

Gastfamilien

Die spanischen Sprachschulen arrangieren auf Wunsch Privatunterkünfte. So können Traveller bei einer ortsansässigen Familie übernachten, mit ihr essen und sich austauschen. Privatunterkünfte werden in Quito und Cuenca angeboten, sind anderswo aber schwer zu finden.

In manchen ländlichen Gemeinden, in denen es keine Hotels gibt, kann man herumfragen und findet so oft eine Familie, bei der man übernachten darf. Das passiert aber nur in den abgelegensten Orten, und man sollte immer eine Bezahlung anbieten (auch wenn sie vielleicht nicht angenommen wird).

Haziendas & Hosterías

Im ecuadorianischen Hochland gibt es ein paar tolle Haziendas (renovierte historische Farmen, die Touristen aufnehmen). Sie fallen in der Regel in die höhere Preisklasse. Dafür sind im Preis oft auch das hausgemachte Essen und Aktivitäten wie Reiten oder Angeln enthalten. Die bekanntesten Haziendas befinden sich im

nördlichen und im zentralen Hochland.

Hosterías sind ähnlich, aber oft kleiner und intimer. Ihre Preise verstehen sich in der Regel mit Vollpension (VP) und/oder Aktivitäten.

Hostels

In Ecuador gibt es nur ein sehr dünnes Netz von Hostels, aber in Quito gibt's viele. In den billigsten Hostels bekommt man für 7 US$ pro Person ein Bett im Schlafsaal. Die Auswahl reicht von verwohnten, dunklen und heruntergekommenen Absteigen bis hin zu heiteren Traveller-Enklaven.

Hotels

Budgethotels nehmen 10–15 US$ pro Person. Sie können schlicht (nur mit Bett und vier kahlen Wänden), aber trotzdem gepflegt, sehr sauber und preisgünstig sein. Die billigsten Hotels haben Gemeinschaftsbäder, aber oft findet man fast zum gleichen Preis auch Zimmer mit eigenem Bad.

In Mittelklassehotels zahlt man für ein Doppelzimmer 30–80 US$. In der Regel bieten sie mehr Charme und Komfort wie Kabel-TV, vernünftige Warmwasserversorgung und eine bessere Lage als die Budgethotels.

Spitzenklassehotels gibt es nur in den größeren Städten und touristischen Gebieten. Sie bieten prinzipiell etwas mehr Luxus – große oder historische Zimmer, tolle Aussicht, erstklassigen Service etc.

Aber gleichgültig, wo man absteigt: Immer erst einen Blick ins angebotene Zimmer werfen!

Lodges

Öko- und Urwald-Lodges bieten eine phantastische Möglichkeit, Ecuadors Natur zu entdecken. Besonders beliebt sind Lodges im Oriente und in den Nebelwäldern der westlichen Andenhänge. Die Lodges im Oriente sind prinzipiell nur im Rahmen von drei- bis fünftägigen Touren

PREISKLASSEN VON UNTERKÜNFTEN

Die folgenden Preisklassen beziehen sich auf ein Doppelzimmer in der Hauptsaison. Normalerweise haben die Zimmer ein eigenes Bad (Ausnahmen sind vermerkt).

$	< 30 US$
$$	30–80 US$
$$$	> 80 US$

buchbar, bei denen normalerweise auch Essen und Aktivitäten im Preis enthalten sind. Das Lodge-Personal kann auch den Weitertransport über den Fluss oder durch den Urwald arrangieren. Bis zur nächsten Stadt, in der man abgeholt werden kann, muss man eventuell aber selbst kommen.

Preise

Am höchsten sind die Preise für ein Zimmer in Ecuador zu Weihnachten und Silvester, während der Semana Santa (Osterwoche) und im Juli und August sowie während der lokalen Feste. Die Hotels an der Küste verlangen am Wochenende manchmal höhere Preise (und sind dann ganz sicher besser besucht). Die Hotels müssen eine Mehrwertsteuer von 12 % (IVA genannt) erheben; oft ist sie bereits im vom Hotel angegebenen Preis enthalten. Bessere Hotels schlagen häufig eine zusätzliche Servicegebühr von 10 % drauf (vorher nachfragen, ob das der Fall ist!).

Viele Hotels geben ihre Preise pro Person an.

Reservierung

Die meisten Hotels nehmen Reservierungen auch ohne Kreditkartennummer an. Falls keine Vorauszahlung erfolgt ist, sollte man sich die Reservierung bestätigen lassen, wenn man später am Tag ankommt, damit das Zimmer nicht doch noch anderweitig vergeben wird. Teurere Hotels könnten auf Vorauszahlung bestehen.

Versicherung

Neben der Kranken- und der Autoversicherung sollte man auch eine Versicherung für Gepäck und Wertsachen wie Kameras und Camcorder ab-

schließen. Versicherungspapiere getrennt aufbewahren, für den Fall, dass man sie braucht.

Weltweit geltende Reiseversicherungen gibt es auch unter www.lonelyplanet.com/travel-insurance. Hier kann man jederzeit online Policen abschließen, verlängern oder Ansprüche geltend machen – auch wenn man bereits unterwegs ist.

Visa

Die meisten Traveller, die als Touristen nach Ecuador einreisen, brauchen kein Visum. Dazu zählen auch Deutsche, Österreicher und Schweizer. Bei der Einreise erhält man eine 90 Tage gültige T-3-Aufenthaltskarte.

Reisende, die als Diplomaten, Studenten, Arbeiter, Missionare, Geschäftsleute, Freiwilligenarbeiter oder im Rahmen von Kulturaustauschprogrammen einreisen, benötigen ein Nichteinwanderungsvisum. Es gibt auch verschiedene Einwanderungsvisa.

Aufenthaltsverlängerungen

Aufgrund neuer Bestimmungen ist es aufwendig, eine Visumsverlängerung zu bekommen. Wenn man nicht gerade aus einem Land der Andengemeinschaft kommt, sind Touristenvisa nicht verlängerbar. Wer länger als 90 Tage bleiben will, muss ein 12-IX-Visum beantragen. Das ist auch vor Ort möglich; es ist aber zeitaufwendiger, als wenn man dieses Visum noch vor der Abreise im Heimatland beim ecuadorianischen Konsulat beantragt. Man muss die nötigen Unterlagen für ein 12-IX-Visum zusammenstellen und beim **Ministerio de Relaciones Exteriores** (☎02-299-3200;

cancilleria.gob.ec; Carrión E1-76 & Av 10 de Agosto, Quito) eine Gebühr von 230 US$ bezahlen. Eine Schritt-für-Schritt-Anleitung für den Visumsantrag ist in einem exzellenten Beitrag auf dem Blog eines kanadischen Travellers nachzulesen: roamaholic.com/tourist-visa-ecuador.

Auf keinen Fall sollte man warten, bis das Visum abgelaufen ist, um die Unterlagen zusammenzusammeln, denn für die Zeitüberschreitung werden happige Geldstrafen zwischen 200 und 2000 US$ fällig!

Zeit

Das ecuadorianische Festland hinkt der MEZ sechs Stunden hinterher und die Galapagosinseln liegen sieben Stunden hinter der MEZ. Die Zeit auf dem Festland stimmt mit der Eastern Standard Time in Nordamerika überein. Wenn es in Quito 12 Uhr ist, dann ist es in Berlin, Wien und Bern 18 Uhr, in New York hingegen ist es ebenfalls 12 Uhr mittags. Weil Ecuador am Äquator liegt, sind die Tage und Nächte das ganze Jahr über gleich lang. Deshalb gibt es hier auch keine Sommerzeit.

Zoll

Bei der Einreise dürfen Traveller zollfrei je 1 l Alkohol und 300 Zigaretten einführen. Das Mitbringen von Dingen für den normalen Bedarf ist kein Problem.

Die Ausfuhr von präkolumbischen Artefakten und Produkten von gefährdeten Tierarten, u. a. von präparierten Schmetterlingen und Käfern, ist untersagt. Die meisten Länder gestatten deren Einfuhr ohnehin nicht.

Verkehrsmittel & -wege

AN- & WEITER-REISE

Einreise

Die Einreise geht allgemein recht fix vonstatten: Vor allem an den Flughäfen fertigen einen die Grenzbeamten zügig ab. Bei Einreise auf dem Landweg lassen sie sich für die Passkontrolle eventuell etwas mehr Zeit (und wenn auch nur, um Letztere totzuschlagen ...). Offiziell müssen ein Rückflug- bzw. Anschlussticket und ausreichende Geldmittel vorhanden sein. Dies wird jedoch kaum überprüft. In der Regel reicht es, eine Kreditkarte oder 20 US$ für jeden Reisetag vorweisen zu können. Bei Quito-Flügen lassen einen internationale Airlines aber eventuell nur gegen Vorlage eines Rückflug- bzw. Anschlusstickets oder Aufenthaltsvisums an Bord – das mag zwar recht unwahrscheinlich sein, ist aber theoretisch möglich. Der Nachweis einer Schutzimpfung gegen Gelbfieber ist zwar nicht obligatorisch, wird aber dennoch manchmal von Travellern gefordert, die aus einem entsprechenden Risikogebiet nach Ecuador einreisen.

Geführte Touren, Flug- und Zugtickets lassen sich online unter www.lonelyplanet.com/bookings buchen.

Flugzeug

Flughäfen & Fluglinien

In Ecuador gibt es zwei internationale Flughäfen.

Der neue **Aeropuerto Internacional de Quito** (www.aeropuertoquito.aero) in Quito liegt etwa 38 km östlich des Stadtzentrums. Guayaquils **Aeropuerto José Joaquín de Olmedo** (GYE; ☑04-216-9000; www.tagsa.aero; Av de las Américas s/n) ist nur ein paar Kilometer von der Innenstadt entfernt.

TAME (☑in Quito 02-396-6300; www.tame.com. ec) ist die größte Fluglinie Ecuadors. Sie hatte in den vergangenen Jahren ein gutes Sicherheitsprotokoll und besitzt eine moderne Flugzeugflotte von Boeing, Airbus und Embraer sowie mehrere Turboprop-ATR-Maschinen. Die Gesellschaft fliegt internationale Strecken von Quito nach New York, Fort Lauderdale, Lima, São Paulo, Havanna, Bogotá, Cali und Buenos Aires.

Flugtickets

Während der touristischen Hochsaison (Mitte Juni–Anfang Sept., Dez.–Mitte Jan.) sind die Ticketpreise am höchsten. Unterstützung durch ein Reisebüro mit Spezialisierung auf Lateinamerikatrips ist immer von Vorteil.

Die Ausreisesteuer ist mittlerweile im Ticketpreis

KLIMAWANDEL & REISEN

Jede Form des Reisens, die auf Brennstoff auf Kohlenstoffbasis beruht, erzeugt CO_2, das für den von Menschen verursachten Klimawandel hauptverantwortlich ist. Modernes Reisen ist von Flugzeugen abhängig, die zwar pro Kilometer und Person weniger Kraftstoff als die meisten Autos verbrauchen, aber sehr viel weitere Strecken zurücklegen. Auch die hohen Luftschichten, in die Flugzeuge Treibhausgase (darunter CO_2) und Schadstoffe ausstoßen, tragen zu ihrer Auswirkung auf den Klimawandel bei. Viele Websites bieten „Emissionsrechner", mit denen Reisende die CO_2-Emissionen ihrer Reise ausrechnen und die Auswirkung dieser Treibhausgase mit einem Beitrag für klimafreundliche Projekte in der ganzen Welt ausgleichen können. Lonely Planet gleicht die CO_2-Bilanz aller Reisen der Mitarbeiter und Autoren aus.

Inlandsflugverbindungen

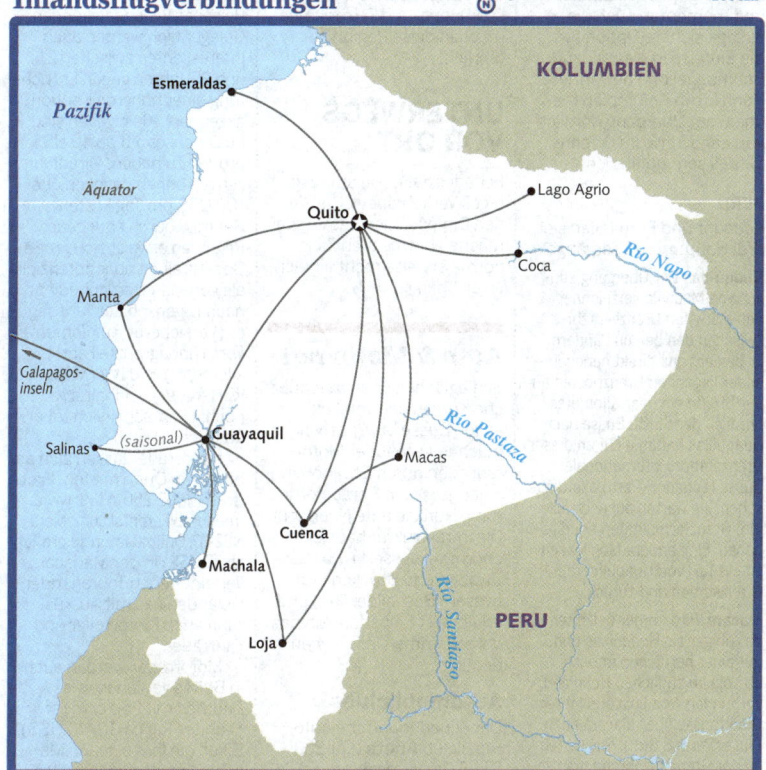

enthalten und muss nicht mehr direkt am Flughafen bezahlt werden.

Auf dem Landweg

Auto & Motorrad

Die Einfuhr von Privatfahrzeugen nach Ecuador kann extrem nervig sein – je nach aktueller Laune der jeweiligen Grenzbeamten. Offiziell erforderlich sind hierzu ein Carnet de Passage en Douane (CPD) und ein international anerkanntes Dokument, das den vorübergehenden „Fahrzeugimport" nach Ecuador ohne Entrichtung einer Einfuhrsteuer erlaubt. Dieses Dokument gibt's bei den Automobilclubs des Landes, in dem das Auto zugelassen ist – unbedingt rechtzeitig besorgen! Motorräder schei-

nen an der Grenze weniger Stress zu verursachen.

Bus

Bustrips von Kolumbien oder Peru nach Ecuador gehen zügig vonstatten. In der Regel durchquert man dabei einen der internationalen Grenzübergänge zu Fuß und nimmt gleich jenseits davon einen anderen Bus (was in Huaquillas jedoch komplizierter ist). Einige internationale Busunternehmen bieten Fernstrecken-Direktverbindungen ab Großstädten wie Lima oder Bogotá an.

Grenzübergänge

Ecuador grenzt nur an Peru und Kolumbien. Die Ein- bzw. Ausreiseformalitäten gehen recht zügig vonstatten, wenn alle Papiere in Ordnung

sind. Bei Ein- oder Ausreise auf dem Landweg müssen Touristen keine Steuern entrichten.

Wer seine Einreisekarte verloren hat und Ecuador verlassen möchte, bekommt theoretisch gratis Ersatz an der Grenze – vorausgesetzt, der Stempel im Reisepass ist noch gültig. Sollten die Papiere nicht in Ordnung sein, kann zweierlei passieren: Bei Überschreiten der Aufenthaltsdauer muss man entweder ein deftiges Bußgeld bezahlen oder nach Quito zurückreisen. Auch Traveller ohne *entrada*- bzw. Einreisestempel werden zurückgeschickt.

KOLUMBIEN

Tulcán im nördlichen Hochland ist der wichtigste Grenzübergang nach Kolumbien und momentan auch die einzige sichere Option für die Einreise in dieses Land. Schmuggel und bewaffnete Konflikte in Kolumbien machen den Übergang nördlich von Lago Agrio im Oriente aktuell sehr gefährlich.

PERU

Ecuador und Peru teilen sich drei Hauptgrenzübergänge:

Huaquillas Der Übergang südlich von Machala verzeichnet den stärksten Grenzverkehr zwischen den beiden Ländern. Er besteht aus direkt nebeneinander liegenden Grenzposten an der Straße ein paar Kilometer nördlich der Stadt. Busse nach Huaquillas halten nicht an dieser Grenzstation, internationale Busse (Ecuador–Peru) allerdings schon; sie warten auch, bis alle ihre Grenzformalitäten erledigt haben. Eine andere Möglichkeit ist ein Taxi von Huaquillas zur Grenzstation und zurück.

Macará Wird immer beliebter, da ruhiger als Huaquillas und mit einer herrlichen Anreise ab Loja im südlichen Hochland verbunden. Von Loja aus fahren Direktbusse über Macará nach Piura (Peru; 8 Std.). Sie warten an der Grenze, während man seine Formalitäten erledigt – völlig stressfrei!

La Balsa bei Zumba Dieser entlegene, interessante Übergang südlich von Vilcabamba ist nur wenig frequentiert. Vor der Weiterreise gen Zumba und Peru verbringen viele Traveller ein paar Tage in Vilcabamba.

Schiff/Fähre

Es ist möglich, aber nicht einfach, auf dem Río Napo (mündet bei Iquitos in den Amazonas) von Ecuador aus nach Peru hinunterzuschippern. Die Grenzformalitäten sind dabei minimal; allerdings verkehren Boote nur unregelmäßig auf dieser Route. Rein geografisch ist es auch möglich, auf dem Río Putumayo nach Kolumbien und Peru zu reisen. Davon sollten Traveller aber unbedingt absehen: Drogenschmuggel und Terrorismus machen diese Region gefährlich!

UNTERWEGS VOR ORT

Ecuador hat ein leistungsfähiges Verkehrsnetz. Die kleinen Dimensionen des Landes machen die meisten Ziele normalerweise recht einfach erreichbar.

Auto & Motorrad

Schlaglöcher, unübersichtliche Kurven und verrückt rasende Busse bzw. Lastwagen machen Auto- oder Motorradreisen durch Ecuador zu einer gewissen Herausforderung. Nun die gute Nachricht: Die Infrastruktur hat sich enorm verbessert (u.a. neue Straßen und Brücken und bessere Beschilderung) und erleichtert Selbstfahrern das Vorankommen inzwischen deutlich.

Automobilclubs

Der ecuadorianische Automobilclub **Aneta** (☎1-800-556-677; www.aneta.org.ec) bietet einen Teil seiner Serviceleistungen auch Mitgliedern ausländischer Partnerorganisationen (z.B. ADAC) an. Aneta-Mitglieder erhalten Pannenhilfe rund um die Uhr.

Autovermietung

Nur wenige Leute mieten sich in Ecuador ein Auto, hauptsächlich weil man mit öffentlichen Verkehrsmitteln gut herumkommt. Vor Ort sind die meisten internationalen Autovermieter wie **Avis** (www.avis.com), **Budget** (www.budget.com), **Hertz** (www.hertz.com) und **Localiza** (www.localiza.com) vertreten. Außerhalb von Quito, Guayaquil oder Cuenca lassen sich Mietwagenfirmen aber nur schwer finden.

Fahrer müssen mindestens 25 Jahre alt sein sowie eine Kreditkarte, einen gültigen Führerschein und einen Reisepass vorlegen können. Gelegentlich werden auch Interessenten zwischen 21 und 25 Jahren gegen Entrichtung einer höheren Kaution akzeptiert. Kleinwagen sind im Durchschnitt ab 40 US$ pro Tag zu haben. Allradfahrzeuge können dagegen über 100 US$ pro Tag kosten. Bei Trips durch entlegene Regionen erweist sich große Bodenfreiheit aber potenziell als Lebensretter. Unbedingt nachfragen, ob der Tarif *seguro* (Versicherung), *kilometraje libre* (unbegrenzte Fahrtkilometer) und IVA (Mehrwertsteuer) beinhaltet – höchstwahrscheinlich tut er das nicht.

Motorräder lassen sich am besten in Quito mieten. **Freedom** (☎02-250-4339; www.freedombikerental.com; Mera N22-37, Quito; Motorrad pro Tag ab 39 US$) in der Mariscal verleiht neben Touren- oder Geländebikes mit Ausrüstung auch Motorroller und Fahrräder.

Motorräder werden auch in Baños verliehen, wie Enduros mit 250 ccm (pro Stunde/Tag ca. 10/40 US$). Biker, die ihre eigenen Maschinen mitbringen wollen, finden nützliche Infos bei **Horizons Unlimited** (www.horizonsunlimited.com).

Benzin

Herkömmliches Benzin wird in Ecuador pro Gallone (3,78 l) verkauft und fällt in zwei Oktan-Kategorien: „Extra" (82 Oktan; ca. 1,50 US$/Gallone) und „Super" (92 Oktan; ca. 2 US$/Gallone). Achtung: Super ist im ländlichen Raum nicht immer erhältlich.

Führerschein

Ausländische Kraftfahrer haben grundsätzlich ihren nationalen Führerschein und ihren Reisepass mitzuführen. Eine internationale Fahrerlaubnis (International Driving Permit; IDP) ist zwar nicht offiziell vorgeschrieben, kann sich aber bei Autovermietern als praktisch erweisen.

Straßenzustand & Gefahren

Zu den Gefahren auf Ecuadors schlecht ausgeschilderten Straßen zählen Schlaglöcher, unübersichtliche Kurven und vor allem Bus- bzw. Lastwagenfahrer, die ihre Kollegen in scheinbar völlig aussichtslosen Verkehrssituationen überholen. Zudem muss man stets auf stehende Fahrzeuge, plötzliche Straßensperren und vereinzeltes Nutzvieh auf der Fahrbahn gefasst sein.

Versicherung

Die Versicherungsofferten von Autovermietern können je nach Firma eine hohe Selbstbeteiligung (1000–3500 US$) beinhalten – darum unbedingt immer sorgfältig das Kleingedruckte durchlesen. Selbst bei Schäden durch unverschuldete Unfälle wird wahrscheinlich die Selbstbeteiligung fällig.

Bus

Busse sind das Hauptverkehrsmittel der meisten Ecuadorianer und fahren garantiert überallhin. Bustrips können aufregend, beengt, bequem, übelriechend, spaßig, angsteinflößend, gesellig oder anstrengend sein – je nach eigener Wahrnehmung, Ziel und Chauffeur.

In den vergangenen Jahren gab es einige tragische Busunfälle. Die meisten Busse haben keine Sicherheitsgurte; sind sie aber vorhanden, sollten sie auch unbedingt angelegt werden.

Die meisten Großstädte haben einen Hauptbusbahnhof (terminal terrestre). In einigen kleineren Ortschaften gibt's stattdessen mehrere Terminals von Privatfirmen. In diesem Fall muss man den richtigen Abfahrtspunkt zum jeweiligen Ziel herausfinden. Busbahnhöfe sind meist zu Fuß oder mit kurzer Taxifahrt ab dem Stadtzentrum erreichbar. Kleinere Orte werden gelegentlich von vorbeifahrenden Bussen bedient. Deren Passagiere müssen dann von der Landstraße zum Zentrum laufen – normalerweise aber nur ein kurzes Stück, da nur die kleinsten Nester keine Haltestellen haben.

Größere Gepäckstücke werden im Gepäckraum unten im Bus verstaut und sind in der Regel sicher. Diebstahl ist eher ein Problem bei Sachen, die in den Bus mitgenommen werden. Um nicht beklaut zu werden, sollte alles, was in den Bus mitgenommen wird, auf dem Schoß behalten werden (nicht auf dem Boden oder in der Gepäckablage).

Buspassagiere bezahlen durchschnittlich 1 US$ pro Fahrtstunde. Unbedingt immer den Reisepass griffbereit haben: Vor allem im Oriente werden Busse mitunter zwecks Insassenkontrolle angehalten.

Fernbusse

Zu den entsprechenden Zeiten halten Fernbusse in der Regel für 20-minütige Imbisspausen. Wegen der teils etwas einfachen Kost in Busbahnhofsrestaurants sollten wählerische Traveller am besten eigenen Proviant dabeihaben.

Klassen

Busklassen stehen kaum zur Auswahl – was gerade verfügbar ist, wird eben genommen. Die meisten autobuses (Busse) sind Passagierbusse und unterscheiden sich z.B. von Schulbussen. Bordtoiletten gibt's so gut wie nie, sofern die Reisezeit nicht über ca. vier Stunden liegt. Klimaanlage und Bordtoilette bieten nur ganz wenige Fernbusse zwischen Großstädten.

Reservierungen & Fahrpläne

Die Fahrpläne der meisten Busfirmen ändern sich oft und sind daher nicht immer verlässlich. Bereits voll besetzte Busse starten eventuell früher. Andererseits rollen fast leere Fahrzeuge mitunter eine halbe Stunde lang willkürlich durch die Gegend (dando vueltas), während der Assistent des Chauffeurs laut zur Tür hinausschreit, um weitere Passagiere anzulocken.

An vielen größeren Busbahnhöfen liefern Infostände aktuelle Details zu Routen, Preisen und Abfahrtszeiten.

Außer am Wochenende oder zur Ferienzeit bekommt man Fahrkarten in der Regel problemlos. Es schadet aber nie, sie schon ein oder zwei Tage zuvor zu kaufen oder eine bis zwei Stunden vor Abfahrt zu erscheinen.

Fahrrad

Steile Anstiege in großen Höhen erschweren das Radfahren in den Anden. Verkehrsregeln gibt es kaum und im ganzen Land nur wenige Radwege. Nach massiven Investitionen in die Infrastruktur sind die Straßen in Ecuador in gutem Zustand.

Außerhalb von Quito sind Fahrradfachgeschäfte selten. Die wenigen vorhandenen Läden haben normalerweise auch nur eine sehr begrenzte Auswahl. Deshalb sollte man alle wichtigen Ersatzteile und Werkzeuge von zu Hause mitbringen. Die besten Mountainbike-Tourveranstalter befinden sich in Quito und Riobamba.

Fahrradverleih

Fahrräder werden hauptsächlich für Kurztouren verliehen, meist von Quito, Riobamba, Cuenca und Baños aus.

Flugzeug

Inlandsfluglinien

Ecuadors einzige Inlandsfluglinie ist Tame. Sie fliegt von Guayaquil nach Quito, Cuenca, Loja, Esmeraldas und Latacunga sowie nach Baltra und San Cristóbal auf den Galapagosinseln. Von Quito fliegt Tame nach

Guayaquil, Manta, Loja, Lago Agrio, Esmeraldas, Cuenca und Salinas.

Bis auf Verbindungen zu den Galapagosinseln sind Inlandsflüge allgemein recht günstig: Die einfache Strecke kostet kaum mehr als 100 US$. Alle Festlandsflüge dauern nicht mal eine Stunde und sind vor allem wegen der unglaublichen Aussicht auf die Anden toll.

Zu den meisten Inlandszielen geht's ausschließlich ab Quito oder Guayaquil. Ecuadorianische Fluglinien:

Avianca (☑in Quito 1-800-003-434; www.avianca.com) Flugverbindungen mit Quito, Guayaquil, Cuenca, der Isla Baltra und Isla San Cristóbal (Galapagosinseln), Manta und Coca sowie Bogotá (Kolumbien) und Lima (Peru).

Emetebe (☑in Guayaquil 04-230-9209; www.emetebe. com.ec) Fluglinie mit Sitz auf den Galapagosinseln mit Flügen zwischen Isla Baltra, Isla San Cristóbal und Isla Isabela.

LAN (☑in Quito 1-800-842-526; www.lan.com) Fliegt von Quito nach Cuenca, Guayaquil und zu den Galapagosinseln (San Cristóbal und Isla Baltra, beide via Guayaquil) sowie nach Miami (USA) und andere internationale Destinationen.

Tame (☑in Quito 02-396-6300; www.tame.com.ec) Flugverbindungen mit Coca, Cuenca, Esmeraldas, Isla Baltra und Isla San Cristóbal (Galapagosinseln), Guayaquil, Lago Agrio, Loja, Macas, Manta, Quito sowie mit Lima (Peru), São Paulo (Brasilien), New York und Fort Lauderdale (USA).

Geführte Touren

Traveller mit wenig Zeit buchen geführte Touren am besten in Quito. Zahllose Veranstalter aller Preisklassen organisieren dort z. B. Kreuzfahrten zu den Galapagosinseln, Klettertrips, Wanderungen, Wanderritte, Urwaldabenteuer, Mountainbiketouren oder Exkursionen zu Haziendas.

Der Preis hängt dabei extrem von den eigenen Ansprüchen ab. Die günstigsten Urwaldtrips mit Camping gibt's teilweise schon für 40 US$ pro Person und Tag. Die teuersten Lodges verlangen dagegen bis zu 200 US$ pro Nase und Übernachtung (inkl. Vollpension & geführter Touren). Zwei Tage Vulkanklettern schlägt mit ca. 160 US$ pro Person zu Buche. Bei Kreuzfahrten zu den Galapagosinseln liegt der Wochentarif zwischen 800 und über 3000 US$ (zzgl. Flugtickets, Steuern & Eintrittsgebühren). Tagesausflüge ab Quito kosten 25–80 US$ pro Teilnehmer.

Lastwagen (Ranchera & Chiva)

In entlegenen Gebieten dienen Lastwagen oft als Busse. Manchmal kommen dabei große Pritschenfahrzeuge mit Blechdach, offenen Holzwänden und unbequemen Sitzbänken aus Holzplanken zum Einsatz. Diese seltsamen "Busse" alias *rancheras* oder *chivas* sind an der Küste und im Oriente unterwegs.

In abgeschiedenen Hochlandecken werden *camionetas* (normale LKWs oder Pick-ups) zum Personentransport benutzt – Passagiere steigen einfach hinten drauf. Bei gutem Wetter hat man eine herrliche Aussicht und frischen Andenwind im Gesicht. Ist das Wetter schlecht, kauert man sich zusammen mit den anderen Passagieren unter eine Abdeckplane.

Der Fahrtpreis wird normalerweise vom Chauffeur festgelegt und ist ein entfernungsabhängiger Standardtarif. Am besten fragt man bei anderen Passagieren nach, wie viel sie bezahlen. Meist entsprechen sich Lastwagen- und Buspreise in etwa.

Nahverkehr

Bus

Ecuadorianische Nahverkehrsbusse sind in der Regel langsam und überfüllt, die Fahrten aber erschwinglich. Eine Fahrt kosten in den meisten Städten 0,25 US$ und oft fahren die Busse auch in benachbarte Dörfer. Mit örtlichen Bussen kann man eine Gegend daher oft gut und günstig erkunden.

Außerhalb Quitos sind feste Bushaltestellen so gut wie nicht vorhanden. Die Busse stoppen oder werden zumindest langsamer, wenn Mitfahrwillige sich durch Winken an der Straße signalisieren. Wer aus einem Nahverkehrsbus aussteigen möchte, ruft einfach *¡Baja!* („herunter!"). Der Ruf *¡Gracias!* („Danke!") ist eine weitere beliebte und obendrein unverkennbar höfliche Methode, den Fahrer zum Anhalten zu bewegen.

Pick-up

In manchen Orten, vor allem in ländlichen Gebieten mit vielen Holperstraßen, dienen Pick-ups als Taxis. Wer von einem Ort zu einem Nationalpark, einer Berghütte oder zum Beginn eines Wanderwegs fahren will, heuert am besten einen Pick-up an, die einfach durch Herumfragen im Ort zu finden sind.

Taxi

Ecuadorianische Taxis sind verschieden groß und unterschiedlich geartet, aber allesamt gelb. Sie haben meist ein beleuchtetes Taxischild auf dem Dach oder einen entsprechenden Aufkleber an der Windschutzscheibe.

Um nicht abgezockt zu werden, sollte man den Fahrpreis stets im Voraus aushandeln. Taxameter sind außer in Quito und Guayaquil selten. Längere Fahrten kosten in beiden Städten selten mehr als 5 US$ (außer zu den Busbahnhöfen in Quito, die eine ganze Ecke vom Zentrum entfernt liegen). Fast überall liegt der Mindesttarif bei 1 US$. In Quito hat man diesen Betrag auch zu bezahlen, wenn der Gebührenzähler nur 0,80 US$ anzeigt. Am Wochenende und bei Dunkelheit sind die Taxipreise immer 25–50 % höher.

Ein Taxi lässt sich für 40–60 US$ pro Tag mieten. Eine mehrtägige Mietdauer entspricht dem Preis eines Leihautos. Dann muss man zwar nicht selbst steuern, aber für Essen und Unterkunft des Chauffeurs aufkommen. Einige Tourveranstalter in Quito verleihen Geländewagen mit erfahrenen Fahrern.

In ländlicheren Ecken sind auch *ecotaxis* (Fahrradrikschas bzw. dreirädrige Drahtesel mit kleinem, überdachtem Zweipersonenabteil) und *taxis ecológicos* (Motorradrikschas mit Zweipersonenabteil) unterwegs.

Schiff/Fähre

Transport in Wasserfahrzeugen ist in einigen Teilen Ecuadors üblich. Es gibt verschiedene Kategorien:

Kanu

Am häufigsten sind Kanus mit Außenbordmotor, die auf den großen Oriente-Flüssen (vor allem auf dem Río Napo) und an Teilen der Nordküste als Wassertaxis bzw. -busse dienen. Die meisten Leute erleben diese ungewöhnliche Transportart im Rahmen einer Amazonastour, da Lodges im Regenwald oft nur mit motorisierten Kanus erreichbar sind.

Die meist langen und unkomfortablen Boote transportieren oft bis zu 36 Passagiere, die in der Regel jeweils zu zweit nebeneinander auf harten, niedrigen Holzbänken sitzen. Wichtigster Tipp: Unbedingt eine Art *Sitzpolster* (zusammengelegter Pullover, Handtuchstapel etc.) mitbringen! Das sorgt unterwegs für deutlich mehr Bequemlichkeit.

Andere Wasserfahrzeuge

Rund um den Galapagosarchipel reicht das Angebotsspektrum von kleinen Segelbooten bis hin zu Kreuzfahrtschiffen mit eigenen Bädern in klimatisierten Kabinen. Die unregelmäßig verkehrenden Inselfähren sind die günstigsten Transportmittel zwischen den einzelnen Eilanden. Sie spielen aber nur eine Rolle, wenn man die Inseln auf eigene Faust und nicht im Rahmen einer Tour erkundet.

Zusätzlich zu den Einbaumkanus des Oriente schippert ein einziges relativ luxuriöses Kreuzfahrtschiff namens *Amazon Manatee Explorer* den Río Napo hinunter.

Trampen

Trampen ist nirgendwo auf der Welt völlig ungefährlich und daher grundsätzlich nicht zu empfehlen. Wer dennoch den Daumen ausstreckt, sollte sich des kleinen, aber potenziell hohen Risikos bewusst sein. Tramper erhöhen ihre eigene Sicherheit, wenn sie mindestens zu zweit losziehen und Dritte über ihr jeweiliges Ziel informieren.

Drei Gründe machen Anhalterreisen durch Ecuador kaum praktikabel: Erstens gibt's hier nur wenige Privatfahrzeuge. Zweitens sind die öffentlichen Verkehrsmittel recht günstig. Und drittens wickeln Lastwagen in entlegenen Regionen den Nahverkehr ab. Der Versuch des Gratis-Trampens per Lkw entspricht daher der Idee, kostenlos mit einem Bus mitzufahren. Viele Chauffeure *aller* Fahrzeugtypen nehmen einen durchaus mit, verlangen dafür aber eine (normalerweise geringe) Entlohnung.

Zug

Zur großen Freude von Zugenthusiasten wurde Ecuadors Schienennetz endlich instandgesetzt. Leider ist es für Reisen nicht hilfreich, da die Strecken ausschließlich für touristische Tagesausflüge genutzt werden. Die Züge fahren meist am Wochenende auf kurzen Strecken, Rückfahrt ist oft mit dem Bus. Am berühmtesten ist die spektakuläre Strecke, die von Alausí aus bergab an La Nariz del Diablo (Teufelsnase) entlangführt. Dieses dramatische Stück Schienenstrang zählte einst zu den Weltwundern des Eisenbahnbaus. Die zweite Strecke ist der Wochenendtrip von Quito zur Area Nacional de Recreación El Boliche bei Cotopaxi.

Weitere Züge fahren ab Durán (bei Guayaquil), Ibarra, Ambato, Riobamba und El Tambo (bei Ingapirca).

Fahrpläne, Fahrpreise und Streckeninformationen gibt es bei **Tren Ecuador** (www. trenecuador.com).

Sprache

Die Aussprache des lateinamerikanischen Spanisch ist einfach, da es die meisten Laute auch im Deutschen gibt. Außerdem wird alles ziemlich genau so ausgesprochen, wie es geschrieben wird – einfach an der Aussprachehilfe in blauer Schrift orientieren! Das v und das b spricht man wie ein weiches, angehauchtes „b" aus, das r wird gerollt.

In Südamerika gibt es viele Regiolekte, die sich im Sprachgebrauch z. T. deutlich voneinander unterscheiden. Auffällig ist die Aussprache der Laute *ll* und *y*. Je nachdem, wo man gerade ist, werden sie ausgesprochen wie das „j" in „ja", das „lli" in „Million", das „g" in „Hotelpage", das „sch" in „Schule" oder das „g" in „Gentleman". In unserer Aussprachehilfe haben wir sie mit dem Buchstaben j gekennzeichnet, denn in Ecuador entspricht ihre Aussprache dem „j" in „ja" (wie in vielen anderen Ländern Lateinamerikas auch).

Die betonten Silben werden im Spanischen durch einen Akzent kenntlich gemacht (z. B. in *días*), in der Aussprachehilfe haben wir sie durch Kursivierung hervorgehoben.

In diesem Kapitel wird im Allgemeinen die Höflichkeitsform verwendet, manchmal sind aber sowohl die „Sie"-Form (höfl.) als auch die „Du"-Form (fam.) aufgeführt. Wo es nötig war, wurden sowohl die männliche als auch die weibliche Form angegeben; das Maskulinum kommt zuerst, das Femininum nach dem Schrägstrich, z. B. *perdido/a* (m./f.).

KONVERSATION

Hallo.	*Hola.*	o·la
Auf Wiedersehen.	*Adiós.*	a·djos
Wie geht's?	*¿Qué tal?*	ke tal
Gut, danke.	*Bien, gracias.*	bjen gra·sjas
Entschuldigung.	*Perdón.*	per·don
Es tut mir leid.	*Lo siento.*	lo sjen·to
Bitte.	*Por favor.*	por fa·vor
Danke.	*Gracias.*	gra·sjas

Gern geschehen.	*De nada.*	de na·da
Ja.	*Sí.*	si
No.	*No.*	no

Ich heiße ...
Me llamo ... — me ja·mo ...

Wie heißen Sie?
¿Cómo se llama Usted? — ko·mo se ja·ma u·ste (höfl.)
¿Cómo te llamas? — ko·mo te ja·mas (fam.)

Sprechen Sie Englisch?
¿Habla inglés? — a·bla in·gles (höfl.)
¿Hablas inglés? — a·blas in·gles (fam.)

Ich verstehe nicht.
No entiendo. — no en·tjen·do

ESSEN & TRINKEN

Kann ich die Speisekarte sehen, bitte?
¿Puedo ver el menú por favor? — pue·do ver el me·nu por fa·vor

Was empfehlen Sie?
¿Qué recomienda? — ke re·ko·mjen·da

Haben Sie vegetarische Speisen?
¿Tienen comida vegetariana? — tje·nen ko·mi·da ve·che·ta·ria·na

Ich esse kein (rotes Fleisch).
No como (carne roja). — no ko·mo (kar·ne ro·cha)

Das war köstlich!
¡Estaba buenísimo! — es·ta·ba bue·ni·si·mo

Prost!
¡Salud!   sa·*lu*

Die Rechnung, bitte.
La cuenta, por favor.   la *kuen*·ta por fa·*vor*

Ich hätte gern	*Quisiera*	ki·*sje*·ra *u*·na
einen Tisch	*una mesa*	me·sa
für ...	*para ...*	*pa*·ra
(acht) Uhr	*las (ocho)*	las (*o*·tscho)
(zwei) Personen	*(dos)*	*(dos)*
	personas	per·*so*·nas

Wichtige Begriffe

Abendessen	*cena*	*se*·na
Flasche	*botella*	bo·*te*·ja
Frühstück	*desayuno*	de·sa·*ju*·no
Gabel	*tenedor*	te·ne·*dor*
Glas	*vaso*	*va*·so
heiß	*caliente*	kal·*jen*·te
Hochstuhl	*trona*	*tro*·na
(sehr) kalt	*(muy) frío*	(mui) *fri*·o
Kinderkarte	*menú infantil*	me·*nu* in·fan·*til*
Löffel	*cuchara*	ku·*tscha*·ra
Messer	*cuchillo*	ku·*tschi*·jo
mit/ohne	*con/sin*	kon/sin
Mittagessen	*almuerzo*	al·*muer*·so
Restaurant	*restaurante*	res·tau·*ran*·te
Schüssel	*bol*	bol
Teller; Gericht	*plato*	*pla*·to

Fleisch & Fisch

Fisch	*pescado*	pes·*ka*·do
Huhn	*pollo*	*po*·jo
Kalb	*ternera*	ter·*ne*·ra
Lamm	*cordero*	kor·*de*·ro
Rind	*carne de vaca*	*kar*·ne de *va*·ka
Schwein	*cerdo*	*ser*·do
Truthahn	*pavo*	*pa*·vo

Obst & Gemüse

Ananas	*ananá*	a·na·*na*
Apfel	*manzana*	man·*sa*·na
Aprikose	*damasco*	da·*mas*·ko
Artischocke	*alcaucil*	al·*kau*·sil
Banane	*banana*	ba·*na*·na
Bohnen	*chauchas*	*tschau*·tschas
Erbsen	*arvejas*	ar·*be*·chas
Erdbeere	*frutilla*	fru·*ti*·ja

KICHWA

Die meisten *indígenas* sprechen sowohl Kichwa (als Muttersprache) als auch Spanisch. Das in Ecuador geläufige Kichwa unterscheidet sich von den in Peru und Bolivien gängigen Varietäten.

Folgende Begriffe und Wendungen sind ganz praktisch in Gegenden, in denen ecuadorianisches Kichwa gesprochen wird. Es gelten dieselben Ausspracheregeln wie im Spanischen. Der Apostroph (') steht für einen „Verschlusslaut" und entspricht einer kurzen Pause, z. B. zwischen zwei Vokalen (etwa bei dem Ausruf „Oh, oh!").

Hallo.	*Napaykullayki.*
Bitte.	*Allichu.*
Danke.	*Yusulipayki.*
Ja./Nein.	*Ari./Mana.*
Wie sagt man ...?	*Imanata nincha chaita ...?*
Es heißt ...	*Chaipa'g sutin'ha ...*
Bitte noch einmal (wiederholen)!	*Ua'manta niway.*
Wie viel?	*Maik'ata'g?*
Essen	*mikíuy*
Fluss	*mayu*
Mutter	*mama*
schneebedeckter Gipfel	*riti-orko*
Vater	*tayta*
Wasser	*yacu*

1	*u'*
2	*iskai*
3	*quinsa*
4	*tahua*
5	*phiska*
6	*so'gta*
7	*khanchis*
8	*pusa'g*
9	*iskon*
10	*chunca*

Gemüse	*verdura*	ver·*du*·ra
Gurke	*pepino*	pe·*pi*·no
Kartoffel	*papa*	*pa*·pa
Kirsche	*cereza*	se·*re*·sa
Kohl	*repollo*	re·*po*·jo

Schilder

Abierto	Geöffnet
Cerrado	Geschlossen
Entrada	Eingang
Hombres/Varones	Männer
Mujeres/Damas	Frauen
Prohibido	Verboten
Salida	Ausgang
Servicios/Baños	Toiletten

Kürbis	*zapallo*	sa·*pa*·jo
Linsen	*lentejas*	len·*te*·chas
Mais	*choclo*	*tscho*·klo
Möhre	*zanahoria*	sa·na·o·ria
Nüsse	*nueces*	*nue*·ses
Obst	*fruta*	*fru*·ta
Orange	*naranja*	na·*ran*·cha
(rote/grüne) Paprika	*pimiento (rojo/verde)*	pi·*mjen*·to (ro·cho/*ver*·de)
Pfirsich	*melocotón*	me·lo·ko·*ton*
Pflaume	*ciruela*	si·*rue*·la
Pilz	*champiñón*	tscham·pi·*njon*
(Kopf-)Salat	*lechuga*	le·*tschu*·ga
Rote Beete	*remolacha*	re·mo·*la*·tscha
Sellerie	*apio*	a·pjo
Spargel	*espárragos*	es·*pa*·ra·gos
Spinat	*espinacas*	es·pi·*na*·kas
Tomate	*tomate*	to·*ma*·te
Wassermelone	*sandía*	san·*dí*·a
Weintraube	*uvas*	*u*·bas
Zitrone	*limón*	li·*mon*
Zwiebel	*cebolla*	se·*bo*·ja

Weitere Lebensmittel

Brot	*pan*	pan
Butter	*manteca*	man·*te*·ka
Ei	*huevo*	*ue*·bo
Essig	*vinagre*	vi·*na*·gre
Honig	*miel*	mjel
Käse	*queso*	*ke*·so
Marmelade	*mermelada*	mer·me·*la*·da
Öl	*aceite*	a·*sei*·te
Pfeffer	*pimienta*	pie·*mjen*·ta
Reis	*arroz*	a·ros
Salz	*sal*	sal
Zucker	*azúcar*	a·*su*·kar

Getränke

Bier	*cerveza*	ser·*be*·sa
Kaffee	*café*	ka·*fe*
Milch	*leche*	*le*·tsche
(Orangen-) Saft	*jugo (de naranja)*	*chu*·go (de na·*ran*·cha)
Tee	*té*	te
(Mineral-) Wasser	*agua (mineral)*	*a*·gua (mi·ne·*ral*)
(Rot-/Weiß-) Wein	*vino (tinto/ blanco)*	*vi*·no (*tin*·to/ *blan*·ko)

NOTFALL

Hilfe!	*¡Socorro!*	so·*ko*·ro
Verschwinde/ Hau ab!	*¡Vete!*	*be*·te
Rufen Sie...!	*¡Llame...!*	*ja*·me...
einen Arzt	*a un médico*	a un *me*·di·ko
die Polizei	*a la policía*	a la po·li·*si*·a

Ich habe mich verlaufen.
Estoy perdido/a.   es·*toi* per·*di*·do/a (m./f.)

Ich bin krank.
Estoy enfermo/a.   es·*toi* en·*fer*·mo/a (m./f.)

Ich habe hier Schmerzen.
Me duele aquí.   me *due*·le a·*ki*

Ich reagiere allergisch auf (Antibiotika).
Soy alérgico/a a (los antibióticos).   soy a·*ler*·chi·ko/a a (los an·ti·*bjo*·ti·kos) (m./f.)

Wo sind die Toiletten?
¿Dónde están los baños?   *don*·de es·*tan* los *ba*·njos

SHOPPEN & DIENSTLEISTUNGEN

Ich möchte gern...kaufen.
Quisiera comprar...   ki·*sje*·ra kom·*prar*...

Ich sehe mich nur um.
Sólo estoy mirando.   *so*·lo es·*toi* mi·*ran*·do

Kann ich es ansehen?
¿Puedo verlo?   *pue*·do *ver*·lo

Es gefällt mir nicht.
No me gusta.   no me *gus*·ta

Wie viel kostet es?
¿Cuánto cuesta?   *kuan*·to *kues*·ta

Das ist zu teuer.
Es muy caro.   es mui *ka*·ro

Könnten Sie mit dem Preis runtergehen?
¿Podría bajar un poco el precio?   po·*drí*·a ba·*char* un *po*·ko el *pre*·sjo

Die Rechnung ist nicht korrekt.
Hay un error   ei un e·*ror*
en la cuenta.   en la *kuen*·ta

Geldautomat	*cajero automático*	ka·*che*·ro au·to·*ma*·ti·ko
Internetcafé	*cibercafé*	si·ber·ka·*fe*
Kreditkarte	*tarjeta de crédito*	tar·*che*·ta de *kre*·di·to
Markt	*mercado*	mer·*ka*·do
Post	*correos*	ko·*re*·os
Touristen-information	*oficina de turismo*	o·fi·*si*·na de tu·*ris*·mo

UHRZEIT & DATUM

Wie viel Uhr ist es?	*¿Qué hora es?*	ke o·ra es
Es ist 10 Uhr.	*Son las diez.*	son las djes
Es ist halb elf.	*Son las diez y media.*	son las djes i *me*·dia

Morgen	*mañana*	ma·*nja*·na
Nachmittag	*tarde*	*tar*·de
Abend	*noche*	*no*·tsche
gestern	*ayer*	a·*jer*
heute	*hoy*	oi
morgen	*mañana*	ma·*nja*·na

Montag	*lunes*	*lu*·nes
Dienstag	*martes*	*mar*·tes
Mittwoch	*miércoles*	*mjer*·ko·les
Donnerstag	*jueves*	*chue*·bes
Freitag	*viernes*	*bjer*·nes
Samstag	*sábado*	*sa*·ba·do
Sonntag	*domingo*	do·*min*·go

Januar	*enero*	e·*ne*·ro
Februar	*febrero*	fe·*bre*·ro
März	*marzo*	*mar*·so
April	*abril*	a·*bril*
Mai	*mayo*	*ma*·jo

Fragewörter		
Wann?	*¿Cuándo?*	*kuan*·do
Warum?	*¿Por qué?*	por ke
Was?	*¿Qué?*	ke
Wer?	*¿Quién?*	kjen
Wie?	*¿Cómo?*	*ko*·mo
Wo?	*¿Dónde?*	*don*·de

Juni	*junio*	*chun*·jo
Juli	*julio*	*chul*·jo
August	*agosto*	a·*gos*·to
September	*septiembre*	sep·*tjem*·bre
Oktober	*octubre*	ok·*tu*·bre
November	*noviembre*	no·*bjem*·bre
Dezember	*diciembre*	di·*sjem*·bre

UNTERKUNFT

Ich hätte gern ein …	*Quisiera una*	ki·*sje*·ra *u*·na
Zimmer	*habitación …*	a·bi·ta·*sjon* …
Einzel-zimmer	*habitación individual*	a·bi·ta·*sjon* in·di·vi·*dual*
Doppel-zimmer	*habitación doble*	a·bi·ta·*sjon* *do*·ble

Wie viel kostet es pro Nacht/Person?
¿Cuánto cuesta por   *kuan*·to *kues*·ta por
noche/persona?   *no*·tsche/per·*so*·na

Ist das Frühstück inbegriffen?
¿Incluye el desa-   in·*klu*·je el de·sa-
yuno?   *ju*·no

Campingplatz	*terreno de cámping*	te·*re*·no de *kam*·ping
Hotel	*hotel*	o·*tel*
Jugendher-berge	*albergue juvenil*	al·*ber*·ge chu·ve·*nil*
(kleines) Hotel/ Landgasthof	*hostal/ hostería*	os·*tal*/ os·te·*ri*·a
Pension	*pensión*	pen·*sjon*
Bad	*baño*	*ba*·njo
Bett	*cama*	*ka*·ma
Fenster	*ventana*	ven·*ta*·na
Klimaanlage	*aire acondicio-nado*	*ai*·re a·kon·di·sjo·*na*·do

VERKEHRSMITTEL & -WEGE

Boot	*barco*	*bar*·ko
Bus	*autobús*	au·to·*bus*
(einfacher) Bus	*chiva/ ranchera*	*tschi*·va/ ran·*tsche*·ra
Flugzeug	*avión*	a·*vjon*
(Gemein-schafts-)Taxi	*colectivo*	ko·lek·*ti*·vo
Zug	*tren*	tren
Transporter/ Pickup	*camioneta*	ka·mjo·*ne*·ta

Zahlen

1	uno	*u*·no
2	dos	dos
3	tres	tres
4	cuatro	*kua*·tro
5	cinco	*sin*·ko
6	seis	seis
7	siete	*sje*·te
8	ocho	*o*·tscho
9	nueve	*nue*·be
10	diez	djes
20	veinte	be *in*·te
30	treinta	tre *in*·ta
40	cuarenta	kua·*ren*·ta
50	cincuenta	sin·*kuen*·ta
60	sesenta	se·*sen*·ta
70	setenta	se·*ten*·ta
80	ochenta	o·*tschen*·ta
90	noventa	no·*ben*·ta
100	cien	sjen
1000	mil	mil

erster	primero	pri·*me*·ro
letzter	último	*ul*·ti·mo
nächster	próximo	*prok*·si·mo
Eine Fahrkarte ..., bitte.	Un boleto de ... por favor.	un bo·*le*·to de ... por fa·*vor*
1. Klasse	primera clase	pri·*me*·ra *kla*·se
2. Klasse	segunda clase	se·*gun*·da *kla*·se
einfache Fahrt	ida	*i*·da
Hin- & Rückfahrt	ida y vuelta	*i*·da i *buel*·ta

Ich möchte nach ... fahren/reisen.
Quisiera ir a ...   ki·*sje*·ra ir a ...

Hält er (z. B. der Bus) in ...?
¿Para en ...?   *pa*·ra en ...

Welche Haltestelle ist das?
¿Cuál es esta parada?   kual es *es*·ta pa·*ra*·da

Wann kommt er (z. B. der Bus) an/fährt er ab?
¿A qué hora llega/sale?   a ke o·*ra* je·ga/*sa*·le

Geben Sie mir Bescheid, wenn wir in ... sind?
¿Puede avisarme   pue·de a·vi·*sar*·me
cuando lleguemos a ...?   *kuan*·do je·*ge*·mos a ...?

Ich möchte hier aussteigen.
Quiero bajarme aquí.   *kie*·ro ba·*char*·me a·*ki*

annulliert	cancelado	kan·se·*la*·do
Bahnhof	estación de trenes	es·ta·*sjon* de *tre*·nes

Busbahnhof	terminal terrestre	ter·mi·*nal* te·*res*·tre
Bushaltestelle	parada de autobuses	pa·*ra*·da de au·to·*bu*·ses
Fahrkartenschalter	taquilla	ta·*ki*·ja
Fahrplan	horario	o·*ra*·rio
Flughafen	aeropuerto	a·e·ro·*puer*·to
Platz am Fenster	asiento junto a la ventana	a·*sien*·to *chun*·to a la ben·*ta*·na
Platz am Gang	asiento de pasillo	a·*sien*·to de pa·*si*·jo
(Bus-/Bahn-) Steig	plataforma	pla·ta·*for*·ma
verspätet	retrasado	re·tra·*sa*·do

Ich möchte ... mieten.	Quisiera alquilar...	ki·*sje*·ra al·ki·*lar*...
ein Auto	un carro	un *ka*·ro
ein Fahrrad	una biciclata	*u*·na bi·si·*kle*·ta
ein Motorrad	una moto	*u*·na *mo*·to
einen Wagen mit Allradantrieb	un todo terreno	un to·do·te·*re*·no

Benzin	gasolina	ga·so·*li*·na
Diesel	petróleo	pet·ro·le·o
Helm	casco	*kas*·ko
Kfz-Mechaniker	mecánico	me·*ka*·ni·ko
Kindersitz	asiento de seguridad para niños	a·*sjen*·to de se·gu·*ri*·da *pa*·ra *ni*·njos
Lastwagen	camion	ka·*mjon*
Tankstelle	gasolinera	ga·so·li·*ne*·ra
trampen	hacer botella	a·*ser* bo·*te*·ja

Ist das die Straße nach ...?
¿Se va a ... por esta   se va a ... por *es*·ta
carretera?   ka·re·*te*·ra

(Wie lange) Kann ich hier parken?
¿(Cuánto tiempo)   (*kuan*·to *tjem*·po)
Puedo aparcar aquí?   pue·do a·par·*kar* a·*ki*

Das Auto ist liegengeblieben (in ...).
El carro se ha   el *ka*·ro se a
averiado (en ...).   a·be·*ria*·do (en ...)

Ich hatte einen Unfall.
He tenido un   e te·*ni*·do un
accidente.   ak·si·*den*·te

Ich habe kein Benzin mehr.
Me he quedado sin   me e ke·*da*·do sin
gasolina.   ga·so·*li*·na

Ich habe einen Platten.
Se me pinchó una   se me pin·*tscho* u·na
rueda.   *rue*·da

WEGBESCHREIBUNGEN

Wo ist...?
¿Dónde está ...?   *don*·de es·*ta* ...

Wie lautet die Adresse?
¿Cuál es la dirección?   kual es la di·rek·*sjon*

Könnten Sie das bitte aufschreiben?
¿Puede escribirlo,   *pue*·de es·kri·*bir*·lo
por favor?   por fa·*vor*

Können Sie mir das (auf der Karte) zeigen?
¿Me lo puede indicar   me lo *pue*·de in·di·*kar*
(en el mapa)?   (en el *ma*·pa)

an der Ampel	*en el semáforo*	en el se·*ma*·fo·ro
an der Ecke	*en la esquina*	en la es·*ki*·na
gegenüber ...	frente a ...	*fren*·te a ...
geradeaus	todo recto	*to*·do *rek*·to
hinter ...	*detrás de ...*	de·*tras* de ...
links	*izquierda*	is·*kjer*·da
nahe	cerca	*ser*·ka
neben ...	al lado de ...	al *la*·do de ...
rechts	derecha	de·*re*·tscha
vor ...	*enfrente de ...*	en·*fren*·te de ...
weit (entfernt)	*lejos*	*le*·chos

GLOSSAR

AGAR – Asociación de Guías de Águas Rápidas del Ecuador (Ecuadorianische Vereinigung der Wildwasser-Rafting-Guides)

aguardiente – Alkohol auf Zuckerrohrbasis

ASEGUIM – Asociación Ecuatoriana de Guías de Montaña (Ecuadorianische Bergführervereinigung)

balneario – wörtl. „Kurort, Badeort", gilt aber im Prinzip für jeden Platz, an dem man schwimmen oder planschen kann

cabaña – Hütte; gibt's an der Küste und im Oriente

camioneta – kleiner Transporter oder Pick-up (Pritschenwagen)

campesino – Bauer

capitanía – Hafenmeister

casa de cambio – Wechselstube

centro comercial – Einkaufszentrum; wird häufig abgekürzt („CC")

chifa – Chinesisches Restaurant

chiva – zu den Seiten hin offener Bus oder Transporter mit schmalen, unbequemen Sitzbänken; wird auch als *ranchera* bezeichnet

colectivo – Gemeinschaftstaxi

comedore – günstiges Restaurant

comida típica – traditionelles landestypisches Essen

cuencano – Einwohner von Cuenca

curandero – Medizinmann

ejecutivo – die 1. Klasse im Bus

folklórica – traditionell andinische Volksmusik

guayaquileño – Einwohner von Guayaquil

hostal – kleines, günstiges Hotel, kein Backpackerhostel

hostería – kleines Hotel, häufig in Form eines mittelteuren Gasthofs auf dem Land

IGM – Instituto Geográfico Militar, die ecuadorianische Regierungsbehörde, die topographische und andere Karten herausgibt.

indígena – Angehörige(r) der indigenen Bevölkerung

lavandería – Wäscherei

malecón – Uferpromenade

mestizo – Person mit indigenen und spanischen Vorfahren

otavaleño – Einwohner von Otavalo

paja toquilla – Stroh der *toquilla* (einer kleinen Palme); wird bei der Herstellung von Kunsthandwerk und Hüten verwendet

Panamericana – Panamerikanischer Highway, die wichtigste Verbindungsroute zwischen den lateinamerikanischen Staaten; wird in manchen Ländern Interamericana genannt

panga – kleine Passagierfähre, vor allem auf den Galapagosinseln, aber auch auf den Flüssen und Seen des Oriente und entlang der Küste

páramo – hoch gelegene Graslandschaften in den ecuadorianischen Anden; auch in Kolumbien, Venezuela und den höchsten Regionen Costa Ricas und Panamas.

parque nacional – Nationalpark

pasillo – die berühmte Musik Ecuadors

peña – Bar oder Club, in dem traditionelle Livemusik gespielt wird

playa – Strand

puente – Brücke

quinta – Herrenhaus oder Villa auf dem Land

quiteño – Einwohner von Quito

ranchera – s. *chiva*

refugios – einfache Schutzhütten in den Bergen, in denen man übernachten kann

residencial – einfaches Hotel

río – Fluss

salsateca – (auch *salsoteca*) Club, in dem vorwiegend Salsa getanzt wird

serranos – Bewohner aus dem Hochland

shigra – kleine gewebte Umhängetasche

tagua – Steinnuss; eigentlich keine Nuss, sondern der Samen einer lokalen Palmenart. Aus ihm werden Gegenstände geschnitzt, auch Schmuck.

terminal terrestre – zentraler Busbahnhof, der von vielen verschiedenen Busunternehmen genutzt wird

tzantza – Schrumpfkopf

Hinter den Kulissen

WIR FREUEN UNS ÜBER EIN FEEDBACK

Post von Travellern zu bekommen ist für uns ungemein hilfreich – Kritik und Anregungen halten uns auf dem Laufenden und helfen, unsere Bücher zu verbessern. Unser reiseerfahrenes Team liest alle Zuschriften genau durch, um zu erfahren, was an unseren Reiseführern gut und was schlecht ist. Wir können solche Post zwar nicht individuell beantworten, aber jedes Feedback wird garantiert schnurstracks an die jeweiligen Autoren weitergeleitet, rechtzeitig vor der nächsten Auflage.

Wer uns schreiben will, erreicht uns unter **www.lonelyplanet.de/kontakt**.

Hinweis: Da wir Beiträge möglicherweise in Lonely Planet Produkten (Reiseführer, Websites, digitale Medien) veröffentlichen, ggf. auch in gekürzter Form, bitten wir um Mitteilung, falls ein Kommentar nicht veröffentlicht oder ein Name nicht genannt werden soll. Wer Näheres über unsere Datenschutzpolitik wissen will, erfährt das unter www.lonelyplanet.com/privacy.

DANK VON LONELY PLANET

Vielen Dank an die folgenden Leser, die mit der letzten Ausgabe unterwegs waren und uns wertvolle Hinweise, Tipps und interessante Anekdoten geschickt haben:
Aafke Nijhuis, Aeryca Steinbauer, Agnieszka Szafran, Alex Müller, Alicia McDermott, Anna-Maria Fischer, Anne van der Heijden, Arnoud de Vrij, Bruce Cook, Carol Patterson, Charlotte Siemens, David Cupery, David Gonzalez, Elke Ganter, Emily Workman, Franziska Breu, Graham Lee, Heike Kumpfmüller, Hilda Gallardo, Howie Peterson, Jack Curry, Jan Bruggers, Jason White, Jim Habermehl, Johanna Thalhammer, Johannes de Jong, José Spooner, Josefina Uguccioni, Karen Baxter, Leticia Feippe, Lin Chen, Lina Silverklippa, Lisette Kobel, Lyndy Palmer, Marc van der Elst, Maria Antonia Bennassar Bota, Miguel Perez Cerda , Nadine Dijkshoorn, Nina Ball, Núria & Daniel Rojo Badenas, Oliver Thieser, Padmini Sekar, Phil Sutcliffe , Philipp Otte, Rachel Oliphant, Rick Romea, Rudolf Hoeberigs, Sam Baléé, Savaş Adsiz, Selva Verde, Sophie Briant, Tjeerd Osinga, Tom Gray, Valeria Rodríguez, Viviana Proano

DANK DER AUTOREN

Regis St. Louis
Ich bin zahllosen Einheimischen, Expats und Freunden zu Dank verpflichtet, die mich unterwegs unterstützt haben. Ganz speziell möchte ich danken: Christopher Jimenez in Guayaquil, John und Eva in Quito, Claudio Cruz und Aura auf Floreana, Christoph Köhncke für tiefere Einblicke auf Floreana, Jacqueline Bruns auf Isabela und den Eden-Schiffskameraden Ryan, Sarah, Kara, Owian, Amy, Nat, Havard und Mette. Dank auch an meine Koautoren für ihre harte Arbeit und ihr Engagement für dieses Andenland. Und wie immer, einen Riesendank an meine Familie – Cassandra, Magdalena und Genevieve – für all ihre Liebe und ihre Unterstützung.

Greg Benchwick
Dieser Reiseführer wäre nicht möglich ohne die phantastische Arbeit der verantwortlichen Redakteurin, MaSovaida Morgan, und der ganzen Mannschaft von Redakteuren, Autoren und Kartografen bei LP. Dank an Patricio Asadobay in Ambato und Cindy in Baños, die mich auf den richtigen Weg gebracht haben. Und wie immer herzlichen Dank an meine Familie.

Michael Grosberg
Dank an John Potts und Eva; Paul Parreno; Rodrigo Ontaneda Hidalgo; Alejandra Teran, Alejandro Bonilla und Manuel Hernandez; Martin von Runa Tupari in Otavalo; Andrea Schnoor; Fernando Arias; Warren und Rocio Flax; Joshua Carter; Ingo aus Mindo. Und schließlich ganz besonderen Dank an Carly und Boonsies dafür, dass sie zuhause alles am Laufen gehalten haben und mich nach der Reise so toll begrüßt haben.

Luke Waterson

Besonderen Dank an Mark Thurber in Quito, Koos in Baeza, Matt Terry in Tena, Cristina von der Wild Sumaco Lodge, Lee vom Carolina Bookstore in Cuenca, Arno in Loja, die Leute von Jardín Escondido und Hostería Izhcayluma in Vilcabamba, den Mann mit dem Motorrad, der mir in Misahuallí geholfen hat, und an all die Busfahrer, Taxifahrer und Natio-

nalpark-Ranger: was für supercoole Typen ihr seid! *Haceis Ecuador lo que debería ser.* Ihr macht Ecuador zu dem, was es sein sollte.

QUELLENNACHWEIS

Titelfoto: Landleguan auf der Plaza Sur, Isla Santa Cruz, Galapagosinseln, Danita Delimont Stock/AWL

ÜBER DIESES BUCH

Dies ist die 2. deutsche Auflage von *Ecuador & Galapagosinseln*. Sie basiert auf der 10. englischen Auflage von Regis St. Louis, Greg Benchwick, Michael Grosberg und Luke Waterson. Die vorige Auflage schrieben Regis St. Louis, Greg Benchwick, Michael Grosberg und Tom Masters. Dieser Reiseführer wurde produziert von:

Titelredaktion
MaSovaida Morgan
Produktredaktion
Martine Power
Redaktion
Simon Williamson
Kartografie
Mark Griffiths
Layout
Virginia Moreno
Redaktionsassistenz Judith Bamber, Kate Chapman, Bruce

Evans, Kate James, Kate Kiely, Anne Mulvaney, Kristin Odijk, Ross Taylor
Kartografieassistenz
Valentina Kremenchutskaya
Umschlaggestaltung
Naomi Parker

Dank an Sasha Baskett, Anna Harris, Anne Mason, Jennifer Mullins, Claire Naylor, Karyn Noble, Kathryn Rowan, Ellie Simpson, Glenn van der Knijff, Maureen Wheeler

Register

Kartenlegende

Sehenswertes

- Strand
- Vogelschutzgebiet
- buddhistisch
- Burg/Schloss/Palast
- christlich
- konfuzianisch
- hinduistisch
- islamisch
- jainistisch
- jüdisch
- Denkmal
- Museum/Galerie/histor. Gebäude
- Ruine
- shintoistisch
- Sikh
- taoistisch
- Weingut/Weinberg
- Zoo/Wildschutzgebiet
- sonstige Sehenswürdigkeit

Aktivitäten, Kurse & Touren

- bodysurfen
- tauchen
- Kanu/Kajak fahren
- Kurs/Tour
- Sento/Onsen
- Ski fahren
- schnorcheln
- surfen
- Swimmingpool
- wandern
- windsurfen
- sonstige Aktivität

Schlafen

- Hotel/Pension/Hostel
- Camping

Essen

- Restaurant

Ausgehen & Nachtleben

- Bar/Kneipe/Club
- Café

Unterhaltung

- Entertainment

Shoppen

- Shoppen

Praktisches

- Bank
- Botschaft/Konsulat
- Krankenhaus/Arzt
- Internet
- Polizei
- Post
- Telefon
- Toilette
- Touristeninformation
- sonstige Informationen

Geografie

- Strand
- Hütte/Unterstand
- Leuchtturm
- Aussichtspunkt
- Berg/Vulkan
- Oase
- Park
- Pass
- Rastplatz
- Wasserfall

Städte

- Hauptstadt (Staat)
- Hauptstadt (Provinz)
- Großstadt
- Stadt/Ort

Transport

- Flughafen
- Grenzübergang
- Bus
- Seilbahn/Standseilbahn
- Radweg
- Fähre
- Metrostation
- Schwebebahn
- Parkplatz
- Tankstelle
- Subway/Subte-Station
- Taxi
- Bahnhof/Bahnlinie
- Straßenbahn
- U-Bahnstation
- sonstiger Transport

Hinweis: Nicht alle in der Legende aufgeführten Symbole sind Bestandteil der Karten dieses Buches

Verkehrswege

- Mautstraße
- Autobahn
- Hauptstraße
- Landstraße
- Verbindungsstraße
- sonstige Straße
- unbefestigte Straße
- Straße im Bau
- Platz, Promenade
- Treppe
- Tunnel
- Fußgängerbrücke
- Spaziergang
- Abstecher vom Spaziergang
- Weg/Pfad

Grenzen

- Staatsgrenze
- Provinzgrenze
- umstrittene Grenze
- Regional-/Bezirksgrenze
- Meeresschutzgebiet
- Kliff
- Mauer

Gewässer

- Fluss, Bach
- periodischer Fluss
- Kanal
- Gewässer
- Salzsee/trockener/periodischer See
- Riff

Gebietsform

- Flughafen/Flugplatz
- Strand/Wüste
- christlicher Friedhof
- sonstiger Friedhof
- Gletscher
- Watt
- Park/Wald
- Sehenswertes (Gebäude)
- Sportplatz
- Sumpf/Mangroven

DIE AUTOREN

Regis St. Louis
Koordinierender Autor, Südküste, Galapagosinseln Nach seiner ersten Anden-
tour im Jahr 1999 kehrte Regis nach Hause zurück, verkaufte alles und begab
sich auf eine Reise quer durch Südamerika. Seither ist er immer wieder dorthin
zurückgekehrt, hat schlechte Straßen mit dem Wagen, Pferd oder Rad bereist,
(kleinere) Andengipfel bezwungen und sich in Spanisch und Portugiesisch ver-
ständigt. Auf seiner letzten Reise hat er per Fahrrad, Kajak und Boot die Galapagosinseln erkundet, sich mit den örtlichen Geschichtenerzählern auf der zauberhaften Insel Floreana
angefreundet und sich in die tropisch geprägte Stadt Guayaquil verliebt. Regis ist Hauptautor von
Südamerika für wenig Geld und hat an über 50 Lonely Planet Bänden mitgearbeitet. Wenn er gerade
nicht unterwegs ist, lebt er in Brooklyn, New York.

Mehr über Regis auf:
lonelyplanet.com/members/regisstlouis

Greg Benchwick
Zentrales Hochland, Nordküste & Tiefland Greg bereist seit 15 Jahren Lateinamerika und hat an mehr als zwei Dutzend Reiseführern mitgearbeitet. Für
den aktuellen Ecuadorband ist er ins zentrale Hochland zurückgekehrt und hat
sich einen Tag Zeit genommen, um für LonelyPlanet.com entlang des Quilotoa-
Loops zu filmen. Außerdem hat er bei seiner Recherche an der Nordküste ein
paar wirklich coole Strände „entdeckt", die es erstmals in diesen Reiseführer
geschafft haben. Greg ist Experte für nachhaltiges Reisen, internationale Entwicklung, Essen, Wein
und dafür, es sich gut gehen zu lassen.

Mehr über Greg auf:
lonelyplanet.com/members/gbenchwick

Michael Grosberg
Quito, Nördliches Hochland Vor langer Zeit, als er sich an der Uni in New York
mit lateinamerikanischer Literatur beschäftigte, verbrachte Michael einen Som-
mer in Quito, um Englisch zu unterrichten und sein Spanisch zu verbessern.
Seitdem hat er diverse Trips nach Ecuador unternommen, darunter drei Recher-
chereisen auf die Galapagosinseln für frühere Auflagen dieses Reiseführers.
Dies ist ungefähr der 35. Lonely Planet-Titel, an dem Michael mitgearbeitet hat.
Er lebt in Brooklyn, New York.

Mehr über Michael auf:
lonelyplanet.com/members/michaelgrosberg

Luke Waterson
Cuenca & südliches Hochland, Oriente Als Kaffee- und Schokoladenjunkie und
Liebhaber von allem, was aus den Anden und der Amazonasregion stammt, war
Luke dazu bestimmt, früher oder später in Ecuador aufschlagen. Zu den Highlights dieses – seines vierten – Besuchs gehörte eine Wanderung zu Ecuadors
entlegenster Nebelwald-Lodge und ein Überraschungstrip durch Macará mit
einem Händler für geschmuggeltes Benzin. Luke hat zu den Titeln *Peru*, *Kuba*
und *Mexiko* beigetragen und ist Lonely Planets Mann in der Slowakei. Er lebt dort und verbringt
seine Zeit damit, zu wandern und zu schreiben – neben Erzählungen auch seinen slowakischen
Reiseblog, englishmaninslovakia.com.

Mehr über Luke auf:
lonelyplanet.com/members/lukewaterson

DIE LONELY PLANET STORY

Ein ziemlich mitgenommenes, altes Auto, ein paar Dollar in der Tasche und Abenteuerlust – 1972 war das alles, was Tony und Maureen Wheeler für die Reise ihres Lebens brauchten, die sie durch Europa und Asien bis nach Australien führte. Die Tour dauerte einige Monate, und am Ende saßen die beiden – erschöpft, aber voller Inspiration – an ihrem Küchentisch und schrieben ihren ersten Reiseführer *Across Asia on the Cheap*. Lonely Planet war geboren. Heute hat der Verlag Büros in Melbourne, London, Oakland, Franklin, Delhi und Beijing mit mehr als 600 Mitarbeitern und Autoren. Und alle teilen Tonys Überzeugung, dass ein guter Reiseführer drei Dinge erfüllen sollte: informieren, bilden und unterhalten.

Lonely Planet Publications,
Locked Bag 1, Footscray,
Melbourne, Victoria 3011,
Australia

Verlag der deutschen Ausgabe:
MAIRDUMONT, Marco-Polo-Str. 1, 73760 Ostfildern,
www.lonelyplanet.de, www.mairdumont.com, info@lonelyplanet.de

Chefredakteurin deutsche Ausgabe: Birgit Borowski

Redaktion: Bintang Buchservice GmbH,
www.bintang-berlin.de
Übersetzung: Petra Dubilski, Silvia Mayer, Inga-Brita Thiele
An früheren Auflagen haben außerdem mitgewirkt: Berna Ercan, Tobias Ewert, Laura Leibold,
Marion Matthäus, Ute Perchtold, Dr. Christian Rochow, Katja Weber
Lektorat: Katharina Grimm, Jan Haas, Katja Rasmus
Satz: Holger Ebeling

Ecuador
2. deutsche Auflage Dezember 2015, übersetzt von
Ecuador, 10th edition, August 2015 Lonely Planet Publications Pty

Deutsche Ausgabe © Lonely Planet Publications Pty, Dezember 2015

Fotos © wie angegeben 2015

Die meisten Fotos in diesem Reiseführer können bei Lonely Planet Images, www.lonelyplanetimages.com, auch lizenziert werden.

Printed in China

MIX
Papier aus verantwortungsvollen Quellen
FSC® C018236
www.fsc.org